Thilo Frotscher, Marc Teufel, Dapeng Wang

Java Web Services mit Apache Axis2

Thilo Frotscher, Marc Teufel, Dapeng Wang

Java Web Services mit Apache Axis2

entwickler.press

Thilo Frotscher, Marc Teufel, Dapeng Wang:
Java Web Services mit Apache Axis2
ISBN: 978-3-935042-81-9

Ein Imprint der Software & Support Verlag GmbH

http://www.entwickler-press.de
http://www.software-support.biz

Ihr Kontakt zum Verlag und Lektorat: lektorat@entwickler-press.de

Bibliografische Information Der Deutschen Bibliothek
Die Deutsche Bibliothek verzeichnet diese Publikation in der Deutschen Nationalbibliografie; detaillierte bibliografische Daten sind im Internet über http://dnb.ddb.de abrufbar.

Korrektorat: mediaService, Siegen
Satz: mediaService, Siegen
Titelgrafik: Melanie Hahn, Maria Rudi
Umschlaggestaltung: Caroline Butz
Belichtung, Druck & Bindung: M.P. Media-Print Informationstechnologie GmbH, Paderborn

Inhaltsverzeichnis

Vorwort

Seit der Veröffentlichung unseres ersten Buches, damals zu Apache Axis 1.x, sind drei Jahre vergangen. Eine lange Zeit, insbesondere in der IT-Branche. Zum damaligen Zeitpunkt war die Web Service-Technologie noch relativ am Anfang und die zweite Generation von Web Service-Frameworks war gerade im Begriff, die erste abzulösen. Viele Entwickler und Experten stimmten überein, dass die der Technologie zugrunde liegenden Konzepte ausgesprochen hilfreich und weiterbringend waren, wenn heterogene Anwendungen integriert werden sollten. Potentielle Einsatzgebiete waren reichlich vorhanden, dennoch setzten sich Web Services insgesamt etwas langsamer durch als angesichts des zwischenzeitlichen Hypes um das Thema zu erwarten war.

Dies hatte eine Reihe verschiedener Gründe. Zu den wichtigsten zählte sicherlich, dass einige Grundanforderungen für geschäftskritische Anwendungen, wie beispielsweise Sicherheit, zum damaligen Zeitpunkt noch nicht befriedigend gelöst waren. Zwar existierten bereits verschiedene Spezifikationen für entsprechende Erweiterungen der Web Service-Welt, die verfügbaren Implementierungen waren jedoch noch nicht ausgereift und immer wieder Auslöser von Interoperabilitätsproblemen. Generell war es um die Interoperabilität der meisten Frameworks nicht ums Beste bestellt. Eine groteske Situation, sollte die Web Service-Technologie doch gerade solche Probleme lösen, anstatt neue zu verursachen.

In der Zwischenzeit hat sich die Situation deutlich gewandelt: Web Services sind aus der Software-Entwicklung praktisch nicht mehr wegzudenken – sie leisten in vielen Einsatzgebieten und unterschiedlichsten Branchen gute Dienste. Und auch wenn für viele Kommunikationsanforderungen weiterhin mächtigere und vor allem effizientere Lösungen zur Verfügung stehen, so lösen Web Services inzwischen das ursprüngliche Versprechen ein, heterogene Systeme auf relativ einfache Weise miteinander zu integrieren. Dabei stehen sicherlich weniger Web Services öffentlich und für jedermann zur Verfügung als anfänglich vermutet wurde. Doch in der Kommunikation zwischen Unternehmen und Geschäftspartnern sowie im Inneren von Unternehmensarchitekturen finden Web Services heutzutage sehr weite Verbreitung. Seien es internationale Hotelreservierungssysteme mit einer Vielzahl angebundener Hotelketten und Vertriebspartner, Systeme im Finanzdienstleistungsbereich, in der Logistikbranche oder verschiedenste Stellen im öffentlichen Sektor (Behörden, Ministerien usw.) – die Einsatzgebiete sind ausgesprochen vielfältig.

Einen wichtigen Beitrag dazu, dass die Web Service-Technologie so breite Verwendung finden konnte, leistete die Web Services Interoperability Organisation (WS-I). Sie veröffentlicht Richtliniendokumente wie das Basic Profile, die beschreiben, wie die einzelnen Technologien (SOAP, WSDL etc) verwendet werden sollten, um eine höchstmögliche Interoperabilität zu gewährleisten. Kein Framework und keine Implementierung in diesem Bereich kann es sich heute mehr ernsthaft leisten, nicht das Basic Profile zu befolgen. Mit diesem kompatibel zu sein darf dagegen als Gütesiegel gelten, das anzeigt, dass die gängigsten Interoperabilitätsprobleme von dem jeweiligen Werkzeug sicher umschifft werden.

Im gleichen Maße, wie die Web Service-Technologie erwachsen wurde, ist Axis 1.x in die Jahre gekommen. Bei dessen Implementierung wurden einige Annahmen gemacht, die seinerzeit sicherlich ausreichend waren, sich heute aber eher behindernd auswirken. Zudem haben sich die Anforderungen an Web Service-Technologien weiter entwickelt. Die Technologie wird in immer komplexer werdenden Szenarien eingesetzt, und die Anforderungen moderner Web Service-Anwendungen lassen sich mit Axis 1.x entweder gar nicht oder nur sehr schwierig umsetzen. So wurde eine neue Architektur für Axis notwendig, die flexibler und mächtiger ist. Axis2 ist daher nicht einfach nur eine neue Version von Axis 1.x, sondern in vielerlei Hinsicht ein ganz neues Framework. Dieses wurde auf Basis der Erfahrungen vergangener Jahre implementiert, wobei sich viele bewährte Konzepte und Ideen in aufgefrischter Form wiederfinden lassen.

Wie bei vielen Open Source-Projekten stoßen Entwickler auch beim Einsatz von Axis2 recht schnell an die Grenzen der offiziellen Dokumentation. Hier setzt dieses Buch an und bietet mehrere hundert Seiten an detaillierten Informationen zum Einsatz des Frameworks. Viele der in diesem Buch enthaltenen Informationen werden erstmals dokumentiert und wurden durch zeitaufwändige Analyse des Source Code von Axis2 entdeckt.

Wer sollte dieses Buch lesen?

Dieses ist ein Buch von Entwicklern für Entwickler, die bereits über Vorkenntnisse in den wichtigsten Web Service-Technologien verfügen und nun Anwendungen mit Axis2 erstellen wollen. Die Basistechnologien SOAP und WSDL werden in Kapitel 2 zwar einführend vorgestellt, es dient jedoch eher zum Nachschlagen oder Auffrischen bestehender Kenntnisse. Seine Lektüre ist dagegen nicht erschöpfend genug, um Einsteigern in die Web Service-Welt ausreichende Kenntnisse über diese Technologie zu vermitteln. Hierbei helfen zahlreiche andere Bücher, die am Markt erhältlich sind. Ähnlich verhält es sich mit weiterführenden Web Service-Spezifikationen wie WS-Security, WS-Addressing oder WS-Policy, deren Einsatz mit Axis2 in Kapitel 15 erläutert wird. Auch hier gilt, dass diese zwar einführend vorgestellt werden, für den ernsthaften Einsatz im Projekt sollten jedoch tiefer gehende Kenntnisse über diese Technologien erworben werden. Dieses Buch konzentriert sich dagegen voll auf Axis2. Es enthält hunderte Seiten mit Informationen und Anregungen, wie das Framework eingesetzt und konfiguriert werden kann. Hinzu kommen zahlreiche Einschätzungen und Empfehlungen auf Basis unserer jahrelangen Projekterfahrung mit Web Service-Technologien.

Aufbau

Das Buch besteht aus drei Teilen. Im ersten Teil werden nach einem einführenden Kapitel wichtige Grundlagen vermittelt, die ein notwendiges Fundament für den weiteren Verlauf des Buches legen. Kapitel 2 beschreibt hierzu als Erstes die beiden wichtigsten technologischen Fundamente von Web Services, nämlich SOAP und WSDL. Im Anschluss daran werden die beiden wichtigsten Ansätze zur Entwicklung von Web Service-Anwendungen gegenübergestellt (Code First und Contract First). Jeder Entwickler sollte den Unterschied kennen und sich über die Vor- und Nachteile beider Ansätze bewusst sein, bevor mit der Entwicklung von Web Service-Anwendungen begonnnen wird. Kapitel 3 begleitet den Leser dann bei den ersten Schritten mit Axis2 und zeigt auf, wie einfache Services auf Basis von POJOs (Plain Old Java Objects) erstellt und entsprechende Clients entwickelt werden können. Darüber hinaus werden hier zentrale Konzepte von Axis2 erläutert.

Der zweite Teil des Buches beschäftigt sich dann detailliert mit Themen der täglichen Entwicklungsarbeit beim Einsatz von Axis2. So stellt Kapitel 4 hilfreiche Werkzeuge für Entwicklung und Test vor und Kapitel 5 befasst sich mit AXIOM, einem neuen Objektmodell für die Arbeit mit XML, auf dem das gesamte Axis2 Framework aufbaut. Im Anschluss beschreibt Kapitel 6 das neue Client-API, die Entwicklung von Web Service-Anwendungen mit dem Contract-First-Ansatz und unter Verwendung des Code-Generators von Axis2 ist Inhalt von Kapitel 7. Weiterführende Aspekte der Anwendungsentwicklung wie Session-Verwaltung, Fehlerbehandlung, REST oder der Lebenszyklus von Service-Instanzen werden in Kapitel 8 behandelt und runden diesen Teil des Buches ab. Bis hierhin empfiehlt es sich, alle Kapitel in ihrer vorgegebenen Reihenfolge zu lesen.

Im dritten und letzten Teil des Buches schließlich werden fortgeschrittene Themen aufgegriffen. So beschreibt Kapitel 9 die interne Architektur von Axis2 und zeigt auf, wie Nachrichten durch das Framework fließen, sowie welche Komponenten an deren Verarbeitung beteiligt sind. Im Anschluss daran folgt eine vollständige Auflistung aller Konfigurationsoptionen. Eine besondere Stärke von Axis2 ist seine Erweiterbarkeit durch Handler und Module. Kapitel 10 erläutert, wie Entwickler eigene Erweiterungen erstellen und Axis2 auf diese Weise an eigene Anforderungen anpassen können. Auch das XML Data Binding ist ein wichtiger Aspekt von Web Service-Anwendungen. Axis2 bietet Unterstützung für mehrere verschiedene Data Binding Frameworks, die in Kapitel 11 vorgestellt und miteinander verglichen werden.

Eine der zentralsten Komponenten des Axis2 Frameworks sind die Message Receiver. Sie sind serverseitig dafür verantwortlich, die Service-Implementierung aufzurufen und das Kommunikationsmuster der Operation umzusetzen. Message Receiver können unter anderem dazu verwendet werden, auf einfache Weise auch EJBs, Skript-Code oder sonstige alternative Implementierungsformen als Web Service bereit zu stellen. Kapitel 12 beschreibt, wie man dies bewerkstelligen kann. Im Anschluss daran folgen Informationen über den Versand von Attachments mit MTOM oder SwA in Kapitel 13 sowie über den Einsatz der verschiedenen unterstützten Transportprotokolle (HTTP, TCP, SMTP und JMS) in Kapitel 14. Im letzten Kapitel dreht sich alles um weiterführende Web Service-Spezifikationen wie WS-Addressing, WS-Policy, WS-Security und WS-ReliableMessaging. Das Kapitel beschreibt, inwieweit diese durch Axis2 oder zusätzlich erhältliche Erweiterungsmodule unterstützt werden und im weiteren Verlauf, wie diese verwendet und konfiguriert werden.

Wichtiger Hinweis zu den Listings

Viele der Listings in diesem Buch wurden umformatiert, um die Lesbarkeit zu verbessern. Insbesondere XML-Dokumente wie SOAP-Nachrichten und Konfigurationsdateien haben häufig deutlich längere Zeilen als auf eine Buchseite passen. Bei Konfigurationsdateien ist jedoch darauf zu achten, dass öffnende und schließende Element-Tags sowie die dazwischen befindlichen Elementinhalte in der gleichen Zeile stehen sollten.

Wurde ein XML-Element über mehrere Zeilen formatiert, z.B.

```
<elementMitBesondersLangemNamen>
  Elementinhalt
</elementMitBesondersLangemNamen>
```

so sollte dieses in der Regel stattdessen wie folgt verwendet werden:

```
<elementMitBesondersLangemNamen>Elementinhalt</elementMitBesondersLangemNamen>
```

Feedback

Wir sind sehr daran interessiert zu erfahren, wie Ihnen unser Buch gefällt. Was finden Sie gelungen, in welchen Bereichen hätten Sie Verbesserungsvorschläge? Fehlen Ihnen Inhalte, die Sie vergeblich in diesem Buch gesucht haben? Oder haben Sie vielleicht sogar einen Fehler gefunden? Bitte schreiben Sie uns, wir freuen uns auf Ihr Feedback. Nur wenn Sie uns sagen, was Ihnen gut oder weniger gut gefällt, können wir beim nächsten Buch alles noch viel besser machen. In Abhängigkeit von der Menge der Leser, die uns Feedback schicken, werden wir jedoch unter Umständen nicht alle E-Mails beantworten können. Wir bitten hier um Verständnis.

Der Verlag hat eine E-Mail-Adresse eingerichtet, unter der Sie uns erreichen können:

- *axis@entwickler-press.de*

Alternativ können Sie die Autoren auch direkt kontaktieren.

- Thilo Frotscher: *axisbuch@frotscher.com*
- Marc Teufel: *marc@teufel.net*
- Dapeng Wang: *Wang.Dapeng@gmx.net*

Danksagung

An der Entstehung eines Buches sind viele Personen beteiligt, nicht nur die Autoren. Ohne die mit Hilfe von vielen Personen kann ein Buch wie dieses nicht entstehen. An dieser Stelle möchten wir daher unseren Dank an folgende Personen aussprechen:

Thilo

Apache Axis2 ist ein recht neues Framework und dementsprechend war nur sehr wenig Dokumentation erhältlich, als wir mit den Arbeiten an diesem Buch begannen. Das Schreiben gestaltete sich deshalb außerordentlich zeitaufwändig und das Buchprojekt war nur im Team zu bewältigen. Ich bin deshalb sehr froh, dass Dapeng und Marc wieder mit dabei waren. Vielen Dank Euch beiden für die freundschaftliche Zusammenarbeit. Es war mal wieder harte Arbeit, aber es hat sehr viel Spaß gemacht.

Vom Verlag danke ich insbesondere unserer Lektorin Christiane Auf, die sehr viel Geduld aufbrachte, wenn wir den Zeitplan mal wieder ändern mussten. Darüber hinaus geht ein großer Dank an Sebastian Meyen für seine Unterstützung bei der Umsetzung der Idee, ein Buch über Axis2 zu schreiben. Auch bei unserem Setzer Andreas Franke möchte ich mich recht herzlich bedanken.

Auch dem Entwicklerteam von Axis2, dem ich zahlreiche Bugs gemeldet und Fragen gestellt habe, möchte ich meinen Dank aussprechen. Auf beides reagierte das Team stets mit sehr prompter Hilfe. In diesem Zusammenhang habe ich die große Bitte an alle Anwender, eventuellen Bugs oder fehlender Dokumentation nicht mit Unmut zu begegnen. Axis2 ist ein Open Source-Projekt, und jeder einzelne kann mithelfen, es noch besser zu machen. Nur so kann Open Source funktionieren.

Mein besonderer Dank geht an Cathy, die immer sehr viel Verständnis zeigte, als ich zahlreiche Abende, Nächte und Wochenenden damit verbrachte, in den Tiefen des Source Codes zu forschen und meine Entdeckungen zu Papier zu bringen. Durch ihre Unterstützung hat sie ganz wesentlich zum Gelingen dieses Buches beigetragen.

Marc

Zuerst möchte ich all denen ganz herzlich danken, die zusammen mit mir an diesem Buch gearbeitet haben, allen voran natürlich meine beiden Autorenkollegen Thilo und Dapeng (unsere Skype-Sessions werden mir in guter Erinnerung bleiben!). Erwähnen möchte ich auch unsere Lektorin Frau Christiane Auf von entwickler.press, die im wahrsten Sinne des Wortes eine „Engelsgeduld“ aufbrachte und uns die erforderliche Zeit ließ, das Manuskript für dieses Buch möglichst gründlich zu recherchieren und zu bearbeiten.

Ein ganz besonderer und von Herzen kommender Dank geht an dieser Stelle an meine liebe Frau Daniela. Sie hat mir den notwendigen Freiraum gelassen, als ich an diesem Buch gearbeitet habe (und das waren meist die Abendstunden, Wochenenden und einige Nächte). Dani, Du bist das Beste, das mir passieren konnte. Die ganze Welt soll es wissen: Dani, ich liebe Dich!

Timo und Tom, ihr seid mein Antrieb!

Dapeng

Ich möchte mich zuerst bei allen Leuten bedanken, die aktiv an diesem Buch zusammengearbeitet haben. Besonders zu erwähnen ist unsere Lektorin Frau Christiane Auf von entwickler.press, die über den langen Zeitraum der Entstehung dieses Buchs sehr viel Geduld und Einsicht aufgebracht hat.

Ein solches Buchprojekt kann nicht alleine bewältigt werden. Dafür danke ich meinen beiden Mitautoren, die ebenfalls mit mir so geduldig waren, als ich am Anfang dem Zeitplan hinterher lief. Ich finde, dass wir alles doch sehr gut gemeistert haben. Es hat mir Spaß gemacht, mit Euch über Web Services zu diskutieren.

Es hätte das Buch sicherlich nicht gegeben, wenn nicht die Entwickler von WSO2 Axis2 überhaupt ins Leben gerufen hätten. Für Ihre hervorragende Arbeit und daraus entstandene Software bedanke ich mich.

Mein ganz besonderer Dank gilt meiner Frau Lan Zhang, die trotz ihres eigenen Stress' bei der Arbeit immer versucht hat, meinen Rücken freizuhalten, sodass ich mich voll und ganz dem Buchprojekt widmen konnte. Sie hat immer Verständnis gezeigt, wenn ich abends, nachts und am Wochenende vorm Rechner gesessen und am Buchprojekt gearbeitet habe. Auch meinem Sohn Edison Tianyi Wang muss an dieser Stelle gedankt werden. Er zeigte genauso viel Rücksicht wie beim ersten Buchprojekt (damals kam er erst nach dem Buchprojekt auf die Welt), indem er sich während des Projekts auch mit weniger gemeinsamer Spielzeit zufrieden gab. Ich hoffe nur, dass Du beim nächsten Mal auch auf die Gummibären und Modellautos als zusätzliche Belohnung verzichten wirst. Nicht zuletzt möchte ich meinen Eltern danken, die mich über die Jahre erzogen haben und dies heute immer noch tun.

Wellington, Ellingen und Wiesloch im März 2007

Thilo Frotscher

Marc Teufel

Dapeng Wang

Preface

Far from its humble beginnings, Web services are gaining popularity in B2B environments. The many additions and updates to various WS-*specifications are providing users with a multitude of features. Applications have reached a level of maturity where people now expect high performance too when using Web services.

The Axis2 platform from the Apache Web services project is ideally placed to fill in the growing demand of requirements of users. Apache being the pioneer in open source Web services stacks, designed Axis2 from the ground up and also introduced several new concepts including a more flexible pipeline architecture to the "handler chain" model, hot deployment and real asynchronous web service invocations.

Another driving force for Axis2 is the move away from RPC-oriented Web services towards more document-oriented, message style asynchronous service interactions. It is centered on a new representation for SOAP messages called AXIOM (AXIs Object Model).

This book, which is a first of its kind, aims to provide insights to these concepts and gives an overview of using the rich set of features Axis2 provides. Marc, Thilo and Dapeng, all experienced campaigners in the Web services arena, start by introducing the architecture and basics of Axis2 and slowly move on to more advanced concepts like attachment handling. They have managed to cover everything you need to know, all in one book!

I am very proud to be part of this effort and congratulate Marc, Thilo and Dapeng for a job well done.

Eran Chinthaka
Apache Axis2-Project Team
from Indiana University, USA

1 Einleitung

Apache Axis2 ist der Nachfolger von Apache Axis und wie sein Vorgänger eine Open Source-Implementierung des Web Service-Standards SOAP unter der Lizenz der Apache Software Foundation. Neben SOAP unterstützt Axis2 für die Kommunikation mit Web Services auch das immer populärer werdende REST.

Aufbauend auf der reichhaltigen Erfahrung, die das Entwicklerteam mit Axis 1.x gemacht hatte, entschied man sich zu einem kompletten Redesign des Frameworks, sodass Axis2 von Grund auf neu entwickelt wurde. Als Folge daraus ist Axis2 sehr viel performanter und stärker XML-basiert als sein Vorgänger. Es ist modular aufgebaut und es wurde von Anfang an darauf geachtet, dass Erweiterungen durch so genannte Module sehr einfach hinzugefügt werden können. Einige solcher Erweiterungen, wie zum Beispiel für WS-Security und eine Erweiterung für SOAP-Monitoring, sind bereits verfügbar.

Axis2 bietet die folgenden Highlights:

- Open Source-Lizenz der Apache Software Foundation
- Hohe Performanz
- Flexible Konfiguration und Erweiterbarkeit durch Module
- Verbesserte, auf XML aufbauende Client-API mit voller Unterstützung für WSDL und WS-Policy, sowie synchrone und asynchrone Web Service-Aufrufe
- Unterstützung für beliebige Kommunikationsmuster (MEPs)
- POJO-Unterstützung
- Spring-Integration
- Deployment-Mechanismus für Services und Module basierend auf Archiven
- Hot Deployment und Hot Update
- Eingebaute Transportunterstützung für HTTP, SMTP, JMS und TCP
- Unterstützung von REST (Representational State Transfer)
- Unterstützung für verschiedene XML Data Binding Frameworks

1.1 Entstehung

Mit Axis 1.x hatte die Apache Software Foundation ein sehr populäres Framework für die Entwicklung von Web Services-Anwendungen unter Java geschaffen. Das Projekt ist jedoch mittlerweile in die Jahre gekommen: Axis 1.x wurde zu langsam, verbrauchte zu viele Systemressourcen und war zu kompliziert in der Bedienung. Zudem ist es sehr stark auf Request-Response-basierte Kommunikation ausgelegt, während sich alternative Kommunikationsmuster umständlich oder gar nicht realisieren lassen. Die Umsetzung einiger weiterführender Spezifikationen der WS-Welt wie WS-SecureConversation oder WS-Trust ist beinahe unmöglich. Auch die Tatsache, dass Axis 1.x ursprünglich mit Fokus auf das SOAP-Nachrichtenformat RPC/Encoded entwickelt worden war, wurde immer mehr zu einem Problem. Kurz: Axis 1.x war den Anforderungen moderner Web Service-Anwendungen nicht mehr gewachsen.

Für die neue Axis-Generation entschied man sich daher dafür, das Framework von Grund auf neu zu entwickeln und von Anfang an bessere Unterstützung für dokumentbasierte Kommunikation sowie das vom WS-I (Web Services Interoperability Organisation) veröffentlichte *Basic Profile* zu bieten. Weitere Gründe für eine Neuentwicklung waren die verbesserungswürdige Unterstützung für asynchrone Kommunikation, Performance sowie einige neue Spezifikationen, die implementiert werden sollten, etwa WSDL 2.0.

Begonnen hatte die Entwicklung an Axis2 eigentlich schon im September 2003, als drei junge Studenten der Lanka Software Foundation (LSF) beitraten und sich dort einer speziellen Aufgabe ihres Vorgesetzten stellen mussten, aus der später Axis2 geboren wurde. LSF hat es sich zur Aufgabe gemacht, junge angehende Software-Entwickler aus Sri Lanka (bis 1972 hieß dieser Inselstaat übrigens noch Ceylon) zu unterstützen. Der besagte Vorgesetzte gab den Studenten also die Aufgabe, sich Axis 1.x vorzunehmen und durch den Einsatz eines Pull-Parsers eine 10-fache Performance-Steigerung zu erreichen. Die Aufgabe wurde von den Studenten mit Bravour erledigt und man spendete die Früchte dieser Arbeit unter dem Namen Axis Mora an die Apache Foundation.

Angestachelt durch Axis Mora entbrannten in der Mailing-Liste der Axis-Entwickler hitzige Diskussionen darum, wie es mit Axis weitergehen sollte. Zunächst blieb es jedoch bei der Diskussion. Nachdem die Lanka Software Foundation jedoch eine Finanzspritze von SIDA (Swedish International Development Agency) erhalten hatte, stand schließlich genug Geld zur Verfügung, um 4 bis 5 motivierte Entwickler Vollzeit und für ein ganzes Jahr an der nächsten Generation von Apache Axis arbeiten zu lassen. Das Ergebnis dieser Bemühungen war Axis2 1.0, welches am 04. Mai 2006 veröffentlicht wurde. Die Entwicklungsarbeiten an Axis2 sind seitdem jedoch nicht stehen geblieben. Am 13. November 2006 veröffentlichte das Entwicklerteam mit Version 1.1 eine weitere, stabile Axis2-Version für den Produktivbetrieb, die nicht nur durch zahlreiche Bugfixes glänzt, sondern auch eine nicht unerhebliche Anzahl an neuen Features enthielt. Anfang Januar 2007 wurde schließlich die Bugfix-Version Axis2 1.1.1 freigegeben.

1.2 Unterstützte Standards

Die Unterstützung der Web Service-Kernstandards SOAP und WSDL ist für ein Web Service-Framework natürlich selbstverständlich. Axis2 unterstützt jedoch noch eine Reihe weiterer Standards. In der zum Veröffentlichungszeitpunkt dieses Buches aktuellen Version 1.1.1 sind dies:

- SOAP 1.1 und 1.2
- WSDL 1.1 (inklusive SOAP- und HTTP-Bindings) und teilweise bereits WSDL 2.0

- MTOM (Message Transmission Optimization Mechanism), XOP (XML Optimized Packaging) und SwA (SOAP with Attachments)
- WS-Addressing
- WS-Policy
- SAAJ 1.1

Darüber hinaus sind Zusatzmodule erhältlich, welche Axis2 um Unterstützung für die folgenden Web Service-Standards erweitern:

- WS-Security
- WS-SecureConversation
- WS-Trust
- WS-Reliable Messaging

Im Gegensatz zu Frameworks wie Axis 1.x oder beispielsweise XFire kann Axis2 in der aktuellen Version noch nicht mit einer Unterstützung der standardisierten Java-Web Services APIs JAX-RPC bzw. dessen Nachfolger JAX-WS (Java API for XML-based Web Services) aufwarten. Auch gibt es noch keine Unterstützung für den JSR 181 (Web Services Metadata). Axis2 bietet dafür allerdings mit dem auf StAX aufbauenden AXIOM eine sehr schnelle und einfach zu programmierende API. Um künftig jedoch auch den JAX-WS-Standard zu unterstützen, arbeiten die Axis2-Entwickler derzeit mit Hochdruck an einer dünnen Adapterschicht, die mit dem JAX-WS 2.0 Standard konform sein wird. Da JAX-WS 2.0 extensiven Gebrauch von JAXB 2.x für das Data Binding macht, wird Axis2 zukünftig neben den bislang unterstützten Data Bindings ADB, XML Beans, JaxMe und JiBX auch Unterstützung für JAXB 2.x haben. Ferner sind zusätzliche Erweiterungsmodule für Web Service-Standards bereits in der Entwicklung. Diese werden Unterstützung für WS-Eventing und WS-Transactions enthalten.

1.3 Was beinhaltet Axis2?

Axis2 besteht aus einer Reihe verschiedener Komponenten, die entweder alle gemeinsam oder getrennt voneinander eingesetzt werden können. Zudem sind verschiedene Distributionen erhältlich. Je nachdem für welche man sich entscheidet enthalten sie unterschiedliche Mengen der folgenden Bestandteile:

- eine Laufzeitumgebung (bzw. ein Container) für Web Services, entweder in Form einer Java-Webanwendung und/oder verschiedener Standalone-Server
- Bibliotheken für die Erstellung von Web Service-Clients
- umfangreiche Web-Oberfläche zur Administration der Axis2-Web Anwendung
- ein SOAP-Monitor-Modul zum Mitverfolgen von SOAP-Nachrichten
- Tools für die automatische Generierung von Code und WSDL-Dokumenten
- Plug-ins für Eclipse und IntelliJ IDEA, die das Deployment eigener Services und die Codegenerierung vereinfachen
- Umfangreiche Dokumentation mit vielen Beispielen

1.4 Warum Axis2 einsetzen?

Dies ist eine berechtigte Frage, zumal Axis 1.x in seiner aktuellen Version 1.4 noch immer sehr populär und aufgrund der langen Entwicklungszeit mittlerweile auch sehr stabil ist. Zudem kann Axis 1.4 nun auch mit einer verbesserten Unterstützung für das Nachrichtenformat Document/Literal aufwarten, so wie es vom Basic Profile gefordert wird. Für den Umstieg auf Axis2 gibt es dennoch mehrere gute Gründe, die nachfolgend erläutert werden.

1.4.1 Bessere Performance durch StAX und AXIOM

Ein zentraler Aspekt von SOAP-Framworks ist die interne Verarbeitung der XML-basierten Nachrichten. Axis2 wendet sich hier vom bewährten DOM (Document Object Modell) ab, bei dem für alle eingehenden Nachrichten zunächst ein Objektbaum im Speicher erzeugt wird, der den Inhalt der eingegangenen Nachricht repräsentiert. An Stelle von DOM wird in Axis2 ein StAX-basiertes XML-Parsing eingesetzt, welches SOAP-Nachrichten immer nur soweit parst, wie es zu einem gegebenen Zeitpunkt während der Verarbeitung notwendig ist. Durch dieses „verschobene" Parsing wird beispielsweise verhindert, dass ein SOAP Body unnötigerweise gelesen wird, obwohl die Nachricht bereits aufgrund ihres Headers abgelehnt wird.

Aufbauend auf StAX wurde für Axis2 ein leichtgewichtiges Objektmodell namens AXIOM (Axis Object Model) entwickelt, welches effizienten Zugriff auf die einzelnen Nachrichteninhalte bietet. Da AXIOM kein standardisiertes API darstellt, wird es darauf aufbauend eine Adapterschicht geben, die zu JAX-WS 2.0 (früher JAX-RPC) konform ist. Allein der Umstieg von DOM auf AXIOM bringt deutliche Verbesserungen hinsichtlich Geschwindigkeit und Speicherverbrauch gegenüber Axis 1.x, welche mit Hilfe von Benchmarks und Performance-Tests nachgewiesen wurden.

1.4.2 Flexiblere Kommunikationsinfrastruktur

Axis2 unterstützt prinzipiell beliebige Kommunikationsmuster und ist nicht auf Request-Response oder Einwegkommunikation beschränkt. Auch asynchrone Kommunikation wird in vollem Umfang unterstützt.

1.4.3 Einfacheres Deployment von Services

Das Deployment eigener Web Services ist mit Axis2 sehr viel einfacher geworden. Services werden in Axis2 zusammen mit einer Konfigurationsdatei zu einem Archiv zusammengefasst und mit Hilfe des gegenüber Axis 1.x deutlich erweiterten web-basierten Administrations-Frontends installiert und verwaltet.

1.4.4 Bessere Unterstützung während der Entwicklung

Für Anwendungsentwickler stehen nach wie vor Code-Generatoren zur Verfügung, mit deren Hilfe man ausgehend von WSDL-Beschreibungen Grundgerüste für Service-Implementierungen und Proxy-Klassen für Client-Anwendungen erzeugen kann. Um die

Arbeit mit Axis2 noch weiter zu vereinfachen, bietet Axis2 zudem Plug-ins für Eclipse und IntelliJ IDEA, die Entwickler bei der Codegenerierung und bei der Paketierung von Web Services unterstützen.

1.4.5 Erweitertes Handler-Konzept

Mit Hilfe des Konzepts von Handlern war es bereits in Axis 1.x möglich, in die Verarbeitung von SOAP-Nachrichten einzugreifen und das Framework damit auf eigene Bedürfnisse abzustimmen bzw. um benötigte Funktionalitäten zu erweitern. In Axis2 wurde das Konzept um so genannte Phasen erweitert, die unterschiedliche Abschnitte der Nachrichtenverarbeitung darstellen. In diesem Zusammenhang können Regeln definiert werden, die beschreiben, in welcher Phase ein Handler beheimatet werden soll und an welcher Position. Beispielsweise könnte man definieren, dass ein Handler immer an erster oder an letzter Stelle innerhalb einer Phase aktiviert werden soll. Ein oder mehrere Handler werden gemeinsam mit einer Konfigurationsdatei zu Erweiterungsmodulen zusammengefasst, die auf einfache Weise installiert und mit spezifischen Services verknüpft werden.

1.4.6 Bessere Unterstützung von aktuellen Standards

In Bezug auf die zahlreichen neuen Web Service-Spezifikationen ist Axis2 weitestgehend auf dem neuesten Stand. Neben SOAP 1.2, WSDL 1.1 und MTOM werden insbesondere auch die wichtigen SOAP-Erweiterungen WS-Addressing, WS-Security, WS-Reliable Messaging und WS-Policy unterstützt, mit deren Hilfe Web Services auch in komplexeren Szenarien eingesetzt werden können. Die Unterstützung dieser Standards ist überdies wichtig für die Interoperabilität mit Microsofts .NET 3.0 und dessen Kommunikationskomponente WCF (Windows Communication Foundation, auch bekannt unter dem Codenamen „Indigo"). Das XML Data Binding wurde für Axis2 völlig neu entwickelt und heißt jetzt ADB (Axis Data Binding). Die Schnittstelle für Data Bindings wurde jedoch offen realisiert, sodass man ADB bei Bedarf durch andere Lösungen wie zum Beispiel XML Beans oder JiBX ersetzen kann. Die Unterstützung von JAXB 2.x (bzw. JaxMe) befindet sich derzeit in Entwicklung und wird vermutlich mit einer der nächsten Versionen von Axis2 zur Verfügung stehen. Gleiches gilt, wie bereits erwähnt, für JAX-WS 2.0 (JSR 224) und Web Services Metadata (JSR 181). Für Axis 1.x sind dagegen keine neuen Features mehr geplant, sodass man allein aus diesem Grund über einen Umstieg auf Axis2 nachdenken sollte.

1.5 Die Zukunft von Axis2

Axis2 wurde von Grund auf so entworfen, dass es völlig unabhängig von bestimmten Standards ist. Dies ermöglicht es dem Entwicklerteam, Unterstützung für aktuelle Standards auf einfache Weise hinzuzufügen, auszutauschen oder anzupassen.

Die Konformität zu aktuellen Standards, insbesondere Basic Profile 1.1, WSDL 2.0, JAX-WS 2.0, JAXB 2.x und JSR 181 stehen ganz oben auf der Roadmap und werden in den kommenden Versionen von Axis2 adressiert werden. Daneben wird auch die Unterstützung von Cluster-Umgebungen bereits entwickelt. Ferner auf der Wunschliste stehen so interessante Features wie Codegenerierung für C#-Clients, die als experimentelles Feature bereits in Axis2 1.1.1 enthalten ist.

Viele große Firmen aus dem SOA-Umfeld haben außerdem angekündigt, die Weiterentwicklung von Axis2 zu unterstützen oder Axis2 in ihre Produkte zu integrieren. Ein Umstieg von Axis 1.x auf Axis2 kann also uneingeschränkt empfohlen werden, und dieses Buch möchte motivierte Entwickler auf diesem Weg begleiten.

Referenzen

- Apache Axis2 im Web: *http://ws.apache.org/axis2/*
- Apache Axis2 Wiki: *http://wiki.apache.org/ws/FrontPage/Axis2/*
- Apache Axis2 Mailinglisten: *http://ws.apache.org/axis2/mail-lists.html*
- Artikel zu Apache Axis2: *http://ws.apache.org/axis2/articles.html*

2 Web Service Grundlagen

Natürlich sind Kenntnisse der grundlegenden Web Service-Technologien wie SOAP und WSDL für den Einsatz von Axis2 unerlässlich. Manche Marketingexperten versuchen Entwickler immer wieder davon zu überzeugen, dass man beim Einsatz der von ihnen beworbenen Tools keine Kenntnisse von SOAP oder WSDL benötigt – alles funktioniere automatisch. Solchen Aussagen sollte mit äußerster Vorsicht begegnet werden: Spätestens wenn Fehler auftreten, die Anwendung nicht genau das zu tun scheint, was sie soll, oder der eigene Use-Case ein wenig zu sehr vom „Standard" abweicht, ist es sehr wohl notwendig, sich mit den zugrunde liegenden Technologien zu beschäftigen. Aber dies trifft sicherlich auf die allermeisten Technologien zu.

Dieses Buch ist ein Buch über Axis2. Diese Grundlagen der einzelnen Web Service-Technologien werden daher nicht in der notwendigen Ausführlichkeit beschrieben. Der Hauptfokus soll ganz eindeutig auf dem Framework liegen. Es sind eine Reihe guter Bücher erhältlich, welche die Spezifikationen der wichtigsten Web Service-Technologien sowie die dahinter stehenden Ideen und Konzepte beschreiben. Allen Lesern, die nicht über dieses Grundlagenwissen verfügen, wird dringend empfohlen, dies zunächst nachzuholen, bevor mit dem Einsatz eines Web Service-Frameworks begonnen wird. Die dafür eingeplante Zeit sollte durchaus etwas großzügiger bemessen werden: SOAP und insbesondere WSDL sind nicht ganz so einfach, wie es auf den ersten Blick erscheinen mag. Der Teufel steckt wie so oft im Detail.

In diesem Kapitel werden also nur die wichtigsten Fakten über SOAP und WSDL erläutert. Im Anschluss daran folgt eine Betrachtung und Gegenüberstellung zweier unterschiedlicher Entwicklungsansätze namens *Code-First* und *Contract-First*. Jeder Web Service-Entwickler sollte sich über den Unterschied dieser Ansätze und insbesondere ihrer Vor- und Nachteile bewusst sein. Eine Entscheidung für den einen oder anderen Ansatz sollte gut überlegt sein – ist eine Anwendung erst einmal zur Hälfte fertig gestellt, kann oft nur mit erheblichem Aufwand auf den jeweils anderen Ansatz umgeschwenkt werden.

2.1 SOAP

SOAP ist das wichtigste Kommunikationsprotokoll für Web Service-Anwendungen. Seine Spezifikation beschreibt in erster Linie den Aufbau und das Format der Nachrichten, die bei einem Web Service-Aufruf zwischen Service Provider und Service Consumer ausgetauscht werden.

SOAP wurde ursprünglich von DevelopMentor, IBM und Microsoft ins Leben gerufen, während die Weiterentwicklung von SOAP aufgrund seiner Wichtigkeit unter der Schirmherrschaft des W3C betrieben wird. Aktuell liegt SOAP in Version 1.2 vor, während Version

1.1 in der Praxis noch weit verbreitet ist und von vielen Programmen unterstützt wird. Ursprünglich stand der Name SOAP für Simple Object Access Protocol. Es stellte sich jedoch schnell heraus, dass SOAP im Gegensatz zu IIOP oder RMI mit Objekt bzw. Objektorientierung wenig zu tun hat. Dieser ansprechende Name, der dazu beigetragen hat, die Technologie populär zu machen, wird aber weiterhin beibehalten. Aber es wurde ausdrücklich erklärt, dass ab Version 1.2 SOAP ein einfacher Name ist und kein Akronym mehr darstellt.

Während in Version 1.1 SOAP nur als ein Kommunikationsprotokoll betrachtet wurde, bei dem Aufbau und Austausch der SOAP-Nachrichten in Vordergrund stehen, wurde SOAP in Version 1.2 zu einem Messaging-Framework ausgebaut. Viele Aspekte wie Nachrichten-Routing und MEP (Message Exchange Pattern) sind neu hinzugekommen.

2.1.1 Nachrichtenformat

Der Umstand, dass XML eine zukunftsträchtige Erfindung ist, dürfte keinem Entwickler entgangen sein. Insbesondere im Bereich von Web Technologien hat sich XML durchgesetzt. Der größte Vorteil von XML-Dokumenten besteht darin, dass diese nicht an irgendwelche speziellen Anwendungen, Programmiersprachen oder Betriebssysteme gebunden sind. Ein C#-Programm auf .Net-Basis könnte beispielsweise unter Windows eine XML-Nachricht erzeugen und sie an ein unter Linux laufendes Java-Programm schicken, welches die Nachricht weiterverarbeitet. Firewalls, die auf dem Weg eventuell passiert werden müssten, stellen auch keine Hindernisse dar, weil XML-basierte Nachrichten meistens über HTTP transportiert werden, das von allen Firewalls durchgelassen wird.

Der Erfolg von XML ist in erster Linie seiner Erweiterbarkeit zu verdanken. Im Gegensatz zu HTML können Elemente und Attribute selbst definiert und damit beliebige Datenstrukturen in XML formuliert werden. So ist es auch nicht verwunderlich, dass SOAP für den Nachrichtenaustausch in XML aufbaut. Eine SOAP-Nachricht verpackt letztendlich ein beliebiges XML-Dokument in einer fest definierten Struktur, in der neben den eigentlichen Nutzdaten(Payload) noch weitere Informationen mit übertragen werden können.

Wie die Struktur einer SOAP-Nachricht aussieht und wie ein vorhandenes XML-Dokument als eine SOAP-Nachricht verpackt werden kann, wird im Folgenden demonstriert. Die Ausgangsbasis stellt ein XML-Dokument dar, das eine Hotelreservierung darstellt.

```
<?xml version="1.0" standalone="yes"?>
<ns1:MakeReservationRequest
  xmlns:ns1="http://axishotels.de/booking/types/">
  <reservation>
    <hotelCode>NH-HD</hotelCode>
    <arrivalDate>2007-02-22</arrivalDate>
    <departureDate>2007-02-22</departureDate>
    <roomCode>DOUBLE</roomCode>
    <numberOfRooms>4</numberOfRooms>
```

Listing 2.1: XML-Dokument

```
    <guestName>Duke</guestName>
  </reservation>
</ns1:MakeReservationRequest>
```

Listing 2.1: XML-Dokument (Forts.)

In diesem XML-Dokument sind Informationen über eine Hotelzimmerreservierung enthalten. In einem Online-Buchungssystem kann dieses Dokument z.B. als Anfrage verschickt werden, mit der Erwartung, dass eine Bestätigung mit einer Reservierungsnummer als Antwort zurückgeliefert wird. Sicherlich ist es möglich, dass die Kommunikationspartner sich zuvor darauf verständigen, die Dokumente direkt über HTTP auszutauschen. Diese Art von XML-basierter Kommunikation war vor der Standardisierung von SOAP nicht selten zu finden und wird heutzutage auch als POX (Plain Old XML) bezeichnet. Doch spätestens seit der Verbreitung von Web Services und dem Etablieren der Standard-Technologien wie SOAP und WSDL erfolgt die XML-basierte Kommunikation fast ausschließlich über den Austausch von SOAP-Nachrichten. Ein Grund für den Einsatz von SOAP liegt auch darin, dass sich eine SOAP-Nachricht schnell aus einem vorhandenen XML-Dokument mit Nutzdaten erstellen lässt.

Eine SOAP-Nachricht (abgesehen von SOAP-Nachrichten mit Attachment) ist selbst ein XML-Dokument und enthält immer einen SOAP-Envelope, der wiederum aus einem optionalen SOAP Header und einem SOAP Body besteht. Der SOAP-Envelope bildet dabei das Wurzelelement einer SOAP-Nachricht und wird durch ein Element namens `Envelope` repräsentiert. SOAP-Envelope sowie alle darin enthaltenen SOAP-spezifischen Elemente sind in der Version 1.2 im Namensraum *http://www.w3.org/2003/05/soap-envelope* definiert. Der entsprechende Namensraum für SOAP 1.1 lautet *http://schemas.xmlsoap.org/soap/envelope*.

Um aus einem XML-Dokument eine SOAP-Nachricht zu gewinnen, wird das XML-Dokument (ohne XML-Prolog und DTD-Referenz) direkt in den SOAP Body abgelegt, der wiederum vom SOAP-Envelope umschlossen wird. Durch diese beiden Verpackungen kann aus jedem beliebigen XML-Dokument eine SOAP-Nachricht abgeleitet werden. Der SOAP Body mit dem Namen `Body` ist ein Pflichtelement. In jedem SOAP-Envelope muss immer genau ein SOAP Body vorhanden sein.

```
<?xml version='1.0' encoding='UTF-8'?>
<soapenv:Envelope
  xmlns:soapenv="http://schemas.xmlsoap.org/soap/envelope/">
  <soapenv:Body>
    <ns1:MakeReservationRequest
      xmlns:ns1="http://axishotels.de/booking/types/">
        <reservation>
          <hotelCode>NH-HD</hotelCode>
          <arrivalDate>2007-02-22</arrivalDate>
          <departureDate>2007-02-22</departureDate>
          <roomCode>DOUBLE</roomCode>
```

Listing 2.2: SOAP-Nachricht aus dem vorigen XML-Dokument

```
                <numberOfRooms>4</numberOfRooms>
                <guestName>Duke</guestName>
            </reservation>
        </ns1:MakeReservationRequest>
    </soapenv:Body>
</soapenv:Envelope>
```

Listing 2.2: SOAP-Nachricht aus dem vorigen XML-Dokument (Forts.)

Während XML überwiegend zur Datenbeschreibung eingesetzt wird, liegt der Schwerpunkt bei SOAP eindeutig auf der Kommunikation. Bei komplexen Szenarien von Web Services ist es erforderlich, nicht nur die Nutzdaten zu übertragen, sondern auch Parameter für technische Merkmale wie etwa QoS (Quality of Service) mitzuschicken. Als Beispiele können Informationen für Adressierung, Routing, Identifikation, Sicherheit oder Transaktionsteuerung genannt werden. Genauso kann es sinnvoll sein, einen Teil der Nutzdaten in einen separaten Bereich auszulagern, damit auf diese Daten während der Vorverarbeitung effizienter zugegriffen werden kann. Die SOAP-Spezifikation hat für diese Zwecke einen separaten Bereich namens SOAP Header vorgesehen, der optional in einem SOAP-Envelope vorkommen kann. Ein SOAP Header wird durch ein Element namens `Header` in dem SOAP-Namensraum definiert. Innerhalb von SOAP Header können beliebig viele Header-Blöcke abgelegt werden, die Metadaten für unterschiedliche Zwecke beinhalten. Im Laufe der Verarbeitung einer SOAP-Nachricht können die Header-Blöcke ausgewertet, verändert, hinzugefügt, entfernt oder weitergeleitet werden. Listing 2.3 verdeutlicht die Verwendung von SOAP Header, wo die SOAP-Nachricht aus Listing 2.2 um einen SOAP Header erweitert wurde, der eine Referenz-ID und eine Uhrzeit enthält.

```
<?xml version='1.0' encoding='UTF-8'?>
<soapenv:Envelope
  xmlns:soapenv="http://schemas.xmlsoap.org/soap/envelope/">

  <soapenv:Header>
    <m:reservationinfo
      xmlns:m="http://axishotels.de/booking/metainfo"
      env:role="http://www.w3.org/2003/05/soap-envelope/role/next"
      env:mustUnderstand="true">
      <m:reference>
        uuid:093a2da1-q345-739r-ba5d-pqff98fe8j7d
      </m:reference>
      <m:dateAndTime>2001-11-29T13:20:00.000-05:00</m:dateAndTime>
    </m:reservationinfo>
  </soapenv:Header>

  <soapenv:Body>
```

Listing 2.3: SOAP-Nachricht mit Header

```
    <ns1:MakeReservationRequest
      xmlns:ns1="http://axishotels.de/booking/types/">
        <reservation>
           <hotelCode>NH-HD</hotelCode>
           <arrivalDate>2007-02-22</arrivalDate>
           <departureDate>2007-02-22</departureDate>
           <roomCode>DOUBLE</roomCode>
           <numberOfRooms>4</numberOfRooms>
           <guestName>Duke</guestName>
        </reservation>
     </ns1:MakeReservationRequest>
  </soapenv:Body>
</soapenv:Envelope>
```

Listing 2.3: SOAP-Nachricht mit Header (Forts.)

Somit ergibt sich eine gesamte Struktur einer SOAP-Nachricht, die in Abbildung 2.1 illustriert ist.

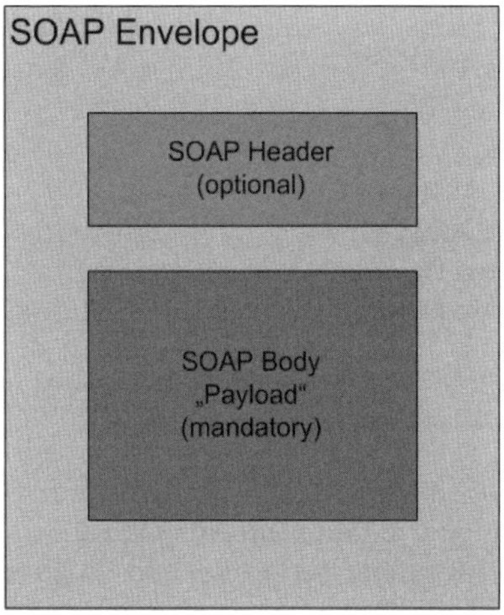

Abbildung 2.1: Struktur einer SOAP-Nachricht, Verarbeitungsmodell

2.1.2 Verarbeitungsmodell

Es stellt sich die berechtigte Frage, welche Daten im SOAP Body verschickt werden sollten und welche Daten im SOAP Header untergebracht werden sollten. Um diese Frage zu beantworten, ist ein Grundverständnis des Verarbeitungsmodells von SOAP-Nachrichten erforderlich. Das Verarbeitungsmodell (*processing model*) beschreibt die Aktionen, die ein SOAP-Knoten beim Empfang einer SOAP-Nachricht ausführt.

Eine SOAP-Nachricht wird von einem Sender oder Service-Requester (*initial SOAP sender*) an einen Empfänger oder Service-Provider (*ultimate SOAP receiver*) verschickt. Jedoch besteht der Pfad, den die SOAP-Nachricht zurücklegt, nicht notwendigerweise nur aus den beiden Knoten *Sender* und *Empfänger*. Oft sind auf dem Pfad auch so genannte *Intermediaries*, also Zwischenknoten vorhanden, die ebenfalls in den Verarbeitungsprozess eingreifen können. So kann z.B. ein Security-Gateway einen Request beim Fehlen eines erwarteten SOAP Headers mit Sicherheitsinformation ablehnen, bevor die Nachricht überhaupt beim Empfänger ankommt. Diese Intermediaries spielen eine enorm wichtige Rolle beim Aufbau einer flexiblen Web Service-Infrastruktur. Obwohl ein Intermediary auch die Rolle des Empfängers spielen und den SOAP Body selbst verarbeiten kann, ist dieses Szenario jedoch keineswegs üblich. Meistens verarbeiten die Intermediaries nur einen oder mehrere an sie adressierte SOAP Header, während SOAP Body mit den Nutzdaten ausschließlich für den endgültigen Empfänger bestimmt ist.

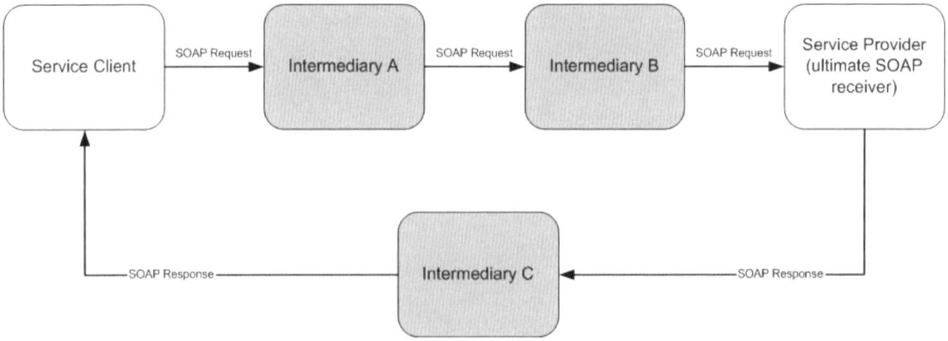

Abbildung 2.2: Verarbeitungspfad einer SOAP-Nachricht mit Intermediaries

Somit kann die obige Frage leicht beantwortet werden. Alle Daten, die für Intermediaries auf dem Weg zum Empfänger interessant sind, sollten im SOAP Header transportiert werden, während alle Daten, die ausschließlich für den Empfänger vorgesehen sind, in den SOAP Body eingefügt werden sollen.

Da eine SOAP-Nachricht eventuell mehrere Header-Blöcke beinhaltet und auf dem Weg zum Empfänger mehrere Intermediaries passieren muss, wird ein Mechanismus benötigt, um zu regeln, welcher Header von welchem SOAP-Knoten (Intermediaries und Empfänger) verarbeitet werden soll. Hierfür wird in der SOAP-Spezifikation ein Attribut namens `role` (in SOAP 1.1: `actor`) vom Typ `anyURI` definiert, das für jeden Header-Block spezifiziert werden kann. Wenn ein SOAP-Knoten eine bestimmte Rolle besitzt, die durch den URI im Attribut `role` eines SOAP Headers identifiziert wird, dann muss der Knoten den entsprechenden SOAP Header verarbeiten. Jedoch lässt die Spezifikation offen, wie die Rollenzuweisung der einzelnen SOAP-Knoten erfolgen soll. Somit bleibt dieses Detail implementierungsspezifisch.

Es sind drei Standardrollen für die gängigsten Anwendungsfälle definiert:

- `http://www.w3.org/2003/05/soap-envelope/role/none` bedeutet, dass der entsprechende SOAP Header für keinen speziellen Knoten vorgesehen ist und daher nicht zwingend verarbeitet werden muss. Solche Header-Blöcke werden benutzt, um Zusatzinformationen zu übertragen, die für die Verarbeitung anderer Header-Elemente interessant sein können. Wenn ein solcher Header nicht von einem der Intermediaries entfernt wird, erreicht er auch den Empfänger.

- http://www.w3.org/2003/05/soap-envelope/role/next wird häufiger als none eingesetzt und identifiziert den nächsten Knoten entlang des Verarbeitungspfads, gleichgültig, ob es sich um einen Intermediary oder den Empfänger handelt. Somit muss ein Header-Block mit dieser Rolle von allen Knoten (einschließlich dem endgültigen Empfänger) verarbeitet werden, solange dieser Header-Block in der Nachricht weitergereicht wird.
- http://www.w3.org/2003/05/soap-envelope/role/ultimateReceiver sagt aus, dass der SOAP Header nur für den endgültigen Empfänger vorgesehen ist und somit von allen Intermediaries ignoriert werden soll. Ist kein role Attribut in einem Header-Block enthalten, so bedeutet dies implizit, dass der Header-Block nur für den Empfänger bestimmt ist. Somit ist ultimateReceiver der Defaultwert für das Attribut role.

Neben diesen drei Standardrollen kann natürlich jede beliebige anwendungsspezifische Rolle definiert werden. Die einzige Voraussetzung ist, dass diese Rolle durch einen eindeutigen URI identifiziert wird.

```
<?xml version="1.0" ?>
<soapenv:Envelope
  xmlns:soapenv="http://www.w3.org/2003/05/soap-envelope">
  <soapenv:Header>
    <p:oneBlock xmlns:p="http://axishotels.de"
            env:role="http://axishotels.de/Log">
     ...
    </p:oneBlock>
    <q:anotherBlock xmlns:q="http://axishotels.de"
       env:role="http://www.w3.org/2003/05/soap-envelope/role/next">
     ...
    </q:anotherBlock>
    <r:aThirdBlock xmlns:r="http://axishotels.de">
     ...
    </r:aThirdBlock>
  </soapenv:Header>
  <soapenv:Body >
  ...
  </soapenv:Body>
</soapenv:Envelope>
```

Listing 2.4: Header-Blöcke mit Role-Attribut

Die obige SOAP-Nachricht hat drei Header-Blöcke. Der erste <p:oneBlock> besitzt eine anwendungsspezifische Rolle mit dem URI http://axishotels.de/Log. Daher ist <p:oneBlock> nur für Knoten interessant, die diese Rolle besitzen. Der zweite <q:anotherBlock> hat dagegen die standardisierte Rolle next und muss somit von allen Knoten auf dem Pfad verarbeitet werden. Da der dritte Header <r:aThirdBlock> kein role-Attribut besitzt, muss nur der endgültige Empfänger den Inhalt dieses Blocks verarbeiten.

Nachdem geklärt ist, wie festgelegt werden kann, welcher Knoten einen bestimmten Header-Block verarbeitet, soll nun die Verarbeitung der Daten im Header erläutert werden. Um zu vermeiden, dass relevante Header nicht einfach vom zuständigen Knoten ignoriert werden, kann ein solcher Header mit dem Attribut `mustUnderstand= "true"` versehen werden. Das Attribut `mustUnderstand` existierte bereits in SOAP 1.1 und besagt, dass der jeweilige Header unbedingt nach der entsprechenden Semantik verarbeitet werden muss. Sollte dagegen ein Knoten die im Header-Block enthaltenen Daten nicht verstehen oder nicht korrekt verarbeiten können, muss der Knoten die Weiterverarbeitung der Nachricht abbrechen und einen SOAP-Fault als Antwort zurückschicken. Hat das Attribut `mustUnderstand` den Wert `false` oder ist dieses Attribut überhaupt nicht vorhanden, so kann der Knoten frei entscheiden, ob der Header verarbeitet oder ignoriert wird. Bei Header-Blöcken mit kritischen Informationen wie z.B. Daten für Sicherheitsprüfung oder Transaktionssteuerung sollte das `mustUnderstand`-Attribut daher immer auf „`true`" gesetzt sein. Im Falle des SOAP Body ist es nicht notwendig, dieses Attribut explizit zu setzen, weil jeder SOAP Body immer implizit einen Wert `true` für das Attribut hat und somit unbedingt vom Empfänger verarbeitet werden muss.

In SOAP 1.2 wird ein drittes Standard-Attribut definiert, das Einfluss auf die Verarbeitung ausüben kann. Das Attribut `relay` ist vom Typ `xsd:boolean` und regelt, ob ein SOAP Header von einem Intermediary weitergeleitet werden soll, falls er von diesem nicht verarbeitet wurde. Im Normalfall wird ein vom aktuellen Knoten verarbeiteter Header aus der Nachricht entfernt, bevor diese weitergeleitet wird, wobei derselbe Header mit dem gleichen oder leicht veränderten Inhalt auch wieder erneut in die Nachricht eingefügt werden kann. Jedoch ist es manchmal auch wünschenswert, ein alternatives Verhalten zu realisieren, sodass ein Header auch von allen oder mehreren Knoten verarbeitet werden kann. Dafür ist das Attribut `relay` vorgesehen. Wird es auf den Wert `true` gesetzt, so erlaubt dies einem Knoten, einen ihm zugewiesenen Header trotzdem weiterzuleiten, auch wenn er ihn nicht verarbeitet hat. Die Kombination `role= "next"` und `relay= "true"` bewirkt zum Beispiel, dass jedes Intermediary die Möglichkeit bekommt, den Header zu verarbeiten.

2.1.3 SOAP-Fault

Einer der Gründe, die XML-Nutzdaten in einen SOAP-Envelope zu verpacken und somit SOAP als Kommunikationsprotokoll zu verwenden, ist, dass SOAP einen eingebauten Mechanismus zur Fehlerbehandlung mitbringt. Wenn ein SOAP Header nicht vom zuständigen Intermediary oder der SOAP Body nicht vom endgültigen Empfänger korrekt verarbeitet werden kann, muss der jeweilige Knoten einen SOAP-Fault erzeugen und ihn in der Response zurückschicken. Zu diesem Zweck wurde im SOAP-Namespace das Element `Fault` definiert. Wird es verwendet, so muss es das einzige Kindelement im jeweiligen `Body` einer SOAP-Nachricht sein.

Das Element `Fault` muss immer die beiden Kindelemente `Code` und `Reason` enthalten, optional können die Kindelemente `Detail`, `Node` und `Role` hinzukommen. `Code` enthält im Kindelement `Value` einen standardisierten Fehlercode wie z.B. "`VersionMismatch`", "`MustUnderstand`" oder „`DataEncodingUnknown`". Zusätzlich können beliebig tief verschachtelte `Subcode`-Elemente eingefügt werden. Mit den standardisierten Werten für das `Value`-Element lassen sich die aufgetretenen Fehler auf oberster Ebene klassifizieren. Diese Fehler können mittels der selbst definierten Subcode-Hierarchie feiner klassifiziert werden. Die Werte aller fünf standardisierten Fehlercodes und ihre Bedeutungen sind in der nachfolgenden Tabelle 2.1 zusammengefasst.

SOAP-Fehlercodes	Kurzbeschreibung
VersionMismatch	Der Empfänger erwartet Nachrichten in einer anderen SOAP-Version, als der Sender geschickt hat
MustUnderstand	Ein SOAP Header kann durch den SOAP-Knoten nicht verarbeitet werden, obwohl das Attribut mustUnderstand auf true gesetzt wurde
DataEncodingUnknown	SOAP Header oder SOAP Body verwenden Kodierungsregeln, die von dem fehlerverursachenden SOAP-Knoten nicht unterstützt wird
Sender	Der Empfänger kann die Nachricht nicht verarbeiten, weil sie in einem ungültigen Format vorliegt oder nicht die benötigten Informationen enthält. Dieser Fehler wird z.B. gemeldet, wenn die Nachricht nicht die geforderte Authentifizierungsinformation enthält. Der Fehler deutet darauf hin, dass dieselbe Nachricht nicht ohne Anpassung erneut verschickt werden soll.
Receiver	Der Empfänger kann die Nachricht nicht verarbeiten, wobei der Fehler jedoch nichts mit dem Inhalt der Nachrichten zu tun hat. Beispiel: Eine Datenbank, die für die Verarbeitung notwendig ist, steht kurzfristig nicht zur Verfügung. Bei dieser Fehlerart kann oft ein erneuter Versuch zu einem späteren Zeitpunkt zum Erfolg führen.

Tabelle 2.1: Vordefinierte SOAP-Fehlercodes

Während der Fehlercode in Code für die maschinelle Verarbeitung vorgesehen ist, wird eine für Menschen verständliche Beschreibung der Fehlerursache in die Kindelemente Text und Reason aufgeteilt. Die Beschreibung kann sogar in mehreren Sprachen vorliegen. In diesem Fall muss jedes Text-Element einen eindeutigem Attributwert für xml:lang aufweisen. Sollten weitere Details zu der jeweiligen Fehlersituation übermittelt werden (z.B. ein kompletter, serverseitiger Stack-Trace), bietet das Detail-Element Platz für diese zusätzlichen Informationen. Es kann darüber hinaus beliebige anwendungsspezifische XML-Fragmente als Kindelement aufnehmen. Ein optionales Node-Element im SOAP-Fault bezeichnet mittels eines URI den fehlerverursachenden SOAP-Knoten, während durch das Role-Element angegeben werden kann, welche Funktion dieser Knoten beim Auftreten des Fehlers ausübte. Ist kein Node vorhanden, ist davon auszugehen, dass der Fehler beim Empfänger aufgetreten ist.

```
<soapenv:Envelope
  xmlns:soapenv="http://www.w3.org/2003/05/soap-envelope"
  xmlns:rpc='http://www.w3.org/2003/05/soap-rpc'>

  <soapenv:Body>
    <soapenv:Fault>
      <soapenv:Code>
        <soapenv:Value>env:Sender</soapenv:Value>
        <soapenv:Subcode>
```

Listing 2.5: SOAP Fault

```
          <soapenv:Value>rpc:BadArguments</soapenv:Value>
        </soapenv:Subcode>
      </soapenv:Code>
      <soapenv:Reason>
        <soapenv:Text xml:lang="en-US">
          Processing Error
        </soapenv:Text>
        <soapenv:Text xml:lang="de_DE">
          Verarbeitungsfehler
        </soapenv:Text>
      </soapenv:Reason>
      <soapenv:Detail>
        <e:myFaultDetails xmlns:e="http://axishotels.de/faults">
          <e:message>Name does not match card number</e:message>
          <e:errorcode>999</e:errorcode>
        </e:myFaultDetails>
      </soapenv:Detail>
    </soapenv:Fault>
  </soapenv:Body>
</soapenv:Envelope>
```

Listing 2.5: SOAP Fault (Forts.)

2.1.4 Nachrichtenaustausch

Während SOAP zunächst hauptsächlich als ein neues RPC-Protokoll (Remote Procedure Call) betrachtet wurde, das aufgrund des Einsatzes von XML und HTTP höhere Interoperabilität mit sich bringt, herrscht inzwischen der Konsens, dass SOAP sowohl für das RPC-Szenario als auch für reinen Nachrichtenaustausch im Sinne einer MOM (Message Oritented Middleware) geeignet ist. Um die beiden Einsatzmöglichkeiten zu unterscheiden, wurde in SOAP 1.2 Spezifikation der neue Begriff MEP (Message Exchange Pattern) eingeführt. Generell unterstützt SOAP zwei Kommunikationsformen: dialogorientierter Nachrichtenaustausch (*engl. Conversational Message Exchange*) und entfernte Prozeduraufrufe (*engl. RPC -- Remote Procedure Call*).

Während die Anfrage-Antwort-Form im RPC-Stil auf bestimmte Anwendungsfälle beschränkt ist, kann eine viel größere Menge an möglichen Verwendungsszenarios über einfache XML-basierte Dokumente zur wechselseitiger Konversation modelliert werden. Jeder Kommunikationspartner kann als Sender eine Nachricht verschicken oder als Empfänger eine Nachricht erhalten. Ein Sender erwartet für seine Nachrichten nicht zwingend eine Antwortnachricht. Die Nutzdaten der Nachrichten werden im `Body` transportiert und müssen vom jeweiligen Empfänger verstanden werden. Auch bei diesem dialogorientierten Nachrichtenaustausch ist es natürlich möglich, die Anfrage-Antwort-Kommunikation (analog zum RPC-Stil) zu simulieren. Die beiden voneinander unabhängigen Nachrichten müssen lediglich durch eine eindeutige Referenz (Korrelations-ID) in Beziehung gesetzt werden, damit deren Zusammenhang erkannt werden kann. Die Korrelations-ID kann z.B.

im `Header` der Nachricht übertragen werden. Diese Technik wird auch bei anderen MOMs wie z.B. JMS eingesetzt.

```
<?xml version="1.0" ?>
<soapenv:Envelope
  xmlns:soapenv="http://www.w3.org/2003/05/soap-envelope">
  <soapenv:Header>
    <m:reservationinfo xmlns:m="http://axishotels.de/"
     env:role="http://www.w3.org/2003/05/soap-envelope/role/next">
      <m:reference>
        uuid:093a2da1-q345-739r-ba5d-pqff98fe8j7d
      </m:reference>
    </m:revervationinfo>
  </soapenv:Header>
  <soapenv:Body >
  <!-- Request Data-->
  </soapenv:Body>
</soapenv:Envelope>
```

Listing 2.6: Request mit Korrelations-ID

```
<?xml version="1.0" ?>
<soapenv:Envelope xmlns:soapenv="http://www.w3.org/2003/05/soap-envelope">
  <soapenv:Header>
    <m:reservationinfo xmlns:m="http://axishotels.de /"
     env:role="http://www.w3.org/2003/05/soap-envelope/role/next">
     <m:reference>
       uuid:093a2da1-q345-739r-ba5d-pqff98fe8j7d
     </m:reference>
     </m:reservationinfo>
  </soapenv:Header>
  <soapenv:Body >
  <!-- Response Data-->
  </soapenv:Body>
</soapenv:Envelope>
```

Listing 2.7: Response mit Korrelations-ID

SOAP kann ebenfalls eingesetzt werden, um entfernte Methodenaufrufe zu implementieren. Um eine solche Methode aufzurufen, müssen zumindest die Adresse, der Name und die Parameter der entfernten Methode bekannt sein. Damit eine SOAP-Nachricht im RPC-Stil auch als solche erkannt werden kann, ist das Format einer RPC-Nachricht genau definiert. Demnach muss der RPC einen `struct` (Datenmodell ähnlich wie Struct in der Programmiersprache C oder JavaBeans in Java; beschreibt einen komplexen Datentypen mit verschachtelten Elementen) als einziges Kindelement im `Body` der SOAP-Nachricht haben. Der Name dieses `struct` muss dem Methoden- oder Operationsnamen entsprechen und jeder Parameter wird als ein direktes Kindelement von `struct` unter Verwendung seines Namens abgelegt.

```
<?xml version='1.0' ?>
<soapenv:Envelope xmlns:soapenv="http://www.w3.org/2003/05/soap-envelope">
  <soapenv:Header>
    <t:transaction xmlns:t="http://axishotels.de/tx"
      env:encodingStyle="http://axishotels.de/encoding"
      env:mustUnderstand="true">5</t:transaction>
  </soapenv:Header>
  <soapenv:Body>
    <m:chargeReservation
      env:encodingStyle="http://www.w3.org/2003/05/soap-encoding"
      xmlns:m="http://axishotels.de/">
      <m:reservation>
        <m:code>FT35ZBQ</m:code>
      </m:reservation>
      <o:creditCard xmlns:o="http://axishotels.de/financial">
        <o:name>Duke Master</n:name>
        <o:number>123456789099999</o:number>
        <o:expiration>2005-02</o:expiration>
      </o:creditCard>
    </m:chargeReservation>
  </soapenv:Body>
</soapenv:Envelope>
```

Listing 2.8: RPC-Aufruf über SOAP

Bei der obigen SOAP-Nachricht handelt es sich um eine Nachricht für einen entfernten Aufruf der Methode `chargeReservation`, die zwei Parameter namens `reservation` und `creditCard` erwartet. Im `chargeReservation`-Element ist ein Attribut namens `encodingStyle` enthalten, deren Wert mit einem URL belegt wurde. Hierbei handelt es sich um ein Kodierungsschema, das Bestandteil der SOAP-Spezifikation ist und regelt, wie der Inhalt des entsprechenden Elements (in diesem Fall `chargeReservation`) beim Versand kodiert wird. Außerdem ist in diesem Beispiel ersichtlich, dass eine Nachricht für RPC-Aufruf ebenfalls SOAP Headers für zusätzliche Informationen enthalten kann.

Der Aufbau einer Antwortnachricht für einen entfernten Methodenaufruf ist dem der Anfragenachricht recht ähnlich. In diesem Fall besteht der Name des `struct`-Elementes jedoch aus dem aufgerufenen Methodenamen und dem Suffix „Response". Innerhalb dieses Elements werden wiederum die Ausgabeparameter der Methode abgelegt. Da die meisten Methoden maximal einen Rückgabewert zurückliefern, wird dieser in einer Antwortnachricht durch das Element `rpc:result` auch besonders gekennzeichnet. Dieses Element weist einen Wert vom Typ `xs:QName` auf und verweist auf ein anderes Element im selben `struct`-Element. Fehlt das Element `rpc:result`, so ist davon auszugehen, dass die Methode keine Rückgabe liefert.

```
<?xml version='1.0' ?>
<soapenv:Envelope
  xmlns:soapenv="http://www.w3.org/2003/05/soap-envelope">
  <soapenv:Header>
    <t:transaction xmlns:t="http://axishotels.de/tx"
      env:encodingStyle="http://axishotels.de/encoding"
      env:mustUnderstand="true">5</t:transaction>
  </soapenv:Header>
  <soapenv:Body>
    <m:chargeReservationResponse
      env:encodingStyle="http://www.w3.org/2003/05/soap-encoding"
      xmlns:rpc="http://www.w3.org/2003/05/soap-rpc"
      xmlns:m="http://axishotels.de/">
      <rpc:result>m:status</rpc:result>
      <m:status>confirmed</m:status>
      <m:code>FT35ZBQ</m:code>
      <m:viewAt>
        http://axishotels.de/reservations?code=FT35ZBQ
      </m:viewAt>
    </m:chargeReservationResponse>
  </soapenv:Body>
</soapenv:Envelope>
```

Listing 2.9: Response eines RPC-Aufrufs über SOAP

2.1.5 Protokoll-Binding

Bei SOAP handelt es sich um ein Anwendungsprotokoll, das nur mit Hilfe von darunter liegenden Transportprotokollen übertragen werden kann. Die Protokoll-Bindung definiert, wie eine SOAP-Nachricht von einem SOAP-Knoten zum nächsten Knoten mit dem entsprechenden Protokoll transportiert wird. Die SOAP 1.2-Spezifikation wurde auf Basis von XML Information Sets (XML-Infoset) erstellt, sodass bei der Protokoll-Bindung zuerst die Frage beantwortet werden muss, in welcher konkreten Syntax die Infoset einer SOAP-Nachricht repräsentiert wird. In den meisten Fällen wird hierfür die XML-1.0-Syntax gewählt, sodass eine SOAP-Nachricht zuerst in ein wohlgeformtes XML-Dokument überführt werden muss, bevor es über ein Transportprotokoll verschickt werden kann. Jedes andere geeignete Format könnte jedoch ebenfalls eingesetzt werden.

Darüber hinaus beinhaltet die Protokoll-Bindung einen Mechanismus zur Unterstützung von Eigenschaften (*engl. Features*), die von SOAP-Anwendungen benötigt werden. Als Beispiele solcher Eigenschaft können Nachricht-Korrelation, zuverlässige Zustellung oder Verschlüsselung genannt werden. Diese Eigenschaften hängen zumeist mit der Form des Nachrichtenaustausches zusammen. So muss die Nachricht-Korrelation bei Verwendung von UDP komplett anders implementiert werden als bei HTTP, bei dem die Korrelation direkt aus der Request-Response-Zuordnung des unterliegenden Protokolls abgeleitet werden kann. In der Praxis spielt überwiegend nur das HTTP-Binding eine Rolle, obwohl auch der Einsatz von SMTP, TCP und JMS als Transportprotokoll vereinzelt zum Einsatz kommt. Im Folgenden wird jedoch nur das HTTP-Binding vorgestellt.

Das HTTP-Binding nutzt das „SOAP Web Method Feature", um es Applikationen zu ermöglichen, eine so genannte Web-Methode auszuwählen (im Moment nur GET oder POST). Zusätzlich unterstützt sie zwei verschiedene Formen des Nachrichtenaustauschs:

- Verwendung der HTTP GET-Methode für Anfragen an den Service und Versand einer SOAP-Nachricht im Body der HTTP-Antwort (SOAP Response Message Exchange Pattern)
- Verwendung der HTTP POST-Methode für den Versand von SOAP-Nachrichten an den Service im Body einer HTTP-Anfrage und Versand einer SOAP-Nachricht im Body der HTTP-Antwort (SOAP Request-Response Message Exchange Pattern)

Bei der ersten Form wird eine normale HTTP-Anfrage über GET geschickt. Alle Parameter für die Anfragen werden in den angefragten URL hineinkodiert. Zusätzlich wird im `Accept`-Header festgelegt, dass als Ergebnis eine SOAP-Nachricht erwartet wird.

```
GET /axishotels.de/reservations?code=FT35ZBQ HTTP/1.1
Host: axishotels.de
Accept: text/html;q=0.5, application/soap+xml
```

Listing 2.10: HTTP-GET-Anfrage

Die zugehörige Response enthält im Body eine SOAP-Nachricht als Antwort.

```
HTTP/1.1 200 OK
Content-Type: application/soap+xml; charset="utf-8"
Content-Length: nnnn

<?xml version='1.0' ?>
<soapenv:Envelope
  xmlns:soapenv="http://www.w3.org/2003/05/soap-envelope">
  <soapenv:Header>
    ...
  </soapenv:Header>
  <soapenv:Body>
    ...
  </soapenv:Body>
</soapenv:Envelope>
```

Listing 2.11: SOAP-Antwort für die HTTP-GET-Anfrage

Diese Form des Nachrichtenaustauschs sollte bei Szenarien eingesetzt werden, in denen Informationen vom Service abgefragt werden. Sollte die Anfrage dagegen eine Daten manipulierende Operation auslösen, dann ist ein Nachrichtaustausch über HTTP-POST sinnvoller. In diesem Fall können beide Kommunikationspartner beliebige XML-Daten oder RPC austauschen. Das folgende Beispiel zeigt eine komplette HTTP-POST-Anfrage mit einer der weiter oben gezeigten SOAP-Nachrichten. Die HTTP-Response ist in diesem Fall nicht von der einer GET-Anfrage zu unterscheiden.

```
POST /Reservations HTTP/1.1
Host: travelcompany.example.org
Content-Type: application/soap+xml; charset="utf-8"
Content-Length: nnnn

<?xml version='1.0' ?>
<soapenv:Envelope
  xmlns:soapenv="http://www.w3.org/2003/05/soap-envelope">
  <soapenv:Header>
    <t:transaction xmlns:t="http://axishotels.de/tx"
      env:encodingStyle="http://axishotels.de/encoding"
      env:mustUnderstand="true">5</t:transaction>
  </soapenv:Header>
  <soapenv:Body>
    <m:chargeReservation
      env:encodingStyle="http://www.w3.org/2003/05/soap-encoding"
      xmlns:m="http://axishotels.de/">
      <m:reservation>
        <m:code>FT35ZBQ</m:code>
      </m:reservation>
      <o:creditCard xmlns:o="http://axishotels.de/financial">
        <o:name>Duke Master</n:name>
        <o:number>123456789099999</o:number>
        <o:expiration>2005-02</o:expiration>
      </o:creditCard>
    </m:chargeReservation>
  </soapenv:Body>
</soapenv:Envelope>
```

Listing 2.12: SOAP-Request über HTTP-POST

2.1.6 SOAP 1.2 vs. SOAP 1.1

Alle bisherigen Beschreibungen basieren auf der aktuellen SOAP 1.2 Spezifikation. In dieser Version sind gegenüber der Vorgängerversion viele Ungenauigkeiten beseitigt worden. SOAP 1.1 ist jedoch weiterhin in der Praxis weiter verbreitet, sodass in diesem Abschnitt kurz aufgelistet wird, worin sich die beiden Versionen unterscheiden.

SOAP 1.1 ist in einem einzigen Dokument definiert, während die Spezifikation von SOAP 1.2 auf drei Dokumente verteilt ist. Neben einer Einführung (*engl. Primer*) beschreibt der erste Teil den Aufbau und das Verarbeitungsmodell der SOAP-Nachrichten sowie das

Framework für Protokoll-Bindings. Der zweite Teil konzentriert sich dagegen auf optionale Funktionalitäten, die SOAP-Implementierungen unterstützen können, aber nicht müssen. Dazu zählen Serialisierungs-Regeln für den Versand von SOAP-Nachrichten über HTTP oder die Realisierung von RPC-Aufrufen mit Hilfe von SOAP. Im Gegensatz zu SOAP 1.1 basiert die Beschreibung der Nachrichtenstruktur in SOAP 1.2 nicht mehr auf konkreter Syntax (XML 1.0 Dokument) sondern auf ein abstraktes Modell (XML Infoset). Somit ist es möglich, SOAP-Nachrichten in einer beliebigen Syntax (z.B. auch binärem Format) zu formulieren, wenn dies für das eingesetzte Transportprotokoll besser geeignet ist.

SOAP-Syntax

SOAP 1.2 ist in vielen Punkten strenger als sein Vorgänger: War es in Version 1.1 noch möglich, nach dem `Body` weitere Kindelemente im `Envelope` unterzubringen, so ist dies in der neuen Version strikt untersagt. Zu beachten ist auch, dass das Attribut `encodingStyle` nicht mehr wie ursprünglich in jedem Element einer SOAP-Nachricht untergebracht werden kann. Im `Envelope` ist dieses Attribut nicht mehr erlaubt. Stattdessen definiert SOAP 1.2 spezielle Elemente, in denen das `encodingStyle`-Attribut verwendet werden kann. Diese Präzisierung der Spezifikation war dringend notwendig, da eine Reihe unscharfer Formulierungen in SOAP 1.1 zu zahlreichen Interoperabilitätsproblemen führte.

Bei der Verwendung von SOAP 1.1 war es üblich, die Attributwerte 0 und 1 für `mustUnderstand` zu verwenden. In SOAP 1.2-Nachrichten werden dagegen die logischen Ausdrücke `true` und `false` empfohlen.

Das Attribut `actor` wird ohne Änderung der Semantik durch das neue Attribut `role` ersetzt. Über das Attribut namens `relay` kann nun festgelegt werden, ob ein SOAP Header weitergeleitet werden soll, wenn er nicht verarbeitet wurde.

Fault

Mit SOAP 1.2 wird der neue Fehlercode `DataEncodingUnknown` eingeführt. Ferner heißen die Fehlercodes `Client` und `Server` nun `Sender` und `Receiver`, um zu betonen, dass SOAP kein spezielles RPC-Protokoll, sondern für allgemeinen Nachrichtenaustausch konzipiert ist. Die Elementnamen `faultcode` und `faultstring` wurden in `Code` und `Reason` umbenannt.

Um die Lesbarkeit von SOAP-Faults zu verbessern, gibt es nun hierarchische SOAP-Faults. Die ursprüngliche Punkt-Notation, durch die Fehler in SOAP 1.1 präzisiert wurden, weicht nun einer XML-typischen Formulierung. Für RPC sind in SOAP 1.2 daneben auch zwei Standard-Subcodes definiert:

- `rpc:ProcedureNotPresent`: Die aufgerufene Methode existiert nicht.
- `rpc:BadArguments`: Parameter wurden an eine Methode entweder unvollständig oder fehlerhaft übergeben.

Listing 2.13 stellt SOAP-Fault in 1.1 und 1.2 gegenüber.

```
SOAP 1.1:
<soapenv:Fault>
  <faultcode>soapenv:Server.generalException</faultcode>
  <faultstring>No such operation </faultstring>
</soapenv:Fault>

SOAP 1.2:
<soapenv:Fault>
  <faultcode>
    <value>soapenv:Server</value>
    <subcode>
      <value>generalException</value>
    </subcode>
  <faultstring>No such operation</faultstring>
</soapenv:Fault>
```

Listing 2.13: Vergleich eines Faults in SOAP 1.1 und SOAP 1.2

HTTP-Binding

In SOAP 1.2 sind die Beziehungen zwischen SOAP, MIME und HTTP klarer definiert. Da XML nun in vielen Anwendungsbereichen verwendet wird, wurde eine neue Konvention mit „+xml“ als Suffix von MIME-Types etabliert, um auszudrücken, dass es sich um XML-Dokumente handelt, die jedoch besondere Verarbeitung erfordern. SOAP 1.1 verwendet noch den MIME-Type `application/xml` oder `text/xml`. Damit ist es nicht möglich, zwischen einer SOAP-Nachricht und einem beliebigem XML-Dokument zu unterscheiden. Dank der neuen Konvention haben SOAP 1.2-Nachrichten nun den MIME-Type `application/soap+xml` bekommen, sodass sie eindeutig als SOAP-Nachrichten erkannt werden können.

Eine weitere Änderung betrifft den HTTP-Header `SOAPAction`. Während er in SOAP 1.1 noch ein Pflichtfeld ist, wurde er in SOAP 1.2 als optional deklariert. Vielmehr sollte diese Information als `action`-Parameter in MIME-Type angegeben werden.

```
SOAP 1.1:
Content-Type: text/xml
SOAPAction: "http://axishotels.de/registration"

SOAP 1.2:
Content-Type: application/soap+xml; action=http://axishotels.de/registration
```

Listing 2.14: MIME-Type für SOAP 1.1- und SOAP 1.2-Nachricht

Während in SOAP 1.1 im Falle eines Fehlers der HTTP-Status-Code 500 (Internal Server Error) zurückgeliefert wird, antwortet SOAP 1.2 mit einer normalen Nachricht und dem HTTP-Status-Code 200 (OK). Die SOAP-spezifischen Fehlerinformationen sind nur noch in der Nachricht selbst und nicht mehr im HTTP-Header zu finden. Damit soll die Trennung zwischen Transport- und Anwendungsprotokoll verdeutlicht werden.

2.2 WSDL

Neben SOAP stellt WSDL die zweite wichtige Grundlage für Web Service-Anwendungen dar. WSDL steht für *Web Services Description Language* und es handelt sich dabei um eine Sprache, mit deren Hilfe Web Services auf standardisiertem Weg beschrieben werden können. Die Beschreibung enthält zum einen die abstrakte Schnittstelle des Service, also alle Operationen und die zu versendenden Nachrichten und Datentypen. Zum anderen kann mit WSDL aber auch beschrieben werden, auf welche Weise mit einer konkreten Implementierung dieser Schnittstelle bzw. diesem Service kommuniziert werden kann und unter welcher Adresse ein Service erreichbar ist. Ein WSDL-Dokument definiert somit einen Vertrag zwischen Service-Anbieter und Nutzer.

Die grundlegende Idee ist dabei, dass ein WSDL-Dokument sämtliche Informationen enthält, die notwendig sind, um den Service aufzurufen. Wird dies eingehalten, so kann die Erstellung von Client-Anwendungen automatisiert werden. Dies machen sich diverse Code-Generatoren zu Nutze, die ausgehend von einer WSDL-Beschreibung Programmcode für clientseitige Stub- oder Proxy-Klassen erzeugen. In diesem Zusammenhang hat WSDL sehr große Ähnlichkeit mit IDLs (Interface Definition Language), wie sie von anderen Technologien wie CORBA oder COM bekannt sind. Der Unterschied bei WSDL jedoch ist, dass diese Schnittstellenbeschreibungen in XML verfasst werden und daher potentiell besser interoperabel sind.

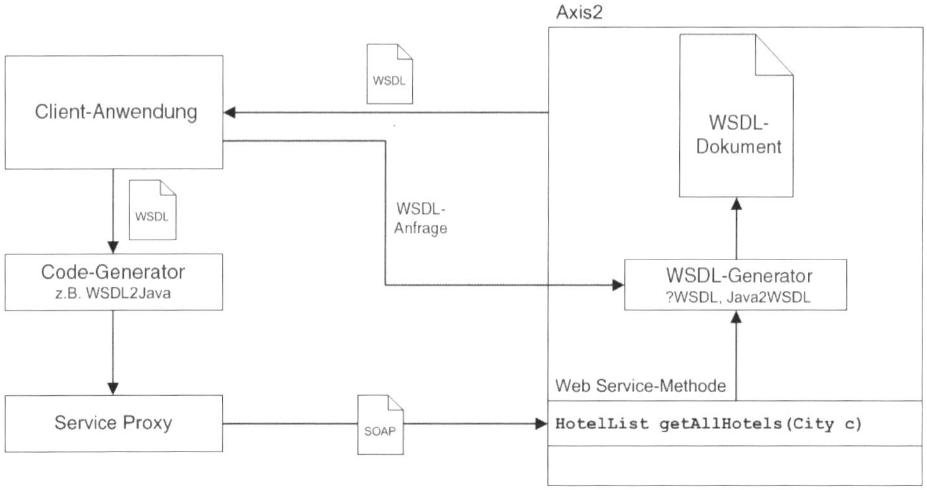

Abbildung 2.3: Rolle von WSDL-Dokumenten in Web Service-Anwendungen

Sollen fortgeschrittene Web Service-Technologien eingesetzt werden, wie beispielsweise WS-Security zum Versand verschlüsselter oder digital signierter Nachrichten, so kann die Verwendung dieses Features jedoch nicht mehr mit WSDL alleine dargestellt werden. Dies führt natürlich dazu, dass auch Code-Generatoren scheitern und für solche Funktionalitäten keinen Programmcode erzeugen können. In solchen Fällen können jedoch Erweiterungsmechanismen genutzt werden, beispielsweise durch die Verwendung von speziellen Erweiterungselementen oder durch die Verknüpfung mit einer Policy gemäß WS-Policy.

2.2.1 MEPs - Message Exchange Patterns

Web Service-Operationen definieren sich über die Nachrichten, die zwischen Service-Client und Service-Anbieter verschickt werden müssen. Beispielsweise könnte der Web Service eines Hotels eine Operation zur Reservierung von Zimmern anbieten. Um die Operation erfolgreich durchzuführen, wäre folgendes Szenario denkbar: Zunächst muss eine Nachricht mit den Reservierungsdaten an den Service geschickt werden, als Reaktion darauf sendet der Service eine Antwortnachricht, die entweder eine Reservierungsbestätigung oder einen negativen Bescheid enthält. Aus Sicht des Service besteht die Operation also aus einer eingehenden (IN) gefolgt von einer ausgehenden Nachricht (OUT). Dieses Szenario ist sicherlich das am meisten verbreitete und wird mit *IN-OUT* oder *Request-Response* bezeichnet. Ein weiteres recht verbreitetes Szenario ist die *Einweg-Operation (engl. One-Way)*, bei der lediglich eine Nachricht zum Service geschickt wird, dieser aber keine Antwortnachricht zurücksendet (*IN-Only*).

Neben diesen sehr geläufigen Fällen sind prinzipiell beliebige Nachrichtenaustauschmuster denkbar. So könnte beispielsweise ein Service von sich aus eine Nachricht senden, die nicht durch eine unmittelbar zuvor erhaltene Nachricht eines Client, sondern durch ein anderes Ereignis ausgelöst wurde (*Notification* oder *OUT-Only*). Darüber hinaus ist es auch keinesfalls zwingend notwendig, dass eine Operation immer nur aus entweder einer oder zwei Nachrichten besteht. Theoretisch ist es möglich, sehr komplexe Operationen zu definieren, für welche der Versand einer größeren Anzahl von Nachrichten notwendig ist.

Der Fachbegriff für Muster zum Nachrichtenaustausch ist MEP (Message Exchange Pattern). WSDL 1.1 unterstützt vier verschiedene MEPs:

- *One-Way*: Der Service empfängt eine Nachricht.
- *Request-Response*: Der Service empfängt eine Nachricht und sendet daraufhin eine Nachricht zurück.
- *Solicit-Response*: Der Service sendet eine Nachricht und erhält daraufhin eine Nachricht zurück.
- *Notification*: Der Service sendet eine Nachricht.

Ein weit verbreitetes Missverständnis lautet, dass Request-Response- und Solicit-Response-Operationen automatisch synchron sind und somit die einsetzbaren Programmiermodelle und Kommunikationsprotokolle zur Umsetzung dieser Operationen ebenfalls blockierend und synchron sein müssen. Dies ist jedoch nicht der Fall. Beide MEPs können auch mit Protokollen wie SMTP realisiert werden, und bei der Programmierung können sowohl blockierende als auch nicht blockierende asynchrone Aufrufe verwendet werden. WSDL fordert nicht einmal, dass die Response-Nachricht an denselben Kommunikationspartner verschickt wird, von dem die Request-Nachricht empfangen wurde.

WSDL 2.0 ist offener angelegt und unterstützt prinzipiell beliebige MEPs, wobei die acht vermeintlich gebräuchlichsten bereits vordefiniert sind. Für diese vordefinierten MEPs legt WSDL 2.0 zudem eindeutige URIs fest, mit denen die MEPs identifiziert werden können. Es steht jedermann offen, hierauf aufbauend eigene MEPs zu definieren.

Ein augenfälliger Unterschied zu den MEPs von WSDL 1.1 ist die flexiblere Behandlung von Fehlerfällen. Dabei werden in den so genannten *Fault Propagation Rules* drei Fälle unterschieden:

- *No Fault*: Es werden keine Fehlernachrichten verschickt.
- *Fault Replaces Message*: Jede Nachricht des MEP, außer der ersten, kann durch eine Fehlernachricht in gleicher Richtung ersetzt werden.
- *Message Triggers Fault*: Jede Nachricht des MEP kann eine Fehlernachricht in entgegengesetzter Richtung auslösen

Tabelle 2.2 verdeutlicht, wie MEPs und die Behandlung von Fehlerfällen in Beziehung stehen. Bei einer In-Only-Operation wird immer nur eine Nachricht versendet, selbst wenn deren Verarbeitung einen Fehler verursacht. Dieser wird dann eben nicht gemeldet. Eine Robust-In-Only-Operation besteht ebenfalls aus nur einer einzigen Nachricht, hier existiert jedoch die Ausnahme des Fehlerfalls: Wenn ein Fehler auftritt (und nur dann), kann auch eine Nachricht von Service zurückgesendet werden. Ein In-Out-Operation besteht immer aus zwei Nachrichten, die zweite kann dabei bei Bedarf durch eine Fehlernachricht ersetzt werden. In-Opt-Out bedeutet schließlich, dass der Versand einer Antwortnachricht optional ist, sollte ein Fehler auftreten, wird dieser aber auf alle Fälle mit einer entsprechenden Nachricht gemeldet.

MEP	Fault Propagation Rule
http://www.w3.org/2006/01/wsdl/in-only	No Fault
http://www.w3.org/2006/01/wsdl/robust-in-only	Message Triggers Fault
http://www.w3.org/2006/01/wsdl/in-out	Fault Replaces Message
http://www.w3.org/2006/01/wsdl/in-opt-out	Message Triggers Fault
http://www.w3.org/2006/01/wsdl/out-only	No Fault
http://www.w3.org/2006/01/wsdl/robust-out-only	Message Triggers Fault
http://www.w3.org/2006/01/wsdl/out-in	Fault Replaces Message
http://www.w3.org/2006/01/wsdl/out-opt-in	Message Triggers Fault

Tabelle 2.2: MEPs und Fehlerbehandlung gemäß WSDL 2.0-Spezifikation

2.2.2 WSDL 1.1

Die Spezifikation von WSDL 1.1 datiert aus dem Jahre 2001 und war zum Zeitpunkt des Erscheinens dieses Buch noch immer aktuell. Sie ist jedoch kein offizieller Standard, sondern nur eine so genannte *W3C Note*. WSDL 1.1 wurde von Beginn an für seine technischen Mängel und Stolpersteine kritisiert und war zudem in der Vergangenheit Ursache zahlreicher Interoperabilitätsprobleme. Aus diesem Grund wird bereits seit 2002 an einer Nachfolgespezifikation namens WSDL 2.0 gearbeitet, die jedoch noch immer nicht fertig gestellt ist. Immerhin ist inzwischen ein Ende abzusehen und es ist zu hoffen, dass die Standardisierung von WSDL 2.0 im Laufe des Jahres 2007 abgeschlossen werden wird. Tatsache ist jedoch, dass Entwickler in der Zwischenzeit trotz aller Probleme und Unzulänglichkeiten um WSDL 1.1 nicht herum kommen. Selbst nach Verabschiedung von

WSDL 2.0 als offizieller Standard wird es sicherlich einige Zeit dauern, bis die neue Spezifikation Verbreitung findet und von allen wichtigen Web Service-Frameworks unterstützt wird.

Aufbau eines WSDL-Dokuments

Ein WSDL-Dokument kann sehr umfangreich werden, je nachdem wie viele Operationen der beschriebene Service anbietet und wie umfangreich der Inhalt der zu versendenden Nachrichten ist. Der grundsätzliche Aufbau lässt sich dennoch recht einfach skizzieren. Ein WSDL-Dokument ist hierarchisch aufgebaut und besteht aus fünf Komponenten:

- Definition von Datentypen mit Hilfe von XML Schema (`types`)
- Definition von Nachrichten (`message`)
- Definition der Service-Schnittstelle und ihrer Operationen (`portType`)
- Definition von Bindungen an spezifische Kommunikationsprotokolle (`binding`)
- Definition von Service-Endpunkten (`service`)

Listing 2.15 zeigt einen stark vereinfachten, prinzipiellen Aufbau eines WSDL-Dokumentes. Viele der Elemente können mehrmals vorkommen.

```
<definitions ...>
  <types>
    <schema>...</schema>
  </types>

  <message>
    <part>...</part>
  </message>

  <portType>
     <operation>
       <input>...</input>
       <output>...</output>
       <fault>...</fault>
      </operation>
   </portType>

  <binding>
    <operation>
       <input>...</input>
       <output>...</output>
    </operation>
```

Listing 2.15: Stark vereinfachte Darstellung des prinzipiellen Aufbaus von WSDL

```
  </binding>

  <service>
    <port>...</port>
  </service>
</definitions>
```

Listing 2.15: Stark vereinfachte Darstellung des prinzipiellen Aufbaus von WSDL (Forts.)

Die WSDL-Spezifikation definiert einen Web Service als eine Menge abstrakter Netzwerkendpunkte, die Daten in Form von Nachrichten austauschen. Die Beschreibung des Web Service erfolgt dabei in mehreren Schritten: Zunächst werden mit Hilfe von XML Schema die Datentypen der in den Nachrichten enthaltenen Anwendungsdaten definiert. Darauf aufbauend folgt im Anschluss daran die Definition aller bei der Kommunikation mit dem Service möglichen Nachrichten. Dies schließt selbstverständlich auch Fehlernachrichten mit ein. Die Service-Operationen, die gemeinsam die Service-Schnittstelle (oder den Port Type) darstellen, werden auf Basis ein- und ausgehender Nachrichten definiert (vgl. Abschnitt 2.2.1). Nach der Definition von Datentypen und Operationen wird festgelegt, wie die Nachrichten kodiert werden und wie sie zwischen Client und Server transportiert werden. Dieser, auch als Bindung bezeichneter, Abschnitt wird am Ende einer WSDL-Beschreibung bei der Definition der tatsächlichen Service-Adressen referenziert.

Abstrakte und konkrete Bereiche

Eine WSDL-Beschreibung lässt sich in einen abstrakten und konkreten Bereich zerlegen. Der abstrakte Teil, bestehend aus den Abschnitten `types`, `message` und `portType`, beschreibt die Operationen und verwendeten Datentypen, also die Schnittstelle des Service, unabhängig vom verwendeten Kommunikations- und Transportprotokoll oder einer spezifischen Implementierung. Der konkrete Teil, bestehend aus den Elementen `binding` und `service`, definiert über welche URI (Uniform Ressource Identifier) und Protokolle der Web Service erreichbar ist und wie die Daten serialisiert und codiert werden.

Das Element <definitions>

Das `definitions`-Element dient als Wurzelelement für die Service-Beschreibung. Alle im Dokument benötigten XML-Namensräume werden dort definiert. Besonderes Augenmerk gilt dem Attribut `targetNamespace`. Dabei handelt es sich um einen URI, der analog zum gleichen Mechanismus in XML Schema einen Namensraum festlegt für die Artefakte (Nachrichten, Operationen etc), die in diesem Dokument beschrieben werden. Er wird unter anderem dazu benötigt, um innerhalb des WSDL-Dokumentes auf andere Elemente zu verweisen, z.B. wenn bei der Definition von Operationen auf die zugehörigen Nachrichtendefinitionen verwiesen wird. Nachdem der Target Namespace bestimmt wurde, kann eine leere Schale für das WSDL-Dokument erstellt werden. Alle Definitionen befinden sich innerhalb eines umschließenden `definitions`-Elementes.

```
<wsdl:definitions xmlns:bt="http://axishotels.de/booking/types/"
          xmlns:tns="http://axishotels.de/booking/service/"
          targetNamespace="http://axishotels.de/booking/service/"
          xmlns:wsdl="http://schemas.xmlsoap.org/wsdl/"
          xmlns:xsd="http://www.w3.org/2001/XMLSchema"
          xmlns:soap="http://schemas.xmlsoap.org/wsdl/soap/">
```

Das Element <types>: Definition von Datentypen

Direkt im Anschluss an das Wurzelelement `definitions` kann ein `types`-Element folgen. Dieses optionale Element dient der Definition jener Datentypen, die in den Nachrichten versendet werden, mit Hilfe von XML Schema. Die Datentypen werden dann später bei der Definition der einzelnen Nachrichten (`message`) und ihrer Inhalte referenziert. Optional ist das *types*-Element deshalb, weil nur komplexe Datentypen beschrieben werden müssen. Einfache Datentypen wie *integer, float, double, date,* oder *string* werden bereits von XML Schema definiert.

Das XML Schema mit den Definitionen der Datentypen kann entweder in das `types`-Element eingefügt oder in einer externen Datei ausgelagert werden. Letzteres erleichtert natürlich die Wiederverwendung. In diesem Fall ist stattdessen eine entsprechende `import`-Anweisung im `types`-Element vorzusehen.

Der in diesem Buch als Beispiel dienende Web Service der Hotelkette „AxisHotels" verwendet unter anderem den Datentyp `Reservation`.

```
<complexType name="Reservation">
  <sequence>
    <element name="hotelCode" type="string"></element>
    <element name="arrivalDate" type="date"></element>
    <element name="departureDate" type="date"></element>
    <element name="roomCode" type="string"></element>
    <element name="numberOfRooms" type="int"></element>
    <element name="guestName" type="string"></element>
  </sequence>
</complexType>
```

Das XML Schema wird im Falle des Beispielservice in einem externen Schema gehalten, das `types`-Element des WSDL-Dokuments sieht daher wie folgt aus:

```
<wsdl:types>
  <xsd:schema>
    <xsd:import schemaLocation="AxisHotels.xsd"
                namespace="http://axishotels.de/booking/types/" />
  </xsd:schema>
</wsdl:types>
```

Das Element <message>: Definition von Nachrichten

Mit message-Elementen werden die Nachrichten beschrieben, die zwischen Client und Web Service beim Aufruf einer Operation ausgetauscht werden. Dies bedeutet insbesondere, dass der Inhalt der Nachrichten zu definieren ist. Hierfür werden Kindelemente namens part verwendet. Sie referenzieren gegebenenfalls im XML Schema unter types definierte Datentypen. Soll beispielsweise eine Nachricht definiert werden, die an eine Operation zur Reservierung von Hotelzimmern gesendet wird, und die den Datentyp Reservation aus dem vorangegangenen Abschnitt transportiert, so könnte die Definition der Nachricht wie folgt aussehen. Das Kürzel bt verweist auf den XML-Namensraum des Elementes Reservation.

```
<wsdl:message name="MakeReservationRequest">
  <wsdl:part name="MakeReservationRequest" element="bt:Reservation"/>
</wsdl:message>
```

Eine Nachricht kann aus mehreren parts bestehen, die beim Versand der Nachricht entweder im SOAP Body oder im SOAP Header transportiert werden.

Das Element <portType>: Definition der Service-Schnittstelle

Im Element portType wird die Schnittstelle eines Service beschrieben, die sich über die Menge seiner Operationen definiert. Der Ausdruck *Port Type* hat sich im Laufe der Jahre als nicht besonders glücklich herausgestellt, weshalb in WSDL 2.0 stattdessen ein Element namens interface verwendet wird.

Ein WSDL-Dokument kann beliebig viele Port Types enthalten. Innerhalb des Port Type wird jede Operation durch ein operation-Element beschrieben und setzt sich aus mehreren der zuvor definierten Nachrichten zusammen. Diese werden jeweils aus input-Nachricht, output-Nachricht oder fault-Nachricht deklariert. Je nachdem, welches MEP die Operation umsetzt, werden die Nachrichten in unterschiedlicher Reihenfolge und Häufigkeit in das operation-Element eingefügt. Im Falle einer One-Way-Operation gibt es beispielsweise nur eine input-Nachricht. Eine Request-Response-Operation hat dagegen eine input- und eine output-Nachricht sowie beliebig viele fault-Nachrichten.

```
<wsdl:portType name="BookingInterface">
  <wsdl:operation name="MakeReservation">
    <wsdl:input message="tns:MakeReservationRequest"/>
    <wsdl:output message="tns:MakeReservationResponse"/>
    <wsdl:fault message="tns:InvalidHotelCodeFault"/>
    <wsdl:fault message="tns:IncompleteGuestDetailsFault"/>
  </wsdl:operation>
  <wsdl:operation name="CancelReservation">
    <wsdl:input message="tns:CancelReservationRequest"/>
    <wsdl:output message="tns:CancelReservationResponse"/>
    <wsdl:fault message="tns:InvalidReservationNumberFault"/>
```

```
  </wsdl:operation>
</wsdl:portType>
```

Das Element <binding>: Definition von Bindungen

Das Element binding ist dem konkreten Teil eines WSDL-Dokumentes zuzuordnen. Hier werden Alternativen beschrieben, wie mit der abstrakten Schnittstelle des Service (definiert durch types, message, und portType Elemente) kommuniziert werden kann. Dies beinhaltet Nachrichtenformate, Kommunikations- und Transportprotokolle. Als Kommunikationsprotokoll könnte beispielsweise SOAP zum Einsatz kommen und als Transportprotokoll für die SOAP-Nachrichten HTTP. Diese Kombination war bislang die mit Abstand häufigste eingesetzte Kommunikationsart in Web Service-Anwendungen, es sind aber prinzipiell beliebige andere Kombinationen denkbar.

Jedes WSDL-Dokument kann mehrere Bindings definieren, wobei jedes Binding mit dem Attribut type einen spezifischen Port Type referenziert. Zur Definition der Einzelheiten bezüglich eines spezifischen Kommunikationsprotokolls erlaubt WSDL die Verwendung von Erweiterungselementen aus fremden Namensräumen. Auch im Falle von SOAP werden solche benötigt, wie das folgende Beispiel zeigt:

```
<wsdl:binding name="BookingSoapBinding"
              type="tns:BookingInterface">
  <soap:binding style="document"
               transport="http://schemas.xmlsoap.org/soap/http"/>

  <wsdl:operation name="MakeReservation">
    <soap:operation
      soapAction="http://axishotels.de/booking/service/MakeReservation"/>
    <wsdl:input>
      <soap:body use="literal" parts=" MakeReservationRequest"/>
    </wsdl:input>
    <wsdl:output>
      <soap:body use="literal" parts="MakeReservationResponse"/>
    </wsdl:output>
  </wsdl:operation>
  ...
</wsdl:binding>
```

Das Element soap:binding legt fest, dass das SOAP-Nachrichtenformat Document für die Kommunikation zu verwenden ist, und dass die SOAP-Nachrichten über HTTP transportiert werden müssen. Im Anschluss folgen die Binding-Informationen für die Operation MakeReservation. Mit Hilfe von soap:operation wird ein Action-URI definiert, welcher in Nachrichten mitzuschicken ist, um die Operation eindeutig zu identifizieren, an welche eine Nachricht gerichtet ist. Schließlich wird sowohl für die input- als auch für die output-Nachrichten definiert, ob die in den entsprechenden message-Elementen definierten parts im SOAP Body oder im SOAP Header zu transportieren sind. Das Attribut use definiert, welches Encoding für die Nachrichteninhalte zu verwenden ist.

Das Element <service>: Konkrete Service-Endpunkte

Das letzte Element einer WSDL-Beschreibung heißt `service` und gehört ebenfalls zum konkreten Teil eines WSDL-Dokumentes. Ein Service gruppiert dabei eine Menge von Ports. Ein Port wiederum definiert einen einzelnen Service-Endpunkt durch die Angabe einer Adresse für eines der zuvor definierten Bindings. In den meisten Fällen handelt es sich um mehrere Ports, welche den gleichen Port Type, aber verschiedene Binding-Alternativen implementieren. Folgendes Beispiel zeigt einen Service mit drei Ports: einen für SOAP 1.1, einen für SOAP 1.2 und einen für REST:

```
<wsdl:service name="BookingService">
  <wsdl:port name="BookingServiceSOAP11port_http"
            binding="tns:BookingServiceSOAP11Binding">
    <soap:address location="http://localhost:8081/axis2/services/BookingService"/>
  </wsdl:port>

  <wsdl:port name="BookingServiceSOAP12port_http"
            binding="tns:BookingServiceSOAP12Binding">
    <soap12:address location="http://localhost:8081/axis2/services/BookingService"/>
  </wsdl:port>

  <wsdl:port name="BookingServiceHttpport1"
            binding="tns:BookingServiceHttpBinding">
    <http:address location="http://localhost:8081/axis2/rest/BookingService"/>
  </wsdl:port>
</wsdl:service>
```

2.2.3 WSDL 2.0

WSDL 2.0 wird vom W3C standardisiert. Die Spezifikation besteht aus zwei Dokumenten mit den Titeln „Part 1: Core Language“ und „Part 2: Adjuncts“. Während ersteres Dokument die Sprache selbst spezifiziert, enthält das zweite die folgenden Zusätze und Erweiterungen für spezifische Einsatzgebiete:

- Vordefinierte MEPs und Regeln für die Behandlung von Fehlern
- WSDL-Erweiterung zur Markierung „sicherer“ Operationen, deren Verwendung keine Verpflichtung nach sich zieht (zum Beispiel in Form einer Zahlung)
- Vordefinierte Nachrichtenstile (RPC, IRI, Multipart)
- WSDL-Erweiterung für SOAP-Binding
- WSDL-Erweiterung für HTTP-Binding

Zusätzlich gibt es ein Dokument namens „Part 0: Primer“, das dazu dient, einen leichteren und weniger technischen Zugang zu den wichtigsten Features von WSDL 2.0 zu erhalten.

Unterschiede zwischen WSDL 1.1 und WSDL 2.0

Der auf den ersten Blick auffälligste Unterschied ist sicherlich die geänderte Dokumentstruktur. Das Wurzelelement von WSDL 2.0 wurde umbenannt und heißt nun nicht mehr `definitions`, sondern `description`. Zudem wurde das `portType`-Element durch ein `interface`-Element ersetzt. Nachrichten werden nun nicht mehr separat, sondern innerhalb von `interface` definiert und jede Operation muss das Attribut `pattern` besitzen, dessen Wert das von der Operation verwendete MEP identifiziert. Wie bereits in Abschnitt 2.2.1 erläutert, definiert WSDL 2.0 eine größere Anzahl MEPs als WSDL 1.1 und erlaubt darüber hinaus die Definition beliebiger zusätzlicher MEPs.

```
<description targetNamespace="..." ...>
  <types>
    ...
  </types>

  <interface>
     <operation name"..." pattern="...">
        <input>...</input>
        <output>...</output>
        <infault>...</infault>
        <outfault>...</outfault>
     </operation>
     <fault>...</fault>
  </interface>

  <binding ...>
    <operation>
       <input>...</input>
       <output>...</output>
    </operation>
    <fault>...</fault>
  </binding>

  <service>
    <endpoint>...</endpoint>
  </service>
</definitions>
```

Listing 2.16: Stark vereinfachte Darstellung des prinzipiellen Aufbaus von WSDL

Zur Definition von Datentypen muss nicht mehr zwingend XML Schema verwendet werden. WSDL 2.0 erlaubt beispielsweise auch den Einsatz von RelaxNG oder DTDs. Darüber hinaus wird auch das Konzept der Vererbung eingeführt. Ein Interface kann von einem oder mehreren (Mehrfachvererbung) bereits bestehenden Interfaces abgeleitet werden. Dies unterstützt natürlich die Wiederverwendung.

In WSDL 1.1 gab es keinen Mechanismus, um nicht-funktionale Anforderungen eines Service zu beschreiben. Eine weitere wichtige Neuerung ist daher die Einführung von *Features* und *Properties*. Das Vorhandensein eines `feature`-Elementes in einer von WSDL 2.0 beschriebenen Komponente (zum Beispiel in einer Operationsdefinition) bedeutet, dass die Komponente eine bestimmte Funktionalität unterstützt und von Client-Anwendungen möglicherweise sogar erfordert, dass diese das Feature verwenden. Mögliche Einsatzgebiete sind beispielsweise Sicherheit oder zuverlässige Nachrichtenübermittlung. Properties werden mit Hilfe eines `property`-Elementes definiert und können dazu verwendet werden, Eigenschaften oder Parameter für Features festzulegen. Dies könnten zum Beispiel die Sicherheitsstufe oder der zu verwendende Signaturalgorithmus sein. Die Elemente `feature` und `property` können in den Elementen `interface`, `binding` und `service` und all ihren Kindelementen enthalten sein.

Die Einführung von *Features* und *Properties* in WSDL 2.0 ist ein sehr kontroverses Thema, da ihr Einsatzzweck sich mit WS-Policy überschneidet, das ebenfalls vom W3C standardisiert wird. Da beide Standardisierungen noch nicht abgeschlossen sind, bleibt die weitere Entwicklung von WSDL 2.0 in diesem Punkt abzuwarten.

Umwandlung von WSDL 1.1 nach WSDL 2.0

Das W3C bietet einen Konvertierungsdienst im Internet an, mit dem WSDL 1.1-Dokumente automatisch nach WSDL 2.0 überführt werden können. Der Dienst ist erreichbar unter der folgenden Adresse: *http://www.w3.org/2006/02/WSDLConvert.html*.

2.3 Code First vs. Contract First

Web Services haben zweifellos den Sprung vom Hype zur Realität geschafft. Viele namhafte Unternehmen bieten mittlerweile entsprechende Schnittstellen für Ihre Dienstleistungen im Internet an, und auch innerhalb von Unternehmen werden Web Services inzwischen sehr häufig zur Integration heterogener Anwendungen und Plattformen eingesetzt. Doch gerade das Erreichen bestmöglicher Interoperabilität scheint bei der Entwicklung von Web Service-Anwendungen noch immer eine große Herausforderung zu sein.

Die Situation, dass gerade Interoperabilitätsprobleme Entwicklern von Web Service-Anwendungen besonders viel Kopfzerbrechen bereiten, mutet recht grotesk an. Denn gerade Interoperabilität war ja eines der wichtigsten Probleme moderner Softwarelandschaften, die mit Hilfe von Web Service-Technologien gelöst werden sollten. In den vergangenen Jahren wurde eine Reihe unterschiedlicher Gründe für die auftretenden Schwierigkeiten identifiziert und inzwischen sind viele davon beseitigt oder es ist zumindest bekannt, wie diese in den Griff zu bekommen sind. Die meisten Gründe sind naturgemäß in den verwendeten Technologien wie SOAP und WSDL selbst zu suchen.

Doch unabhängig von SOAP und WSDL hat sich in der Vergangenheit zusätzlich ein ganz anderer Faktor als wahrer Interoperabilitätskiller heraus kristallisiert: Viele Probleme entstehen dadurch, dass bei der Entwicklung von Web Service-Anwendungen ganz einfach der falsche Ansatz gewählt wird. Ein großer Teil der Probleme liegt im Vorgehensmodell begründet. Im Wesentlichen stehen zwei verschiedene Ansätze zur Auswahl. Beide Ansätze werden im Folgenden beschrieben und dabei erläutert, weshalb einer von beiden sehr häufig zu Interoperabilitätsproblemen führt.

2.3.1 Der Code-First-Ansatz

Insbesondere zu Anfangszeiten der Web Service-Anwendungen hat sich ein Entwicklungsansatz verbreitet, der heute gemeinhin *Code First* oder gelegentlich auch *Implementation First* genannt wird. Bei diesem Ansatz stellt die Implementierung des Web Service, also Programmcode, die Grundlage der weiteren Entwicklung dar. Der erste Schritt bei der Realisierung eines neuen Service besteht also darin, die gewünschte Funktionalität in einer oder mehrerer Java-Klassen zu implementieren (der grundsätzliche Ansatz funktioniert natürlich auch mit anderen Programmiersprachen, aber dieses ist schließlich ein Java-Buch). Gegebenfalls wird zusätzlich eine Schnittstellenklasse für den Service erstellt, dies ist für den weiteren Verlauf jedoch vollkommen unerheblich.

Im nächsten Schritt kommt eines der vielen Generierungswerkzeuge zum Einsatz. Im Prinzip bringt jedes Web Service-Framework einen speziell darauf abgestimmten Generator mit. Mit dessen Hilfe wird nun aus dem soeben erstellten Service-Code eine WSDL-Beschreibung automatisch generiert. Falls bei der Entwicklung eine IDE mit Web Service-Unterstützung verwendet wird, erfolgt der Aufruf dieses Tools gegebenenfalls implizit. Manchmal erfolgt dieser Schritt auch ohne aktives Eingreifen des Entwicklers hinter den Kulissen nach der Inbetriebnahme des Service. Da die manuelle Erstellung von WSDL-Dokumenten keineswegs trivial ist, wird durch die Generierung ein beträchtlicher Zeitaufwand eingespart – jedoch leider nur scheinbar, wie sich in zahlreichen Fällen erst viel später herausstellt.

Die so gewonnene WSDL-Beschreibung kann dann in einem letzten Schritt dazu genutzt werden, mit Hilfe eines weiteren Generator-Tools Proxy-Klassen für Client-Anwendungen zu generieren, also Hilfsklassen, mit deren Hilfe der Aufruf des Service aus einer Client-Anwendung zum Kinderspiel wird.

Dieser Ansatz sollte jedem Entwickler, der sich schon einmal mit Web Service-Anwendungen beschäftigt hat, sehr geläufig sein. Es ist der am häufigsten demonstrierte und auch am besten dokumentierte Ansatz. Gemeinerweise funktioniert er sogar besonders gut, vor allen Dingen für Einsteiger, weil diese natürlich nicht mit sehr komplexen Services und Schnittstellen beginnen, sondern bei ihren ersten Services für gewöhnlich ein „Hello World" oder ähnlich triviale Beispiele entwickeln.

Was aber ist daran nun so problematisch? Obwohl der Code-First-Ansatz einfach umsetzbar zu sein scheint, birgt er leider erhebliche Probleme hinsichtlich der Interoperabilität. Diese werden oftmals erst recht spät erkannt, wenn die zu entwickelnde Anwendung komplexer wird und grundlegende Umbaumaßnahmen bereits erhebliche Anstrengungen erfordern. Um den Grund für die hervorgerufenen Interoperabilitätsprobleme zu erläutern, ist es nötig ein wenig auszuholen.

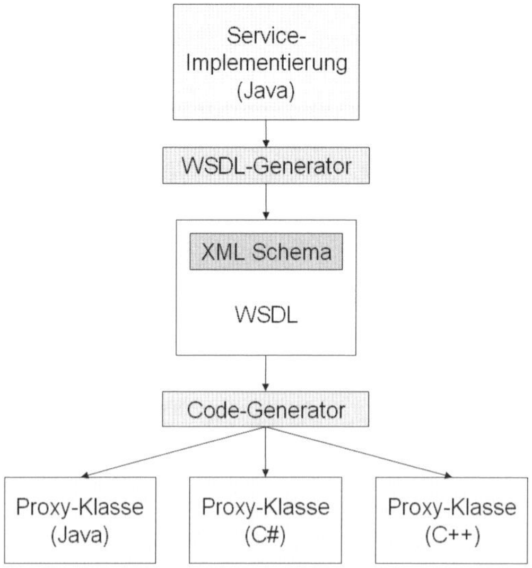

Abbildung 2.4: Ablaufschema beim Code-First-Ansatz

Die Kommunikation zwischen Web Services und Clients erfolgt bekanntlich auf Basis von XML. Damit Kommunikationspartner selbst unterschiedlichster Sprachen und Plattformen untereinander Daten austauschen können, muss sichergestellt sein, dass alle Parteien die verwendeten Datentypen kennen und mit diesen auch umgehen können. Zu diesem Zweck definiert XML Schema eine Reihe von Basisdatentypen sowie umfangreiche Möglichkeiten, um diese zu komplexeren, anwendungsspezifischen Datentypen zu erweitern und zu kombinieren. Zusätzlich definieren diverse Spezifikationen Abbildungen zwischen den durch XML Schema definierten Datentypen und den Datentypen einer spezifischen Plattform oder Programmiersprache[1].

So gesehen ist es unmittelbar einleuchtend, dass für die Kommunikation nur solche Datentypen verwendet werden dürfen, die entweder in XML Schema definiert sind, oder aus diesen durch Anwendung standardisierter Regeln abgeleitet wurden. Das Problem des Code-First-Ansatzes besteht jedoch darin, dass Entwickler bei einem solchem Vorgehen dazu verleitet werden, bei der Implementierung des Service-Codes sprach- oder plattformspezifische Datentypen zu verwenden, für die keine standardisierte Abbildung in einen XML Schema-Datentyp existiert. Typische Vertreter dieser Gattung waren in der Vergangenheit der Java-Datentyp `Vector` oder der .NET-Datentyp `DataSet`.

Das heimtückische am Code-First-Ansatz ist dabei, dass, selbst wenn bei der Implementierung des Service problematische Datentypen verwendet werden, die hierdurch hervorgerufenen Schwierigkeiten hinsichtlich der Interoperabilität oftmals nicht sofort auffallen, sondern längere Zeit im Verborgenen bleiben. Viele Frameworks und Code-Generatoren warnen nämlich nicht vor der Verwendung problematischer Datentypen, sondern versuchen im Gegenteil diese durch proprietäre Lösungen zur Konvertierung in XML zu

1 Im Falle von Java definiert die JAX-WS-Spezifikation das standardisierte API für Web Service-Entwicklung. Für die Umwandlung von Datentypen zwischen XML Schema und Java bedient sich JAX-WS dabei einer anderen Spezifikation namens JAXB. Dort sind die entsprechenden Abbildungsregeln definiert.

unterstützen. In der Regel verwenden Entwickler somit proprietäre Umwandlungsregeln zwischen XML und ihrer Programmiersprache, ohne sich dessen bewusst zu sein. Solange das gleiche Web Service-Framework sowohl auf der Client- als auch auf der Serverseite zum Einsatz kommt, fallen die Interoperabilitätsprobleme daher nicht auf. In der Regel werden Web Services jedoch eingesetzt, um heterogene Systeme zu integrieren. Sobald dann beispielsweise Geschäftspartner den neuen Service verwenden sollen, funktioniert plötzlich gar nichts mehr, wenn diese ein unterschiedliches Framework verwenden, das die problematischen Datentypen nicht unterstützt oder eine eigene, ebenfalls proprietäre Lösung anbietet. Als Grundregel kann an dieser Stelle also zunächst Folgendes festgehalten werden:

> Wenn man bei der Entwicklung mit XML Schema-Datentypen startet, so ist es leicht, diese auf plattformspezifische Datentypen abzubilden, da entsprechende Abbildungsregeln bereits existieren.
>
> Startet man dagegen mit plattform- oder sprachspezifischen Datentypen, so kann es passieren, dass keine standardisierte Abbildung nach XML besteht und somit andere Kommunikationspartner Schwierigkeiten haben werden, mit diesen umzugehen.

Diese Erkenntnis erscheint trivial. Entscheidend ist jedoch, in der Praxis auch tatsächlich entsprechend zu handeln.

Problemlose Zusammenarbeit mit anderen Plattformen wird daneben durch die Tatsache gefährdet, dass generierte WSDL-Beschreibungen sehr häufig nicht besonders interoperabel sind. Dies liegt sowohl an Unzulänglichkeiten mancher Generatoren einerseits und von WSDL 1.1 andererseits. Schwierigkeiten dieser Art kommen jedoch beim Einsatz aktueller Frameworks nur noch recht selten vor, seitdem das WS-I (Web Services Interoperability Forum) mit dem Basic Profile ein Richtliniendokument für die Verwendung von Web Service-Technologien wie WSDL veröffentlicht hat. Die meisten Tools, die WSDL generieren, befolgen das Basic Profile inzwischen recht gut. Dennoch sollte man sich hierauf nicht verlassen. Das WS-I stellt auf seiner Webseite ein kostenloses Analyse-Werkzeug bereit, mit dessen Hilfe geprüft werden kann, ob eine generierte WSDL wirklich den Anforderungen des Basic Profile entspricht.

Ein weiterer Punkt, der sehr häufig aus den Augen verloren wird, ist, dass die Entwicklung bei „Spiel-Projekten" und Prototypen sehr häufig auf der berühmten grünen Wiese beginnt und in aller Regel an dieser Stelle noch keine vordefinierten XML Schemata bedacht werden müssen. In einer solchen Umgebung klappt der Code-First-Ansatz dann meist auch ganz hervorragend, denn man kann einfach drauf los programmieren und die WSDLs quasi im Vorbeigehen erzeugen. Schließlich kommt dann noch hinzu, dass die am Markt erhältlichen Tools diesen Ansatz am besten unterstützen und auch auf diese Art und Weise am besten funktionieren. Wird es dann anschließend aber ernst und wird mit der Entwicklung der tatsächlichen Anwendung begonnen, so fällt eine nachträgliche Disziplinierung oft sehr schwer, zumal der bisherige Weg ja so bequem war und doch auch bestens funktionierte.

Real-World-Projekte sind im Web Service-Bereich jedoch im Gegensatz zu den „Spiel-Projekten“ in aller Regel große Integrationsprojekte. Nicht selten existieren bereits zahlreiche und umfangreiche XML Schemata, die bei der SOAP-Kommunikation zu berücksichtigen sind. So definiert beispielsweise die OpenTravel Alliance (OTA) [3] standardisierte XML Schemata unter anderem für die Reservierung sowie für die Preis- und Verfügbarkeitsabfrage von Flügen, Hotels oder Mietfahrzeugen. Bei der Erstellung von WSDL-Beschreibungen für Web Services in diesem Umfeld empfiehlt es sich daher natürlich, die in diesen XML Schemata definierten Datentypen zu verwenden, um maximale Interoperabilität mit Geschäftspartnern aus der gleichen Branche zu gewährleisten. Alle beteiligten Kommunikationspartner können dann gegen diesen gemeinsamen „Vertrag“ entwickeln. Man stelle sich vor, im Falle einer solchen Anforderung würde der Code-First-Ansatz verwendet. Dies würde bedeuten, dass ein Weg gefunden werden muss, um aus der Java-Implementierung des Web Service eine WSDL zu generieren, die zu den bestehenden Schemata der OTA passt... Wer diesen Weg wirklich gehen will, muss gute Nerven und viel Zeit mitbringen.

Der Code-First-Ansatz ist nicht grundsätzlich abzulehnen. In manchen Fällen kommt man auch hiermit zum Ziel, insbesondere bei relativ simplen Kommunikationsschnittstellen und wenn man über sehr umfangreiche Erfahrung mit Web Service-Technologien verfügt, um potentielle Gefahren zu kennen und zu umgehen. Daneben werden die Tools immer besser, indem sie zunehmend das Basic Profile befolgen. Dennoch sollte man sich bewusst sein, dass der Code-First-Ansatz eine Vielzahl von Interoperabilitätsproblemen birgt, die insbesondere Einsteiger in die Thematik oft verzweifeln lassen und die zahlreichen Entwicklern in der Vergangenheit eine Menge Zeit, Geld und Nerven gekostet haben.

2.3.2 Der Contract-First-Ansatz

Wie im vorausgegangenen Abschnitt dargestellt, gibt es eine ganze Reihe von Gründen vom verbreiteten Code-First-Ansatz Abstand zu nehmen. Stattdessen hat sich vielfach ein alternativer Ansatz bewährt, bei dem zu allererst die Web Service-Schnittstelle in Form einer WSDL-Beschreibung definiert wird.

Hierzu bedient man sich ausschließlich der in XML Schema definierten primitiven Basistypen bzw. komplexerer Datentypen, welche aus diesen abgeleitet wurden. In der Regel wird man alle anwendungsspezifischen Datentypen in einem oder mehreren Schemata definieren. Zusätzlich sollten auch die zwischen Clients und Services versendeten Nachrichten mit Hilfe von XML Schema definiert werden. Häufig scheinen insbesondere zu Beginn eines Projektes die Nachrichten identisch mit den zuvor definierten Datentypen zu sein. In der Regel entwickelt sich die Anwendung im Laufe der Zeit jedoch weiter. Häufig stellt man bereits nach relativ kurzer Zeit fest, dass bestimmte Nachrichten mehrere unterschiedliche Datentypen oder zusätzliche Informationen transportieren sollen. Spätestens dann lohnt es sich, von vorneherein die Nachrichten separat definiert zu haben, die dann als Klammer für mehrere unterschiedliche Datentypen dienen.

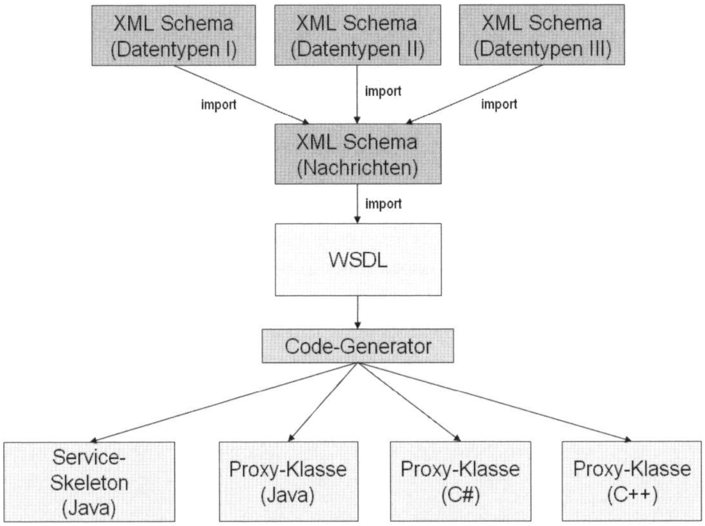

Abbildung 2.5: Auflaufschema beim Contract-First-Ansatz

Nachdem alle Datentypen und Nachrichten mit Hilfe von XML Schema definiert wurden, wird im zweiten Schritt eine WSDL-Beschreibung der Service-Schnittstelle erstellt, in welche die Schemata importiert werden. Somit basiert die Definition der Schnittstelle ausschließlich auf XML Schema-Datentypen. Ausgehend von diesem WSDL-Dokument können dann im letzten Schritt mit Hilfe entsprechender Generatoren Code bzw. Codegerüste für Clients und Services in beliebigen Programmiersprachen generiert werden.

Da man bei einer solchen Vorgehensweise mit der Definition der Kommunikationsschnittstelle beginnt, haben sich für diesen Ansatz die Namen „WSDL First"- und vor allem „Contract First" etabliert. Die Verwendung dieses Ansatzes resultiert in einer stark reduzierten Wahrscheinlichkeit für Interoperabilitätsprobleme aufgrund inkompatibler Datentypen und nicht interoperabler WSDL-Dokumente. Es ist jedoch auch bei diesem Ansatz von höchster Wichtigkeit, das erstellte WSDL-Dokument mit dem Analyse-Tool des WS-I auf seine Konformität mit dem Basic Profile zu überprüfen. Sollte diese Analyse scheitern, macht es keinen Sinn, mit dem nächsten Schritt, also mit der Codegenerierung fortzufahren. Spätere Probleme sind dann vorprogrammiert. Fällt der Konformitätstest jedoch positiv aus, so ist ein beträchtlicher Anteil potentieller Interoperabilitätsprobleme damit nahezu ausgeschlossen.

Mit der Definition der WSDL, also mit der Service-Schnittstelle zu beginnen, macht ein schnittstellenbasiertes Denken seitens der Entwickler notwendig. Ohnehin ist eine allgemeine Änderung der Denkweise bei der Web Service-Entwicklung dringend notwendig und vielerorts bereits im Gange. Denn leider wurden Web Services und SOAP vor allem im Java-Umfeld anfangs hauptsächlich mit XML-basiertem RPC (Remote Procedure Call), also dem entfernten Methodenaufruf durch Versand einer XML-Nachricht erklärt oder sogar gleichgesetzt. Der anfänglich weit verbreitete Einsatz des SOAP-Nachrichtenstils *RPC/Encoded* hat diese Denkweise zusätzlich gefördert. SOAP ist jedoch viel mehr und ist viel breiter einsetzbar; XML-basiertes RPC ist lediglich ein möglicher Einsatzzweck für SOAP. Web Service-Entwickler sollten daher schon begrifflich nicht in Methoden und Objekten denken, sondern vielmehr in Nachrichten, die zwischen Services ausgetauscht werden. Das Basic Profile geht sogar so weit, den Nachrichtenstil *RPC/Encoded* als potentiellen Auslöser von Interoperabilitätsproblemen zu verbieten.

Aber ist diese Denkweise denn so neu? Eigentlich nicht, denn bereits Technologien wie DCE, COM oder CORBA basierten auf dem Prinzip, die Kommunikationsschnittstelle als Erstes zu definieren. Schon hier lehrte also die Erfahrung, dass ein Contract-First-Ansatz die Interoperabilität erhöht. Es stellt sich in diesem Zusammenhang die Frage, warum sich trotz dieses Erfahrungsschatzes aus früheren Technologien im Web Service-Umfeld anfänglich ein weniger Erfolg versprechender Ansatz wie Code First so breit durchsetzen konnte. Neben dem bereits erwähnten Problem der recht einseitigen Beispiele und Dokumentationen spielen an dieser Stelle die verfügbaren Tools und IDE-Unterstützungen eine große Rolle, die bis heute weitgehend auf dem Code-First-Ansatz beruhen. So manchen überzeugten Java-Anhänger mag es da nachdenklich stimmen, dass der überwiegende Teil der Diskussion und Entwicklung hin zum schnittstellenbasierten Vorgehen bei der Web Service-Entwicklung bisher ausgerechnet im Lager der Microsoft-Anhänger stattfand.

Toolunterstüztung für Contract First

Wie die meisten Dinge im Leben hat auch der Contract-First-Ansatz eine Kehrseite: Wenn nun nicht mehr die WSDL-Beschreibung aus der Java-Schnittstelle generiert werden soll, sondern umgekehrt, so erfordert dies tieferes Verständnis von XML Schema und WSDL, da diese als Ausgangspunkt der Entwicklung selbst erstellt werden müssen. Zudem sollten Entwickler das WS-I Basic Profile verstehen oder zumindest befolgen können. Doch genau diese Anforderungen sind ein steiniger Weg. Wer kann schon guten Gewissens von sich behaupten, wirklich alle Details von WSDL 1.1 zu beherrschen und vor allem die vielen Unzulänglichkeiten dieser Spezifikation in all ihren Auswirkungen zu kennen und sicher zu umschiffen? Wer will vor allen Dingen diese Einzelheiten alle kennen? Ganz zu schweigen vom Umfang und Komplexität der XML Schema-Spezifikation. Gehen nicht eigentlich alle Anstrengungen der jüngsten Vergangenheit in die Richtung, Entwickler mit Hilfe von Bibliotheken und Toolunterstützung weitestgehend vor solchen Komplexitäten abzuschotten, damit diese sich auf die Erstellung der fachlichen Anwendungslogik konzentrieren können? Somit liegt natürlich auch hier die Idee sehr nahe, einfach eine IDE zu Hilfe zu nehmen.

Leider ist die Toolunterstützung für den Contract-First-Ansatz bisher nur sehr mangelhaft. Das fängt bereits damit an, dass die verbreiteten Java-IDEs JBuilder, IDEA, Eclipse und NetBeans entweder gar keine oder nur sehr beschränkte Editoren für XML Schema und WSDL enthalten. Für Eclipse sind immerhin einige Plug-ins verfügbar, neben einigen kommerziell verfügbaren ist hier insbesondere das Eclipse Web Tools Platform Project (WTP) [5] zu nennen. Daneben gibt es eine Reihe kommerzieller XML und XML Schema-Editoren, von denen einige inzwischen auch WSDL-Editoren mitbringen.

Leider ist jedoch festzustellen, dass keines der vorhandenen Werkzeuge zur Erstellung von WSDL-Dokumenten frei von Fehlern ist. Dies liegt sicherlich wiederum an der Komplexität der Spezifikation und den vielen darin versteckten Stolperfallen. Dennoch sind Werkzeuge, die unter gewissen Umständen fehlerhafte, unvollständige, ungültige oder nicht interoperable WSDL-Dokumente erzeugen, schlicht nicht brauchbar, insbesondere für Einsteiger. Da beruhigt nur wenig, dass es auch auf der Microsoft-Plattform (also bei Visual Studio.NET) bisher nur wenig besser aussieht mit der Unterstützung für Contract First.

Mancher Entwickler macht da aus der Not eine Tugend und entwickelt seinen ganz eigenen Ansatz. Dieser sieht häufig so aus, dass zunächst mit dem Code-First-Ansatz begonnen, also die Service-Klasse implementiert wird. Anschließend wird mit Hilfe der bekannten Generatoren aus dem erstellten Code eine WSDL-Beschreibung generiert. Da der Entwickler aber (hoffentlich) weiß, dass genau dieser Ansatz eben vielerlei Probleme mit sich bringt, editiert er anschließend die generierte WSDL von Hand, um diese so interoperabel wie möglich zu machen und so auf Umwegen zum Contract-First-Ansatz zu kommen. Effizient ist dieser Weg sicher nicht und daher davon abzuraten.

Als Empfehlung darf momentan gelten, das Eclipse WTP zu verwenden. Es bringt einen guten XML Schema-Editor mit, und auch der WSDL-Editor ist als gelungen zu bezeichnen. Es ist jedoch auch mit diesem möglich, sich in den Fallen von WSDL zu verfangen und nicht interoperable WSDLs zu erstellen.

Unter dem Strich führt nichts daran vorbei, sich soweit wie irgendmöglich in WSDL einzuarbeiten, um eventuell auftretende Probleme erkennen und manuell beheben zu können. Der Mangel an Tool-Unterstützung sollte jedoch keinesfalls davor abschrecken, den Contract-First-Ansatz zu wählen. Der höhere initiale Aufwand bei der Erstellung von XML Schema und WSDL wird in der überwiegenden Mehrheit aller Projekte durch erheblichen Zeitgewinn gegenüber dem Code-First-Ansatz wieder wettgemacht, da die Wahrscheinlichkeit von Interoperabilitätsproblemen sehr deutlich reduziert wird.

2.3.3 Einsatz von Contract First bei bereits bestehendem Code

Bei Verwendung des Contract-First-Ansatzes werden auf Basis der WSDL-Beschreibung in der Regel die folgenden Code-Artefakte generiert:

- JavaBeans für alle in XML Schema definierten Datentypen
- JavaBeans für alle in XML Schema definierten Nachrichten
- eine Proxy-Klasse für Client-Anwendungen
- ein Skeleton für die Service-Implementierung

Auf der Clientseite sind beim Aufruf von Methoden der Proxy-Klasse Instanzen der generierten JavaBeans als Parameter zu übergeben. Ebenso erwartet der Skeleton für die Service-Implementierung Instanzen dieser generierten Beans als Parameter. Falls es sich bei der zu implementierenden Anwendung nicht um eine komplette Neuentwicklung handelt, sondern bereits bestehender Code existiert (z.B. weil einer älteren Anwendung eine Web Service-Schnittstelle hinzugefügt werden soll), so ergibt sich beim Contract-First-Ansatz das Problem, dass die generierten JavaBeans Datentypen repräsentieren, für die man eigentlich bereits Klassen hat.

Eine solche Tatsache sollte keinesfalls dazu führen, eben doch den Code-First-Ansatz zu wählen, obwohl man eigentlich davon überzeugt ist, dass Contract First der bessere Weg wäre. Stattdessen gibt es mindestens zwei Möglichkeiten, der geschilderten Problematik zu begegnen. Die offensichtliche Lösung besteht sicherlich darin, eine Adapterschicht einzuführen, welche zwischen generierten und bereits vorhandenen Beans konvertiert. Letztlich läuft diese Lösung darauf hinaus, die Inhalte der Bean-Properties zwischen Instanzen der jeweiligen Klassen zu kopieren. Dieser Weg ist relativ einfach und leicht zu implementieren (so leicht, dass man dafür sogar recht schnell einen speziellen Code-Generator basteln kann). Andererseits ist diese Lösung nicht wirklich „schön" und kostet letztlich auch ein wenig Performance.

Eine andere Möglichkeit besteht darin, beim XML Data Binding anzusetzen. Da die Kommunikation zwischen Clients und Service in XML geschieht, der Anwendungscode aber mit Java-Objekten arbeitet, muss das Web Service-Framework auf Seiten beider Kommunikationspartner dafür sorgen, die Inhalte von SOAP-Nachrichten in Java-Objekte zu überführen und umgehrt. Dieses so genannte XML Data Binding wird von den verfügbaren Web Service-Frameworks sehr unterschiedlich gelöst. Manche bringen eine eigene Lösung mit, andere bedienen sich hierfür stattdessen anderer, aufs Data Binding spezialisierter Frameworks. Axis2 macht beides: Es enthält eine eigene Lösung namens ADB (Axis Data Binding), unterstützt daneben aber auch XML Beans, JaxMe, JAXB-RI und JiBX.

Die Code-Generatoren der Web Service-Frameworks erzeugen die JavaBeans natürlich entsprechend dem verwendeten Data Binding Framework. Wird beispielsweise XML Beans verwendet, so sind die generierten Beans alle von einer speziellen Klasse dieses Frameworks abgeleitet. Dies trägt ebenfalls nicht dazu bei, die Verwendung bereits bestehenden Codes zu erleichtern. Es gibt dagegen auch Data Binding Frameworks, die keine JavaBeans für die Datentypen generieren, sondern mit bestehenden, vom Entwickler erstellten Beans arbeiten. In diesem Fall wird lediglich Code generiert, der zwischen XML-Datentypen und diese bestehenden Klassen konvertiert. Solche Frameworks bieten sich daher besonders für den Fall an, dass bereits bestehender Code existiert. Eines der Data Binding Frameworks, die diesem Ansatz folgen, ist das von Axis2 unterstützte JiBX. Einzelheiten hierzu sind in Kapitel 11 zu finden.

3 Erste Schritte

Aus der modernen Software-Entwicklung sind Web Services mittlerweile kaum mehr wegzudenken. Gerade im Zusammenhang mit service-orientierten Architekturen (SOA) spielen Web Services eine wichtige, wenn nicht sogar zentrale Rolle. Die Programmierung von Web Services ist jedoch keine leichte Aufgabe: Spezifikationen wie SOAP und WSDL müssen verstanden werden, Interoperabilität und Sicherheit sind wichtige Themen und ferner machen unterschiedlichste Programmiertechniken (Annotations, Codegenerierung) oder allgemeine Entwicklungsansätze für die Implementierung von Web Services (Code First vs. Contract First) das Thema anspruchsvoll. Verstärkt wird dieser Eindruck noch durch die Tatsache, dass viele Entwickler mittlerweile von der Vielzahl an Hilfswerkzeugen und Tools regelrecht erschlagen werden, die allesamt versuchen die Komplexität zu verringern und den Entwickler produktiver zu machen. Diese gutgemeinten Helfer bewirken oft aber eher das Gegenteil, denn sie lassen die Technologie hin und wieder komplexer erscheinen als sie tatsächlich ist.

Dieses Kapitel will daher in leicht nachvollziehbaren Schritten und unter Verwendung möglichst weniger Tools in die Welt der Programmierung von Web Services mit Apache Axis2 einführen. Es beginnt mit einer Übersicht über die Axis2 Distributionen, fährt mit der Installation fort und bespricht im Anschluss die Entwicklung eines ersten, auf POJOs basierenden Service und einem zugehörigen Client.

3.1 Axis2 Distributionen

Apache Axis2 ist ein Framework und gleichzeitig auch eine Tool-Sammlung, welche auf verschiedenste Art und Weise eingesetzt werden kann. Auch wenn Axis2 zumeist in Form einer Webanwendung eingesetzt wird, so ist es durchaus auch möglich, Axis2 in eigene Anwendungen einzubetten (unabhängig davon, ob dies eine Webanwendung ist oder nicht). Ein weiteres Einsatzgebiet ist die Entwicklung einer Client-Anwendung für Services, die Geschäftspartner zur Verfügung stellen. In diesem Fall werden die Features von Axis2 zur Entwicklung und Inbetriebnahme von Services natürlich gar nicht benötigt, sondern nur seine Client-API. Aufgrund dieser verschiedenen Einsatzzwecke werden verschiedene Distributionen von Axis2 angeboten.

- Standard Distribution
- WAR Distribution
- Source Distribution
- Documents Distribution

Für die Entwicklungsarbeit ist die Standard Distribution vorgesehen. Mit diesem Paket erhält der Entwickler sämtliche Bibliotheken inklusive ihrer Abhängigkeiten geliefert. Außerdem sind in der Standard Distribution verschiedene Beispiele und einige hilfreiche Werkzeuge enthalten, unter anderem für die Codegenierung. Zusätzlich finden sich in dieser Distribution Standalone-Server, mit denen entwickelte Services auf einfache Weise getestet werden können. Im Einzelnen sind einfache HTTP-Server und TCP-Server enthalten, hinzu kommt Unterstützung für SMTP und JMS. Dies hat den angenehmen Nebeneffekt, dass man beim Entwickeln nicht unbedingt auf externe Servlet-Container wie zum Beispiel Tomcat angewiesen ist.

Nicht enthalten in der Standard Distribution ist dagegen die Axis2 Web-Anwendung. Diese erhält man durch Herunterladen der WAR-Distribution. Nach ihrer Installation kann sie als Container oder Laufzeitumgebung für die entwickelten Services dienen, und dies ist sicherlich der Standardfall für den Einsatz von Axis2. Web Services lassen sich mit dieser Webanwendung sehr leicht in Betrieb nehmen und komfortabel über eine Web-Oberfläche administrieren.

Alternativ zum Download kann das WAR-Archiv ausgehend von dem in der Standard-Distribution enthaltenen Grundgerüst (Unterverzeichnis *webapps*) selbst erstellt werden. Hierzu befindet sich in diesem Verzeichnis neben der Webanwendung selbst auch ein Ant-Buildskript. Durch Starten des Ant-Tasks `create.war` wird das WAR mit der Webanwendung von Axis2 erzeugt.

Eines der Designziele für Axis2 war es, einen möglichst hohen Grad an Integrierbarkeit zu erreichen. Bei Freigabe von Axis2 1.0 gab es in diesem Zusammenhang noch die Minimal-Distribution, mit der man den Axis2-Kern in eigene Applikationen einbetten konnte. Diese Minimal-Distribution ist seit Version 1.1 nun zu Gunsten der Standard-Distribution entfallen. In der Standard-Distribution findet sich dafür nun als Ersatz ein Grundgerüst für Axis2 Web-Anwendungen.

Neben den bisher beschriebenen Editionen (WAR, Standard und Minimal) gibt es zu guter Letzt noch eine optionale Source-Distribution, welche die Quellcodes enthält. Mit Hilfe der Quellcodes bekommt man schnell einen Einblick in das Innenleben von Axis2, welches besonders bei der Fehlersuche und beim Debugging in eigenen Web Services hilfreich sein kann. Die Dokumentation findet sich in der separat zu beziehenden Documents-Distribution.

3.2 Installation von Axis2

Axis2 kann bedenkenlos auf den Betriebssystemen Windows XP, Linux und Mac OS X eingesetzt werden. Java sollte hierzu in den Versionen 1.4.x oder 5.0 installiert sein.

3.2.1 Die Axis2 Web-Anwendung

Die WAR-Distribution besteht nur aus der Datei *axis2.war*. Diese kann in einem beliebigen Servlet-Container (zum Beispiel Tomcat, JBoss oder Geronimo) in Betrieb genommen werden, wobei es bei dem einen oder anderen Container Besonderheiten bezüglich der Installation und Konfiguration zu beachten gilt [2]. In diesem Buch wird Apache

Tomcat, die Referenzimplementierung für Servlets und Java Server Pages, zum Einsatz kommen. Die verwendete Version sollte nicht älter als 5.5.16 sein. Weiterhin wird von einer Standardkonfiguration ausgegangen, bei welcher der Tomcat-Server auf Port 8080 zu erreichen ist. Natürlich kann auch jeder andere Port konfiguriert werden – in diesem Fall sind die URLs in allen Beispielen des Buches entsprechend anzupassen.

Im Falle von Tomcat genügt das Kopieren der Datei *axis2.war* in das Tomcat-Anwendungsverzeichnis (*$TOMCAT_HOMT\webapps*). In einer Standardkonfiguration ist die Axis2 Web-Anwendung fortan unter der URL *http://localhost:8080/axis2/* erreichbar (siehe Abbildung 3.1).

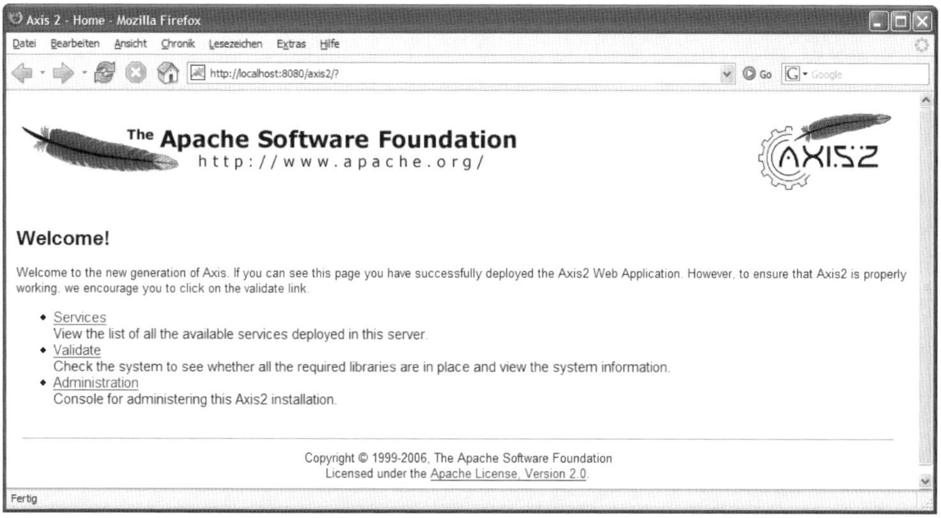

Abbildung 3.1: Die Startseite der Axis2 Web-Anwendung

Ausgehend von dieser Startseite sollte man sich nun zunächst über den Link VALIDATE vergewissern, dass Axis2 korrekt installiert ist. Diese Seite entspricht der aus Axis 1.x bekannten „Axis Happiness Page". Hier wird also geprüft, ob alle unbedingt benötigten Bibliotheken verfügbar sind und ein entsprechender Bericht ausgegeben. Außerdem wird der in Axis2 auch weiterhin enthaltene Version-Service ausgeführt und das Ergebnis angezeigt. Am Ende der Happiness-Page werden schließlich Informationen zum verwendeten Servlet-Container und alle gesetzten System-Properties ausgegeben. Zeigt diese Seite keinen Fehler an, sollte dem erfolgreichen Einsatz der Axis2 Web-Anwendung nichts mehr im Wege stehen.

Über den Link SERVICES kann man sich jederzeit einen Überblick über die installierten Web Services verschaffen (siehe Abbildung 3.2). In der Liste ist der Service-Name stets fett dargestellt. Ein Klick auf den Namen bringt eine WSDL-Beschreibung des entsprechenden Service auf den Schirm. Mit Axis2 kann man Web Services zum einen natürlich über SOAP ansprechen, daneben ist aber auch ein Aufruf über REST (Representational State Transfer) möglich. Bei REST handelt es sich um einen direkten Aufruf von Web Services mittels HTTP GET oder HTTP POST, ganz ohne SOAP. Mehr Informationen zu diesem Thema finden sich in Kapitel 8.

Für jede dieser beiden Kommunikationsmöglichkeiten (SOAP und REST) stellt Axis2 in der Standard-Konfiguration einen eigenen Service Endpoint (EPR; siehe Abbildung 3.2) zur Verfügung. Hierzu finden sich unter dem Service-Namen zwei separate Endpoint-URLs. Als Nächstes folgt eine (optionale) Web Service-Beschreibung, welche vom Entwickler in der Konfigurationsdatei des Service angegeben werden kann. Die Statusinformation „Service Status" gibt an, ob der Web Service aktiv ist oder nicht – inaktiv kann ein Service zum Beispiel dann sein, wenn Probleme beim Deployment aufgetreten sind. Es ist aber auch möglich, Services explizit zu deaktivieren. Schließlich wird auch eine Liste aller Operationen angezeigt, die von einem Web Service zur Verfügung gestellt werden.

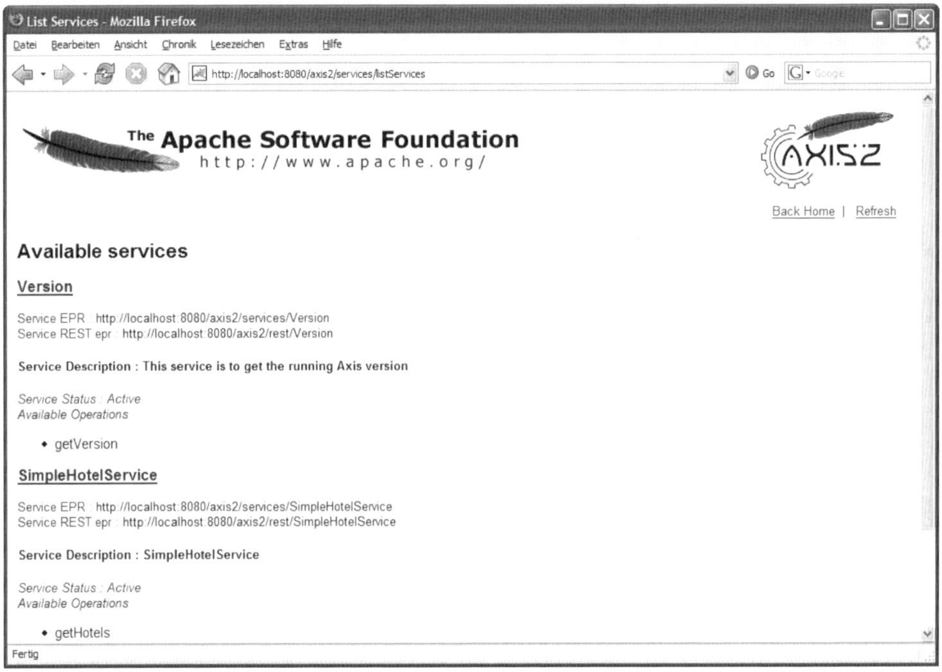

Abbildung 3.2: Liste der installierten Web Services inklusive Version-Service

Der Menüpunkt ADMINISTRATION ist neu bei Axis2 und führt in den Verwaltungsbereich, in dem man Services, Erweiterungen und deren Zusammenspiel konfigurieren kann. Dieser Bereich ist passwortgeschützt, in der Standardeinstellung lautet der Benutzername „admin" und das Passwort „axis2". Diese Benutzer/Passwort-Kombination kann natürlich verändert werden. Hierzu ist die in der Webanwendung enthaltene zentrale Konfigurationsdatei *WEB-INF/conf/axis2.xml* anzupassen und die darin befindlichen Parameter `userName` und `password` entsprechend zu editieren. Die Datei enthält alle wesentlichen Einstellungen der Axis2 Web-Anwendung. Unter anderem legt sie fest, welche Transportmechanismen aktiviert oder deaktiviert sind. Darüber hinaus definiert sie die Zusammensetzung der so genannten Phasen und damit den Nachrichtenfluss innerhalb der Axis2 Engine. Auf den Administrationsteil der Axis2 Web-Anwendung wird im weiteren Verlauf des Kapitels noch näher eingegangen.

3.2.2 Standard Distribution

Während die WAR-Distribution für den Betrieb von Web Services gedacht ist, konzentriert sich die Standard Edition ganz auf den Entwickler. Installiert wird die Standard Distribution ganz einfach durch Entpacken des entsprechenden ZIP-Archivs. Abbildung 3.3 zeigt dessen Verzeichnisstruktur.

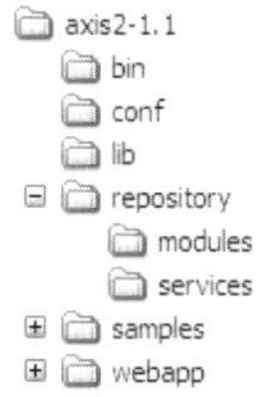

Abbildung 3.3: Die Verzeichnisstruktur der Axis2 1.1 Standard Distribution

Von großem Interesse ist das Verzeichnis *bin*, denn hier findet man die wichtigsten Werkzeuge vor. Dabei handelt es sich um Kommandozeilentools für Windows (*.bat*) und Unix (*.sh*), die folgende Funktionalität bereitstellen:

- *axis2server.bat* bzw. *axis2server.sh*: Axis2-Server zum Testen von Services (auf Basis HTTP in der Standardkonfiguration). Um Kommunikation auf Basis von TCP, SMTP- oder JMS zu betreiben, muss die zugehörige Datei *axis2.xml* entsprechend konfiguriert sein.
- *axis2.bat* bzw. *axis2.sh*: Hilfreiches Skript zum Ausführen von Web Service-Clients. Es fügt dem Classpath alle Axis2-spezifischen Bibliotheken hinzu und stellt außerdem den Pfad zum Axis2-Repository ein, in dem die Services installiert sind.
- *wsdl2.java.bat* bzw. *wsdl2.java.sh*: Erzeugt Java-Code aus WSDL-Dokumenten
- *java2wsdl.bat* bzw. *java2wsdl.sh*: Erzeugt WSDL-Dokumente aus Java-Code

Das *conf*-Verzeichnis enthält eine Axis2-Standardkonfiguration (*axis2.xml*) für HTTP-basierte Web Services. Ferner sind in dieser Konfiguration noch TCP für den Versand von Nachrichten und JMS für den Empfang aktiviert, mehr hierzu in Kapitel 14. Diese Version der Konfigurationsdatei wird des Weiteren auch in der Axis2-Webapplikation verwendet und herangezogen, wenn ein Standalone-Server über das Skript *axis2server.bat* bzw. *axis2server.sh* aus dem *bin*-Verzeichnis heraus gestartet wird. Das *lib*-Verzeichnis enthält sämtliche Axis2- und AXIOM-Bibliotheken und natürlich deren Abhängigkeiten.

Axis2 arbeitet auf Basis von Repositories, die im kommenden Abschnitt erläutert werden. Hierin werden sowohl Services als auch Erweiterungsmodule für Axis2 abgelegt. Das in der Standard Distribution enthaltende Repository im gleichnamigen Ordner enthält bereits eine Erweiterung für WS-Addressing und den aus Axis 1.x bekannten SOAP-Monitor, ferner ist der ebenfalls aus Axis 1.x bekannte Version-Service in diesem Repository enthalten.

Im Ordner *samples* finden sich viele nützliche Beispiele für die Entwicklung von Services und Clients. Der Ordner *webapps* ist in Axis2 1.1 neu hinzugekommen und enthält eine vorbereitete Axis2 Web-Anwendung, die als Ausgangbasis oder zum Einbetten von

Axis2 in eigene beziehungsweise bestehende Webanwendungen verwendet werden kann. Zu beachten ist hier jedoch, dass über die Konfigurationsdatei *web.xml* noch der Ort des Axis2-Repository und der zentralen Konfigurationsdatei *axis2.xml* einzustellen ist. Wie bereits erläutert, findet sich in diesem Ordner außerdem noch ein Build-Skript- mit dem die Axis2 Web-Anwendung automatisiert über Ant erzeugt werden kann.

Damit die Werkzeuge (vor allem jene im *bin*-Verzeichnis) funktionieren, müssen die Umgebungsvariablen `JAVA_HOME` und `AXIS2_HOME` gesetzt sein. Im Falle von Windows kann man diese Umgebungsvariablen in den Systemeigenschaften (durch Rechtsklick auf den Arbeitsplatz) im Reiter ERWEITERT einstellen (siehe Abbildung 3.4). Auf der Windows-Kommandozeile kann man mit dem Befehl `SET` dann leicht verifizieren, ob die Umgebungsvariablen richtig gesetzt sind.

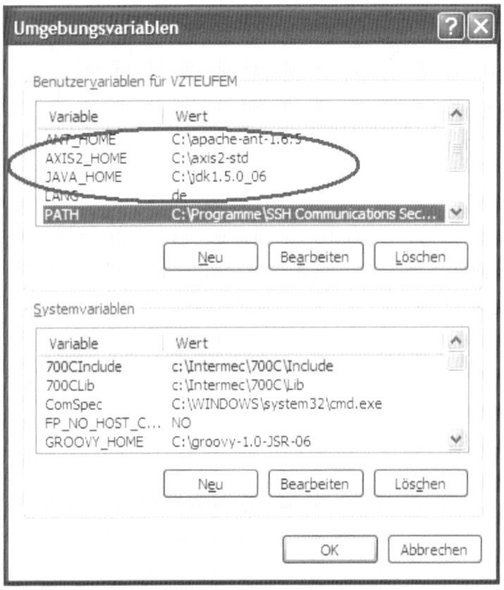

Abbildung 3.4: Umgebungsvariablen unter Windows einstellen

Unter Unix-Betriebssystemen wird Java zumeist in einem Verzeichnis der Art */usr/java/jdk1.5.0* installiert, wobei der Name bedingt durch die Versions-Nummer natürlich etwas variieren kann. Ein Weg, um unter Unix die Umgebungsvariablen dauerhaft einzustellen, wäre der Gang über die profile-Datei im Verzeichnis */etc*. Dieses allgemeine Shellskript wird immer dann ausgeführt, wenn sich ein Benutzer am Unix-System anmeldet und ist somit eine passende Stelle, um die Umgebungsvariablen einzustellen. Mit einem Texteditor wie beispielsweise `vi` lässt sich die Datei *profile* relativ leicht modifizieren. Um also Java und Axis2 auf einer Unix-Kommandozeile verfügbar zu machen, fügt man der besagten Datei folgende Zeilen hinzu (das Beispiel orientiert sich an der Bash-Shell):

```
JAVA_HOME=/usr/java/jdk1.5.0_06
AXIS2_HOME=/usr/java/axis2-std  #Installationspfad von Axis2
JDK_HOME=$JAVA_HOME
PATH=$JAVA_HOME/bin:$AXIS2_HOME/bin:$PATH
export JAVA_HOME AXIS2_HOME JDK_HOME PATH
```

Änderungen an der systemweiten *profile*-Datei sind selbstverständlich als User *root* vorzunehmen. Unmittelbar nach Änderung der Datei sollte man sich neu am System anmelden oder das *profile*-Skript ausführen, damit die neuen Umgebungsvariablen aktiv werden. Jeder Benutzer hat auf einem Unix-System im Übrigen auch eine eigene *.profile*-Datei. Diese befindet sich im Home-Verzeichnis des Benutzers und beginnt mit einem Punkt, damit die Datei versteckt ist. Diese benutzerbezogene *profile*-Datei kann selbstverständlich auch anstelle der für alle Benutzer gültigen *profile*-Datei herangezogen werden, um Axis2 beispielsweise nur für einen bestimmten Benutzer zu installieren. Schlussendlich hat man auch unter Unix mit dem Befehl `SET` die Möglichkeit, die gesetzten Umgebungsvariablen anzuzeigen.

3.3 Zentrale Konzepte von Axis2

Axis2 enthält eine Vielzahl spannender und mächtiger Konzepte. Manche davon sind neu, andere waren dagegen auch in Axis 1.x schon enthalten. Einige dieser Konzepte dienen der fortgeschrittenen Anwendung von Axis2 und werden daher erst in späteren Kapiteln erläutert. Es gibt jedoch natürlich einige Begriffe und Konzepte, denen Entwickler von Beginn an begegnen. Daher ist es wichtig, sich zunächst einen Überblick über diese zentralen Konzepte zu verschaffen, um einordnen zu können, worum es sich dabei handelt.

3.3.1 AXIOM

AXIOM ist einer der grundlegendsten Bausteine von Axis2. Dabei handelt es sich um ein Objektmodell für die Verarbeitung von XML, das speziell für Axis2 entwickelt wurde und auf StAX-Parsing beruht. Hierdurch wird durchschnittlich eine höhere Performanz bei der Verarbeitung von SOAP-Nachrichten erreicht als mit anderen Parsing-Techniken für XML. Das gesamte Axis2 Framework baut auf AXIOM auf, und alle Nachrichten werden intern mit Hilfe von AXIOM dargestellt. Bei der direkten Verwendung des Client-API von Axis2 sind Nachrichten in Form eines AXIOM-Objektes zu übergeben. Während AXIOM ursprünglich ein Bestandteil von Axis2 war, wurde inzwischen erkannt, dass sich das API auch für viele andere Einsatzzwecke eignet. Es wurde daher in ein eigenes Projekt ausgelagert und nun getrennt von Axis2 weiter entwickelt. Kapitel 5 beschäftigt sich ausführlich mit AXIOM.

3.3.2 Service-Archive

Services werden in Axis2 in so genannte Service-Archive verpackt. Dabei handelt es sich um eine Paketierungs- und Deployment-Einheit in Anlehnung an JAR-Dateien. Genau genommen ist ein Service-Archiv sogar eine JAR-Datei, deren Dateiname zur Unterscheidung allerdings auf *.aar* endet. Ein Service-Archiv enthält:

- alle Klassen, Ressourcen und sonstigen Dateien, die der Service benötigt (JAR-Dateien werden in einem Unterverzeichnis namens *lib* untergebracht)
- eine Konfigurationsdatei für den Service namens *META-INF/services.xml*
- gegebenenfalls auch WSDL- und zugehörige XML Schema-Dateien, die ebenfalls im Ordner *META-INF* liegen müssen

Für die Erstellung eines Service-Archivs stehen mehrere Alternativen zur Auswahl. Zum einen können die Archive natürlich vom Entwickler manuell erstellt werden, z.B. mit Hilfe des Kommandozeilen-Tools `jar`, das mit Java SDK ausgeliefert wird, oder durch ein selbst erstelltes Ant-Skript. Alternativ hierzu ist auf der Webseite des Axis2-Projektes auch ein Plug-in für Eclipse erhältlich, mit dem Archive dialoggesteuert erstellt werden können. Nähere Informationen hierzu finden sich in Kapitel 4.

Auf Basis der Service-Archive realisiert Axis2 eine vollständige Isolation der Services untereinander. Dies wird dadurch erreicht, dass jedes Service-Archiv einen eigenen Classloader erhält. Somit ist es möglich, dass zwei Services unterschiedliche Versionen der gleichen Klasse oder der gleichen Bibliothek verwenden. Um dies zu erreichen, müssen diese lediglich in den jeweiligen Service-Archiven enthalten sein.

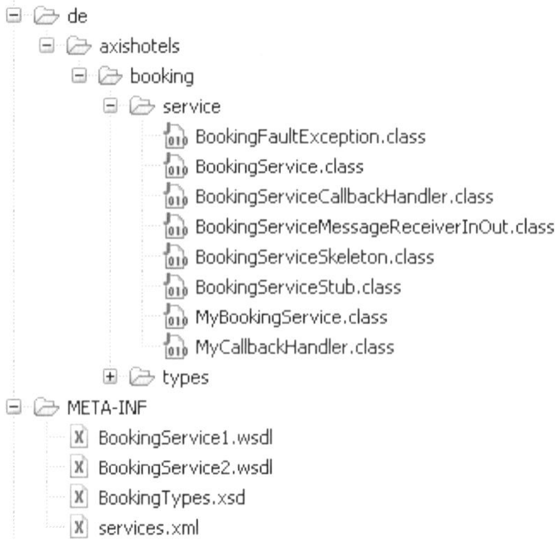

Abbildung 3.5: Inhalt eines beispielhaften Service-Archivs

3.3.3 Message Receiver

Message Receiver stellen einen zentralen Punkt in der serverseitigen Verarbeitung von SOAP-Nachrichten innerhalb der Axis2 Engine dar. Zum einen sind sie verantwortlich für den Aufruf der Service-Implementierung und die Übergabe der in der Nachricht enthaltenen Daten. Zum anderen ist es auch ihre Aufgabe, das Kommunikationsmuster (MEP) der aufgerufenen Operation umzusetzen und gegebenenfalls eine SOAP-Antwort zu erzeugen, die dann an den Service-Client zurückgeschickt wird.

Mit Axis2 werden bereits einige wichtige Message Receiver mitgeliefert, etwa für die Unterstützung von Web Services, die dem SOAP-Nachrichtenformat RPC folgen. Eigene Message Receiver können sehr einfach selbst implementiert werden, sodass es ohne großen Aufwand möglich ist, eigene Kommunikationsmuster zu realisieren oder alternative Service-Implementierungen einzusetzen. So ist es beispielsweise möglich, einen Message Receiver zum direkten von Aufruf von EJBs zu realisieren. Session Beans können dann direkt als Web Service bereitgestellt werden. Nähere Informationen zu Message Receivern finden sich in Kapitel 12.

3.3.4 Repository

Axis2 kann sowohl auf Client- als auch auf Serverseite eingesetzt werden. Auf Clientseite kann es im Auftrag beliebiger Anwendungen SOAP-Nachrichten versenden und gegebenenfalls eintreffende Antwortnachrichten empfangen. Auf der Serverseite dient es als Container für Web Services, leitet eintreffende Nachrichten an diese weiter und verschickt eventuelle Antworten. In beiden Fällen arbeitet Axis2 auf Grundlage einer Konfigurationsdatei und eines so genannten Repository.

Die Konfigurationsdatei enthält die globalen Einstellungen für das Axis2 Framework. Hierzu zählen standardmäßig zu verwendende Message Receiver, global eingeschaltete Erweiterungsmodule oder die Konfiguration von Transportprotokollen für den Empfang und Versand von SOAP-Nachrichten. Zudem können verschiedene Funktionalitäten ein- oder ausgeschaltet werden. Die Konfigurationsdatei heißt normalerweise *axis2.xml*, dies muss aber nicht zwingend so sein. Kapitel 9 erläutert alle Konfigurationsoptionen im Einzelnen.

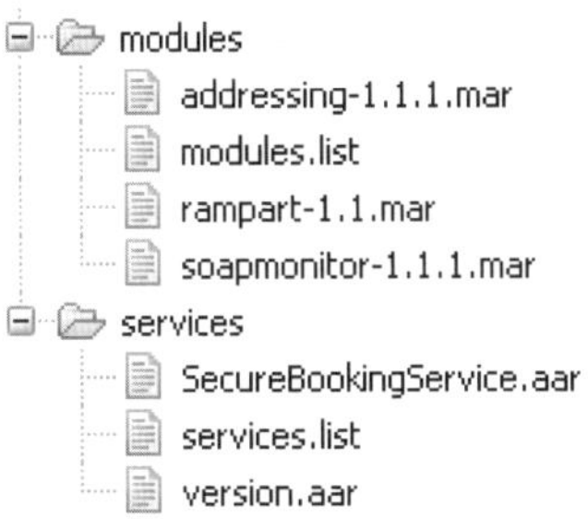

Abbildung 3.6: Standardmäßige Verzeichnisstruktur eines serverseitigen Axis2-Repository

Beim Repository handelt es sich um eine spezielle Verzeichnisstruktur, die an beliebiger Stelle im Dateisystem liegen kann (siehe Abbildung 3.6). Sie hat folgenden Inhalt:

- Module
  Axis2 verfügt über ein sehr flexibles Erweiterungskonzept, das einem Plug-in-Mechanismus gleicht. Mit dessen Hilfe kann die Funktionalität des Frameworks beliebig ausgebaut werden. Ohne Erweiterungen kann die Axis2 Engine beispielsweise nur normale SOAP-Nachrichten verarbeiten. Weiterführende Protokollerweiterungen wie WS-Addressing oder WS-Security werden dagegen durch so genannte Module realisiert. Alle Module, die mit einer Axis2-Instanz verwendet werden sollen, müssen in deren Repository abgelegt werden.

- Service-Archive
  Wenn es sich um ein serverseitiges Repository handelt, so enthält dieses auch die Service-Archive aller Services, die in dieser Axis2-Instanz in Betrieb genommen werden sollen.

Einfache Client-Anwendungen kommen ohne ein explizites Repository und ohne eine Konfigurationsdatei aus. Wenn keine Module benötigt werden und keine spezielle Konfiguration in *axis2.xml* vorgenommen werden soll, dann verwendet Axis2 intern eine Standard-Konfigurationsdatei. Sie wird aus der Kernel-Bibliothek von Axis2 geladen (im Falle von Axis2 1.1.1 aus *axis2-kernel-1.1.1.jar)* und befindet sich dort unter dem Pfad *org/apache/axis2/deployment/axis2_default.xml*. Alternativ können Anwendungen ein bestimmtes Repository laden und dem Axis2 Framework übergeben. Die Klasse `ConfigurationContextFactory` bietet Methoden an, mit deren Hilfe ein Repository und eine Konfigurationsdatei unter Angabe ihrer Dateipfade oder URLs geladen werden können. Der resultierende `ConfigurationContext` kann dann an das Axis2 Framework vor dem Versand der ersten Nachricht übergeben werden. Nähere Informationen hierzu finden sich in den Kapiteln 6, 7 und 9.

Serverseitig macht es natürlich keinen Sinn, ohne Repository zu arbeiten, da dieses ja die Service-Archive enthält. Die Axis2 Web-Anwendung sucht standardmäßig ihr Repository im Unterverzeichnis *WEB-INF*. Dieses Verhalten kann jedoch mit Hilfe von Servlet-Parametern in der Datei *web.xml* verändert werden. Neben der Axis2 Web-Anwendung können serverseitig alternativ auch Standalone-Server wie `SimpleHttpServer` oder `TCPServer` verwendet werden, die ebenfalls in der Distribution enthalten sind. Diesen muss beim Start der Pfad ihres Repositories übergeben werden.

Axis2 kann auch auf Basis eines Repositories arbeiten, das auf einem entfernten Rechner liegt. Dies ist ein wichtiges Feature in einer Cluster-Umgebung, in der mehrere Server auf nur einem einzigen Repository arbeiten. Zu diesem Zweck ist der Speicherort des Repository und der Konfigurationsdatei mit Hilfe einer URL anzugeben. Die Dateien *modules.list* und *services.list* dienen ausschließlich einem solchen Szenario. Dabei handelt es sich um einfache Textdateien, die eine Liste der im jeweiligen Verzeichnis befindlichen Module bzw. Services enthält (ein Dateiname pro Zeile). Axis2 lädt dann zunächst die beiden Dateilisten und erhält dadurch die Information, welche weiteren Dateien vom entfernten Rechner zu laden sind.

3.4 Implementierung einfacher Web Services mit POJOs

Unter Axis 1.x boten sich grundsätzlich zwei Wege, um einen Web Service zur Verfügung zu stellen: Zum einen gab es das so genannte JWS-Deployment, bei dem es ausreichte, den Source-Code (!) einer Java-Klasse in ein bestimmtes Verzeichnis zu kopieren. Zum anderen gab es das Deployment über den *AdminClient* und einen Deployment Descriptor (WSDD-Datei). JWS war sehr einfach zu bedienen, es schränkte den Entwickler jedoch sehr stark ein, wenn es darum ging, fortgeschrittenere Features von Axis, wie zum Beispiel das Einbinden bestimmter Handler, zu benutzen. Die alternative Variante über den *AdminClient* und einen Deployment Deskriptor war also sehr viel mächtiger, aber zugleich auch deutlich komplexer. Diesem Problem haben sich die Entwickler von Axis2 angenommen und das Beste aus beiden Deployment-Verfahren vereint.

Grundsätzlich ist festzuhalten, dass beide aus Axis 1.x bekannten Möglichkeiten in dieser Form nicht mehr bestehen. Stattdessen wurde ein gänzlich neues Verfahren etabliert, das sich stark an Deployment-Mechanismen orientiert, wie man sie aus der Java-Welt bereits bestens kennt: Sämtliche Artefakte, die zum Web Service gehören (Klassen, Bibliotheken, Konfigurationsdateien) werden nun in ein Service-Archiv gepackt und dieses dann in das Repository kopiert.

Um dieses Verfahren zu verdeutlichen, soll nun, ausgehend von einem einfachen Web Service-Beispiel, die grundsätzliche Funktionsweise von Axis2 beschrieben werden. Das Beispiel wird im weiteren Verlauf des Buches immer mehr erweitert. Als Anwendungsfall für das Beispiel betrachten wir die fiktive Hotelkette „Axis Hotels“, die einen Web Service für die Kommunikation mit ihren Geschäftspartnern anbieten will. Der Service soll zunächst nur die Möglichkeit bieten, eine Liste aller Hotels abzufragen, die Bestandteil der Hotelkette sind. Einzelne Hotels lassen sich dann aus der Liste herausgreifen und anzeigen, welche Zimmer in welcher Preiskategorie verfügbar sind. In weiteren Ausbaustufen, die im Rahmen der folgenden Kapitel umgesetzt werden, wird dem Service mehr und mehr Funktionalität spendiert: Anfragen zur Zimmerbelegung, Reservierung und Stornierung von Zimmern, ein Service zur Abfrage von Bankleitzahlen für die Buchhaltung und so weiter. Im Prinzip lassen sich sämtliche Codebeispiele aus diesem Buch mit jeder beliebigen IDE, ja sogar auf der Kommandozeile, umsetzen. In diesem Buch wird vorrangig Eclipse zur Anwendung kommen.

Nach dem Anlegen eines neuen, leeren Java-Projektes beginnt die Entwicklung mit dem Erzeugen der Fachklassen (oder Entitäten) `Hotel` und `RoomType` für den Datenaustausch. Eine Instanz der Klasse `Hotel` entspricht dabei einem physikalischen, räumlich getrennten Hotel.

```
package de.axishotels;

public class Hotel {

    private String hotelCode;
    private String hotelName;
    private String city;
    private int numberOfStars;
    private RoomType[] roomTypes;

    // Der Default-Konstruktor ist sehr wichtig, da Axis2
    // diesen benötigt!!!
    public Hotel() {
    }

    public Hotel(String hotelCode, String hotelName,
                 String city, int numberOfStars,
                 RoomType[] roomTypes) {
      this.hotelCode = hotelCode;
      this.hotelName = hotelName;
      this.city = city;
      this.numberOfStars = numberOfStars;
      this.roomTypes = roomTypes;
    }
```

```
    public String getCity() {
        return city;
    }

    public String getHotelCode() {
        return hotelCode;
    }

    public String getHotelName() {
        return hotelName;
    }

    public int getNumberOfStars() {
        return numberOfStars;
    }

    public RoomType[] getRoomTypes() {
        return roomTypes;
    }

    public void setCity(String city) {
        this.city = city;
    }

    public void setHotelCode(String hotelCode) {
        this.hotelCode = hotelCode;
    }

    public void setHotelName(String hotelName) {
        this.hotelName = hotelName;
    }

    public void setNumberOfStars(int numberOfStars) {
        this.numberOfStars = numberOfStars;
    }

    public void setRoomTypes(RoomType[] roomTypes) {
        this.roomTypes = roomTypes;
    }
}
```

Jedes Hotel verfügt über eine bestimmte Anzahl an Zimmern und jedes dieser Zimmer über eine bestimmte Ausstattung. Somit wird zwischen verschiedenen Zimmertypen (`RoomType`) unterschieden. So ist zum Beispiel in einem Zimmer vom Typ „Basic" kein Fernseher enthalten, wogegen ein Zimmer vom Typ „Manager" sowohl über einen Fernseher als auch über ein Doppelbett verfügt. Die Klasse `Hotel` speichert alle in einem Hotel verfügbaren Zimmertypen in einem Array von `RoomType`.

```
package de.axishotels;

public class RoomType {

    private String roomCode;
    private int numberOfBeds;
    private boolean isRoomWithTV;
    private float priceInEuros;


    // Der Default-Konstruktor ist sehr wichtig, da Axis2
    // diesen benötigt!!!
    public RoomType() {
    }

    public RoomType(String roomCode, int numberOfBeds,
                    boolean isRoomWithTV, float priceInEuros) {
        this.roomCode = roomCode;
        this.numberOfBeds = numberOfBeds;
        this.isRoomWithTV = isRoomWithTV;
        this.priceInEuros = priceInEuros;
    }

    public boolean isRoomWithTV() {
        return isRoomWithTV;
    }

    public int getNumberOfBeds() {
        return numberOfBeds;
    }

    public float getPriceInEuros() {
        return priceInEuros;
    }
```

```
    public String getRoomCode() {
        return roomCode;
    }

    public void setRoomWithTV(boolean isRoomWithTV) {
        this.isRoomWithTV = isRoomWithTV;
    }

    public void setNumberOfBeds(int numberOfBeds) {
        this.numberOfBeds = numberOfBeds;
    }

    public void setPriceInEuros(float priceInEuros) {
        this.priceInEuros = priceInEuros;
    }

    public void setRoomCode(String roomCode) {
        this.roomCode = roomCode;
    }
}
```

Die anwendungsspezifischen Datentypen sind also schnell erstellt. Als Nächstes soll die Service-Implementierung folgen. Im Konstruktor der Service-Implementierung wird eine einfache Datenbasis geschaffen, auf deren Grundlage der Service getestet werden kann. In einer realen Anwendung würden die Daten sicherlich aus einer Datenbank oder aus einem anderen der üblichen Datenspeicher kommen. Auch die sonstige Implementierung des Service ist für den Anfang möglichst einfach und klein gehalten. Die Methode für den Zugriff auf die Hotelliste (*getHotels*) mag zunächst recht einfach erscheinen, da sie ja lediglich das Array mit den einzelnen Hotels zurückgibt. Tatsächlich handelt es sich hierbei allerdings doch um eine sehr interessante Methode, da es sich um ein Array komplexer Datentypen handelt (`Hotel`), wobei jede Instanz von Hotel wiederum eine bestimmte Anzahl von `RoomType`-Objekten enthält. Solch verschachtelte Konstrukte waren natürlich auch mit Axis 1.x möglich, doch bedeutete dies im Gegensatz zu Axis2 eine erheblich umfangreichere Konfiguration des Web Service im Deployment Deskriptor. Die Methode *findHotel* durchsucht die Hotels nach einem bestimmten Hotel-Code und liefert bei einem Treffer das gefundene Hotel zurück.

```
package de.axishotels;

public class HotelService {

    Hotel[] hotels;
```

```
    public HotelService() {
        RoomType deluxe = new RoomType("Deluxe", 2, true, 5000f);
        RoomType business = new RoomType("Business", 2, true, 200f);
        RoomType basic = new RoomType("Basic", 1, false, 75f);
        Hotel hotel1 = new Hotel(
                        "AX001", "Axis2 Grand Hotel", "München", 5,
                         new RoomType[] {deluxe, business, basic});

        RoomType vip = new RoomType("VIP",1, true, 2500f);
        RoomType manager = new RoomType("Manager", 1, true, 175f);
        RoomType basic4two = new RoomType("Basic4Two",2, true, 80f);
        Hotel hotel2 = new Hotel(
                        "AX010", "Axis2 Plaza", "Hamburg", 4,
                         new RoomType[] {vip, manager, basic4two});

        RoomType bl = new RoomType("Bettenlager", 4, false, 15f);
        RoomType ml = new RoomType("Matrazenlager", 6, false, 5f);
        Hotel hotel3 = new Hotel(
                        "AX050", "Achsenhütte", "Unterammergau", 1,
                        new RoomType[] { bl, ml });

        hotels = new Hotel[] {hotel1, hotel2, hotel3};
    }

    public Hotel[] getHotels() {
        return hotels;
    }

    public Hotel findHotel(String hotelCode) {
        for (int i = 0; i < hotels.length; i++) {
            if (hotels[i].getHotelCode().equals(hotelCode))
                return hotels[i];
        }
        return null;
     }
}
```

Nachdem die Service-Implementierung komplett ist, kann es an das Deployment gehen. Hierzu ist, wie bereits weiter oben angesprochen wurde, ein Service-Archiv (Dateiendung *.aar*) zu erstellen. Der Inhalt des Archivs für den `SimpleHotelService` ist in Abbildung 3.7 dargestellt.

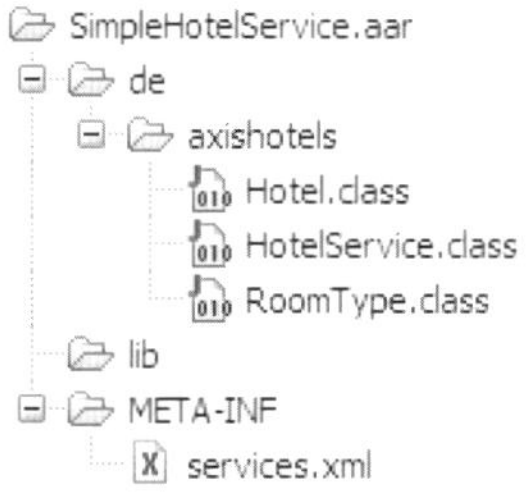

Abbildung 3.7: Inhalt des Service-Archivs für den SimpleHotelService

Von großer Bedeutung ist die Konfigurationsdatei *services.xml*, die in jedem Service-Archiv enthalten sein muss. Mit Hilfe dieser Datei teilt man Axis2 unter anderem mit, welche Service-Operationen für Clients, und damit für die SOAP-Kommunikation, zur Verfügung stehen sollen und welche *Message Receiver* für die einzelnen Operationen (=Methoden aus der Service-Klasse) zum Einsatz kommen. Eine Konfigurationsdatei für den `SimpleHotelService` könnte beispielsweise wie folgt aussehen:

```
<service>
   <description>SimpleHotelService</description>
   <parameter name="ServiceClass">
      de.axishotels.HotelService
   </parameter>
   <operation name="getHotels">
      <messageReceiver class="org.apache.axis2.rpc.receivers.RPCMessageReceiver" />
   </operation>
   <operation name="findHotel">
      <messageReceiver class="org.apache.axis2.rpc.receivers.RPCMessageReceiver" />
   </operation>
</service>
```

Der `RPCMessageReceiver` emuliert dabei den SOAP-Nachrichtenstil RPC. Mit seiner Hilfe können POJOs (Plain Old Java Objects) auf sehr einfache Weise als Web Services in Betrieb genommen werden. Dabei können für die Parameter und Rückgabewerte der im POJO definierten Methoden sowohl primitive Datentypen wie `String`, `char`, `int`, `long`, `short`, `double`, `float`, `byte` und `boolean` als auch komplexe Datentypen, Arrays oder JavaBeans verwendet werden. Beim `SimpleHotelService` waren dies die anwendungsspezifischen komplexen Klassen `Hotel` und `RoomType`.

Die Konfigurationsmöglichkeiten in der Datei *services.xml* bieten darüber hinaus noch eine Vielzahl weiterer Möglichkeiten. So lassen sich hier beispielsweise Erweiterungsmodule mit dem Service oder einzelnen seiner Operationen verknüpfen. Speziell für das Deployment von POJOs als Web Service existieren zudem einige spezielle Konfigurationsparameter. Diese werden in Kapitel 9 ausführlich behandelt.

Sollen mehrere Services in Betrieb genommen werden, so können diese als Service-Gruppe in einem einzigen Archiv zusammengepackt werden. Somit wird auch nur eine einzige Konfigurationsdatei benötigt. Diese muss dann ein `serviceGroup`-Element besitzen, das als Container für mehrere `service`-Elemente dient.

Nachdem nun alle notwendigen Artefakte für den Service erstellt sind (anwendungsspezifische Klassen, Service-Implementierung und Konfigurationsdatei) stellt sich als Nächstes die Frage der Paketierung und auf welchem Weg das Service-Archiv am sinnvollsten erzeugt werden kann. Eine Möglichkeit besteht natürlich darin, die Verzeichnisstruktur mit einem ZIP-Werkzeug in eine ZIP-Datei umzuwandeln und anschließend so umzubenennen, dass ihr Dateiname auf *.aar* endet. Doch es geht besser. Beispielsweise lassen sich die Archive mit Hilfe von Plug-ins direkt aus Entwicklungsumgebungen wie Eclipse und IntelliJ IDEA erzeugen. Zu Zwecken dieses Kapitels soll der Service jedoch mit Hilfe eines einfachen Ant-Skripts gebaut werden. Das nachfolgende Listing zeigt ein beispielhaftes Skript, welches mit einfachen Mitteln ein Service-Archiv baut.

```
<project name="SimpleHotelService" basedir="." default="ErzeugeAAR">

   <property name="src.dir" value="src"/>
   <property name="aar.dir" value="aar"/>
   <property name="bin.dir" value="bin"/>
   <property name="deploy.file" value="SimpleHotelService.aar"/>
   <property name="deploy.path" value="C:\deploy"/>

   <target name="Structure" depends=""
         description="[AXIS2] Struktur für AAR-File erzeugen">

      <mkdir dir="${aar.dir}" />
      <mkdir dir="${aar.dir}/META-INF" />

      <copy todir="${aar.dir}" preservelastmodified="true">
         <fileset dir="${bin.dir}"
            includes="**/*.*"
            excludes="*.xml"/>
      </copy>

      <copy todir="${aar.dir}/META-INF" preservelastmodified="true">
         <fileset dir="${src.dir}" includes="services.xml"/>
      </copy>
   </target>

   <target name="ErzeugeAAR" depends="Structure"
         description="[AXIS2] AAR-File erzeugen">
```

```
    <jar destfile="${deploy.path}/${deploy.file}">
      <fileset dir="${aar.dir}">
        <include name="**/*.*"/>
      </fileset>
    </jar>

    <copy todir="${deploy.path}" preservelastmodified="true">
      <fileset dir=".">
        <include name="*.aar"/>
      </fileset>
    </copy>

    <delete dir="${aar.dir}" />
  </target>
</project>
```

Nachdem das Ant-Skript ausgeführt wurde, sollte sich in dem Verzeichnis, das in der Property `deploy.path` angegeben ist, ein Service-Archiv mit dem Dateinamen *SimpleHotelService.aar* befinden.

3.5 Deployment von Services in einem Standalone-Server

Wie bereits erwähnt, ist für den Test von Web Services während der Entwicklung nicht unbedingt ein Servlet-Container wie Tomcat oder JBoss notwendig, um Axis2 Web-Anwendung darin auszuführen. In der Axis2 Standard-Distribution ist ein einfacher HTTP Server enthalten, der sich über die Skripte *axis2server.bat* bzw. *axis2server.sh* aus dem bin-Verzeichnis der Distribution heraus starten lässt. Dieser verwendet in der Standardkonfiguration das Axis2-Repository im Verzeichnis

```
$AXIS2_STANDARD_HOME\repository
```

und verfügt wie die Axis2 Web-Anwendung über einen Hot Deployment-Mechanismus. In der Ursprungskonfiguration wird der HTTP-Server auf Port 8080 gestartet, dies lässt sich über die Konfigurationsdatei *axis2.xml* im Bereich der Transport-Receiver jedoch umstellen. Ein `TransportReceiver` ist in Axis2 für die Entgegennahme von Nachrichten verantwortlich, die über ein bestimmtes Transportprotokoll (HTTP, JMS, TCP etc.) eintreffen. Das Gegenstück hierzu sind die `TransportSender`, die dafür zuständig sind, Nachrichten zu versenden. Um den Port des HTTP-Servers umzustellen, muss der Parameter `port` innerhalb des Transport Receivers für HTTP wie folgt verändert werden:

```
...
<!-- ================================================ -->
<!-- Transport Ins -->
<!-- ================================================ -->
<transportReceiver name="http"
    class="org.apache.axis2.transport.http.SimpleHTTPServer">

    <!-- stellt von Port 8080 auf 7778 um -->
    <parameter name="port">7778</parameter>

</transportReceiver>
...
```

Nachdem der Standalone HTTP-Server erneut gestartet wurde, wird der soeben konfigurierte Port berücksichtigt. Unter der URL

```
http://localhost:7778/
```

wird dann, analog zur Axis2 Web-Anwendung, eine Übersicht aller in Betrieb genommenen bzw. im *services* Verzeichnis des Repository befindlichen Services angezeigt. WSDL-Beschreibungen der Services können angezeigt werden und SOAP- sowie REST-Anfragen an die Services sind möglich. Der Standalone-Server lässt sich natürlich auch im Debug-Modus betreiben. Hierzu sollte neben den Umgebungsvariablen `JAVA_HOME` und `AXIS2_HOME` zusätzlich die Variable `JAVA_OPTS` gesetzt und mit folgendem Wert belegt werden:

```
JAVA_OPTS="-Xdebug -Xrunjdwp:transport=dt_socket,server=y,suspend=n,address=8500"
```

Dann lässt sich beispielweise aus Eclipse heraus eine Debug-Session auf Port 8500 einrichten. Beim Aufruf des Service hält die IDE dann automatisch bei entsprechend eingerichteten Breakpoints an, und es kann mit dem Debugging begonnen werden.

3.6 Einsatz der Axis2 Web-Anwendung

3.6.1 Deployment von Web Services

Service-Archive lassen sich beim Einsatz der Axis2 Web-Anwendung sehr einfach und unkompliziert installieren. Hierzu kann entweder das Administrations-Frontend verwendet oder die Archive manuell in das Repository kopiert werden. Bei Verwendung des Administrations-Frontend klickt man zunächst auf den Link UPLOAD SERVICE in der linken Navigationsleiste, woraufhin das in Abbildung 3.8 dargestellte Formular erscheint.

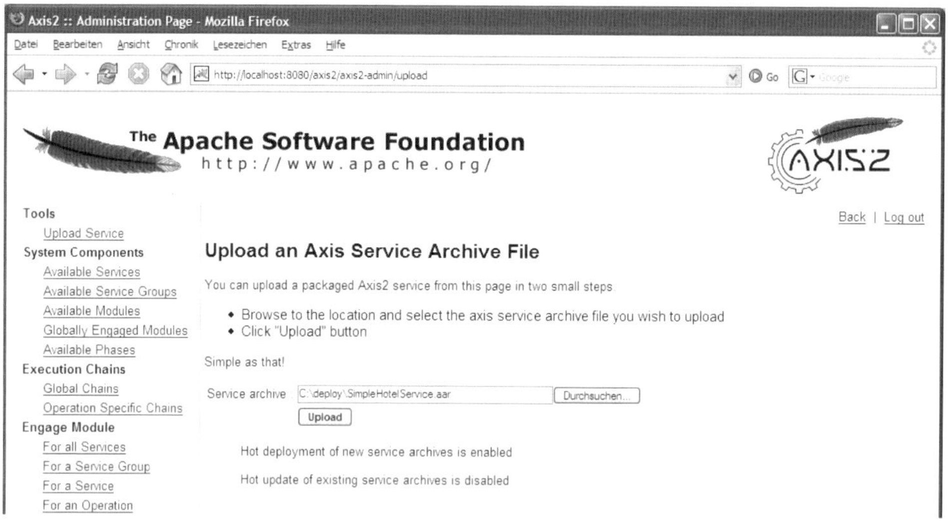

Abbildung 3.8: Das Formular zum Upload von Web Services in Axis2

Dort wählt man das in Betrieb zu nehmende Service-Archiv aus. Mit einem Klick auf UPLOAD wird das Archiv daraufhin geladen und in das Repository der Axis2 Web-Anwendung übernommen. Schlägt das Deployment fehl, zum Beispiel aufgrund einer fehlerhaften Konfigurationsdatei *services.xml*, so wird dies sofort angezeigt.

Der nächste Link in der Navigationsleiste befindet sich unter der Überschrift SYSTEM COMPONENTS und heißt AVAILABLE SERVICES. Dahinter verbirgt sich eine Funktion, um schnell und übersichtlich eine Liste aller in Betrieb genommenen Web Services einzusehen (Abbildung 3.9). Zudem hat man hier die Möglichkeit, durch Klick auf den Namen des Web Services (z.B. „SimpleHotelService") dessen WSDL-Beschreibung anzuzeigen. Wenn im Service-Archiv kein WSDL-Dokument vorhanden ist (so wie im Falle des Beispielservice), dann kann Axis2 die WSDL-Beschreibung automatisch generieren, falls der `RPCMessageReceiver` eingesetzt wird (intern kommt dabei das Tool Java2WSDL zum Einsatz). Da die Klassen eines POJO-Web Service alleine nicht genügend Informationen für die Generierung einer WSDL-Beschreibung liefern können, besteht die Möglichkeit, die WSDL-Generierung durch einige spezielle Konfigurationsparameter in *services.xml* zu beeinflussen. So kann dort beispielsweise ein Target Namespace festgelegt werden. Sind keine entsprechenden Parameter in *services.xml* gesetzt, verwendet Axis2 entsprechende Standardwerte.

Bei genauerer Betrachtung der Service-Liste und des `SimpleHotelService` fällt auf, dass von Axis2 automatisch das WS-Addressing-Modul für den Service aktiviert wurde. Außerdem verfügt der Service über zwei Endpunkte zur Kommunikation: jeweils einen für SOAP und einen für REST. Die URLs sind prinzipiell gleich, unterscheiden sich jedoch durch das Servlet-Mapping. Anfragen an */services/** aktivieren die SOAP-Engine, Anfragen an */rest/** werden hingegen an das neue `Axis2RESTServlet` weitergeleitet. Diese Einstellungen können über die globale Konfigurationsdatei *axis2.xml* geändert werden. Nähere Information zu REST im Allgemeinen und seiner Konfiguration im Besonderen finden sich in Kapitel 8.

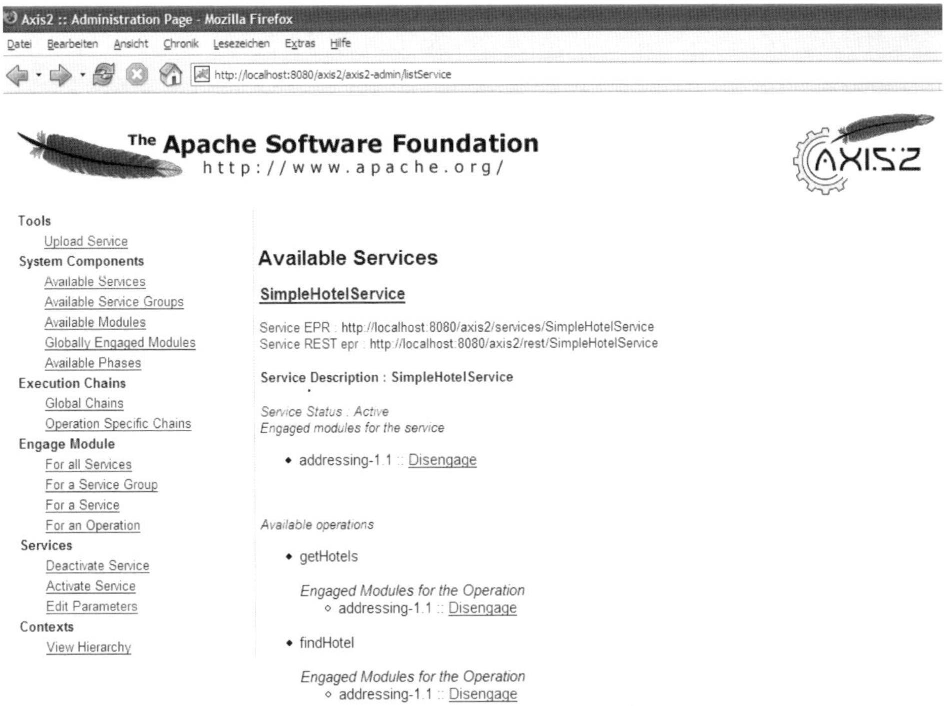

Abbildung 3.9: Der SimpleHotelService nach dem Deployment in Axis2

3.6.2 Service-Administration

Neben der Möglichkeit Deployments durchzuführen kann die Axis2 Web-Anwendung auch zur Administration von Services verwendet werden. Die administrativen Optionen sind in der Navigationsleiste unter der Überschrift SERVICES zusammengefasst.

Sollte man einen Service nicht mehr benötigen oder soll er zumindest temporär abgeschaltet werden, so kann man ihn über die Option DEACTIVATE SERVICE deaktivieren. Im zugehörigen Formular sieht man zunächst alle derzeit aktiven Services in einer Drop-Down-Liste. Man wählt den zu deaktivierenden Service aus, setzt in der Checkbox DEACTIVATE SERVICE einen Haken und schaltet den Service schließlich durch Bestätigung auf den Knopf DEACTIVATE aus. Abbildung 3.10 demonstriert dies am Beispiel des SimpleHotelService: Nach dem Deaktivieren wird der Service in der Liste installierter Services anschließend als „InActive" ausgewiesen. Die Option ACTIVATE SERVICE stellt das Gegenstück dar. Hier werden in der Drop-Down-Liste alle deaktivierten Services angezeigt und man hat die Möglichkeit, diese wieder zu reaktivieren.

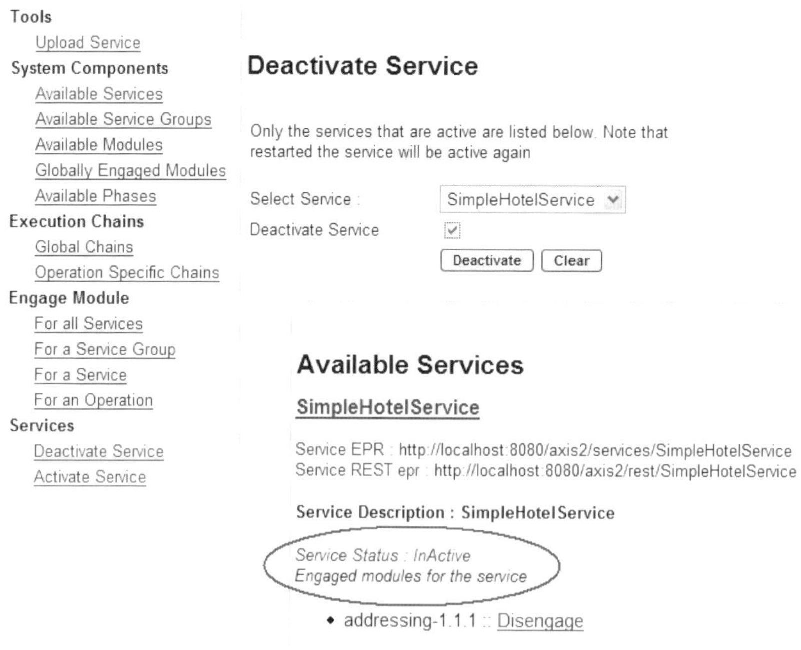

Abbildung 3.10: Der SimpleHotelService wird über die Axis2 Web-Anwendung deaktiviert

Mit der Option Edit Parameters kann man einige, jedoch nicht alle, in der Konfigurationsdatei *services.xml* definierten Service-Parameter im laufenden Betrieb ändern. So ist es zum Beispiel möglich, den Parameter `ServiceClass` zu modifizieren, um somit die Service-Implementierung auszutauschen (Voraussetzung hierfür ist natürlich, dass die neue Implementierung bereits im entsprechenden Service-Archiv enthalten ist). Während dies sicherlich nur in sehr seltenen Fällen notwendig sein sollte, ist die Funktion sehr interessant für Parameter, mit denen das Verhalten eines Service gesteuert werden kann. Sieht die Service-Implementierung einen solchen Parameter vor, könnte auf diesem Weg beispielsweise das Logging-Verhalten des Service zur Laufzeit verändert werden.

Bei all diesen administrativen Optionen ist unbedingt zu beachten, dass alle Änderungen transient sind, *das heißt, sie werden nicht gespeichert*! Sobald die Axis2 Web-Anwendung (oder der Servlet-Container in dem sie installiert ist) neu gestartet wird, sind sämtliche Web Services wieder aktiv und es werden alle Parameter auf jene Werte zurückgesetzt, die in der Konfigurationsdatei des Service zu finden sind. Dauerhafte Änderungen können nur in den Konfigurationsdateien selbst vorgenommen werden, nicht jedoch über das Adminstrations-Frontend. Die einzige Ausnahme hiervon bildet der Upload von Service-Archiven.

3.7 Entwicklung eines Clients für den SimpleHotelService

Nachdem der erste Web Service sowohl mit Standalone-Server von Axis2 als auch mit der Web-Anwendung von Axis2 erfolgreich in Betrieb genommen wurde, soll zum Abschluss des Kapitels gezeigt werden, wie man Clients entwickeln kann, die mit diesem Web Service kommunizieren. Einen Client kann man mit Hilfe von Axis2 entweder komplett auf programmatischen Wege entwickeln oder man bedient sich der automatischen Codegenerierung und erzeugt einen entsprechenden Stub aus dem WSDL-Dokument des Service. Beide Verfahren werden im Folgenden beschrieben.

3.7.1 Direkte Verwendung der Client-API von Axis2

Die Programmierung von Web Service-Clients ist mit dem Axis2 Framework eine einfache Angelegenheit. Unabhängig davon, ob der Client von Hand programmiert wird oder ob man die Codegenerierung bemüht, kommen aus technischer Sicht bei der Entwicklung von Clients immer folgende Klassen zum Einsatz:

```
org.apache.axis2.client.ServiceClient
org.apache.axis2.client.Options
org.apache.axis2.addressing.EndpointReference
```

Direkt hat man als Entwickler mit diesen Klassen letztlich nur zu tun, wenn man Clients komplett von Hand entwickelt. Beim Einsatz des Code-Generators werden die Klassen zwar auch verwendet, jedoch nur vom generierten Code und nicht vom Anwendungscode, der vom Entwickler zu leisten ist. Das bedeutet, dass man in diesem Fall mit den genannten Klassen in der Regel nicht in Berührung kommt.

Mit Hilfe der genannten Klassen ist es sehr leicht möglich Clients zu entwickeln, die mit Web Services synchron oder auch asynchron kommunizieren. Dabei enthält eine Instanz der Klasse `ServiceClient` immer ein Exemplar von `Options`, über welches er konfiguriert wird. Eine dieser Konfigurationen betrifft beispielsweise das Festlegen des Service Endpoints, an welche der `ServiceClient` Nachrichten schicken soll. Hierzu stellt `Options` die Methode `setTo` zur Verfügung, welcher eine Instanz von `EndpointReference` zu übergeben ist. Darüber hinaus können mit Hilfe des `Options`-Objektes eine Vielzahl an weiteren Einstellungen vorgenommen werden, zum Beispiel bezüglich der Konfiguration von Kommunikationsmustern, MTOM oder der REST-Unterstützung von Axis2. Da es sich bei diesen Features jedoch um fortgeschrittenere Themen handelt, werden diese speziellen Konfigurationen in späteren Kapiteln behandelt.

Nachdem ein `ServiceClient` konfiguriert ist, können unterschiedliche Methoden aufgerufen werden, um synchron oder asynchron mit dem Service zu kommunizieren. Es ist wichtig zu verstehen, dass `ServiceClient` genau wie die Axis2 Engine selbst vollständig auf AXIOM aufbaut und damit sowohl beim Versand als auch beim Empfang von SOAP-Nachrichten XML-basiert arbeitet. Das bedeutet, dass an einen Service zu sendende Nachrichten in Form eines Objekts der Klasse

```
org.apache.axiom.om.OMElement
```

an den ServiceClient zu übergeben sind. Gleiches gilt für Nachrichten und Daten, die vom Service zurück gesendet werden. Diese werden vom ServiceClient in Form eines OMElement Objektes an den Anwendungscode zurückgegeben.

Im Falle dokument-basierter SOAP-Kommunikation sind Nachrichten an den Service also zunächst mit Hilfe der AXIOM API entsprechend aufzubauen. Der SimpleHotelService wurde jedoch als POJO Web Service und mit Hilfe des RPCMessageReceiver entwickelt, d.h. er erwartet eine RPC-basierte SOAP-Kommunikation. In solchen Fällen wäre es hilfreich, wenn Anwendungsobjekte, die Operationsparameter repräsentieren, direkt in eine entsprechende RPC-Nachricht überführt werden könnten. Gleiches gilt im umgekehrten Sinne für die Rückgabewerte von Service-Operationen. Genau dies leistet die Hilfsklasse

```
org.apache.axis2.databinding.utils.BeanUtil
```

Übergibt man ihrer Methode getOMElement Angaben über die aufzurufende Service-Operation und ein Array von Objekten für die Operationsparameter, so erzeugt sie daraus ein OMElement-Objekt, das eine entsprechende SOAP-Nachricht für den Aufruf der Operation im Nachrichtenstil RPC repräsentiert. Dieses OMElement kann anschließend an den ServiceClient übergeben werden. Gleichermaßen kann BeanUtil die in einem OMElement enthaltene Antwort des Service in anwendungsspezifische Objekte umwandeln. Das folgende Listing demonstriert, wie eine erste einfache Client-Anwendung für den SimpleHotelService aussehen könnte:

```
package de.axishotels.client;

import javax.xml.namespace.QName;
import org.apache.axiom.om.OMElement;
import org.apache.axis2.AxisFault;
import org.apache.axis2.addressing.EndpointReference;
import org.apache.axis2.client.Options;
import org.apache.axis2.client.ServiceClient;
import org.apache.axis2.databinding.utils.BeanUtil;
import org.apache.axis2.engine.DefaultObjectSupplier;
import de.axishotels.Hotel;
import de.axishotels.RoomType;

public class AxisHotelsClient {

  public static void main(String[] args1) throws AxisFault {

    ServiceClient sender = new ServiceClient();
    Options options = sender.getOptions();
    EndpointReference targetEPR = new EndpointReference(
     "http://localhost:8080/axis2/services/SimpleHotelService");
    options.setTo(targetEPR);
```

```
    // die Operation "findHotel" soll aufgerufen werden
    QName opFindHotel = new QName("http://axishotels.de/xsd", "findHotel")

    // Parameter für die Operation "findHotel" definieren
    String hotelCode = "AX050";
    Object[] opArgs = new Object[] { hotelCode };

    // OMElement mit der Request-Nachricht erzeugen
    OMElement request = BeanUtil.getOMElement(opFindHotel,
                               opArgs, null, false, null);

    // Request an den Service schicken... der Aufruf erfolgt
    // synchron mit dem Kommunikationsmuster IN-OUT
    OMElement response = sender.sendReceive(request);

    // diese Typen sollte der Web Service zurückliefern...
    Class[] returnTypes = new Class[] { Hotel.class };

    // Antwort mit Hilfsroutine in ein Objekt-Array überführen
    Object[] result = BeanUtil.deserialize(response,
                 returnTypes, new DefaultObjectSupplier());

    // Hotel-Daten ausgeben
    Hotel hotel = (Hotel) result[0];
    if (hotel == null) {
      System.out.println("No entry for code: " + hotelCode);
      return;
    }

    System.out.println("Hotel Name: " + hotel.getHotelName());
    System.out.println("Hotel Code: " + hotel.getHotelCode());
    System.out.println("City: " + hotel.getCity());
    System.out.println("Stars: " + hotel.getNumberOfStars());

    for (RoomType roomType : hotel.getRoomTypes()) {
      System.out.println("\n RoomCode : " + roomType.getRoomCode());
      System.out.println(" Price EUR: " + roomType.getPriceInEuros());
      System.out.println(" with TV  : " + roomType.isRoomWithTV());
    }
  }
}
```

Bei Verwendung von BeanUtil ist es äußert wichtig, dass die Beans (oder POJOs), die im Rahmen seiner deserialize-Methode aus dem OMElement über Reflection erzeugt werden, immer entsprechende set-Methoden besitzen. Ferner ist auch darauf zu achten, dass dem JavaBeans-Standard entsprechend ein parameterloser Standard-Konstruktor vorhanden ist, damit die Objekte instanziiert werden können, bevor sie mit Daten befüllt werden.

Speziell für die Kommunikation im SOAP-Nachrichtenstil RPC, bzw. mit Services, die den RPCMessageReceiver benutzen, lässt sich der Client noch weiter vereinfachen. Das Axis2 Framework stellt hierzu mit RPCServiceClient eine spezielle Klasse zur Verfügung, welche ServiceClient dahingehend erweitert, dass sie OMElement-Objekte selbstständig erzeugt und verwaltet und damit die Verwendung von BeanUtil kapselt. Im Vergleich zum vorangegangenen Listing, welches direkt auf ServiceClient operierte, wird im folgenden Listing nicht mehr sendReceive, sondern die Methode invokeBlocking für den Web Service-Aufruf verwendet. In dieser Methode erfolgt zunächst die schon angesprochene Kapselung von BeanUtil, bevor im Anschluss auch hier sendReceive aufgerufen wird. Mit dem RPCServiceClient lässt sich die Entwicklung von Service-Clients für RPC-Kommunikation also noch weiter vereinfachen und funktioniert somit ähnlich wie Axis 1.x:

```
package de.axishotels.client;

import javax.xml.namespace.QName;
import org.apache.axis2.AxisFault;
import org.apache.axis2.addressing.EndpointReference;
import org.apache.axis2.client.Options;
import org.apache.axis2.rpc.client.RPCServiceClient;
import de.axishotels.Hotel;
import de.axishotels.RoomType;

public class AxisHotelsClient2 {

   public static void main(String[] args) throws AxisFault {

      RPCServiceClient sender = new RPCServiceClient();
      Options options = sender.getOptions();

      EndpointReference targetEPR = new
         EndpointReference("http://localhost:8080/axis2/services/SimpleHotelService");

      options.setTo(targetEPR);

      QName opFindHotel = new QName("http://axishotels.de/xsd", "findHotel");

      String hotelCode = "AX050";
      Object[] opArgs = new Object[] { hotelCode };
```

```
        Class[] returnTypes = new Class[] { Hotel.class };

        // Web Service aufrufen
        Object[] response = sender.invokeBlocking(opFindHotel, opArgs, returnTypes);

        Hotel hotel = (Hotel) response[0];
        ...
    }
}
```

Die Axis2-Dokumentation spricht bei den bisher verwendeten Aufrufen vom sogenannten Blocking API. Dabei handelt es sich um einen synchronen Aufruf, was bedeutet, dass die Client-Anwendung beim Aufruf des Services solange unterbrochen (geblockt) wird, bis das Ergebnis in Form einer Antwort mit SOAP-Response und HTTP-Statuscode 200 (OK) vorliegt. Dies gilt für alle möglichen Kommunikationsmuster (MEPs), in erster Linie natürlich für das oft genutzte Request-Response-Verfahren. Beim One-Way-Modus wartet das Blocking API ab, bis eine Empfangsbestätigung des Servers eingetroffen ist. Im Falle von HTTP als Transportprotokoll handelt es sich bei einer solchen Empfangsbestätigung um eine leere HTTP-Antwort (also ohne SOAP-Response) mit HTTP-Statuscode 202 (Accepted).

Axis2 verfügt darüber hinaus auch über ein Non-Blocking API. Durch Einsatz sogenannter Callback-Handler ist es hier möglich, Services asynchron aufzurufen. Zur Realisierung solcher Callback-Handler muss das von Axis2 bereitgestellte Interface

```
org.apache.axis2.client.async.Callback
```

implementiert und dem Client-API beim Aufruf der Services eine Instanz des Handlers übergeben werden. Beim Aufruf eines Services wird dann nicht mehr gewartet, bis eine Antwort oder Empfangsbestätigung eintrifft, sondern stattdessen sofort mit der Ausführung der Client-Anwendung fortgefahren. Sobald die Antwort vom Web Service im Hintergrund eingetroffen ist, erfolgt vom Axis2 Client-API ein automatischer Aufruf des Callback-Handlers. Genauere Informationen zur Verwendung dieses Interface und zu asynchronen Web Service-Aufrufen finden sich in Kapitel 6.

3.7.2 Entwicklung von Clients mit Hilfe von Codegenerierung

Die andere, oft bequemere Variante, einen Client zu erzeugen, ist der Weg über die Codegenerierung. Der Code-Generator von Axis2, in der Standard Distribution vertreten durch das Skript *WSDL2Java,* liest hierzu ein beliebiges WSDL-Dokument ein und erzeugt für jeden darin enthaltenen `PortType` Stub-Klassen. Daneben werden auch Klassen für alle im WSDL-Dokument oder zugehörigen XML Schema definierten komplexen Datentypen erzeugt. Innerhalb der generierten Stubs wird selbstverständlich auch die Klasse `ServiceClient` verwendet, und so stehen alle Features des Client-API auch bei Verwendung des Code-Generators zur Verfügung. Folgender Aufruf von *WSDL2Java* erzeugt einen synchronen Client für den `SimpleHotelService`:

```
wsdl2java -uri http://localhost:8080/axis2/services/SimpleHotelService?wsdl
     -o c:\GeneratedClient -s -p de.axishotels.client.gen
```

Bei diesem Aufruf entsteht eine einzige Klasse namens `SimpleHotelServiceStub`, die im Ordner *C:\GeneratatedClient* abgelegt wird. Die Klasse gehört dem Package an, das mit dem Parameter –p spezifiziert wurde. In der Stub-Klasse finden sich sämtliche vom Service gebrauchten Datentypen (`Hotel`, `RoomType`) als Inner Classes. Möchte man diese Typen in eigene Klassen außerhalb des eigentlichen Stubs auslagern, so verwendet man zusätzlich den Parameter –u beim Aufruf von *WSDL2Java*. Ein Client, der den generierten Stub schließlich aufruft, lässt sich wie folgt programmieren:

```
package de.axishotels.client.gen;

import java.rmi.RemoteException;
import org.apache.axis2.AxisFault;
import de.axishotels.client.gen.SimpleHotelServiceStub.FindHotel;
import de.axishotels.client.gen.SimpleHotelServiceStub.Hotel;
import de.axishotels.client.gen.SimpleHotelServiceStub.RoomType;
public class AxisHotelsClient3 {

  public static void main(String[] args) throws AxisFault, RemoteException {

    SimpleHotelServiceStub stub =
      new SimpleHotelServiceStub("http://localhost:8080/axis2/" +
                                 "services/SimpleHotelService");

    // Request erzeugen
    FindHotel findHotel = new FindHotel();
    findHotel.setHotelCode("AX050");

    // Service aufrufen und Ergebnis aus Response extrahieren
    Hotel hotel = stub.findHotel(findHotel).get_return();

    if (hotel == null) {
      System.out.println("Not found: " + findHotel.getHotelCode());
      return;
    }

    System.out.println("Name: " + hotel.getHotelName());
    System.out.println("Code: " + hotel.getHotelCode());
    System.out.println("City: " + hotel.getCity());
    System.out.println("Stars:" + hotel.getNumberOfStars());
```

```
        for (RoomType roomType : hotel.getRoomTypes()) {

          System.out.println(" RoomCode: " + roomType.getRoomCode());
          System.out.println(" Price EUR: " + roomType.getPriceInEuros());
          System.out.println(" with TV: " + roomType.getRoomWithTV());
        }
    }
}
```

WSDL2Java erzeugt für jede Nachricht (also Request und Response) eigene Datentypen in Form von Beans. Um eine Web Service-Methode aufzurufen, muss also zunächst die Request-Nachricht (im Beispiel ein Objekt vom Typ `FindHotel`) erzeugt und mit dem Suchwert (einem String, der über eine set-Methode zugewiesen wird) bestückt werden. Die Response-Nachricht enthält ebenfalls wieder eine get-Methode, um das Ergebnis aus der Response-Nachricht (ein `Hotel`-Objekt) zu extrahieren (`get_return()`). Die Verwendung des Code-Generators und von generierten Stub-Klassen wird ausführlich in Kapitel 7 beschrieben.

3.8 Geruhsame Nächte mit Axis Hotels

Die fiktive Hotelkette *Axis Hotels* wird uns auch im Verlaufe des Buches begleiten. Nach dem großen Erfolg des ersten, noch recht simplen Web Service wurde vom Management die Entscheidung getroffen, einen Service zur Buchung von Hotelzimmern bereitzustellen. Der Service bietet mit `GetHotels` eine Operation an, mit der man etwas ausführlichere Informationen über die einzelnen Hotels der Kette anfordern kann. Mit Hilfe der Operation `CheckAvailability` kann dagegen die Verfügbarkeit bestimmter Zimmertypen angefragt werden, während `MakeReservation` und `CancelReservationen` schließlich dazu dienen, Zimmer zu reservieren und Reservierungen wieder zu stornieren.

Während die Hotelkette fiktiv ist, ist es das Beispiel keineswegs. Viele internationale Hotelketten verwenden heutzutage Web Service-Technologien für den Austausch solcher Informationen. Der Einsatz der Services zielt dabei jedoch nicht darauf, dass Endkunden (also die Hotelgäste) diese Services für ihre Buchungen verwenden. Vielmehr dienen sie der Kommunikation mit verschiedenen Vertriebspartnern wie Reisebüros, Fluglinien oder Reise-Websites. Viele populäre Websites, über die Hotelzimmer oder gar ganze Reisen gebucht werden können, kommunizieren intern mit Web Services von Hotelketten – entweder direkt oder indirekt über internationale Buchungssysteme. Eine Organisation namens OTA (Open Travel Alliance) kümmert sich unter anderem um die Standardisierung von XML-Datentypen und –Dokumenten. Die jeweils aktuellsten XML Schemas können von jedermann von der OTA Website herunter geladen werden.

Axis Hotels ist jedoch nicht Mitglied der OTA und hat daher ein eigenes Datenmodell und ein zugehöriges XML Schema entworfen, sowie darauf aufbauend ein WSDL-Dokument für den Buchungsservice. Beide können im Anhang eingesehen werden.

Referenzen

- Applikationsserver spezifische Installationshinweise: *http://ws.apache.org/axis2/1_1_1/app_server.html*
- Apache Axis2 Web Administrators Guide: *http://ws.apache.org/axis2/1_1_1/webadminguide.html*
- Apache Axis2 User Guide: *http://ws.apache.org/axis2/1_1_1/userguide.html*

4 Entwicklung mit Axis2

Nachdem im vorangegangenen Kapitel aufgezeigt wurde, wie man Axis2 installiert und wie einfache Web Services inklusive zugehöriger Clients implementiert werden können, geht es in diesem Kapitel um das praktische Arbeiten mit Axis2. Dabei wird der komplette Entwicklungszyklus von der Einrichtung eines Projekts über Deployment bis hin zum Testing und Debugging betrachtet, wobei das Hauptaugenmerk nicht auf der Programmierung mit dem Axis2 Framework an sich, sondern auf dem Umgang mit Axis2 und anderen Werkzeugen liegt. Es werden verschiedene Techniken und Tools vorgestellt, die den Entwicklungsprozess beschleunigen, die Kodierung vereinfachen und die Fehlerbehebung erleichtern können. Eine ganz wichtige Rolle spielt dabei die Verwendung der Entwicklungsumgebung Eclipse, einer Open Source-IDE, die sich mittlerweile zur meist genutzten Entwicklungsumgebung im Bereich der Software-Entwicklung mit Java entwickelt haben dürfte. Speziell für Eclipse bietet Axis2 eigene Plug-ins, mit denen die Arbeit deutlich erleichtert wird. Werkzeuge wie TCPMon und SOAPMonitor sind interessant bei der Fehleranalyse und -suche, denn mit diesen Tools hat man die Möglichkeit, SOAP-Nachrichten abzufangen und entsprechend anzuzeigen.

4.1 Eclipse als Entwicklungsumgebung verwenden

4.1.1 Projekteinrichtung

Zu Beginn ist in Eclipse ein normales Java-Projekt über das Menü *File | New | Other | Project* anzulegen. Hier hat es sich bewährt, im Bereich *Project Layout* stets die Option *Create separate source and output folders* zu aktivieren, damit werden im Projekt ein Ordner mit der Bezeichnung „src" und ein Ordner mit der Bezeichnung „bin" angelegt und die entsprechenden Sourcen beziehungsweise Kompilate (.class-Files) darin abgelegt.

Im nächsten Dialogfenster kann man verschiedene Einstellungen am Projekt vornehmen, wichtig ist hier, dass man im Reiter *Libraries* dafür sorgt, dass alle notwendigen Bibliotheken samt seiner Abhängigkeiten für die Arbeit mit Axis2 in das Projekt eingebunden werden. Über den Knopf *Add External JARs...* könnte man jetzt *jar*-File um *jar*-File einbinden, was allerdings im Projektlayout zu einer sehr langen Liste von *jar*-Files führen würde, die man dann wieder ausblenden müsste, um den Überblick zu behalten.

Interessant ist an dieser Stelle das von Eclipse bereitgestellte Konzept der benutzerverwalteten Bibliotheken (User Libraries). Im Preference-Dialog unter *Java | Build Path | User Libraries* kann man hierzu *jar*-Files gruppieren. Sinnvoll wäre es zum Beispiel, eine Gruppe AXIS2_111 anzulegen und hier sämtliche *jar*-Files aus dem *lib*-Verzeichnis von

Axis2 1.1.1 zu übernehmen. Auch wenn Gruppen je nach Bedarf fein säuberlich unterteilt werden können, zum Beispiel weil man einzelne *jar*-Files in einem bestimmten Anwendungskontext gar nicht benötigt (*axis2-jibx.jar* ist beispielsweise nicht im Buildpath erforderlich, wenn man das JiBX-Databinding nicht verwendet), so muss man sich nicht unbedingt die umständliche Arbeit machen, alle *jar*-Files auseinander zu sortieren. Sinnvoller ist es hier, pro Axis2-Version jeweils eine Gruppe anzulegen, die alle *jar*-Files dieser Version enthält. Dies erspart mühevolle Sortierarbeit und hat auch bei der Migration von einer Axis2-Version auf die Nächste einen Vorteil: Durch einfachen Austausch der User Library beispielsweise von Axis2 Version 1.0 durch die Library von Version 1.1.1 mit anschließender Kompilierung ist das Projekt auf den neuesten Stand gebracht.

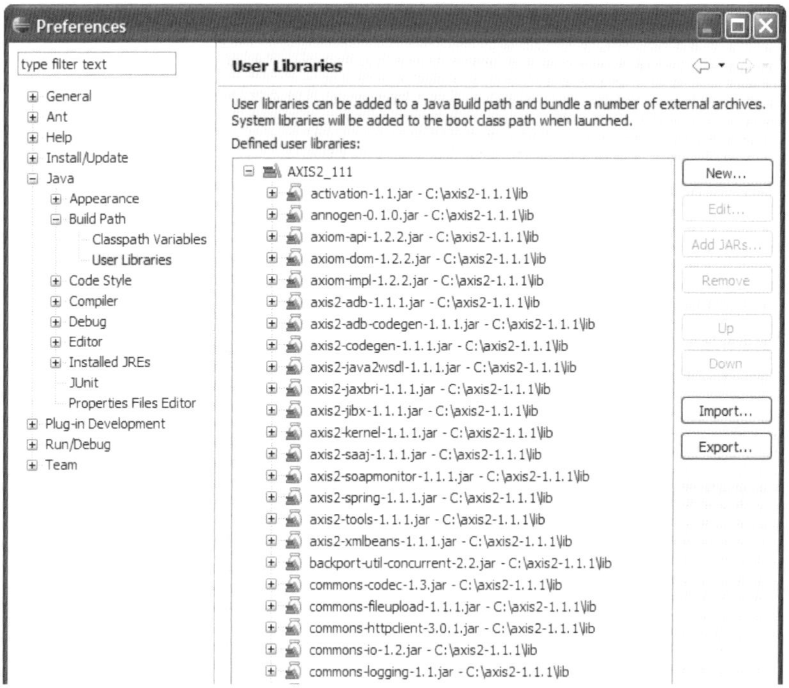

Abbildung 4.1: Mit User Libraries kann man auch große Ansammlungen von jar-Files verwalten

Zurück zur Neuanlage eines Axis2-Web Service Projekts. Im schon weiter oben angesprochen Dialog zum Hinzufügen von Bibliotheken zum Projekt verzichtet man nun also am besten ganz darauf, externe Bibliotheken einzubinden und holt sich stattdessen bequem über den Knopf *Add Library...* und im darauffolgenden Dialog mit Klick auf *User Library* eine zuvor angelegte Axis2-User Library mitsamt der zugehörigen *jar*-Files in den Buildpath des Projekts. Abbildung 4.2 zeigt die Projekteinrichtung in Eclipse, zu beachten ist hier jedoch, dass die Liste der *jar*-Files in der abgebildeten Axis2-User Library für die Darstellung gekürzt werden musste und nicht vollständig ist. Durch Verwendung von solchen User Libraries bleibt die Projektstuktur übersichtlicher, weil im Projekt- bzw. Package-Explorer nicht mehr sämtliche *jar*-Files angezeigt werden, sondern erst wenn man explizit in die Library hineinsieht.

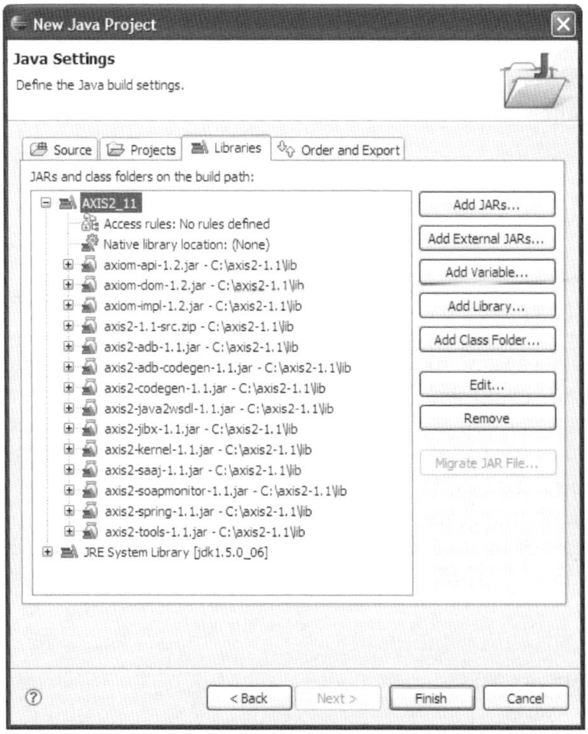

Abbildung 4.2: Projekteinrichtung in Eclipse mit User Libraries

4.1.2 Eclipse Web Tools Platform

Mit der Web Tools Platform (WTP) hat die Eclipse Foundation ein erfolgreiches Projekt gestartet, das die bekannte Eclipse IDE – oder genauer gesagt den Bereich der JDT (Java Development Tools) - dahingehend erweitert, dass die Entwicklung von Webanwendungen im Allgemeinen und Java EE-Anwendungen im Besonderen deutlich besser unterstützt werden. Hierzu stellt WTP eine Vielzahl von Eclipse-typischen Dialogen, Wizards und Editoren zur Verfügung. Für die Entwicklung von Web Service-Anwendungen mit Axis2 ist die WTP nicht dringend erforderlich, sie kann die Programmierarbeit jedoch erleichtern. Von großem Nutzen ist hier sicherlich der integrierte XML-Editor mit Syntax-Highlighting und der darauf aufbauende WSDL- und Schema-Editor. Gerade in Bezug auf Contract-First-Development können diese Werkzeuge von großem Nutzen sein. Ferner ist auch die in WTP eingebaute Unterstützung für verschiedenste Application-Server interessant: JBoss oder Tomcat und eine ganze Reihe weiterer Applikationsserver lassen sich in WTP integrieren, direkt aus der WTP starten und stoppen. Ein Betrieb im Debugmodus ist ebenfalls sehr leicht innerhalb der Web Tools Platform einstellbar, womit das Debugging von Web Services sehr einfach durchgeführt werden kann. Alles in allem bietet die WTP also interessante Werkzeuge, die dem Entwickler das (Programmier-)Leben durchaus erleichtern können. Für die Web Service-Entwicklung kann daher empfohlen werden, eine Eclipse-Version mit WTP zu verwenden.

4.2 Axis2 Eclipse Plug-ins

Die Entwickler von Axis2 stellen speziell für Eclipse zwei Plug-ins zur Verfügung, die für die tägliche Arbeit mit Axis2 sehr sinnvoll sind. Hierbei handelt es sich um folgende Plug-ins:

- Code-Generator-Wizard
- Service Archiver Plug-in

4.2.1 Code-Generator-Wizard

Beim Code-Generator-Wizard handelt es sich um das Pendant zu den Kommandozeilen-Tools Java2WSDL und WSDL2Java. Mit diesem Plug-in lassen sich sehr einfach über einen Wizard entweder Grundgerüste für eine Serviceimplementierung (Skeletons) oder für Clients (Stubs) aus einem WSDL-Dokument erzeugen. Natürlich funktioniert auch der umgekehrte Weg, also die Erzeugung eines WSDL-Dokuments aus einer Web Service-Implementierung. Gerade im Zusammenhang mit Contract First ist der Code-Generator-Wizard und natürlich sein enger Verwandter auf der Kommandozeile (WSDL2Java) sehr wichtig, aus diesem Grund wird dieser Wizard in Kapitel 7 „Contract First mit Axis2" detailliert beschrieben.

4.2.2 Service Archiver Wizard

Für die Paketierung von Services zu den sogenannten Axis Archiven (AAR) gibt es mehrere Wege. Puristen erzeugen sich Archive samt ihrer Strukturen selbst und zwar komplett von Hand. Die Arbeit, die man sich damit allerdings machen würde, ist eigentlich unnötig, denn man kann AARs auch angenehmer erzeugen: nämlich unter Verwendung von Ant, wie es in Kapitel 3 „Erste Schritte" demonstriert wurde. Als nützliches Beiwerk produziert im Übrigen auch das Code-Generator Plug-in beziehungsweise WSDL2Java während der Codegenerierung ganz von selbst ein Ant-Skript, mit dem die Paketierung durchgeführt werden kann. Wem auch Ant noch zu unattraktiv erscheint, dem sei schließlich der Service Archiver (in Eclipse ein eigenes Plug-in, bei IntelliJ IDEA im Axis2-Plug-in enthalten) empfohlen. In Eclipse wird er mit einem Klick auf *File | New | Other | Axis2 Wizards | Axis2 Service Archiver* gestartet und man wird dann, und das ist wichtig zu verstehen, völlig unabhängig von einem Web Service-Projekt zunächst durch mehrere Dialogseiten geführt. Zum Schluss generiert das Plug-in ein entsprechendes Archiv, das dann direkt in Axis2 eingespielt werden kann. Auf der ersten Seite erkundigt sich der Wizard nach der Stelle im Filesystem, wo sich die *class*-Files der Service-Implementierung befinden. Hier kann kein Eclipse-Projekt angegeben werden! Es empfiehlt sich hier an die Stelle im Filesystem zu navigieren, zu der auch der Default Output Path des paketierenden Projekts zeigt. Hat man beispielsweise auf C:\ einen Workspace mit dem Namen „WebServices_Workspaces" und in diesem Workspace ein Projekt „SimpleHotelService" nach in Abschnitt 4.1 beschriebenem Schema angelegt, dann würde der Pfad zu den Java-Klassen wie folgt lauten:

```
C:\WebServices_Workspace\SimpleHotelService\bin
```

Die Checkbox *include .class-Files only* (Abbildung 4.3) ist nur dann von Bedeutung, wenn sich im gleichen Verzeichnis auch noch die Quellcode-Dateien befinden. Ist die Checkbox deaktiviert, dann werden zusätzlich zu den *.class*-Dateien auch sämtliche sonstige Artefakte aus dem Verzeichnis ins Axis Archiv übernommen.

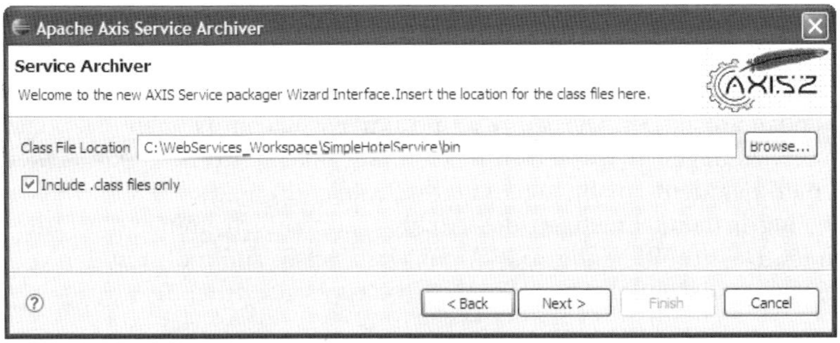

Abbildung 4.3: Das Axis2 Service Archiver Plug-in in Eclipse

Auf der nächsten Seite muss man sich entscheiden, ob ein WSDL-Dokument in das Archiv aufgenommen werden soll oder nicht. Für den Fall, dass ein WSDL-Dokument veröffentlicht werden soll, ist dieses nun über den Knopf *Browse...* direkt über das Filesystem auszuwählen. Achtung: Die aktuelle Version von Service Archiver erzeugt keine WSDL-Dokumente automatisch. Im nächsten Schritt wird definiert, welche Bibliotheken (*jar*-Files) man zusätzlich im Archiv benötigt. Über den Button *Browse...* wird die Bibliothek ausgewählt und über die *Add* und *Remove*-Knöpfe werden sie der Liste hinzugefügt beziehungsweise entfernt (Abbildung 4.4). Alle Bibliotheken, die hier hinzufügt werden, finden sich später im Unterverzeichnis *lib* des resultierenden Axis-Archivs.

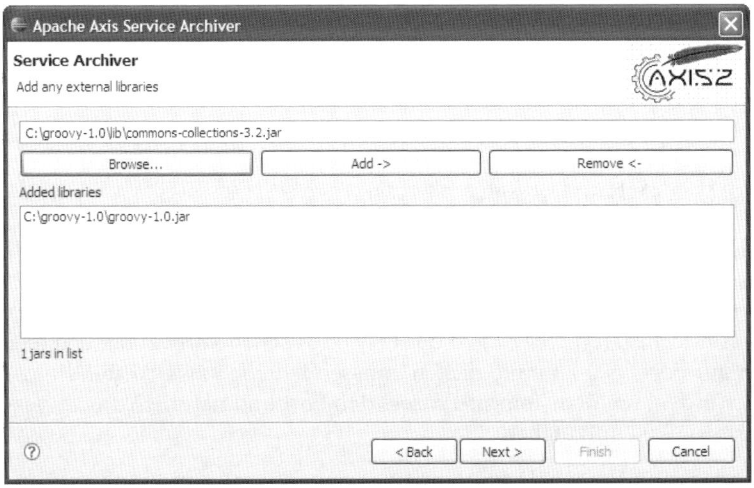

Abbildung 4.4: Der Service Archiver bietet die Möglichkeit, externe jar-Files hinzuzufügen

Als Nächstes selektiert man einen vorbereiteten Web Service Deployment-Deskriptor *services.xml*, alternativ kann dieser auch automatisch vom Plug-in erzeugt werden. Empfohlen ist an dieser Stelle jedoch *services.xml* besser selbst zu erstellen, da der Service Archiver in der zum Zeitpunkt dieses Buches aktuellen Version 1.1.1 hier noch recht holprig arbeitete. So erkennt das Plug-in aktuell zum Beispiel nicht, welche Message Receiver verwendet werden müssen. Wenn man sich dennoch entscheidet, *services.xml* automatisch zu generieren, so gelangt man im Folgeschritt auf eine Seite, auf welcher der vollständige Klassenname der Service-Implementierung anzugeben ist. Ein Klick auf den *Load*-Button bewirkt, dass die Service-Implementierung, ausgehend von dem zu Beginn eingestellten Pfad, gesucht wird und auf Basis dessen *services.xml* generiert. Ganz zum Schluss muss noch angegeben werden, wo und unter welchem Namen das finale Archiv (AAR) schließlich abgelegt werden soll. Auch hier macht sich noch ein kleiner Bug im Plug-in bemerkbar, denn unabhängig von der Dateiendung, die man im Dialog angibt, hängt das Plug-in beim Erzeugen des Archivs letztendlich immer die Dateiendung *.jar* hinten an. Das resultierende Axis-Archiv muss also, zumindest in der Version 1.1.1, immer noch händisch umbenannt werden, sodass es auf *.aar* endet.

4.3 Debugging

Für das Auffinden von Fehlern können primär zwei Techniken zur Anwendung kommen: Logging und Debugging. Wenn sich ein Fehler auch mit Logging nicht eindeutig identifizieren lässt, bietet sich die Möglichkeit des Debugging sowohl lokal auf einem Entwicklungsrechner als auch in der Ferne (Remote Debugging) an. Dabei ist es wichtig zu verstehen, dass das Debugging keine spezielle Eigenschaft von Axis2 oder Eclipse ist, sondern es vielmehr mit der von Java zur Verfügung gestellten JPDA (Java Platform Debugging Architecture) allgemein möglich ist, sich mit einem Debugger in einen (entfernten) Prozess einzuhängen. JPDA unterstützt zwei Formen des Datenaustausches zwischen Debugger und dem zu debuggenden Prozess: über eine Socket-Verbindung oder über Shared Memory. Nachfolgend wird nur die erste Variante vorgestellt, weil Eclipse nur diesen Modus unterstützt.

Um nun eine Debug-Sitzung unter Verwendung der Axis2 Standard Distribution möglich zu machen, muss der Axis2-Server entsprechend konfiguriert werden. Dies erfolgt am besten über die Umgebungsvariable

```
JAVA_OPTS="-Xdebug -Xrunjdwp:transport=dt_socket,server=y,suspend=n,address=8500"
```

damit sich beispielsweise der Eclipse-Debugger über eine Socketverbindung auf Port 8500 an den Prozess binden kann. Bei Verwendung der Axis2 Web-Anwendung innerhalb von Apache Tomcat muss der Servlet-Container selbst im Debug-Modus gestartet werden. Im Startskript von Tomcat (*catalina.bat*) ist dieser Modus schon vorbereitet. Um hier eine Debug-Session auf Port 8500 zu ermöglichen, müssen lediglich zwei Verbindungsparameter definiert werden, um dem Tomcat-Prozess den Port und natürlich das zu verwendende Transportprotokoll mitzuteilen.

Um einen Tomcat-Prozess für Remote Debugging über eine Socket-Verbindung zugänglich zu machen, müssen in der Datei *catalina.bat* folgende Zeilen hinzugefügt werden:

```
set JPDA_TRANSPORT=dt_socket
set JPDA_ADDRESS=8500
```

Nach dem Setzen dieser beiden Parameter kann Tomcat gestartet werden. Dabei ist zu beachten, dass Tomcat nicht über das *startup.bat* oder *catalina.bat run* (bzw. start) gestartet werden darf. Um Tomcat im Debug-Modus hochzufahren, muss stattdessen das Skript *catalina.bat* mit dem Parameter `jpda run` (bzw. `jpda start`) aufgerufen werden:

```
catalina.bat jpda run
```

Um nun eine Service-Implementierung mit Hilfe von Eclipse im Tomcat-Prozess zu debuggen, ist eine Remote-Debug-Session in Eclipse zu starten. Dazu ist es notwendig, die Verbindungsparameter in Eclipse wie in Abbildung 4.5 dargestellt einzugeben. Nach einem erfolgreichen Verbindungsaufbau zum Tomcat-Prozess kann die Service-Implementierung dann wie eine lokale Klasse debuggt werden. Durch Doppelklicken auf die linke Editorleiste in der entsprechenden Zeile kann ein Breakpoint im Quellcode gesetzt werden.

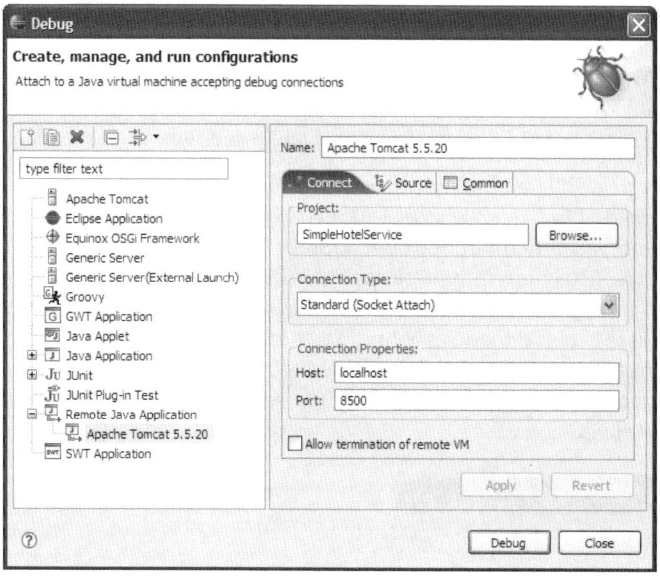

Abbildung 4.5: Debugsession in Eclipse starten

4.4 Diving into the Sources

Bei Apache Axis2 handelt es sich um ein Open Source-Projekt, bei dem auch die Sourcen bezogen und eingesehen werden können. Diese Tatsache wird oft als einer der größten Vorteile von Open Source genannt, denn hier bietet sich die Gelegenheit, bei Problemen einfach in den Quelltext zu sehen und das Problem zu „fixen". Tatsächlich ist das aber leichter gesagt als getan. Denn das Einarbeiten in „fremden" Quelltext ist nicht leicht. Gerade bei Projekten, die in objektorientierten Programmiersprachen wie Java geschrieben sind, die aus Unmengen von Klassen bestehen und durch das Package-System von Java in einer schier endlosen Verzeichnisstruktur ausarten, ist es schwer, den Überblick zu behalten. Bei der Analyse von solch umfangreichen Projekten ist der Entwickler daher auf Tool-Unterstützung angewiesen. Diese Unterstützung erhält der Entwickler mit

Eclipse, denn mit Eclipse ist es ein Leichtes, Quelltexte zu analysieren, ja durch sie zu browsen und zu debuggen. Als Quelle dient Eclipse dabei das Verzeichnis mit den Sourcen oder ein ZIP oder JAR, in dem alle Sourcen enthalten sind. So ist es in den meisten Fällen möglich, die Source-Distribution einer bestimmten Open Source-Software herunterzuladen und diese direkt in Eclipse zu verwenden. Dies gilt auch für Apache Axis2.

4.4.1 Den Axis2 Quelltext sichten und browsen

Am besten beginnt man damit, sich über den Open Type-Dialog, der über die Tastenkombination Strg+⇧+T erreichbar ist, beispielsweise die Klasse `RPCServiceClient` in den Editor zu holen. Nachdem man im Dialog den Klassennamen eingetragen hat, versucht Eclipse die entsprechende Klasse im Quelltexteditor anzuzeigen. Findet Eclipse keinen Source, zeigt es nur die Methoden-Signaturen der Klasse an. In dieser Ansicht gibt es dann jedoch mit dem Knopf *Attach Source...* die Möglichkeit, das ZIP mit den Sourcen einzubinden, aus dem Eclipse sich dann den entsprechenden Quelltext ziehen und anzeigen kann. Wichtig dabei ist zu beachten, dass die Sourcen – wenn einmal ausgewählt – nicht automatisch für alle Klassen aus Axis2 zur Verfügung steht, sondern nur für die Klassen innerhalb des *jar*-Files, in dem sich die Klasse befand, für die der letzte Quelltext angefordert wurde.

Das liegt daran, dass Eclipse pro jar-File im Buildpath die Source-Information als sogenanntes *Source-Attachment* hinterlegt. Die Axis2-Klasse `BeanUtil` befindet sich zum Beispiel innerhalb des jar-Files *axis2-adb.jar.* Innerhalb der User Library-Konfiguration kann man sehen, für welche jar-File Source-Attachments hinterlegt sind. Abbildung 4.6 auf der nächsten Seite zeigt, dass für dieses jar-File die Sourcen vorliegen, folglich wird Eclipse den Quelltext anzeigen können. Die Klasse `OMElement` jedoch befindet sich im Archiv *axiom-api-1.2.jar,* da hierfür kein Source-Attachment vorliegt, wird Eclipse hier keine Quellen finden können und folglich wieder die Ansicht mit den Methodensignaturen solange anzeigen, bis auch hier ein Source-Attachment vorliegt.

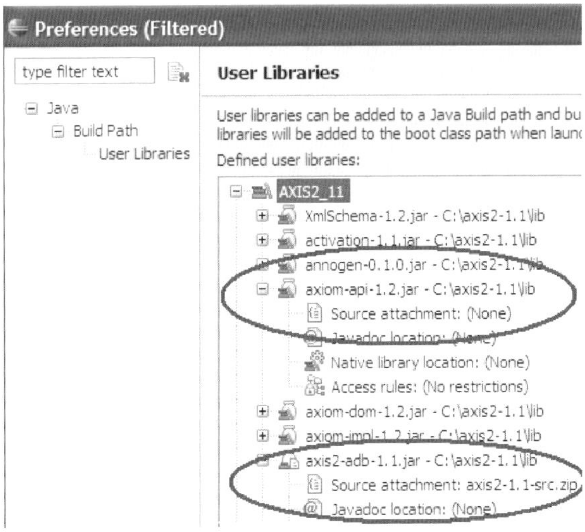

Abbildung 4.6: Für alle Klassen aus axis2-adb-1.1.jar wird Eclipse finden, in axiom-api-1.2.jar jedoch nicht, weil hier kein Source Attachment vorliegt

Während der täglichen Arbeit im eigenen Code, aber auch beim Browsen der Quellen-von Axis2 gibt es eine Reihe hilfreicher Tastenkombinationen in Eclipse, die sehr nützlich sein können. Da wäre zum Beispiel die Tastenkombination [Strg]+[O] zu nennen, sie zeigt ein kleines, gelbes Fenster an, in dem eine Outline der gerade aktiven Klasse dargestellt wird. Damit hat man die Möglichkeit, sich auf der einen Seite einen schnellen Überblick über die Konstanten, Felder und Methoden der Klasse zu verschaffen und auf der anderen Seite aber auch ein äußerst bequemes Navigationsmittel, um mittels der Cursor-Tasten schnell zu einer bestimmten Stelle innerhalb einer Klasse zu springen. Ebenfalls interessant ist auch die Tastenkombination [Strg]+[T]. Diese zeigt die Vererbungshierarchie einer Klasse an. Auch hier besteht die Möglichkeit, sehr leicht mittels Cursor-Tasten in der Vererbungshierarchie zu navigieren, um so beispielsweise ganz schnell in die Klasse `ServiceClient` zu springen, von der sich `RPCServiceClient` ableitet.

Tasten-Kombination	Beschreibung
[Strg]+[⇧]+[T]	Ermöglicht das Suchen von Klassen und öffnet die selektierte Klasse im Quelltext-Editor
[Strg]+[R]	Suche von Ressourcen wie zum Beispiel XML-Files, Properties-Dateien und so weiter
[Strg]+[O]	Öffnet ein separates Outline-Fenster und zeigt sämtliche Konstanten, Felder, Konstruktoren und Methoden der aktuellen Klasse an
[Strg]+[T]	Vererbungshierarchie einer Klasse anzeigen
[Strg]+[⇧]+[G]	Diese Tastenkombination, aufgerufen auf einer vorher markierten Methode, zeigt an, welche anderen Klassen diese Methode aufrufen. Angewendet auf eine Klasse zeigt es an, welche andere Klassen diese Methode verwenden.

Tabelle 4.1: Wichtige Tastenkombinationen für die Entwicklung in Eclipse

Sogar ein „Browsen" im Axis2-Quelltext ist möglich. Hält man die [Strg]-Taste gedrückt und fährt mit der Maus im Editor über einen beliebigen Klassen-Namen, so ändert sich seine Darstellung dahingehend, dass dieser unterstrichen dargestellt ist. Der Klassenname wird dann zu einer Art Link, ein Mausklick führt dann sofort in den Quelltext der angeklickten Klasse. Mit diesen Hilfsmitteln lassen sich auch umfangreiche Javaprojekte analysieren und bearbeiten.

4.4.2 Axis2 Quelltext erforschen - Ein kleines Beispiel

Natürlich kann man auch direkt in den Axis2-Quelltext hinein debuggen. Es ist gängige Praxis, im Rahmen einer Debug-Session zu analysieren, welche Klassen und Methoden innerhalb von Axis2 aufgerufen werden, wenn beispielsweise ein SOAP-Request eingeht. Auch die Autoren dieses Buches haben mit dieser Technik bei der Entstehung dieses Buches gearbeitet, um das Innenleben von Axis2 zu erforschen und zu verstehen.

Alles was man für eine erfolgreiche Analyse wissen muss ist, welches die Einsprungsklasse ist, bei der man mit dem Debugging ansetzt. Wenn man einen SOAP-Request verfolgen will, ist das relativ einfach, denn solche Requests werden bei Verwendung der Axis2 Web-Anwendung immer von einem Servlet entgegengenommen. Demnach muss man nur noch herausfinden, um welches Servlet es sich dabei handelt. Dies ist ebenfalls nicht schwer, denn diese Information findet sich – wie bei jeder auf Java basierenden Webanwendung – in der Datei *web.xml* der Axis2 Web-Anwendung. In Kapitel 3 „Erste Schritte“ wurde bereits erwähnt, dass der Standard-Distribution auch eine vorbereitete Webapplikation vorliegt, innerhalb dieser Webapplikation findet sich unter anderem auch die *web.xml* von Axis2.

```
[AXIS2-STANDARD]\webapp\WEB-INF\web.xml
```

Ein Blick in diese Datei offenbart, dass es zwei Servlets gibt, die in Frage kommen könnten (nachfolgendes Listing 4.1 stellt nur einen kleinen Ausschnitt aus der *web.xml* dar):

```
<servlet>
   <servlet-name>AxisServlet</servlet-name>
   <display-name>Apache-Axis Servlet</display-name>
      <servlet-class>
         org.apache.axis2.transport.http.AxisServlet
      </servlet-class>
</servlet>

<servlet>
   <servlet-name>AxisRESTServlet</servlet-name>
   <display-name>Apache-Axis Servlet (REST)</display-name>
   <servlet-class>
      org.apache.axis2.transport.http.AxisRESTServlet
   </servlet-class>
</servlet>

<servlet-mapping>
   <servlet-name>AxisRESTServlet</servlet-name>
   <url-pattern>/rest/*</url-pattern>
</servlet-mapping>

<servlet-mapping>
   <servlet-name>AxisServlet</servlet-name>
   <url-pattern>/services/*</url-pattern>
</servlet-mapping>
```

Listing 4.1: Ausschnitt aus der web.xml der Axis2 Web-Anwendung

Es gibt also ein spezielles Servlet für REST-Web Services mit dem Namen `AxisRESTServlet` und eines mit dem Namen `AxisServlet`, das alle anderen Requests (und somit auch SOAP) entgegennimmt. Das Servlet-Mapping in der *web.xml* bestätigt diese Vermutung, denn alle Aufrufe an /rest/* werden an das `AxisRESTServlet` weitergeleitet, wogegen Standard-

SOAP-Requests über das Mapping /services/* an das `AxisServlet` gehen. Damit ist klar, dass der Breakpoint in der Klasse

```
org.apache.axis2.transport.http.AxisServlet
```

gesetzt werden muss. Bei genauerer Betrachtung des Quellcodes fällt auf, dass es sich um ein gewöhnliches Servlet handelt, welches `HttpServlet` erweitert und somit also die typischen `doGet`- und `doPost`-Methoden enthält. `AxisServlet` implementiert außerdem das Interface

```
org.apache.axis2.transport.TransportListener
```

dessen Quellcode gesichtet werden kann, in dem man in der Klasse `AxisServlet` den Cursor mit gerückter [Strg]-Taste über den Namen des Interfaces bewegt. Im Quelltext dieses Interfaces schließlich angekommen, bringt die Tastenkombination [Strg]+[T] eine Baumstruktur auf den Schirm, in der man auf einen Blick sieht, welche Klassen dieses Interface implementieren. Darunter findet sich auch das `AxisServlet`. Mit den Cursor-Tasten kann man sich innerhalb dieser Ansicht bewegen und hat so die Möglichkeit, wieder in den Source von `AxisServlet` zu wechseln.

Wieder zurück im `AxisServlet` könnte das Erforschen des Axis2-Quelltextes jetzt weitergehen, indem man zunächst in die Methode `doPost` springt, wo die SOAP-Requests ankommen werden und in dieser einen Breakpoint setzt und eine Debugsession beginnt.

4.5 Werkzeuge für den Umgang mit SOAP-Nachrichten

Oftmals benötigen Programmierer während der Entwicklung oder beim Test von Web Service-Anwendungen Werkzeuge, um effizient mit SOAP-Nachrichten umgehen zu können. Dazu gehört auf der einen Seite das Beobachten von SOAP-Nachrichten, die beim Aufruf eines Web Services ausgetauscht werden, auf der anderen Seite aber auch das schnelle und vor allem direkte Senden eines SOAP-Requests ohne einen Client. Mit Apache TCPMon und dem in Axis2 enthaltenen SOAPMonitor liegen zwei hilfreiche Tools vor, die für diesen Zweck eingesetzt werden können. Die nachfolgenden Abschnitte erläutern die Funktionsweise und die praktische Anwendung dieser wertvollen Tools.

4.5.1 Apache TCPMon

Apache TCPMon wurde ursprünglich im Rahmen von Axis 1.x entwickelt und ist früher auch zusammen mit Axis 1.x ausgeliefert worden. Es hat sich allerdings herausgestellt, dass TCPMon ein derartig hilfreiches Tool darstellt, das es sich auch für die Web Service-Entwicklung allgemein – also auch bei Verwendung ganz anderer SOAP-Frameworks als Axis – sinnvoll einsetzen lässt. Aus diesem Grund hat man sich entschieden TCPMon vom Axis-Projekt zu trennen und es zu einem Teilprojekt von Apache Commons zu machen. TCPMon wird nicht mit Axis2 mitgeliefert (Downloadmöglichkeit siehe Referenzen am Ende dieses Kapitels).

Bei TCPMon handelt es sich konkret um ein Werkzeug, um SOAP-Nachrichten anzuzeigen oder SOAP-Requests zu schicken. Hierzu bietet TCPMon die Möglichkeit, direkt SOAP-Requests an einen Endpoint zu senden. Ein anderer und vermutlich auch der am häufigsten eingesetzte Anwendungszweck besteht darin, TCPMon in die Mitte eines Kommunikationskanals einzuklinken, sodass sämtliche Nachrichten hindurch geleitet werden. Abbildung 4.7 illustriert diese Funktionsweise.

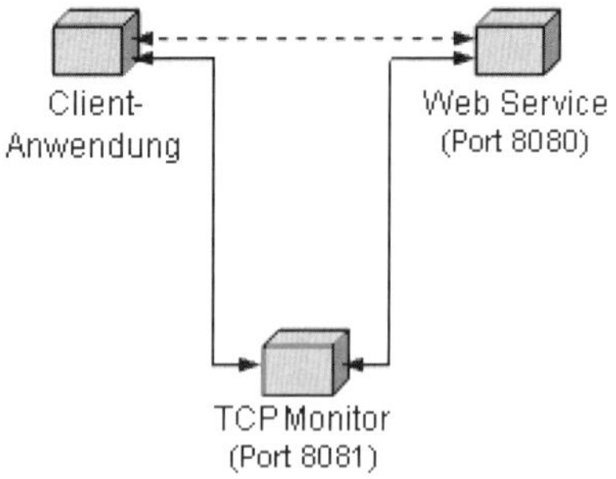

Abbildung 4.7: Apache TCPMon in der Mitte einer SOAP-Kommunikation

Die Client-Anwendung schickt ihre Nachrichten normalerweise direkt an einen Web Service. Nach dem Start von TCPMon ist daher als Erstes die Client-Anwendung dahingehend anzupassen, dass sie ihre Nachrichten nicht mehr an den Web Service direkt verschickt, sondern stattdessen an TCPMonitor sendet. Weiterhin muss in TCPMon eingestellt werden, wohin es die empfangenen SOAP-Nachrichten weiterleiten soll: natürlich an die Web Service-Implementierung.

Während der Entwicklung wird es häufig vorkommen, dass Client-Anwendung, Web Service und TCPMon auf ein und demselben Rechner laufen. In diesem Fall muss TCP-Monitor auf einem anderen Port gestartet werden als der Axis2-Server (lokaler Tomcat mit Axis2 Web-Anwendung oder einer der Axis2-Server aus der Standard Distribution). Ebenso kann TCPMon natürlich auch verwendet werden, wenn Client und Axis-Server auf verschiedenen Rechnern laufen. In diesem Fall kann TCPMon entweder auf dem Client- oder auf dem Server-Rechner laufen. Daneben ist es auch denkbar, TCPMon auf einem dritten Rechner zu starten.

Bei Apache TCPMon handelt es sich um einen sehr kleinen Download, der völlig unabhängig von Bibliotheken Dritter ist. Während man TCPMon früher noch direkt mittels *java.exe* und unter Angabe des vollen Klassennamens starten musste, haben die Entwickler dem Tool mittlerweile ein Startskript für Windows (.bat) und Unix (.sh) spendiert, welches unnötige Tipparbeit erspart. Der Start von TCPMon erfolgt auf der Kommandozeile nun durch Ausführen des Skripts *tcpmon.bat* im build-Verzeichnis der TCPMon-Distribution. Daraufhin startet eine grafische Benutzeroberfläche, in der zunächst eingestellt werden muss, auf welchem Netzwerkport TCPMon lauschen und an welchen Empfänger es die eingehenden Nachrichten weiterleiten soll. Diese Angaben können dem tcpmon-Skript auch über die Kommandozeile in Form von zusätzlichen Parametern angegeben werden. So startet beispielsweise der Aufruf

```
[TCPMON-HOME]\build\tcpmon.bat 6666 localhost 8080
```

einen TCPMon, der auf Port 6666 lauscht und alle Nachrichten auf den Port 8080 des selben Rechners weiterleitet. TCPMon kann auch als Proxy agieren und langsame Verbindungen simulieren, indem es empfangene Nachrichten nur mit einer Verzögerung weiterleitet.

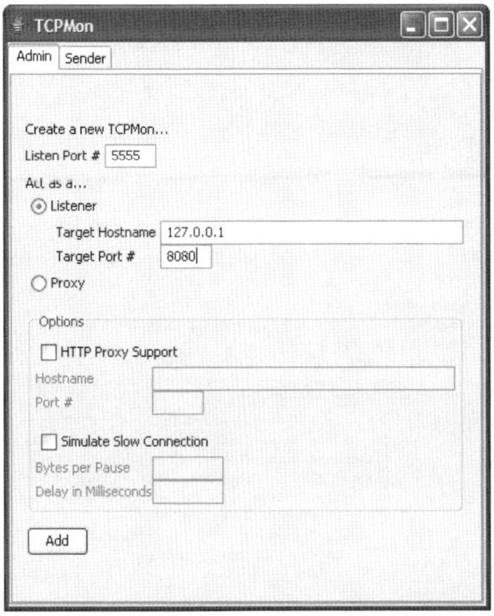

Abbildung 4.8: Einstellmöglichkeiten in Apache TCPMon

Hat man TCPMon ohne zusätzliche Parameter gestartet und im Reiter *Admin* (siehe Abbildung 4.8) alle Einstellungen vorgenommen, wird der Button *Add* betätigt. Daraufhin erscheint ein neuer Reiter in TCPMon, dessen Titel den Port anzeigt, auf dem TCPMon von nun an lauscht. Dieser Vorgang kann beliebig oft wiederholt werden, wenn auf mehreren Ports gleichzeitig gelauscht werden soll.

Nun können Clientanwendungen ausgeführt werden, die entsprechend den obigen Ausführungen (sie verbinden sich nicht mehr mit Port 8080, sondern stattdessen mit Port 6666) geändert wurden. Jeden einzelnen abgefangenen Nachrichtenumlauf stellt TCPMon in einer Liste am oberen Rand des Panels für den jeweiligen Port dar. Darunter wird sowohl der jeweils zugehörige SOAP-Request als auch die vom Web Service resultierende SOAP-Response angezeigt. Mit dem *Save*-Button können abgefangene Nachrichten gespeichert werden. Der Knopf *Switch Layout* zeigt Request- und Response-Nachrichten nebeneinander statt untereinander an. Ein Aktivieren der Checkbox *XML Format* bewirkt, dass TCPMon alle abgefangenen Nachrichten formatiert beziehungsweise einrückt. Dies verbessert deren Lesbarkeit stellenweise erheblich.

Von besonderem Nutzen ist schließlich der eher unscheinbare Button *Resend*. Er erlaubt es, abgefangene Nachrichten erneut zu versenden – gegebenenfalls können sie zuvor noch editiert werden. Somit ist es möglich, manuelle Tests auf sehr einfache Weise durchzuführen, indem man wiederholt Kleinigkeiten an einem SOAP-Request ändert und deren Auswirkung auf den Web Service und die SOAP-Response testet. Dies alles lässt sich mit Hilfe des *Resend*-Buttons oft deutlich schneller und einfacher erledigen als mit der Client-Anwendung selbst.

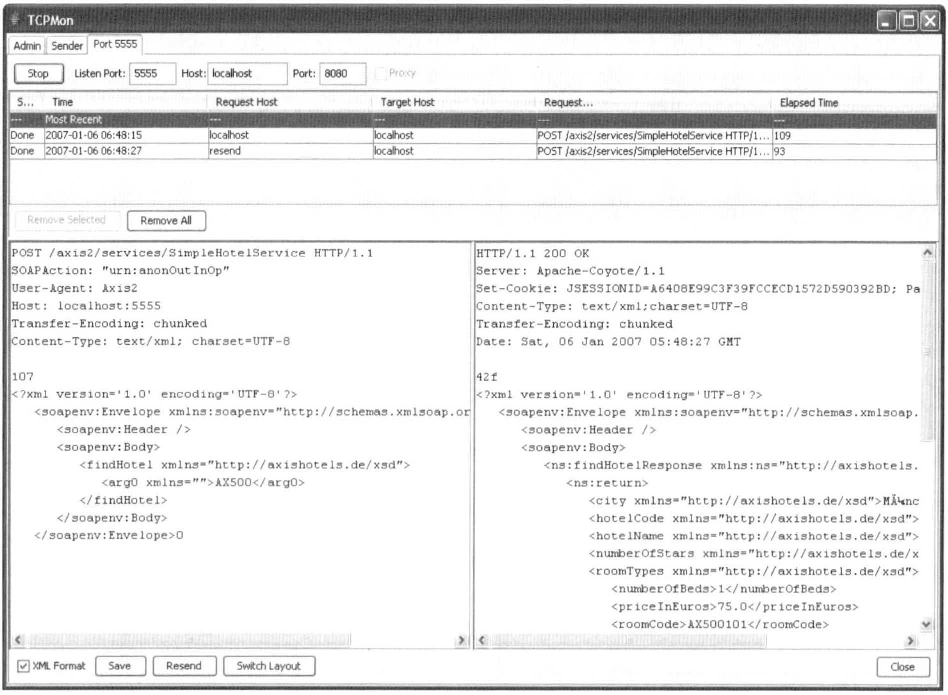

Abbildung 4.9: Beobachtung der SOAP-Kommunikation mit TCPMon

4.5.2 SOAP erforschen und lernen mit TCPMon

Apache TCPMon kann neben dem Debugging auch zum Erlernen von SOAP verwendet werden. Alleine durch das Anzeigen und die Analyse von SOAP-Nachrichten kann man schon viel lernen. Aber es geht noch besser. Die TCPMon-Entwickler haben dem Tool einen weiteren Reiter mit dem Titel *Sender* spendiert, der TCPMon selbst zu einem Client macht und es ermöglicht, einen SOAP-Request zu editieren und an einen beliebigen Endpoint zu verschicken. Basis für eine solche direkte Kommunikation könnte folgender in Listing 4.2 dargestellte SOAP-Request sein, der sich auf den SimpleHotelService aus Kapitel 3 „Erste Schritte" bezieht:

```
<?xml version='1.0' encoding='UTF-8'?>
<soapenv:Envelope xmlns:soapenv="http://schemas.xmlsoap.org/soap/envelope/">
   <soapenv:Body>
      <axishotels:findHotel xmlns:axishotels="http://axishotels.de/xsd">
         <axishotels:hotelCode>AX500</axishotels:hotelCode>
      </axishotels:findHotel>
   </soapenv:Body>
</soapenv:Envelope>
```

Listing 4.2: Eine SOAP-Request zum Testen

Dieser SOAP-Request kann in den Reiter *Sender* kopiert werden und führt, natürlich nur wenn man die korrekte Endpoint-Adresse von SimpleHotelService angegeben hat, zu einem Aufruf der Operation `findHotel` mit dem Hotelcode AX500. Ausgehend von diesem Beispiel kann man nun mit Namespaces oder dem XML Schema experimentieren oder auch ganz andere Methoden auf dem Web Service aufrufen.

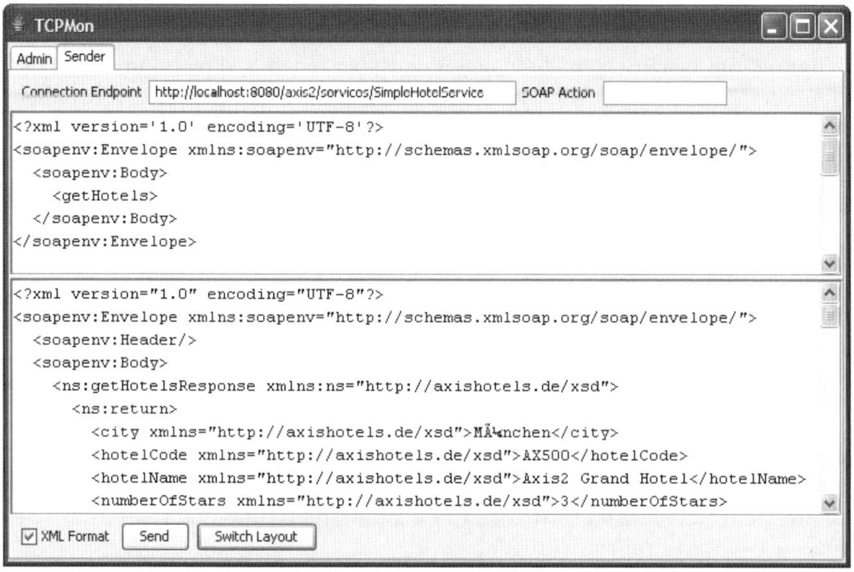

Abbildung 4.10: Über den Reiter „Sender" lassen sich Service-Endpoints direkt ansprechen

4.5.3 SOAPMonitor

Während man sich mit Apache TCPMon direkt zwischen Web Service und Client einklinken kann und dieses Tool neben der eigentlichen SOAP-Nachricht auch den HTTP-Header ausgibt, geht SOAPMonitor einen gänzlich anderen Weg. Das erklärte Ziel seiner Entwickler war es, eine Möglichkeit zu schaffen, SOAP-Nachrichten anzuzeigen, ohne dass hierdurch eine spezielle Konfiguration und/oder der Einsatz externer Tools wie Apache TCPMon erforderlich ist.

Hierfür gibt es in Axis2 eine spezielle Phase namens `soapmonitorPhase` und das soapmonitor-Modul, welches seinen Handler in diese Phase einfügt. Da die Phase operationsspezifisch ist, kann das soapmonitor-Modul entweder global für alle Services oder optional auch für spezifische Services oder Serviceoperationen eingeschaltet werden. Der Handler, der im Rahmen dieser sogenannten „soapmonitorPhase" durchlaufen wird, leitet die SOAP-Nachrichten an den SOAPMonitor-Service weiter (hierbei handelt es sich nicht um einen Web Service, sondern um ein einfaches Servlet), welcher schließlich als Schnittstelle zur Anzeige dient. Die Anzeige erfolgt über ein Applet, das im Browser über eine URL wie beispielsweise

```
http://localhost:8080/axis2/SOAPMonitor
```

gestartet werden kann. Dieses Applet kommuniziert über eine Socketverbindung mit dem SOAPMonitorService und zeigt die Nachrichten schließlich an. Zur einwandfreien Ausführung des Applets im Webbrowser muss mindestens ein Java-Plug-in in der Version 1.3 installiert sein.

Der SOAPMonitor ist in der Axis2-Distrubtion enthalten und aus Sicherheitsgründen in der Standardeinstellung deaktiviert. Die SOAPMonitor-Implementierung in Axis2 besteht aus zwei Teilen. Das Modularchiv *soapmonitor-1.1.mar* stellt den bereits erwähnten Handler zur Verfügung, um Nachrichten abzufangen und über eine Socketverbindung an den SOAPMonitorService zu übermitteln. Das Modul ist zwar im Axis2-Repository installiert, jedoch deaktiviert. Um es zu aktivieren, muss es über die zentrale Konfigurationsdatei *axis2.xml* eingeklinkt („to engage") werden. Hierzu ist im Bereich „Global Modules" folgende Zeile hinzuzufügen:

```
<module ref="soapmonitor"/>
```

Damit ist der SOAPMonitor-Handler in sämtlichen Services im IN- und OUT-Flow aktiv (ab Axis2 Version 1.1). Durch Entfernen des Elements

```
<phase name="soapmonitorPhase"/>
```

in den entsprechenden `<phaseOrders>` in der Datei *axis2.xml* lasst sich diese globale Konfiguration aufheben. Wenn das Modul nur für bestimmte Services oder Operationen aktiv sein soll, ist die Modulreferenz nicht in *axis2.xml*, sondern im Deployment Descriptor des jeweiligen Service (*services.xml*) einzufügen.

Der zweite Teil der SOAPMonitor-Implementierung findet sich in der Datei *axis2-soapmonitor-1.1.jar* im lib-Verzeichnis der Axis2 Distribution. Zu Zeiten von Axis 1.x musste man sich das SOAPMonitor-Applet noch selbst kompilieren, bei Axis2 findet sich das Applet bereits kompiliert in genau diesem *jar*-File. Das *jar*-File enthält außerdem die Implementierung des SOAPMonitorServices, genau jenes Servlet, das als Mittler zwischen SOAP-Monitor-Handler und Applet fungiert.

Den SOAPMonitorService aktiviert man über die *web.xml* der Axis2 Web-Anwendung. Hierzu ist folgender Abschnitt in die Datei einzufügen, um das Servlet zu aktivieren:

```
<servlet>
   <servlet-name>SOAPMonitorService</servlet-name>
   <display-name>SOAPMonitorService</display-name>
   <servlet-class>
      org.apache.axis2.soapmonitor.servlet.SOAPMonitorService
   </servlet-class>
   <init-param>
      <param-name>SOAPMonitorPort</param-name>
      <param-value>5001</param-value>
   </init-param>
   <load-on-startup>1</load-on-startup>
</servlet>
```

```
<servlet-mapping>
   <servlet-name>SOAPMonitorService</servlet-name>
   <url-pattern>/SOAPMonitor</url-pattern>
</servlet-mapping>
```

Über den Parameter `SOAPMonitorPort` lässt sich der Port einstellen, auf dem die Socketverbindung zwischen Applet und SOAPMonitorService aufgebaut wird (SOAPMonitor-Handler und Service kommunizieren direkt über eine statische Methode im Servlet). Nun könnte man sich vielleicht noch wundern, warum der SOAPMonitorService als Servlet und nicht als Web Service implementiert wurde. Die Antwort findet sich, wenn man einen Blick in die doGet-Methode des Servlets blickt (auch das SOAPMonitorServlet kann mit den weiter vorne in diesem Kapiteln beschrieben Techniken eingesehen werden).

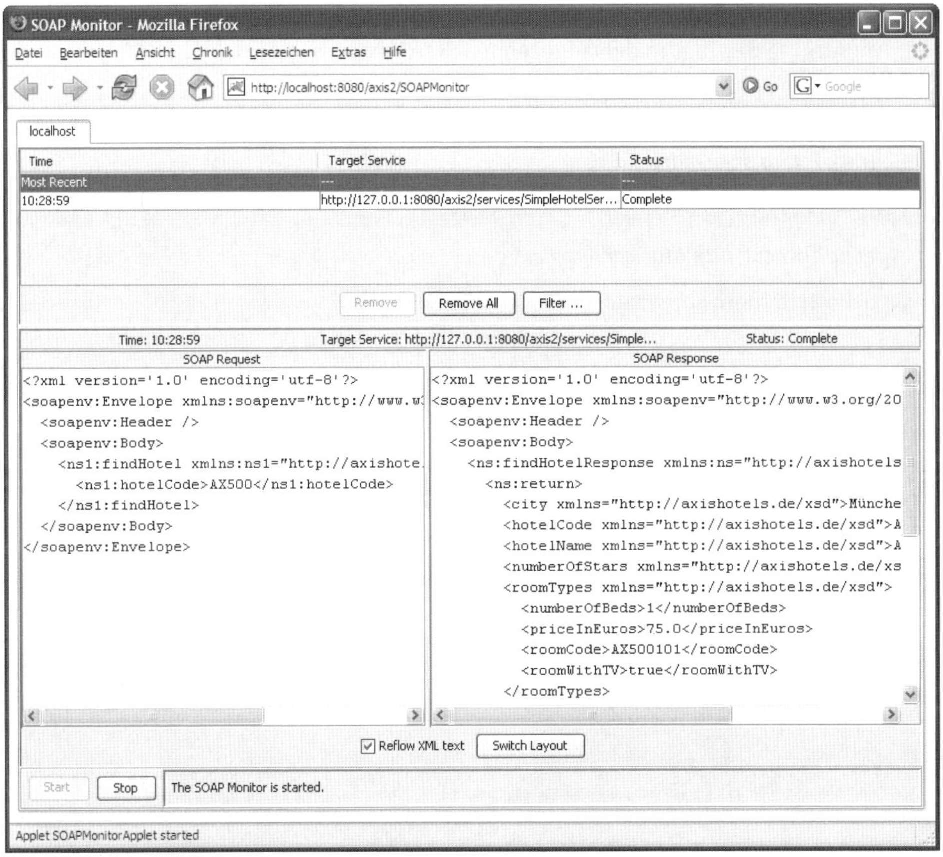

Abbildung 4.11: Das SOAPMonitor-Applet in Aktion

Die Antwort lautet: Das Servlet sorgt zusätzlich auch dafür, dass das SOAPMonitor-Applet angezeigt und gestartet wird, wenn man folgende URL in einem Browser eingibt (Abbildung 4.11):

```
http://localhost:8080/axis2/SOAPMonitor
```

Bevor das Applet allerdings geladen und gestartet werden kann, müssen alle Bestandteile des Applets (alle Dateien die *SOAPMonitorApplet*.class* im Dateinamen enthalten) aus dem jar-File *axis2-soapmonitor-1.1.jar* extrahiert und ins Hauptverzeichnis der Axis2 Web-Anwendung kopiert werden. Das Ziel wäre dann

```
[$TOMCAT_HOME]\webapps\axis2
```

Das Applet listet nun jede Kommunikation auf. Mit Klick auf einen Listeneintrag werden die Nachrichten, die in dieser Kommunikation ausgetauscht wurden, angezeigt (Request und Response). Die Checkbox REFLOW XML TEXT sorgt bei Aktivierung für eine lesbare Anordnung der Tags in den angezeigten SOAP-Nachrichten.

Referenzen:

- Eclipse: *http://www.eclipse.org*
- Eclipse WTP: *http://www.eclipse.org/webtools*
- Apache Tomcat: *http://tomcat.apache.org*
- Apache TCP Mon: *http://ws.apache.org/commons/tcpmon*

5 AXIOM

5.1 Einführung

Eines der entscheidenden Qualitätsmerkmale von Software ist die Performance. Da fast alle Web-Service-Nachrichten in XML oder XML-ähnlichen Formaten vorliegen, ist es eminent wichtig, einen effizienten und leistungsfähigen Mechanismus für die XML-Verarbeitung zu wählen. Während Apache SOAP, die erste Generation der Web-Service-Engine von Apache, das ressourcenintensive DOM-API verwendet, hat Axis 1.x auf effizienteres SAX-API umgestellt. Damit haben sich die Entwickler von Axis2 jedoch nicht zufrieden gegeben. Als Web-Service-Engine der nächsten Generation hat Axis2 die Herausforderung angenommen, die Performance von Axis 1.x noch einmal zu verbessern. Die Antwort auf diese Herausforderung heißt AXIOM, ein Objektmodell, welches Performanz und Benutzerkomfort in sich vereint. AXIOM ist eine wichtige Grundlage für die neue Architektur von Axis2 und steht immer ganz vorne in der Feartureliste von Axis2.

Obwohl AXIOM als integraler Bestandteil von Axis2 gestartet ist, stellt sich heraus, dass AXIOM auch als eine eigenständige Komponente in verschiedenen Bereichen eingesetzt werden kann, sodass auch andere Projekte von dem effizienten Objektmodell profitieren können. Daher wurde AXIOM als eine der ersten Komponenten in das neu gegründete WS-Commons-Projekt bei Apache aufgenommen. Andere Open-Source-Projekte wie Spring-WS haben auch angefangen, AXIOM zu integrieren.

AXIOM ist ein wichtiger Bestandteil der internen Verarbeitung der SOAP-Nachrichten in Axis2. Doch auch Anwendungsentwickler kommen in bestimmten Fällen mit AXIOM in Berührung, zum Beispiel wenn die Entscheidung getroffen wird, kein XML Data Binding Framework wie ADB, Xml Beans oder JiBX einzusetzen. In diesem Fall ist die Service-Implementierung bzw. die Client-Anwendung auf Basis von AXIOM zu erstellen.

5.2 StAX

5.2.1 Push vs. Pull Parsing

AXIOM basiert auf einer neuen Parser-Generation, den so genannten Pull-Parsern. Die Funktionsweise eines Pull-Parsers sowie das damit zusammenhängende StAX-API werden daher zuerst erläutert.

Durch die Verbreitung von XML gehört XML-Verarbeitung zu einem kritischen Bestandteil vieler Enterprise-Applikationen. Bis vor kurzem standen überwiegend zwei Methoden für die XML-Verarbeitung zur Verfügung.

- Baum-basierte APIs: Diese APIs laden das komplette XML-Dokument in den Speicher und bauen dort ein Objektmodell auf, welches in einer Baumstruktur organisiert ist. Das API stellt Methoden und Klassen zur Verfügung, welche ein leichtes Traversieren in der Baumstruktur ermöglichen. Auch das Erzeugen oder Modifizieren von XML-Dokumenten kann durch die Manipulation an dem Objektmodell erfolgen. Solche Baum-basierten APIs sind objektorientiert konzipiert und sehr intuitiv und komfortabel zu benutzen. Jedoch setzen diese APIs voraus, dass das komplette Objektmodell zuerst im Speicher geladen und aufgebaut werden muss, bevor weitere Zugriffe erfolgen können. Dies gilt ebenfalls für einen partiellen Zugriff auf ein kleines Segment im Dokument. Der komplette Aufbau des Objektmodells ist natürlich mit intensiver Rechenzeit und hohem Speicherverbrauch verbunden. Daher ist dieses Verfahren nur für kleine XML-Infosets geeignet. Typische Vertreter von Baum-basierten APIs sind DOM (Document Object Model) und JDOM (Java Document Object Model).
- Ereignis-basierte APIs: Im Gegensatz zu einem Baum-basierten Parser versucht ein ereignis-basierter Parser nicht gleich das komplette Dokument zu verarbeiten, sondern bewegt sich von Token zu Token in dem Dokument. Es wird ein Visitor-Pattern implementiert, indem ein Ereignis für jeden Token gefeuert wird. Jede Applikation, die ein XML-Dokument mit Hilfe eines ereignis-basierten Parsers verarbeiten will, muss einen Handler bereitstellen. Die Ereignisse werden vom Parser in einem Push-Verfahren an den Handler geliefert und der Handler muss auf diese Ereignisse reagieren, indem er die für ihn interessanten Informationen ausliest. Da das XML-Dokument in diesem Fall als ein Datenstrom verarbeitet wird, ist die Anforderung an Ressourcen im Vergleich mit Baum-basierten APIs wesentlich geringer. Lange Zeit stellt SAX die einzige Möglichkeit dar, große XML-Infosets zu verarbeiten. Ein Nachteil von ereignis-basierten APIs ist die Komplexität, da ein ereignis-basiertes API eigentlich nur ein Scanner ist und der von der Applikation gelieferte Handler selbst die Arbeit verrichten muss, um die Struktur des XML-Dokument zu verwalten. Vertreter von ereignis-basierten APIs sind SAX (Simple API for XML) oder XNI (Xerces Native Interface).

Die meisten ereignis-basierten Parser sind so genannte Push-Parsers. Solche Parser füttern die Anwendung mit Daten des XML-Infosets, sobald sie welche im Datenstrom erkennen. Dabei berücksichtigt der Parser nicht, ob die Applikation überhaupt noch an weiteren Daten interessiert ist. Die Ablaufsteuerung der Verarbeitung liegt beim Parser und die Applikation bzw. der Handler spielt nur eine passive Rolle, indem er Callback-Methoden für verschiedene Ereignistypen implementiert, die vom Parser aufgerufen werden. Es besteht keine Möglichkeit für den Handler, den Parser anzuhalten oder abzubrechen. Für den Anwendungsfall, dass ein SOAP-Intermediary nur ein bestimmtes Element aus dem SOAP Header auslesen möchte und sich für den umfangreicheren SOAP Body gar nicht interessiert, ist die Verwendung eines Push-Parsers daher nicht geeignet. Der Parsing-Vorgang ist in diesem Fall auch erst dann beendet, wenn das komplette Dokument durchgescannt und alle Ereignisse an den Handler gemeldet sind.

Sowohl DOM als SAX geben dem Entwickler wenig oder gar keine Möglichkeit, den Verarbeitungsprozess zu kontrollieren. Einmal gestartet kann der Prozess nicht mehr gestoppt werden, bis das komplette Dokument konsumiert ist. Ein Vorschlag von BEA Systems, der letztendlich in den JSR 173 eingeflossen ist, definiert ein neues Verarbeitungsmodell – Pull Streaming Model, abgekürzt als StAX (Streaming API for XML). Mit diesem Modell ist es möglich, die Verarbeitung zu starten, anzuhalten, fortzusetzen und abzubrechen. Die Kontrolle der Verarbeitung liegt nicht mehr beim Parser, sondern bei der Applikation.

Parser, die das Pull Streaming Model implementieren, werden entsprechend als Pull-Parser bezeichnet. Beim Einsatz von Pull-Parsern spielt die Applikation die aktive Rolle und behält die Kontrolle über den Verarbeitungsprozess. Nur nach Aufforderung der Applikation liefert der Parser das nächste Ereignis zurück. Die Applikation kann jederzeit darüber entscheiden, ob die Verarbeitung fortgesetzt oder abgebrochen werden soll. Die Rollenverteilung zwischen Parser und Anwendung wird im Vergleich zu Push-Parser vertauscht, sodass die Applikation flexibel den Verarbeitungsprozess je nach Situation steuern kann. Es ist auch ohne weiteres möglich, zwei Infosets parallel zu verarbeiten. Darüber hinaus bietet ein Pull-Parser auch Filterungsfunktionen, welche bestimmte Ereignistypen von Anfang an ausschließen und damit die Verarbeitungseffizienz steigern können.

Nach der Standardisierung durch JSR173 hat StAX-API große Aufmerksamkeit erweckt. Mittlerweile existieren schon mehrere Implementierungen des JSR 173, die zur Auswahl stehen.

- Implementierung von Sun aus JWSDP: *http://java.sun.com/webservices/jwsdp/index.jsp*
- BEA Referenzimplementierung: *http://dev2dev.bea.com/xml/stax.html*
- WoodSToX XML Processor: *http://woodstox.codehaus.org/*
- Oracle StAX Pull Parser Preview: *http://www.oracle.com/technology/tech/xml/xdk/staxpreview.html*
- Codehaus StAX: *http://stax.codehaus.org/Download*

Ein weiteres interessantes Projekt, welches ebenfalls in Axis2 zum Einsatz gekommen ist, ist das StAXUtils-Projekt (*https://stax-utils.dev.java.net/*), das viele nützliche Funktionalitäten anbietet, welche die Integration von StAX-API in bestehende Applikation vereinfachen sollen. Beispiele von solchen Funktionalitäten sind die Formatierung der Ausgabe eines `XMLStreamWriters` durch Einrückung oder ein Adapter für SAX-API, der SAX-Ereignisse aus `XMLStreamReader` oder `XMLEventReader` generiert.

5.2.2 StAX API

Das StAX-API unterstützt eine iterative und ereignis-basierte Verarbeitung von XML-Dokumenten. Ein XML-Infoset wird dabei als eine Sequenz von Ereignissen betrachtet. Im Gegensatz zu SAX, das nur das Lesen von XML-Infosets unterstützt, ermöglicht StAX-API auch das Erstellen und Modifizieren von XML- Infosets.

In Wirklichkeit besteht StAX-API aus zwei separaten APIs: Cursor-API und Iterator-API. Das StAX-Cursor-API repräsentiert einen Cursor, der sich vorwärts im XML-Infoset von einem Element zum nächsten bewegt. Dabei ist zu beachten, dass in diesem Zusammenhang mit dem Begriff Element nicht ein XML-Element gemeint ist, sondern Tokens eines besonderen Typs. Ein Element kann ein öffnendes Tag, ein schließendes Tag, eine Processing-Instruction oder ein Kommentar sein. Wenn ein solches Element vom Parser identifiziert wird, wird dafür ein Ereignis generiert. Zu jedem Ereignis kann dessen Typ (z.B. ob es sich um ein öffnendes Tag oder einen Kommentar handelt) und abhängig davon weitere Daten (wie Name für ein Element, Text eines Kommentars usw.) abgefragt werden. Alle Ergebnistypen sind als konstante Integerwerte definiert.

Das Iterator-API verfolgt dagegen konzeptionell ein anderes Modell, bei dem ein XML-Infoset als eine Menge von diskreten Ereignissen betrachtet wird, welche eine Applikation vom Parser der Reihe nach anfordern kann. Die Typen der Ereignisse werden nicht mehr anhand einer Integerzahl, sondern anhand der Klasse der jeweiligen Ereignisse unterschieden, da für jeden Ereignistyp eine separate Unterklasse von `XMLEvent` implementiert wird. Diese Unterklassen verfolgen strikt das objektorientierte Design und enthalten typspezifische Eigenschaften.

Je nachdem, ob ein XML-Infoset gelesen oder erstellt wird, muss in beiden APIs immer zuerst ein Reader oder ein Writer instanziiert werden. Die jeweiligen Klassen sind `XMLStreamReader` und `XMLStreamWriter` für das Cursor-API bzw. `XMLEventReader` und `XMLEventWriter` für das Iterator-API.

Der Grund, dass zwei APIs in StAX aufgenommen wurden, liegt darin, dass beide APIs durch ihre jeweilige Stärke für unterschiedliche Szenarien eingesetzt werden können. Das Cursor-API beinhaltet keine vollständige Klassenhierarchie für die unterschiedlichen Ereignistypen und benutzt für die Typunterscheidung nur einen Integerwert. Da unterschiedliche Ereignistypen auch unterschiedliche Daten in sich kapseln, muss die Klasse `XMLStreamReader` Zugriffsmethoden für alle Ereignistypen bereitstellen. Je nach Ereignistyp soll jedoch nur eine Teilmenge der bereitgestellten Methoden aufgerufen werden dürfen. Es macht z.B. keinen Sinn, die Methode `getAttribute()` aufzurufen, wenn das aktuelle Ereignis von einem CDATA stammt. In dieser Hinsicht ist das Cursor-API fehleranfälliger, da viele Fehler erst zur Laufzeit und nicht schon zum Zeitpunkt der Kompilierung erkannt werden. Auf der anderen Seite ist das Cursor-API durch seinen Verzicht auf komplexe Vererbungshierarchie extrem leichtgewichtig und performant, sodass es besonders für Umgebungen mit beschränkten Ressourcen wie z.B. in J2ME geeignet ist. Wird der Performance die höchste Priorität eingeräumt, ist der Einsatz des Cursor-API ebenfalls zu empfehlen. Dagegen ist das Iterator-API wegen seines sauberen OO-Design robuster und flexibel erweiterbar. Durch Definieren neuer Subklassen von `XMLEvent` kann das Verhalten vom Parser modifiziert oder optimiert werden, um z.B. eine Subfamilie von XML-Infoset zu verarbeiten. Im Vergleich mit Cursor-API ist das Iterator-API jedoch ressourcenintensiver.

5.2.3 XML parsen mit StAX

Um StAX zu benutzen, benötigt man analog zu anderen APIs in JAXP eine Factory als Einstiegspunkt. Das entsprechende Interface heißt `XMLInputFactory`. Die konkrete Implementierung für dieses Interface wird in folgender Reihenfolge ermittelt:

Zuerst wird die Systemeigenschaft `javax.xml.stream.XMLInputFactory` ausgewertet und im Erfolgsfall der gefundene Wert als Klassenname der Implementierung benutzt.

Führt Schritt 1 nicht zum Erfolg, wird als Nächstes versucht, die Datei *lib/xml.stream.properties* in der JRE-Installation zu finden und den Inhalt dieser Datei als Klassenname für die Implementierung zu benutzen.

Laut der Service-API-Spezifikation wird als Nächstes in allen der JRE verfügbaren Jar-Dateien nach der Datei *META-INF/services/javax.xml.stream.XMLInoutFactory* gesucht und der Inhalt dieser Datei als Klassenname interpretiert.

Wenn immer noch keine Implementierungsklasse ermittelt werden kann, wird eine Default-Implementierung benutzt.

Nachdem eine Instanz von `XMLInputFactory` angelegt ist, kann diese Factory noch über das Setzen verschiedener Eigenschaften hinsichtlich Validierung, Namespace-Unterstützung usw. konfiguriert werden. Danach kann ein `XMLStreamReader` über die Factory angelegt und damit ein XML-Infoset geparst werden. `XMLStreamReader` ist das wichtigste Interface im Cursor-API und kapselt sämtliche Methoden für Zugriffe auf das XML-Infoset. Mit der Methode `hasNext()` kann geprüft werden, ob noch weitere Daten im Strom verfügbar sind. Falls ja, wird die `next()`-Methode aufgerufen, welche einen Integerwert zurückliefert, der Auskunft über den Typ des aktuellen Ereignisses gibt. Alle Ereignistypen sind als Konstanten in dem Interface `XMLStreamConstants` definiert:

- `XMLStreamConstants.START_ELEMENT`
- `XMLStreamConstants.END_ELEMENT`
- `XMLStreamConstants.PROCESSING_INSTRUCTION`
- `XMLStreamConstants.CHARACTERS`
- `XMLStreamConstants.COMMENT`
- `XMLStreamConstants.SPACE`
- `XMLStreamConstants.START_DOCUMENT`
- `XMLStreamConstants.END_DOCUMENT`
- `XMLStreamConstants.ENTITY_ REFERENCE`
- `XMLStreamConstants.ATTRIBUTE`
- `XMLStreamConstants.DTD`
- `XMLStreamConstants.CDATA`
- `XMLStreamConstants.NAMESPACE`
- `XMLStreamConstants.NOTATION_DECLARATION`
- `XMLStreamConstants.ENTITY_DECLARATION`

Je nach Ereignistyp kann eine Submenge der Methoden der Klasse `XMLStreamReader` aufgerufen werden, um dann typspezifische Daten abzufragen. Aufrufe bestimmter Methoden für falsche Ereignistypen führen entweder zu sinnlosen Werten oder Fehlern. Diese Kontextsensitivität bringt natürlich eine hohe Fehleranfälligkeit mit sich, was jedem Entwickler klar sein soll. In der folgenden Tabelle wird dargestellt, welche Methoden bei welchem Ereignistyp aufgerufen werden dürfen.

Ereignis	Aufrufbare Methoden
Bei allen Ereignissen	getProperty(), hasNext(), require(), close(), getNamespaceURI(), isStartElement(), isEndElement(), isCharacters(), isWhiteSpace(), getNamespaceContext(), getEventType(),getLocation(), hasText(), hasName()
START_ELEMENT	next(), getName(), getLocalName(), hasName(), getPrefix(), getAttributeXXX(), isAttributeSpecified(), getNamespaceXXX(), getElementText(), nextTag()
ATTRIBUTE	next(), nextTag() getAttributeXXX(), isAttributeSpecified()
NAMESPACE	next(), nextTag() getNamespaceXXX()
END_ELEMENT	next(), getName(), getLocalName(), hasName(), getPrefix(), getNamespaceXXX(), nextTag()
CHARACTERS	next(), getTextXXX(), nextTag()
CDATA	next(), getTextXXX(), nextTag()
COMMENT	next(), getTextXXX(), nextTag()
SPACE	next(), getTextXXX(), nextTag()
START_DOCUMENT	next(), getEncoding(), getVersion(), isStandalone(), standaloneSet(), getCharacterEncodingScheme(), nextTag()
END_DOCUMENT	close()
PROCESSING_INSTRUCTION	next(), getPITarget(), getPIData(), nextTag()
ENTITY_REFERENCE	next(), getLocalName(), getText(), nextTag()
DTD	next(), getText(), nextTag()

Tabelle 5.1: Aufrufbare Methoden für unterschiedliche Ereignistypen

Programmcode, der mit Hilfe des Cursor-API ein XML-Infoset verarbeitet, besteht typischerweise aus einer Schleife, in der die Ereignisse nacheinander abgearbeitet werden. Das Programmiermodell ist sehr ähnlich wie die Verarbeitung eines ResultSet in JDBC. Listing 5.1 enthält eine Klasse, welche mit dem Cursor-API ein XML-Dokument einliest.

```
package com.axishotel.stax.cursor;

import java.io.IOException;
import java.io.InputStream;

import javax.xml.stream.XMLInputFactory;
import javax.xml.stream.XMLStreamConstants;
import javax.xml.stream.XMLStreamException;
import javax.xml.stream.XMLStreamReader;

import org.apache.commons.lang.StringUtils;
```

Listing 5.1: XML-Verarbeitung mit dem StAX-Cursor-API

```
public class DocumentPrinter {
  private final String FILE = "po.xml";

  public void print() throws XMLStreamException, IOException {
    InputStream in = DocumentPrinter.class .getClassLoader().getResourceAsStream(FILE);

    XMLInputFactory factory = XMLInputFactory.newInstance();
    factory.setProperty(XMLInputFactory.IS_VALIDATING, Boolean.TRUE);
    factory.setProperty(XMLInputFactory.IS_NAMESPACE_AWARE, Boolean.TRUE);

    XMLStreamReader reader = factory.createXMLStreamReader(in);

    while (reader.hasNext()) {
      int event = reader.next();
      switch (event) {
      case XMLStreamConstants.START_ELEMENT:
        System.out.println("START_ELEMENT: " + reader.getLocalName());
        break;
      case XMLStreamConstants.END_ELEMENT:
        System.out.println("END_ELEMENT: " + reader.getLocalName());
        break;
      case XMLStreamConstants.PROCESSING_INSTRUCTION:
        System.out.println("PROCESSING_INSTRUCTION: " + reader.getPIData());
        break;
      case XMLStreamConstants.CHARACTERS:
        if(!StringUtils.isBlank(reader.getText()))
          System.out.println("CHARACTERS: " + reader.getText());
        break;
      case XMLStreamConstants.COMMENT:
        System.out.println("COMMENT: " + reader.getText());
        break;
      case XMLStreamConstants.CDATA:
        System.out.println("CDATA: " + reader.getText());
        break;
      default:
        break;
      }
    }
```

Listing 5.1: XML-Verarbeitung mit dem StAX-Cursor-API (Forts.)

```
    in.close();
  }

  public static void main(String[] args) throws Exception {
    DocumentPrinter printer = new DocumentPrinter();
    printer.print();
  }
}
```

Listing 5.1: XML-Verarbeitung mit dem StAX-Cursor-API (Forts.)

Die Verwendung des Iterator-API ist sehr ähnlich wie die des Cursor-API. Zuerst muss ebenfalls ein Reader, in diesem Fall ein `XMLEventReader`, mit Hilfe der `XMLInputFactory` instanziiert werden. Die Ereignisse können dann ebenfalls in einer Schleife vom Reader abgefragt werden. Die ereignisspezifischen Daten werden jedoch nicht mehr direkt aus dem Reader gelesen. Stattdessen liefert die `nextEvent()`-Methode gleich ein fertig befülltes Event-Objekt zurück. Dabei handelt es sich um eine Instanz einer der Unterklassen von `XMLEvent`, die typspezifische Daten enthält.

```
package com.axishotel.stax.iterator;

import java.io.IOException;
import java.io.InputStream;

import javax.xml.stream.XMLEventReader;
import javax.xml.stream.XMLInputFactory;
import javax.xml.stream.XMLStreamConstants;
import javax.xml.stream.XMLStreamException;
import javax.xml.stream.events.Characters;
import javax.xml.stream.events.Comment;
import javax.xml.stream.events.EndElement;
import javax.xml.stream.events.ProcessingInstruction;
import javax.xml.stream.events.StartDocument;
import javax.xml.stream.events.StartElement;
import javax.xml.stream.events.XMLEvent;

import org.apache.commons.lang.StringUtils;

public class DocumentEventPrinter {
  private final String FILE = "po.xml";

  public void print() throws XMLStreamException, IOException {
    InputStream in = DocumentEventPrinter
```

Listing 5.2: XML-Verarbeitung mit StAX-Iterator-API

```
    .class.getClassLoader().getResourceAsStream(FILE);
  XMLInputFactory factory = XMLInputFactory.newInstance();
  factory.setProperty(XMLInputFactory.IS_VALIDATING, Boolean.TRUE);
  factory.setProperty(XMLInputFactory.IS_NAMESPACE_AWARE, Boolean.TRUE);

  XMLEventReader reader = factory.createXMLEventReader(in);
  while (reader.hasNext()) {
    XMLEvent event = reader.nextEvent();
    switch (event.getEventType()) {
    case XMLStreamConstants.START_ELEMENT:
      StartElement se = (StartElement)event;
      System.out.println("START_ELEMENT: " + se.getName().getLocalPart());
      break;
    case XMLStreamConstants.END_ELEMENT:
      EndElement ee = (EndElement)event;
      System.out.println("END_ELEMENT: " + ee.getName().getLocalPart());
      break;
    case XMLStreamConstants.PROCESSING_INSTRUCTION:
      ProcessingInstruction pi = (ProcessingInstruction) event;
      System.out.println("PROCESSING_INSTRUCTION: " + pi.getData());
      break;
    case XMLStreamConstants.CHARACTERS:
      Characters chars = (Characters) event;
      if(!StringUtils.isBlank(chars.getData()))
        System.out.println("CHARACTERS: " + chars.getData());
      break;
    case XMLStreamConstants.COMMENT:
      Comment comment = (Comment) event;
      System.out.println("COMMENT: " + comment.getText());
      break;
    case XMLStreamConstants.START_DOCUMENT:
      StartDocument sd = (StartDocument) event;
      System.out.println("START_DOCUMENT: " + sd.getVersion());
      break;
    case XMLStreamConstants.END_DOCUMENT:
      System.out.println("END_DOCUMENT ");
      break;
    default:
      break;
    }
```

Listing 5.2: XML-Verarbeitung mit StAX-Iterator-API (Forts.)

```
    }
    in.close();
  }

  public static void main(String[] args) throws Exception {
    DocumentEventPrinter printer = new DocumentEventPrinter();
    printer.print();
  }
}
```

Listing 5.2: XML-Verarbeitung mit StAX-Iterator-API (Forts.)

Im Gegensatz zu SAX unterstützt das StAX-API auch die programmatische Erstellung von XML-Dokument. Das Programmiermodell des Cursor-API ist dabei sehr intuitiv. Für das Erstellen bzw. Modifizieren wird zuerst ein `XMLStreamWriter` benötigt, der analog mit Hilfe einer `XMLOutputFactory` angelegt werden kann. Danach können die Elemente sequentiell direkt mit `XMLStreamWriter` erstellt werden. Listing 5.3 zeigt einen entsprechenden Code-Ausschnitt.

```
XMLOutputFactory factory = XMLOutputFactory.newInstance();

XMLStreamWriter writer = factory.createXMLStreamWriter(out);
writer.writeStartDocument();
writer.writeProcessingInstruction("xml-stylesheet", "type='text/xsl' href='hotel.xsl'")
writer.writeStartElement("ah", "hotel", "http://axishotels.de");
writer.writeNamespace("ah", "http://axishotels.de");
writer.writeComment("This is a sample document describing a hotel.");
writer.writeStartElement("name");
writer.writeCharacters("Axis Hotel");
writer.writeEndElement();
writer.writeStartElement("rooms");
writer.writeStartElement("room");
writer.writeAttribute("id", "101");
writer.writeStartElement("numberOfBeds");
writer.writeCharacters("2");
writer.writeEndElement();
writer.writeStartElement("rate");
writer.writeCharacters("100 EUR");
writer.writeEndElement();
writer.writeEndElement();
writer.writeStartElement("room");
writer.writeAttribute("id", "102");
```

Listing 5.3: XML-Erstellung mit StAX-Cursor-API

```
writer.writeStartElement("numberOfBeds");
writer.writeCharacters("1");
writer.writeEndElement();
writer.writeStartElement("rate");
writer.writeCharacters("80 EUR");
writer.writeEndElement();
writer.writeEndElement();
writer.writeEndElement();
writer.writeEndElement();
writer.writeEndDocument();
writer.flush();
writer.close();
```

Listing 5.3: XML-Erstellung mit StAX-Cursor-API (Forts.)

Die Ausführung des obigen Codeabschnitts produziert folgendes XML-Dokument:

```
<?xml version='1.0' encoding='UTF-8'?>
<?xml-stylesheet type='text/xsl' href='hotel.xsl'?>
<ah:hotel xmlns:ah="http://axishotels.de">
<!--This is a sample document describing a hotel.-->
  <name>Axis Hotel</name>
  <rooms>
    <room id="101">
      <numberOfBeds>2</numberOfBeds>
      <rate>100 EUR</rate>
    </room>
    <room id="102">
      <numberOfBeds>1</numberOfBeds>
      <rate>80 EUR</rate>
    </room>
  </rooms>
</ah:hotel>
```

Listing 5.4: Ausgabe von DocumentCreator.java

Es ist ebenfalls möglich, mit Iterator-API ein XML-Dokument zu erstellen. In diesem Fall werden nicht die Elemente direkt ausgeschrieben, sondern ein typspezifisches Ereignisobjekt (Unterklasse von `XMLEvent`) über eine `XMLEventFactory` erzeugt und anschließend einem `XMLEventWriter` hinzugefügt. Folgender Codeabschnitt demonstriert die Verwendung des Iterator-API zur Erstellung von XML-Dokumenten:

```
XMLOutputFactory factory = XMLOutputFactory.newInstance();
XMLEventWriter writer = factory.createXMLEventWriter(out);
XMLEventFactory eventFactory = XMLEventFactory.newInstance();

writer.add(eventFactory.createStartDocument());
writer.add(eventFactory.createProcessingInstruction("xml-stylesheet",
  "type='text/xsl' href='hotel.xsl'"));
writer.add(eventFactory.createStartElement("ah", "hotel", "http://axishotels.de"));
writer.add(eventFactory.createComment("This is a document describing a hotel."));
writer.add(eventFactory.createEndElement("ah", "hotel", "http://axishotels.de"));
writer.add(eventFactory.createEndDocument());
writer.flush();
writer.close();
```

Listing 5.5: XML-Erstellung mit StAX-Iterator-API

Mit StAX wird eine Lücke geschlossen, die trotz der Vielfalt von XML-Verarbeitungstechniken offen gelassen wurde. Aufgrund seiner hervorragenden Eigenschaften bzgl. Performance, Ressourcenverbrauch und Kontrollierbarkeit wird StAX z.B. für die Verarbeitung von großen Dokumenten in absehbarer Zeit SAX den Rang ablaufen und zum wichtigsten Streaming-API aufsteigen.

Ein weiterer interessanter Punkt von StAX ist, dass StAX eine dritte Darstellungsform von XML-Infoset einführt. Bis jetzt liegt ein XML-Infoset entweder als Datenstrom (SAX) oder als ein baumartiges Objektmodell (DOM oder JDOM) vor. Durch die `XMLEvent`-Klassenhierarchie im StAX-API kann ein XML-Infoset ebenfalls als eine geordnete Sammlung von `XMLEvent`-Objekten repräsentiert werden. Diese Objekte können dann später beliebig oft für verschiedene Zwecke wieder herangezogen werden, um die Verarbeitung fortzusetzen oder ein neues Objektmodell aufzubauen. Alle dieser Eigenschaften führten dazu, dass StAX als Verarbeitungsmechanismus in Axis2 ausgewählt wurde.

5.3 AXIOM

Ein Baum-basiertes API mit seinem vorhandenen Objektmodell wie z.B. DOM wird von den meisten Entwicklern aufgrund des geringeren Entwicklungsaufwands bevorzugt. Dabei werden der damit verbundene Performanceverlust und Speicherverbrauch teilweise auch bewusst in Kauf genommen. Obwohl StAX im Vergleich mit anderen Streaming-APIs eine wesentliche Verbesserung bzgl. Performance und Kontrollierbarkeit bietet, bleibt StAX nach wie vor ein Streaming-API. Das bedeutet, dass die Applikation selbst den Inhalt aus dem Infoset verwalten muss. Ein freies Navigieren sowohl vorwärts als auch rückwärts in einer Baumstruktur wie bei einem Baum-basierten API ist nicht ohne weiteres möglich.

Vor diesem Hintergrund haben die Entwickler von Axis2 schon sehr früh damit begonnen, ein neues und effizientes Objektmodell zu etablieren, welches die Vorteile der beiden Welten (gute Performance und niedriger Ressourcenverbrauch von Streaming-APIs und komfortable Zugriffsmöglichkeit von Baum-basierten APIs) in sich vereint. Das dabei entstandene Objektmodell wurde AXIOM getauft und steht für Apache aXIs Object Model.

Ursprünglich war AXIOM als ein Mechanismus zur Sammlung und Zwischenspeicherung für StAX-Ereignisse vorgesehen, sodass diese Ereignisse später für die Verarbeitung wieder herangezogen werden können. Die Flexibilität, die dieser Mechanismus bietet, wurde schnell erkannt, sodass er prompt zu einem vollständigen Objektmodell für XML-Infoset ausgebaut wurde. Wesentliche Features von AXIOM sind:

- Leichtgewichtig: Beim Design von AXIOM wurde stets darauf geachtet, dass das API einfach und leichtgewichtig gestaltet ist. Dieses Ziel wird unter anderem dadurch erreicht, dass die Tiefe der Klassenhierarchie sowie die Anzahl von Methoden und Attributen der Klassen möglichst gering gehalten wurden. Das alles bedeutet gleichzeitig einen geringeren Speicherverbrauch zur Laufzeit.
- XML-Infoset konform: AXIOM stellt ein Objektmodell dar, welches das XML-Infoset vollständig unterstützt.
- Aufgeschobener oder verzögerter Aufbau (`deferred building`): Dies ist das wichtigste Feature von AXIOM und bedeutet grob, dass das Objektmodell nur auf Anforderung aufgebaut wird. Jene Teile im Infoset, auf die nicht explizit zugegriffen wird, liegen weiterhin im Datenstrom.
- StAX basiert: AXIOM basiert auf StAX, dem Standard-Pull-Parser-API. Um jedoch bestehende XML-Werkzeuge (vor allem Databinding-Werkzeuge), die meistens das ältere SAX-API benutzen, zu unterstützen, enthält AXIOM auch einen SAX-Adapter.
- SOAP-Optimierung: Basierend auf dem Objektmodell, das allgemeine XML-Infosets abbildet, wird zusätzlich eine Schicht angeboten, die SOAP-spezifische Modellklassen enthält.
- XOP/MTOM Unterstützung: Als eins der ersten und zu diesem Zeitpunkt auch eins der wenigen unterstützt AXIOM auch direkt binäre Daten im XML-Infoset. Dies bildet eine wichtige Grundlage für die Unterstützung von MTOM, dem zukunftsträchtigen Standard-Format für Web Service mit Attachments, in Axis2(vgl. Kapitel 13).

5.3.1 AXIOM Architektur

AXIOM benutzt intern das StAX-API, um XML-Dokumente zu lesen oder zu schreiben.

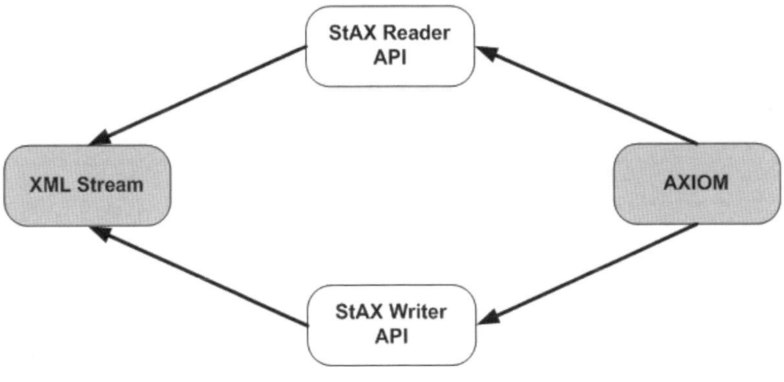

Abbildung 5.1: Zugriff auf einen XML-Stream von AXIOM durch das StAX-API

Das wichtigste Interface in AXIOM ist `Builder`, welcher für den Aufbau des Objektmodells zuständig ist. Sowohl `XMLStreamReader` als auch `XMLStreamWriter` werden in AXIOM von einem `Builder` gekapselt, sodass die Details vom StAX-API verborgen bleiben (Abbildung 5.2).

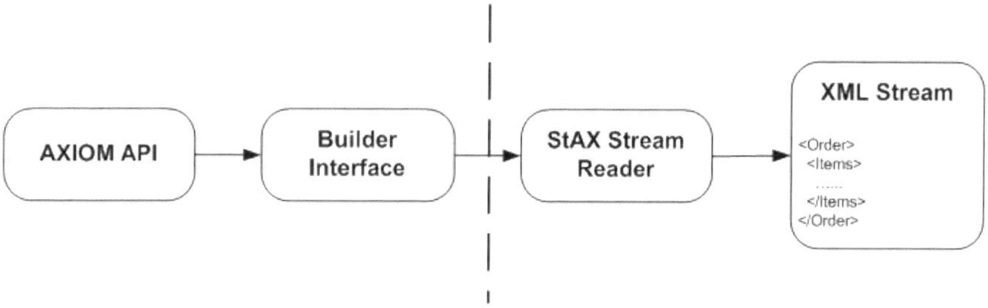

Abbildung 5.2: Builder-Interface kapselt Zugriffe auf StAX-API

AXIOM liefert mehrere Implementierungen von `Builder` mit.

- OM Builder(`StAXOMBuilder.java`): Dieser Builder kann das Objektmodell eines allgemeinen XML-Infosets konstruieren.
- SOAP Builder(`StAXSOAPModelBuilder.java`): Dieser Builder ist für die Verarbeitung von SOAP-Nachrichten optimiert und baut intern ein SOAP-spezifisches Objektmodell mit Elementen wie `SOAPEnvelope`, `SOAPHeader` und `SOAPBody` usw. auf.
- MTOM Builder(`MTOMStAXSOAPModelBuilder.java`): Dieser Builder ist eine Unterklasse von SOAP Builder und unterstützt binäre Attachments in einem XML-Infoset nach dem MTOM-Standard.
- SAX Builder(`SAXOMBuilder.java`): Da SAX nach wie vor ein sehr verbreitetes XML-Parsing-API ist, stellt AXIOM ebenfalls einen Builder zur Verfügung, der ein Objektmodell aus SAX-Ereignissen bauen kann.

Das AXIOM-API arbeitet ausschließlich mit dem `Builder`-Interface und stellt eine komfortable und leistungsfähige Schnittstelle für XML-Verarbeitung zur Verfügung. Um das Objektmodell zu verwalten, wurden verschiedene Speichermodelle während der Evaluierungsphase implementiert. In der Initialphase wurden eine tabellen-basierte Variante (ähnlich wie Apache Xalan) sowie eine auf verketteten Listen basierte Variante implementiert und evaluiert. Aufgrund der besseren Performance der zweiten Variante wurde die tabellenbasierte Implementierung verworfen. Später wurde das AXIOM-API dann auch über das W3C DOM-API implementiert. Das Ergebnis ist eine DOM-konforme Implementierung mit AXIOM-Funktionalität wie Deferred Building. Dieses Subprojekt, das zeitweilig unter dem Namen DOOM (DOm Object Model) geführt war, wird nun als AXIOM-DOM bezeichnet und ist neben der auf verketteten Listen basierten Implementierung die zweite Speichermodell-Alternative, die AXIOM mitliefert. Durch das flexible API von AXIOM kann sogar ein benutzerdefiniertes Speichermodell implementiert und aktiviert werden. AXIOM sieht hierfür eine Factory-Klasse analog zu JAXP vor, sodass die Auswahl der zu verwendenden Speichermodell-Implementierung flexibel über eine Property gesteuert werden kann.

Der wesentliche Unterschied von AXIOM zu anderen Objektmodellen besteht darin, dass der Aufbau des Objektmodells in AXIOM aufgeschoben wird. Der Aufbau erfolgt nur dann, wenn es für die Applikation absolut notwendig ist. Die genaue Funktionsweise des aufgeschobenen Modellbaus wird im Folgenden anhand eines Beispiels erklärt:

```
<?xml version="1.0" encoding="UTF-8"?>
<ah:hotel xmlns:ah="http://axishotels.de">
  <name>Axis Hotel</name>
  <manager>Duke Apache</manager>
  <address>
     <street>Spring Street</street>
     <no>42</no>
     <zip>88888</zip>
     <city>Java</city>
     <country>Dreamland</country>
  </address>
</ah:hotel>
```

Listing 5.6: Beispiel XML-Dokument

Wenn nur der Name des Managers vom Hotel benötigt wird, liest AXIOM den Datenstrom auch nur bis `<manager>` aus. Und auch nur das XML-Segment, das bis dahin gelesen wurde, wird als Objektmodell im Speicher aufgebaut, während der Rest vom Dokument nach wie vor im Datenstrom gehalten wird. Diese Technik ist besonders wichtig bei der Verarbeitung großer XML-Infosets oder der Weiterleitung von Infosets durch einen SOAP-Intermediary, der nur ein partielles Segment (SOAP Header) des gesamten Infosets verarbeitet.

Durch die Nutzung eines StAX-Parsers kann der AXIOM-Builder so lange von StAX-Parser bzw. `XMLStreamReader` Ereignisse anfordern, bis das Element `<manager>` komplett eingelesen ist. Das Objektmodell wird dabei auch aufgebaut, sodass der Benutzer über das AXIOM-API komfortabel auf den Textinhalt von Element `<manager>` zugreifen kann. Sollte der Benutzer später auch die Stadt auslesen möchten, in der das Hotel liegt, wird der AXIOM-Builder den `XMLStreamReader` zum Fortschreiten veranlassen. Alle dabei vom `XMLStreamReader` gelieferten Ereignisse können vom AXIOM-Builder zum Aufbau von Objektmodell benutzt werden. Alle diese Schritte finden transparent für den Benutzer statt.

5.3.2 AXIOM API

Bevor im folgenden Abschnitt das fortgeschrittene Thema Caching vertieft wird, werden in diesem Abschnitt einige Codebeispiele für den Einsatz des AXIOM API gezeigt. Wie bereits erwähnt, wurde AXIOM aufgrund seiner universellen Einsetzbarkeit aus dem Axis2-Projekt herausgetrennt und als eins der ersten Module in das WS-Commons-Projekt aufgenommen. AXIOM kann sowohl als Sourcecode oder als binäre Version unter *http://ws.apache.org/commons/AXIOM/index.html* bei Apache herunter geladen werden. Wer möchte, kann AXIOM selbst aus dem Sourcecode kompilieren. Diese Aufgabe ist aufgrund der Tatsache, dass AXIOM sowohl Maven als auch Maven2 unterstützt, eine leichte Übung. Es reicht, im Wurzelverzeichnis von AXIOM `maven` bzw. `mvn` aufzurufen.

Intern ist der Sourcecode in vier Module organisiert:

- AXIOM-api enthält die wichtigsten API-Klassen, die direkt von Anwendungsprogrammen benutzt werden sollen.
- AXIOM-impl enthält die Implementierungsversion, die auf einer verketteten Liste basiert. Das ist auch das voreingestellte Speichermodell von AXIOM.
- AXIOM-dom enthält eine Implementierung von AXIOM auf der Basis von W3C-DOM-API. Damit wird eine DOM-konforme Implementierung geschaffen, welche die AXIOM-Features wie Deferred Building unterstützt. AXIOM-DOM wird in Axis2 selbst wiederum für die SOAP-Verarbeitung spezialisiert, sodass man dort eine AXIOM-basierte Implementierung findet, die das SAAJ-API unterstützt.
- AXIOM-tests enthält JUnit- und XMLUnit-Testklassen.

Die ersten drei Module produzieren jeweils ein Jar-File als Artefakt. Während diese drei Jar-Files in der binären Version von AXIOM als separate Files ausgeliefert werden, werden sie zu einem einzigen Jar-File zusammengefügt, wenn man das Projekt selbst mit Maven kompiliert. In manchen Fällen kann dies das Handling vereinfachen, da man nur mit einem statt drei Jar-Files zu tun hat. Darüber hinaus benötigt AXIOM einige abhängige Bibliotheken, die sich folgendermaßen gruppieren lassen (die Versionsnummern werden weggelassen):

- commons-logging und log4j für Logging
- activation.jar und mail.jar für die Implementierung der MTOM-Unterstützung
- stax-api.jar und wstx-asl.jat liefern die Klassen des StAX-API sowie dessen Implementierung von Codehaus.
- xml-api.jar enthält die wichtigsten XML-bezogenen Klassen, die in der neusten Java-Version bereits Bestandteil von JDK ist. Dieses File wird nur für ältere JDK-Versionen benötigt.
- jaxen.jar wird benötigt für die XPath-Unterstützung in AXIOM.

Das Programmiermodell von AXIOM ist sehr intuitiv und sieht auf den ersten Blick ähnlich wie das von DOM oder JDOM aus. Zuerst wird ein `Builder` instanziiert, mit dem das Objektmodell aufgebaut werden kann. Mit der Hilfe des `Builder` erhält man dann eine Referenz auf das Dokumentobjekt oder direkt auf das Dokumentelement (Wurzelelement des XML-Infosets). Von dort aus kann man frei im Objektmodell navigieren, um an die gewünschte Stelle zu gelangen und dort die benötigte Information auszulesen. Die Methoden des AXIOM-API sehen größtenteils identisch oder ähnlich aus wie die des DOM-API. Auch die Modellklassen und deren Hierarchie können zum großen Teil eins zu eins von dem DOM-Modell abgebildet werden. Alle Modellklassen befinden sich im Package `org.apache.axiom.om` und haben als Namen immer „`OM`" als Präfix zu ihren DOM-Pendents. Die wichtigsten Modellklassen sind `OMDocument`, `OMElement`, `OMText` und `OMComment`, die alle wiederum von `OMNode` abgeleitet sind.

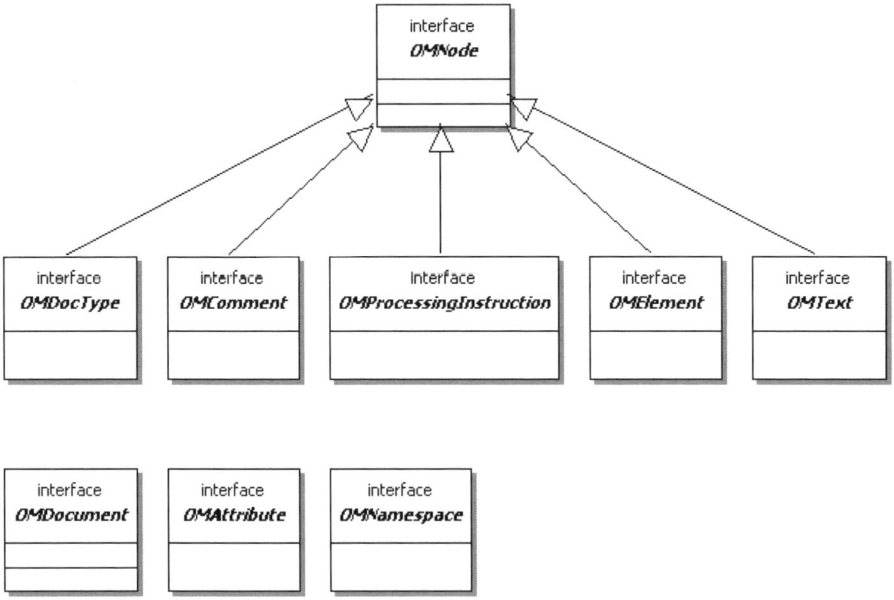

Abbildung 5.3: Klassenhierarchie in AXIOM-API

Folgendes Codebeispiel zeigt, wie man die vorhin erwähnte Aufgabe, den Namen des Hotel-Managers zu ermitteln, mit AXIOM lösen kann:

```
public class AXIOMSample1 {

  public static void main(String[] args) throws Exception {
    AXIOMSample1 sample = new AXIOMSample1();
    sample.getManagerName();
  }

  private void getManagerName() throws Exception {
    InputStream in = getClass().getResourceAsStream("/AXIOMsample.xml");
    XMLStreamReader reader = XMLInputFactory.newInstance().createXMLStreamReader(in);

    StAXOMBuilder builder = new StAXOMBuilder(reader);
    OMDocument doc = builder.getDocument();
    OMElement docEl = doc.getOMDocumentElement();
    OMElement managerEl = docEl.getFirstChildWithName(new QName("manager"));

    System.out.println(managerEl.getText());
  }
}
```

Listing 5.7: Zugriff auf XML-Dokument mit AXIOM-API

Zuerst wird eine XMLStreamReader-Instanz mit dem einzulesenden XML-Dokument angelegt, die im nächsten Schritt beim Erzeugen eines AXIOM-Builder als Parameter übergeben wird. Dabei wird der XMLStreamReader von dem Builder gekapselt, sodass der Builder bestimmen kann, wann er ein Parsing-Ereignis vom XMLStreamBuilder anfordert. Bei der Nutzung des AXIOM-API muss der XMLStreamReader nicht explizit angelegt sein. Als Abkürzung bietet StAXOMBuilder auch überladene Konstruktor-Varianten an, welche direkt einen InputStream oder einen String (Pfad zum XML-Dokument) akzeptieren. In diesem Fall wird ein XMLStreamReader intern implizit erzeugt.

```
StAXOMBuilder builder = new StAXOMBuilder("pfad");

StAXOMBuilder builder = new StAXOMBuilder(inputstream);
```

Listing 5.8: Verschiedene Konstruktoren für StAXOMBuilder

Nach der Erzeugung eines Builders kann entweder das Dokument vom Typ OMDocument oder direkt das Dokumentelement (das Wurzelelement des Infosets) vom Typ OMElement vom Builder abgefragt werden. Anschließend kann man frei im Baum navigieren, wie man es von DOM oder JDOM gewohnt ist. Die Methode getChildren() liefert einen Iterator auf alle Kindknoten zurück. Dabei ist zu beachten, dass diese Methode auch die Leerräume (white spaces) als OMText zurückgibt, mit denen man nicht immer rechnet. Wenn nur die Kindelemente berücksichtigt werden sollen, was normalerweise bei einem gut strukturierten XML-Infoset der Fall ist, bietet sich dafür die Methode getChildElements() an, welche nur die Kindknoten vom Typ OMElement zurückgibt. Um die Ergebnismenge weiter einzuschränken, können die Kindelemente auch gezielt gefiltert werden, indem die Methode getChildrenWithName(QName elementQName) benutzt wird. Alle drei Methoden liefern interessanterweise keine Collection, sondern immer einen Iterator zurück. Der Grund dafür liegt darin, dass AXIOM das Objektmodell immer auf Anforderung aufbaut. Ein voll instanziiertes Collection-Objekt würde bedeuten, dass sämtliche Kindelemente eingelesen und als Objekte aufgebaut werden müssen, damit Methoden wie size() usw. auch sinnvoll implementiert werden können. Dagegen erlaubt die Iterator-Klasse nur einen iterativen Zugriff, was genau die Bulding-On-Demand-Philosophie von AXIOM widerspiegelt. Beim Iterieren bewegt sich der Iterator nur soweit vorwärts im Infoset bzw. fordert nur so viele Ereignisse von XMLStreamReader an, bis entweder ein gesuchter Knoten gefunden ist (sodass iterator.next() true zurückgeben kann) oder das schließende Elternelement gefunden ist (sodass iterator.next() false zurückgeben kann).

Bei der Benutzung eines Baum-basierten API kennt die Applikation meistens die zu erwartende Struktur. Für diesen Fall kann mit Hilfe der Methode getFirstChildWithName(QName elementQName) gezielt auf ein Kindelement mit bestimmten Namen zugegriffen werden. Darüber hinaus stehen weitere Methoden wie getFirstElement, getFirstOMChild und getNextOMSibling für die Navigation im Baum zur Verfügung. Für den Zugriff auf die elementspezifischen Daten wie Elementnamen, Attributwert und Textinhalt usw. stellen die jeweiligen OM-Klassen die üblichen Methoden wie getLocalName, getAttribute, und getText bereit.

Folgendes Codebeispiel demonstriert den Umgang mit Kindelementen und Attributen.

```
private void printHotelDetail() throws Exception {
  InputStream in = getClass().getResourceAsStream("/axishotel.xml");
  XMLStreamReader reader = XMLInputFactory.newInstance().createXMLStreamReader(in);

  StAXOMBuilder builder = new StAXOMBuilder(reader);
  OMElement docEl = builder.getDocumentElement();
  QName qname = new QName("name");
  OMElement nameEl = docEl.getFirstChildWithName(qname);
  System.out.println(nameEl.getText());
  qname = new QName("rooms");
  OMElement roomsEl = docEl.getFirstChildWithName(qname);
  Iterator iter = roomsEl.getChildElements();
  while(iter.hasNext()) {
    OMElement roomEl = (OMElement) iter.next();
    String id = roomEl.getAttributeValue(new QName("id"));
    String numOfBeds = roomEl
      .getFirstChildWithName(new QName("numberofbeds")).getText();
    String rate = roomEl.getFirstChildWithName(new QName("rate")).getText();
    System.out.println("Room " + id);
    System.out.println("Beds " + numOfBeds);
    System.out.println("Rate " + rate);
  }
}
```

Listing 5.9: Navigation mit AXIOM-API

Das AXIOM-API erlaubt auch die programmatische Erzeugung und Modifikation von XML-Infosets. Um zu abstrahieren, welche Speichermodell-Implementierung zur Laufzeit benutzt wird, wurde analog zu anderen JAXP-APIs eine `OMFactory` vorgesehen. Eine `OMFactory` wird immer durch `OMAbstractFactory` erzeugt, welche wiederum eine Factory für verschiedene Implementierungen von `OMFactory` ist. `OMAbstractFactory` kann `OMFactory` für Standard-XML-Infosets sowie für SOAP-11- bzw. SOAP-12-Infosets erzeugen. Dabei wird überprüft, ob bestimmte Systemeigenschaften gesetzt sind, bevor die voreingestellte Implementierung verwendet wird. Für Standard-Infosets heißt die entsprechende Eigenschaft `om.factory`. Sie kann z.B. mit dem Wert `org.apache.axiom.om.impl.dom.factory.OMDOMFactory` belegt werden, wenn man das DOM-Speichermodell und nicht die auf verketteten Listen basierte Implementierung benutzen will.

Nach Erzeugung einer `OMFactory` kann diese benutzt werden, um Instanzen der Klassen aus Abbildung 5.3 zu erzeugen. Die Elemente können entweder schon bei der Erzeugung oder erst hinterher mit Hilfe der `addChild`-Methode in Eltern-Kind-Beziehung gesetzt werden. Für die Behandlung von XML-Namensräumen kennt AXIOM neben der Standard-`QName`-Klasse auch eine eigene Implementierung namens `OMNamespace`, die alternativ benutzt werden kann. Ein `OMNamespace` wird entweder zunächst mit `OMFactory.createOMNamespace()`

erzeugt und später referenziert oder mit `OMElement.declareNamespace()` deklariert. `OMElement.findNamespace()` bietet eine komfortable Möglichkeit, rekursiv in der Baumstruktur aufwärts nach einem bereits definierten `OMNamespace` zu suchen. Mit diesen Methoden lassen sich auch existierende XML-Infosets modifizieren. Um ein AXIOM-Objektmodell zu serialisieren bzw. auszugeben, kann die Methode `serialize` aus dem Interface `OMNode` verwendet werden.

Folgender Codeabschnitt zeigt, wie man mit AXIOM ein XML-Infoset erstellt.

```
OMFactory factory = OMAbstractFactory.getOMFactory();
OMNamespace ns = factory.createOMNamespace("http://axishotels.de", "ah");
OMElement hotelEl = factory.createOMElement("hotel", ns);
OMElement nameEl = factory.createOMElement("name", ns, hotelEl);
nameEl.addChild(factory.createOMText("Axis Hotel"));
OMElement roomsEl = factory.createOMElement("rooms", ns, hotelEl);
OMElement roomEl = factory.createOMElement("room", ns);
roomEl.addAttribute(factory.createOMAttribute("id", ns, "101"));
factory.createOMElement("numberofbeds", ns, roomEl)
    .addChild(factory.createOMText("2"));
factory.createOMElement("rate", ns, roomEl).addChild(factory.createOMText("100 EUR"));
roomsEl.addChild(roomEl);

XMLOutputFactory outputFactory = XMLOutputFactory.newInstance();
XMLStreamWriter writer = outputFactory.createXMLStreamWriter(System.out);
hotelEl.serialize(writer);
```

Listing 5.10: XML erstellen mit dem AXIOM-API

Für ein Standard-XML-Infoset reicht es, den Standard-Builder `StAXOMBuilder` einzusetzen. Sollte dagegen ein Infoset einer SOAP-Nachricht erstellt werden, ist der Einsatz von `StAXSOAPModelBuilder` ratsam, da dieser mit SOAP-spezifischen Unterklassen von `OMElement` wie `SOAPEnvelope`, `SOAPHeader` und `SOAPBody` umgehen kann. Während die generischen Modellklassen wie `OMElement` oder `OMAttribute` in dem Package `org.apache.axiom.om` zu finden sind, befinden sich die SOAP-Spezialisierungen in dem Package `org.apache.axiom.soap`. Die Beziehung zwischen beiden Packages ist vergleichbar mit der Beziehung zwischen DOM und SAAJ(SOAP with Attachment API for Java).

Das Dokumentelement, das mit einem `StAXSOAPModelBuilder` zurückgeliefert wird, kann in einen `SOAPEnvelope` gecastet werden. Eine bessere Alternative ist es jedoch, die neu definierte Methode `getSOAPEnvelope()` direkt zu benutzen. Nach dem Erhalt des `SOAPEnvelope` kann man dann schnell zu den eingekapselten `SOAPHeader` und `SOAPBody` gelangen. Alle Modellklassen bieten analog zum SAAJ-API Zugriffsmethoden auf die SOAP-spezifischen Informationen. Die Nutzung ist sehr intuitiv und wird daher nur anhand eines Beispielcodes gezeigt.

```
InputStream in = getClass().getResourceAsStream("/soapmessage.xml");
XMLStreamReader reader = XMLInputFactory.newInstance().createXMLStreamReader(in);

StAXSOAPModelBuilder builder = new StAXSOAPModelBuilder(reader, null);
SOAPEnvelope envelope = builder.getSOAPEnvelope();
SOAPHeader soapHeader = envelope.getHeader();
Iterator iter = soapHeader.examineAllHeaderBlocks();
while (iter.hasNext()) {
  SOAPHeaderBlock soapHeaderBlock = (SOAPHeaderBlock) iter.next();
  System.out.println(soapHeaderBlock.getLocalName());
  System.out.println(soapHeaderBlock.getMustUnderstand());
}
SOAPBody body = envelope.getBody();
XMLOutputFactory xof = XMLOutputFactory.newInstance();
XMLStreamWriter writer = xof.createXMLStreamWriter(System.out);
body.serialize(writer);
```

Listing 5.11: SOAP-Nachrichten mit StAXSOAPModelBuilder verarbeiten

Ab Version 1.1 bietet AXIOM auch XPath-Unterstützung an. Die Implementierung basiert auf dem Open-Source-Projekt jaxen, das eine XPath-Engine implementiert. Im Folgenden wird ein Stück Beispielcode gezeigt. Für Details sei auf die AXIOM-Dokumentation verwiesen.

```
InputStream in = getClass().getResourceAsStream("/axishotel.xml");
XMLStreamReader reader = XMLInputFactory.newInstance().createXMLStreamReader(in);

StAXOMBuilder builder = new StAXOMBuilder(reader);
OMElement docEl = builder.getDocumentElement();
AXIOMXPath exp = new AXIOMXPath("rooms/room");
List nodeList = exp.selectNodes(docEl);
for (Iterator iter = nodeList.iterator(); iter.hasNext();) {
  OMElement roomEl = (OMElement) iter.next();
  System.out.println("\t rate: " +
    roomEl.getFirstChildWithName(new QName("rate")).getText());
}
exp = new AXIOMXPath("rooms/room[2]/rate");
OMElement rateEl = (OMElement) exp.selectSingleNode(docEl);

System.out.println("rate: " + rateEl.getText());
```

Listing 5.12: XPath-Evaluierung in AXIOM

5.3.3 Caching

Caching ist ein zentrales Konzept in AXIOM. Um Caching genau zu verstehen, muss zuerst die Designphilosophie von AXIOM eingehend erläutert werden. AXIOM wird benutzt, um ein XML-Infoset mit seinem Objektmodell zu repräsentieren. Dieses Objektmodell kann auf verschiedene Arten und Weisen aufgebaut werden: Entweder wird der Builder mit einem Pull-Event-Stream bzw. einem Push-Event-Stream gefüttert oder das Modell wird direkt mit API-Aufrufen aufgebaut. Nach außen bietet AXIOM wiederum verschiedene Möglichkeiten, auf sein Objektmodell bzw. die XML-Infoset-Repräsentation zuzugreifen. In den bisherigen Beispielen wurde nur das Baum-basierte API von AXIOM demonstriert. Es ist jedoch möglich, von einem beliebigen `OMElement` direkt den gekapselten `XMLStreamReader` zu erfragen und alle weiteren Daten mit Hilfe des StAX-API im Streaming-Modus zu verarbeiten. Um auch solche XML-Werkzeuge zu unterstützen, die nur mit dem etwas älteren SAX-API umgehen können, bietet AXIOM auch einen entsprechenden Adapter, mit dem es SAX-Ereignisse produzieren kann. Für die Applikationen, die AXIOM verwenden, bietet AXIOM damit quasi einen Schalter, der jederzeit umgelegt werden kann, um zwischen SAX- und DOM-Verarbeitungsstil zu wechseln.

Insgesamt ergibt sich daraus folgendes Bild, in dem AXIOM auf der einen Seite von verschiedenen Quellen gefüttert und auf der anderen Seite über verschiedene Schnittstellen zugegriffen werden kann.

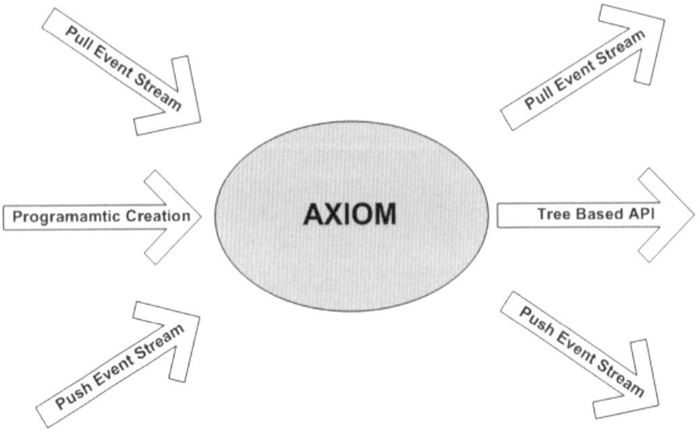

Abbildung 5.4: AXIOM als XML-Infoset-Repräsentation

Warum bietet jedoch AXIOM so viele Möglichkeiten, auf die XML-Infoset-Repräsentation zuzugreifen, während man normalerweise nur eine Zugriffsart wählt. Dies ist durch die immer komplexer werdenden Anforderungen der Web-Service-Applikationen erforderlich, wie das folgende Beispielszenario belegen soll. Viele SOAP-Nachrichten werden nicht einfach vom Absender direkt zum Empfänger verschickt, sondern durchlaufen ggf. auch mehrere Intermediaries (Siehe Kapitel 2. Abschnitt SOAP). Diese Intermediaries (meistens als Handler implementiert) interessieren sich in der Regel nur für einen bestimmten SOAP Header, der aufgrund seiner geringen Datenmenge bevorzugt mit Baum-basiertem API verarbeitet wird. Die Serviceimplementierungen ziehen dagegen in der Regel vor, den SOAP Body zuerst mit Hilfe eines XML Data Binding-Werkzeugs in

Objekte bzw. POJOs umzuwandeln, weil die Objekte leichter zu handhaben sind. Da die XML Data Binding-Werkzeuge meistens mit einem Streaming-API (SAX oder StAX) auf SOAP Body zugreifen, wäre es eine Verschwendung, den kompletten Baum für die SOAP-Nachricht im Speicher aufzubauen. Sinnvoller ist es, wenn die XML Data Binding-Werkzeuge direkt auf die von AXIOM gekapselten Streaming-Daten zugreifen können. Nur so lassen sich optimale Performance und effiziente Speichernutzung gewährleisten. Bei diesem Beispielszenario stellt sich schon heraus, dass auf unterschiedliche Bereiche eines XML-Infosets über unterschiedliche APIs zugegriffen wird.

Um dieser Anforderung gerecht zu werden, bietet AXIOM eine Vielfalt von Zugriffsmöglichkeiten auf das XML-Infoset, um so eine optimale Balance zwischen Performance, Speichernutzung und API-Komplexität zu erzielen. Dank verzögerten Aufbaus wird im obigen Beispiel der SOAP Body nicht von AXIOM als Objektmodell aufgebaut, sondern als Streaming-Daten direkt dem Data Binding-Werkzeug zur Verfügung gestellt.

Diese Performanceverbesserung durch direkte Verbindung zwischen Datenstrom und Data Bindung-Werkzeug hat jedoch seinen Preis und funktioniert nur gut, wenn auf den SOAP Body nicht zweimal zugegriffen wird. Diese Voraussetzung wird im Normalfall auch erfüllt, da der SOAP Body meist nur von der Serviceimplementierung verarbeitet wird. Diese Situation ändert sich jedoch schnell, wenn ein Logging-Handler plötzlich in der Verarbeitungskette eingeklinkt werden soll, welcher mit einem `XMLStreamWriter` die komplette SOAP-Nachricht protokolliert. Diese Konstellation wird in folgendem Codeabschnitt demonstriert.

```
StAXOMBuilder builder = new StAXOMBuilder(reader);
OMElement docEl = builder.getDocumentElement();
XMLOutputFactory xof = XMLOutputFactory.newInstance();
XMLStreamWriter writer = xof.createXMLStreamWriter(System.out);
docEl.serialize(writer);

OMElement managerEl = docEl.getFirstChildWithName(new QName("manager"));
System.out.println(managerEl.getText());
```

Listing 5.13: LoggingHandler mit ausgeschaltetem Caching

Da vorher auf das Dokumentelement (`docEl`) nicht zugegriffen wurde, wird es aufgrund des Konzeptes des verzögerten Aufbaus nicht als Objektmodell aufgebaut. Bei der anschließenden Serialisierung verbindet AXIOM den `XMLStreamWriter` direkt mit dem durch den Builder gekapselten `XMLStreamReader` und klemmt sich vom Datenstrom ab. Wenn aber nach der Serialisierung der Textinhalt das `manager`-Kindelement abgefragt werden soll, ist dies nicht mehr möglich, weil das Objektmodell bei verzögertem Aufbau nicht erzeugt wurde und sämtliche XML-Ereignisse bereits vom `XMLStreamWriter` konsumiert sind. Diese Situation ist vergleichbar mit der Verarbeitung einer SOAP-Nachricht, jedoch werden in diesem Fall die XML-Ereignisse von einem `XMLStreamWriter` und nicht von einem Databinding-Werkzeug konsumiert.

Die einzige Lösung für das obige Problem ist zu vermeiden, dass sich AXIOM bei der Serialisierung komplett abklemmt. Die AXIOM-Terminiologie dafür ist das `Caching`. AXIOM erlaubt es, direkt auf den XML-Datenstrom zuzugreifen, und zwar mit oder ohne gleichzeitigen Aufbau des Objektmodells. Die Applikation kann selbst entscheiden, wann sie direkt auf den Datenstrom zugreift und ob der noch nicht aufgebaute Teilbaum beim Streaming-Zugriff für späteren Gebrauch gecacht werden soll. Ist Caching eingeschaltet, verhält sich AXIOM so, als ob der Teilbaum auch von der Applikation gelesen würde. Das heißt, dass der Teilbaum auch als Objektmodell im Speicher aufgebaut wird. Die Applikation kann somit jederzeit auf das aufgebaute Speichermodell zurückgreifen, muss aber gleichzeitig den höheren Speicherverbrauch und längere Verarbeitungszeit als Preis zahlen. Wenn eine Applikation einen mehrmaligen Zugriff auf einen Teilbaum ausschließen kann, kann das Caching abgeschaltet werden, um den Performancevorteil von AXIOM voll auszuschöpfen. Für die Zugriffe mit oder ohne Caching stehen in AXIOM unterschiedliche Methoden zur Verfügung. Um Caching einzuschalten, muss der obige Codeabschnitt nur leicht verändert werden.

```
StAXOMBuilder builder = new StAXOMBuilder(reader);
OMElement docEl = builder.getDocumentElement();
XMLOutputFactory xof = XMLOutputFactory.newInstance();
XMLStreamWriter writer = xof.createXMLStreamWriter(System.out);
docEl.serializeWithCache(writer);

OMElement managerEl = docEl.getFirstChildWithName(new QName("manager"));
System.out.println(managerEl.getText());
```

Listing 5.14: LoggingHandler mit eingeschaltetem Caching

Das Caching-Verhalten wird nicht nur bei der Serialisierung festgelegt. Wenn AXIOM den gekapselten `XMLStreamReader` ausgibt (z.B. an ein Data Binding-Werkzeug), muss das Caching-Verhalten ebenfalls festgelegt werden. Dementsprechend stehen zwei Methoden in der Klasse `OMElement` bereit, die den `XMLStreamReader` mit oder ohne Caching zurückgibt.

```
OMElement.getXMLStreamreader()

OMElement .getXMLStreamreaderWithoutCaching()
```

Listing 5.15: getXMLStreamreader mit und ohne Caching

Interessant ist auch der Fall, wenn ein Teilbaum zum Zeitpunkt des Aufrufs einer der beiden obigen Methoden bereits aufgebaut ist bzw. wenn ein Teil von XML-Ereignissen bereits von AXIOM konsumiert ist, bevor die Methode `getXMLStreamReader` aufgerufen wird. In diesem Fall ist AXIOM in der Lage, für den bereits konsumierten Teil StAX-Parser zu emulieren und StAX-Ereignisse aus dem aufgebauten Teilbaum zu produzieren. So wird ein Teil von den StAX-Ereignissen von AXIOM-Objektmodell gefeuert, während der Rest direkt von `XMLStreamReader` stammt. Für den Benutzer bleiben diese Details natürlich transparent.

5.4 Web Service-Implementierung mit AXIOM

Hat man sich einmal mit AXIOM vertraut gemacht, kann man auch Web Services direkt mit AXIOM entwickeln und aufrufen. In diesem Fall wird kein Data Binding-Werkzeug für die Konvertierung zwischen XML und Objekt eingesetzt, sodass man direkt mit Klassen aus dem AXIOM-API arbeitet. Das Programmiermodell ähnelt sehr stark dem aus Axis 1.x, wenn man dort anstelle des standardmäßigen RPC-Provider einen MSG-Provider verwendet. Während in Axis 1.x die DOM-Klasse `Element` (bzw. `Document`) oder die SAAJ-Klasse `SOAPBodyElement` (bzw. `SOAPEnvelope`) als Parameter oder Rückgabewert verwendet werden, benutzt Axis2 die AXIOM-Klasse `OMElement`. Für diesen Zweck liefert Axis2 auch eine bereits fertige Implementierung von Message-Receivers mit, die direkt eingesetzt werden können.

Je nach Kommunikationsmuster (MEP) stehen mehrere Message-Receiver zur Auswahl:

- `RawXMLINOnlyMessageReceiver`: Dieser Receiver soll für Operationen eingesetzt werden, die dem MEP IN-ONLY entsprechen. Das bedeutet, dass für den Aufruf keine Antwort erwartet wird. Die Aufgabe von diesem Receiver besteht lediglich darin, die Geschäftslogik aufzurufen. Die Signatur der Methoden, die von diesem Receiver aufgerufen werden sollen, muss immer so aussehen: `void myMethode (OMElement request)`.
- `RawXMLINOutMessageReceiver`: Dieser Receiver implementiert das gängige IN-OUT-MEP. Daher muss der Receiver nach Aufruf der Geschäftslogik ebenfalls dafür sorgen, die Rückgabe der Servicemethode in einen Response-Envelope zu verpacken, eine neue `AxisEngine` zu starten und die Response mit Hilfe der Engine zu verschicken. Die Signatur der Methoden, die von diesem Receiver aufgerufen werden sollen, muss immer wie folgt aussehen: `OMElement myMethod (OMElement request)`.
- `RawXMLINOutAsyncMessageReceiver`: Dieser Receiver ist für Kommunikationen geeignet, die zwar ebenfalls eine Responsenachricht erwarten, wo diese jedoch nicht synchron, sondern asynchron verschickt werden soll. In diesem Fall wird die Geschäftslogik in einem separatem Thread ausgeführt, während der Thread, der den Request empfangen und an den Receiver geliefert hat, sofort zurückkehrt. Ein Callback-Objekt sorgt dafür, dass die Response-Nachricht nach Ausführung der Geschäftlogik verschickt wird. Die Methoden, die von diesem Receiver aufgerufen werden sollen, müssen ebenfalls folgende Signatur besitzen: `OMElement myMethode (OMElement request)`.

Dank der bereits mitgelieferten Message-Receiver gestaltet sich die Aufgabe, einen Web Service direkt mit AXIOM zu entwickeln, sehr einfach. Die Receiver bzw. die `AxisEngine` kümmern sich bereits um das Dispatching und Entpacken des SOAP-Envelope, sodass sich die Servicemethode lediglich um den Inhalt des SOAP Body (Nutzdaten bzw. Payload) in den Request- bzw. Response-Nachrichten kümmern muss.

In der Serviceimplementierung kann mittels AXIOM-API auf die gewünschten Daten zugegriffen werden, die für die Ausführung der Geschäftslogik notwendig sind. Für IN-OUT-MEP muss nach der Logikausführung ebenfalls eine Response mit AXIOM-API erstellt werden. Listing 5.14 zeigt ein Codebeispiel, welches mit AXIOM-API direkt auf der Ebene des XML-Infosets arbeitet.

```
package de.axishotels.axiom.service;

import javax.xml.namespace.QName;
import javax.xml.stream.XMLOutputFactory;
import javax.xml.stream.XMLStreamException;
import javax.xml.stream.XMLStreamWriter;

import org.apache.axiom.om.OMAbstractFactory;
import org.apache.axiom.om.OMElement;
import org.apache.axiom.om.OMFactory;
import org.apache.axiom.om.OMNamespace;


public class AxisHotelService {
 public void registerHotel(OMElement registerHotelrequestElement){
   OMElement hotelElement = registerHotelrequestElement.getFirstElement();
   String manager = hotelElement.getFirstChildWithName(new QName("manager")).getText();
   String id = hotelElement.getAttributeValue(new QName("id"));
   String name = hotelElement.getFirstChildWithName(new QName("name")).getText();
   Hotel hotel = new Hotel(id, name, manager);
   addHotel(hotel);
 }

 public OMElement getHotelDetail (OMElement getHotelRequestElement) {
   OMElement idElement = getHotelRequestElement.getFirstElement();
   String id = idElement.getText();
   Hotel hotel = retrieveHotel(id);
   OMFactory fac = OMAbstractFactory.getOMFactory();
   OMNamespace ns = fac.createOMNamespace("http://axishotels.de/", "ah");
   OMElement responseElem = fac.createOMElement("GetHotelDetailResponse", ns);
   OMElement hotelElem = fac.createOMElement("hotel", null, responseElem);
   hotelElem.addAttribute(fac.createOMAttribute("id", null, id));
   OMElement nameElem = fac.createOMElement("name", null, hotelElem);
   nameElem.setText(hotel.getName());
   hotelElem.addChild(nameElem);
   OMElement managerElem = fac.createOMElement("manager", null, hotelElem);
   managerElem.setText(hotel.getManager());
   hotelElem.addChild(managerElem);
   return responseElem;
 }
}
```

Listing 5.16: Serviceimplementierung mit AXIOM

Während die Methode `registerHotel` den Rückgabewert `void` hat und somit einen geeigneten Kandidaten für `RawXMLINOnlyMessageReceiver` darstellt, erfüllt die Methode `getHotelDetail` alle Voraussetzungen für die Verwendung von `RawXMLINOutMessageReceiver`. Dementsprechend sieht die zugehörige Konfigurationsdatei *services.xml* folgendermaßen aus:

```
<service name="AXIOMService">
  <description>
    This is a sample Web Service using RawXMLMessageReceivers
  </description>
  <parameter name="ServiceClass" locked="false">
    de.axishotels.axiom.service.AxisHotelService
  </parameter>
  <operation name="getHotelDetail">
    <messageReceiver class="org.apache.axis2.receivers.RawXMLINOutMessageReceiver"/>
    <actionMapping>urn:getHotelDetail</actionMapping>
  </operation>
  <operation name="registerHotel">
    <messageReceiver class="org.apache.axis2.receivers.RawXMLINOnlyMessageReceiver"/>
    <actionMapping>urn:registerHotel</actionMapping>
  </operation>
</service>
```

Listing 5.17: Deployment-Descriptor mit RawXMLMessageReceiver

Auch Serviceclients lassen sich vollständig mit dem AXIOM-API entwickeln, unabhängig davon, ob die Service-Implementierung über `RawXMLMessageReceiver` angeschlossen ist oder nicht. Auch für POJO-Services können Serviceclients mit AXIOM implementiert werden, solange diese das von WSDL beschriebene Nachrichtenformat liefern. Wie auf der Serverseite konzentriert man sich nur auf die wirklichen Nutzdaten. Das Verpacken der Nutzdaten in einen SOAP-Envelope wird von Axis2 übernommen. Listing 5.16 zeigt einen Serviceclient für den obigen Hotelservice. Es ist zu beachten, dass der Request aufgrund der unterschiedlichen MEPs der beiden Methoden entweder mit `ServiceClient.fireAndForget()` oder mit `ServiceClient.sendAndReceive()` verschickt wird. Für Details sei an dieser Stelle auf das Kapitel 6 Client-API verwiesen.

```
package de.axishotels.axiom. client;

import org.apache.axiom.om.OMAbstractFactory;
import org.apache.axiom.om.OMElement;
import org.apache.axiom.om.OMFactory;
import org.apache.axiom.om.OMNamespace;
import org.apache.axis2.addressing.EndpointReference;
import org.apache.axis2.client.Options;
import org.apache.axis2.client.ServiceClient;
```

Listing 5.18: Serviceclient

```
public class AxisHotelServiceClient {
  private static EndpointReference targetEPR =
    new EndpointReference("http://localhost:8080/axis2/services/AXIOMservice");

  public static void main(String[] args) throws Exception {
    OMElement registerHotelRequest = createRegisterHotelPayload();
    ServiceClient serviceClient = new ServiceClient();

    Options options = new Options();
    options.setAction("urn:registerHotel");
    serviceClient.setOptions(options);
    options.setTo(targetEPR);

    serviceClient.fireAndForget(registerHotelRequest);
    Thread.sleep(500);

    OMElement getHotelDetailRequest = createGetHotelPayload();
    options.setAction("urn:getHotelDetail");
    serviceClient = new ServiceClient();
    serviceClient.setOptions(options);

    OMElement detailEl = serviceClient.sendReceive(getHotelDetailRequest);
    System.out.println(detailEl);
  }

  private static OMElement createRegisterHotelPayload() {
    OMFactory fac = OMAbstractFactory.getOMFactory();
    OMNamespace ns = fac.createOMNamespace("http://axishotels.de/", "ah");
    OMElement registerHotelElem = fac.createOMElement("RegisterHotelRequest", ns);
    OMElement hotelElem = fac.createOMElement("hotel", null, registerHotelElem);
    hotelElem.addAttribute(fac.createOMAttribute("id", null, "100"));
    OMElement nameElem = fac.createOMElement("name", null, hotelElem);
    nameElem.setText("Axis Hotel");
    hotelElem.addChild(nameElem);
    OMElement managerElem = fac.createOMElement("manager", null, hotelElem);
    managerElem.setText("Duke");
    hotelElem.addChild(managerElem);
    return registerHotelElem;
  }
```

Listing 5.18: Serviceclient (Forts.)

```
  private static OMElement createGetHotelDetailPayload() {
    OMFactory fac = OMAbstractFactory.getOMFactory();
    OMNamespace ns = fac.createOMNamespace("http://axishotels.de/", "ah");
    OMElement getHotelDetailElem = fac.createOMElement(
    OMElement idElem = "GetHotelDetailRequest", ns);
    fac.createOMElement("id", null, getHotelDetailElem);
    idElem.setText("100");
    return getHotelDetailElem;
  }
}
```

Listing 5.18: Serviceclient (Forts.)

Referenzen:

- StAX-Implementierung von Sun aus JWSDP: *http://java.sun.com/webservices/jwsdp/index.jsp*
- BEA Referenzimplementierung von StAX: *http://dev2dev.bea.com/xml/stax.html*
- WoodSToX XML Processor: *http://woodstox.codehaus.org/*
- Oracle StAX Pull Parser Preview: *http://www.oracle.com/technology/tech/xml/xdk/staxpreview.html*
- Codehaus StAX: *http://stax.codehaus.org/Download*
- StAXUtils: *https://stax-utils.dev.java.net/*
- SOAP Message Transmission Optimization Mechanism (MTOM): *http://www.w3.org/TR/soap12-mtom/*

6 Client-API

Als eine Plattform für Web Service-Entwicklung bietet Axis2 nicht nur Unterstützung für die Entwicklung von Web Services, sondern auch die Entwicklung von Web Service-Clients, sodass fremde Web Services auch mit Axis2 konsumiert und integriert werden können. Auch Axis-1.x bietet schon Werkzeuge und APIs, welche die Entwicklung von Web Service-Clients vereinfachen soll. Beim Design der neuen Axis2-Architektur wurde jedoch das Client-API komplett neu entworfen, sodass das API genügende Flexibilität und Erweiterbarkeit bietet, um neuen Anforderungen im Bereich Web Service gerecht zu werden. Neben Asynchronität oder Support von REST besteht eine ganz wesentliche Anforderung in der Unterstützung von verschiedenen Kommunikationsmustern (MEPs), die im WSDL-2.0-Standard definiert sind.

In diesem Kapitel wird das neue Client-API in Axis2 vorgestellt. Die Klasse `ServiceClient` spielt im Axis2-Client-API eine zentrale Rolle und bildet auch die Grundlage für alle stub-basierten Clients. Daher wird zunächst die Schnittstellenbeschreibung von `ServiceClient` detailliert behandelt. Auf dieser Basis werden dann im weiteren Verlauf verschiedene Aufrufmuster sowie deren Einsatz in Axis2 erläutert. Anschließend werden die umfangreichen Konfigurationsmöglichkeiten sowie deren Auswirkungen besprochen. Abgeschlossen wird dieses Kapitel mit der Vorstellung des `OperationClients`, der gegenüber `ServiceClient` noch mehr Eingriffsmöglichkeiten bei der Clitententwicklung bietet.

6.1 ServiceClient

Um einen Web Service in Axis2 aufzurufen, kann man entweder einen generierten Stub verwenden oder direkt mit der Klasse `ServiceClient` (bzw. `OperationClient`) arbeiten. Bei den Stubs handelt es sich um Klassen, welche einen `ServiceClient` kapseln. Diese `ServiceClient`-Instanz wird durch den generierten Code konfiguriert und ist auch diejenige, die die wesentliche Arbeit verrichtet. Daher ist ein Grundverständnis der Funktionsweise von `ServiceClient` für den Umgang mit dem Axis2-Client-API unentbehrlich, auch wenn Client-Programme in der Praxis überwiegend stub-basiert entwickelt werden.

Ein `ServiceClient` benutzt intern wiederum einen `OperationClient`, um ein bestimmtes MEP zu realisieren. Es ist ebenfalls möglich, ein Client-Programm komplett auf Basis von `OperationClient` zu erstellen. Im Vergleich mit `ServiceClient` bietet `OperationClient` zwar mehr Konfigurations- und Eingriffsmöglichkeiten, weist aber dafür eine komplexere Schnittstelle auf. Die Axis2-Entwickler haben absichtlich beide Klassen in Client-API aufgenommen, mit dem Ziel, damit unterschiedliche Entwickler anzusprechen. Für gängige Szenarien genügt die einfach zu bedienende `ServiceClient`-Klasse. Fortgeschrittene Entwickler mit Spezialanforderungen haben immer noch die Wahl, alle Möglichkeiten der Axis2-Client-API mit der Klasse `OperationClient` auszuschöpfen. Welche Möglichkeiten dies genau sind, wird im letzten Teil dieses Kapitels beschrieben.

`ServiceClient` bietet eine einfache und zugleich leistungsfähige Schnittstelle, um Web Service-Clients zu erstellen. Es empfiehlt sich, `ServiceClient` immer einzusetzen, solange sich der Entwickler nur mit den Nutzdaten und nicht mit dem gesamten SOAP-Envelope einschließlich Header befassen möchte. In diesem Fall besteht die Aufgabe der Cliententwicklung lediglich darin, einen `ServiceClient` zu instanziieren, ihn mit Hilfe eines `Options`-Objekts zu konfigurieren, Nutzdaten zu setzen und schließlich den Request abzuschicken. Beim Kommunikationsmuster IN-OUT (ein MEP wird immer aus Sicht des Service-Providers genannt, daher wird das Request-Response-MEP als IN-OUT und nicht als OUT-IN bezeichnet) sorgt `ServiceClient` auch für das Auspacken der Response-Nachricht, sodass die Applikation lediglich die Nutzdaten der Response als Ergebnis bekommt. Die oben genannten Schritte reichen aus, um mit der Axis2 Client-API einen Web Service aufzurufen. Wichtig ist nur, dass die `EndPointReference` im `Options`-Objekt immer gesetzt ist, damit der `ServiceClient` die Nachricht an das gewünschte Ziel verschicken kann. In Listing 6.1 sind diese grundlegenden Schritte in einem Codeausschnitt nochmal zusammengefasst.

```
OMElement requestPayload = createRequestPayload();
Options options = new Options();
options.setTo(targetEPR);
ServiceClient sender = new ServiceClient();
sender.setOptions(options);
OMElement responsePayload = sender.sendReceive(requestPayload);
```

Listing 6.1: Serviceaufruf mit ServiceClient

Ein `ServiceClient` kann auf verschiedener Art und Weise instanziiert werden. Daher stellt die Klasse auch mehrere Konstruktoren zur Verfügung. Ein `ServiceClient` braucht aber immer eine Laufzeitumgebung von Axis2, um Requests verschicken zu können. Die Laufzeitumgebung von Axis2 wird repräsentiert durch einen `ConfigurationContext`, der über sämtliche Information der Laufzeitumgebung verfügt. Der Default-Konstruktor, der auch in Listing 6.1 verwendet wird, bietet die einfachste Möglichkeit, einen `ServiceClient` zu erzeugen. In diesem Fall wird ein `ConfigurationContext` mit der Default-Konfiguration (*axis2_default.xml* aus *axis2-kernel-1.1.1.jar*) erzeugt, in der weder ein Modul noch ein Service deployt ist. Wird der Default-Konstruktor dagegen in einer Serverumgebung von Axis2 aufgerufen, wird der aktuelle `ConfigurationContext` der Serverumgebung benutzt, wo der `ServiceClient` auch die Möglichkeit hat, auf alle Konfigurationsparameter der Umgebung zuzugreifen.

Es gibt viele Situationen, wo eine abweichende Konfiguration vorgenommen werden muss oder derselbe Konfigurationskontext von mehreren Clients gemeinsam genutzt werden soll. Gründe für solche Situationen sind z.B. das clientseitige Aktivieren eines Moduls oder die Umstellung eines voreingestellten Parameters für alle `ServiceClients`. In diesen Fällen ist es erforderlich, dass ein `ServiceClient` mit einem speziellen `ConfigurationContext` instanziiert wird (Details, wie ein `ConfigurationContext` erzeugt wird, sind in Kapitel 9 beschrieben). Dafür bietet die Klasse `ServiceClient` einen Konstruktor an, der einen `ConfigurationContext` und einen `AxisService` als Parameter erwartet. Bei `AxisService` handelt es sich um ein vorkonfiguriertes Objekt, das alle statischen Informationen eines Services aus Deployment-Descriptor und Service-Beschreibung enthält. Dieses Objekt wird aber während eines Serviceaufrufs selten benötigt, sodass man für diesen Parameter auch null übergeben kann. In diesem Fall erzeugt Axis2 einen so genannten Anonymous-Service, der drei Dummy-Operationen mit den Namen „anonOutonlyOp", „anonRobustOp" und „anonOutInOp" beinhaltet. Dieser Anonymous-Service mit den drei Operationen wird später beim Serviceaufruf benötigt, um einen OperationClient mit für ein bestimmtes MEP erzeugen zu können.

```
ConfigurationContext configurationContext =
  ConfigurationContextFactory.createConfigurationContextFromFileSystem(
    "C:/Dev/axis2-1.1.1/repository", "C:/Dev/axis2-1.1.1/conf/axis2.xml");

ServiceClient sender = new ServiceClient(configurationContext, null);
```

Listing 6.2: ServiceClient mit einem speziellen ConfigurationContext

Weiterhin existiert noch eine dritte Möglichkeit, nämlich einen so genannten dynamischen ServiceClient zu erstellen. Die Idee dahinter ist, ein AxisService-Objekt zur Laufzeit dynamisch aus einer WSDL-Beschreibung zu erzeugen und damit einen ServiceClient zu initialisieren. Dabei wird die WSDL-Beschreibung analysiert und aus allen darin gefundenen Informationen ein AxisService-Objekt aufgebaut. Es liegt in diesem Fall zwar keine Information aus dem Deployment-Descriptor zu diesem Service vor, aber zumindest alle Informationen in der WSDL-Beschreibung (Operation, Port & Service) usw., was wesentlich mehr Auskunft liefert als ein Anonymous-Service. Um einen dynamischen ServiceClient zu erzeugen, ist es notwendig, einen ConfigurationContext, eine WSDL-Beschreibung in Form von einem URL oder einem Definition-Objekt aus der Bibliothek wsdl4j sowie den Service- und Port-Namen des Zielservices anzugeben. Die beiden letzten Parameter können auch mit null belegt sein. In diesem Fall wird jeweils der erste Service bzw. Port aus der WSDL verwendet.

Abgesehen von den wichtigsten Methoden zum Verschicken von Nachrichten, die im nächsten Abschnitt ausführlich behandelt werden, bietet ServiceClient auch weitere Methoden an, um den Serviceaufruf zu beeinflussen. So existiert eine Gruppe von addHeader-Methoden, mit denen beliebige SOAP Header zum SOAP-Envelope hinzugefügt werden können. Dabei kann ein Header entweder als ein OMElement oder ein SOAPHeaderBlock (aus der AXIOM-SOAP-Implementierung) übergeben werden. Für den Fall, dass nur ein sehr einfacher SOAP Header aus einem einzigen XML-Element mit Textinhalt erzeugt werden soll, kann alternativ die Methode addStringHeader(QName headerName, String headerText) als Abkürzung verwendet werden.

```
serviceClient.addStringHeader(
  new QName("http://www.axishotels.de", "SimpleHeader", "ah"),
          "This is some import hotel information");

...

OMFactory omFactory = OMAbstractFactory.getOMFactory();
OMElement omElement = omFactory.createOMElement(new
  QName("http://www.axishotels.de", "CompelxHeader", "ah"), null);
```

Listing 6.3: Benutzerdefinierte SOAP Headers hinzufügen

```
omElement.setText("This is some import hotel information");
// Kindelemente hinzufügen
client.addHeader(omElement);
```

Listing 6.3: Benutzerdefinierte SOAP Headers hinzufügen (Forts.)

Oft ist es auch notwendig, bestimmte Module clientseitig zu aktivieren bzw. zu deaktivieren. Das trifft sowohl auf Standard-Module wie WS-Addressing als auch benutzerdefinierte Module wie Logging zu. Zu diesem Zweck bietet `ServiceClient` die Methoden `engageModule(QName moduleName)` und `disengageModule(QName moduleName)` an. Voraussetzung dafür ist natürlich, dass das Modul entweder im `ConfigurationContext` schon registriert ist oder das entsprechende *mar*-File im Klassenpfad liegt.

6.2 Aufrufmuster

Die wichtigsten Methoden in `ServiceClient` dienen alle dem Zweck, einen Request an den gewünschten Service zu verschicken. Im Gegensatz zum `Call`-Objekt aus Axis-1.x bietet die `ServiceClient`-Klasse viel flexiblere Möglichkeiten, um die Nachrichten synchron oder asynchron zu verschicken. Axis-1.x geht immer von einem RPC-Kommunikationsmuster (IN-OUT-MEP in WSDL-Terminologie) aus, das synchron abläuft. In diesem Fall schickt ein Client einen Request und wartet, bis die Response zurückkommt. Während der gesamten Wartezeit bleibt das Clientprogramm blockiert. Dieses Kommunikationsmuster ist zwar sehr verbreitet, jedoch nicht immer geeignet. Viele Operationen liefern keine Antwort zurück, sodass es nicht sinnvoll ist, auf eine Response zu warten. Andere Operationen liefern zwar eine Antwort zurück, beanspruchen aber sehr lange Verarbeitungszeit, sodass die Verwendung eines blockierenden API ebenfalls nicht sinnvoll ist. Die Anforderung, unterschiedliche MEPs bedienen zu können, war daher auch ein ganz wesentlicher Grund, das Client-API von Axis2 grundlegend neu zu entwerfen. Somit kann es in verschiedenen Szenarien flexibel eingesetzt werden. Bevor die einzelnen Methoden nun ausführlich beschrieben werden, sollen zuerst noch die möglichen Aufrufmuster unter die Lupe genommen.

Beim Aufruf eines Web Services kann prinzipiell zwischen zwei Arten von APIs unterschieden werden:

- **Blockierendes API (Blocking API)**: Ein blockierendes API ist das einfachste und am häufigsten eingesetzte API. In diesem Fall wartet der Client nach Absetzen eines Serviceaufrufs auf die Antwort und bleibt während der gesamten Wartezeit blockiert. Der Ablauf des Clientprogramms wird erst nach Rückkehr des Serviceaufrufs fortgesetzt. Die Antwort kann ein erwartetes Ergebnis oder einen Fehler beinhalten.
- **Nicht-Blockierendes API (Non-Blocking API)**: Ein nicht-blockierendes API basiert meistens auf einem Polling- oder Callback-Mechanismus, sodass das Clientprogramm nach dem Absetzen des Serviceaufrufs sofort die Kontrolle wieder erlangt und weiterlaufen kann, während die Antwort zu einem späteren Zeitpunkt über einen zuvor registrierten Callback-Handler asynchron an die Applikation geliefert wird. Gegenüber einem blockierenden API bietet ein nicht-blockierendes API mehr Flexibilität und vor allem höhere Interaktivität. So kann ein Client mit einem nicht-blockierendem

API parallel mehrere Serviceaufrufe absetzen und trotzdem dafür sorgen, dass die Benutzeroberfläche weiterhin ansprechbar bleibt. Der Preis für diese erhöhte Interaktivität ist das durch den Einzug von Callback-Handler entstandene Programmiermodell, das im Vergleich mit dem eines blockierenden APIs etwas komplexer ist.

Während ein Aufruf mit einem blockierenden API synchron verarbeitet wird, läuft die Verarbeitung des Aufrufs mit einem nicht-blockierenden API asynchron ab. Die erzielte Asynchronität wird in Axis2 als **API-Level-Asynchrony** bezeichnet und ist nicht ausreichend, um alle Anforderungen an Asynchronität zu erfüllen. Es muss an dieser Stelle auch der eingesetzte Transport-Mechanismus in Betracht gezogen werden. Generell wird zwischen Einweg- und Zweiweg-Transport unterschieden. Eine Verbindung eines Einweg-Transports wie SMTP wird ausschließlich dazu verwendet, eine Nachricht zu verschicken. Über diese Verbindung wird keine Response zu der Nachricht erwartet, sodass die Verbindung auch zügig geschlossen wird. Sollte später eine Response zu der ursprünglichen Nachricht zurückgeschickt werden, muss dafür eine zweite Verbindung aufgebaut werden. Ein Zweiweg-Transport wie HTTP verwendet dagegen per Default immer dieselbe Verbindung für den Transport eines Requests sowie seiner zugehörigen Response. Um zu vermeiden, dass die Response aus irgendeinem Grund nicht zurückkommt und die Verbindung daher für immer offen bleibt, werden alle Verbindungen mit einem Timeout versehen. Nach Auftreten eines Timeout wird die Verbindung unabhängig vom Status der Anfrage beendet. Der Timeout-Wert lässt sich zwar für langläufige Anfragen erhöhen. Dies ist aber aus der Sicht des Ressourcenverbrauchs nicht immer sinnvoll und spätestens bei Operationen, die Stunden oder Tage benötigen, nicht mehr praktikabel. Um solche Szenarien trotzdem zu unterstützen, ist es zwingend notwendig, zwei unterschiedliche Verbindungen für den Transport von Request und Response einzusetzen. In diesem Fall wird der Request zuerst mit einer leeren Response beantwortet, was nur als Bestätigung für den Erhalt der Nachricht dient. Parallel muss der Client einen Server-Prozess bei sich starten, sodass der eigentliche Server später zu diesem Prozess eine neue Verbindung aufbauen kann, um die Response zu transportieren. Die dadurch erzielte Asynchronität wird in Axis2 als **Transport-Level-Asynchrony** bezeichnet.

Durch die Kombination von API-Auswahl und Anzahl der eingesetzten Verbindungen ergeben sich vier Aufrufmuster, die für unterschiedliche Szenarien eingesetzt werden können. Tabelle 6.1 fasst die vier Kombinationen zusammen.

API	Anzahl der Verbindungen	Beschreibung
Blockierendes API	1	Das einfachste und gängigste Aufrufmuster für IN-OUT-MEP
Nicht-blockierendes API	1	Einsatz von Callback-Handler oder Polling
Blockierendes API	2	Sinnvoll, wenn ein Einweg-Transport wie SMTP eingesetzt wird und der Client die Antwort fürs Fortfahren benötigt
Nicht-blockierendes API	2	Dieses Muster bietet die maximale Asynchronität (sowohl auf API- als auch auf Transport-Level)

Tabelle 6.1: Aufrufmuster durch Kombination von API und Anzahl von Verbindungen

Axis2 unterstützt über die Klasse `ServiceClient` alle in Tabelle 6.1 aufgelisteten Aufrufmuster. In den folgenden Abschnitten werden die typischen Szenarien zusammen mit dem dafür geeigneten Aufrufmuster detailliert erläutert.

6.2.1 Request-Response mit blockierendem API

Wie bereits mehrfach erwähnt stellt das Aufrufmuster mit einem blockierenden API über eine einzige Verbindung die einfachste und zugleich die meist verbreitete Verwendung dar. In diesem Fall wird eine einzige Verbindung eines Zweiweg-Transports für den Transport von Request und Response verwendet und der Client bleibt blockiert, während er auf die Response wartet. Um einen Aufruf mit diesem Muster durchzuführen, soll die Methode `sendAndReceive()` von `ServiceClient` benutzt werden.

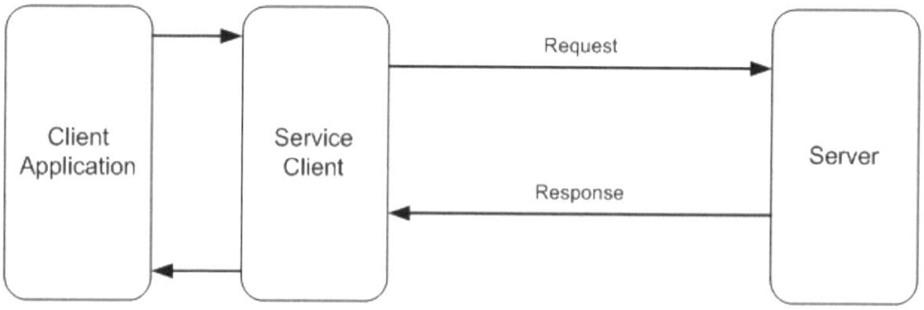

Abbildung 6.1: Request-Response mit blockierendem API

```
OMElement requestPayload = createRequestPayload();

Options options = new Options();
options.setTo(targetEPR);
ServiceClient sender = new ServiceClient();
sender.setOptions(options);

OMElement responsePayload = sender.sendReceive(requestPayload);
```

Listing 6.4: Serviceaufruf über sendAndReceive

Trotz seiner Einfachheit hat dieses Aufrufmuster das schlechteste Asynchron-Verhalten aller möglichen Muster, denn sowohl auf dem API- als auch auf dem Transport-Level wird hier blockiert und gewartet. Es ist ebenfalls möglich, ein Request-Response-Muster mit dem blockierenden API über einen Einweg-Transport wie SMTP oder JMS zu realisieren. Jedoch ist ein solcher Einsatz wegen der asynchronen Natur von Einweg-Tranporten wenig sinnvoll, da die Antwortzeit nicht vorhersehbar ist. Hier empfiehlt sich der Einsatz eines nicht-blockierenden API.

6.2.2 Request-Response mit nicht-blockierendem API über eine Verbindung

Ein nicht-blockierendes API bietet mehr Parallelität als ein blockierendes API und ist vor allem zu bevorzugen, wenn die aufzurufende Operation eine lange Verarbeitungszeit beansprucht. Axis2 implementiert einen Callback-Mechanismus in der Methode `sendReceiveNonBlocking`, bei dem ein so genannter Callback-Handler vom Typ `org.apache.axis2.client.async.Callback` beim Aufruf als Parameter übergeben werden muss. Der Ablauf des Clientprogramms wird nach Aufruf der `sendReceiveNonBlocking`-Methode sofort fortgesetzt, während parallel ein separater Thread gestartet wird, der den Request verschickt und auf die Response wartet. Nach Erhalt der Response wird das Ergebnis über den Callback-Handler an das Clientprogramm zurückgeliefert. Da die Rückgabe über Callback-Handler später geliefert wird, hat die Methode `sendReceiveNonBlocking` logischerweise einen Rückgabentyp von `void`.

Die Schnittstelle der `Callback`-Klasse ist in Listing 6.5 abgedruckt. Interessant sind vor allem die beiden Methoden `onComplete` und `onError`, die als abstrakt deklariert sind und dementsprechend von den Subklassen implementiert werden müssen. Die `onComplete`-Methode wird aufgerufen, wenn der Request erfolgreich verarbeitet werden konnte und die erwartete Response empfangen wurde. Das Ergebnis wird in Form von `org.apache.axis2.client.async.AsyncResult` verpackt und als Parameter beim Aufruf von `onComplete()` übergeben. Über `AsyncResult` erhält man Referenzen zu dem `MessageContext` und dem `SOAPEnvelope` und somit alle Meta- und Nutzdaten der Response. Um an die Nutzdaten zu gelangen, reicht der Aufruf `result.getResponseEnvelope().getBody().getFirstElement()`, welcher das Wurzelelement von SOAP Body als `OMElement` zurückgibt. Tritt bei der Verarbeitung jedoch ein Fehler auf, wird dies dem Callback-Handler über `onError` mitgeteilt. Weitere Information zum Fehler erhält man über das als Parameter übergebene `Exception`-Objekt.

```
package org.apache.axis2.client.async;

public abstract class Callback {
  private boolean complete;

  public abstract void onComplete(AsyncResult result);
  public abstract void onError(Exception e);

  public synchronized boolean isComplete() {
    return complete;
  }

  public synchronized void setComplete(boolean complete) {
    this.complete = complete;
  }
}
```

Listing 6.5: Callback.java

In Abbildung 6.2 ist der Ablauf dieses Aufrufmusters aufgezeigt. Dort ist ersichtlich, dass das Clientprogramm die Kontrolle nach dem Aufruf sofort wiedererlangt, während die Response zu einem späteren Zeitpunkt asynchron zurückkommt. Listing 6.6 demonstriert, wie das nicht-blockierende API in Axis2 genutzt werden kann.

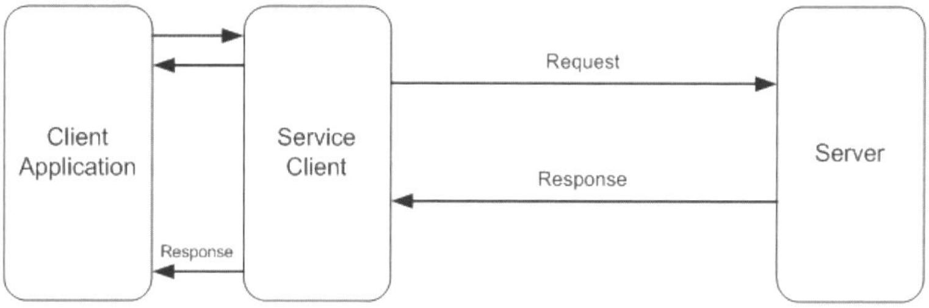

Abbildung 6.2: Request-Response mit nicht-blockierendem API

```
OMElement requestPayload = createRequestPayload();

Options options = new Options();
options.setTo(targetEPR);
ServiceClient sender = new ServiceClient();
sender.setOptions(options);

Callback callback = new Callback() {
  public void onComplete(AsyncResult result) {
    System.out.println(result.getResponseEnvelope().getBody().getFirstElement());
  }

  public void onError(Exception e) {
    e.printStackTrace();
  }
};

sender.sendReceiveNonBlocking(requestPayload, callback);
```

Listing 6.6: Serviceaufruf über sendReceiveNonBlocking

Der Einsatz dieses Aufrufmusters ist dann sinnvoll, wenn das Clientprogramm während der Kommunikation nicht blockiert werden darf. Trotzdem hat dieses Muster auch seine Grenze. Durch die Tatsache, dass nur eine Verbindung für den Transport von Request und Response verwendet wird, ist dieses Aufrufmuster mit dem Risiko behaftet, dass ein Timeout auf dieser Verbindung auftreten kann. Daher sollte bei Operationen mit besonders langer Laufzeit entweder der Timeout hochgesetzt oder das Aufrufmuster im nächsten Abschnitt verwendet werden.

6.2.3 Request-Response mit nicht-blockierendem API über zwei Verbindungen

Um einen Timeout der Verbindung bei besonders langläufigen Operation zu vermeiden, hat Axis2 in `ServiceClient` einen weiteren Mechanismus vorgesehen, der den Transport von Request und Response auf zwei separate Verbindungen verteilt. Bevor der Request losgeschickt wird, wird auf der Clientseite ein Serverprozess in einem separaten Thread gestartet, das auf eine bestimmte Adresse horcht. Wird HTTP als Transport eingesetzt, wird ganz konkret eine Instanz von `SimpleHTTPServer` gestartet. Es besteht auch die Möglichkeit, einen anderen Transportmechanismus einzustellen oder einen bereits existierenden Serverprozess (unter anderem auch für andere Zwecke) wiederzuverwenden. Die Adresse vom Serverprozess wird in einem WS-Addressing-Header unter dem Element `wsa:ReplytTo` verpackt und zusammen mit dem Request über eine ausgehende Verbindung verschickt. Nach Erhalt einer Nachricht mit einem solchen WS-Addressing-Header wird die Nachricht sofort mit leerem Inhalt beantwortet. Im Falle von HTTP verschickt Axis2-Server eine HTTP-Response mit dem Status-Code 202 („`accepted`"). Der Body dieser Nachricht bleibt jedoch komplett leer. Nach Erhalt dieser leeren Response wird die Verbindung beendet. Wenn die Requestverarbeitung serverseitig abgeschlossen ist, wird die Response-Nachricht über eine neue Verbindung an die zuvor im WS-Addressing-Header übermittelte `ReplyTo`-Adresse geschickt und schließlich von dem horchenden Serverprozess in der Clientumgebung empfangen. In diesem Fall wird sozusagen die eigentliche Response als ein neuer Request vom Server zum Client über eine zweite Verbindung verschickt. Der Inhalt dieser Nachricht wird schließlich über einen Callback-Handler an das Clientprogramm als Rückgabe weitergegeben, während die Nachricht selbst wieder mit einer leeren Response beantwort und die Verbindung anschließend beendet wird.

Dieses Aufrufmuster schöpft die Asynchronität auf dem API- und dem Transport-Level aus und bietet das beste asynchrone Verhalten. Dementsprechend ist die Nutzung von diesem Muster im Vergleich mit anderen etwas aufwändiger. Zuerst muss sichergestellt werden, dass das Addressing-Modul auf beiden Seiten vorhanden und aktiviert ist, damit der WS-Addressing-Header auch vom Handler eingefügt werden kann. Darüber hinaus muss dem `ServiceClient` mitgeteilt werden, dass ein separater Serverprozess gestartet werden soll. Dafür muss die Methode `setUseSeparateListener` von `Options` mit „`true`" als Parameter aufgerufen werden. Ebenfalls muss ein Callback-Handler vorbereitet werden, der schließlich derselben `sendReceiveNonBlocking`-Methode als Parameter übergeben wird. Während der Aufruf der `sendReceiveNonBlocking`-Methode identisch wie in 6.2.2 ist, liegt der wesentliche Unterschied beider Muster darin, dass ein separater Listener gestartet werden muss.

In Abbildung 6.3 ist der Ablauf dieses Aufrufmusters dargestellt. Nach Empfang des Requests wird nur eine Dummy-Response als Bestätigung für den Erhalt des Requests verschickt. Die eigentliche Response wird später über eine zweite Verbindung an den Client übermittelt. Listing 6.7 demonstriert, wie dieses Aufrufmuster in Axis2 programmiert wird.

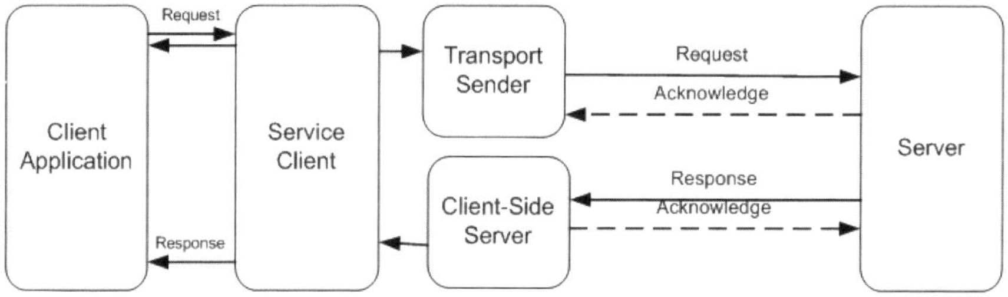

Abbildung 6.3: Request-Response mit nicht-blockierendem API über zwei Verbindungen

```
OMElement requestPayload = createRequestPayload();

ConfigurationContext configurationContext =
  ConfigurationContextFactory.createConfigurationContextFromFileSystem(
    "C:/Dev/axis2-1.1.1/repository", "C:/Dev/axis2-1.1.1/conf/axis2.xml");

ServiceClient serviceClient = new ServiceClient(configurationContext, null);
serviceClient.engageModule(new QName(Constants.MODULE_ADDRESSING));

Options options = new Options();
options.setTo(targetEPR);
//options.setTransportInProtocol(Constants.TRANSPORT_TCP);
options.setUseSeparateListener(true);
serviceClient.setOptions(options);

Callback callback = new Callback() {
  public void onComplete(AsyncResult result) {
    System.out.println(
      result.getResponseEnvelope().getBody().getFirstElement());
  }

  public void onError(Exception e) {
    e.printStackTrace();
  }
};

serviceClient.sendReceiveNonBlocking(requestPayload, callback);
```

Listing 6.7: Serviceaufruf über sendReceiveNonBlocking mit einem separaten Listener

Zur Veranschaulichung werden im Folgenden die mit TCPMon abgefangenen HTTP-Nachrichten abgedruckt. Zuerst wird eine Request-Nachricht verschickt, in deren Header die ReplyTo-Adresse sowie die Nachricht-ID mit übertragen werden.

```
POST /axis2/services/AxisHotelAxiomService HTTP/1.1
SOAPAction: "urn:getHotelDetail"
User-Agent: Axis2
Host: 127.0.0.1:8080
Content-Type: text/xml; charset=UTF-8

<?xml version='1.0' encoding='UTF-8'?>
<soapenv:Envelope
  xmlns:wsa="http://www.w3.org/2005/08/addressing"
  xmlns:soapenv="http://schemas.xmlsoap.org/soap/envelope/">
  <soapenv:Header>
    <wsa:To>
      http://localhost:8081/axis2/services/AxisHotelAxiomService
    </wsa:To>
    <wsa:ReplyTo>
      <wsa:Address>
      http://localhost:8088/axis2/services/anonService19297865117092060115
6/anonOutInOp
      </wsa:Address>
    </wsa:ReplyTo>
    <wsa:MessageID>
      urn:uuid:F47D2CCCFBDC9FB6131170920601331
    </wsa:MessageID>
    <wsa:Action>urn:getHotelDetail</wsa:Action>
  </soapenv:Header>
  <soapenv:Body>
   <ah:GetHotelDetailRequest xmlns:ah="http://www.axishotels.de/">
     <id>100</id>
   </ah:GetHotelDetailRequest>
  </soapenv:Body>
</soapenv:Envelope>
```

Listing 6.8: Request mit WS-Addressing-Header

Der Server schickt für diesen Request lediglich eine leere Response und beendet die Verbindung.

```
HTTP/1.1 202 Accepted
Server: Apache-Coyote/1.1
Content-Type: text/xml;charset=UTF-8
Date: Thu, 08 Feb 2007 07:43:21 GMT
```

Listing 6.9: Leere Response für den Request

Später wird die eigentliche Response als ein neuer HTTP-Request vom Server zum Client geschickt. Im WS-Addressing-Header wird zuerst über `<wsa:To>` der Zielempfänger (letztendlich die `ServiceClient`-Instanz) festgelegt. Über `<wsa:RelatesTo>` wird wiederum der Bezug zum Request anhand der eindeutigen Nachricht-ID wiederhergestellt, sodass auch mehrere Requests parallel über dieses Aufrufmuster abgeschickt und die Responses trotzdem richtig zugeordnet werden können. Dieser zum Transport vom eigentlichen Response verschickte Request wird vom clientseitigen `SimpleHTTPServer` ebenfalls mit einer leeren HTTP-Nachricht, wie in Listing 6.8 ersichtlich, beantwortet.

```
POST /axis2/services/anonService192978651170920601156/anonOutInOp HTTP/1.1
SOAPAction: "urn:getHotelDetail"
User-Agent: Axis2
Host: 127.0.0.1:8088
Content-Type: text/xml; charset=UTF-8

<?xml version='1.0' encoding='UTF-8'?>
<soapenv:Envelope
  xmlns:wsa="http://www.w3.org/2005/08/addressing"
  xmlns:soapenv="http://schemas.xmlsoap.org/soap/envelope/">
  <soapenv:Header>
    <wsa:To>
     http://localhost:8082/axis2/services/anonService192978651170920601156/anonOutInOp
    </wsa:To>
    <wsa:ReplyTo>
      <wsa:Address>
        http://www.w3.org/2005/08/addressing/none
      </wsa:Address>
    </wsa:ReplyTo>
    <wsa:MessageID>
      urn:uuid:42E42732F197DE36E81170921361729
    </wsa:MessageID>
    <wsa:Action>urn:getHotelDetail</wsa:Action>
    <wsa:RelatesTo wsa:RelationshipType="http://www.w3.org/2005/08/addressing/reply">
      urn:uuid:F47D2CCCFBDC9FB6131170920601331
    </wsa:RelatesTo>
  </soapenv:Header>
  <soapenv:Body>
    <ah:GetHotelDetailResponse
      xmlns:tns="http://server.axiom.axishotels.de"
      xmlns:ah="http://www.axishotels.de/">
```

Listing 6.10: Response wird über eine zweite Verbindung verschickt

```
        <hotel id="100">
          <name>Axis Hotel</name>
          <manager>Duke</manager>
        </hotel>
      </ah:GetHotelDetailResponse>
    </soapenv:Body>
  </soapenv:Envelope>
```

Listing 6.10: Response wird über eine zweite Verbindung verschickt (Forts.)

Beim Einsatz von diesem Aufrufmuster müssen einige Punkte beachtet werden. Zum einen ist es notwendig, das WS-Addressing-Modul auch clientseitig zu aktivieren. Dafür muss entweder das *addressing-1.1.1.mar* im Klassenpfad liegen oder der `ServiceClient` mit einem vorkonfigurierten `ConfigurationContext` ausgestattet werden. Aufgrund der besseren Konfigurationsmöglichkeiten ist diese zweite Variante zu bevorzugen und daher auch in Listing 6.7 demonstriert. Zum anderen ist es durchaus möglich, für die zweite Verbindung einen anderen Transportmechanismus zu wählen. In diesem Fall muss aber der entsprechende Transport-Receiver in der Axis2-Konfiguration *(axis2.xml)*, die beim Erzeugen von `ConfigurationContext` benutzt wird, aktiviert und vorkonfiguriert sein. Um einen abweichenden Transport für die Response zu nutzen, sollte dies durch den Aufruf der `setTransportInProtocol`-Methode vom `Options`-Objekt erfolgen. Alle von Axis2 unterstützten Transporte sind als Konstanten in der Klasse `org.apache.axis2.Constants` aufgelistet. Wird in Listing 6.7 der Transport nicht explizit gesetzt, wird derselbe Transport für die Response wie der für den Request benutzt. Wenn aber der Service und der Client auf demselben Rechner gestartet werden, was während der Entwicklung häufig der Fall ist, kann es schnell zu Port-Konflikten kommen. Im Falle von HTTP wird z.B. die Port 8080 als Defaulteinstellung für Message-Receiver verwendet. Läuft der Serverprozess von Tomcat, in dem der Axis2-Service deployt ist, wird Port 8080 bereits von diesem Prozess belegt. Wenn aber beim Starten von `SimpleHTTPServer` in der Clientumgebung auch die Defaulteinstellung aus *axis2.xml* verwendet wird, versucht er ebenfalls den Port 8080 zu belegen, was aber fehlschlägt. Daher sollte in diesem Fall in dem *axis2.xml* für die Clientumgebung ein anderer Port eingestellt oder für die Response ein alternativer Transport verwendet werden.

6.2.4 Einweg-Aufruf

Wird eine Operation aufgerufen, die dem IN-ONLY-MEP entspricht, macht es keinen Sinn, auf eine Antwort zu warten. In diesem Fall ist der Einsatz des nicht-blockierenden APIs besser geeignet, da es den Programmablauf nicht blockiert. Da keine Rückgabe erwartet wird, ist auch kein Callback-Handler nötig. Für dieses Szenario bietet `ServiceClient` die Methode `fireAndForget` an, die erwartungsgemäß `void` als Rückgabetyp hat. Wird ein Zweiweg-Transport wie HTTP für den Transport von Request verwendet, schickt Axis2-Server wie oben eine leere HTTP-Response mit Status-Code 202 („`Accepted`") zurück. Es ist zwar möglich, jedoch selten sinnvoll, mit `fireAndForget` eine Operation aufzurufen, die auch eine Rückgabe liefert. In diesem Fall wird auch die korrekte Response komplett zurückgeschickt, die nur von niemand abgeholt und ausgewertet wird.

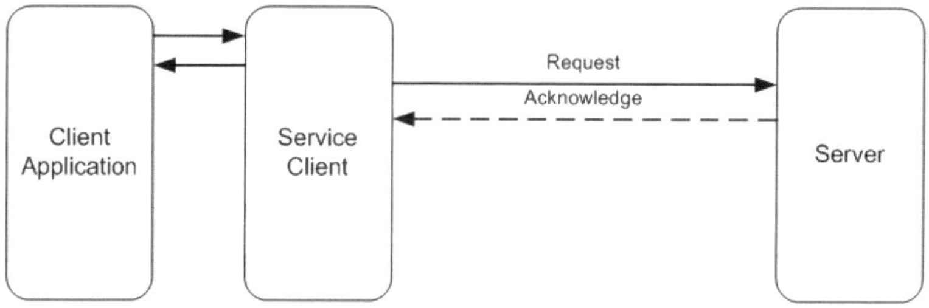

Abbildung 6.4: Einweg-Aufruf mit nicht-blockierendem API

```
OMElement requestPayload = createRequestPayload();

Options options = new Options();
options.setTo(targetEPR);
ServiceClient sender = new ServiceClient();
sender.setOptions(options);

sender.fireAndForget(requestPayload);
```

Listing 6.11: Serviceaufruf über sendAndReceive

Dieses Aufrufmuster ist nur für Szenarien geeignet, in denen es wenig kritisch ist, wenn der eine oder andere Request verloren geht. Generell erwartet der `ServiceClient` bei `fireAndForget` keine Bestätigung über eine erfolgreiche Verarbeitung des Requests. Dementsprechend kann das Clientprogramm auch nicht über Fehlersituationen benachrichtigt werden. Es wird nicht mal ein Fehler gemeldet, wenn die Verbindung zum Ziel überhaupt nicht aufgebaut werden kann. Daher soll dieses Aufrufmuster nur dann eingesetzt werden, wenn das System es tolerieren kann, dass manche Nachrichten nicht verarbeitet werden. Gängige Einsatzszenarien sind periodische Benachrichtigungen oder ein Ping-Mechanismus.

6.2.5 Zuverlässiger Einweg-Aufruf

Wenn ein Client prinzipiell einen Aufruf ohne Rückgabe absetzen und gleichzeitig informiert werden möchte, wenn ein Request nicht oder nicht erfolgreich verarbeitet werden kann, kann er ein weiteres Aufrufmuster von Axis2 nutzen. Die Methode für dieses Muster heißt `sendRobust` und wirft im Gegensatz zu `fireAndForget` im Fehlerfall eine Exception. Intern verhält sich diese Methode je nach Anzahl der eingesetzten Verbindungen ähnlich wie die Methode `sendAndRecieve` bzw. `sendAndReceiveNonBlocking`. Wird kein separater Listener gestartet, also nur eine Verbindung eingesetzt, blockiert der `ServiceClient`, bis die Response zurückkehrt. Im Fehlerfall wird dann eine Exception geworfen, während eine korrekte Response immer verworfen wird. Wird dagegen ein separater Listener gestartet, also zwei Verbindungen eingesetzt, wird auch nicht blockiert. Es ist in diesem Fall auch nicht notwendig, einen Callback-Handler zu implementieren, da diese Aufgabe von `sendRobust` übernommen wird. Dort wird intern ein Standard-Callback-Handler vom Typ `ServiceClient.SyncCallback` erzeugt und registriert. Nach Erhalt der

Response überprüft das SyncCallback-Objekt das Ergebnis auf Fehler und wirft ggf. eine Exception, um die Fehlersituation zu signalisieren. Es handelt sich bei sendRobust daher in erster Linie um eine Komfortmethode, mit der ein asynchroner Aufruf ohne Callback-Handler abgesetzt werden kann.

```
OMElement requestPayload = createRequestPayload();

Options options = new Options();
options.setTo(targetEPR);
ServiceClient sender = new ServiceClient();
sender.setOptions(options);

sender.sendRobust(requestPayload);
```

Listing 6.12: Serviceaufruf über sendRobust

6.3 Clientseitige Konfiguration

Das Client-API bietet umfangreiche Konfigurationsmöglichkeiten, um den Serviceaufruf zu steuern und zu optimieren. Die zentrale Klasse für die clientseitige Konfiguration ist die Options-Klasse, die bereits in vielen Codebeispielen benutzt wurde. Jeder ServiceClient verfügt über eine eigene Instanz von Options, in der die notwendigen Konfigurationen vorgenommen werden können. Diese Konfigurationen werden später dem MessageContext übertragen, sodass nicht nur der ServiceClient, sondern auch Handler, Transport Sender und Callback-Handler auf diese Konfiguration zugreifen können.

6.3.1 JavaBean-Properties

Einige Einstellungen sind direkt als JavaBean-Properties in der Klasse Options modelliert, sodass diese direkt über Getter- und Setter-Methoden abgefragt oder modifiziert werden können. Dazu zählen to, manageSession oder action, die ebenfalls in einigen Beispielen benutzt wurden. Im nächsten Abschnitt sollen diese Properites noch mal systematisch zusammengefasst und genauer beschrieben. Die Properties lassen sich in vier Gruppen unterteilen: WS-Addressing, Transport, SOAP und andere.

WS-Addressing-Properties

Zu der Gruppe der WS-addressing-bezogenen Properties gehören faultTo, from, messageId, relationships, replyTo, referenceParameters und to. Das Setzen von diesen Properties hat zur Folge, dass ein entsprechendes WS-Addressing-Element in dem WS-Addressing-Header der SOAP-Nachricht hinzugefügt wird. Eine Voraussetzung für eine sinnvolle Nutzung dieser Properites ist natürlich, dass das WS-Addressing-Modul vorher aktiviert ist. Während die Property to als Pflichtangabe zu betrachten ist, damit die Nachricht auch ihr Ziel findet, sind andere Properties optional. So kann man z.B. faultTo und replyTo mit einer abweichenden Adresse belegen, sodass die Response und Fehlermeldung an einen anderen Endpunkt geschickt werden. Die messageId dient dazu, dass die Korrelation zwischen Nachrichten (z.B. zwischen einen Request und seiner Response) wiederhergestellt werden kann. Wird diese Property nicht explizit von der Applikation gesetzt, generiert Axis2 dafür intern eine eindeutige ID. Weitere Details zu WS-Addressing sind im Kapitel 15 beschrieben.

Transport-Properties

In der transport-bezogenen Gruppe sind folgende Properties enthalten: `transportInProtocol`, `transportIn`, `transportOut` und `listener`. Bei `transportInProtocol` handelt es sich um einen Wert vom Typ `String`, der den eingesetzten Transport für eingehende Nachrichten repräsentiert. Als Werte kommen Namen der in Axis2-Konfiguration enthaltenen Transportempfänger in Frage. Beispiele sind „http" oder „tcp". Diese Einstellung ist unter anderem wichtig, wenn zwei Verbindungen bei einem asynchronen Aufruf verwendet werden sollen. Durch Setzen der `transportInProtocol`-Property kann der Transport für die Response festgelegt werden. Der Aufruf `options.setTransportInProtocol(Constants.TRANSPORT_TCP)` bewirkt beispielsweise, dass die Responses über tcp übertragen werden, auch wenn der zugehörige Request über HTTP verschickt wurde. `transportIn` und `transportOut` enthalten die transport-spezifischen Konfigurationen in den entsprechenden Flows, während `listener` den in der Umgebung vorhandenen Transport-Listener (z.B. `SimpleHTTPServer` oder `SimpleMailListener`) speichert. Alle drei Properties werden fast ausschließlich von Axis2-Klassen verwendet und müssen nicht von der Applikation gesetzt oder verändert werden.

SOAP-Properties

Sollte eine bestimmte SOAP-Version für die Kommunikation verwendet werden, kann dies durch die Property `soapVersionURI` gesteuert werden. Als Wert kommen die in den Standards festgelegten Namensräume in Frage, die man glücklicherweise nicht auswendig kennen muss. Für SOAP 1.1 ist eine Konstante `SOAP11Constants.SOAP_ENVELOPE_NAMESPACE_URI` in AXIOM definiert und man findet entsprechend für SOAP 1.2 eine Konstante `SOAP11Constants.SOAP_ENVELOPE_NAMESPACE_URI`. Für SOAP1.1 ist oft sinnvoll, den Action-Header zu setzen. Dieser Header wird unter anderem von Axis2 ausgewertet, um den Request zuzustellen. Der Wert für SOAP-Action kann über die `setAction` gesetzt bzw. über `getAction` abgefragt werden. Ist das WS-Addressing-Modul aktiviert, wird für eine gesetzte Action auch ein entsprechendes `wsa:action`-Element erzeugt. Eine weitere Property im Bezug mit Verarbeitung ist `isExceptionToBeThrownOnSOAPFault`, die mit „`true`" vorbelegt ist. Damit kann gesteuert werden, ob Axis2 eine Exception werfen soll, wenn eine Fault-Nachricht empfangen wurde. Manchmal sollte aber diese Entscheidung der Applikation überlassen werden (vor allem wenn man mit `OperationClient` eine fortgeschrittene Funktionalität realisiert). Durch Setzen dieser Property auf „`false`" erhält die Applikation die komplette Response-Nachricht, unabhängig davon, ob sie einen Fault enthält oder nicht, und kann darauf entsprechend reagieren.

Andere Properties

Die Property `useSeparateListener` wurde bereits vorgestellt. Diese Property sollte auf „`true`" gesetzt werden, wenn die Response über eine separate Verbindung übertragen werden soll. Wird ein blockierendes API eingesetzt, sollte auch ein sinnvolles Timeout für das Warten angegeben werden. Dafür ist die Property `timeOutInMilliSeconds` vorgesehen, die mit 30 Sekunden vorbelegt ist. Damit ein ServiceClient auch mit einem zustandsbehafteten Web Service interagieren kann, ist es notwendig, dass er sich auch an der Session-Verwaltung beteiligt. Obwohl die Aufgabe der Session-Verwaltung bereits von Axis2 übernommen wird, muss ein `ServiceClient` zumindest diese Absicht mitteilen, an einer Session teilnehmen zu wollen. Diese Mitteilung erfolgt durch den Aufruf `setManageSession(true)`. Weitere Details zur Session-Verwaltung sind dem Kapitel 8 zu entnehmen.

6.3.2 Generische Properties

Neben diesen JavaBean-Properties in der Klasse `Options` existieren noch weitere optionale Konfigurationsparameter, derer man sich bedienen kann, um den Prozess des Serviceaufrufs zu justieren und zu optimieren. Diese Parameter sind nicht explizit als Attribute der `Option`-Klasse aufgenommen und können nur über eine generische Schnittstelle abgefragt und modifiziert werden. Um einen solchen Konfigurationsparameter zu setzen, bietet die `Options`-Klasse die Methode `setProperty` an, die einen Schlüssel vom Typ `String` und einen Wert vom Typ `Object` entgegennimmt. Intern werden diese Properties in einem `HashMap` abgelegt, sodass die gesetzten Properties jederzeit über `getProperty` wieder über den Schlüssel abgefragt werden können. Es besteht sogar die Möglichkeit, das gesamte `HashMap` auf einmal über `getProperties` abzufragen oder über `setProperties` zu überschreiben.

Sicherlich bringt diese generische Schnittstelle automatisch eine Gefahr der Typunsicherheit mit sich. Auf der anderen Seite kann das System dadurch um beliebig viele Konfigurationsparameter erweitert werden, ohne dabei jedes Mal die Schnittstelle verändern zu müssen. Es ist ebenfalls möglich, über diese Schnittstelle, benutzerdefinierte Konfigurationsinformationen auszutauschen. So kann ein Client-Programm ein beliebiges Objekt unter einem Schlüssel ablegen, der bei Axis2 völlig unbekannt ist. Ein anderer Handler kann aber diesen Parameter später gezielt über `MessageContext` abfragen und anhand dessen sein Verhalten steuern. An dieser Stelle wurde also ein Kompromiss getroffen. Einige wichtige Parameter sind als vordefinierte JavaBean-Properties direkt in der Klasse modelliert, während die anderen Parameter, die zwar optional, jedoch sehr wichtig sein können, als generische Properties behandelt werden.

```
Options options = new Options();
options.setTo(targetEPR);
options.setProperty(key1, value1);
options.setProperty(key2, value2);

ServiceClient sender = new ServiceClient();
sender.setOptions(options);
...
Object value1 = sender.getOptions().getProperty(key1);
```

Listing 6.13: Generische Properties über getProperty und setProperty

Ein Options-Objekt mit allen Properties (ob JavaBean Properties oder generische Properties) wird in Laufe des Serviceaufrufs einem MessageContext-Objekt übergeben, wo alle Informationen für eine Nachricht zusammenfließen. Dieses MessageContext-Objekt wird dann auch die Verarbeitungskette durchlaufen und kann von verschiedenen Handlern in der jeweiligen Kette (z.B. AddressingOutHandler) verwendet werden. Dadurch erhalten die Handler ebenfalls Zugriffe auf die zuvor eingestellten Properties. Auch der Transport Sender hat Zugriff auf MessageContext und somit auf die Properties. Dementsprechend kann er seine Verbindung anhand der Konfiguration aufbauen.

Im Folgenden werden die wichtigsten Properties gruppiert und beschrieben. Die Properties lassen sich in fünf Gruppen unterteilen: allgemein, WS-Addressing, HTTP, Attachment und REST. Alle Schlüssel sind als Konstanten in Interfaces definiert, sodass man die genaue Schreibweise der Schlüssel nicht auswendig lernen muss. Daher werden in den folgenden Beschreibungen nur die Namen der Konstanten statt die genauen Schlüsseltexte angegeben. Als Wert kommen Boolean, Integer, Objekte bestimmter Klassen oder Ausprägungen einer Enumeration in Frage. Im letzten Fall sind alle möglichen Ausprägungen ebenfalls als Konstanten definiert. Daher werden dort entsprechend wieder die Konstantendefinitionen in den Beschreibungen verwendet.

Allgemeine Properties

Schlüssel	Mögliche Werte
Constants.Configuration.TRANSPORT_URL	Ein gültiger URL
Constants.Configuration.CHARACTER_SET_ENCODING	Zeichensatzkodierung der Nachricht. „utf-8" oder „utf-16"
Constants.Configuration.DISABLE_SOAP_ACTION	"true"/"false" oder Boolean.TRUE/Boolean.FALSE

Tabelle 6.2: Allgemeine Konfigurationsparameter

Das Interface org.apache.axis2.Constants definiert die wichtigsten Konstanten innerhalb von Axis2, die weder transport- noch modulspezifisch sind. Die konfigurationsbezogenen Konstanten für Schlüsselnamen sind wiederum in der Inner-Klasse Constants.Configuration zu finden. Es ist zu beachten, dass nicht alle dort definierten Konstanten auch sinnvoll über Options-Objekt im Client-API eingesetzt werden können, weil einige ausschließlich für serverseitigen Einsatz konzipiert sind.

- Manchmal ist es wünschenswert, die Nachricht über einen Umweg zum endgültigen Ziel zu schicken. Beispielweise müssen manche Nachrichten zuerst ein Gateway, Proxy passieren, bevor sie ihr endgültiges Ziel erreichen können. Um ein derartiges Routing zu realisieren, kann die Property Constants.Configuration.TRANSPORT_URL benutzt werden. In diesem Fall kann eine von „To" abweichende Adresse eingetragen werden. Diese Adresse wird auch benutzt, um die Nachricht zuzustellen. Ist das WS-Addressing-Modul aktiviert, wird die endgültige Adresse in wsa:To abgelegt.

```
options.setTo("http://www.ultimatedestination.org/myservice");
options.setProperty(Constants.Configuration.TRANSPORT_URL,
  "http://www.gateway.org");
```

Listing 6.14: Nutzung von Property Constants.Configuration.TRANSPORT_URL

- Die Property `Constants.Configuration.CHARACTER_SET_ENCODING` dient dazu, die Zeichensatzkodierung der Nachricht festzulegen. Der Defaultwert ist „utf-8". Ein anderer möglicher Wert stellt „utf-16" dar.
- Über die Property `Constants.Configuration.DISABLE_SOAP_ACTION` kann das Mitführen von SOAP-Action generell abgeschaltet werden, auch wenn diese zuvor explizit über `setAction()` gesetzt wurde.

WS-Addressing-Properties

Obwohl viele Einstellungen von WS-Addressing bereits über die JavaBean-Properties der `Options`-Klasse gesteuert werden können, bietet Axis2 noch weitere Einstellungsmöglichkeiten für WS-Addressing, die als generische Properties gesetzt werden können. Alle Schlüssel solcher Properties sind im Interface `org.apache.axis2.addressing.AddressingConstants` als Konstanten definiert. Da für WS-Addressing zwei Spezifikationen im Umlauf sind, ist das Interface so organisiert, dass die gemeinsamen Konstanten direkt im Interface, die unterschiedlichen Konstanten aber in den zwei Inner-Klassen `Final` und `Submission` definiert sind.

Schlüssel	Mögliche Werte
`AddressingConstants.WS_ADDRESSING_VERSION`	`org.apache.axis2.addressing.AddressingConstants.Final.WSA_NAMESPACE` **oder** `org.apache.axis2.addressing.AddressingConstants.submission.WSA_NAMESPACE`
`AddressingConstants.REPLACE_ADDRESSING_HEADERS`	`"true"/"false"` **oder** `Boolean.TRUE/Boolean.FALSE`
`AddressingConstants.DISABLE_ADDRESSING_FOR_OUT_MESSAGES`	`"true"/"false"` **oder** `Boolean.TRUE/Boolean.FALSE`
`Constants.Configuration.USE_CUSTOM_LISTENER`	`"true"/"false"` **oder** `Boolean.TRUE/Boolean.FALSE`

Tabelle 6.3: WS-Addressing Konfigurationsparameter

- Ist das WS-Addressing-Modul aktiviert, kann ein Standard zwischen den beiden verfügbaren Versionen gewählt werden. Dazu muss die Property `WS_ADDRESSING_VERSION` gesetzt werden. Die Versionen werden jeweils durch einen Namensraum gekennzeichnet, deren Werte als Konstante mit dem Namen `WSA_NAMESPACE` in der jeweiligen Inner-Klasse (`Final` oder `Submission`) von `AddressingConstants` definiert sind.

- Im Normalfall liest der AddressingOutHandler die Addressing-Informationen aus dem MessageContext und setzt sie in der ausgehenden Nachricht um. Es kann aber vorkommen, dass diese Informationen schon vorher von anderen Objekten (z.B. explizit von der Applikation, wenn sie mit OperataionClient arbeitet; siehe nächsten Abschnitt) gesetzt waren. Der Wert der Property REPLACE_ADDRESSING_HEADERS legt fest, ob der AddressingOutHandler die bereits vorhandenen Adressendaten überschreiben soll oder nicht.
- Das Setzen der Property DISABLE_ADDRESSING_FOR_OUT_MESSAGES auf „true" verhindert, auch bei aktiviertem WS-Addressing-Modul den WS-Addressing-Header in die ausgehenden SOAP-Nachrichten zu generieren.
- USE_CUSTOM_LISTENER ist eine Property, deren Schlüssel zwar in Constants.Configuration definiert ist, jedoch mit WS-Addressing zu tun hat. Wenn eine IN-OUT-MEP über zwei Verbindungen realisiert wird, wird im Normalfall ein eingebetteter Server-Prozess (z.B. SimpleHTTPServer) in der Client-Umgebung gestartet, der auf eine eingehende Response horcht. Es kann jedoch vorkommen, dass ein ähnlicher Server-Prozess (unter anderem auch für andere Zwecke) bereits gestartet und betriebsbereit ist. Durch das Setzen dieser Property auf „true" kann somit Axis2 davon abgehalten werden, einen eigenen Serverprozess überhaupt zu starten. Stattdessen verwendet Axis2 die Addresse, die zuvor über setReplyTo() gesetzt wurde und packt diese als ReplyTo-Addresse in die Nachricht hinein.

6.3.3 HTTP Properties

HTTP wird sicherlich am häufigsten als Trägerprotokoll in der Web Service-Kommunikation eingesetzt. Axis2 verwendet als Implementierung für die HTTP-Kommunikation das Commons-HttpClient von Apache, das sich schon in vielen Projekten als sehr flexibel und leistungsfähig erwiesen hat. Um die Möglichkeiten von Commons-HTTP nicht unnötig einzuschränken, bietet Axis2 auch umfangreiche Konfigurationsmöglichkeiten, um den Transport über HTTP zu optimieren. Schlüssel aller Properties dieser Kategorie sind in org.apache.axis2.transport.http.HTTPConstants definiert.

Schlüssel	Mögliche Werte
HTTPConstants. CHUNKED	"true"/"false" oder Boolean.TRUE/Boolean.FALSE
HTTPConstants. NTLM_ AUTHENTICATION	Eine Instanz von org.apache.axis2.transport.http. HttpTransportProperties.NTLMAuthentication
HTTPConstants. PROXY	Eine Instanz von org.apache.axis2.transport.http. HttpTransportProperties.ProxyProperties
HTTPConstants. BASIC_ AUTHENTICATION	Eine Instanz von org.apache.axis2.transport.http. HttpTransportProperties.BasicAuthentication
HTTPConstants. SO_TIMEOUT	Integer

Tabelle 6.4: HTTP Konfigurationsparameter

Schlüssel	Mögliche Werte
HTTPConstants. CONNECTION_ TIMEOUT	Integer
HTTPConstants. USER_AGENT	String
HTTPConstants. MC_GZIP_REQUEST	"true"/"false" oder Boolean.TRUE/Boolean.FALSE
HTTPConstants. MC_ACCEPT_GZIP	"true"/"false" oder Boolean.TRUE/Boolean.FALSE
HTTPConstants. COOKIE_STRING	String
HTTPConstants. HTTP_PROTOCOL_ VERSION	HTTPConstants.HEADER_PROTOCOL_11 für HTTP 1.1 HTTPConstants.HEADER_PROTOCOL_10 für HTTP 1.0
HTTPConstants. HTTP_HEADERS	Ein ArrayList von org.apache.commons.httpclient.Header
HTTPConstants. REUSE_ HTTP_CLIENT	"true"/"false" oder Boolean.TRUE/Boolean.FALSE
HTTPConstants. CACHED_ HTTP_CLIENT	org.apache.commons.httpclient.HttpClient

Tabelle 6.4: HTTP Konfigurationsparameter (Forts.)

- Über CHUNKED-Property kann die Unterstützung von HTTP-Chunking ein- und ausgeschaltet werden. Dieser Parameter wird mit „true" vorbelegt.
- Sollte NTLM als Authentifizierungsverfahren eingesetzt werden, muss diese Property mit einer Instanz der Klasse org.apache.axis2.transport.http. HttpTransportProperties.NTLMAuthentication belegt werden. NTLM steht für NT Lan Manager und stellt ein Authentifizierungsschema von Microsoft dar, das jedoch häufig über Web- oder Proxyserver für Single-Sign-On benutzt wird. Die Klasse NTLMAuthentication bietet die Möglichkeit, Authentifizierungsinformationen wie Host, Port, Realm, Benutzernamen und Passwort usw. zu übertragen.
- Muss ein Proxy auf dem Weg der Kommunikation passiert werden, kann dessen Konfiguration über die Property PROXY Axis2 mitgeteilt werden. Erwartet wird eine Instanz vom Typ org.apache.axis2.transport.http.HttpTransportProperties.ProxyProperties, die Informationen wie Host, Port, Domäne, Benutzernamen und Passwort aufnehmen kann.
- Um das Timeout vom Socket zu setzen, muss die Property SO_TIMEOUT sinnvoll belegt werden. Erwartet wird ein Integer, der die Anzahl von Millisekunden darstellt. Bei Nicht-Belegung wird der voreingestellte Wert von 60000 Millisekunden, was einer Minute entspricht, benutzt.

- Analog existiert auch eine Property CONNECTION_TIMEOUT, um das Timeout der Verbindung zu regeln. Diese Property ist ebenfalls mit 60000 Millisekunden vorinitialisiert.
- Der HTTP-Header User-Agent dient dazu, das Clientprogramm (z.B. ein Browser), das den HTTP-Request verschickt hat, zu identifizieren. Axis2 verwendet für diesen Zweck einen Defaultwert von „axis2", der jedoch über die Property USER_AGENT überschrieben werden kann.
- Um die zu übertragende Datenmenge während einer HTTP-Kommunikation zu minimieren, wird oft der Komprimierungsalgorithmus GZIP eingesetzt. Über die Property MC_GZIP_REQUEST kann diese Komprimierung eingeschaltet werden. Zuvor sollte sich der Client jedoch vergewissert haben, dass der Empfänger die GZIP-Komprimierung ebenfalls unterstützt.
- Um zu signalisieren, dass auch GZIP-komprimierte Response verstanden werden kann, kann die Property MC_ACCEPT_GZIP auf „true" gesetzt werden.
- Über Cookie können Daten für beliebige Zwecke zwischen Client und Server ausgetauscht werden. Durch das Setzen der Property COOKIE_STRING landet der Wert letztendlich im Cookie-Header der HTTP-Nachricht.
- Die Version vom HTTP-Protokoll kann über die Property HTTP_PROTOCOL_VERSION festgelegt werden. Dafür sind zwei Konstanten definiert: HTTPConstants.HEADER_PROTOCOL_11 für HTTP/1.1 und HTTPConstants.HEADER_PROTOCOL_10 für HTTP/1.0. HTTP/1.1 ist voreingestellt.
- Um benutzerdefinierte HTTP-Header zu schicken, muss zuerst für jeden Header eine Instanz von org.apache.commons.httpclient.Header erzeugt werden. Anschließend können diese Instanzen zu einer ArrayList hinzugefügt werden, die wiederum als Wert für die Property HTTP_HEADERS vorgesehen ist.
- Um ressourcenschonend zu arbeiten, ist es oft sinnvoll, die HTTP-Verbindung über mehrere Aufrufe wieder zu verwenden. Dies kann durch Setzen der Property REUSE_HTTP_CLIENT auf „true" erreicht werden. In diesem Fall wird die entsprechende Instanz von HttpClient aus Commons-HttpClient unter der Property CACHED_HTTP_CLIENT abgelegt. Es ist auch möglich, dass eine Applikation selbst einen MultiThreadHttpConnectionManager initialisiert und einen somit erzeugten HttpClient unter der Property CACHED_HTTP_CLIENT ablegt.

Attachment Properties

Folgende Properties dienen dazu, den Umgang mit Nachrichten mit Attachments zu steuern. Die Bedeutungen dieser Properties werden ausführlich im Kapitel 13 erklärt. Daher werden sie an dieser Stelle der Vollständigkeit halber nur tabellarisch aufgelistet.

Schlüssel	Mögliche Werte
Constants.Configuration. ENABLE_MTOM	"true"/"false" oder Boolean.TRUE/Boolean.FALSE
Constants.Configuration. ENABLE_SWA	"true"/"false" oder Boolean.TRUE/Boolean.FALSE
Constants.Configuration. CACHE_ ATTACHMENTS	"true"/"false" oder Boolean.TRUE/Boolean.FALSE
Constants.Configuration. ATTACHMENT_ TEMP_DIR	String, Verzeichnis für temporäre Dateien
Constants.Configuration. FILE_SIZE_ THRESHOLD	Integer, Anzahl von Bytes. Dateien, die größer als dieser Wert sind, werden auf Dateisystem ausgelargert.

Tabelle 6.5: Attachment Konfigurationsparameter

REST Properties

Parameter dieser Kategorie haben alle mit dem REST-Kommunikationsstil zu tun. Auch dieses Thema wird noch ausführlich in Kapitel 8 beschrieben, wo Detailinformationen zu entnehmen sind.

Schlüssel	Mögliche Werte
Constants.Configuration. ENABLE_REST	"true"/"false" oder Boolean.TRUE/Boolean.FALSE
Constants.Configuration. http_METHOD	org.apache.axis2.Constants.Configuration. HTTP_METHOD_GET für GET org.apache.axis2.Constants.Configuration. HTTP_METHOD_POST für POST
Constants.Configuration. CONTENT_TYPE	HTTPConstants.MEDIA_TYPE_APPLICATION_XML HTTPConstants.MEDIA_TYPE_X_WWW_FORM HTTPConstants.MEDIA_TYPE_TEXT_XML HTTPConstants.MEDIA_TYPE_MULTIPART_RELATED

Tabelle 6.6: Tabelle 6.6 REST Konfigurationsparameter

- Sollte der Aufruf im Stil von REST erfolgen, muss die Property ENABLE_REST auf „true“ gesetzt werden.
- Ein REST-Aufruf kann entweder mit HTTP-GET oder HTTP-POST verschickt werden. Die zu benutzende Methode wird über die Property HTTP_METHOD festgelegt. Sowohl GET als auch POST sind als Konstante in Constants.Configuration definiert.
- Auch der Context-Type-Header der HTTP-Nachricht für einen REST-Aufruf kann mit vier möglichen Werten belegt werden:
  - application/xml – HTTPConstants.MEDIA_TYPE_APPLICATION_XML
  - application/x-www-form-urlencoded – HTTPConstants.MEDIA_TYPE_X_WWW_FORM
  - text/xml – HTTPConstants.MEDIA_TYPE_TEXT_XML
  - multipart/related – HTTPConstants.MULTIPART_RELATED

6.4 OperationClient

Mit ServiceClient hat man nur Zugriffe auf die Nutzdaten von Request und Response, was nicht in allen Situationen ausreicht. Vor allem in Enterprise-Web-Services ist es oft erforderlich, dass man mehr Kontrolle über die SOAP-Nachricht (einschließlich Header), den Verarbeitungsprozess und den Nachrichtenkontext erhält, um fortgeschrittene Funktionalitäten zu realisieren. Für solche spezielleren Clients bietet Axis2 eine Lösung namens OperationClient, mit dem alle oben genannten Aufgaben bewältigt werden können. Wenn man den Sourcecode von ServiceClient studiert, wird man sehr schnell feststellen, dass ein ServiceClient letztendlich immer einen OperationClient benutzt, um ein bestimmtes MEP auszuführen. Die Nutzung von OperationClient ist im Vergleich mit ServiceClient aufwändiger, da einige Aufgaben, die in ServiceClient implizit erledigt sind, bei der Nutzung von OperationClient explizit vom Clientprogramm übernommen werden müssen.

Ein OperationClient lässt sich immer nur aus einem ServiceClient erzeugen. Bei der Erzeugung muss ein QName für die aufzurufende Operation angegeben werden. Wichtig für Axis2 ist nur, dass es aus diesem QName das entsprechende AxisOperation-Objekt und schließlich das zu verwendende MEP ableiten kann. AxisOperation ist für eine Operation das Gegenstück zu AxisService für einen Service und enthält alle statischen Informationen einer Operation wie Namen, Style, Use und MEP usw. Jede AxisOperation implementiert die Methode createClient, was eine Instanz von OperationClient zurückgibt. Da wir uns in diesem Kapitel auf das Client-API konzentrieren, ist es irrelevant, welche Operation eines Services benutzt wird. Schließlich sind die Services nur auf Serverseite deployt, sodass die Clientumgebung gar nicht über diese Information verfügt. Wichtig ist nur, das richtige MEP auszuwählen, damit Axis2 den Ablauf des Serviceaufrufs entsprechend steuern kann. An dieser Stelle kommt wieder der vorhin erwähnte anonyme AxisService ins Spiel. Im Normalfall ist das von einem ServiceClient gekapselte AxisService-Objekt immer mit drei anonymen AxisOperationen bestückt, diese repräsentieren die MEPs IN-ONLY, IN-OUT und ROBUST-IN-ONLY. Um z.B. einen OperationClient zu erzeugen, der später dazu verwendet werden soll, um eine Operation mit einem IN-OUT-MEP aufzurufen, muss er wie in Listing 6.15 initialisiert werden.

```
ServiceClient serviceClient = new ServiceClient();
OperationClient operationClient =
  serviceClient.createClient(ServiceClient.ANON_OUT_IN_OP);
```

Listing 6.15: Initialisierung eines OpearionClient aus ServiceClient

Hier wird auch ein wesentlicher Unterschied zwischen ServiceClient und OperationClient deutlich. Während ein ServiceClient für Aufrufe mehrerer MEPs benutzt werden kann, ist ein OperationClient immer nur für ein MEP vorgesehen. In Listing 6.15 wird der QName ANON_OUT_IN_OP, der als Konstante in der Klasse ServiceClient definiert ist, als Parameter übergeben. Als Ergebnis erhält man eine OperationClient-Instanz, die ausschließlich in einem IN-OUT-MEP eingesetzt werden kann. In derselben Klasse stehen noch zwei weitere solche Konstanten ANON_ROBUST_OUT_ONLY_OP und ANON_OUT_ONLY_OP für die entsprechenden MEPs zur Verfügung. Dementsprechend sieht auch die Klassenhierarchie von OperationClient in Axis2 aus.

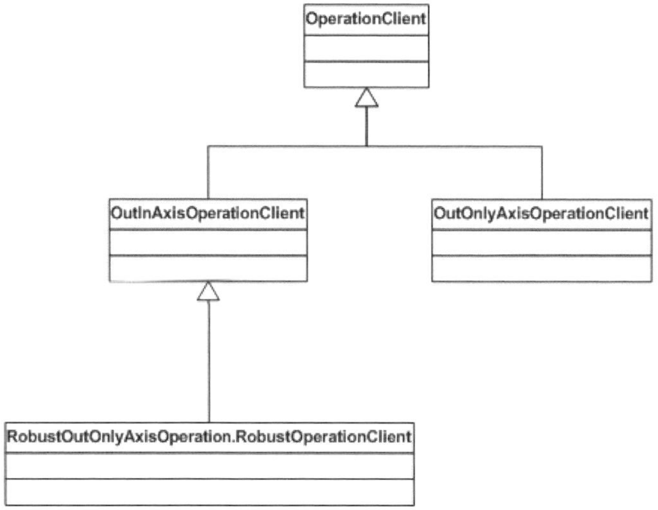

Abbildung 6.5: Klassenhierarchie von OperationClient

Ein damit initialisierter `OperationClient` kann noch nicht verwendet werden, um Requests zu verschicken. Zuerst muss noch ein `MessageContext` angelegt und konfiguriert werden. Hier kann man wieder mit der vertrauten Klasse `Option` arbeiten. Jedoch landen alle Konfigurationen in diesem Fall direkt im `MessageContext` statt in `ServiceClient`. Axis2 bietet an der Stelle übrigens auch ein Konzept namens Override-Option an. Es ist möglich, dass aus einem `ServiceClient` je nach MEP mehrere `OperationClients` erzeugt werden, die jeweils unterschiedliche Konfigurationen tragen. Manchmal ist es wünschenswert, dass gewisse Konfigurationen im `ServiceClient` einmal vorgenommen und auf alle aus diesem `ServiceClient` erzeugten `OperationClients` übertragen werden, ohne diese individuell bei jedem `OperationClient` zu wiederholen. Dies kann erreicht werden, indem die allgemeingültigen Konfigurationen über die Methode `setOverrideOptions` in `ServiceClient` gesetzt werden, bevor ein `OperationClient` daraus erzeugt wird.

Nach der Konfiguration von `MessageContext` ist die Applikation auch verpflichtet, einen kompletten SOAP-Envelope zu erzeugen und diesen dem `MessageContext` hinzuzufügen. Es ist zu beachten, dass die Applikation bei der Nutzung von `OperationClient`-API für die Erzeugung des kompletten SOAP-Envelope zuständig ist, während sie im Falle von `ServiceClient` lediglich die Nutzdaten, also Inhalt von SOAP Body liefern muss. Es muss definitiv mehr getan werden. Dafür wird man aber mit der Flexibilität belohnt, dass man den SOAP-Envelope einschließlich Header und Attachments frei gestalten kann. Eine SOAP-Nachricht mit SwA-Attachments kann beispielweise nur von einem `OperationClient` aufgebaut und verschickt werden. Dank Unterstützung von SOAP in AXIOM lässt sich diese Aufgabe meistens problemlos bewerkstelligen.

```
MessageContext outMsgCtx = new MessageContext();
Options options = outMsgCtx.getOptions();
options.setTo(ClientUtils.targetEPR);
options.setAction("urn:getHotelDetail");

SOAPFactory fac = OMAbstractFactory.getSOAP11Factory();
SOAPEnvelope env = fac.getDefaultEnvelope();
env.getBody().addChild(ClientUtils.createGetHotelDetailPayload());

outMsgCtx.setEnvelope(env);
```

Listing 6.16: Initialisierung eines MessageContext mit einer SOAP-Nachricht

Nun ist der `MessageContext` mit der Request-Nachricht vollständig präpariert und bereit, von einem `OperationClient` weggeschickt zu werden. Um dies zu tun, muss zuerst der `MessageContext` dem `OperationContext` hinzugefügt werden. Anschließend kann die Ausführung des MEPs bzw. das Verschicken des Requests mit `execute` angestoßen werden. Die Methode `execute` erwartet einen booleschen Parameter, der steuert, ob beim Aufruf blockiert werden soll oder nicht.

```
operationClient.addMessageContext(outMsgCtx);
operationClient.execute(true);
```

Listing 6.17: Verschicken eines Serviceaufrufs mit OperationClient

Da in diesem Fall ein IN-OUT-MEP ausgeführt wird, wird auch eine Response erwartet. Die Response erhält man auch nicht direkt von der `execute`-Methode, sondern nur über den entsprechenden `MessageContext`. In Axis 1.x enthält ein `MessageContext` sowohl die Request- als auch die Response-Nachricht. Daher wird derselbe Kontext durchgängig in der gesamten Kommunikation eines MEPs verwendet. Dieses Modell ist sehr statisch und lässt sich nur auf einen IN-OUT-MEP anwenden, während andere MEPs ein flexibleres Modell benötigen. Um dies zu unterstützen, enthält ein `MessageContext` immer nur eine Nachricht (entweder Request oder Response). Entsprechend werden zwei `MessageContext` für IN-OUT-MEP benötigt. Um den korrekten `MessageContext` zu erhalten, sollte die Methode `getMessageContext` mit dem richtigen Label aufgerufen werden. Die Labels sind als Konstanten in `WSDLConstants` definiert und haben drei mögliche Ausprägungen: `WSDLConstants.MESSAGE_LABEL_IN_VALUE` bzw. `In`, `WSDLConstants.MESSAGE_LABEL_OUT_VALUE` bzw. `Out` und `WSDLConstants.MESSAGE_LABEL_FAULT_VALUE` bzw. `Fault`. Bei einem IN-OUT-MEP wird der Request im `Out-MessageContext` abgelegt, während die Response im `In-MessageContext` zu finden ist. Über `MessageContext` gelangt man schließlich zu der Response-Nachricht (einschließlich Header) und allen anderen wichtigen Informationen über den aktuellen Ausführungskontext wie Konfigurationsparameter, Transport-Header, Verarbeitungskette und Attachments usw. Dagegen hat ein `ServiceClient` nur Zugriffe auf eine Teilmenge oben genannter Informationen.

```
MessageContext inMsgCtx = operationClient
    .getMessageContext(WSDLConstants.MESSAGE_LABEL_IN_VALUE);
OMElement payload = inMsgCtx.getEnvelope().getBody().getFirstElement();
System.out.println(payload);
```

Listing 6.18: Auswerten der Response vom Serviceaufruf

Mit diesem Schema lassen sich alle im Abschnitt 6.2 beschriebenen Aufrufmuster auch mit `OperationClient` realisieren. Es muss lediglich das richtige Muster bei der Initialisierung von `OperationClient` angegeben werden. Ansonsten bleibt das Programmiermodell für alle MEPs gleich. `OperationClient` bietet wesentlich mehr Funktionalität als ein `ServiceClient`. Dafür ist dessen Nutzung, wie man sieht, auch komplexer und fehlerträchtiger. Daher sollte `OperationClient` nur dann eingesetzt werden, wenn die Anforderung nicht schon mit `ServiceClient` erfüllt werden kann.

Neben `ServiceClient` und `OperationClient` existiert noch eine Subklasse von `ServiceClient`, `RPCServiceClient`, der ebenfalls dazu verwendet werden kann, Serviceaufrufe abzusetzen. Wie der Name schon andeutet, repräsentiert diese Klasse eine verstärkte RPC-Ansicht auf die Web Service-Kommunikation. Dementsprechend ist die Schnittstelle sehr ähnlich wie die der `Call`-Klasse aus Axis 1.x. Jeder Request wird als Aufruf einer RPC-Methode betrachtet, deren Name über einen `QName` identifiziert ist, während die Parameter als ein Array von Objekten übergeben werden. Wird eine Rückgabe erwartet, sollte ein dritter Parameter vom Typ `Class[]` übergeben werden, wo der Typ der Rückgabe bekannt gemacht werden kann. Die Klasse `BeanUtil` aus dem Paket `org.apache.axis2.databinding.utils` wird dabei verwendet, um aus dem Objekt-Arary ein `OMElement` zu gewinnen, das dann als Nutzdaten in SOAP Body eingebettet wird. Die Response wird ebenfalls mit der `BeanUtil`-Klasse wieder zu einem Object-Array umgewandelt, der meistens nur aus einem Eintrag besteht.

Diese Klasse widerspricht dem Contract-First-Ansatz und kann die Elementnamen in Nutzdaten aufgrund mangelnder Metainformationen nicht korrekt erzeugen. Aus diesem Grunde wird diese Klasse nicht als Teil der Axis2 Client-API betrachtet. In Kapitel 3 wurde ein Beispiel gezeigt, wie man `RPCServiceClient` benutzt.

Referenzen:

- Quick Introduction To Axis2 Client API: *http://wso2.org/library/290*
- Invoking Web Services using Apache Axis2: *http://today.java.net/pub/a/today/2006/12/13/invoking-web-services-using-apache-axis2.html*
- Reference Guide to Apache Axis2 Client API Parameters: *http://wso2.org/library/230*

7 Contract First mit Axis2

Die meisten Entwickler und Experten stimmen überein, dass der Contract-First-Ansatz bei der Entwicklung von Web Service-Anwendungen zu bevorzugen ist (siehe auch Kapitel 2). Bei allen Vorteilen, die der Ansatz mit sich bringt, bedeutet diese Herangehensweise jedoch auch, dass das WSDL-Dokument selbst erstellt werden muss. Jeder, der dies bereits einmal gemacht hat, weiß, dass es Aufgaben gibt, die mehr Spaß machen. WSDL ist nicht nur einigermaßen kompliziert, es ist auch recht fehlerträchtig. Dies gilt insbesondere für WSDL 1.1. Über dessen Nachfolger WSDL 2.0 sollte vorerst noch kein abschließendes Urteil gefällt werden, da die Standardisierung noch im Gange ist. Es ist aber auch bei WSDL 2.0 klar, dass man ein WSDL-Dokument eigentlich nicht unbedingt von Hand schreiben möchte. Hierfür wird also eine gute Tool-Unterstützung benötigt.

Tatsächlich sind eine Reihe von WSDL-Editoren auf dem Markt erhältlich, teils kommerzieller Natur und teils kostenlos nutzbar. Angesichts der inzwischen starken Verbreitung von Web Services mag es jedoch verwundern, dass die Auswahl nicht besonders groß ist. Es kommt hinzu, dass viele der genannten WSDL-Editoren insbesondere für Einsteiger in die Materie nicht empfehlenswert sind, weil sie zu großes Detailwissen über die WSDL-Spezifikation voraussetzen. Darüber hinaus, und dies ist natürlich noch viel schlimmer, kann es mit einer ganzen Reihe der erhältlichen WSDL-Editoren passieren, dass diese ungültige oder zumindest hochgradig interoperabilitätsfeindliche WSDL-Dokumente erzeugen. Einsteiger werden daraufhin mit nicht funktionierenden Anwendungen konfrontiert, deren Ursache sie natürlich zuerst in ihrem Code suchen und nicht im WSDL-Dokument, da dies mit Hilfe eines vermeintlich professionellen Editors erstellt wurde. Freilich liegt die Schuld an dieser Situation nicht alleine bei den Tool-Herstellern: Die Spezifikation von WSDL 1.1 ist einfach zu fehlerträchtig und enthält viele Fallen.

Als Empfehlung darf der WSDL-Editor gelten, der als Teil des Eclipse WTP (Web Tools Platform) [1] erhältlich ist. Er erlaubt sowohl graphisches als auch textuelles Editieren von WSDL-Dokumenten. Zwar muss auch für die Arbeit mit diesem Editor ein gutes Grundverständnis von WSDL vorhanden sein, jedoch erzeugt dieser Editor zumindest in aller Regel keine ungültigen oder nicht interoperablen WSDL-Dokumente.

7.1 Codegenerierung

Ausgangspunkt der Codegenerierung ist das WSDL-Dokument, welches den Service beschreibt. Es enthält die Definitionen aller XML-Datentypen, die bei der Kommunikation mit dem Service zum Einsatz kommen. Dies schließt insbesondere die zu versendenden Nachrichten mit ein. Diese Definitionen werden in XML Schema vorgenommen und befinden sich im `types`-Element des WSDL-Dokumentes. Alternativ können die XML Schema-Anteile auch in einer externen Datei aufbewahrt und in das WSDL-Dokument importiert werden. Dies ist zum Beispiel beim WSDL-Dokument von *Axis Hotels* der Fall (siehe Kapitel 3).

Auf Basis der im WSDL-Dokument enthaltenen Informationen können Codegerüste für den Service und/oder Stub-Klassen für Service-Clients generiert werden – je nachdem welche Aufgabe im jeweiligen Projekt gerade ansteht. Axis2 enthält hierfür das Werkzeug WSDL2Java. Dabei handelt es sich letztlich um nichts anderes als eine Reihe von Java-Klassen, sodass die Codegenerierung entweder von der Kommandozeile oder aus Skripten heraus gestartet werden kann. Alternativ dazu bietet sich natürlich eine Einbindung in Apache Ant [2] an. Zu diesem Zweck bringt Axis2 einen entsprechenden Ant-Task mit. Nicht zuletzt kann Axis2 sogar mit Plug-ins für Eclipse und IntelliJ IDEA glänzen, welche die Steuerung und Konfiguration der Codegenerierung mittels eines dialoggestützten Wizards erleichtern. Alle drei Alternativen werden in den folgenden Abschnitten erläutert.

Genau genommen handelt es sich bei WSDL2Java nur um einen Teil des Code-Generators von Axis2, denn neben der Generierung von Java-Code ist ebenso die Unterstützung anderer Sprachen vorgesehen. Axis2 1.1 enthält bereits einige Funktionalität für die Generierung von Code in C# und C, jedoch bislang nur als experimentelles Feature. In zukünftigen Releases soll der Code-Generator weiter ausgebaut werden. Die entsprechenden Klassen befinden sich im Package `org.apache.axis2.wsdl`.

Zum Zeitpunkt des Erscheinens von Axis2 1.1 war die Standardisierung von WSDL 2.0 [3] noch nicht abgeschlossen (siehe Kapitel 2). Eine Implementierung des aktuellen Spezifikationsstandes wird jedoch parallel zu Axis2 im Projekt Apache Woden [4] vorangetrieben – eine Vorabversion hiervon wird gemeinsam mit Axis2 1.1 ausgeliefert. Somit existiert zwar prinzipiell eine Unterstützung für WSDL 2.0 in Axis2, jedoch ist diese nur als vorläufig anzusehen, da sich die Spezifikation bis zum Abschluss der Standardisierung noch verändern kann. Wer dennoch bereits mit WSDL 2.0 experimentieren möchte, kann WSDL2Java auch mit WSDL 2.0-Dokumenten aufrufen.

Schließlich kann das WSDL-Dokument gegebenenfalls WS-Policy-Anteile enthalten. Nähere Informationen zum Einsatz von WS-Policy mit Axis2 finden sich in Kapitel 15.

Info

Bevor mit der Codegenerierung begonnen wird, sollte unbedingt überprüft werden, ob das vorliegende WSDL-Dokument den Richtlinien des *Basic Profile* entspricht. Durch diesen Schritt kann die Wahrscheinlichkeit späterer Interoperabilitätsprobleme um ein Vielfaches reduziert werden. Die WS-I (Web Services Interoperability Organization, *http://www.ws-i.org/*) bietet zu diesem Zweck kostenlose *Testing Tools* zum Download an, mit deren Hilfe die Prüfung sehr schnell und einfach durchgeführt werden kann. Benutzer von Eclipse WTP können die *Testing Tools* direkt über das Kontextmenü von WSDL-Dateien starten (Menüpunkt VALIDATE). Das WSDL-Dokument von *Axis Hotels* wurde selbstverständlich entsprechend geprüft.

7.1.1 Aufruf von WSDL2Java von der Kommandozeile

Die Axis2-Distribution enthält im Unterverzeichnis *bin* die beiden Skripte *wsdl2java.bat* und *wsdl2java.sh*. Diese können dazu verwendet werden, um WSDL2Java von der Kommandozeile aufzurufen. Beide Skripte erfordern, dass zuvor die Umgebungsvariablen `AXIS2_HOME` und `JAVA_HOME` gesetzt wurden. Erstere sollte den Pfad des Installationsverzeichnisses von Axis2 enthalten, letztere auf das Installationsverzeichnis des Java SDK zeigen.

Im einfachsten Fall erfolgt der Aufruf mit nur einem einzigen Parameter namens `uri`. Dieser zeigt dem Code-Generator an, wo sich das WSDL-Dokument befindet, für welches Code generiert werden soll. In diesem Fall werden für alle anderen Parameter Standardeinstellungen verwendet. Dies bedeutet insbesondere, dass nur clientseitiger Code generiert wird (für synchrone und asynchrone Aufrufe). Wenn das WSDL-Dokument im aktuellen Verzeichnis liegt, sieht der Aufruf also beispielsweise wie folgt aus:

```
wsdl2java -uri AxisHotels.wsdl
```

Nach Abschluss der Codegenerierung enthält das aktuelle Verzeichnis ein Build-Skipt namens *build.xml* sowie einen Ordner *src*, in dem sich der generierte Programmcode befindet. Im Falle des Booking Service von *Axis Hotels* handelt es sich lediglich um die Klassen `BookingServiceCallbackHandler` und `BookingServiceStub`. Diese werden in Abschnitt 7.3 näher erläutert. Beide Klassen gehören dem Java-Package `de.axishotels.booking.service` an. Diesen Package-Namen hat WSDL2Java aus dem *Target Namespace* (`http://axishotels.de/booking/service/`) des WSDL-Dokuments abgeleitet.

In aller Regel wird es notwendig sein, weitere Kommandozeilenparameter anzugeben. Unter anderem dann, wenn auch Code für die Serverseite erzeugt werden soll. Tabelle 7.1 enthält eine Übersicht aller verfügbaren Konfigurationsmöglichkeiten. Eine genauere Betrachtung der generierten Dateien sowie deren Einsatz bei der Entwicklung von Web Service-Anwendungen folgt in den Abschnitten 7.2 und 7.3.

Parameter	Bedeutung
`-uri <URI>`	Adresse der WSDL-Datei
`-wv`	WSDL-Version: `2`, `2.0` oder `1.1` (`1.1`)
`-pn <Name des Ports>`	Auswahl eines Ports, falls mehrere in WSDL definiert sind
`-sn <Name des Service>`	Auswahl eines Service, falls mehrere in WSDL definiert sind
`-o <Pfad>`	Zielverzeichnis für generierte Dateien (aktuelles Verzeichnis)
`-S`	Spezielles Zielverzeichnis für Source-Dateien
`-R`	Spezielles Zielverzeichnis für Ressourcen-Dateien
`-f`	Erzeugt eine flachere Verzeichnisstruktur
`-p <Package>`	Spezifiziert das Java-Package für generierte Klassen
`-ns2p <NS1>=<Pkg1>,...`	Abbildung von XML-Namensräumen auf Java-Packages
`-l <Sprache>`	Zielsprache: `java`, `c` oder `c-sharp` (`java`)
`-a`	Code nur für asynchrone Kommunikation generieren (aus)
`-s`	Code nur für synchrone Kommunikation generieren (aus)
`-t`	Erstellt JUnit Test Case für generierten Code (aus)
`-u`	Verhindert Generierung von inneren Klassen auf Clientseite
`-ss`	Generiert serverseitigen Code (aus)
`-sd`	Generiert serverseitigen Deployment Deskriptor (aus)
`-ssi`	Generiert ein Java Interface für den Service-Skeleton (aus)

Tabelle 7.1: Kommandozeilenparameter für WSDL2Java (Defaultwerte in Klammern)

Parameter	Bedeutung
`-g`	Erzeugt serverseitigen und clientseitigen Code (aus)
`-d <Data Binding>`	Zu verwendendes XML Data Binding Framework `adb`, `xmlbeans`, `jibx`, `jaxme`, `jaxbri` **oder** `none` (`adb`)
`-em`	Externe Mapping-Datei für XML Data Binding
`-r <Pfad>`	Pfad des zu verwendenden Axis2 Repository
`-uw`	„Unwrapping" (Auspacken) von Nachrichteninhalten
`-b`	Erzeugt Klassennamen rückwärtskompatibel zu Axis 1.x

Tabelle 7.1: Kommandozeilenparameter für WSDL2Java (Defaultwerte in Klammern) (Forts.)

-uri

Zeigt dem Code-Generator an, wo sich das WSDL-Dokument befindet, für welchen Code generiert werden soll. Dabei kann es sich beispielsweise um einen relativen Pfad im Dateisystem oder auch um eine Adresse auf einem Web-Server handeln. Beispiele:

```
-uri ..\AxisHotels.wsdl
-uri http://example.com/AxisHotels.wsdl
```

-wv

Dient dazu dem Code-Generator mitzuteilen, ob es sich um ein WSDL 1.1- oder WSDL 2.0-Dokument handelt. Die Standardeinstellung ist `1.1`, die Unterstützung für `2.0` ist in Axis2 1.1 als experimentell anzusehen. Dies gilt insbesondere deshalb, weil die Standardisierung von WSDL 2.0 zum Release-Zeitpunkt von Axis2 1.1 noch nicht abgeschlossen war. Dennoch funktioniert die Codegenerierung auch für WSDL 2.0-Dokumente in den meisten Fällen bereits sehr gut. Im Falle von WSDL 2.0-Dokumenten muss für den `uri`-Parameter immer eine vollständige URL angegeben werden (also etwa `file://...` oder `http://...`). Bei WSDL 1.1-Dokumenten ist dagegen auch ein gewöhnlicher relativer Pfad möglich. Beispiel:

```
-uri file:///projects/webservice/AxisHotels-WSDL2.wsdl -wv 2.0
```

-pn und -sn

Falls in einem WSDL-Dokument mehrere Ports oder mehrere Services definiert sind, kann mit diesen beiden Parametern festgelegt werden, für welche Code generiert werden soll. Zur Identifikation von Ports und Services dient jeweils deren `name`-Attribut im WSDL-Dokument. Beispiele:

```
-pn BookingSoapPort
-sn BookingService
```

-o

Zielverzeichnis für alle generierten Dateien. Wird dieser Parameter nicht angegeben, speichert der Code-Generator alle Dateien im aktuellen Arbeitsverzeichnis.

-S und -R

Soll innerhalb eines Entwicklungsprojektes Code für mehrere Services (d.h. mehrere WSDL-Dokumente) generiert werden, so ergibt sich unter Umständen das Problem, dass sich die von WSDL2Java generierten *resources*-Unterverzeichnisse gegenseitig im Weg sind. Für solche Fälle kann mit den Parametern –S und –R detailliert festgelegt werden, in welchem Zielverzeichnis der generierte Source-Code abgelegt werden soll und in welchem Verzeichnis die Ressourcen. Das ebenfalls generierte Build-Skript wird natürlich auch an diese spezifischen Pfade angepasst. Beispiele:

```
-S src -R resources/bookingService
-S src -R resources/adminService
```

-f

Legt die generierten Dateien in einer flacheren Verzeichnisstruktur ab. Zu diesem Zweck werden die Verzeichnisse *src* und *resources* nicht mehr erzeugt. Stattdessen liegen alle Java-Klassen und Ressourcen direkt im Zielverzeichnis. Im Falle der Klassen wird dabei natürlich weiterhin die Konvention eingehalten, dass Java-Packages durch eine Hierarchie von Unterverzeichnissen repräsentiert sein müssen.

-p

Legt das Java-Package fest, in das alle service-spezifischen Klassen hinein generiert werden. Dies umfasst Stub-Klassen und Callback Handler auf der Clientseite sowie Skeleton-Klassen, Skeleton-Interfaces und Message Receiver auf der Serverseite. Wird dieser Parameter nicht angegeben, leitet der Code-Generator das Java-Package aus dem *Target Namespace* des WSDL-Dokumentes ab. Beispiel:

```
-p de.axishotels.global.services.booking
```

Nicht berücksichtigt werden die Klassen für alle Datentypen, die in XML Schema definiert wurden. Deren Java-Package wird unabhängig vom Parameter `-p` aus ihrem XML-Namensraum abgeleitet. Sollen auch Datentypen auf spezifische Java-Packages abgebildet werden, ist der Parameter `ns2p` zu verwenden.

-ns2p

Die Java-Packages für alle generierten Klassen werden aus den XML-Namensräumen des WSDL-Dokumentes bzw. der XML Schema-Dateien abgeleitet, in denen die Datentypen definiert wurden. Es bietet sich daher unter Umständen an, die XML-Namensräume bereits bei der Erstellung der genannten Dateien so zu vergeben, dass der Code-Generator automatisch die gewünschten Java-Packages erzeugt. Manchmal ist dies jedoch nicht möglich oder nicht gewollt. In solchen Fällen kann der Code-Generator explizit angewiesen werden, XML-Namensräume auf ganz bestimmte Java-Packages abzubilden. Hierzu dient der Parameter `-ns2p`.

Die Definition der gewünschten Abbildungen erfolgt mit Hilfe von Paaren der Form `Namensraum=Package`. Mehrere solcher Paare werden dabei mit Kommas voneinander getrennt. Beispiel:

```
-ns2p http://axishotels.de/service/=de.axishotels.service,
      http://axishotels.de/types/=de.axishotels.types
```

Alternativ können auch alle gewünschten Abbildungen in einer Textdatei gespeichert werden. In diesem Fall muss dem `-ns2p` Parameter dann der Name der Textdatei als Parameter übergeben werden. Beispiel:

```
-ns2p ns2pkg.properties
```

Dem obigen Beispiel folgend müsste der Inhalt der Datei *ns2pkg.properties* dann wie folgt aussehen:

```
http\://axishotels.de/service/=de.axishotels.service
http\://axishotels.de/types/=de.axishotels.types
```

Es ist zu beachten, dass im Falle der Verwendung einer solchen Datei etwaigen Doppelpunkten ein Backslash vorangestellt werden muss.

-l

Legt die Programmiersprache fest, für die der Code geniert werden soll. Die Standardeinstellung ist Java. Alternativ kann der Generator auch Code für die Sprachen C# und C generieren. Die Unterstützung für diese beiden Sprachen ist jedoch in Axis 1.1 nur als experimentelles Feature enthalten, was bedeutet, dass es ggf. nicht richtig funktioniert. Es soll in zukünftigen Releases jedoch zu einem vollwertigen Feature ausgebaut werden. Beispiele:

```
-l java
-l c
-l c-sharp
```

-a und -s

Falls Code für die Clientseite generiert wird, so enthält dieser entsprechende Funktionalitäten für synchrone und asynchrone Kommunikation mit dem Service (siehe Abschnitt 7.3). Mit den beiden Parametern –a und –s kann spezifiziert werden, dass entweder nur Code für asynchrone Kommunikation geniert wird oder nur Code für synchrone Kommunikation. Die Codegenerierung auf diese Weise einzuschränken hat im Wesentlichen den Vorteil, dass kein unnötiger Code generiert wird, was die Übersichtlichkeit erhöht.

-t

Geniert einen JUnit Test-Case für den Service. Die entsprechende Klasse befindet sich anschließend im Unterverzeichnis *test*.

-u

Standardmäßig generiert WSDL2Java clientseitigen Code in der Form, dass alle im XML Schema definierten Datentypen durch innere Klassen der Stub-Klasse repräsentiert werden. Die Verwendung von `-u` bewirkt, dass stattdessen für jeden XML-Datentyp eine eigenständige Java-Klasse generiert wird.

Falls WSDL2Java dazu verwendet wird, Code sowohl für die Client- als auch für die Serverseite zu generieren, fällt dieser Unterschied erst auf den zweiten Blick auf. Dies liegt daran, dass bei der Codegenerierung für die Serverseite grundsätzlich eine eigenständige Klasse pro Datentyp erzeugt wird. Der Parameter `-u` bewirkt daher in diesem Fall nicht die Generierung einer größeren Anzahl von Dateien, lediglich der Inhalt der Stub-Klasse ändert sich.

-ss

Ohne spezielle Parameter erzeugt der Generator ausschließlich Code für die Clientseite. Wird der Parameter `-ss` verwendet, so bewirkt dies, dass stattdessen Code für die Serverseite erzeugt wird. Dies umfasst alle notwendigen Java-Klassen, ein Build-Skript und Ressourcen (siehe Abschnitt 7.2). Soll sowohl für die Server- als auch für Clientseite Code generiert werden, so sind die Parameter `-ss` und `-g` gemeinsam zu verwenden.

-sd

Bewirkt, dass zusätzlich zu allen anderen serverseitigen Dateien auch eine Konfigurationsdatei für den Service generiert wird. Diese Datei trägt den Namen *services.xml* und ist im Unterverzeichnis *resources* zu finden. Der Parameter kann nur gemeinsam mit `-ss` verwendet werden.

-ssi

Generiert anstelle einer Skeleton-Klasse ein Skeleton-Interface. Der ebenfalls generierte Message Receiver enthält dann nicht mehr den hart kodierten Namen der Skeleton-Klasse, sondern arbeitet mit dem Interface und einem Type Cast der Service-Implementierung auf dieses Interface. Kann nur gemeinsam mit dem Parameter `-ss` verwendet werden.

-g

Weist den Code-Generator an, zusätzlich zu den serverseitigen Dateien auch Code für die Clientseite zu erzeugen. Dieser Parameter kann ebenfalls nur gemeinsam mit `-ss` verwendet werden. Wenn ausschließlich clientseitiger Code generiert werden soll, müssen sowohl `-g` als auch `-ss` weggelassen werden.

-d

Dient dazu festzulegen, welches XML Data Binding Framework bei der Codegenerierung verwendet wird. Diese Frameworks sind für die Konvertierung zwischen XML und Java-Klassen verantwortlich (Marshalling/Unmarshalling). Axis2 unterstützt in Version 1.1 die Frameworks ADB (Axis Data Binding), XML Beans, JiBX, JaxMe und die Referenzimplementierung von JAXB (siehe Kapitel 11). Die Unterstützung der beiden letztgenannten gilt in Axis2 1.1 als experimentelles Feature. Alternativ kann auch auf die Verwendung eines XML Data Binding Frameworks verzichtet und auf XML-Basis, d.h. direkt mit der AXIOM API gearbeitet werden. Wenn der Parameter `-d` weggelassen wird, kommt standardmäßig ADB zum Einsatz. Beispiele:

```
-d adb
-d xmlbeans
-d jibx
-d jaxme
-d jaxbri
-d none
```

-em

Manchmal kommt es vor, dass bereits im Vorfeld mit Hilfe des gewählten XML Data Binding Frameworks einige Java-Klassen generiert wurden, welche die in XML Schema definierten Datentypen repräsentieren. Im Falle solcher schon existierenden Klassen wird man diese in der Regel nicht erneut generieren wollen. Zu diesem Zweck kann eine Mapping-Datei erzeugt werden, die dem Code-Generator anzeigt, welche der existierenden Klassen als Gegenstück für bestimmte XML-Datentypen verwendet werden sollen. Der Code-Generator generiert dann nur noch die fehlenden Klassen. Es liegt in der Verantwortung des Entwicklers sicherzustellen, dass die eigenen bereits existierenden Klassen zu den im XML Schema definierten XML-Datentypen kompatibel sind. Beispiel:

```
-em myMappings.xml
```

Die Mapping-Datei *myMappings.xml* sollte beispielsweise folgenden Inhalt haben:

```
<mappings dbf="adb">
  <mapping>
    <qname namespace="http://axishotels.de/booking/types/" prefix="bt">Hotel</qname>
    <value>de.axishotels.booking.types.Hotel</value>
  </mapping>
</mappings>
```

-r

Dieser Parameter wird ausschließlich dann benötigt, wenn das WSDL-Dokument auch WS-Policy-Anteile enthält. In diesem Fall muss der Code-Generator Zugriff auf entsprechende Erweiterungsmodule haben, beispielsweise um in Stub-Klassen zusätzlichen Code einfügen zu können, der im WSDL-Dokument enthaltene *Security Assertions* umsetzt. Erweiterungsmodule sind immer in einem Axis2 Repository abgelegt (siehe Kapitel 3), und der Parameter `-r` dient dazu, den Code-Generator anzuweisen, ein ganz bestimmtes Repository zu verwenden. Mehr Informationen zum Einsatz von WS-Policy mit Axis2 finden sich in Kapitel 15.

-uw

Bei der Codegenerierung werden die im WSDL-Dokument definierten Service-Operationen in Methoden der Implementierungsklasse überführt. In vielen Fällen führt dies zu Methodensignaturen, die jeweils ein einziges Objekt als Parameter erwarten. Es dient als Container, der alle einzelnen in der SOAP-Nachricht enthaltenen Daten speichert und diese über entsprechende get-Methoden zugänglich macht. Um die Daten verarbeiten zu können, müssen sie also zunächst aus diesem Containerobjekt ausgepackt werden. Schnittstellen dieser Art können manchmal störend sein, da sie in einer großen Anzahl zusätzlicher Klassen resultieren und daneben auch eine zusätzliche Indirektionsschicht einführen.

Eine Alternative hierzu ist das Generieren der Methoden unter Verwendung des so genannten „unwrapping". Dies bedeutet, dass die in der SOAP-Nachricht enthaltenen Daten bereits ausgepackt an die Methode übergeben werden. Hierdurch ändern sich die Methodensignaturen der Service-Implementierung entsprechend.

Dieses optionale Feature des Code-Generators kann mit dem Parameter –uw eingeschaltet werden. In Axis2 1.1 wird es von JiBX voll unterstützt, von ADB nur teilweise.

-b

Um die Migration von Axis 1.x Services nach Axis2 zu erleichtern, kann mit diesem Parameter erreicht werden, dass der generierte Service-Skeleton einen Klassennamen erhält, der zu Axis 1.x kompatibel ist. Im Falle des Booking Service von *Axis Hotels* hieße die Skeleton-Klasse dann beispielsweise `BookingSoapBindingImpl` und der ebenfalls generierte Message Receiver würde diesen Klassennamen verwenden, um den Service aufzurufen. Je nach verwendetem XML Data Binding Framework sind die Methodensignaturen der Skeleton-Klasse vollkommen unabhängig von Axis2, sodass der generierte Skeleton anschließend einfach durch den Skeleton des Axis 1.x Service ersetzt werden kann. Es sind dann gegebenenfalls noch kleinere Anpassungen innerhalb des Skeletons notwendig, um zwischen unterschiedlichen XML Data Binding Frameworks zu übersetzen.

7.1.2 Axis2 Code-Generator-Wizard für Eclipse

Das Vorhandensein eines Plug-ins für die Entwicklungsumgebung, mit dessen Hilfe die Konfiguration des Code-Generators dialoggestützt erfolgen kann, verleitet natürlich dazu, dem Aufruf an der Kommandozeile von vorne herein nur wenig Beachtung zu schenken. Für das Verständnis des Code-Generators ist es jedoch hilfreich, sich vor dessen erster Verwendung mit den Kommandozeilenparametern vertraut zu machen. Dies gilt insbesondere, da eine ganze Reihe von Parametern mit dem Plug-in nicht verändert werden können. Es ist daher angebracht, sich einen Überblick zu verschaffen, wie man an der Kommandozeile die Codegenerierung gegebenenfalls noch genauer steuern kann, wenn das Plug-in keine entsprechenden Einstellmöglichkeiten bietet.

Alle IDE-Plug-ins müssen separat herunter geladen werden, da sie nicht in der Axis2-Distribution enthalten sind. Entsprechende Links finden sich unter DOWNLOADS | TOOLS auf der Axis2-Homepage. Um den Code-Generator-Wizard für Eclipse zu installieren, genügt es, die entsprechende ZIP-Datei in den *plugins*-Ordner der lokalen Eclipse-Installation zu entpacken. Unterstützt werden alle Eclipse-Versionen ab 3.1.

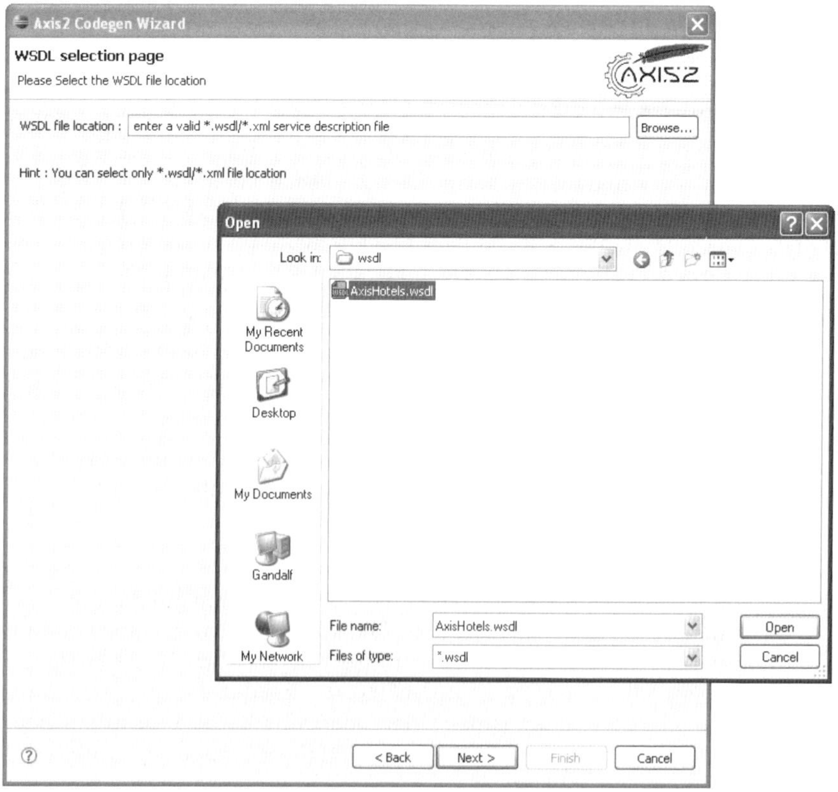

Abbildung 7.1: Auswahl des WSDL-Dokuments für die Codegenerierung

Um den Wizard zu starten, ist in Eclipse der Menüpunkt FILE | NEW | OTHER... auszuwählen. Daraufhin erscheint ein Auswahldialog, in dessen Ordner namens *Axis2 Wizards* der Eintrag *Axis2 Code-Generator* zu finden ist. Ein Doppelklick auf diesen Eintrag öffnet den Wizard. Im ersten Schritt muss entschieden werden, ob ausgehend von einem WSDL-Dokument Code generiert werden soll, oder umgekehrt ausgehend von Java-Code ein WSDL-Dokument. Da sich dieses Kapitel mit dem Contract-First-Ansatz beschäftigt, ist in diesem Fall erstere Option auszuwählen. Im zweiten Schritt muss angegeben werden, für welches WSDL-Dokument der Code generiert werden soll. Klickt man auf den Button BROWSE, so öffnet sich ein Dateiauswahldialog, mit Hilfe dessen die entsprechende Datei ausgewählt werden kann (siehe Abbildung 7.1).

Im Anschluss folgt der Dialog *Options* (Abbildung 7.2), in dem die wichtigsten Einstellungen für die Codegenerierung vorgenommen werden können. Mit Hilfe der obersten Auswahlbox namens CODEGEN OPTION kann zwischen den Standardeinstellungen und benutzerspezifischen Angaben umgestellt werden. Letztere Option aktiviert alle anderen Eingabefelder. Tabelle 7.2 zeigt eine Übersicht der Eingabefelder und der entsprechenden Parameter in der Kommandozeilenversion von WSDL2Java. Diese wurden im vorangegangenen Abschnitt ausführlich erläutert. Die Tabelle macht deutlich, dass der Code-Generator-Wizard deutlich weniger Konfigurationsmöglichkeiten bietet als beim Aufruf von WSDL2Java an der Kommandozeile.

Eingabefeld	Kommandozeilenparameter
Output language	-l
Service name	-sn
Port name	-pn
Databinding name	-d
Custom package name	-p
Generate test case	-t
Generate sync style only	-s
Generate async style only	-a
Generate server side code	-ss
Generate a default services.xml	-sd
Generate an Interface for skeleton	-ssi
Generate all	-g
Namespace to package mappings	-ns2p

Tabelle 7.2: Konfigurationsmöglichkeiten im Code-Generator-Wizard

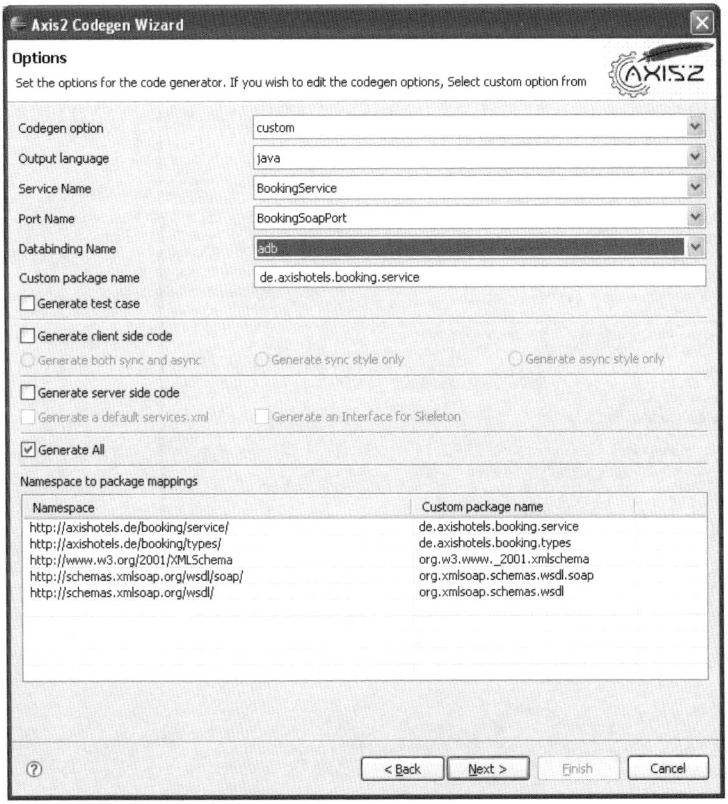

Abbildung 7.2: Konfigurationsoptionen im Code-Generator-Wizard

Nach einem Klick auf den Button NEXT öffnet sich im letzten Schritt der *Output* Dialog (Abbildung 7.3). Hier kann genau spezifiziert werden, wo und in welcher Form der generierte Code abgelegt werden soll. Die ersten beiden Radio-Buttons dienen dazu festzulegen, ob die generierten Dateien in ein bestehendes Eclipse-Projekt eingefügt oder an beliebiger anderer Stelle im Dateisystem gespeichert werden sollen. Je nachdem für welche Option man sich entscheidet, öffnet der Button BROWSE unterschiedliche Auswahldialoge, mit deren Hilfe man zum gewünschten Zielverzeichnis navigieren kann. Der ausgewählte Pfad erscheint dann anschließend im Textfeld OUTPUT PATH. Es ist zu beachten, dass der Wizard bei der Generierung automatisch ein Verzeichnis namens *src* vorsieht. Man sollte daher im Auswahldialog nicht das *src*-Verzeichnis seines Projektes auswählen, sondern stattdessen das Verzeichnis darüber.

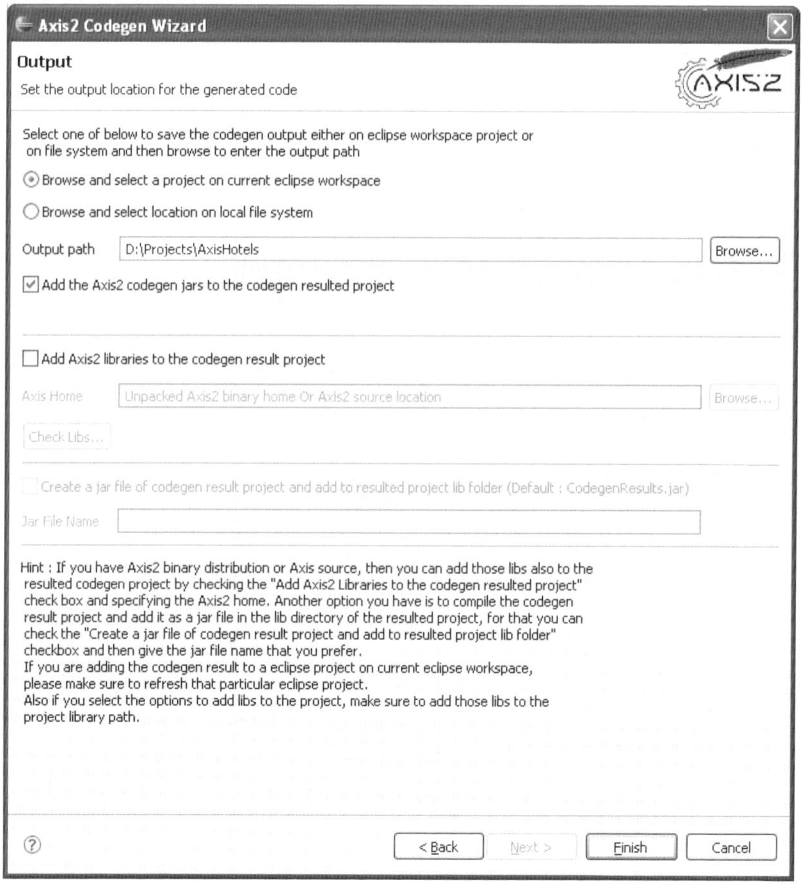

Abbildung 7.3: Ausgabeoptionen im Code-Generator-Wizard

Die Option ADD THE AXIS2 CODEGEN JARS TO THE CODEGEN RESULTED PROJECT bewirkt, dass im ausgewählten Zielverzeichnis zusätzlich ein Ordner namens *lib* erstellt wird, der alle JAR-Dateien enthält, die zur Kompilierung des generierten Codes notwendig sind. Es handelt sich hierbei um jene JAR-Dateien, die gemeinsam mit dem Eclipse-Plug-in ausgeliefert werden und in dessen ZIP-Datei enthalten sind.

Existiert zusätzlich zum Code-Generator-Wizard für Eclipse auch eine Installation der kompletten Axis2-Distribution auf dem Rechner, so kann mit der Option ADD AXIS2 LIBRARIES TO THE CODEGEN RESULT PROJECT bewirkt werden, dass sämtliche JAR-Dateien der Axis2-Distribution dem Zielverzeichnis der Codegenerierung hinzugefügt werden. Dies sind deutlich mehr Dateien als jene, die mit dem Eclipse-Plug-in ausgeliefert werden, da auch Bibliotheken kopiert werden, die zur Kompilierung des generierten Codes nicht benötigt werden (z.B. alternative XML Data Binding Frameworks oder die Spring-Integration). Je nachdem, welche Art von Anwendung entwickelt werden soll, ist es jedoch möglich, dass diese Bibliotheken später benötigt werden. Um diese Option zu verwenden, muss mit Hilfe des Buttons BROWSE zunächst das Installationsverzeichnis der Axis2-Distribution ausgewählt werden. Anschließend sollte mit dem Button CHECK LIBS... getestet werden, ob die benötigten Bibliotheken auch tatsächlich gefunden werden.

Die Option CREATE A JAR FILE OF CODEGEN RESULT PROJECT... dient schließlich dazu, auch alle generierten Klassen in einer JAR-Datei zusammenzufassen und ebenfalls dem *lib*-Ordner im Zielverzeichnis hinzuzufügen. Hierzu kann der Name der resultierenden JAR-Datei angegeben werden, also z.B. *AxisHotelsBookingService.jar*. Diese Funktion produziert einen Fehler in den Plug-in-Versionen 1.2.0 und 1.2.1.

Nach einem Klick auf den Button FINISH sollte der Wizard die erfolgreiche Generierung mit der Meldung „All operations completed successfully!" bestätigen. Anschließend empfiehlt es sich, das aktuelle Eclipse-Projekt durch Drücken der Taste [F5] oder durch Auswählen des entsprechenden Menüpunktes im Kontextmenü zu aktualisieren.

7.1.3 Ant-Task

Die Axis2-Distribution enthält auch einen Ant-Task, mit dessen Hilfe die Codegenerierung automatisiert werden kann. Die Implementierung des Tasks befindet sich in der Klasse `org.apache.axis2.tool.ant.AntCodegenTask`. Im Falle von Axis2 1.1 wird diese in der Datei *axis2-tools-1.1.jar* ausgeliefert.

Normalerweise sollte `AntCodegenTask` für jeden Kommandozeilenparameter von WSDL2Java auch ein entsprechendes Attribut besitzen. Manchmal ist der Entwicklungsstand jedoch nicht ganz hundertprozentig synchron. Tabelle 7.3 zeigt den Zusammenhang zwischen den Attributsnamen und den Parametern bei Axis2 1.1. Die genaue Bedeutung der einzelnen Parameter wurde bereits in Abschnitt 7.1.1 ausführlich beschrieben.

Attribut	Parameter	Attribut	Parameter
wsdlFileName	-uri	syncOnly	-s
wsdlVersion	-wv	testcase	-t
portName	-pn	unpackClasses	-u
serviceName	-sn	serverSide	-ss
output	-o	generateServiceXml	-sd
targetSourceFolderLocation	-S	serverSideInterface	-ssi
targetResourcesFolderLocation	-R	generateAllClasses	-g
packageName	-p	databindingName	-d
namespaceToPackages	-ns2p	externalMapping	-em
language	-l	repositoryPath	-r
asyncOnly	-a	unwrap	-uw

Tabelle 7.3: Attribute von `AntCodegenTask`

Die `AntCodegenTask` kann auf einfache Weise in eigene Build-Skripte eingebaut werden. Listing 7.1 zeigt ein beispielhaftes Skript zum Aufruf von WSDL2Java via Apache Ant. Um es an eigene Umgebungen anzupassen, müssen lediglich die Pfade zum Installationsverzeichnis der Axis2-Distribution und dem WSDL-Dokument verändert werden.

```
<project name="Axis Hotels codegen" default="main" basedir=".">
  <path id="axis2.classpath">
    <fileset dir="D:\Software\Java\Axis2\1.1\">
      <include name="**/*.jar" />
    </fileset>
  </path>

  <target name="declare">
    <taskdef name="codegen" classname="org.apache.axis2.tool.ant.AntCodegenTask"
             classpathref="axis2.classpath" />
  </target>

  <target name="main" depends="declare">
    <codegen wsdlfilename="..\AxisHotels.wsdl" output="."
             serverside="true" generateservicexml="true" />
  </target>
</project>
```

Listing 7.1: Beispielhaftes Ant-Skript zum Aufruf von WSDL2Java

Ein solches Build-Skript kann in alle modernen Entwicklungsumgebungen integriert und von dort aufgerufen werden. Im Vergleich zum Aufruf von der Kommandozeile ist dieser Ansatz bequemer. Zudem kann sich während der Entwicklung einer Anwendung hierdurch ein gewisser Geschwindigkeitsvorteil bemerkbar machen.

7.2 Implementierung und Deployment von Services

Nach der Generierung aller notwendigen Dateien erfolgt in aller Regel zunächst die Implementierung des Service. Für das folgende Beispiel wird davon ausgegangen, dass WSDL2Java mit den folgenden Parametern aufgerufen wurde, um alle für die Serverseite notwendigen Dateien zu generieren. Es kommen die WSDL-Datei von AxisHotels (siehe Kapitel 2) sowie das zugehörige XML Schema zum Einsatz.

```
wsdl2java -uri AxisHotels.wsdl -ss -sd
```

Nach Abschluss der Codegenerierung befinden sich im aktuellen Arbeitsverzeichnis die Ordner *resources* und *src* sowie die Datei *build.xml*.

Hinweis

In diesem Kapitel wird lediglich auf XML Data Binding mit ADB (Axis Data Binding) eingegangen. Andere Data Binding Frameworks werden in Kapitel 11 behandelt, die Entwicklung von Anwendungen ohne Data Binding in Kapitel 6.

7.2.1 Der Ordner resources

Der Ordner *resources* enthält eine WSDL-Datei, eine XML Schema-Datei und die Datei *services.xml*. Sie werden später bei der Paketierung des Service benötigt.

Bei der WSDL- und XML Schema-Datei handelt es sich im Wesentlichen um Kopien der Ursprungsdateien. Während das XML Schema im Großen und Ganzen unverändert bleibt, weist das WSDL-Dokument gegenüber der Originalversion in der Regel einige Unterschiede auf. So werden standardmäßig einige XML-Namensräume hinzugefügt, selbst wenn diese für den konkreten Service gar nicht benötigt werden, oder Attribute in eine andere Reihenfolge gebracht. Während diese Änderungen normalerweise keinerlei Auswirkungen haben, ist es manchmal etwas unschön, dass der Code-Generator einige der `name`-Attribute sogar mit neuen Werten belegt. Schließlich fügt der Code-Generator auch einige funktionelle Erweiterungen ein. So wird jedem `input`- und `output`-Element einer Operation ein `Action`-Attribut hinzugefügt, welches im Falle der Verwendung von WS-Addressing (siehe Kapitel 15) den Wert des entsprechenden Elementes im SOAP Header festlegt. Zudem sorgt der Code-Generator dafür, dass jedes WSDL-Dokument grundsätzlich sowohl ein SOAP 1.1- als auch ein SOAP 1.2-Binding enthält, sodass der Web Service nach seiner Inbetriebnahme mit beiden Protokollversionen verwendet werden kann.

Die Datei *services.xml* enthält die Konfiguration des Web Service. Listing 7.2 zeigt, wie diese im Falle des Beispielservice aussieht:

```
<serviceGroup>
 <service name="BookingService">

  <messageReceivers>
   <messageReceiver mep="http://www.w3.org/2004/08/wsdl/in-out"
     class="de.axishotels.booking.service.BookingServiceMessageReceiverInOut" />
  </messageReceivers>

  <parameter name="ServiceClass">
    de.axishotels.booking.service.BookingServiceSkeleton
  </parameter>

  <operation name="GetHotels" mep="http://www.w3.org/2004/08/wsdl/in-out">
    <actionMapping>
      http://axishotels.de/booking/service/GetHotels
    </actionMapping>
    <outputActionMapping>http://axishotels.de/booking/service/
                          BookingInterface/GetHotelsResponse
    </outputActionMapping>
  </operation>
  <operation name="CancelReservation" mep="http://www.w3.org/2004/08/wsdl/in-out">
    <actionMapping>
      http://axishotels.de/booking/service/CancelReservation
    </actionMapping>
    <outputActionMapping>http://axishotels.de/booking/service/
                          BookingInterface/CancelReservationResponse
    </outputActionMapping>
  </operation>
  <operation name="CheckAvailability" mep="http://www.w3.org/2004/08/wsdl/in-out">
    <actionMapping>
      http://axishotels.de/booking/service/CheckAvailability
    </actionMapping>
    <outputActionMapping>http://axishotels.de/booking/service/
                          BookingInterface/CheckAvailabilityResponse
    </outputActionMapping>
   </operation>
   <operation name="MakeReservation" mep="http://www.w3.org/2004/08/wsdl/in-out">
     <actionMapping>
       http://axishotels.de/booking/service/MakeReservation
     </actionMapping>
```

Listing 7.2: Konfigurationsdatei für den Booking Service von Axis Hotels

```
        <outputActionMapping>http://axishotels.de/booking/service/
                                BookingInterface/MakeReservationResponse
        </outputActionMapping>
      </operation>
    </service>
</serviceGroup>
```

Listing 7.2: Konfigurationsdatei für den Booking Service von Axis Hotels (Forts.)

Jeder Service gehört in Axis2 einer Service-Gruppe an. Daher enthält auch *services.xml* ein `serviceGroup`-Element, es kann beliebig viele `service`-Elemente aufnehmen. Steht ein Service jedoch wie in diesem Beispiel alleine, so besteht die Gruppe eben nur aus diesem einen Service. Das `serviceGroup`-Element muss in diesem Fall nicht explizit angegeben werden und kann weggelassen werden.

Innerhalb des `service`-Elementes werden zunächst die Message Receiver (siehe Kapitel 3 & 12) definiert, die für diesen Service zum Einsatz kommen. Sie wurden ebenfalls vom Code-Generator erzeugt und liegen im Verzeichnis *src*. Da alle Operationen des Booking Service dem Request-Response-Muster folgen (d.h., jede Nachricht an den Service wird von diesem mit einer SOAP-Response beantwortet), wird auch nur ein Message Receiver benötigt. Er hat den Klassennamen `BookingServiceMessageReceiverInOut`.

Im Anschluss daran folgt die Definition der Service-Parameter. Der Code-Generator hat hier nur einen einzigen Parameter namens `ServiceClass` in die Konfigurationsdatei eingefügt, der dem Axis2 Framework anzeigt, in welcher Klasse sich die Implementierung des Service befindet. Als Klassenname ist `BookingServiceSkeleton` eingetragen, auch diese Klasse wurde generiert und befindet sich im *src* Verzeichnis.

Schließlich enthält *services.xml* Konfigurationen für jede einzelne Operation des Service. So wird für jede Operation deren MEP (Message Exchange Pattern) festgelegt, sowie `Action`-Werte für die jeweiligen eingehenden und ausgehenden Nachrichten. Diese kommen bei Verwendung von WS-Addressing zum Einsatz.

Die Konfigurationsdatei kann entsprechend den eigenen Anforderungen beliebig erweitert werden. So können zusätzliche Service-Parameter definiert, Erweiterungsmodule (z.B. für WS-Security) aktiviert oder die Transportprotokolle bestimmt werden, über welche SOAP-Nachrichten an diesen Service gesendet werden dürfen. Weiterhin kann der *Scope* des Service definiert werden, d.h. wie lange Laufzeitinformationen einer Service-Instanz verfügbar sein sollen. Auch eine textuelle Beschreibung des jeweiligen Service kann hier hinzugefügt werden, welche dann im webbasierten Axis2-Administrationsfrontend dargestellt wird. Eine ausführliche Beschreibung sämtlicher Konfigurationsoptionen befindet sich in Kapitel 9.

7.2.2 Generierter Code und Implementierung des Service

Sämtlicher generierter Code findet sich im Unterverzeichnis *src*. Die Namen der Java-Packages hat der Code-Generator dabei von den XML-Namensräumen des WSDL-Dokumentes bzw. der im XML Schema definierten Elemente und Datentypen abgeleitet. So gehören alle Elemente und Datentypen des XML Schema dem XML-Namensraum `http://axishotels.de/booking/types/` an und die entsprechenden Klassen dem Java-Package `de.axishotels.booking.types`. Der `targetNamespace` der WSDL-Datei `http://axishotels.de/booking/service/` wurde abgebildet auf das Java-Package `de.axishotels.booking.service`. Alternative Abbildungsregeln können mit dem WSDL2Java-Parameter `ns2p` definiert werden (siehe Abschnitt 7.1.1).

Die Klassen im `types`-Package repräsentieren die Datentypen und Elemente, die im XML Schema definiert wurden. Hierzu zählen insbesondere auch jene Elemente, welche die für die Kommunikation mit dem Service benötigten Nachrichten definieren. Alle Klassen enthalten Eigenschaften und zugehörige get/set-Methoden gemäß der Typdefinition im XML Schema, jedoch handelt es sich nicht um gewöhnliche POJOs (Plain Old Java Objects): Alle Klassen implementieren das Interface `ADBBean` und enthalten teilweise noch weitere zusätzliche Methoden. Dies liegt daran, dass bei der Codegenerierung ADB (Axis Data Binding) als XML Data Binding Framework verwendet wurde. Dies ist die Standardeinstellung, wenn beim Aufruf keine explizite Angabe gemacht wird. Als Folge dessen enthalten alle Klassen in diesem Package entsprechenden Code, der für ADB benötigt wird. In der Regel müssen Anwendungsentwickler diese Methoden nicht besonders beachten, da sie praktisch ausschließlich vom Message Receiver verwendet werden. Insbesondere sollten diese Code-Anteile möglichst nicht verändert werden.

Aus der Tatsache, dass all diese Klassen zusätzlichen Code für ADB enthalten und auch ein Interface aus diesem Framework implementieren, ergibt sich der unmittelbare Nachteil, dass anwendungsspezifische Klassen vom verwendeten XML Data Binding Framework abhängig sind. Dies macht es in der Zukunft schwieriger, gegebenenfalls auf ein anderes Framework umzusteigen. Außerdem können eigene, möglicherweise bereits existierende Klassen nur umständlich wieder verwendet werden. Kapitel 11 diskutiert alle von Axis2 unterstützten Data Binding Frameworks im Detail und zeigt entsprechende Alternativen zur Umgehung dieses Nachteils auf.

Das *service*-Package enthält nur zwei Klassen: einen Skeleton für die Service-Implementierung namens `BookingServiceSkeleton` sowie den Message Receiver mit dem Klassennamen `BookingServiceMessageReceiverInOut`. Der Message Receiver ist für die Anwendungsentwicklung relativ uninteressant. Er wird im Betrieb vom Axis2 Framework aufgerufen und sorgt dafür, dass eingehende Nachrichten in Aufrufe an die richtige Service-Methode umgesetzt werden. Wichtig ist dagegen natürlich, dass er zusammen mit der Service-Implementierung verpackt und in Betrieb genommen wird.

Der Skeleton ist eine gewöhnliche Java-Klasse und enthält für jede im WSDL-Dokument definierte Service-Operation eine entsprechende Methode. Die Methoden erwarten als Parameter jeweils Instanzen derjenigen Klassen, welche die in den WSDL-Operationen definierten Eingangsnachrichten repräsentieren. Als Rückgabewert der Methoden dienen entsprechend diejenigen Klassen, welche die Ausgangsnachrichten der WDSL-Operationen darstellen. Der Code-Generator hat in jede Methode eine Zeile eingefügt, welche eine Exception wirft und darüber informiert, dass die jeweilige Operation noch nicht implementiert wurde. Dies ist nun die Aufgabe des Entwicklers.

Listing 7.3 zeigt den Service-Skeleton des Beispielservice. Es fällt ins Auge, dass die Methodennamen mit einem großen Buchstaben beginnen. Dies liegt daran, dass der Code-Generator die Operationsnamen direkt aus dem WSDL-Dokument übernimmt und der dortigen Schreibweise höhere Priorität einräumt als den Codekonventionen für Java. Um dies zu verhindern, muss das WSDL-Dokument entsprechend modifiziert werden, was allerdings nicht in allen Fällen möglich ist. Ein Refactoring der genierten Klassen wird dagegen zur Geduldsprobe, falls im Laufe einer iterativen Entwicklung die Codegenerierung mehrmals wiederholt wird.

```
package de.axishotels.booking.service;

import de.axishotels.booking.types.*;

public class BookingServiceSkeleton{

  public GetHotelsResponse GetHotels (GetHotelsRequest param0)
  {
    // Todo fill this with the necessary business logic
    throw new  java.lang.UnsupportedOperationException(
           "Please implement " + this.getClass().getName() +
           "#GetHotels");
  }

  public  CancelReservationResponse CancelReservation
             (CancelReservationRequest param2)
  {
    // Todo fill this with the necessary business logic
    throw new java.lang.UnsupportedOperationException(
           "Please implement " + this.getClass().getName() +
           "#CancelReservation");
  }

  public  CheckAvailabilityResponse CheckAvailability
                       (CheckAvailabilityRequest param4)
  {
    // Todo fill this with the necessary business logic
    throw new  java.lang.UnsupportedOperationException(
           "Please implement " + this.getClass().getName() +
           "#CheckAvailability");
  }
```

Listing 7.3: Generierter Skeleton für den Booking Service

```
  public  MakeReservationResponse MakeReservation
                        (MakeReservationRequest param6)
  {
    //Todo fill this with the necessary business logic
    throw new  java.lang.UnsupportedOperationException(
          "Please implement " + this.getClass().getName() +
          "#MakeReservation");
  }
}
```

Listing 7.3: Generierter Skeleton für den Booking Service (Forts.)

Die Implementierung der eigentlichen Funktionalität des Service besteht aus ganz normaler Java-Programmierung, es müssen dabei keine Aspekte wie SOAP oder XML beachtet werden. In einer empfangenen SOAP-Nachricht enthaltene Daten können problemlos mit Hilfe der entsprechenden get-Methoden aus den Methodenparametern ausgelesen werden. Der Inhalt der Antwortnachrichten wird mittels set-Methoden in die jeweiligen Rückgabewerte der Methoden eingesetzt.

Die auf den ersten Blick einfachste Möglichkeit scheint darin zu bestehen, die Service-Implementierung direkt in die Skeleton-Klasse einzufügen. In der Regel ist es jedoch keine gute Idee, generierten Code zu editieren. Für den Fall, dass im Laufe der Entwicklung gegebenenfalls erneut generiert werden muss (z.B. weil der Service eine weitere Operation hinzu bekommen soll), sind sich dann der neu zu generierende Skeleton und der alte, selbst geschriebenen Code enthaltende Skeleton gegenseitig im Weg. Ein besserer Ansatz ist es dagegen, eine neue Klasse zu erstellen, die von der Skeleton-Klasse abgeleitet ist und deren Methoden überschreibt. Auf diese Weise kann die Skeleton-Klasse beliebig oft gelöscht und neu generiert werden, ohne dass der eigene Code dabei in Gefahr gerät. Listing 7.4 demonstriert eine sehr simple Beispielimplementierung für zwei Operationen des Buchungsservice von Axis Hotels. Sie setzt die Existenz einer Klasse voraus, welche die eigentliche Buchungsfunktionalität enthält (`BookingBusinessLogic`).

Wichtig

Wird die Service-Implementierung wie empfohlen in einer zusätzlichen Klasse vorgenommen, die vom Skeleton abgeleitet ist, muss der Parameter `ServiceClass` in der Konfigurationsdatei *services.xml* entsprechend geändert werden!

```
package de.axishotels.booking.service;

import java.util.Date;
import de.axishotels.booking.logic.BookingBusinessLogic;
import de.axishotels.booking.types.*;
```

Listing 7.4: Beispielhafte Implementierung zweier Service-Operationen

```
public class MyBookingService extends BookingServiceSkeleton {

  public CheckAvailabilityResponse CheckAvailability(CheckAvailabilityRequest reqMsg) {
    String hotelCode = reqMsg.getHotelCode();
    Date arrivalDate = reqMsg.getArrivalDate();
    Date departureDate = reqMsg.getDepartureDate();

    BookingBusinessLogic bbl = new BookingBusinessLogic();
    Availability[] availableRooms =
      bbl.getAvailabilities(hotelCode, arrivalDate, departureDate);

    CheckAvailabilityResponse respMsg = new CheckAvailabilityResponse();
    respMsg.setHotelCode(hotelCode);
    respMsg.setArrivalDate(arrivalDate);
    respMsg.setDepartureDate(departureDate);
    respMsg.setAvailability(availableRooms);
    return respMsg;
  }

  public MakeReservationResponse MakeReservation(MakeReservationRequest reqMsg) {
    BookingBusinessLogic bbl = new BookingBusinessLogic();
    Reservation res = reqMsg.getReservation();
    boolean isBookingSuccessful = bbl.processReservation(res);

    Confirmation confirm = new Confirmation();
    if (isBookingSuccessful) {
      confirm.setReservationNumber(4711);
      confirm.setStatus("booked");
    } else {
      confirm.setReservationNumber(-1);
      confirm.setStatus("failed");
    }

    MakeReservationResponse respMsg = new MakeReservationResponse();

    respMsg.setReservationConfirmation(confirm);
    return respMsg;
  }
}
```

Listing 7.4: Beispielhafte Implementierung zweier Service-Operationen (Forts.)

7.2.3 Paketierung und Deployment

Nachdem der Service implementiert und kompiliert ist, müssen sämtliche benötigten Dateien (Klassen, Konfigurationsfiles etc.) in einem Service-Archiv zusammengepackt werden. Ein Service-Archiv ist letztlich nichts anderes als eine ZIP-Datei, deren Dateiname die Endung *.aar* hat. Alle kompilierten Klassen werden darin wie üblich in einer Verzeichnisstruktur abgelegt, welche die Java-Packages nachbildet. Zusätzlich muss im Service-Archiv ein Verzeichnis namens *META-INF* enthalten sein. Darin wird die Konfigurationsdatei *services.xml* abgelegt sowie die vom Code-Generator erstellten (und leicht modifizierten) Kopien des WSDL-Dokumentes und des zugehörigen XML Schemas. Kapitel 3, 4 und 9 diskutieren Service-Archive im Detail. Dort sind auch zwei unterschiedliche Möglichkeiten beschrieben, wie Service-Archive erstellt werden können, nämlich entweder manuell oder mit Hilfe des Eclipse-Plug-ins namens *Service Archiver Wizard*. Bei Verwendung des Code-Generators besteht eine weitere Möglichkeit darin, das von diesem erstellte und im Arbeitsverzeichnis abgelegte Ant-Skript namens *build.xml* zu verwenden. Es enthält eine Reihe verschiedener Targets, unter anderem für die Paketierung des Service (`jar.server`) oder das Starten des Service in einem Standalone-HTTP-Server (`start.server`).

Startet man das Target `jar.server`, so werden ein Unterverzeichnis namens *build* erstellt, sämtliche Source-Dateien kompiliert und das Service-Archiv *BookingService.aar* mit allen notwendigen Dateien im Verzeichnis *build/lib* abgelegt. Das Target `start.server` erledigt das gleiche, erzeugt jedoch zusätzlich ein Axis2-Repository (siehe Kapitel 3) im Ordner *build/repo*, kopiert das erstellte Service-Archiv dort hinein und startet anschließend eine Instanz des `SimpleHTTPServer`. Dieser einfache Standalone-Server kann Axis2-Services beheimaten und über HTTP eingehende SOAP-Requests an diese Services entsprechend bedienen. Er hört standardmäßig auf den Netzwerkport 8080 und eignet sich hervorragend für Testläufe während der Entwicklung, die mit Hilfe von Ant-Skripten auch sehr gut automatisiert werden können. Nach dem Start durch das Ant-Skript ist der *Booking Service* also im `SimpleHTTPServer` in Betrieb und kann entsprechend aufgerufen werden.

In Produktivumgebungen werden die meisten Services jedoch in einer Installation der Axis2 Web-Anwendung in Betrieb genommen werden. Hierzu ist das soeben erstellte Service-Archiv entweder manuell in das Axis2-Repository der Web-Anwendung zu kopieren (normalerweise in den Ordner *axis2/WEB-INF/services*), oder alternativ kann auch die Upload-Funktion des Axis2-Administrationsfrontends dazu benutzt werden, das Service-Archiv zu laden.

7.3 Implementierung von Service-Clients

Auch die Implementierung von Client-Anwendungen für Services beginnt beim Contract-First-Ansatz mit der Generierung von Code. WSDL2Java wird also entweder an der Kommandozeile, via Apache Ant oder durch den Code-Generator-Wizard für Eclipse aufgerufen. An der Kommandozeile sieht das beispielsweise so aus:

```
wsdl2java -uri ..\AxisHotels.wsdl -u
          -p de.axishotels.booking.client
```

Nach diesem Aufruf befinden sich alle generierten Java-Dateien im Ordner *src*. Genau wie bei der Codegenerierung für die Serverseite wird zusätzlich ein Ant-Skript namens *build.xml* erzeugt und direkt im Arbeitsverzeichnis abgelegt.

Der Code-Generator erzeugt zwei Klassen und ein Interface für den Booking Service von *Axis Hotels*. Sie liegen alle im Package `de.axishotels.booking.client`, da dies mit der Option `-p` so bestimmt wurde. Die Klasse `BookingServiceStub` ist eine Stub- oder Proxy-Klasse. Sie dient auf Clientseite als Stellvertreter des Service und bietet die gleichen Operationen an. Innerhalb der Stub-Klasse befindet sich sämtlicher Code, der notwendig ist, um mit Hilfe des Axis2 Frameworks mit dem Service zu kommunizieren. Anwendungsentwickler müssen sich glücklicherweise nicht mit diesen Details beschäftigen, sondern einfach nur die Methoden der Stub-Klasse aufrufen, um Nachrichten an den Service zu senden. Die Rückgabewerte der Stub-Methoden enthalten dann alle Daten, die der Service in seiner Antwortnachricht zurückgeschickt hat. Das Java-Interface `BookingService` definiert die Service-Operationen und wird von der Stub-Klasse implementiert.

Bei einem genaueren Blick auf den Code des Interface oder der Stub-Klasse fällt auf, dass für jede Service-Operation sogar zwei Methoden generiert wurden. So gibt es zum Beispiel die Methoden `GetHotels` und `startGetHotels` oder `CheckAvailability` und `startGetAvailability`. Die jeweils ersten Methoden dienen der synchronen Kommunikation mit dem Service, die Methoden, deren Name mit `start` beginnt, dienen der asynchronen Kommunikation. Wie bei der Codegenerierung für die Serverseite werden auch hier die Code-Konventionen für Java nicht eingehalten: Einige Methodennamen beginnen mit einem großen Buchstaben, weil die Namen der Operationen im WSDL-Dokument ganz genau übernommen werden. Es gilt in diesem Zusammenhang das bereits weiter oben Gesagte: Um dieses Verhalten zu ändern, ist entweder das WSDL-Dokument entsprechend zu modifizieren (sofern möglich) oder der generierte Code muss einem Refactoring unterzogen werden (dann aber jedes Mal nach einer erneuten Generierung). Die Klasse `BookingServiceCallbackHandler` wird nur im Falle asynchroner Kommunikation benötigt. Sie wird vom Axis2 Framework benachrichtigt, wenn Antwortnachrichten vom Service eintreffen.

Ebenfalls im *src*-Ordner (Package `de.axishotels.booking.types`) legt der Code-Generator all jene Klassen ab, welche die Datentypen und Elemente repräsentieren, die im XML Schema definiert wurden. Dies geschieht aufgrund der Verwendung des WSDL2Java Parameters `-u` (für „unpack"). Ohne diesen Parameter würden alle diese Klassen als innere Klassen der Stub-Klasse erzeugt. Falls die Klassen bereits durch einen vorherigen Aufruf des Code-Generators angelegt wurden (z.B. während der Generierung für die Serverseite im vorangegangenen Abschnitt), so werden sie wieder verwendet und nicht überschrieben.

Listing 7.5 demonstriert die Verwendung der Stub-Klasse in einer eigenen Anwendung. Die Fehlerbehandlung ist natürlich noch stark verbesserungswürdig. Dieses Thema wird in Kapitel 8 ausführlich behandelt.

```
package de.axishotels.booking.client;

import java.util.Calendar;
import org.apache.commons.logging.Log;
import org.apache.commons.logging.LogFactory;
import de.axishotels.booking.types.*;

public class MyBookingServiceClient {
  private static final Log LOG = LogFactory.getLog(MyBookingServiceClient.class);

  public static void main(String[] args) throws Exception {
    MyBookingServiceClient client = new MyBookingServiceClient();
    client.makeReservation();
  }

  public void makeReservation() {
    try {
     MakeReservationRequest resReq = new MakeReservationRequest();
     Reservation reservation = getSampleReservation();
     resReq.setReservation(reservation);

     BookingServiceStub stub = new BookingServiceStub();
     MakeReservationResponse resResp = stub.MakeReservation(resReq);

     Confirmation confirm = resResp.getReservationConfirmation();
     LOG.info("Reservation #: " + confirm.getReservationNumber());
     LOG.info("Status: " + confirm.getStatus());

    } catch (Exception e) {
     LOG.error("An exception was caught: " + e.getMessage()) ;
    }
  }

  protected Reservation getSampleReservation() {
    Calendar arrivalDate = Calendar.getInstance();
    arrivalDate.set(2006, Calendar.NOVEMBER, 3);
    Calendar departureDate = Calendar.getInstance();
    departureDate.set(2006, Calendar.NOVEMBER, 6);

    Reservation reservation = new Reservation();
```

Listing 7.5: Aufruf des Booking Service mit Hilfe der generierten Stub-Klasse

```
        reservation.setArrivalDate(arrivalDate.getTime());
        reservation.setDepartureDate(departureDate.getTime());
        reservation.setGuestName("Albert Zweistein");
        reservation.setNumberOfRooms(1);
        reservation.setRoomCode("Single");
        reservation.setHotelCode("AXIS-MUC");
        return reservation;
    }
}
```

Listing 7.5: Aufruf des Booking Service mit Hilfe der generierten Stub-Klasse (Forts.)

Die Anwendung in Listing 7.5 kommuniziert mit dem Service auf synchrone Art und Weise. Dies bedeutet, dass die Anwendung beim Aufruf einer Stub-Methode blockiert ist und solange nicht weiterarbeiten kann, bis der Service eine Antwortnachricht schickt und dementsprechend die Stub-Methode endet. Manchmal ist jedoch stattdessen eine asynchrone Kommunikation gewünscht. In diesem Fall schickt die Client-Anwendung eine Nachricht an den Service, wartet jedoch nicht auf dessen Antwort, sondern fährt im Programmcode fort. Insbesondere im Falle interaktiver Anwendungen können Benutzer so unmittelbar weiterarbeiten. Asynchrone Kommunikation bietet sich unter anderem ganz besonders dann an, wenn die Verarbeitung von Nachrichten auf Seiten des Service tendenziell oder potenziell lange dauert.

Wenn dann zu einem späteren Zeitpunkt die Antwort des Service eintrifft, muss dieses Ereignis natürlich der Client-Anwendung gemeldet werden, damit sie entsprechend reagieren kann. Da die gesamte SOAP-Kommunikation vom Axis2 Framework übernommen wird, muss der Stub-Klasse mitgeteilt werden, wie sie das Ereignis melden soll. Hierzu dienen so genannte Callback-Handler, und der Code-Generator hat mit der Klasse `BookingServiceCallbackHandler` bereits einen solchen erzeugt. Der Callback-Handler enthält für jede Service-Operation genau zwei Methoden, deren Namen den Mustern `receiveResultOperationsName` und `receiveErrorOperationsName` folgen. Erstere wird vom Axis2 Framework aufgerufen, wenn eine reguläre asynchrone Nachricht empfangen wird, letztere falls ein Fehler aufgetreten ist. Listing 7.6 zeigt die entsprechenden Methoden des `BookingServiceCallbackHandler`.

```
public void receiveResultGetHotels(GetHotelsResponse param81) {
}
public void receiveErrorGetHotels(Exception e) {
}
public void receiveResultCancelReservation(CancelReservationResponse param83) {
}
public void receiveErrorCancelReservation(Exception e) {
}
public void receiveResultCheckAvailability(CheckAvailabilityResponse param85) {
}
```

Listing 7.6: Methoden der Callback-Klasse für den Booking Service

```
public void receiveErrorCheckAvailability(Exception e) {
}
public void receiveResultMakeReservation(MakeReservationResponse param87) {
}
public void receiveErrorMakeReservation(Exception e) {
}
```

Listing 7.6: Methoden der Callback-Klasse für den Booking Service (Forts.)

Daneben können Callback-Klassen optional noch ein beliebiges Client-Objekt verwalten, welches dem Konstruktor zu übergeben ist. Dies ist immer dann hilfreich, wenn die Methoden der Callback-Klasse Zugriff auf Funktionalitäten der Client-Anwendung benötigen, was in den meisten Fällen zutreffen dürfte.

Um also asynchron mit dem Booking Service zu kommunizieren, müssen zunächst in der Klasse `BookingServiceCallbackHandler` die entsprechenden Methoden ausprogrammiert werden. Ähnlich wie bei der Skeleton-Klasse auf der Serverseite empfiehlt es sich, nicht die generierte Klasse direkt zu editieren, sondern stattdessen eine neue Klasse von `BookingServiceCallbackHandler` abzuleiten. Dies erspart eine Menge Ärger, falls der Callback-Handler einmal erneut generiert werden muss. Nach Fertigstellung der Callback-Klasse können Client-Anwendungen entsprechende Instanzen erzeugen und diese dann beim Aufruf einer `startXXX`-Methode dem Stub übergeben. Die Listings 7.7 und 7.8 demonstrieren dies beispielhaft. Bei Verwendung der Test-Methode in Listing 7.8 ist zu beachten, dass die Methode `doSomethingImportant()` den Haupt-Thread der Anwendung lange genug beschäftigen sollte, damit der Callback-Handler die Antwortnachricht auch empfangen und verarbeiten kann. In kleinen Test-Szenarien kann dies zum Beispiel mit `Thread.sleep(...)` simuliert werden. Wird die Anwendung und damit der Haupt-Thread zu schnell beendet, kommt die Antwortnachricht möglicherweise zu spät. Dies hat zur Folge, dass der Callback-Handler nicht aufgerufen wird und der Eindruck entsteht, es läge ein Anwendungsfehler vor.

```
package de.axishotels.booking.client;
import org.apache.commons.logging.Log;
import org.apache.commons.logging.LogFactory;
import de.axishotels.booking.types.Confirmation;
import de.axishotels.booking.types.MakeReservationResponse;

public class MyCallbackHandler extends BookingServiceCallbackHandler {

  private static final Log LOG = LogFactory.getLog(MyBookingServiceClient.class);

  public void receiveResultMakeReservation(MakeReservationResponse respMsg) {
    Confirmation conf = respMsg.getReservationConfirmation();
    LOG.info("Reservation #: " + conf.getReservationNumber());
    LOG.info("Status: " + confirmation.getStatus());
```

Listing 7.7: Ein eigener Callback-Handler für asynchrone Kommunikation

```
  }

  public void receiveErrorMakeReservation(java.lang.Exception e) {
    LOG.error("An exception was caught: " + e.getMessage()) ;
  }
}
```

Listing 7.7: Ein eigener Callback-Handler für asynchrone Kommunikation (Forts.)

```
public void makeAsyncReservation() {
  try {
    MakeReservationRequest resReq = new MakeReservationRequest();
    Reservation reservation = getSampleReservation();
    resReq.setReservation(reservation);

    MyCallbackHandler cbHandler = new MyCallbackHandler();
    BookingServiceStub stub = new BookingServiceStub();
    stub.startMakeReservation(resReq, cbHandler);

    doSomethingImportant();
  } catch (Exception e) {
    LOG.error("An exception was caught: " + e.getMessage());
  }
}
```

Listing 7.8: Test-Methode für asynchrone Kommunikation mit dem Booking Service

Der generierte Code der Stub-Klasse verwendet intern die Client-API von Axis2, um die notwendigen SOAP-Aufrufe zu versenden und entsprechende Antwortnachrichten zu verarbeiten. Der Code-Generator nimmt dem Entwickler also diese Fleißaufgabe ab. Optional können Client-Anwendungen aber natürlich stattdessen auch von Hand programmiert werden. Dies wird in Kapitel 6 beschrieben.

Eine zentrale Klasse der Client-API von Axis2 heißt `ServiceClient` und gehört dem Package `org.apache.axis2.client` an. Über Instanzen dieser Klasse können beispielsweise zusätzliche SOAP Header verschickt, Erweiterungsmodule eingeschaltet oder sonstige Optionen gesetzt werden. Manchmal benötigt man auch beim Einsatz von generierten Stubs Zugriff auf dessen interne `ServiceClient`-Instanz, um Einstellungen dieser Art vorzunehmen. Für diese Fälle bieten Stub-Klassen Zugriff auf das Objekt über die Methode `_getServiceClient()`:

```
BookingServiceStub stub = new BookingServiceStub();
ServiceClient sc = stub._getServiceClient();
```

Die Adresse des Service entnimmt der Code-Generator aus dem WSDL-Dokument und fügt diese in den Programmcode der Stub-Klasse ein. Natürlich kommt es jedoch immer wieder vor, dass man mit einer Stub-Klasse ganz unterschiedliche Adressen ansprechen möchte, z.B. weil ein Service auf einen anderen Server umgezogen wurde oder einfach aufgrund der Verwendung in unterschiedlichen Umgebungen (Entwicklung, Test, Produktion etc.) In diesem Zusammenhang wäre es sehr ärgerlich, wenn man für jeden Einsatzzweck einen neuen Stub generieren müsste. Daher bieten Stub-Klassen zwei Konstruktoren an: Der erste erwartet keinen Methodenparameter und kommuniziert automatisch mit der Service-Adresse, die im WSDL-Dokument enthalten war, der zweite erlaubt die Übergabe einer alternativen Adresse, die für die Kommunikation genutzt werden soll.

```
BookingServiceStub stub1 = new BookingServiceStub();
BookingServiceStub stub2 = new BookingServiceStub
        ("http://localhost:8888/axis2/services/BookingService");
```

Schließlich kann der Stub auch noch angewiesen werden, eine ganz bestimmte Axis2-Konfiguration zu verwenden (`ConfigurationContext`). Diese basiert immer auf einer Konfigurationsdatei (typischerweise *axis2.xml*) und einem Axis2-Repository (siehe Kapitel 3). Beide können an beliebiger Stelle im Dateisystem liegen und müssen von der Client-Anwendung zuvor geladen werden. Das Repository enthält gegebenenfalls benötigte Erweiterungsmodule, z.B. für WS-Addressing, WS-Security oder WS-ReliableMessaging. Nähere Informationen zu den Konfigurationsmöglichkeiten finden sich in Kapitel 9.

Listing 7.9 zeigt, wie ein solches Repository (bzw. ein `ConfigurationContext`) geladen werden kann, um anschließend den Stub damit zu initialisieren.

```
private static final String CLIENT_REPO_PATH = "D:\\Projects\\AxisHotels\\client-repo";
private static final String CLIENT_CONFIG_PATH = CLIENT_REPO_PATH + "\\conf\\axis2.xml";
...

ConfigurationContext ctx = ConfigurationContextFactory.
   createConfigurationContextFromFileSystem(CLIENT_REPO_PATH, CLIENT_CONFIG_PATH);
BookingServiceStub stub = new BookingServiceStub
   (ctx, "http://localhost:8080/axis2/services/BookingService");
```

Listing 7.9: Initialisierung des Stubs mit einer geladenen Konfiguration

Auch wenn der Beispielcode in Listing 7.8 einen asynchronen, nicht blockierenden Aufruf im Client-API von Axis2 erzeugt, kann das verwendete Transportprotokoll trotzdem noch immer in einer blockierenden Art und Weise funktionieren. Dies ist zum Beispiel dann der Fall, wenn eine einzige HTTP-Verbindung verwendet wird, um den SOAP-Request abzuschicken und die Antwort zu erhalten. Für „echte“ nicht blockierende Aufrufe, in denen jeweils eine separate Transportverbindung für die Request- und die Response-Nachricht zum Einsatz kommt, ist der Code aus Listing 7.10 nach der Instanziierung des Stubs einzufügen. Voraussetzung hierfür ist, dass ein Repository gemäß Listing 7.9 geladen wurde, welches das Modul `addressing-1.1` enthält.

```
ServiceClient sc = stub._getServiceClient();
sc.engageModule(new QName("addressing-1.1"));
Options opts = stub._getServiceClient().getOptions();
opts.setUseSeparateListener(true);

MyCallbackHandler cbHandler = new MyCallbackHandler();
stub.startMakeReservation(resReq, cbHandler);
```

Listing 7.10: Nicht blockierender Aufruf durch Verwendung separater Verbindungen

Dies bewirkt auf Seiten des Clients folgenden Ablauf:

Ein neuer Transport-Listener für das verwendete Transportprotokoll wird gestartet. Im Falle von HTTP wäre dies beispielsweise eine Instanz des `SimpleHTTPServer`. Dessen Konfiguration, also insbesondere auf welchem Netzwerkport er horcht, kann in der Konfigurationsdatei *axis2.xml* eingesehen und manipuliert werden.

Die SOAP-Nachricht an den Service enthält einen WS-Addressing Header. Aus diesem Grund ist es wichtig, dass das entsprechende Modul im Repository des Client liegt. In das WS-Addressing-Element namens `replyTo` wird dann die Adresse des neuen Transport-Listener eingetragen, sodass die Serverseite weiß, wohin die SOAP-Antwort geschickt werden soll.

Wenn der Transport-Listener die Antwort empfängt, benachrichtigt er den Callback Handler.

Listing 7.11 zeigt, wie die entsprechende SOAP-Nachricht dann etwa aussehen könnte:

```
<soapenv:Envelope xmlns:wsa="http://www.w3.org/2005/08/addressing"
      xmlns:soapenv="http://schemas.xmlsoap.org/soap/envelope/">
  <soapenv:Header>
    <wsa:To>
      http://localhost:8888/axis2/services/BookingService
    </wsa:To>
    <wsa:ReplyTo>
      <wsa:Address>
        http://10.1.1.5:6062/axis2/services/BookingService29839159/MakeReservation
      </wsa:Address>
    </wsa:ReplyTo>
    <wsa:MessageID>
      urn:uuid:F1DE78F7E6E2D55F2F11671715921091
    </wsa:MessageID>
    <wsa:Action>
      http://axishotels.de/booking/service/MakeReservation
    </wsa:Action>
  </soapenv:Header>
```

Listing 7.11: SOAP-Nachricht mit WS-Addressing Header für separate Verbindungen

```
  <soapenv:Body>
    <ns1:MakeReservationRequest xmlns:ns1="http://axishotels.de/booking/types/">
      <reservation>
        <hotelCode>H-MUC</hotelCode>
        <arrivalDate>2006-11-03</arrivalDate>
        <departureDate>2006-11-06</departureDate>
        <roomCode>Single</roomCode>
        <numberOfRooms>1</numberOfRooms>
        <guestName>Albert Zweistein</guestName>
      </reservation>
    </ns1:MakeReservationRequest>
  </soapenv:Body>
</soapenv:Envelope>
```

Listing 7.11: SOAP-Nachricht mit WS-Addressing Header für separate Verbindungen (Forts.)

7.4 Einwegkommunikation

Im bisherigen Kapitel wurden lediglich Operationen betrachtet, die dem Kommunikationsmuster (oder Message Exchange Pattern, MEP) Request-Response folgen. Dabei sendet der Service auf alle eingehenden Nachrichten auch eine Antwortnachricht. In diesem Abschnitt wird Einwegkommunikation (One-Way-Messaging, IN-ONLY) betrachtet, also Operationen, bei denen der Service keine Antwort zurücksendet.

Der Booking Service von Axis Hotels ist inzwischen ziemlich erfolgreich und wird von einer Reihe ganz unterschiedlicher Geschäftspartner genutzt. Zu diesen zählen normale Reisebüros, die eine von Axis Hotels zur Verfügung gestellte Client-Anwendung nutzen, um Buchungen in den verschiedenen Hotels vorzunehmen, aber auch Online-Reiseanbieter, über deren Website potentielle Hotelgäste entsprechende Buchungen vornehmen können. Immer häufiger kommt es nun vor, dass einer dieser Geschäftspartner anfragt, ob es denn eine Möglichkeit gäbe, über eine ähnliche Schnittstelle auch Mitteilungen an Axis Hotels zu schicken. Typische Anwendungsgebiete wären Ankündigungen über geplante Wartungszeiten, besondere Angebote etc. Das Management von Axis Hotels hat daher beschlossen, einen zweiten Web Service für den Empfang solcher Nachrichten bereit zu stellen. Jedoch möchte man keine Empfangsbestätigungen für Mitteilungen solcher Art ausstellen, und daher fällt die Entscheidung auf einen Service mit Einwegkommunikation. Das WSDL-Dokument des Messaging Service sowie das dazugehörige XML Schema sind in Listing 7.12 und 7.13 zu sehen.

```
<schema xmlns="http://www.w3.org/2001/XMLSchema"
        targetNamespace="http://axishotels.de/messaging/types/"
        xmlns:tns="http://axishotels.de/messaging/types/">
  <element name="InformationMessage">
    <complexType>
      <sequence>
        <element name="sender" type="string" />
        <element name="message" type="string" />
      </sequence>
    </complexType>
  </element>
</schema>
```

Listing 7.12: XML Schema für den Messaging Service von Axis Hotels

```
<wsdl:definitions xmlns:mt="http://axishotels.de/messaging/types/"
        xmlns:tns="http://axishotels.de/messaging/service/"
        xmlns:wsdl="http://schemas.xmlsoap.org/wsdl/"
        xmlns:xsd="http://www.w3.org/2001/XMLSchema"
        name="AxisHotels"
        targetNamespace="http://axishotels.de/messaging/service/"
        xmlns:soap="http://schemas.xmlsoap.org/wsdl/soap/">
  <wsdl:types>
    <xsd:schema>
      <xsd:import schemaLocation="AxisHotels-Messaging.xsd"
                  namespace="http://axishotels.de/messaging/types/" />
    </xsd:schema>
  </wsdl:types>

  <wsdl:message name="InformationMessage">
    <wsdl:part name="InformationMessage" element="mt:InformationMessage"/>
  </wsdl:message>

  <wsdl:portType name="MessagingInterface">
    <wsdl:operation name="SendInformation">
      <wsdl:input message="tns:InformationMessage"/>
    </wsdl:operation>
  </wsdl:portType>

  <wsdl:binding name="MessagingSoapBinding" type="tns:MessagingInterface">
    <soap:binding style="document" transport="http://schemas.xmlsoap.org/soap/http"/>
```

Listing 7.13: WSDL-Dokument für den Messaging Service von Axis Hotels

```
    <wsdl:operation name="SendInformation">
      <soap:operation
        soapAction="http://axishotels.de/messaging/service/SendInformation"/>
      <wsdl:input>
        <soap:body use="literal" parts=" InformationMessage"/>
      </wsdl:input>
    </wsdl:operation>
  </wsdl:binding>

  <wsdl:service name="MessagingService">
    <wsdl:port name="MessagingSoapPort" binding="tns:MessagingSoapBinding">
      <soap:address
        location="http://localhost:8080/axis2/services/MessagingService"/>
    </wsdl:port>
  </wsdl:service>
</wsdl:definitions>
```

Listing 7.13: WSDL-Dokument für den Messaging Service von Axis Hotels (Forts.)

Nach Aufruf von WSDL2Java für die Serverseite entsprechend Abschnitt 7.2 sind die Unterschiede zum Booking Service minimal und leicht nachvollziehbar. Die Skeleton-Klasse für den Messaging Service enthält gemäß der Service-Definiton im WSDL-Dokument nur eine einzige Methode namens `SendInformation`. Da die Service-Operation keine Antwort zurücksendet, ist in der Methode auch kein Rückgabewert notwendig. Er ist in der Methodensignatur folglich als `void` definiert.

```
public class MessagingServiceSkeleton {

  public  void SendInformation(InformationMessage param0) {
    // ToDo: fill this with the necessary business logic
  }
}
```

Listing 7.14: Skeleton-Klasse für den Messaging Service

Die Konfigurationsdatei für den Service (*services.xml*) nimmt ebenfalls Bezug auf das Kommunikationsmuster (MEP) IN-ONLY.

```
<serviceGroup>
 <service name="MessagingService">
  <messageReceivers>
   <messageReceiver mep="http://www.w3.org/2004/08/wsdl/in-only"
      class="de.axishotels.messaging.service.MessagingServiceMessageReceiverInOnly"/>
  </messageReceivers>
```

Listing 7.15: Konfigurationsdatei für den Messaging Service

```
  <parameter name="ServiceClass">
    de.axishotels.messaging.service.MessagingServiceSkeleton
  </parameter>
  <operation name="SendInformation" mep="http://www.w3.org/2004/08/wsdl/in-only">
   <actionMapping>
    http://axishotels.de/messaging/service/SendInformation
   </actionMapping>
  </operation>
 </service>
</serviceGroup>
```

Listing 7.15: Konfigurationsdatei für den Messaging Service (Forts.)

Bei Betrachtung des generierten Codes für die Clientseite fällt im Unterschied zu Operationen mit Request-Response-Muster ebenfalls auf, dass die `SendInformation`-Methode der Stub-Klasse (`MessagingServiceStub`) und des gegebenenfalls zusätzlich generierten Java Interfaces (`MessagingService`) den Rückgabewert `void` haben. Die Generierung eines Callback-Handlers macht bei Einweg-Kommunikation natürlich keinen Sinn.

Listing 7.16 demonstriert den Aufruf der Einweg-Operation mit Hilfe der generierten Klasse `MessagingServiceStub`. Es ist zu beachten, dass sich die Einwegkommunikation auf das SOAP-Protokoll bezieht, nicht jedoch auf das zugrunde liegende Transportprotokoll, mit dessen Hilfe die SOAP-Nachricht durch das Netzwerk transportiert wird. Kommt hierfür beispielsweise HTTP zum Einsatz, so wird das Axis2-Servlet auf der Serverseite grundsätzlich immer eine HTTP-Antwort zurückschicken. Im Falle einer Einweg-Operation ist diese dann jedoch leer und enthält keine SOAP-Response. Der HTTP-Statuscode wird auf 202 (Accepted) gesetzt. Die von der Anwendung in Listing 7.16 erzeugte SOAP-Nachricht und die zugehörige (HTTP-) Antwort sind in den Listings 7.17 und 7.18 zu sehen.

```
package de.axishotels.messaging.client;
import de.axishotels.messaging.types.InformationMessage;

public class MyOneWayClient {

  public static void main(String[] args) {
    MyOneWayClient client = new MyOneWayClient();
    client.sendOneWayMsg();
  }

  public void sendOneWayMsg() {
    try {
      MessagingServiceStub stub = new MessagingServiceStub();
      InformationMessage infoMsg = new InformationMessage();
      infoMsg.setSender("Developer");
```

Listing 7.16: Beispiel für Einwegkommunikation mit dem Messaging Service

```
      infoMsg.setMessage("New features will be released soon!");
      stub.SendInformation(infoMsg);
    } catch (Exception e) {
      e.printStackTrace();
    }
  }
}
```

Listing 7.16: Beispiel für Einwegkommunikation mit dem Messaging Service (Forts.)

```
POST /axis2/services/MessagingService HTTP/1.1
SOAPAction: "http://axishotels.de/messaging/service/SendInformation"
User-Agent: Axis2
Host: 127.0.0.1:8888
Transfer-Encoding: chunked
Content-Type: text/xml; charset=UTF-8

<?xml version='1.0' encoding='UTF-8'?>
<soapenv:Envelope xmlns:soapenv="http://schemas.xmlsoap.org/soap/envelope/">
  <soapenv:Header />
  <soapenv:Body>
     <ns1:InformationMessage xmlns:ns1="http://axishotels.de/messaging/types/">
        <sender>Developer</sender>
        <message>New features will be released soon!</message>
     </ns1:InformationMessage>
  </soapenv:Body>
</soapenv:Envelope>
```

Listing 7.17: HTTP-Request mit SOAP-Nachricht an den Messaging Service

```
HTTP/1.1 202 OK
Date: Tue, 19 Dec 2006 04:16:49 GMT
Server: Simple-Server/1.1
Transfer-Encoding: chunked
Content-Type: text/xml
```

Listing 7.18: HTTP-Antwort des Messaging Service

Referenzen

[1] Eclipse WTP: *http://www.eclipse.org/webtools/*

[2] Apache Ant: *http://ant.apache.org/*

[3] WSDL 2.0: *http://www.w3.org/TR/wsdl20/*

[4] Apache Woden: *http://incubator.apache.org/woden/*

8 Weiterführende Aspekte der Entwicklung

Neben den in den vorausgegangenen Kapiteln erläuterten grundlegenden Konzepten zur Entwicklung von Web Service-Anwendungen mit Axis2 gibt es weitere wichtige Aspekte, die in beinahe jeder Anwendung zu beachten sind. Hierzu zählt natürlich insbesondere die Fehlerbehandlung, also die Frage, wie ein Service gegebenenfalls auftretende Fehler an seine Kommunikationspartner melden kann und wie diese darauf reagieren. Auch der Lebenszyklus eines Service ist von großer Wichtigkeit. Vor allen Dingen besteht häufig die Anforderung, einen Service zu initialisieren und vorbereitende Arbeiten zu erledigen, bevor die erste Nachricht empfangen und verarbeitet wird. Wie kann also gesteuert werden, was genau passiert, wenn ein Service initialisiert oder zerstört wird? In unmittelbarem Zusammenhang damit steht zudem die Sitzungs- oder Session-Verwaltung. Kann ein und dieselbe Client-Anwendung über mehrere Nachrichten hinweg immer mit der gleichen Service-Instanz kommunizieren? Als Alternative zur Kommunikation über das SOAP-Protokoll gewinnt zudem REST immer mehr an Popularität. Wie muss Axis2 konfiguriert werden, um die Kommunikation entsprechend umzustellen?

In diesem Kapitel finden sich die Antworten.

8.1 Fehlerbehandlung

Die richtige Behandlung von Fehlern und Ausnahmen ist ein regelmäßig wiederkehrendes Thema, das häufig recht kontrovers diskutiert wird. Wie sollten Fehler behandelt werden und wo? Auf welche Exceptions sollte an Ort und Stelle reagiert werden, welche sollten dagegen an höhere Schichten der Anwendung weitergereicht werden? Die Beantwortung all dieser Fragen und das Erstellen eines Fehlerkonzeptes sind wichtige Bestandteile bei der Entwicklung jeder (neuen) Anwendung, jedoch nicht Inhalt dieses Buches.

Vielmehr dreht sich in diesem Buch ja alles um Web Services und Axis2. Und gleichgültig wie auch immer das spezifische Fehlerkonzept einer Gesamtanwendung aussehen mag, eines steht ganz sicher fest: Wird ein Service von einem Client aufgerufen und tritt bei der Verarbeitung der Anfrage ein Fehler auf, so sollte die Client-Anwendung in den allermeisten Fällen darüber informiert werden.

Eine sehr einfache Methode der Übermittlung von Fehlerinformationen ließe sich beispielsweise realisieren, indem jeder Service eine Art Status-Code in seiner Antwort mitschickt, der anzeigt, ob alles gut gegangen ist oder eben nicht. Unschön an dieser Lösung ist jedoch, dass alle vom Service versendeten Antwortnachrichten so definiert werden müssten, dass sie einen Status-Code enthalten. Zudem muss der Client nach dem Empfang jeder Nachricht zusätzlich überprüfen, welchen Wert der Status-Code denn nun hat. Viel bequemer ist dagegen das allseits bekannte Exception-Konzept: In diesem Fall werden Fehlerinformationen nur dann übermittelt, wenn auch wirklich ein Fehler aufgetreten ist. Zudem müssen die Antwortnachrichten nicht explizit auf Fehlerinformationen getestet werden, da aufgetretene Exceptions automatisch in den entsprechenden `catch`-Block oder in höhere Anwendungsschichten geleitet werden.

In diesem Zusammenhang ist es jedoch wichtig zu erwähnen, dass ein Service mit seiner Schnittstelle möglichst keine Informationen über interne Abläufe und Implementierungsdetails preisgeben sollte. Das aus der Objektorientierung bekannte Prinzip der Kapselung sollte daher auch beim Design von Service-Schnittstellen Verwendung finden. Dies bedeutet konkret, dass interne Exceptions, die innerhalb der Service-Implementierung auftreten, nach außen durch einen öffentlichen Fehlertyp kommuniziert werden. Dabei kann es durchaus Sinn machen, pro Service nur einen einzigen öffentlichen Fehlertyp vorzusehen, der dann detailliertere Informationen über das aufgetretene Problem transportiert.

Ein zweiter sehr wichtiger Aspekt ist die Tatsache, dass bei der SOAP-Kommunikation genau genommen keine Exceptions übermittelt werden. Exceptions sind nur eines von mehreren existierenden Konzepten zur Fehlerbehandlung und werden keinesfalls von jeder Programmiersprache unterstützt. Stellt man einen Service öffentlich zur Verfügung und weiß somit nicht im Voraus, wer zukünftig diesen Service verwenden wird, so ist es durchaus im Bereich des Möglichen, dass einige der Service-Clients Programmiersprachen verwenden werden, welche keine Exceptions kennen. Anstelle von Exceptions werden daher einfach Fehlerinformationen oder Faults übermittelt (es lohnt sich, auf diesen kleinen aber feinen Unterschied auch im Sprachgebrauch zu achten!) Wie diese auf Seiten des Clients an den dortigen Anwendungscode gemeldet werden, ist grundsätzlich zunächst beliebig und abhängig von der dort verwendeten Programmiersprache.

Die Spezifikation des SOAP-Protokolls sieht natürlich eine spezielle Funktionalität zur Übermittlung von Fehlerinformationen vor. Konkret werden zu diesem Zweck spezielle Nachrichten verwendet: die so genannten SOAP-Faults. Sie enthalten Informationen darüber, welcher Fehler aufgetreten ist, weshalb und wo. Letztere Information kann in solchen Fällen wichtig sein, in denen eine SOAP-Nachricht nicht nur einen, sondern mehrere Empfänger hat. Alle modernen SOAP-Frameworks unterstützen selbstverständlich den Versand von SOAP-Faults auf der Serverseite und deren spezielle Behandlung in der Client-Anwendung. In der Regel wird dabei – wie eingangs erläutert – auf Seiten des Clients vom Framework eine Exception geworfen, welche der dortige Anwendungscode behandeln muss.

Diese Unterstützung zielt jedoch leider hauptsächlich in Richtung technischer Fehler. So wird etwa eine `SoapException` oder `RemoteException` geworfen, falls ein Aufruf in technischer Hinsicht nicht geklappt hat, also zum Beispiel weil ein Service nicht erreichbar war, ein Zeitlimit überschritten wurde oder das verwendete Transportprotokoll einen Fehler gemeldet hat. Fehler können aber auch anwendungsspezifischer Natur sein, etwa wenn ein Service-Client Detailinformationen über ein Hotel anfordert, das gar nicht existiert. In einem solchen Fall, wenn also der entsprechende Aufruf aus technischer Sicht reibungslos funktioniert hat, wäre es hilfreich, wenn auftretende Fehler auf entsprechenden anwendungsspezifischen Exceptions abgebildet werden könnten, so wie man das auch bei der Entwicklung der restlichen Anwendung gewohnt ist. Es sollte also möglich sein, anwendungsspezifische Fehler in einer SOAP-Nachricht zu übermitteln und in der aufrufenden Anwendung dann auch entsprechend zu fangen und zu behandeln.

In der Praxis hat sich leider in der Vergangenheit vielfach herausgestellt, dass die Verwendung von SOAP-Faults für anwendungsspezifische Fehler ein schwieriges und frustrierendes Unterfangen ist, oftmals selbst dann schon, wenn Client und Service auf der gleichen Plattform und mit dem gleichen Framework erstellt wurden. Vielfach werden auf Seiten des Clients ausschließlich technische Exceptions gemeldet, gleichgültig, ob es sich tatsächlich um einen technischen oder einen anwendungsspezifischen Fehler gehandelt hat. Manches Framework behilft sich gar damit, neben allen anderen Informationen auch den Namen einer Exception-Klasse im SOAP-Fault mitzuschicken, die beim Service aufgetreten ist. Ziel dieses Vorgehens soll sein, dass die Clientseite weiß, welches Exception-Objekt denn erzeugt werden muss. Dieses Vorgehen hilft jedoch offensichtlich überhaupt nicht weiter, wenn Client und Service mit unterschiedlichen Programmiersprachen entwickelt werden, was beim Einsatz von Web Services in aller Regel der Fall sein sollte. Eine Interoperabilität von Fehlerbehandlung lässt sich auf diese Weise also nicht herstellen. Zudem widerspricht ein solches Vorgehen dem erwähnten Kapselungsprinzip.

Insbesondere hinsichtlich einer größtmöglichen Interoperabilität zeigt sich auch hier, dass der kleinste gemeinsame Nenner verwendet werden muss, um alle Nachrichten zu beschreiben, die beim Aufruf eines Service auftreten können. Dies gilt eben auch für Fehlernachrichten. Dieser kleinste gemeinsame Nenner sind die WSDL-Beschreibung des Service und die darin enthaltenen oder importierten XML Schema-Definitionen der versendeten Datentypen und Nachrichten. Aus WSDL-Beschreibung und XML Schemata werden dann entsprechend des Contract-First-Ansatzes mit Hilfe von Code-Generatoren der jeweiligen Zielplattformen Proxy-Klassen für die Clientseite bzw. Code-Gerüste für die Service-Implementierung generiert. Auch im Falle von Faults stellt also der Contract-First-Ansatz die mit Abstand erfolgversprechendste Vorgehensweise dar.

8.1.1 Definition von Fehlern in XML Schema und WSDL

Soll eine Web Service-Operation anwendungsspezifische Fehler zurück liefern können, so sind die entsprechenden Daten- bzw. Fehlertypen also zunächst in einem XML Schema zu beschreiben. Zur Veranschaulichung wird im Folgenden die Service-Schnittstelle von Axis Hotels erweitert.

Letztlich ist es Geschmackssache, ob man für jeden einzelnen Fehler, der auftreten kann, einen eigenen Fehlertyp definiert, ob man je einen Typ pro Fehlerkategorie einführt oder mit einem einzigen Fehlertyp arbeitet, der Detailinformationen über die genaue Fehlerursache transportiert. Das Entwicklerteam von Axis Hotels hat sich für letztere Variante entschieden. Listing 8.1 zeigt die Definition eines Fehlerdatentyps für den *Booking Service*, welche dem XML Schema der Service-Schnittstelle hinzuzufügen ist:

```
<element name="BookingFault">
  <complexType>
    <sequence>
      <element name="errorCode" type="int" />
      <element name="errorMessage" type="string" />
    </sequence>
  </complexType>
</element>
```

Listing 8.1: Definition eines Fehlerdatentyps für den Booking Service

Instanzen von `BookingFault` können sowohl einen Fehlercode als auch eine Fehlernachricht enthalten. Falls zu einem späteren Zeitpunkt die Übermittlung detaillierterer Fehlerinformationen notwendig werden sollte, lässt sich der Datentyp auf einfache Weise erweitern.

Um diesen Fehlertyp nun auch übermitteln zu können, muss in der WSDL des Service zunächst eine entsprechende Nachricht definiert werden. Anschließend ist die Service-Schnittstelle (im Jargon von WSDL 1.1 der Port Type) zu erweitern. Allen Operationen, bei welchen der Fehler auftreten kann, ist neben den Input- und Output-Nachrichten die soeben definierte Fehlernachricht hinzuzufügen. Schließlich sind die Fehler auch im Binding für die jeweiligen Nachrichten einzufügen. Listing 8.2 enthält Auszüge einer entsprechend angepassten WSDL für den *Booking Service*, bei der ein `BookingFault` bei Aufruf der Operationen `MakeReservation` und `CancelReservation` auftreten kann.

```
<wsdl:definitions xmlns:bt="http://axishotels.de/booking/types/"
    xmlns:tns="http://axishotels.de/booking/service/"
    xmlns:wsdl="http://schemas.xmlsoap.org/wsdl/"
    xmlns:xsd="http://www.w3.org/2001/XMLSchema"
    name="NightmareHotels"
    targetNamespace="http://axishotels.de/booking/service/"
    xmlns:soap="http://schemas.xmlsoap.org/wsdl/soap/">

 <wsdl:types>
   <xsd:schema>
     <xsd:import schemaLocation="AxisHotels-WithFault.xsd"
                 namespace="http://axishotels.de/booking/types/"/>
   </xsd:schema>
 </wsdl:types>

 <wsdl:message name="CancelReservationResponse">
   <wsdl:part name="CancelReservationResponse"
              element="bt:CancelReservationResponse"/>
 </wsdl:message>
 <wsdl:message name="CancelReservationRequest">
    <wsdl:part name="CancelReservationRequest"
              element="bt:CancelReservationRequest"/>
 </wsdl:message>
 <wsdl:message name="MakeReservationResponse">
    <wsdl:part name="MakeReservationResponse"
              element="bt:MakeReservationResponse"/>
 </wsdl:message>
 <wsdl:message name="MakeReservationRequest">
    <wsdl:part name="MakeReservationRequest"
              element="bt:MakeReservationRequest"/>
```

Listing 8.2: WSDL für den erweiterten Booking Service mit Fehlernachrichten

```
</wsdl:message>
...
<wsdl:message name="BookingFault">
   <wsdl:part name="BookingFault" element="bt:BookingFault"/>
</wsdl:message>

<wsdl:portType name="BookingInterface">
   <wsdl:operation name="CancelReservation">
     <wsdl:input message="tns:CancelReservationRequest"/>
     <wsdl:output message="tns:CancelReservationResponse"/>
     <wsdl:fault name="fault" message="tns:BookingFault"/>
   </wsdl:operation>
   <wsdl:operation name="MakeReservation">
     <wsdl:input message="tns:MakeReservationRequest"/>
     <wsdl:output message="tns:MakeReservationResponse"/>
     <wsdl:fault name="fault" message="tns:BookingFault"/>
   </wsdl:operation>
   ...
</wsdl:portType>

<wsdl:binding name="BookingSoapBinding" type="tns:BookingInterface">
 <soap:binding style="document"
             transport="http://schemas.xmlsoap.org/soap/http"/>
 <wsdl:operation name="CancelReservation">
   <soap:operation
     soapAction="http://axishotels.de/booking/service/CancelReservation"/>
   <wsdl:input>
     <soap:body use="literal" parts="CancelReservationRequest"/>
   </wsdl:input>
   <wsdl:output>
     <soap:body use="literal" parts="CancelReservationResponse"/>
   </wsdl:output>
   <wsdl:fault name="fault">
       <soap:fault use="literal" name="fault"/>
   </wsdl:fault>
 </wsdl:operation>
 <wsdl:operation name="MakeReservation">
   <soap:operation
     soapAction="http://axishotels.de/booking/service/MakeReservation"/>
   <wsdl:input>
```

Listing 8.2: WSDL für den erweiterten Booking Service mit Fehlernachrichten (Forts.)

```
      <soap:body use="literal" parts="MakeReservationRequest"/>
    </wsdl:input>
    <wsdl:output>
      <soap:body use="literal" parts="MakeReservationResponse"/>
    </wsdl:output>
    <wsdl:fault name="fault">
      <soap:fault use="literal" name="fault"/>
    </wsdl:fault>
  </wsdl:operation>
    ...
</wsdl:binding>

<wsdl:service name="BookingService">
  <wsdl:port name="BookingSoapPort" binding="tns:BookingSoapBinding">
    <soap:address location="http://server:8080/axis2/services/BookingService"/>
  </wsdl:port>
</wsdl:service>
</wsdl:definitions>
```

Listing 8.2: WSDL für den erweiterten Booking Service mit Fehlernachrichten (Forts.)

8.1.2 Codegenerierung

Nachdem die WSDL des Booking Service entsprechend erweitert wurde, können anschließend mit dem Axis2 Code-Generator WSDL2Java sowohl ein Skeleton und ein Message Receiver für die Serverseite als auch eine Proxy-Klasse für Client-Anwendungen generiert werden. Die Tatsache, dass die WSDL nun Fehlernachrichten definiert, hat keine Auswirkungen auf die grundsätzliche Verwendung von WSDL2Java, d.h., bei dessen Aufruf müssen keine speziellen Optionen verwendet werden.

```
wsdl2java -S src -R resources\serviceWithFault -ss -g -sd -u
          -uri ..\..\AxisHotels-WithFault.wsdl
```

Abbildung 8.1 zeigt, welche Klassen WSDL2Java für die WSDL aus Listing 8.2 generiert. Gegenüber der Codegenerierung für den Booking Service ohne Fehlernachrichten hat sich auf den ersten Blick nur wenig verändert. Es sind lediglich zwei Klassen hinzugekommen: `BookingFault` repräsentiert die gleichnamige Fehlernachricht bzw. den Datentyp, der zuvor in XML Schema definiert wurde, `BookingFaultException` kapselt diese Fehlernachricht in Form einer normalen Java Exception-Klasse.

Bei einem genaueren Blick in den Source-Code der Klasse `BookingServiceSkeleton` offenbart sich jedoch, dass die Methoden `MakeReservation` und `CancelReservation` nun jeweils eine Exception vom Typ `BookingFaultException` werfen können, wenn sie einen anwendungsspezifischen Fehler melden möchten. Diese wird von Axis2 dann in einen entsprechenden SOAP-Fault umgewandelt und an den Client geschickt. Listing 8.3 zeigt eine beispielhafte Service-Implementierung, die entsprechende Fehlernachrichten verschickt.

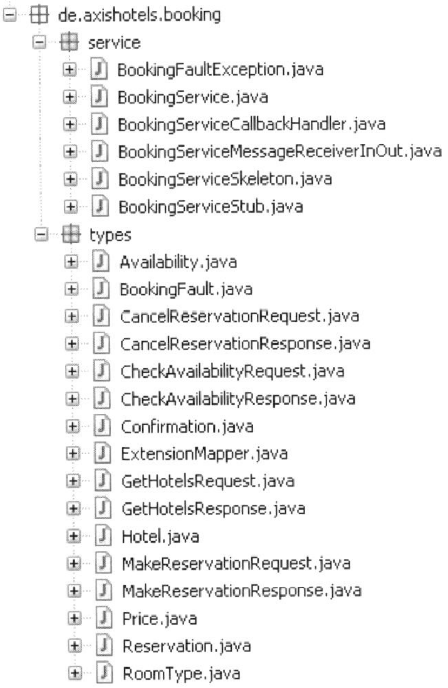

Abbildung 8.1: Generierte Klassen für den Booking Service mit Fehlernachrichten

```
public MakeReservationResponse
        MakeReservation(MakeReservationRequest reqMsg) throws BookingFaultException {
 try {
  Reservation res = reqMsg.getReservation();

  // call business logic
  int bookingNumber = processReservation(res);

  Confirmation confirm = new Confirmation();
  confirm.setReservationNumber(bookingNumber);
  confirm.setStatus("booked");

  MakeReservationResponse respMsg = new MakeReservationResponse();
  respMsg.setReservationConfirmation(confirm);
  return respMsg;
 } catch (Exception e) {
  BookingFault bf = new BookingFault();
  bf.setErrorCode(42);
  bf.setErrorMessage(ex.getMessage());
```

Listing 8.3: Beispielhafte Implementierung für die Verarbeitung von Reservierungen

```
    String faultStr = "The reservation failed";
    BookingFaultException bfe = new BookingFaultException(faultStr);
    bfe.setFaultMessage(bf);
    throw bfe;
  }
}
```

Listing 8.3: Beispielhafte Implementierung für die Verarbeitung von Reservierungen (Forts.)

Auf Seiten des Clients hat sich der für die Stub-Klasse generierte Code durch das Hinzufügen von Fehlernachrichten ebenfalls entsprechend geändert. Die Methodensignaturen von `MakeReservation` und `CancelReservation` zeigen nun an, dass sie zusätzlich zu `RemoteException` nun auch `BookingFaultException` werfen können. Hier ist sehr deutlich die Unterscheidung zwischen technischen Problemen und anwendungsspezifischen Fehlern zu erkennen. Listing 8.4 demonstriert, wie Fehlernachrichten des Service mit Hilfe der Stub-Methoden verarbeitet werden können.

```
public void testExceptions() {
  try {
    BookingServiceStub stub = new BookingServiceStub();
    MakeReservationRequest resReq = new MakeReservationRequest();
    Reservation reservation = getSampleReservation();
    resReq.setReservation(reservation);

    MakeReservationResponse resResp = stub.MakeReservation(resReq);
    Confirmation conf =  resResp.getReservationConfirmation();
    LOG.info("Reservation No: " + conf.getReservationNumber());
    LOG.info("Status: " + conf.getStatus());
  } catch (BookingFaultException bfe) {
    BookingFault fault = bfe.getFaultMessage();
    LOG.error("Error code: " + fault.getErrorCode());
    LOG.error("Error message: " + fault.getErrorMessage());
  } catch (RemoteException re) {
    LOG.error("A technical error occured: " + re.getMessage()) ;
  }
}

private Reservation getSampleReservation() {
  Calendar arrivalDate = Calendar.getInstance();
  arrivalDate.set(2006, Calendar.NOVEMBER, 3);
  Calendar departureDate = Calendar.getInstance();
  departureDate.set(2006, Calendar.NOVEMBER, 6);
  Reservation reservation = new Reservation();
```

Listing 8.4: Beispielhafte Implementierung für die Verwendung der Stub-Klasse

```
    reservation.setArrivalDate(arrivalDate.getTime());
    reservation.setDepartureDate(departureDate.getTime());
    reservation.setGuestName("Albert Einstein");
    reservation.setNumberOfRooms(1);
    reservation.setRoomCode("Single");
    reservation.setHotelCode("AXIS-MUC");
    return reservation;
}
```

Listing 8.4: Beispielhafte Implementierung für die Verwendung der Stub-Klasse (Forts.)

Mit Hilfe des TCP-Monitor lässt sich sehr schön beobachten, wie der vom Service erzeugte `BookingFault` im `detail`-Element von SOAP Faults transportiert wird (Listing 8.5). Er wird clientseitig dann tatsächlich in eine `BookingFaultException` überführt und kann mittels eines entsprechenden `catch`-Blocks gefangen werden. Technische, nicht anwendungsspezifische Fehler werden dagegen als `RemoteException` gemeldet und im zweiten `catch`-Block verarbeitet.

```
<soapenv:Envelope xmlns:soapenv="http://schemas.xmlsoap.org/soap/envelope/">
  <soapenv:Header />
  <soapenv:Body>
    <soapenv:Fault>
      <faultcode>soapenv:Client</faultcode>
      <faultstring>The reservation failed</faultstring>
      <detail>
        <ns1:BookingFault xmlns:ns1="http://axishotels.de/booking/types/">
          <errorCode>42</errorCode>
          <errorMessage>Invalid hotel code: AXIS-MUC</errorMessage>
        </ns1:BookingFault>
      </detail>
    </soapenv:Fault>
  </soapenv:Body>
</soapenv:Envelope>
```

Listing 8.5: SOAP Fault mit BookingFault

Im Falle technischer Exceptions, also zum Beispiel dann, wenn eine SOAP-Nachricht an einen Service oder eine Operation geschickt wird, die auf dem fraglichen Server gar nicht existiert, schickt Axis2 ebenfalls einen SOAP Fault zurück. Standardmäßig ist Axis2 1.1 dabei so konfiguriert, dass der SOAP Fault nur einen `faultcode` und `faultstring` zurückliefert (bzw. `Code` und `Reason` in SOAP 1.2), jedoch keine genaueren Informationen. Das `detail`-Element bleibt im Gegensatz zu den anwendungsspezifischen Fehlern leer. Alternativ kann es jedoch auch einen kompletten Stack Trace enthalten, der somit vom Service zum Client gesendet wird. Hierzu ist in der Datei *WEB-INF/conf/axis2.xml* der Parameter `sendStacktraceDetailsWithFaults` auf den Wert `true` zu setzen. Für den Produktivbetrieb ist ein solches Verhalten jedoch in der Regel weniger wünschenswert. Dies gilt insbesondere dann, wenn der Service nicht nur unternehmensintern verwendet wird, sondern öffentlich zur Verfügung steht, da sich durch den Versand von Stack Traces gegebenenfalls Sicherheitsprobleme ergeben können. Aus diesem Grund sollte man den Parameter in Produktivumgebungen auf dem Wert `false` belassen.

Das Element `faultstring` (bzw. `Reason`) hat den Zweck, einen für Menschen lesbaren und verständlichen Grund für den Fehler zu transportieren. Wird bei der Erzeugung des SOAP Fault kein Text explizit gesetzt, verwendet Axis2 das `message`-Property der Exception, welche den Fault verursacht hat. In manchen Fällen sind Exceptions jedoch mehrmals verschachtelt, was dann dazu führt, dass die zum Client gesendete Fehlerursache nicht sehr aussagekräftig ist. Man kann Axis2 jedoch anweisen, die Exception-Hierarchie hinab zu steigen, um die ursprüngliche Fehlerursache zu finden und im SOAP Fault zu setzen. Hierfür ist der Parameter `drillDownToRootCauseForFaultReason` auf den Wert `true` zu setzen.

Die Distribution von Axis2 1.1 enthält im Unterverzeichnis *samples* ein Anwendungungsbeispiel zur Fehlerbehandlung, welches die Thematik ebenfalls demonstriert. Neben der Fehlerbehandlung innerhalb von Client-Anwendungen können zudem auch spezielle Handler eingesetzt werden, um auf ein- oder ausgehende SOAP-Faults entsprechend zu reagieren. Nähere Informationen hierzu befinden sich im Kapitel 10.

8.2 Lebenszyklus von Services

Hin und wieder kommt es vor, dass ein Service bestimmte Initialisierungsaufgaben erledigen soll, bevor er mit der Verarbeitung von Nachrichten beginnt. Beispielsweise könnten benötigte Netzwerk- oder Datenbankverbindungen geöffnet, Dateien angelegt oder benötigte Daten geladen werden. Wenn die Initialisierung einige Zeit in Anspruch nimmt, sollte damit nicht erst begonnen werden, wenn bereits eine Nachricht eingetroffen ist, denn sonst muss der Sender der Nachricht unnötig lange auf deren Verarbeitung warten. Ebenso ist es manchmal notwendig, dass ein Service abschließende Aufräumarbeiten vornimmt, bevor er vom Axis2 Framework endgültig zerstört wird. In den meisten Fällen werden bei solchen Aufräumarbeiten die einzelnen Schritte der Initialisierung wieder rückgängig gemacht, d.h., es werden beispielsweise Netzwerk- oder Datenbankverbindung wieder geschlossen, Dateien gelöscht oder Ressourcen frei gegeben.

Axis2 unterstützt diese Anforderungen dadurch, dass für jeden Service eine spezielle Zusatzklasse konfiguriert werden kann, die seinen Lebenszyklus kontrolliert. Die Zusatzklasse muss dafür ein spezielles Interface namens `ServiceLifeCycle` implementieren. Falls eine Implementierung für einen bestimmten Service erstellt wurde, so muss dies dem Axis2 Framework in der Konfigurationsdatei des Service entsprechend angezeigt werden. Hierzu dient das Attribut `class`, welches dem Element `service` hinzuzufügen ist. Der Wert des Attributes muss dann dem voll qualifizierten Klassenamen der Implementierungsklasse entsprechen. Dies sieht beispielsweise wie folgt aus:

```
<service name="BookingService" class="de.axishotels.booking.service.MyServiceLifecycle">
  ...
</service>
```

Listing 8.6 zeigt die von `ServiceLifeCycle` definierten Methoden. Die Methode `startUp` wird vom Axis2 Framework aufgerufen, wenn der Service in Betrieb genommen wird, also normalerweise beim Start der Axis2 Web-Anwendung bzw. eines der mitgelieferten Standalone-Server (SimpleHTTPServer etc). Voraussetzung hierfür ist natürlich, dass das entsprechende Service-Archiv bereits im Repository vorliegt. Wird das Service-Archiv im laufenden Betrieb in das Repository hinzugefügt (Hot Deployment oder Hot Update), erfolgt der Aufruf von `startUp` zu diesem Zeitpunkt. Die Methode `shutDown` wird dagegen aufgerufen, wenn die Axis2 Web-Anwendung beendet wird. Das Aktivieren und Deaktivieren eines Service (z.B. über das Administrations-Frontend von Axis2) bewirkt keinen Aufruf der beiden Methoden.

```
package org.apache.axis2.engine;

import org.apache.axis2.context.ConfigurationContext;
import org.apache.axis2.description.AxisService;

public interface ServiceLifeCycle {

  public void startUp(ConfigurationContext configctx, AxisService service);
  public void shutDown(ConfigurationContext configctx, AxisService service);
}
```

Listing 8.6: Das Interface ServiceLifeCycle

Über den Parameter `configctx` haben beide Methoden Zugriff auf eine Instanz der Klasse `ConfigurationContext`, welche sämtliche Konfigurationseinstellungen des Axis2 Frameworks beinhaltet (siehe Kapitel 9). Dies schließt unter anderem die verfügbaren Module, Services und Phasen, sowie globale Konfigurationsparameter ein. Der zweite Methodenparameter namens `service` enthält alle Informationen über den Service selbst, insbesondere die in der Service-Konfiguration (*services.xml*) definierten Service-Parameter. Es ist somit also beispielsweise möglich, in der Service-Konfiguration die Parameter für eine Datenbankverbindung festzulegen, diese in der Methode `startUp` auszulesen und damit eine entsprechende Verbindung zu öffnen. Dies soll im Folgenden anhand eines Beispiels demonstriert werden.

Listing 8.7 zeigt eine beispielhafte Implementierung von `ServiceLifeCycle`. Die Klasse `MyServiceLifecycle` liest in ihrer `startUp`-Methode die Parameter DB_DRIVER, DB_URL, DB_USERNAME und DB_PASSWORD aus der Service-Konfiguration aus und versucht anschließend eine entsprechende Verbindung zu öffnen. Gelingt dies, wird eine Referenz auf das `Connection`-Objekt ebenfalls als Service-Parameter abgelegt. Die Methode `shutDown` greift auf diesen Parameter wieder zu, gelangt so an die Referenz zum `Connection`-Objekt und schließt die Verbindung.

```
package de.axishotels.booking.service;

import java.sql.*;
import org.apache.axis2.context.ConfigurationContext;
import org.apache.axis2.description.AxisService;
import org.apache.axis2.description.Parameter;
import org.apache.axis2.engine.ServiceLifeCycle;
import org.apache.commons.logging.*;

public class MyServiceLifecycle implements ServiceLifeCycle {

 private static final Log LOG = LogFactory.getLog(MyServiceLifecycle.class);

 public void startUp(ConfigurationContext configctx, AxisService service) {
  LOG.info("Opening database connection...");
  Parameter dbUrl = service.getParameter(Constants.DB_URL);
  Parameter dbDriver = service.getParameter(Constants.DB_DRIVER);
  Parameter dbUser = service.getParameter(Constants.DB_USER);
  Parameter dbPwd = service.getParameter(Constants.DB_PWD);

  try {
   Class.forName(dbDriver.getValue().toString());
   Connection con = DriverManager.getConnection(
                              dbUrl.getValue().toString(),
                              dbUser.getValue().toString(),
                              dbPwd.getValue().toString());

   service.addParameter(new Parameter(Constants.DB_CONN, con));
   LOG.info("Database connection established.");
  } catch (Exception e) {
   LOG.error("Database connection could not be established: " + e.getMessage());
  }
 }

 public void shutDown(ConfigurationContext configctx, AxisService service) {
  LOG.info("Closing database connection...");
  Parameter paramDbCon = service.getParameter(Constants.DB_CONN);
  Connection con = (Connection) paramDbCon.getValue();
```

Listing 8.7: Implementierung einer ServiceLifecycle-Klasse

```
    try {
      if (con!=null) {
        con.close();
      }

      LOG.info("Database connection closed.");

    } catch (SQLException e) {
      LOG.error("Database connection could not be closed: " + e.getMessage());
    }
  }
}
```

Listing 8.7: Implementierung einer ServiceLifecycle-Klasse (Forts.)

```
package de.axishotels.booking.service;

public class Constants {
  public static final String DB_URL = "DB_URL";
  public static final String DB_DRIVER = "DB_DRIVER";
  public static final String DB_USER = "DB_USERNAME";
  public static final String DB_PWD = "DB_PASSWORD";
  public static final String DB_CONN = "DB_CONNECTION";
}
```

Listing 8.8: Konstanten für die ServiceLifecycle-Klasse

Die Definition der entsprechenden Parameter in der Service-Konfiguration wird in Listing 8.9 demonstriert. Dort ist ebenfalls zu erkennen, wie die Lifecycle-Klasse mit Hilfe des `class`-Attributes bekannt gemacht wird.

```
<serviceGroup>
 <service name="BookingService"
         class="de.axishotels.booking.service.MyServiceLifecycle">

  <messageReceivers>
    ...
  </messageReceivers>

  <parameter name="ServiceClass">
     de.axishotels.booking.service.MyBookingService
  </parameter>
```

Listing 8.9: Service-Konfiguration für einen Service mit Lifecycle-Klasse

```
    <parameter name="DB_URL">jdbc:hsqldb:file:axisHotels</parameter>
    <parameter name="DB_DRIVER">org.hsqldb.jdbcDriver</parameter>
    <parameter name="DB_USERNAME">sa</parameter>
    <parameter name="DB_PASSWORD"></parameter>

    <operation name="GetHotels"
               mep="http://www.w3.org/2004/08/wsdl/in-out">
     <actionMapping>
       http://axishotels.de/booking/service/GetHotels
     </actionMapping>
     <outputActionMapping>
       http://axishotels.de/booking/service/BookingInterface/GetHotelsResponse
     </outputActionMapping>
    </operation>
    ...
  </service>
</serviceGroup>
```

Listing 8.9: Service-Konfiguration für einen Service mit Lifecycle-Klasse (Forts.)

Hinweis

Das hier dargestellte Beispiel ist stark vereinfacht, um die Funktion des Service Lifecycle zu demonstrieren. In der Regel wird es jedoch nicht ausreichen, eine einzige Datenbankverbindung für den Service zu erstellen. Stattdessen sollte gegebenenfalls mit mehreren Verbindungen gearbeitet werden. Dies kann zum Beispiel durch die Verwendung von Connection Pools erreicht werden.

8.3 Session-Verwaltung

Da eine Session-Verwaltung immer mit hohem Ressourcenverbrauch und verlangsamter Verarbeitung verbunden ist, sollte ein Web Service idealerweise zustandslos entworfen und implementiert werden, um eine möglichst hohe Skalierbarkeit des Systems zu erreichen. Mit dem Einsatz von Web Services in immer komplexer werdenden Szenarien werden jedoch die Anforderungen an die Web Service-Applikationen immer höher, sodass Session-Verwaltung heutzutage zu den fortgeschrittenen Funktionalitäten gehört, die viele Enterprise-Applikationen nicht mehr missen wollen. Zusammenhänge zwischen verschiedenen Web Service-Aufrufen müssen erkannt und aufbewahrt werden, Daten effizient zwischen diesen Aufrufen ausgetauscht werden. Wenn ein Benutzer über den Web Service eines Online-Reisedienstes zuerst einen Flug bucht und anschließend ein Hotelzimmer reserviert, sollte der Web Service den Benutzer bei der zweiten Anfrage wieder erkennen und der richtigen Session zuordnen können.

Implementierungstechnisch werden die Session-Informationen meistens serverseitig abgelegt. Ein eindeutiger Session-Bezeichner (Session-ID) wird erzeugt und an den anfragenden Client zurückgeschickt. Der Client ist verpflichtet, diese Session-ID bei allen nachfolgenden Anfragen mitzuschicken, damit seine Anfragen der richtigen Session zugeordnet werden können. Dass Session-Verwaltung ein integraler Bestandteil von Enterprise-Web-Service-Plattformen werden wird, ist seit langem abzusehen. Schließlich hat man dieselbe Entwicklung schon bei HTTP erlebt. Um effizient und ressourcenschonend zu arbeiten, wurde HTTP ursprünglich als zustandsloses Protokoll entworfen. Heutzutage ist jedoch die Verwendung von HTTP-Sessions aus Webapplikation einfach nicht mehr wegzudenken.

Als Web Service-Engine der nächsten Generation unterstützt Axis2 natürlich auch Session-Verwaltung in Web Services. Nichtsdestotrotz sollte mit zustandsbehafteten Web Services sparsam und vorsichtig umgegangen werden. Daher haben die Entwickler beim Design von Axis2 viel Wert darauf gelegt, Logik von Zustand klar voneinander zu trennen. So sind alle Kernkomponenten von Axis2 (einschließlich Handler und AxisEngine) zustandslos realisiert. Es macht keinen Unterschied, ob zur Laufzeit nur eine oder mehrere Instanzen dieser Komponenten vorhanden sind, da sie alle zustandslos und somit gegeneinander austauschbar sind. Dieses Prinzip der Zustandslosigkeit sollte natürlich auch von Erweiterungen (z.B. durch selbst definierte Handler) weiterhin eingehalten werden. Die Session-Verwaltung wird in Axis2 mittels einer zusätzlichen Schicht über diesen Komponenten realisiert, welche im Wesentlichen aus einer Kontexthierarchie besteht. Ein selbst entwickelter Handler sollte daher Session-Informationen in dieser Kontexthierarchie ablegen und keinesfalls lokale Instanzvariablen verwenden.

Ähnlich wie das Servlet-API sieht Axis2 verschiedene Typen von Sessions vor, die unterschiedliche Lebensdauer und Gültigkeitsbereiche (Scope) haben. Manche Sessions sind kurzlebig und nach wenigen Sekunden schon beendet, während andere dieselbe Lebensdauer wie das System haben. Die von Axis2 unterstützten Session-Scopes heißen:

- Request
- SOAP
- Transport
- Application

Bevor diese ausführlich vorgestellt werden, lohnt es sich einen Blick auf die Kontexthierarchie von Axis2 aus Sicht der Session-Verwaltung zu werfen (mehr zu Kontexten in Kapitel 9). Wie bereits erwähnt, sind Logik und Zustand in Axis2 voneinander getrennt, und Zustandsinformationen werden in Kontext-Klassen gespeichert, von denen unterschiedliche Typen existieren.

- `ConfigurationContext`: Ein `ConfigurationContext` repräsentiert das gesamte System zur Laufzeit und enthält sämtlich statische und dynamische Daten von Axis2. Diese Instanz hat dieselbe Lebensdauer wie das System und bietet einen idealen Platz, um globale Daten abzulegen.
- `ServiceGroupContext`: Ein `ServiceGroupContext` repräsentiert eine Servicegruppe, die aus mehreren Services besteht. In diesem Kontext können Daten ablegt werden, die zwischen den Services dieser Gruppe ausgetauscht werden sollen. Je nach Session-Scope der Servicegruppe kann es zur Laufzeit mehrere Instanzen dieser Klasse geben.

- `ServiceContext`: Ein `ServiceContext` repräsentiert einen Service zur Laufzeit. Je nach Session-Scope können mehrere Servicekontexte für einen Service zur Laufzeit erzeugt werden, die jeweils eine eigene Session repräsentieren. Die Lebensdauer einer solchen Kontextinstanz ist identisch mit der Lebensdauer der Session. In diesem Kontext können Daten ablegt werden, die während dieser Session gültig bleiben.
- `OperationContext`: Dieses Objekt hat dieselbe Lebensdauer wie die eines MEP und ist meistens kurzlebiger als ein `ServiceContext`. Dort können Daten abgelegt werden, die z.B. zwischen einem Request-Handler und einem Response-Handler bei einem IN-OUT-MEP ausgetauscht werden sollen.
- `MessageContext`: Ein `MessageContext` hat die kürzeste Lebensdauer und repräsentiert lediglich den Kontext für eine eingehende oder ausgehende Nachricht. Sollten zwei Handler in derselben Ausführungskette Daten miteinander austauschen wollen, sollten sie `MessageContext` benutzen.

Es ist zu beachten, dass der Lebenszyklus eines Service nicht direkt mit der Session-Verwaltung zusammenhängt. Für einen in Axis2 deployten Service existiert nur eine `AxisService`-Instanz zur Laufzeit, deren Lebenszyklus in Abschnitt 8.2 beschrieben ist. Bei der Session-Verwaltung geht es jedoch darum, client-spezifische Informationen zu verwalten. Je nach Session-Scope wird zur Laufzeit daher eine unterschiedliche Anzahl von Service-Instanzen erzeugt, und diese jeweils in einem `ServiceContext` abgelegt. Dies geschieht entweder für jeden einzelnen eingehenden Request oder der `ServiceContext` wird in der Session abgelegt und bei nachfolgenden Aufrufen wieder verwendet.

Für jeden Service können daher zur Laufzeit mehrere Instanzen seiner Implementierungsklasse existieren und somit auch mehrere Service-Kontexte. Diese verwalten jeweils ihre eigenen Session-Informationen und haben auch einen eigenen Lebenszyklus. Abbildung 8.2 zeigt eine beispielhafte Momentaufnahme: Für den `BookingService` existieren in diesem Moment drei Service-Instanzen mit jeweils einem eigenen `ServiceContext` und entsprechenden Session-Informationen, welche als Properties abgelegt werden.

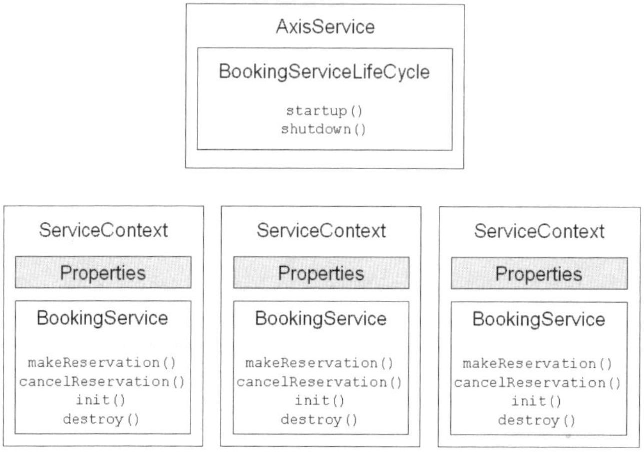

Abbildung 8.2: Momentaufnahme zur Laufzeit: ein Service mit drei Instanzen

Unabhängig vom konfigurierten Scope kann eine Service-Implementierung benachrichtigt werden, wenn eine neue Session gestartet oder beendet wird. Dafür muss die Service-Klasse folgende Methoden implementieren, in denen alle notwendigen Initialisierungs- bzw. Aufräumarbeiten für eine Session erledigt werden können.

```
public void init(ServiceContext serviceContext) {
}

public void destroy(ServiceContext serviceContext) {
}
```

Listing 8.10: Lifecycle-Methoden für Web Service-Sessions in Axis2

Im Gegensatz zu `ServiceLifeCycle`-Interface für Services (siehe 8.2) wurde kein Lifecycle-Interface für Sessions definiert. Axis2 versucht lediglich, über Reflection herauszufinden, ob eine dieser beiden Methoden in der Serviceklasse definiert wurde und ruft diese im Erfolgsfall auf. Der Aufruf von `init` und `destroy` erfolgt für jede Session, während die Methoden `startUp` und `shutDown` aus dem `ServiceLifeCycle`-Interface nur einmalig aufgerufen werden. Daher ist die Implementierung von `init` und `destroy` nur notwendig, wenn session-spezifische Initialisierungen oder Aufräumarbeiten durchgeführt werden müssen.

8.3.1 Request-Session-Scope

Der Request-Session-Scope hat die kürzeste Lebensdauer unter den vier Scopes und ist nur gültig für den Zeitraum eines einzigen MEP. Es wird keinerlei Session-Information aufbewahrt und auch die Service-Implementierung muss sich nicht mit der Session-Verwaltung beschäftigen. Genau genommen bedeutet Request-Session-Scope, dass der Service überhaupt keine Session benutzt und demnach zustandslos ist. Es wird für jeden Request eine neue Instanz der Service-Implementierung angelegt und nach Abarbeitung des Requests wieder zerstört. Um die zustandslose Natur von Axis2 widerzuspiegeln, ist der Request-Session-Scope zugleich auch der voreingestellte Scope in Axis2. Wird keine explizite Scope-Angabe in der Konfiguration eines Service (*services.xml*) gemacht, so hat der Service automatisch Request-Session-Scope. Es ist aber auch legitim, diese Angabe wie folgt explizit zu machen:

```
<service name="myRequestService" scope="request">
   ...
</service>
```

Listing 8.11: Konfiguration eines Service mit Request-Session-Scope

Auch Service-Instanzen mit Request-Session-Scope können Daten im `ConfigurationContext` ablegen und darüber austauschen. In diesem Fall sind die Daten dann jedoch nicht session-bezogen, sondern global sichtbar und überschreibbar.

8.3.2 SOAP-Session-Scope

SOAP-Session-Scope hat eine längere Lebensdauer als Request-Session-Scope und ist am ehesten vergleichbar mit dem Session-Konzept, mit dem man von Webapplikationen vertraut ist. Bei dieser Variante wird für jede Session (bzw. jeden Client) je eine Serviceinstanz erzeugt und wieder verwendet, um auch alle nachfolgenden Requests der Session zu verarbeiten. Um eine solche Session-Verwaltung zu ermöglichen, ist es erforderlich, dass sowohl Service als auch Client einen Session-Bezeichner in ihren Nachrichten mitschicken und auswerten. Im Falle von SOAP-Session-Scope wird hierzu ein Feature von WS-Addressing verwendet, die so genannten *Reference Parameters* (vgl. Kapitel 15). Versand und Verarbeitung der Session-Informationen wird weitestgehend von Axis2 erledigt, sodass eine Client-Anwendung lediglich die Absicht erklären muss, sich an einer Session beteiligen zu wollen. Ferner ist es natürlich notwendig, auf beiden Seiten das WS-Addressing-Modul zu aktivieren, damit der SOAP Header erzeugt bzw. interpretiert werden kann.

Wurde ein Service mit SOAP-Session-Scope in Betrieb genommen, erzeugt Axis2 beim Eintreffen der ersten Request-Nachricht eines Clients einen eindeutigen Bezeichner namens `ServiceGroupId`. Diese wird als Referenzparameter verpackt und in der Antwortnachricht an den Client im SOAP Header mitgeschickt (als Kindelement des WS-Addressing-Elementes `wsa:ReplyTo`, siehe Listing 8.12).

```
<wsa:ReplyTo>
  <wsa:Address>
    http://www.w3.org/2005/08/addressing/anonymous
  </wsa:Address>
  <wsa:ReferenceParameters>
    <axis2:ServiceGroupId xmlns:axis2="http://ws.apache.org/namespaces/axis2">
      urn:uuid:65E9C56F702A398A8B11513011677354
    </axis2:ServiceGroupId>
  </wsa:ReferenceParameters>
</wsa:ReplyTo>
```

Listing 8.12: ServiceGroupId in wsa:ReplyTo als Session-Bezeichner

Nach Erhalt einer solchen Response-Nachricht ist der Client verpflichtet, die `ServiceGroupId` auszulesen und sie in allen nachfolgenden Requests an den Service immer wieder mitzuschicken. Dies bewirkt, dass Axis2 diese Requests der richtigen Session und Service-Instanz zuordnen und auf sessionspezifische Daten zugreifen kann. Der Parameter wurde absichtlich `ServiceGroupId` genannt, da nicht nur alle Operationen derselben Serviceinstanz, sondern auch alle Serviceinstanzen derselben Servicegruppe über den SOAP-Session-Scope Daten austauschen können, sofern sie dieselbe `ServiceGroupId` kennen. Daher sollen zwei Services mit SOAP-Session-Scope in dieselbe Servicegruppe aufgenommen werden, wenn sie miteinander dieselbe Session teilen wollen.

Diese Umsetzung erscheint auf den ersten Blick komplexer als eine auf Cookies basierende Lösung, da nicht nur ein zusätzlicher SOAP Header erzeugt, sondern auch das WS-Addressing-Modul beidseitig aktiviert werden muss. Trotzdem hat diese Lösung ihre

Berechtigung, da sie ausschließlich auf SOAP und WS-Addressing basiert und damit jegliche Abhängigkeit vom verwendeten Transportprotokoll vermeidet. So können Requests und Responses über unterschiedliche Transportprotokolle (HTTP, SMTP, JMS usw.) zwischen Client und Server ausgetauscht und die Session trotzdem aufrechterhalten werden. Eine ähnlich transportunabhängige Lösung existierte auch in Axis1.x. Diese Lösung verwendete einen Handler, der sowohl client- als auch serverseitig konfiguriert werden muss, um einen Block mit Session-Id im SOAP Header abzulegen oder auszulesen. Dagegen basiert die SOAP-Session-Lösung von Axis2 auf dem WS-Addressing-Standard und verwendet für die Implementierung das modernere Modul-Konzept.

Um einen Service im SOAP-Session-Scope in Betrieb zu nehmen, muss dies in seiner Konfigurationsdatei *services.xml* explizit bekannt gemacht werden.

```
<service name="mySessionService" scope="soapsession">
  ...
</service>
```

Listing 8.13: Konfiguration eines Service mit SOAP-Session-Scope

SOAP-Sessions haben eine voreingestellte Lebensdauer von 30 Sekunden. Über den Konfigurationsparameter `ConfigContextTimeoutInterval` in *axis2.xml* kann ein anderer Wert eingestellt werden, obwohl anhand des Parameternamens kein Bezug zu Session-Verwaltung zu erkennen ist. Wird innerhalb dieser Timeout-Periode kein neuer Request vom Client empfangen, läuft die Session ab. Empfängt Axis2 zu einem späteren Zeitpunkt dennoch wieder eine Nachricht mit einer alten `ServiceGroupId`, so hat dies einen `AxisFault` zur Folge. Nimmt man jedoch die Implementierung der Session-Verwaltung genau unter die Lupe, so fällt schnell auf, dass das Aufräumen abgelaufener Sessions nur dann stattfindet, wenn eine neue Session registriert werden soll. Wird auf einen Service also nur von einem einzigen Client aus zugegriffen, so bleibt diese Session beliebig lang gültig. Obwohl dieses Szenario in der Praxis sehr unwahrscheinlich ist, sollte es an dieser Stelle erwähnt werden, da die Konstellation beim Test für große Verwirrung sorgen könnte.

```
HTTP/1.1 500 Internal Server Error
Server: Apache-Coyote/1.1
Content-Type: text/xml;charset=UTF-8
Date: Fri, 09 Feb 2007 13:02:32 GMT
Connection: close

<?xml version='1.0' encoding='UTF-8'?>
<soapenv:Envelope xmlns:wsa="http://www.w3.org/2005/08/addressing"
        xmlns:soapenv="http://schemas.xmlsoap.org/soap/envelope/">
<soapenv:Header>
  <wsa:To>http://www.w3.org/2005/08/addressing/anonymous</wsa:To>
  <wsa:ReplyTo>
    <wsa:Address>
```

Listing 8.14: Fehlernachricht bei Session-Timeout

```
        http://www.w3.org/2005/08/addressing/none
      </wsa:Address>
    </wsa:ReplyTo>
    <wsa:MessageID>
      urn:uuid:682DDC5F1FA90072A81171026152597
    </wsa:MessageID>
    <wsa:Action>
      http://www.w3.org/2005/08/addressing/soap/fault
    </wsa:Action>
    <wsa:RelatesTo wsa:RelationshipType="http://www.w3.org/2005/08/addressing/reply">
      urn:uuid:124969B95C0F71D22D1171020008721
    </wsa:RelatesTo>
  </soapenv:Header>
  <soapenv:Body>
    <soapenv:Fault>
      <faultcode>soapenv:Client</faultcode>
      <faultstring>
        Invalid Service Group Id
        urn:uuid:682DDC5F1FA90072A81171020008600
      </faultstring>
      <detail> ... </detail>
    </soapenv:Fault>
  </soapenv:Body>
</soapenv:Envelope>
```

Listing 8.14: Fehlernachricht bei Session-Timeout (Forts.)

8.3.3 Transport-Session-Scope

Bei Verwendung des Transport-Session-Scope ist nicht Axis2 für den Lebenszyklus einer Session zuständig. Diese Aufgabe wird stattdessen vom eingesetzten Transport-Mechanismus übernommen. Im Falle von HTTP werden also zum Beispiel HTTP-Cookies verwendet, um die Session aufrecht zu halten. Die Lebensdauer einer Transport-Session wird daher auch transportspezifisch außerhalb von Axis2 konfiguriert. Wird Axis2 beispielsweise innerhalb einer Webapplikation unter Tomcat in Betrieb genommen, so ist die Lebensdauer einer Session abhängig davon, welcher Wert mit Hilfe des Elements `session-timeout` in der Konfigurationsdatei der Webapplikation (*web.xml*) konfiguriert wurde. Beim Transport-Session-Scope legt Axis2 den `ServiceContext` und `ServiceGroupContext` im Session-Objekt des Transports ab, sodass bei der Verarbeitung aller Requests derselben Transport-Session dieselbe Kontextinstanz wiederverwendet wird.

Ein Vorteil des Transport-Session-Scope gegenüber dem SOAP-Session-Scope liegt darin, dass auch Services unterschiedlicher Servicegruppen über diesen Scope Daten austauschen können, solange die Anfragen von demselben Client stammen. Dagegen kann die Session bei einer gemischten Nutzung von verschiedenen Transporten nicht mehr sinnvoll verwaltet werden. Um einen Service mit Transport-Session-Scope zu versehen, muss das `scope`-Attribute in *services.xml* auf den Wert `transportsession` gesetzt werden.

```
<service name="myTransportService" scope="transportsession">
...
</service>
```

Listing 8.15: Konfiguration eines Service mit Transport-Session-Scope

Für die Nutzung des Transport-Session-Scope ist die obige Einstellung jedoch noch nicht ausreichend. Ein weiterer Parameter namens `manageTransportSession` muss in der globalen Konfigurationsdatei *axis2.xml* auf den Wert `true` gesetzt werden. Er ist standardmäßig mit `false` belegt. Es handelt sich dabei um eine Optimierungsmaßnahme von Axis2. Der voreingestellte Wert `false` bewirkt, dass Axis2 nicht bei jedem Request versucht, ein Transport-Session-Objekt (im Falle von HTTP ein `HttpSession`-Objekt) anzulegen und es im `MessageContext` abzulegen. Wird der Transport-Session-Scope von keinem der in Betrieb genommenen Services verwendet, würden die Session-Objekte umsonst erzeugt und weitergereicht. Daher wird `false` als Defaultwert benutzt, um die Verarbeitung effizient zu gestalten und auch die zustandslose Natur von Axis2 zu reflektieren. Wird jedoch ein Service mit Transport-Session-Scope deployt, muss die Optimierung abgeschaltet und der Parameterwert auf `true` gesetzt werden. Damit muss auch der Preis bezahlt werden, dass für jeden Request (unabhängig vom Session-Scope des Zielservices) immer ein Session-Objekt erzeugt und in `MessageContext` abgelegt wird.

```
<parameter name="manageTransportSession">true</parameter>
```

8.3.4 Application-Scope

Der Application-Scope hat die längste Lebensdauer und ist solange gültig, bis Axis2 heruntergefahren wird. Er ist damit vergleichbar mit dem `ServletContext` in einer Webapplikation. Für einen Service mit Application-Scope wird zur Laufzeit nur eine Instanz erzeugt und diese für alle eintreffenden Nachrichten benutzt. Dementsprechend existiert auch nur ein `ServiceContext` für diese Instanzen. Implementiert die Serviceklasse die Session-Lifecycle-Methoden aus Listing 8.10, wird die `init()`-Methode bereits bei der Inbetriebnahme und nicht erst beim Empfang der ersten Nachricht aufgerufen. Da es bei einem Service mit Application-Scope eine 1:1-Beziehung zwischen `AxisService` und `ServiceContext` (bzw. Serviceinstanz) gibt, ist es irrelevant, ob die Initialisierungs- und Aufräumungsarbeiten in den Lifecycle-Methoden (`startUp` und `shutDown`) von `AxisService` oder in den Session-Lifecycle-Methoden (`init` und `destroy`) durchgeführt werden. In beiden Fällen werden die Methoden jeweils nur einmal aufgerufen. Clients von Services mit Application-Scope müssen keine Session-Information bei jedem Request mitschicken.

```
<service name="myApplicationService" scope="application">
...
</service>
```

Listing 8.16: Konfiguration eines Service mit Application-Scope

8.3.5 Session-Verwaltung mit Client-Anwendungen

Wie bereits erwähnt müssen Server und Client zusammenarbeiten, um eine Session aufrecht zu erhalten. Daher ist die Angabe des Session-Scope in *services.xml* alleine nicht ausreichend. Für SOAP- und Transport-Session-Scope muss auch der Client aktiv mitwirken, indem er sicherstellt, dass alle Nachrichten, die zu derselben Session gehören, auch denselben Session-Bezeichner beinhalten. Konkret bedeutet dies, dass im Falle von SOAP-Session-Scope die `ServiceGroupId` und im Falle von Transport-Session-Scope das HTTP-Cookie jeweils von einer eintreffenden Nachricht eines Service in die nächste Nachricht an diesen Service kopiert werden muss.

Um die clientseitige Session-Verwaltung möglichst benutzerfreundlich und transparent zu gestalten, hat Axis2 diese Funktionalität in der Client-API gekapselt. Daher bedeutet die clientseitige Session-Verwaltung lediglich das Setzen eines einzigen Flags, wie in Listing 8.17 demonstriert. Im Falle des SOAP-Session-Scope ist es darüber hinaus notwendig, das WS-Addressing-Modul zu aktivieren. Für einen Client bleibt seine Session nur dann bestehen, wenn für aufeinander folgende Nachrichten immer dieselbe Instanz von `ServiceClient` benutzt wird. Wird dagegen eine neue `ServiceClient`-Instanz erzeugt, so geht die Session-Information der ersten Instanz verloren. Dies gilt sowohl für Services mit SOAP-Session-Scope als auch Services mit Transport-Session-Scope.

```
Options options = new Options();
options.setManageSession(true);
ServiceClient client = new ServiceClient();
client.setOptions(options);
```

Listing 8.17: Einschalten der clientseitigen Session-Verwaltung

8.3.6 Codebeispiel

In diesem Abschnitt wird der Umgang mit Session-Verwaltung in Axis2 nochmals anhand eines Beispielservices demonstriert. Der zuvor bereits vorgestellte Buchungsservice von *AxisHotels* soll nun um eine Operation mit dem Namen `GetAllReservations` erweitertet werden, über die sämtliche in einer Session bereits durchgeführten Reservierungen als Liste zurückgegeben werden. Die relevanten Erweiterungen in der Schema-Definition und WSDL sind in Listing 8.18 zu sehen.

```
<complexType name="ReservationOverview">
  <sequence>
    <element name="reservation" type="tns:Reservation"/>
    <element name="confirmation" type="tns:Confirmation"/>
  </sequence>
</complexType>

<element name="GetAllReservationsResponse">
  <complexType>
```

Listing 8.18: Erweiterung für die GetAllReservations-Operation

```
      <sequence>
        <element name="reservations" type="tns:ReservationOverview"
          minOccurs="0" maxOccurs="unbounded">
        </element>
      </sequence>
    </complexType>
</element>
...
<wsdl:message name="GetAllReservationsRequest">
</wsdl:message>

<wsdl:message name="GetAllReservationsResponse">
  <wsdl:part name="GetAllReservationsResponse"
    element="bt:GetAllReservationsResponse">
  </wsdl:part>
</wsdl:message>

<wsdl:portType name="BookingInterface">
...
  <wsdl:operation name="GetAllReservations">
    <wsdl:input message="tns:GetAllReservationsRequest"/>
    <wsdl:output message="tns:GetAllReservationsResponse"/>
  </wsdl:operation>
</wsdl:portType>
...
```

Listing 8.18: Erweiterung für die GetAllReservations-Operation (Forts.)

Um diese Operation zu implementieren, muss der Service alle durchgeführten Reservierungen in der Session abspeichern. Deshalb scheidet der Request-Session-Scope aufgrund seiner Zustandslosigkeit aus. Der Application-Scope ist ebenfalls nicht geeignet, da bei dessen Einsatz auch Reservierungen von anderen Clients sichtbar wären. In Frage kommen daher nur SOAP- und Transport-Session-Scope. Obwohl die Service-Implementierung unabhängig vom eingestellten Session-Scope identisch ist, ist die Verwendung des SOAP-Session-Scope ein wenig aufwändiger, da das Addressing-Modul dafür auf beiden Seiten eingeschaltet werden muss. Daher wird zuerst die einfachere Variante gezeigt, in welcher der Service mit Transport-Session-Scope versehen wird. Listing 8.19 zeigt einen Auszug aus der Service-Implementierung. Sie verwendet intern eine `HashMap`, um bereits durchgeführte Reservierungen zu speichern.

```
public class BookingService extends BookingServiceSkeleton {
  private static final Log LOGGER = LogFactory.getLog(BookingService.class);
  private HashMap<Integer,ReservationOverview> reservations;
  private Random idGenerator;

  public void init(ServiceContext serviceContext) {
    LOGGER.debug("Initializing Booking Service");
    reservations = new HashMap<Integer, ReservationOverview>();
    idGenerator = new Random();
  }

  public void destroy(ServiceContext serviceContext) {
    LOGGER.debug("Destroying Booking Service");
  }

  public void setOperationContext(OperationContext context) {
    LOGGER.debug("Set operation context.");
  }

  public GetAllReservationsResponse GetAllReservations(){
    GetAllReservationsResponse response = new GetAllReservationsResponse();
    ReservationOverview[] overviews = new ReservationOverview[reservations.size()];
    reservations.values().toArray(overviews);
    response.setReservations(overviews);
    return response;
  }

  public CancelReservationResponse
    CancelReservation(CancelReservationRequest request) {
    int reservationNumber = request.getReservationNumber();
    reservations.remove(reservationNumber);
    CancelReservationResponse response = new CancelReservationResponse();
    Confirmation confirmation = new Confirmation();
    confirmation.setReservationNumber(reservationNumber);
    confirmation.setStatus("Cancelled");
    response.setCancellationConfirmation(confirmation);
    return response;
  }
```

Listing 8.19: Zustandsbehafteter Buchungsservice

```
  public MakeReservationResponse
    makeReservation(MakeReservationRequest request) {
    MakeReservationResponse response = new MakeReservationResponse();
    Confirmation confirmation = new Confirmation();
    confirmation.setReservationNumber(idGenerator.nextInt());
    confirmation.setStatus("Reserved");
    response.setReservationConfirmation(confirmation);
    ReservationOverview overview = new ReservationOverview();
    overview.setConfirmation(confirmation);
    overview.setReservation(request.getReservation());
    reservations.put(confirmation.getReservationNumber(), overview);
    return response;
  }
...
}
```

Listing 8.19: Zustandsbehafteter Buchungsservice (Forts.)

```
public class BookingServiceClient {
  public static void main(String[] args) throws RemoteException {
    Random random = new Random();
    BookingServiceStub serviceStub = new BookingServiceStub(
        "http://localhost:8080/axis2/services/BookingService");
    serviceStub._getServiceClient().getOptions().setManageSession(true);
    GetHotelsRequest getHotelRequest = new GetHotelsRequest();
    getHotelRequest.setCity("Heidelberg");
    getHotelRequest.setNumberOfStars(5);
    GetHotelsResponse getHotelsResponse = serviceStub.GetHotels(getHotelRequest);
    for (Hotel hotel : getHotelsResponse.getHotel()) {
      Reservation reservation = new Reservation();
      reservation.setArrivalDate(new Date());
      reservation.setDepartureDate(new Date());
      reservation.setGuestName("Duke");
      reservation.setHotelCode(hotel.getHotelCode());
      reservation.setNumberOfRooms(random.nextInt(5));
      reservation.setRoomCode("DOUBLE");
      MakeReservationRequest makeReservationRequest = new MakeReservationRequest();
      makeReservationRequest.setReservation(reservation);
      serviceStub.MakeReservation(makeReservationRequest);
    }
```

Listing 8.20: Client für zustandsbehafteten Buchungsservice

```
    GetAllReservationsResponse response = serviceStub.GetAllReservations();
    if (response.getReservations() != null && response.getReservations().length > 0) {
      System.out.println("Got " + response.getReservations().length + " reservations.");
      for (ReservationOverview overview :
        response.getReservations()) {
        Reservation reservation = overview.getReservation();
        Confirmation confirmation = overview.getConfirmation();
        System.out.println("Reservation " +
          reservation.getHotelCode() +
          " has got reservation number " +
          confirmation.getReservationNumber());
      }
    } else {
      System.out.println("No reservations found.");
    }
  }
}
```

Listing 8.20: Client für zustandsbehafteten Buchungsservice (Forts.)

Nachdem der zustandsbehaftete Buchungsservice in Betrieb genommen ist, führt der Testclient in Listing 8.20 trotzdem nicht zu dem gewünschten Ergebnis. Es scheint, als könnten keine Reservierungen gefunden werden. Nach näherer Analyse mit Hilfe von TCPMon stellt sich heraus, dass der Client nicht wie erwartet die HTTP-Cookies für die Session-Verwaltung bei nachfolgenden Requests wieder an Server zurückschickt, obwohl diese korrekt in den HTTP-Headers aller Responses enthalten sind. Ursache hierfür ist ein bereits bekannter Bug (*https://issues.apache.org/jira/browse/AXIS2-2042*) in Axis2 1.1. Die Klasse `SOAPOverHTTPSender`, die für das Verschicken der SOAP-Nachricht zuständig ist, geht fest davon aus, dass Cookies für die Session-ID immer den Namen „`axis_session`" tragen. Dies trifft auch zu, wenn der Service im Standalone-HTTP-Server von Axis2 deployt ist (wo das beobachtete Problem auch nicht auftritt). Wird der Service dagegen in einen J2EE-Web-Container wie Tomcat in Betrieb genommen, ist der Container für die Verwaltung von Transport-Sessions zuständig. Dort wird der standardisierte Name „`JSESSIONID`" für die Session-Verwaltung benutzt, der leider nicht vom Axis2-Client-API erkannt wird, sodass die Cookie-Information dadurch immer verlorengeht. Um diesen Fehler zu beheben, ist es notwendig, in der Klasse `SOAPOverHTTPSender` den Cookie-Namen entsprechend anzupassen. Da das Problem bereits erkannt und registriert ist, ist damit zu rechnen, dass es auch im nächsten Release behoben wird. Die mögliche Lösung ist entweder ein konfigurierbarer Cookie-Name oder eine Umstellung auf den Standardnamen „`JSESSIONID`" im Standalone-HTTP-Server.

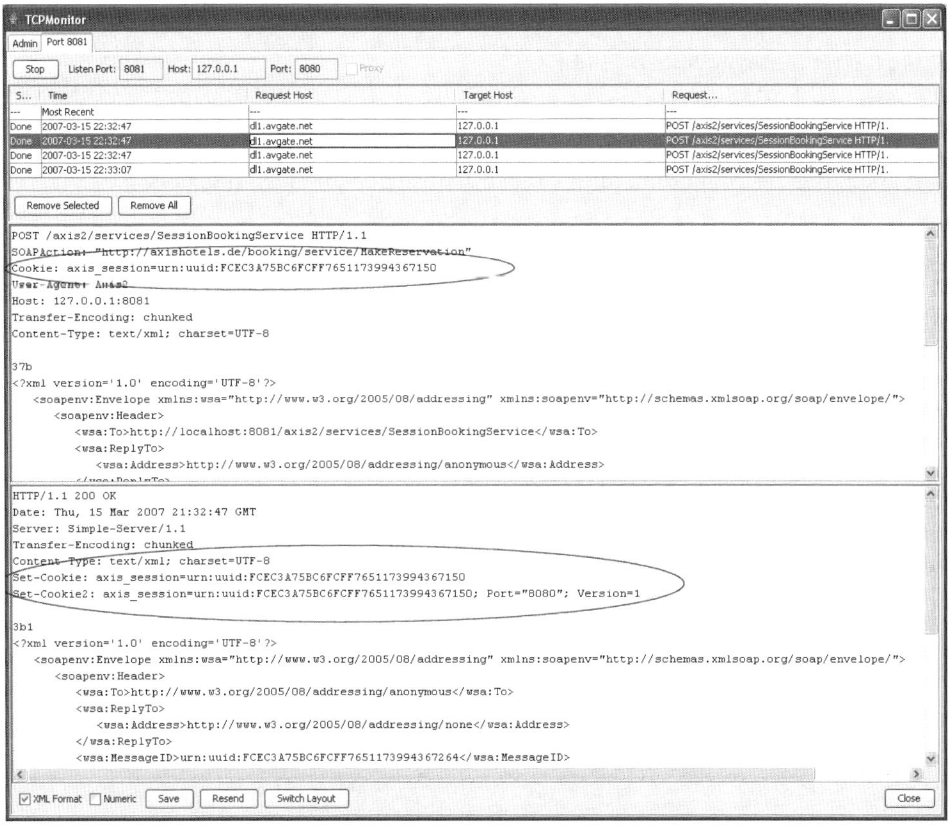

Abbildung 8.3: Versand der Session-ID über HTTP-Cookie bei Transport-Session-Scope

Um dem Problem aus dem Weg zu gehen, kann der Session-Scope einfach auf SOAP-Session-Scope umgestellt werden, da dieser unabhängig vom eingesetzten Transportprotokoll ist. Dafür ist es notwendig, das WS-Addressing-Modul sowohl server- als auch clientseitig zu aktivieren. Die serverseitige Aktivierung erfolgt einfach durch eine Referenz in *services.xml*.

```
<service name="BookingService" scope="soapsession">
  <module ref="addressing" />
  ...
</service>
```

Listing 8.21: services.xml für Service mit SOAP-Session-Scope

Clientseitig kann die Aktivierung programmatisch erfolgen (Listing 8.22), wobei zu beachten ist, dass sich das Archiv `addressing-1.1.1.mar` im Klassenpfad befinden muss. Alternativ hierzu kann ein clientseitiges Repository verwendet werden. Darüber hinaus ist keine weitere Anpassung im Source-Code notwendig.

```
serviceStub._getServiceClient().engageModule(new QName(Constants.MODULE_ADDRESSING));
```

Listing 8.22: Aktivierung von Addressing-Modul

Durch die Aktivierung des WS-Addressing-Moduls wird nun in jedem Request und in jeder Response immer ein zusätzlicher SOAP Header mitgeschickt, der die `ServiceGroupID` enthält. Das Testprogramm führt so auch zu dem gewünschten Ergebnis.

```
<soapenv:Header>
  <wsa:To>
    http://localhost:8081/axis2/services/BookingService
  </wsa:To>
  <axis2:ServiceGroupId
    xmlns:axis2="http://ws.apache.org/namespaces/axis2"
    wsa:IsReferenceParameter="true">
    urn:uuid:B92C4F6B2C7663ABDF1170545165104
  </axis2:ServiceGroupId>
  <wsa:ReplyTo>
    <wsa:Address>
      http://www.w3.org/2005/08/addressing/anonymous
    </wsa:Address>
  </wsa:ReplyTo>
  <wsa:MessageID>
    urn:uuid:6AD13C6C6CE7B232E81170545184972
  </wsa:MessageID>
  <wsa:Action>
    http://axishotels.de/booking/service/GetAllReservations
  </wsa:Action>
</soapenv:Header>
```

Listing 8.23: SOAP Header für die Übertragung von IDs einer SOAP-Session

8.4 REST

Neben SOAP bietet Axis2 mit REST eine weitere Alternative, um die Kommunikation mit Web Services zu realisieren. Dieser Abschnitt beschreibt, was hierfür zu tun ist.

8.4.1 Einführung

REST steht für *REpresentational State Transfer* und wurde erstmals von Roy Fielding beschrieben. Roy Fielding, der bereits am HTTP-Protokoll mitgearbeitet hat, sieht in REST einen Architekturstil, der auf Ideen beruht, die seiner Meinung nach bereits in der größten, verteilten Anwendung – nämlich dem World Wide Web selbst – erfolgreich umgesetzt seien. Die Idee dabei ist, dass das Web aus Ressourcen besteht. Dabei stellt eine Ressource ein für den Benutzer interessantes Subjekt dar und ist eindeutig durch einen URL identifizierbar. Findet beispielsweise in den Seminarräumen von *AxisHotels* eine Konferenz statt und ein Konferenzteilnehmer möchte sich auf den Webseiten der Hotelkette über den Seminarraum „Berchtesgaden" informieren, so spricht man bei REST hier von einer Ressource. Ein eindeutiger URL für diese Ressource würde dann beispielsweise wie folgt aussehen:

```
http://www.axishotels.de/konferenzraeume/berchtesgaden
```

REST ist kein Standard. Es handelt sich dabei lediglich um eine Architekturempfehlung, um sinnvoll auf Ressourcen im Web zugreifen zu können. Genauso wie das Client/Server-Prinzip, für das es auch keinen Standard gibt, kann man sich jedoch die Ideen von REST zu Nutze machen und Webapplikationen (und natürlich Web Services) nach diesem Muster entwickeln. In diesem Zusammenhang ist es jedoch wichtig zu erwähnen, dass REST nur unter Verwendung zusätzlicher, standardisierter Technologien funktioniert. Es basiert auf HTTP und dessen Methoden GET, POST, PUT und DELETE für den Zugriff auf Ressourcen. Hinzu kommen URLs für die Adressierung. Die Darstellung („Representational") von Ressourcen erfolgt bei REST über HTML, GIF, JPEG oder in Bezug auf Web Services natürlich über XML.

Eine Web Service-Operation, die aufgerufen werden kann, stellt im Kontext von REST ebenfalls eine Ressource dar. Wie ein eindeutiger URI für eine solche Ressource aussehen kann, wird auf den folgenden Seiten beschrieben. Im Zusammenhang mit Web Services definiert WSDL 2.0 in der HTTP Binding-Spezifikation darüber hinaus, wie Web Services in einer REST-Umgebung funktionieren sollen. Axis2 implementiert einen Großteil dieser Spezifikation. Dabei sind jedoch folgende, wichtige Einschränkungen zu beachten:

- Auf REST Web Services greift man entweder über HTTP GET oder POST zu.
- REST Web Services sind immer synchron und folgen dem Kommunikationsmuster Request/Response.
- Bei Zugriff über HTTP GET erfolgt der Zugriff über eine eindeutige URL. Jede Web Service-Operation besitzt dabei eine eigene URL, die den Operationsnamen enthält und der Parameterwerte angefügt werden können. Dies ist auch der Grund, weshalb bei HTTP GET nur simple Datentypen wie *String* oder *int* verwendet werden können – komplexe Datentypen lassen sich nur schlecht in Form einer URL ausdrücken.
- Bei Verwendung von HTTP POST können sowohl einfache als auch komplexe Datentypen verwendet werden. Bei der Kommunikation entfallen SOAP-Envelope, SOAP Body und SOAP Header. Die Nutzdaten werden direkt übertragen. REST verzichtet also auf SOAP.

8.4.2 SOAP oder REST?

Wer im Internet nach Informationen zum Thema REST sucht, findet unweigerlich früher oder später Blog-Einträge oder Foren, in denen die Frage diskutiert wird, ob nun SOAP (bzw. die WS-* Welt) oder REST die bessere Lösung darstellt. Diese Diskussion wird teilweise äußerst engagiert geführt.

Vertreter des REST-Lagers führen in der Regel an, dass die WS-Welt viel zu kompliziert und die Nachrichten mit Meta-Informationen aufgebläht seien. Die Standardisierung von Spezifikationen dauere zu lange und überhaupt blicke niemand mehr durch. Die gleiche Funktionalität könne mit REST-Lösungen viel einfacher, schneller und damit kostengünstiger erreicht werden. Als weiteres Übel wird oft genannt, dass viele Unternehmen (insbesondere mittlere und große) REST gar nicht kennen und daher nicht einmal in Betracht ziehen würden. Als Grund hierfür gilt im Allgemeinen, dass Marktführer und Analysten wie IBM, Sun, Microsoft oder Gartner ausschließlich die WS-Welt unterstützen und bewerben. Jene, welche eher die WS-Welt favorisieren, argumentieren dagegen häufig, dass gerade die Existenz von Standards wichtig sei für Entwicklung service-orientierter Anwendungen. Es stimme zwar, dass mit REST prinzipiell die gleiche Funktionalität erreicht werden könne, jedoch resultiere dies immer in proprietären Insellösungen, was nicht der Sinn einer Integrationstechnologie sein könne – zumindest nicht für größere Unternehmen, in denen die Technologie nicht punktuell, sondern global eingesetzt werden soll. Letztlich haben die Vertreter beider Lager nachvollziehbare Argumente. Anstatt jedoch eine einzige Lösung und Technologie steif und fest zu vertreten und an dieser in jedem Fall festzuhalten, ist man in der Regel besser beraten, jede spezifische Anwendung neu zu betrachten und anhand ihrer Anforderungen zu entscheiden, welche Lösungen für das spezifische Problem am sinnvollsten ist. Glücklicherweise ist diese Vorgehensweise mit Axis2 möglich, da Axis2 sowohl REST als auch SOAP unterstützt.

8.4.3 REST in Axis2 konfigurieren

Axis2 kann als REST-Container verwendet werden und in der Standardeinstellung von Axis2 ist REST aktiviert. Für jeden installierten Web Service stellt Axis2 daher automatisch zwei Service-Endpunkte zur Verfügung: einen für SOAP und einen für REST. Abbildung 8.4 zeigt die Verbindungsinformationen für einen Service, wie sie vom Admin-Frontend dargestellt werden.

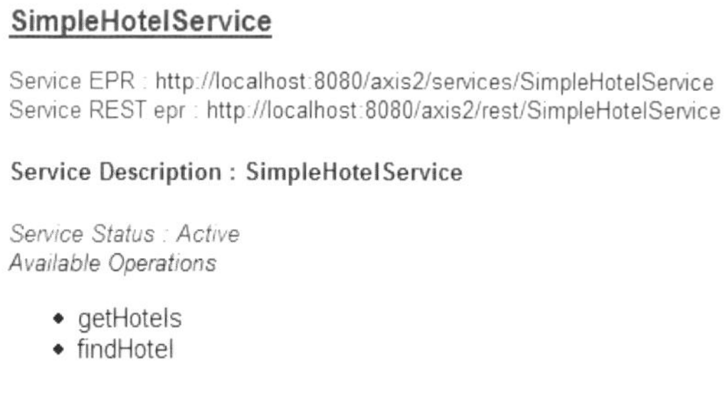

Abbildung 8.4: Standardmäßig stellt Axis2 zwei Service-Endpunkte zur Verfügung

Die beiden Endpunkte unterscheiden sich dabei im Servlet-Mapping: SOAP-basierte Aufrufe gehen über das Servlet-Mapping `/services/*` direkt an das `AxisServlet`, wo die SOAP-Nachricht entgegengenommen wird und die interne Verarbeitung innerhalb von Axis2 beginnt. Ein REST-Aufruf geht dagegen in der Standardeinstellung von Axis2 immer an eine separate URL, die durch das Servlet-Mapping `/rest/*` identifizierbar ist, und gelangt in das `AxisRESTServlet`. Hierbei handelt es sich jedoch nur um die Standardeinstellung. Über die zentrale Axis2-Konfigurationsdatei *axis2.xml* können diese URL-

Pfade verändert werden. Tabelle 8.1 beschreibt die einzelnen Parameter zur Konfiguration von REST in Axis2.

Parameter	Default	Verhalten
enableRESTInAxis2MainServlet	false	Wird dieser Parameter auf true gesetzt, so nimmt das „normale" AxisServlet unter dem Servlet-Mapping /services/* neben SOAP- auch REST-Anfragen entgegen und verarbeitet diese
disableREST	false	Wird dieser Parameter auf true gesetzt, so ist der REST-Support für beide Endpunkte deaktiviert
disableSeparateEndpointForREST	false	Aktiviert / deaktiviert ein separaten Endpunkt für REST-Anfragen durch das AxisRESTServlet und unter dem Servlet-Mapping /rest/*

Tabelle 8.1: Parameter zur Konfiguration von REST in axis2.xml

Soll beispielsweise nur ein einziger Endpunkt zur Verfügung gestellt werden, der sowohl SOAP als auch REST-Anfragen verarbeitet, sind die Parameter so zu konfigurieren:

```
<parameter name="enableRESTInAxis2MainServlet">true</parameter>
<parameter name="disableSeparateEndpointForREST">true</parameter>
```

8.4.4 HTTP GET

REST-Aufrufe können mit Axis2 entweder über HTTP GET oder POST durchgeführt werden. Bei HTTP GET geschieht dies über eine eindeutige URL. Die URL enthält sämtliche Informationen, die zum Aufruf der gewünschte Methode im Web Service erforderlich sind: Name des Web Service, aufzurufende Operation und Parameter. Bei der URL handelt es sich im Sprachgebrauch von REST um eine typische Ressource, sie hat immer folgendes Format:

```
http://server:port/axis2/serviceName/rest/operation
          ?parameter1=wert1&parameter2=wert2&parameter3=wert3...
```

Je nachdem, ob der spezielle Parameter enableRESTInAxis2MainServlet in der Datei *axis2.xml* (siehe Tabelle 8.1) aktiviert und REST damit auch im AxisServlet eingeschaltet ist, kann in der URL statt *rest* auch das Servlet-Mapping *services* verwendet werden.

REST-basierte HTTP GET-Aufrufe haben einen Vorteil und gleichzeitig auch einen nicht von der Hand zu weisenden Nachteil. Der Vorteil ist, dass man über HTTP GET Web Service-Aufrufe auch ohne spezifische Client-Anwendung sehr gut testen kann, zum Beispiel, indem man die eindeutige URL in einen beliebigen Browser wie Internet Explorer oder Firefox eingibt. So wird ein sehr schneller und problemloser Aufruf des Web Service möglich. Der Nachteil von HTTP GET besteht darin, dass es sich nur bei Verwendung von Standard-Datentypen, die sich in einer URL formulieren lassen, sinnvoll einsetzen lässt. Verfügt ein Web Service beispielsweise über eine Operation, die einen komplexen Datentyp als Parameter erwartet, so kann diese Operation nicht über HTTP GET aufgerufen werden. Dies bezieht sich wohlgemerkt nur auf die Parameter einer Operation, nicht jedoch auf die Rückgabe der aufgerufenen Operation, diese darf sehr wohl auch JavaBeans oder andere komplexere Datentypen zurückgeben.

Für den in Kapitel 3 („Erste Schritte") entwickelten Service sähen die URLs zum Aufruf der beiden Methoden `getHotels` und `findHotel` via REST wie folgt aus:

```
http://localhost:8080/axis2/rest/SimpleHotelService/getHotels
http://localhost:8080/axis2/rest/SimpleHotelService/findHotel?hotelCode=AX050
```

Mit dem Tool TCPMon (siehe Kapitel 4) kann man schließlich feststellen, wie der Aufruf in HTTP umgesetzt wird:

```
GET /axis2/rest/SimpleHotelService/findHotel?hotelCode=AX050 HTTP/1.1
Host: 127.0.0.1:8888
User-Agent: Mozilla/5.0 (Windows; U; Windows NT 5.1; de; rv:1.8.1.1) Gecko/20061204
Firefox/2.0.0.1
Accept:text/xml,application/xml,application/xhtml+xml...
Keep-Alive: 300
Connection: keep-alive
```

Abbildung 8.5: Aufruf des SimpleHotelService über REST und HTTP GET mit Firefox

8.4.5 HTTP POST

Die zweite Alternative, um in Axis2 einen REST-Service aufzurufen, besteht in der Verwendung von HTTP POST. Bei diesem Verfahren sind die Daten, die an den Web Service übermittelt werden sollen, nicht in der URL verpackt, sondern stehen direkt im HTTP-Body. Dies ist auch der Grund, warum man nicht ohne weiteres in der Lage ist, mittels HTTP POST einen Service direkt von einem Web Browser heraus aufzurufen. Andererseits können bei Verwendung von HTTP POST jedoch auch komplexere Parameter (zum Beispiel vom Datentyp `Hotel`) an eine Web Service-Operation gesendet werden.

Um einen REST-Aufruf über HTTP POST zu realisieren, muss ein speziell parametrisierter Client entwickelt werden. Im Gegensatz zur Kommunikation mit SOAP-Endpoints kann ein solcher Client derzeit noch nicht über Codegenerierung erzeugt, sondern muss von Hand und mit Hilfe des Axis2 Client-API (siehe Kapitel 6) programmiert werden. Die Entwicklung von REST-Clients gestaltet sicht mit Axis2 sehr einfach, denn auch diese verwenden die Klasse `ServiceClient` als Basis für den Aufruf. Der Unterschied zu einem SOAP-Client besteht darin, dass der `ServiceClient` bei einem REST-Client mit zusätzlichen Parametern konfiguriert und somit erst in den Zustand versetzt wird, Aufrufe im REST-Stil absetzen zu können. Für die Konfiguration von REST auf Seiten des Clients existieren folgende Parameter (die Klasse `Constants` stammt aus dem Java-Package `org.apache.axis2.transport.http`):

```
Constants.Configuration.ENABLE_REST
Constants.Configuration.HTTP_METHOD
Constants.Configuration.CONTENT_TYPE
```

Der Parameter `ENABLE_REST` aktiviert REST im `ServiceClient`. Wird dieser Parameter auf `true` gesetzt, dann kommuniziert der Client ausschließlich im REST-Modus. Standardmäßig ist REST hier abgeschaltet.

Mit `HTTP_METHOD` wird festgelegt, ob der Web Service-Client für den Aufruf die Methode HTTP GET oder HTTP POST verwenden soll. Die Verwendung von HTTP GET im Client-Code weicht jedoch in einigen wichtigen Details von HTTP POST ab. Die Unterschiede, die hier zu beachten sind, werden im weiteren Verlauf des Kapitels beschrieben. Angemerkt sei an dieser Stelle jedoch, dass die Verwendung von HTTP GET im Zusammenhang mit REST und `ServiceClient` durchaus möglich ist, aber man hier dennoch auf die weiter vorne bereits beschriebenen Einschränkungen von GET in Bezug auf Parameterübergabe beachten muss.

Wird mittels des Parameters `ENABLE_REST` die REST-Funktionalität auf Seiten des Clients eingeschaltet und der Parameter `HTTP_METHOD` nicht explizit gesetzt, so ist die Kommunikation per Default auf Basis von POST eingestellt.

Eingeschaltet wird REST auf folgende Weise:

```
Options options = new Options();
options.setProperty(Constants.Configuration.ENABLE_REST, Constants.VALUE_TRUE);
```

Mit dem Parameter `CONTENT_TYPE` kann schließlich festgelegt werden, welche Art von Daten an den Service geschickt werden. Per Default ist bei REST folgender Content Type eingestellt:

```
Content-Type: text/xml; charset=UTF-8
```

Die Klasse HTTPConstants aus dem Package org.apache.axis2.transport.http stellt einige Konstanten für diesen Parameter zur Verfügung.

Konstante	Content Type
HTTPConstants.MEDIA_TYPE_TEXT_XML	text/xml
HTTPConstants.MEDIA_TYPE_MULTIPART_RELATED	multipart/related
HTTPConstants.MEDIA_TYPE_X_WWW_FORM	application/x-www-form-urlencoded
HTTPConstants.MEDIA_TYPE_APPLICATION_XML	application/xml

Tabelle 8.2: Mögliche Content Types für die REST-Kommunikation

Listing 8.24 zeigt einen exemplarischen REST-Client, der mittels REST und HTTP POST die Methode findHotel des SimpleHotelService aus Kapitel 3 aufruft.

```
package de.axishotels.clients;

import javax.xml.namespace.QName;
import org.apache.axiom.om.OMElement;
import org.apache.axis2.AxisFault;
import org.apache.axis2.Constants;
import org.apache.axis2.addressing.EndpointReference;
import org.apache.axis2.client.Options;
import org.apache.axis2.client.ServiceClient;
import org.apache.axis2.databinding.utils.BeanUtil;
import org.apache.axis2.engine.DefaultObjectSupplier;
import de.axishotels.Hotel;
import de.axishotels.RoomType;

public class RestClient {

  public static void main(String[] args1) throws AxisFault {

    ServiceClient sender = new ServiceClient();
    Options options = sender.getOptions();

    // REST Endpoint angeben
    EndpointReference targetEPR = new EndpointReference
        ("http://localhost:8080/axis2/rest/SimpleHotelService");
    options.setTo(targetEPR);

    //REST einschalten
    options.setProperty(Constants.Configuration.ENABLE_REST, Constants.VALUE_TRUE);
```

Listing 8.24: Beispielhafte Client-Anwendung für Service-Aufrufe mit REST

```
    //HTTP-POST verwenden
    options.setProperty(Constants.Configuration.HTTP_METHOD,
                        Constants.Configuration.HTTP_METHOD_POST);
    //HTTP-GET aktiviert man wie folgt:
    //options.setProperty(Constants.Configuration.HTTP_METHOD,
    //                     Constants.Configuration.HTTP_METHOD_GET);

    QName findHotelOperation = new QName("http://axishotels.de/xsd", "findHotel");
    String hotelCode = "AX050";

    Object[] args = new Object[] { hotelCode };
    Class[] returnTypes = new Class[] { Hotel.class };
    OMElement request =  BeanUtil.getOMElement(findHotelOperation,
                                      args, null, false, null);
    OMElement response = sender.sendReceive(request);

    Object[] result = BeanUtil.deserialize(response,returnTypes,
                                      new DefaultObjectSupplier());

    Hotel hotel = (Hotel) result[0];
    if (hotel == null) {
      System.out.println("No entry found for: " + hotelCode);
      return;
    }

    System.out.println("Hotel: " + hotel.getHotelName());
    System.out.println("Hotel code: " + hotel.getHotelCode());
    System.out.println("City: " + hotel.getCity());
    System.out.println("Stars: " + hotel.getNumberOfStars());

    for (RoomType roomType : hotel.getRoomTypes()) {
      System.out.println(" Room code: " + roomType.getRoomCode());
      System.out.println(" Price EUR: " + roomType.getPriceInEuros());
      System.out.println(" Room with TV: " + roomType.isRoomWithTV());
    }
  }
}
```

Listing 8.24: Beispielhafte Client-Anwendung für Service-Aufrufe mit REST (Forts.)

Selbstverständlich lässt sich für diesen Aufruf statt `ServiceClient` auch die Klasse `RPCServiceClient` verwenden. Da `RPCServiceClient` von `ServiceClient` abgeleitet ist, steht natürlich auch hier die gleiche REST-Funktionalität zur Verfügung.

Interessant ist natürlich, wie die HTTP-Nachricht bei HTTP POST nun im direkten Vergleich zu HTTP GET (siehe weiter vorne) aussieht. Mit dem Werkzeug TCPMon lässt sich dies sehr leicht analysieren. Nachfolgendes Fragment zeigt eine solche HTTP-Nachricht. Es lässt sich gleich in der ersten Zeile eindeutig erkennen, dass es sich um eine Nachricht handelt, die über POST an den REST-Endpoint übermittelt wurde. Im HTTP-Body findet sich dann der Methodenaufruf in XML kodiert, es handelt sich hierbei nicht um SOAP!

```
POST /axis2/rest/SimpleHotelService HTTP/1.1
Connection: Keep-Alive
User-Agent: Axis2
Host: 127.0.0.1:8888
Transfer-Encoding: chunked
Content-Type: text/xml; charset=UTF-8

<findHotel xmlns="http://axishotels.de/xsd">
<arg0 xmlns="">AX050</arg0>
</findHotel>
```

Bei genauerer Betrachtung dieses TCPMonitor-Mitschnitts wird man feststellen, dass Axis2 im Request als Parameternamen `arg0` vergeben hat. Einfluss auf diese Namensvergabe kann man nehmen, indem man der Hilfsklasse `BeanUtil` beim Aufruf der Methode `getOMElement` (sie erzeugt den Request) ein `QName` mit dem entsprechenden Parameternamen mitgibt. Im Client wäre hierzu einfach folgende Zeile

```
OMElement request =  BeanUtil.getOMElement(findHotelOperation, args, null, false, null);
```

durch diese beiden neuen Zeilen zu ersetzen:

```
QName hotelCodeParameter = new QName("http://axishotels.de/xsd", "hotelCode");
OMElement request =  BeanUtil.getOMElement(findHotelOperation,
                                args, hotelCodeParameter, false, null);
```

Ein erneutes Ausführen des Clients führt schließlich dazu, dass die Request-Nachricht sauber mit dem angegebenen Parameternamen `hotelCode` erzeugt wird:

```
POST /axis2/rest/SimpleHotelService/findHotel HTTP/1.1
Connection: Keep-Alive
User-Agent: Axis2
Host: 127.0.0.1:8888
Transfer-Encoding: chunked
Content-Type: text/xml; charset=UTF-8

<findHotel xmlns="http://axishotels.de/xsd">
<hotelCode>AX050</hotelCode>
</findHotel>
```

Würde man im Client die Kommunikation nun auf HTTP GET umstellen (siehe auskommentierte Codestellen in Listing 8.24) und sicherstellen, dass nur Standarddatentypen an die aufzurufende Web Service-Methode übergeben werden, so erzeugt Axis2 1.1.1 dennoch einen Laufzeitfehler. Bei Beobachtung des Nachrichtenaustausches über TCPMon lässt sich feststellen, dass `ServiceClient` hier offenbar die URL für den GET-Aufruf nicht richtig generiert, wie folgender TCPMon-Mitschnitt zeigt:

```
GET /axis2/rest/SimpleHotelService?arg0=AX050 HTTP/1.1
Content-Type: application/x-www-form-urlencoded; charset=UTF-8
User-Agent: Axis2
Host: 127.0.0.1:8888
```

```
Fehlermeldung von Axis2:
HTTP/1.1 500 Internal Server Error
Server: Apache-Coyote/1.1
Content-Type: application/xml;charset=UTF-8
Transfer-Encoding: chunked
Date: Tue, 13 Feb 2007 13:19:15 GMT
Connection: close
<soapenv:Fault xmlns:soapenv="http://schemas.xmlsoap.org/soap/envelope/">
<faultcode></faultcode><faultstring>I can not find a service for this request to be
serviced. Check the WSDL and the request URI</faultstring><detail /></soapenv:Fault>
```

Warum funktioniert dieser Request nach Umstellung auf GET nun nicht mehr? Axis2, der REST-Container, ermittelt die aufzurufende Operation immer mit Hilfe verschiedener Dispatcher. Bei POST erkennt einer der Dispatcher anhand des Elementnamens „findHotel" oder anhand der HTTP Request-URI, welche Operation gemeint ist. In jedem Fall enthält die POST-Nachricht zwei Hinweise auf die gewünschte Operation. Im oben gezeigten GET-Request ist keinerlei Information darüber enthalten, an welche Operation der Parameter `arg0` gehen soll. Alle Dispatcher scheitern, daher die Fehlermeldung.

Eine Lösung für dieses Problem besteht nun darin, die aufzurufende Operation direkt im HTTP Request URI anzugeben. Um dies zu erreichen, ist schlicht die Angabe des Endpoints um die aufzurufende Operation zu erweitern. Damit ist dem REST-Client die komplette über GET zu adressierende Ressource bekannt und der Server kann die aufzurufende Operation ermitteln. Sinnvoll ist hier also folgende Erweiterung des Endpoints im Client:

```
...
// REST Endpoint angeben
EndpointReference targetEPR = new EndpointReference
  ("http://localhost:8080/axis2/rest/SimpleHotelService/findHotel");
...
```

Ein Starten des Clients bringt jedoch immer noch nicht den gewünschten Erfolg, auch wenn die Operation am Server jetzt eindeutig identifizierbar ist, so ist die Adresse der REST-Ressource für GET immer noch falsch. Ein Blick nach oben in die GET-Request offenbart auch, warum: Beim GET-Aufruf ist der Parameter immer noch mit `arg0` benannt! Die Lösung für dieses Problem ist denkbar einfach: Bei Verwendung von HTTP GET ist es eine zwingende Notwendigkeit, die Parameter der aufzurufenden Operation (parts) mit korrektem Namen anzugeben. Der weiter vorne bereits eingeführte QName `hotelCode-Parameter` ist hier also nun explizit erforderlich. Listing 8.25 zeigt zum Verständnis noch mal den vorangegangenen REST-Client nach seiner Umstellung auf HTTP GET. Bei diesem Client kann man im Übrigen die Kommunikation nun auch bedenkenlos von HTTP GET zurück auf HTTP POST umschalten, er wird dann immer noch laufen.

```
package de.axishotels.clients;

import javax.xml.namespace.QName;
import org.apache.axiom.om.OMElement;
import org.apache.axis2.AxisFault;
import org.apache.axis2.Constants;
import org.apache.axis2.addressing.EndpointReference;
import org.apache.axis2.client.Options;
import org.apache.axis2.client.ServiceClient;
import org.apache.axis2.databinding.utils.BeanUtil;
import org.apache.axis2.engine.DefaultObjectSupplier;
import de.axishotels.Hotel;
import de.axishotels.RoomType;

public class RestClientHttpGet {

   public static void main(String[] args1) throws AxisFault {

      ServiceClient sender = new ServiceClient();
      Options options = sender.getOptions();

      // REST Endpoint angeben
      EndpointReference targetEPR = new EndpointReference
        ("http://localhost:7778/axis2/rest/SimpleHotelService/findHotel");
      options.setTo(targetEPR);

      //REST einschalten
      options.setProperty(Constants.Configuration.ENABLE_REST,
                          Constants.VALUE_TRUE);
```

Listing 8.25: Der vollständige REST-Client für HTTP-GET-basierte Kommunikation

```
        //Es wird ueber HTTP-GET kommuniziert
        options.setProperty(Constants.Configuration.HTTP_METHOD,
                           Constants.Configuration.HTTP_METHOD_GET);

        QName findHotelOperation = new QName("http://axishotels.de/xsd", "findHotel");

        QName hotelCodeParameter = new QName("http://axishotels.de/xsd", "hotelCode");
        String hotelCode = "AX050";

        Object[] args = new Object[] { hotelCode };
        Class[] returnTypes = new Class[] { Hotel.class };

        OMElement request =  BeanUtil.getOMElement
        (findHotelOperation, args, hotelCodeParameter, false, null);

        OMElement response = sender.sendReceive(request);
        Object[] result = BeanUtil.deserialize(response,returnTypes,
                                      new DefaultObjectSupplier());

        Hotel hotel = (Hotel) result[0];
        if (hotel == null) {
           System.out.println("No entry found for: " + hotelCode);
           return;
        }

        System.out.println("Hotel: " + hotel.getHotelName());
        System.out.println("Hotel code: " + hotel.getHotelCode());
        System.out.println("City: " + hotel.getCity());
        System.out.println("Stars: " + hotel.getNumberOfStars());

        for (RoomType roomType : hotel.getRoomTypes()) {
           System.out.println(" Room code: " + roomType.getRoomCode());
           System.out.println(" Price EUR: " + roomType.getPriceInEuros());
           System.out.println(" Room with TV: " + roomType.isRoomWithTV());
        }
    }
}
```

Listing 8.25: Der vollständige REST-Client für HTTP-GET-basierte Kommunikation (Forts.)

Die Listings 8.26 und 8.27 zeigen HTTP-Request und HTTP-Response für den Aufruf der Methode `findHotel` mit REST und HTTP GET unter Verwendung des in Listing 8.25 abgebildeten Clients:

```
GET /axis2/rest/SimpleHotelService/findHotel?hotelCode=AX050 HTTP/1.1
Content-Type: application/x-www-form-urlencoded; charset=UTF-8
User-Agent: Axis2
Host: 127.0.0.1:8888
```

Listing 8.26: HTTP-Request für den auf GET-basierenden Rest-Client

```
HTTP/1.1 200 OK
Server: Apache-Coyote/1.1
Content-Type: application/xml;charset=UTF-8
Transfer-Encoding: chunked
Date: Sun, 25 Feb 2007 13:09:53 GMT

<ns:findHotelResponse xmlns:ns="http://axishotels.de/xsd">
   <ns:return>
      <city xmlns="http://axishotels.de/xsd">Unterammergau</city>
      <hotelCode xmlns="http://axishotels.de/xsd">AX050</hotelCode>
      <hotelName xmlns="http://axishotels.de/xsd">Achsenhütte</hotelName>
      <numberOfStars xmlns="http://axishotels.de/xsd">1</numberOfStars>
      <roomTypes xmlns="http://axishotels.de/xsd">
         <numberOfBeds>4</numberOfBeds>
         <priceInEuros>15.0</priceInEuros>
         <roomCode>Bettenlager</roomCode>
         <roomWithTV>false</roomWithTV>
      </roomTypes>
      <roomTypes xmlns="http://axishotels.de/xsd">
         <numberOfBeds>6</numberOfBeds>
         <priceInEuros>5.0</priceInEuros>
         <roomCode>Matrazenlager</roomCode>
         <roomWithTV>false</roomWithTV>
      </roomTypes>
   </ns:return>
</ns:findHotelResponse>
```

Listing 8.27: Die resultierende HTTP-Response für den auf GET-basierenden Rest-Client

8.4.6 HTTP GET oder HTTP POST?

Zum Abschluss stellt sich natürlich die berechtigte Frage, welchen Transportmechanismus man verwenden sollte. HTTP GET eignet sich am besten, wenn es darum geht, „mal schnell" einen Web Service zu testen. Dabei gilt es natürlich zu beachten, dass HTTP GET nur mit Web Service-Operationen funktioniert, welche Standard-Datentypen erwarten.

Bei der Entwicklung eines REST-Clients sei es daher empfohlen, HTTP POST zu verwenden. Neben der zuvor erwähnten Einschränkung von HTTP GET (obwohl sich HTTP GET natürlich in einem REST-Client verwenden lässt) sind HTTP POST-Verbindungen mit `ServiceClient` sehr einfach zu bewerkstelligen und auch aus anderen Umgebungen (zum Beispiel dem .NET Framework von Microsoft) ist das Absetzen eines HTTP POST ähnlich einfach realisierbar wie mit GET. Ein weiterer Vorteil von POST ist der Umstand, dass sämtliche Parameter eben *nicht* in der URL kodiert, sondern im HTTP-Body untergebracht sind und damit nicht sofort eingesehen werden können. Nicht zu vergessen auch die Tatsache, dass sich bei POST im Gegensatz zu GET jeder Datentyp (serialisiert nach XML) auch in den Übergabeparametern zur Web Service-Operation verwenden lässt, da schließlich auch diese im HTTP-Body untergebracht sind.

9 Architektur und Konfiguration

Für den professionellen Einsatz von Axis2 und die Nutzung fortgeschrittener Funktionalitäten ist die Kenntnis seiner internen Architektur unverzichtbar. Dieses Kapitel gibt daher einen ausführlichen Überblick über die Komponenten, aus denen sich Axis2 zusammensetzt und beschreibt dessen Konfiguration. Darüber hinaus wird erläutert, wie sich einige der Komponenten für eigene Zwecke verwenden lassen.

Fundament des gesamten Axis2 Frameworks ist das Objektmodell AXIOM, das seinerseits auf dem Konzept des StAX-Parsing beruht. Beide sind gemeinsam für die XML-Verarbeitung verantwortlich. Kapitel 5 führte bereits ausführlich in diese Thematik ein.

Im Zentrum des Frameworks steht die `AxisEngine`, welche für die Verarbeitung von SOAP- und REST-Nachrichten zuständig ist. In ihr stecken viele interessante Konzepte wie Handler, Flows und Phasen, mit denen das Verhalten von Axis2 sehr umfassend gesteuert und angepasst werden kann. Letztlich kann die `AxisEngine` jedoch nur einfache SOAP-Nachrichten verarbeiten. Für komplexere Anwendungen und den Einsatz von SOAP-Erweiterungen wie WS-Security oder WS-Addressing wurde daher eine Art Plugin Mechanismus geschaffen, mit dessen Hilfe die Funktionalitäten der Axis2 Engine nahezu beliebig erweitert werden können. Dies wird in Kapitel 10 eingehend erläutert.

Intern verwaltet Axis2 alle wichtigen statischen und dynamischen Informationen über das System in zwei Datenstrukturen, den so genannten *Description-* und *Context-Hierarchien*. Viele Komponenten von Axis2 können zur Laufzeit auf diese Informationen zugreifen, beispielsweise, um aktuelle Sitzungsinformationen zu manipulieren oder um Konfigurationsparameter auszulesen.

An der Schnittstelle nach außen befinden sich vor allen Dingen natürlich die Transportkomponenten. Sie sind dafür verantwortlich, SOAP-Nachrichten entgegenzunehmen, die über bestimmte Transportprotokolle eintreffen (z.B. HTTP oder JMS) oder auch Nachrichten über diese Protokolle zu verschicken. An dieser Stelle ist Axis2 erweiterbar ausgelegt, sodass eigene Transportkomponenten bei Bedarf auf einfache Weise erstellt werden können.

Eine weitere Schnittstelle besteht zwischen Axis2 und Anwendungscode, und zwar sowohl serverseitig (zu den Service-Implementierungen) als auch clientseitig (zu den Client-Anwendungen). Hier sind insbesondere die XML Data Binding-Komponenten von großer Wichtigkeit. Sie können dazu verwendet werden, alle Anwendungsdaten, die in SOAP-Nachrichten verschickt werden, von ihrer XML-Darstellung in Java-Objekte zu überführen und umgekehrt. Auch hier bietet Axis2 einen Erweiterungspunkt. Version 1.1.1 unterstützt ADB (Axis Data Binding), XML Beans und JiBX, die Integration weiterer XML Data Binding Frameworks (JaxMe, JAXB) ist jedoch bereits in Arbeit und teils schon als experimentelles Feature enthalten. Daneben dienen natürlich auch die Client-API von Axis2 und die Tools zur Codegenerierung als Schnittstelle zum Anwendungscode.

Abbildung 9.1 veranschaulicht die Komponenten von Axis2 und ihren Zusammenhang. Einige davon sind so umfangreich, dass ihnen separate Kapitel gewidmet sind. Der Kern der Architektur wird jedoch im Folgenden beschrieben.

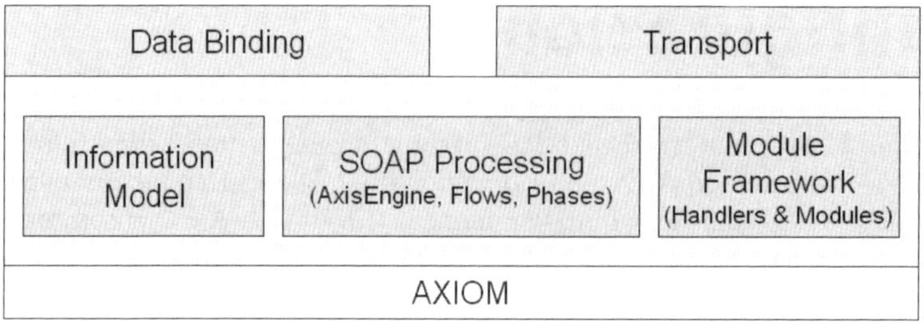

Abbildung 9.1: Komponenten von Axis2

9.1 Interne Verarbeitung von SOAP-Nachrichten

Wie bereits im Vorgängerprojekt Apache Axis 1.x ist auch in Axis2 eine Komponente namens `AxisEngine` für die Kernfunktionalität des Frameworks zuständig. Sie hat im Grunde nur eine einzige, einfache Aufgabe: die Verarbeitung einer SOAP-Nachricht. Sie kommt hierfür sowohl auf der Client- als auch auf der Serverseite zum Einsatz. Ein wichtiger (und im Vergleich zu Apache Axis 1.x neuer) Aspekt ist dabei die Tatsache, dass die `AxisEngine` eine Einbahnstraße darstellt. Es werden entweder eintreffende oder ausgehende Nachrichten verarbeitet. Um ein typisches Request-Response-Verhalten zu realisieren, werden also sowohl auf Seiten des Clients als auch auf Seiten des Services jeweils zwei Instanzen der `AxisEngine` benötigt.

9.1.1 Flows

Gedanklich kann man sich die `AxisEngine` am besten als eine Pipeline vorstellen, durch die alle Nachrichten hindurch fließen müssen. Innerhalb dieser Pipeline befindet sich eine Menge von so genannten Handlern. Dabei handelt es sich um kleine Softwarekomponenten, oftmals durch eine einzige Klasse implementiert, welche die Nachricht entweder modifizieren können (z.B. Verschlüsselung/Entschlüsselung), aufgrund ihres Inhaltes bestimmte Aktionen auslösen (Logging, Abrechnung der Servicenutzung etc.) oder ihre weitere Verarbeitung beeinflussen. Die Handler werden dabei seriell aufgerufen, also einer nach dem anderen. Hieraus ergibt sich eine Handlerkette, durch welche die Nachricht fließt. Eine solche Handlerkette wird im Axis2-Jargon *Flow* genannt.

Axis2 kennt insgesamt vier verschiedene Flows. Mit *InFlow* wird die Handlerkette bezeichnet, die eine eintreffende Nachricht durchlaufen muss. Ausgehende Nachrichten durchlaufen dagegen den *OutFlow*. Hierbei ist zu beachten, dass die Begriffe „eingehende Nachricht“ und „ausgehende Nachricht“ in Abhängigkeit davon zu sehen sind, ob eine `AxisEngine` auf Seiten eines Service oder einer Client-Anwendung gemeint ist: Auf Seiten des Service fließen Nachrichten durch den *InFlow*, die von Client an den Service geschickt wurden, auf Seiten des Client fließen Nachrichten durch den *InFlow*, die vom Service verschickt wurden.

Daneben gibt es zwei spezielle Flows für die Verarbeitung von Fehlernachrichten. Der *InFaultFlow* tritt anstelle des *InFlow*, falls die eintreffende Nachricht einen SOAP Fault enthält. Der *OutFaultFlow* ersetzt den *OutFlow*, falls es sich bei einer zu versendenden Nachricht um einen SOAP Fault handelt.

Die Nachrichten fließen in Form einer Instanz der Klasse `MessageContext` durch die Flows. Sie bietet den Handlern Zugriff auf alle die Nachricht betreffenden Informationen, die aktuellen Konfigurationseinstellungen der `AxisEngine` und natürlich auch auf den Inhalt der Nachricht.

InFlow und OutFlow

Das mit Abstand am häufigsten eingesetzte Transportprotokoll für SOAP-Kommunikation ist HTTP. Beim Einsatz der Axis2 Web-Anwendung nimmt in diesem Fall das `AxisServlet` eingehende Nachrichten auf der Serverseite entgegen. Abbildung 9.2 verdeutlicht den Ablauf beim Aufruf einer Request-Response-Operation und für den Fall, dass eine reguläre SOAP-Antwort (kein SOAP-Fault) zurückgeschickt wird. Die einzelnen Schritte sind dabei wie folgt:

1. Das `AxisServlet` nimmt den HTTP-Request entgegen. In Zusammenarbeit mit der Hilfsklasse `HTTPTransportUtils` wird die im Request enthaltene SOAP-Nachricht geparst und ein entsprechender `MessageContext` (MC_{req}) erzeugt.
2. Der `MessageContext` MC_{req} wird einer neuen Instanz der `AxisEngine` übergeben.
3. Die `AxisEngine` bestimmt anhand ihrer Konfiguration, wie der InFlow zusammengesetzt ist, d.h. welche Handler die Nachricht nacheinander verarbeiten müssen. Dann schickt sie den `MessageContext` auf die Reise durch diese Handlerkette.

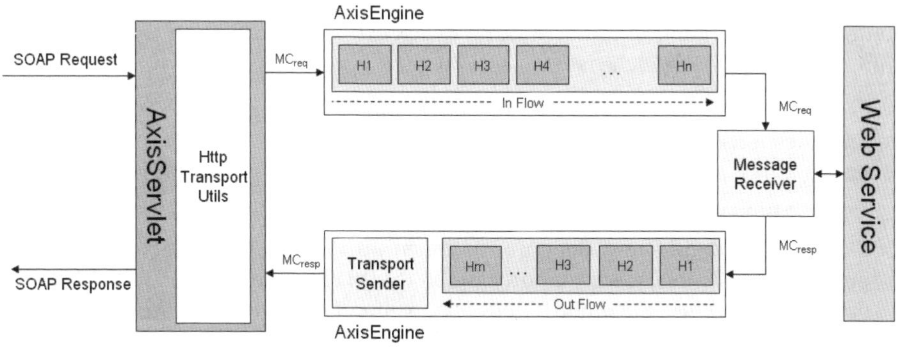

Abbildung 9.2: Ablauf auf der Serverseite bei Aufruf einer Request-Response-Operation

4. Am Ende der Handlerkette erzeugt die `AxisEngine` eine Instanz des zuständigen Message Receivers und ruft diesen auf. Damit ist die Arbeit der `AxisEngine` beendet. Der Message Receiver weiß, wo sich die Implementierung des Web Service befindet (es sind auch Services denkbar, die nicht in normalen Java-Klassen implementiert wur-

den, siehe Kapitel 12). Außerdem weiß er, welches MEP (Message Exchange Pattern) für die aufgerufene Operation zum Einsatz kommt, also beispielsweise ob eine Antwortnachricht zurückgeschickt werden muss oder nicht.

5. Der Message Receiver ruft die Web Service-Operation auf und übergibt ihr dabei die im `MessageContext` MC_{req} gespeicherten Inhalte der Request-Nachricht. Anschließend nimmt der Message Receiver eventuelle Rückgabewerte vom Web Service entgegen und erzeugt einen neuen `MessageContext` MC_{resp} für die Antwortnachricht. Der `MessageContext` MC_{req} wird nicht mehr benötigt und daher verworfen.
6. Da es sich um eine Request-Response-Operation handelt, erzeugt der Message Receiver eine neue Instanz der `AxisEngine`, die für den Versand der SOAP-Antwort verantwortlich sein wird, und übergibt ihr die Antwortnachricht in Form des neuen `MessageContext` MC_{resp}.
7. Die `AxisEngine` bestimmt anhand ihrer Konfiguration, wie der OutFlow zusammengesetzt ist, d.h. welche Handler die Antwortnachricht nacheinander verarbeiten müssen. Dann schickt sie den `MessageContext` auf die Reise durch diese Kette.
8. Am Ende der Kette kommt ein spezieller Handler zum Einsatz: der so genannte Transport Sender. Er ist dafür verantwortlich, die Antwortnachricht mit Hilfe des richtigen Transportprotokolls zum Client zu senden. Im Falle von Request-Response und der Verwendung des `AxisServlet` schreibt der `TransportSender` die Nachricht in den `OutputStream` des Servlets.
9. Das `AxisServlet` beendet die Verarbeitung des SOAP-Requests.

Alternativ zum `AxisServlet` kann auch der `SimpleHTTPServer` verwendet werden. Er ist im Package `org.apache.axis2.transport.http` zu finden. Auch der `SimpleHTTPServer` verwendet die Klasse `HTTPTransportUtils`, der restliche Ablauf sieht daher vollkommen identisch aus. Natürlich können auch andere Transportprotokolle für den Empfang der Nachrichten zum Einsatz kommen. Axis2 unterstützt neben HTTP auch TCP, JMS und SMTP (siehe Kapitel 14). Auch hier gilt, dass abgesehen von einer unterschiedlichen Komponente für den Empfang und den Versand der SOAP-Nachrichten der weitere Ablauf bis zum Web Service der gleiche ist.

Wenn Axis2 auf der Clientseite zum Einsatz kommt, sieht der Ablauf beim Aufruf einer Request-Response-Operation sehr ähnlich aus:

1. Die Client-Anwendung ruft den mit Hilfe der WSDL-Beschreibung des Service generierten Stub auf.
2. Der Stub weiß aufgrund der Informationen im WSDL-Dokument, dass es sich um eine Request-Response-Operation handelt und erzeugt daher eine Instanz der Klasse `OutInAxisOperation`. Sie koordiniert alle weiteren Schritte des Aufrufs. Der Stub erzeugt ebenfalls einen `MessageContext` MC_{req} für die zu versendende Nachricht und übergibt diesen an `OutInAxisOperation`.
3. `OutInAxisOperation` erzeugt eine neue Instanz der `AxisEngine` und übergibt den `MessageContext` MC_{req} an deren Methode `send`.
4. Die `AxisEngine` ermittelt anhand ihrer Konfiguration, aus welchen Handlern sich der OutFlow zusammensetzt und schickt den `MessageContext` MC_{req} auf die Reise durch diese Handlerkette.

5. Nach Abschluss des OutFlow ruft die `AxisEngine` einen speziellen Handler auf: den Transport Sender. Er versendet die SOAP-Nachricht.

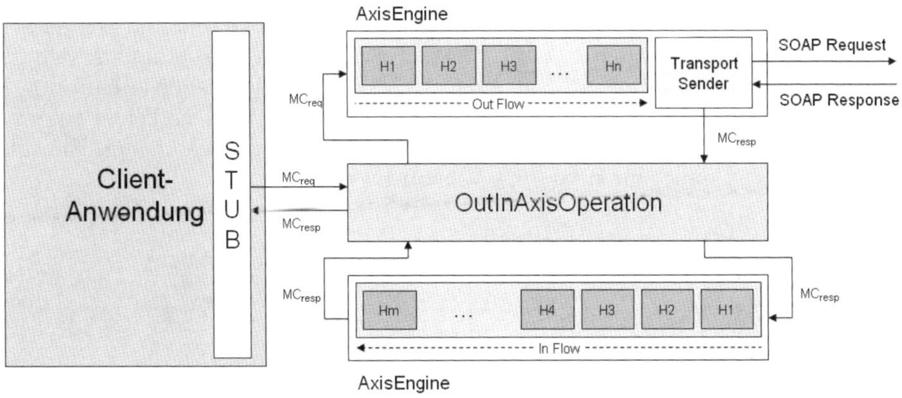

Abbildung 9.3: Ablauf auf der Clientseite bei Aufruf einer Request-Response-Operation

6. `OutInAxisOperation` erzeugt einen neuen `MessageContext` MC_{resp} für die vom Service empfangene SOAP-Antwort. Anschließend erzeugt sie eine neue Instanz der `AxisEngine` und übergibt deren Methode `receive` dem `MessageContext` MC_{resp}. Der alte `MessageContext` MC_{req} wird nicht mehr benötigt und daher verworfen.
7. Die `AxisEngine` ermittelt anhand ihrer Konfiguration die Zusammensetzung des InFlow und schickt den `MessageContext` MC_{resp} auf die Reise durch diese Handlerkette.
8. Über `OutInAxisOperation` geht die Kontrolle zurück an den Stub. Dort wird der Inhalt des `MessageContext` MC_{resp} in anwendungsspezifische Objekte umgewandelt und der Client-Anwendung als Rückgabewert zurückgeliefert.

Als Alternative zur Verwendung von Stubs können Client-Anwendungen auch direkt mit der Axis2 Client-API und deren Klassen `ServiceClient` oder `OperationClient` arbeiten, um SOAP-Nachrichten zu versenden (siehe Kapitel 6). Ansonsten bleibt der Ablauf aber identisch. Stubs „verstecken" die Verwendung dieser beiden Klassen hinter einer anwendungsspezifischen Schnittstelle.

InFaultFlow und OutFaultFlow

Tritt bei der Verarbeitung von Nachrichten ein Fehler auf, so kommen InFaultFlow und OutFaultFlow zum Einsatz. Zum einen kann natürlich innerhalb des Web Service etwas schief gehen, sodass dessen Implementierung eine Exception wirft. Ebenso ist es aber auch möglich, dass innerhalb eines Handlers ein Fehler passiert. Handler sollten dies durch das Werfen der speziellen Exception `AxisFault` anzeigen (vgl. Abschnitt 10.1.1). Tritt einer dieser beiden Fälle beispielsweise auf der Serverseite ein, so wird die Verarbeitung des SOAP-Request sofort abgebrochen und die Exception wird entlang des Aufrufstacks bis zurück zum `AxisServlet` gemeldet. Falls also bereits ein Handler im InFlow einen Fehler meldet, so erreicht der SOAP-Request den Service erst gar nicht.

Das AxisServlet erzeugt im Fehlerfall einen neuen MessageContext für eine Fehlernachricht und auch eine neue Instanz der AxisEngine. Die AxisEngine ermittelt dann anhand ihrer Konfiguration die Zusammensetzung des OutFaultFlow, und der MessageContext für die Fehlermeldung durchläuft die entsprechende Handlerkette. Im letzten Schritt wird aus dem resultierenden MessageContext ein SOAP-Fault erzeugt und an den Client geschickt (siehe Abbildung 9.4). In Axis2 1.1 existiert leider kein Mechanismus, der bereits durchlaufene Handler im InFlow darüber informiert, dass ein Fehler aufgetreten ist, sodass diese gegebenenfalls ihre Aktionen rückgängig machen können. Ein solcher Mechanismus ist jedoch für zukünftige Versionen geplant.

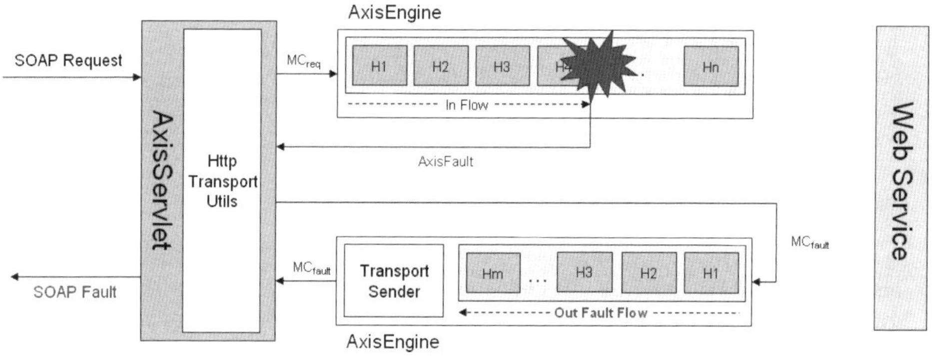

Abbildung 9.4: Ablauf auf der Serverseite im Falle eines Fehlers in einem Handler

Auf der Clientseite kommt analog anstelle des InFlow der InFaultFlow zum Einsatz, wenn eine eintreffende Nachricht einen SOAP-Fault enthält. Abbildung 9.5 illustriert den entsprechenden Ablauf.

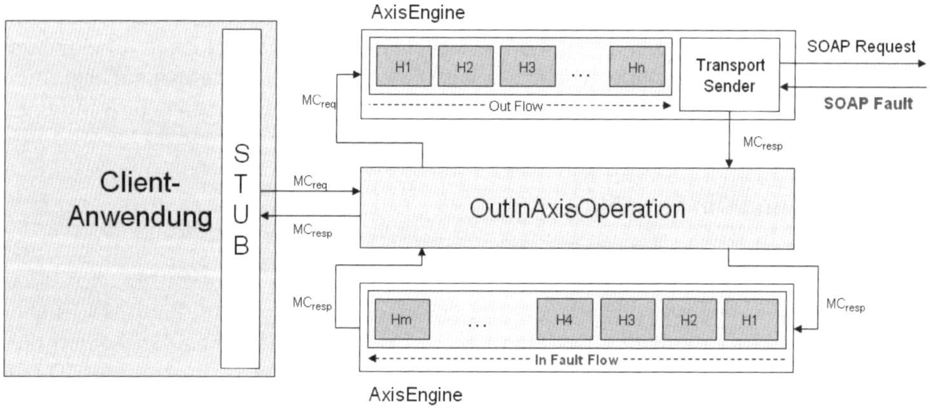

Abbildung 9.5: Ablauf auf der Clientseite bei Empfang eines SOAP Fault

Alternative MEPs

Liegt der Service-Operation, an welche der eingetroffene SOAP-Request gerichtet ist, ein anderes Message Exchange Pattern zugrunde, dann ändert sich der Ablauf natürlich entsprechend. Handelt es sich beispielsweise um eine IN-ONLY Operation, also Einwegkommunikation, so erzeugt der Message Receiver auf der Serverseite keine `AxisEngine` für den Versand einer Antwortnachricht. Die Verarbeitung des Requests endet in diesem Fall mit dem Aufruf des Web Service. Das `AxisServlet` antwortet auf HTTP-Ebene mit dem Statuscode `202 Accepted`.

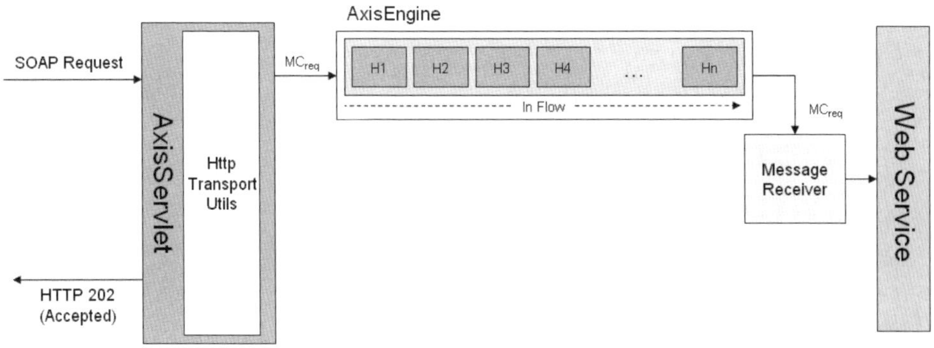

Abbildung 9.6: Ablauf auf der Serverseite bei Aufruf einer Request-Only-Operation

9.1.2 Phasen

Phasen sind ein neues Konzept von Axis2, das keine Entsprechung in Axis 1.x hat. Sie dienen dazu, einen Flow zu unterteilen und Handler relativ zueinander in einem Flow anzuordnen. Eine Phase repräsentiert also einen bestimmten Teilschritt eines Flows und enthält eine beliebige Menge von Handlern. Jeder Flow enthält wiederum eine beliebige Menge von Phasen.

Es gibt zwei verschiedene Arten von Phasen: von Axis2 vordefinierte System-Phasen und benutzerdefinierte Phasen. Handler, die einer System-Phase angehören, stehen grundsätzlich allen Services und Operationen zur Verfügung. Sie werden immer durchlaufen, gleichgültig an welchen Service und welche Operation eine Nachricht gerichtet ist. Für Handler in benutzerspezifischen Phasen kann dagegen konfiguriert werden, ob diese für alle Services aktiv sein sollen, nur für bestimmte Services oder sogar nur für bestimmte Operationen (näheres hierzu im folgenden Abschnitt). Jeder Flow besteht also aus einer Reihe von System-Phasen und gegebenenfalls einer oder mehrerer benutzerdefinierten Phasen.

Aus welchen Phasen sich die einzelnen Flows genau zusammensetzen, wird in der globalen Konfigurationsdatei von Axis2 (*axis2.xml*, siehe Kapitel 9.3) festgelegt. Dabei ist zu beachten, dass Axis2 bereits einige Phasen vordefiniert, die unbedingt immer existieren müssen. Diese sollten weder umbenannt noch in ihrer Reihenfolge verändert werden. Die Konfigurationsdatei von Axis2 1.1 definiert sogar bereits einige „benutzer"-definierte Phasen: `soapmonitorPhase` ist in allen vier Flows enthalten, hinzu kommen `OperationInPhase`,

OperationOutPhase, OperationInFaultPhase und OperationOutFaultPhase. Listing 9.1 zeigt eine beispielhafte Phasenkonfiguration. Es ist zu erkennen, wie die Phasen der vier verschiedenen Flows definiert werden.

```
<phaseOrder type="InFlow">
  <!-- System pre-defined phases -->
  <phase name="Transport">
    <handler name="RequestURIBasedDispatcher"
        class="org.apache.axis2.engine.RequestURIBasedDispatcher">
      <order phase="Transport"/>
    </handler>
    <handler name="SOAPActionBasedDispatcher"
        class="org.apache.axis2.engine.SOAPActionBasedDispatcher">
      <order phase="Transport"/>
    </handler>
  </phase>
  <phase name="Security"/>
  <phase name="PreDispatch"/>
  <phase name="Dispatch" class="org.apache.axis2.engine.DispatchPhase">
    <handler name="AddressingBasedDispatcher"
       class="org.apache.axis2.engine.AddressingBasedDispatcher">
      <order phase="Dispatch"/>
    </handler>
    <handler name="SOAPMessageBodyBasedDispatcher"
        class="org.apache.axis2.engine.SOAPMessageBodyBasedDispatcher">
      <order phase="Dispatch"/>
    </handler>
    <handler name="InstanceDispatcher"
       class="org.apache.axis2.engine.InstanceDispatcher">
      <order phase="Dispatch"/>
    </handler>
  </phase>
  <!-- User-defined phases -->
  <phase name="OperationInPhase"/>
  <phase name="soapmonitorPhase"/>
</phaseOrder>
<phaseOrder type="OutFlow">
  <!-- User-defined phases -->
  <phase name="soapmonitorPhase"/>
  <phase name="OperationOutPhase"/>
  <!-- System pre-defined phases -->
```

Listing 9.1: Phasenkonfiguration (Auszug aus axis2.xml)

```
  <phase name="PolicyDetermination"/>
  <phase name="MessageOut"/>
  <phase name="Security"/>
</phaseOrder>
<phaseOrder type="InFaultFlow">
  <!--  System pre-defined phases -->
  <phase name="PreDispatch"/>
  <phase name="Dispatch" class="org.apache.axis2.engine.DispatchPhase">
    <handler name="RequestURIBasedDispatcher"
       class="org.apache.axis2.engine.RequestURIBasedDispatcher">
      <order phase="Dispatch"/>
    </handler>
    <handler name="SOAPActionBasedDispatcher"
       class="org.apache.axis2.engine.SOAPActionBasedDispatcher">
      <order phase="Dispatch"/>
    </handler>
    <handler name="AddressingBasedDispatcher"
       class="org.apache.axis2.engine.AddressingBasedDispatcher">
      <order phase="Dispatch"/>
    </handler>
    <handler name="SOAPMessageBodyBasedDispatcher"
       class="org.apache.axis2.engine.SOAPMessageBodyBasedDispatcher">
      <order phase="Dispatch"/>
    </handler>
    <handler name="InstanceDispatcher"
       class="org.apache.axis2.engine.InstanceDispatcher">
      <order phase="PostDispatch"/>
    </handler>
  </phase>
  <!--  User-defined phases -->
  <phase name="OperationInFaultPhase"/>
  <phase name="soapmonitorPhase"/>
</phaseOrder>
<phaseOrder type="OutFaultFlow">
  <!--  User-defined phases -->
  <phase name="soapmonitorPhase"/>
  <phase name="OperationOutFaultPhase"/>
  <!--  System pre-defined phases -->
  <phase name="PolicyDetermination"/>
  <phase name="MessageOut"/>
</phaseOrder>
```

Listing 9.1: Phasenkonfiguration (Auszug aus axis2.xml) (Forts.)

Die vom System vordefinierten Phasen enthalten bereits einige Handler. Sie sind im Wesentlichen dafür verantwortlich, anhand verschiedener Kriterien (wie Request-URI oder SOAP Action) herauszufinden, an welchen Service bzw. welche Operation eine eintreffende Nachricht gerichtet ist sowie die SOAP-Erweiterung WS-Addressing zu unterstützen. Dabei gehören beispielsweise Handler, die von einem bestimmten Transportprotokoll wie HTTP abhängig sind, der Phase namens `Transport` an. Wird eine Erweiterung zur Unterstützung von WS-Security installiert, so fügt diese ihre Handler in die Phase *Security* ein. Die Stellen, an denen eigene Phasen hinzugefügt werden können, sind im Listing 9.1 durch entsprechende Kommentare markiert.

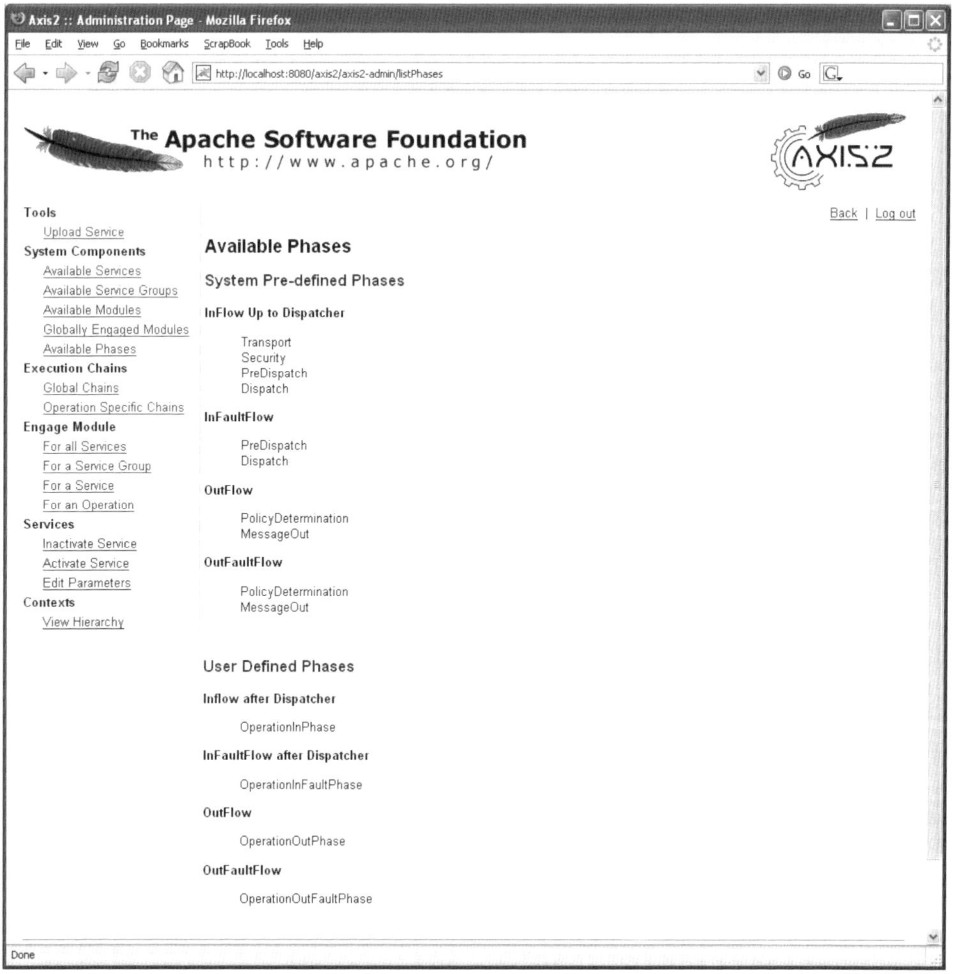

Abbildung 9.7: Übersicht der für eine Axis2-Installation konfigurierten Phasen

Mit Hilfe des Administrations-Frontends von Axis2 kann zumindest auf der Serverseite etwas einfacher überblickt werden, aus welchen Phasen sich die vier Flows zusammensetzen. Klickt man in der linken Navigationsleiste auf AVAILABLE PHASES, so wird eine Liste aller vom System vordefinierten und aller benutzerdefinierten Phasen angezeigt (Abbildung 9.7). Unter der Überschrift EXECUTION CHAINS befinden sich zwei weitere Links, die im Zusammenhang mit der Konfiguration von Phasen interessant sind. Die Seite GLOBAL CHAINS zeigt die globalen Anteile aller Flows an, d.h. jene Phasen und Handler, die immer ausgeführt werden, gleichgültig mit welchem Service und mit welcher Operation eine Nachricht assoziiert ist. Hinter dem Link OPERATION SPECIFIC CHAINS verbirgt sich eine Übersicht der operationsspezifischen Anteile der vier Flows, also jener Phasen und Handler, die nur dann ausführt werden, wenn eine bestimmte Operation aufgerufen wird. Hierfür muss natürlich zuerst ausgewählt werden, für welche Operation man die Übersicht gerne hätte.

Ein wesentliches Merkmal von Phasen ist es, dass die darin enthaltenen Handler nicht absolut, sondern relativ zueinander angeordnet werden. Zu diesem Zweck können bei der Konfiguration von Handlern verschiedene Phasenregeln definiert werden (siehe Abschnitt 10.1.3). Mit ihnen kann beispielsweise konfiguriert werden, dass ein Handler A innerhalb seiner Phase immer vor einem anderen Handler B, aber gleichzeitig immer nach einem Handler C ausgeführt werden muss. Zusätzlich kann eine Regel definiert werden, die besagt, dass ein Handler grundsätzlich immer als allererster (oder immer als allerletzter) seiner Phase ausgeführt werden muss, unabhängig davon, welche sonstigen Handler der Phase angehören.

Der Einsatz von Phasenregeln ist offensichtlich immer dann sinnvoll, wenn die Ausführungsreihenfolge mehrerer Handler nicht gleichgültig ist. Dies kann zum Beispiel dann der Fall sein, wenn die SOAP-Kommunikation verschlüsselt erfolgt und eingehende Nachrichten geloggt werden sollen. Es ist sicherlich sinnvoller, Nachrichten zuerst zu entschlüsseln und erst dann zu loggen anstatt umgekehrt. Zudem erlauben es Phasenregeln, dass die Reihenfolge der Handler in einem Flow zur Laufzeit dynamisch angepasst wird, zum Beispiel wenn zusätzliche Handler aktiviert werden, die dann anhand ihrer Regeln in die bestehende Kette eingefügt werden.

Das Konzept der Handler ermöglicht es, die `AxisEngine` und damit die Funktionalität von Axis2 praktisch beliebig zu erweitern. Hierzu ist die gewünschte Funktionalität als Handler zu implementieren und an der gewünschten Stelle in die Flows und Phasen einzusetzen. Hieraus ergibt sich ein mächtiges Erweiterungskonzept. Um das Deployment und die Verwaltung mehrerer solcher Erweiterungen zu erleichtern, wurden in Axis2 zusätzlich die so genannten Module eingeführt. Der Entwicklung von Handlern und Modulen ist das Kapitel 10 gewidmet.

9.1.3 Dispatch-Mechanismus

Wird Axis2 auf der Serverseite eingesetzt, so verwaltet es potentiell mehrere Services, von denen jeder eine Reihe von Operationen aufweist. Wenn eine Nachricht über eines der unterstützten Transportprotokolle eintrifft, so muss Axis2 herausfinden, an welchen Service und welche Operation diese Nachricht gerichtet ist und sie entsprechend dort hinleiten. Dieser Vorgang wird im Allgemeinen *Dispatching* genannt und hierfür ist eine bestimmte Systemphase vorgesehen: die *Dispatch Phase*. Sie enthält eine Reihe von spezialisierten Handlern (auch Dispatcher genannt), welche die Nachricht nach bestimmten Informationen durchsuchen, um daraus den Empfänger der Nachricht abzuleiten. Am einfachsten verdeutlicht man sich das Ganze anhand einer konkreten Nachricht.

```
POST /axis2/services/BookingService HTTP/1.1
SOAPAction: "http://axishotels.de/booking/service/CheckAvailability"
User-Agent: Axis2
Host: 127.0.0.1:8080
Transfer-Encoding: chunked
Content-Type: text/xml; charset=UTF-8

<?xml version='1.0' encoding='UTF-8'?>
<soapenv:Envelope xmlns:wsa="http://www.w3.org/2005/08/addressing"
        xmlns:soapenv="http://schemas.xmlsoap.org/soap/envelope/">
  <soapenv:Header>
    <wsa:To>
      http://localhost:8080/axis2/services/BookingService
    </wsa:To>
    <wsa:ReplyTo>
      <wsa:Address>
        http://www.w3.org/2005/08/addressing/anonymous
      </wsa:Address>
    </wsa:ReplyTo>
    <wsa:MessageID>
      urn:uuid:EF7FFE483DCA0A43C11171371519563
    </wsa:MessageID>
    <wsa:Action>
      http://axishotels.de/booking/service/CheckAvailability
    </wsa:Action>
  </soapenv:Header>
  <soapenv:Body>
    <ns1:CheckAvailabilityRequest xmlns:ns1="http://axishotels.de/booking/types/">
      <hotelCode>AH-Amsterdam</hotelCode>
      <arrivalDate>2007-11-03</arrivalDate>
      <departureDate>2007-11-06</departureDate>
    </ns1:CheckAvailabilityRequest>
  </soapenv:Body>
</soapenv:Envelope>
```

Die Nachricht enthält die folgenden für das Dispatching hilfreichen Informationen, die jeweils fett hervorgehoben wurden. Im HTTP-Header finden sich die Request-URI und der `SOAPAction` Header, im SOAP Header die Elemente `To` und `Action`. Hinzu kommt der qualifizierte Name des ersten Kindelementes im Body. Axis2 ist mit vier Dispatchern ausgestattet, die sich genau dieser Informationen annehmen. Sie sind in der entsprechenden Phasenkonfiguration eingetragen (siehe Listing 9.1).

Information	Dispatcher
HTTP Request URI	RequestURIBasedDispatcher
SOAPAction Header	SOAPActionBasedDispatcher
QName des ersten Elementes im SOAP Body	SOAPMessageBodyBasedDispatcher
To und Action Elemente von WS-Addressing	AddressingBasedDispatcher

Tabelle 9.1: Dispatcher in Axis2

Die Dispatcher werden nacheinander aufgerufen und arbeiten zusammen, um den Service und die Operation zu bestimmen, an welche die Nachricht gerichtet ist. Konnte der erste Dispatcher beispielsweise den Service bestimmen, nicht aber die Operation, so speichert er diese Information im MessageContext. Der nächste Dispatcher setzt dann auf dem Resultat des vorherigen auf. Er braucht nicht mehr zu versuchen, den Service zu bestimmen, sondern kann versuchen seinerseits herauszufinden, welches die Ziel-Operation ist.

Konnten nach dem Durchlaufen aller Dispatcher der Service oder die Operation nicht bestimmt werden, bricht die Verarbeitung der Nachricht unmittelbar ab. Der Sender erhält eine entsprechende Fehlernachricht. War das Dispatching dagegen erfolgreich, so kommt schließlich der InstanceDispatcher an die Reihe. Seine Aufgabe ist es, den ServiceGroupContext, ServiceContext und OperationContext zu finden.

9.2 Interne Datenstrukturen: Description und Context

Das Axis2 Framework verfügt über ein umfangreiches internes Datenmodell, mit dem es sowohl statische als auch dynamische Informationen über alle Bestandteile einer Axis2-Instanz verwaltet. Statische Informationen, wie beispielsweise die Konfiguration eines Service, werden typischerweise aus Konfigurationsdateien (*services.xml, module.xml, axis2.xml*) ausgelesen und in der so genannten *Description-Hierarchie* gespeichert. Dynamische Informationen, wie der Kontext einer spezifischen Nachricht oder Sitzung, beziehen sich auf die Laufzeit und werden in der *Context Hierarchie* abgelegt.

9.2.1 Description-Hierarchie

Die Wurzel der Description-Hierarchie ist eine Instanz der Klasse AxisConfiguration aus dem Package org.apache.axis2.engine. Sie dient als Container für die Konfigurationsinformationen sämtlicher Bestandteile einer Axis2 Engine. Dies beinhaltet in Betrieb genommene Services, zur Verfügung stehende Module und Handler, die Phasenkonfiguration, Message Receiver, Observer (siehe Kapitel 9.3.8) sowie Sender und Listener für die konfigurierten Transportprotokolle.

Das Package org.apache.axis2.description enthält ebenfalls eine Reihe von Klassen, die in der Description-Hierarchie zum Einsatz kommen. Im Falle der in Betrieb genommenen Services ergibt sich beispielsweise für jede Service-Gruppe eine Baumstruktur. Eine Service-Gruppe wird durch eine Instanz von AxisServiceGroup repräsentiert. Diese enthält eine Menge an AxisService Instanzen. Jeder AxisService enthält wiederum eine Menge von AxisOperation Objekten, die ihrerseits (je nach MEP) eine oder mehrere Instanzen von AxisMessage speichern. Abbildung 9.8 illustriert diese Datenstruktur. Alle darin abgebildeten Klassen sind von der abstrakten Klasse AxisDescription abgeleitet. Sie bietet Basisfunktionalitäten für die Navigation zwischen Vater- und Kindknoten im Baum sowie für die Verwaltung von Parametern und Policies, die für die jeweiligen Artefakte konfiguriert wurden.

Insbesondere können also auf jeder Ebene der Hierarchie beliebige Parameter definiert werden. Dabei gelten Parameter, die auf höherer Ebene definiert wurden, auch für alle unteren Ebenen. Wird ein Parameter auf einer Ebene der Hierarchie nicht gefunden, weil er dort nicht konfiguriert wurde, so durchsucht das Axis2 Framework automatisch alle höheren Ebenen.

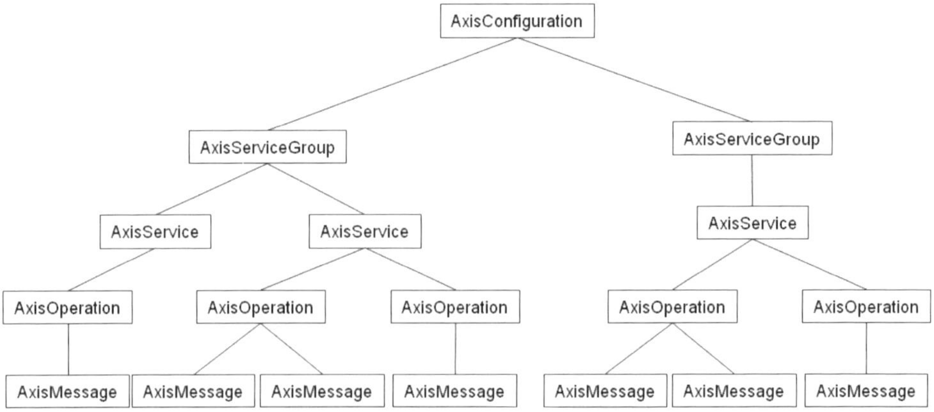

Abbildung 9.8: Datenstuktur der Description-Hierarchie für installierte Services

Dabei kann eine Konfiguration auf unterer Ebene jedoch grundsätzlich die auf höheren Ebenen definierten Parameter überschreiben. Zum Beispiel könnte die Konfiguration einer Service-Operation den Wert eines gleichnamigen Parameters aus der Konfiguration ihrer Service-Gruppe mit einem eigenen Wert belegen. Allerdings ist es auch möglich, Parameter bei deren Definition zu sperren und somit davor zu schützen, dass sie durch Konfigurationen auf unteren Ebenen überschrieben werden.

Parameter werden immer mit einem Element des Namens parameter definiert. Es kann in die Konfigurationen von Service-Gruppen, Services, Operationen, Handler oder Module eingefügt werden und hat die Attribute name (verpflichtend) und locked (optional).

```
<parameter name="logServiceAccess" locked="true">true</parameter>
```

Attribut	Bedeutung
name	Name des Parameters
locked	Legt fest, ob dieser Parameter von Konfigurationen auf unteren Ebenen überschrieben werden kann. Erlaubte Werte: true, false (default)

AxisDescription, und damit auch alle abgeleiteten Klassen, implementieren das Interface ParameterInclude. Es definiert Basismethoden für die Verwaltung von Parametern und deren Sperrstatus. Sie bedienen sich dazu einer Standardimplementierung des Interface namens ParameterIncludeImpl und überschreiben gegebenenfalls das dort implementierte Verhalten. Insbesondere realisiert ParameterIncludeImpl die Deserialisierung von Parametern (also die Umwandlung von Text oder XML in Objekte) unter Zuhilfenahme von AXIOM.

Schließlich definiert AxisDescription noch zwei abstrakte Methoden zur Verknüpfung eines Moduls mit einer Konfigurationseinheit (*Engagement*) sowie um zu erfragen, ob eine solche Verknüpfung für ein bestimmtes Modul bereits erfolgt ist. Diese Methoden werden von allen abgeleiteten Klassen entsprechend implementiert. Abbildung 9.9 zeigt die Klassenhierarchie von AxisDescription und seinen abgeleiteten Klassen. Für AxisOperation existieren verschiedene Spezialisierungen, welche die unterschiedlichen MEPs repräsentieren.

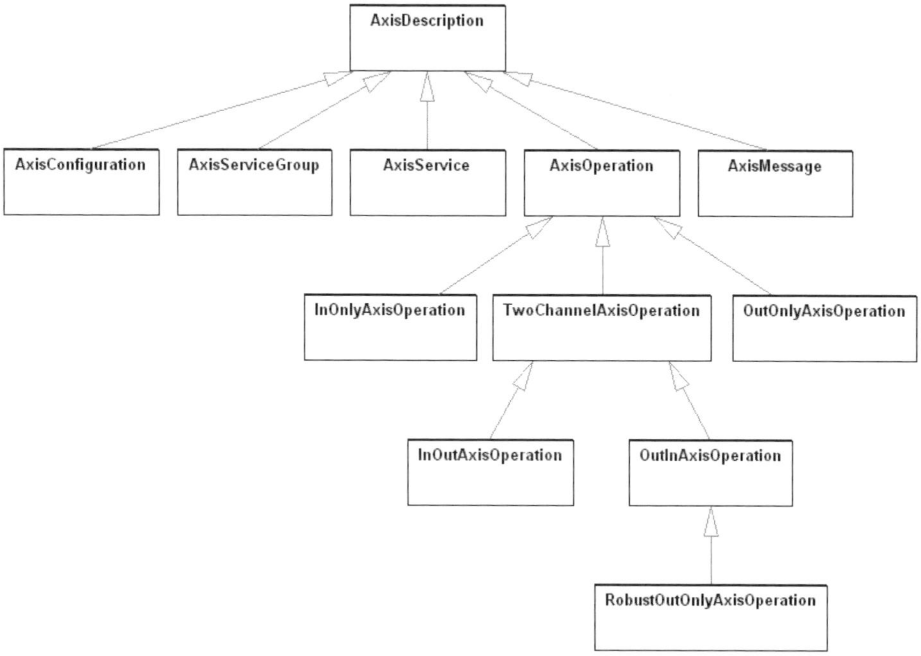

Abbildung 9.9: Vererbungshierarchie der Klasse AxisDescription

9.2.2 Context-Hierarchie

Die Wurzel der Context-Hierarchie ist eine Instanz der Klasse ConfigurationContext aus dem Package org.apache.axis2.context. Sie dient als Container für alle globalen, von Axis2 verwalteten Laufzeitinformationen. Hierzu zählen beispielsweise die gestarteten Listener für Transportprotokolle. In der gleichen Hierarchie finden sich Instanzen der Klassen ServiceGroupContext, ServiceContext, OperationContext und MessageContext. Abbildung 9.10 verdeutlicht den Aufbau der Hierarchie. Sie ist abgesehen von einigen Hilfsmethoden im Wesentlichen nur von unten nach oben navigierbar.

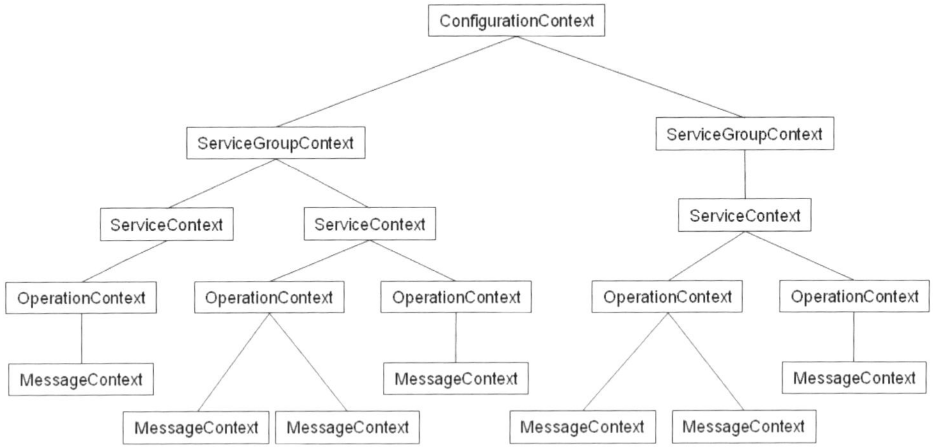

Abbildung 9.10: Beispielhafte Datenstruktur der Context-Hierarchie

Alle in Abbildung 9.10 dargestellten Klassen sind von der Klasse `AbstractContext` abgeleitet. Sie bietet Basisfunktionalitäten für die Navigation (Methode `getParent`), einen Timeout-Mechanismus sowie die Verwaltung von Properties. Abbildung 9.11 illustriert die Vererbungshierarchie.

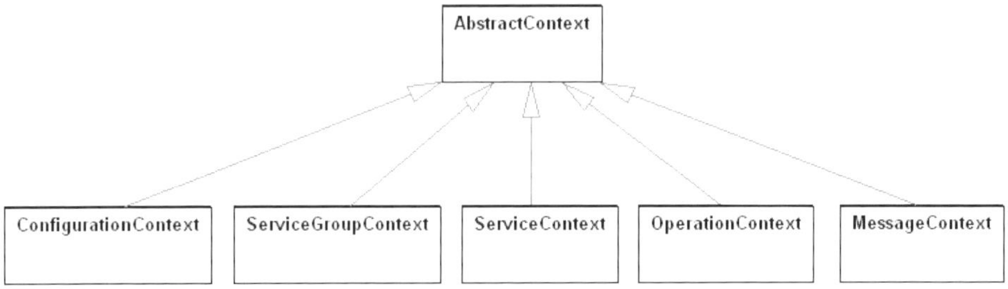

Abbildung 9.11: Vererbungshierarchie der Klasse AbstractContext

Die Properties der Context-Hierarchie sind in gewisser Weise das Gegenstück zu den Parametern der Description-Hierarchie. Properties können jedoch beliebige Datentypen haben und beispielsweise dazu verwendet werden, um Daten zwischen zwei Handlern auszutauschen oder in der Session abzulegen. Genau wie im Falle der Parameter wird bei der Suche nach einem Property die Hierachie nach oben durchsucht. Kann ein Property beispielsweise nicht im `MessageContext` gefunden werden, wird als Nächstes in dessen `OperationContext` gesucht usw.

Die Klasse MessageContext

Der Klasse `MessageContext` kommt in Axis2 besondere Bedeutung zu, da sie eine Nachricht im System repräsentiert und alle mit ihr verbundenen Informationen speichert. Es ist der Message Context einer Nachricht, der die `AxisEngine` und damit alle Phasen und Handler durchläuft. Handler und Message Receiver können die Nachricht über den Message Context einsehen und manipulieren. Selbst die Service-Implementierung hat innerhalb ihrer Methoden Zugriff auf den Message Context (siehe Kapitel 9.6).

Für Entwickler von Web Service-Anwendungen unter Axis2 empfiehlt sich ein genauerer Blick auf die Vielzahl von Methoden und Informationen, die `MessageContext` anbietet. Hierzu zählen unter anderem Attachments, effektive Policies, WS-Addressing-Header, das Transportprotokoll, über welches die Nachricht empfangen wurde, der `SOAPAction` Header, die SOAP-Version und natürlich der SOAP Envelope, also der Nachrichteninhalt.

9.2.3 Beziehung zwischen Context- und Description-Hierarchien

Context- und Description-Hierachie sind nicht unabhängig voneinander, sondern miteinander verbunden. Dies wird dadurch erreicht, dass jede Context-Komponente eine Referenz auf ihre zugehörige Description-Komponente besitzt. So hat beispielsweise jeder `ServiceContext` eine Referenz auf diejenige Instanz von `AxisService`, welche die Konfiguration des Service repräsentiert. Dies hat den Vorteil, dass Handler oder Service-Implementierungen über einen Kontext direkt auch auf die statische Konfiguration zugreifen können.

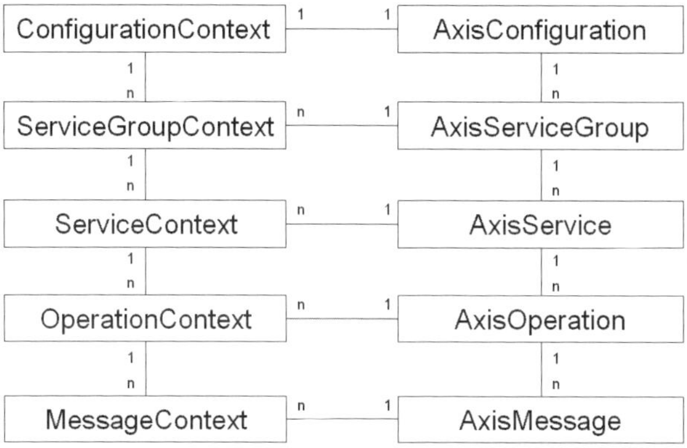

Abbildung 9.12: Beziehung der beiden Hierarchien zueinander

Wenn zur Laufzeit auf Informationen aus einer der beiden Hierarchien zugegriffen wird (typischerweise über den aktuellen Message Context), so ist auf den Unterschied zwischen Parametern und Properties zu achten. Je nachdem, um welche Art von Information es sich handelt, müssen verschiedene Methoden für den Zugriff verwendet werden.

```
Parameter paramDbUser = ctx.getParameter("dbUser");
Object o = ctx.getProperty("myProperty");
```

9.2.4 Laden von Konfigurationen

Eine Konfiguration und der Inhalt eines Repository müssen natürlich irgendwie geladen werden. Diese Aufgabe übernimmt die Klasse `DeploymentEngine` aus dem Package `org.apache.axis.deployment`, die alle notwendigen Funktionalitäten enthält. Repositories können aus dem Dateisystem, aus einer Web-Anwendung (bzw. einem Web-Container) oder von einer beliebigen URL (siehe Remote Repositories, Abschnitt 9.8) geladen werden. Für diese speziellen Einsatzwecke existieren drei von `DeploymentEngine` abgeleitete Klassen namens `FileSystemConfigurator`, `WarBasedAxisConfigurator` und `URLBasedAxisConfigurator`. Alle drei Klassen implementieren zudem das Interface `AxisConfigurator`.

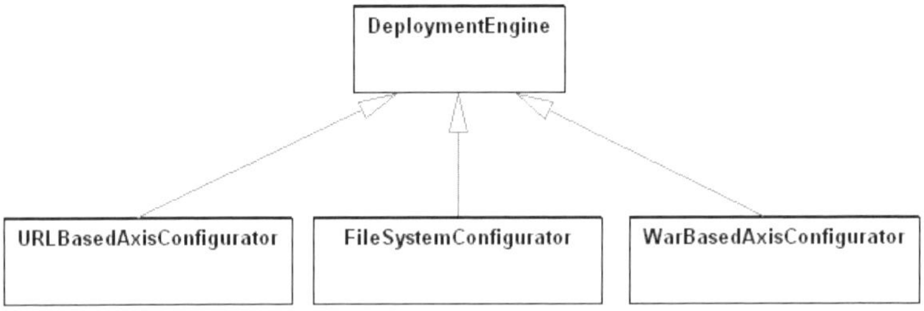

Abbildung 9.13: Klassen zum Laden einer Axis2-Konfiguration

Der `WarBasedAxisConfigurator` wird beispielsweise vom `AxisServlet` verwendet, das (bei unveränderter Standardkonfiguration) beim Start der Axis2 Web-Anwendung das darin befindliche Repositiory lädt. Der `SimpleHTTPServer` verwendet dagegen den `FileSystemConfigurator`, um beim Start das Repository zu laden, dessen Pfad als Kommandozeilenparameter übergeben wurde.

Nach dem erfolgreichen Laden liegt die Konfiguration in einer Instanz der Klasse `AxisConfiguration` vor. Wie in den vorangegangenen Abschnitten erläutert, existiert zur Laufzeit immer auch ein `ConfigurationContext`. Dieser wird mit einer Referenz auf die `AxisConfiguration` initialisiert. Für die Erzeugung des `ConfigurationContext` steht eine Factory-Klasse namens `ConfigurationContextFactory` zur Verfügung

```
String repoLocation = "D:\\AxisHotels\\ws\\repo";
String axis2xmlLocation = "D:\\AxisHotels\\ws\\conf\\axis2.xml";
AxisConfigurator ac = new FileSystemConfigurator(repoLocation, axis2xmlLocation);
ConfigurationContext context = ConfigurationContextFactory.
                                    createConfigurationContext(ac);
```

Speziell für das Laden von Konfigurationen aus dem Dateisystem hat die Factory-Klasse eine Methode, die immerhin eine Code-Zeile einspart.

```
ConfigurationContext context = ConfigurationContextFactory.
        createConfigurationContextFromFileSystem(repoLocation, axis2xmlLocation);
```

Für Anwendungsentwickler ist das Laden von Konfigurationen insbesondere auf der Clientseite interessant. Dort können sowohl generierte Stubs als auch Instanzen der Klasse `ServiceClient` mit einem `ConfigurationContext` konfiguriert werden:

```
String url = "http://localhost/axis2/services/BookingService";
BookingServiceStub stub = new BookingServiceStub(context, url);
```

9.3 Globale Konfiguration

Die globale Konfiguration von Axis2 wird in einer Datei namens *axis2.xml* vorgenommen. Sie bietet zahlreiche Einstellungsmöglichkeiten, die allgemeiner Natur sind und damit unabhängig von spezifischen Services oder Operationen. So lassen sich etwa globale Parameter definieren, standardmäßig zu verwendende Message Receiver festlegen oder Module global einschalten und konfigurieren. Daneben werden die verfügbaren Transporte für den Empfang und Versand von Nachrichten definiert und konfiguriert. Weitere wichtige Einstellungen betreffen die Definition der Phasen, aus denen sich die vier Flows zusammensetzen sowie die Steuerung des Verhaltens im Fehlerfall, die Attachment- und die REST-Unterstützung.

Eine globale Konfigurationsdatei wird sowohl auf Server- als auch auf Clientseite benutzt. Lädt eine Client-Anwendung nicht explizit eine bestimmte Datei, um den `ConfigurationContext` daraus zu erzeugen (siehe Kapitel 9.2.4), so verwendet Axis2 eine Standard-Konfiguration, die in einer JAR-Datei der Distribution enthalten ist. Leider enthält Axis2 1.1.1 keine getrennten Konfigurationsdateien für Client- und Serverseite, sondern verwendet im Wesentlichen immer die gleiche Datei (siehe auch die mitgelieferten Beispiele). Dadurch enthalten Konfigurationsdateien für die Clientseite oftmals auch Einstellungen, die nur auf der Serverseite Sinn machen. Hierzu zählen insbesondere Einstellungen für die Axis2-Web-Anwendung. Hieraus entsteht zwar kein Schaden, die Tatsache führt jedoch insbesondere für Einsteiger hin und wieder zu etwas Verwirrung.

Das Wurzelelement von *axis2.xml* heißt `axisconfig`. Für manche der Konfigurationsmöglichkeiten sind spezielle Kindelemente vorgesehen, andere werden mit Hilfe des `parameter` Elementes vorgenommen (siehe Abschnitt 9.2.1). Folgende Tabelle zeigt eine Übersicht aller erlaubten Kindelemente. Parameter und Kindelemente werden in den folgenden Abschnitten genauer erläutert.

Element	Anzahl	Bedeutung
`parameter`	0..n	Globaler Parameter (siehe Kapitel 9.3.1)
`messageReceivers`	0..1	Standardmäßig zu verwendende Message Receiver abhängig vom MEP einer Operation (siehe Kapitel 9.3.2)
`module`	0..n	Schaltet ein Modul global ein (siehe Kapitel 9.3.4)
`moduleConfig`	0..n	Globale Konfiguration für ein Modul (siehe Kapitel 9.3.4)
`defaultModuleVersions`	0..1	Standardmäßig zu verwendende Modulversionen (siehe Kapitel 9.3.5)
`transportSender`	0..n	Komponente für den Nachrichtenversand über ein bestimmtes Transportprotokoll (siehe Kapitel 9.3.3)

Element	Anzahl	Bedeutung
transportReceiver	0..n	Komponente für den Nachrichtenempfang über ein bestimmtes Transportprotokoll (siehe Kapitel 9.3.3)
targetResolvers	0..1	Definiert alle Target Resolver (siehe Kapitel 9.3.7)
listener	0..n	Definiert einen Listener (Observer), siehe Kapitel 9.3.8
phaseOrder	4	Definiert die Phasen eines Flows (siehe Kapitel 9.3.6)
Policy	0..n	Globale Policy (siehe Kapitel 15)
PolicyReference	0..n	Referenz auf eine globale Policy (siehe Kapitel 15)

9.3.1 Parameter

In der globalen Konfigurationsdatei kann eine Vielzahl von Parametern gesetzt werden. Einige von ihnen werden ausführlich in anderen Kapiteln beschrieben.

Parametername	Bedeutung
hotDeployment	Schaltet das Hot Deployment ein/aus (siehe Kapitel 9.5) Erlaubte Werte: true, false Voreinstellung: true
hotUpdate	Schaltet das Hot Update ein/aus (siehe Kapitel 9.5) Erlaubte Werte: true, false Voreinstellung: false
ConfigContextTimeoutInterval	Setzt den Timeout für SOAP-Sessions in Sekunden (siehe Kapitel 8). Voreinstellung: 30
sendStacktraceDetailsWithFaults drillDownToRootCauseForFaultReason	Parameter zur Steuerung der Fehlerbehandlung (siehe Kapitel 8)
userName	Benutzername für den Zugang zum Admininstrations-Frontend Voreinstellung: admin
password	Passwort für den Zugang zum Admininstrations-Frontend Voreinstellung: axis2
ServicesDirectory	Name des Ordners im Repository, in dem Axis2 nach Service-Archiven sucht Voreinstellung: services
ModulesDirectory	Name des Ordners im Repository, in dem Axis2 nach Service-Archiven sucht Voreinstellung: modules
contextRoot	Context Root für alle Service-Endpunkte. Muss angepasst werden, falls die Axis2-Web-Anwendung nicht unter */axis2* zu erreichen ist. Voreinstellung: axis2
servicePath	URL-Präfix für SOAP-Services Voreinstellung: services

Parametername	Bedeutung
restPath	URL-Präfix für REST-Services Voreinstellung: rest
manageTransportSession	Parameter zur Steuerung der Session-Unterstützung (siehe Kapitel 8) Voreinstellung: false
disableRest disableSeparateEndpointForREST	Parameter zur Steuerung der REST-Unterstützung (siehe Kapitel 8)
enableMTOM enableSwA cacheAttachments attachmentDIR sizeThreshold	Parameter zur Steuerung der MTOM- und SwA-Unterstützung (siehe Kapitel 13)

9.3.2 Message Receiver

In der globalen Konfigurationsdatei können standardmäßige Message Receiver für die unterschiedlichen MEPs definiert werden. Sie kommen immer dann zum Einsatz, wenn Nachrichten an entsprechende Operationen eintreffen und weder für die Service-Gruppe, den Service noch die Operation eine eigene Message Receiver-Konfiguration definiert wurde. Die einzelnen Konfigurationen werden dabei von einem messageReceivers-Element umschlossen. Jeder einzelne messageReceiver benötigt die Attribute mep für das Nachrichtenaustauschmuster und class für den Klassennamen.

```
<messageReceivers>
 <messageReceiver mep="http://www.w3.org/2004/08/wsdl/in-only"
  class="org.apache.axis2.receivers.RawXMLINOnlyMessageReceiver"/>

  <messageReceiver mep="http://www.w3.org/2004/08/wsdl/in-out"
   class="org.apache.axis2.receivers.RawXMLINOutMessageReceiver"/>
</messageReceivers>
```

9.3.3 Transporte

Für alle Transportprotokolle, die Axis2 für den Empfang oder Versand von Nachrichten unterstützen soll, werden natürlich entsprechende Implementierungen benötigt. Diese werden mit Hilfe der Elemente transportSender und transportReceiver definiert. Das Attribut name gibt dabei jeweils den Namen des Transports an, das Attribut class den voll qualifizierten Namen der implementierenden Klassen. Als Kindelemente können dann eine beliebige Anzahl von parameter Elementen verwendet werden, um die Transporte zu konfigurieren.

Axis2 1.1.1 wird mit Unterstützung für den Transport der Nachrichten über HTTP, JMS, TCP und SMTP ausgeliefert. Nähere Informationen hierzu finden sich in Kapitel 14.

9.3.4 Global eingeschaltete Module und Modulkonfigurationen

Mit den Elementen `module` und `moduleConfig` können in der Datei *axis2.xml* globale Engagements und Modulkonfigurationen vorgenommen werden. Dies bedeutet, dass diese für alle Services und alle Operationen wirksam sind. Mit Hilfe von `moduleConfig` vorgenommene Einstellungen können jedoch durch Verwendung des gleichen Elementes auf unteren Ebenen (Services, Operationen) überschrieben werden. Kapitel 10 erläutert beide Elemente im Detail.

9.3.5 Standardmäßige Modulversion

Erweiterungsmodule führen ihre Versionsnummer im Dateinamen des Modularchivs. So hat das in Axis2 1.1.1 enthaltene Modul für WS-Addressing beispielsweise den Dateinamen *addressing-1.1.1.mar*. Es ist durchaus möglich, mehrere verschiedene Versionen desselben Moduls gleichzeitig in Betrieb zu nehmen. Die jeweiligen Archive müssen dazu lediglich im Repository abgelegt werden.

Beim Engagement von Service-Gruppen, Services oder Operationen mit einem Modul durch das Element `module` sollte jeweils nicht nur der Name des Moduls, sondern auch die gewünschte Version angegeben werden. Wird ausschließlich der Modulname angegeben, so stellt sich beim Vorhandensein mehrerer Versionen dieses Moduls die Frage, welche davon verwendet werden soll. Mit dem Element `defaultModuleVersion` und seinen Kindelementen namens `module` kann für beliebige Module eingestellt werden, welche Version standardmäßig zum Einsatz kommt.

```
<defaultModuleVersions>
  <module name="addressing" version="1.1.1"/>
  <module name="rampart" version="1.1"/>
  ...
</defaultModuleVersions>
```

9.3.6 Phasen

Mit dem Element `phaseOrder` werden die Phasen für einen Flow definiert. Um welchen Flow es sich dabei handelt, wird durch das Attribut `type` angegeben. Wie zu Beginn des Kapitels dargelegt, existieren in Axis2 die Flows *InFlow*, *OutFlow*, *InFaultFlow* und *OutFaultFlow*. Die einzelnen Phasen werden durch Kindelemente namens `phase` definiert. Sie können die Attribute `name` und `class` besitzen, welche den Namen der Phase und einer optionalen Phasenklasse angeben. Durch Implementierung einer eigenen Phasenklasse kann bei Bedarf das Verhalten von Axis2 weitgehend beeinflusst werden. Die Klasse muss lediglich von `org.apache.axis2.engine.Phase` abgeleitet sein.

Jedes `phase`-Element kann zudem eine beliebige Menge von Handler-Konfigurationen (siehe Kapitel 10) als Kindelemente besitzen.

```
<phaseOrder type="..." class="...">
  <phase name="...">
    <handler ...>
      ...
    </handler>
    ...
  </phase>
  ...
</phaseOrder>
```

Listing 9.1 zeigte bereits eine beispielhafte Phasenkonfiguration aus der Datei *axis2.xml*. In aller Regel wird diese von Entwicklern sicherlich unverändert gelassen. Lediglich das Hinzufügen von benutzerdefinierten Phasen kann hin und wieder notwendig sein.

9.3.7 Target Resolver

Axis2 bietet die Möglichkeit, einen oder mehrere so genannte Target Resolver zu registrieren. Diese können dazu verwendet werden, um vor dem Versand einer Nachricht die ursprünglich gesetzte Zieladresse zu überschreiben. Dies muss natürlich geschehen, bevor intern das Transportprotokoll ausgewählt und die Handlerkette ausgeführt wird.

Ein Anwendungsbeispiel hierfür ist der Einsatz von Axis2 in einer Cluster-Umgebung. Ein spezieller Target Resolver könnte dafür sorgen, dass im Falle lokaler Adressen spezielle Optimierungen verwendet werden oder die Entscheidung treffen, dass die Last auf ein anderes Mitglied des Clusters verteilt werden soll.

Alle konfigurierten Target Resolver bilden eine Kette und werden einer nach dem anderen aufgerufen. Jeder von ihnen muss das Interface `TargetResolver` aus dem Package `org.apache.axis.util` implementieren. Die Schnittstelle definiert nur eine einzige Methode, welcher der aktuelle Message Context als Parameter übergeben wird.

```
public interface TargetResolver {
  public void resolveTarget(MessageContext messageContext);
}
```

In der Datei *axis2.xml* werden Target Resolver mit einem `targetResolver`-Element definiert. Es besitzt nur ein einziges Attribut namens `className`, das den Klassennamen angibt. Sämtliche definierten Target Resolver werden in ein `targetResolvers`-Element eingebettet.

```
<targetResolvers>
  <targetResolver className="..."/>
</targetResolvers>
```

9.3.8 Listeners/Observers

Axis2 bietet die Möglichkeit, seine Konfiguration zu überwachen. Zu diesem Zweck können selbst implementierte Klassen registriert werden. Diese werden vom Framework dann über Änderungen in der Konfiguration informiert und entsprechend darauf reagieren. Die Entwickler des Axis2-Projektes verwenden in diesem Zusammenhang mit *Listener* und *Observer* zwei verschiedene Begriffe für dasselbe Konzept. Da in ersterem Fall die Gefahr der Verwechslung mit *Transport Listeners* besteht, wird in diesem Buch der Begriff *Observer* für die Überwachung der Konfiguration verwendet.

Alle Observer müssen das Interface `org.apache.axis2.engine.AxisObserver` implementieren. Es definiert die folgenden Methoden:

```
public interface AxisObserver extends ParameterInclude {
  void init(AxisConfiguration axisConfig);

  void serviceUpdate(AxisEvent event, AxisService service);

  void serviceGroupUpdate(AxisEvent event, AxisServiceGroup serviceGroup);

  void moduleUpdate(AxisEvent event, AxisModule module);
}
```

Die Methode `init` wird vom Axis2 Framework bei dessen Initialisierung aufgerufen und kann dazu verwendet werden, den Observer selbst zu initialisieren. Durch Aufruf der restlichen drei Methoden informiert das Framework dann den Observer im weiteren Verlauf, wenn sich eine Änderung der Konfiguration von Services, Service-Gruppen oder Modulen ereignet hat. Jeder der drei Methoden wird eine Instanz der Klasse `AxisEvent` sowie eine Referenz auf die Konfigurationsdetails des jeweiligen Artefakts übergeben. `AxisEvent` kapselt dabei Konstanten für verschiedene Ereignistypen wie Deployment oder Entfernung von Service-Archiven, Start und Stopp des Betriebes von Services oder das Deployment von Modulen. Da das Interface `AxisObserver` von `ParameterInclude` abgeleitet ist, kann jeder Observer von außen mit beliebigen Parametern konfiguriert werden. Die Verwaltung der Parameter kann von der Klasse `ParameterIncludeImpl` geerbt werden.

```
public class MyAxis2ConfigObserver extends ParameterIncludeImpl
                                   implements AxisObserver {
  private Log log = LogFactory.getLog(this.getClass());
  private String emailAddress;

  public void init(AxisConfiguration axisConfig) {
    log.info("Initializing...");
    Parameter pEmailAddress = getParameter("emailAddress");
    emailAddress = pEmailAddress.getValue().toString();
    log.info("Sending notification emails to: " + emailAddress);
```

Listing 9.2: Beispielhafte Implementierung eines Observers, der E-Mails verschickt

```
}

public void moduleUpdate(AxisEvent event, AxisModule module) {
  String message = null;
  switch (event.getEventType()) {
    case AxisEvent.MODULE_DEPLOY:
      message = "Module " + module.getName() + " was deployed";
      break;
    case AxisEvent.MODULE_REMOVE:
      message = "Module " + module.getName() + " was removed";
      break;
  }
  sendEmail(message);
}

public void serviceGroupUpdate(AxisEvent event, AxisServiceGroup serviceGroup) {
  String message = null;
  switch (event.getEventType()) {
    case AxisEvent.SERVICE_DEPLOY:
      message = "Service group " +
         serviceGroup.getServiceGroupName() + " was deployed";
      break;
    case AxisEvent.SERVICE_REMOVE:
      message = "Service group " +
         serviceGroup.getServiceGroupName() + " was removed";
      break;
  }
  sendEmail(message);
}

public void serviceUpdate(AxisEvent event, AxisService service){
  String message = null;
  switch (event.getEventType()) {
    case AxisEvent.SERVICE_DEPLOY:
     message = "Service " + service.getName() + " was deployed";
     break;
    case AxisEvent.SERVICE_REMOVE:
     message = "Service " + service.getName() + " was removed";
     break;
  }
```

Listing 9.2: Beispielhafte Implementierung eines Observers, der E-Mails verschickt (Forts.)

```
    sendEmail(message);
  }

  private void sendEmail(String message) {
    ...
  }
}
```

Listing 9.2: Beispielhafte Implementierung eines Observers, der E-Mails verschickt (Forts.)

Die Registrierung eines Observers wird in der globalen Konfigurationsdatei *axis2.xml* vorgenommen. Hierzu ist ein `listener`-Element (!) einzufügen.

```
<listener class="de.axishotels.ws.util.MyAxis2ConfigObserver">
  <parameter name="emailAddress">admin@axishotels.de</parameter>
</listener>
```

Axis2 1.1.1 enthält mit dem `JMSListener` eine Implementierung von `AxisObserver`. Es handelt sich dabei um den Transport-Listener für das JMS-Protokoll, er ist im Package `org.apache.axis2.transport.jms` zu finden.

9.4 Konfiguration von Services

Bevor Services unter Axis2 in Betrieb genommen werden können, müssen sie in einem Service-Archiv verpackt werden. Der grundsätzliche Aufbau eines solchen Archivs wurde bereits in Kapitel 3 erläutert. Im gleichen Kapitel, sowie in den Kapiteln 4 und 7, wurden unterschiedliche Hilfsmittel vorgestellt, mit denen Service-Archive erstellt werden können. Dieser Abschnitt befasst sich mit allen Aspekten, die bei der Konfiguration der in einem Archiv enthaltenen Services beachtet werden müssen. Die Konfiguration erfolgt in einer Datei namens *services.xml*, die in jedem Service-Archiv enthalten sein muss. Sie ist dort in einem Ordner namens *META-INF* abzulegen.

9.4.1 Services und Service-Gruppen

Ein Service-Archiv kann entweder einen oder mehrere Services enthalten. Im Falle mehrerer Services handelt es sich dann um eine so genannte Service-Gruppe. Sollen mehrere Services in Betrieb genommen werden, so besteht also immer die Möglichkeit, diese entweder als Service-Gruppe in einem einzigen Service-Archiv zu verpacken oder alle Services einzeln und in mehreren Service-Archiven. Der Vorteil einer Service-Gruppe besteht darin, dass alle ihr angehörenden Services gemeinsam und einheitlich konfiguriert werden können, zum Beispiel was das Ein- und Ausschalten von Modulen oder die Definition von Parametern betrifft. Außerdem können alle Services einer Service-Gruppe Informationen über den `ServiceGroupContext` austauschen (siehe Abschnitt 9.2.2 und Kapitel 8.3). Der prinzipielle Aufbau der Datei *services.xml* sieht wie folgt aus:

```
<serviceGroup>
  <service ...>
    ...
  </service>
  ...
  <service ...>
    ...
  </service>
</serviceGroup>
```

Falls das Archiv nur einen Service enthält, so kann das umschließende `serviceGroup`-Element auch weggelassen werden.

9.4.2 Bestimmung der Namen von Services und Service-Gruppen

Enthält ein Service-Archiv nur einen einzigen Service und wurde das Element `serviceGroup` weggelassen, so wird der Name des Services durch den Dateinamen des Archivs bestimmt. Ist der Service beispielsweise in einem Archiv namens *BookingService.aar* untergebracht, so lautet sein Name `BookingService`. In der Datei *services.xml* muss kein Service-Name definiert werden.

Anders verhält es sich jedoch, wenn die Datei *services.xml* mit einem `serviceGroup`-Element beginnt. In diesem Fall muss jedes `service`-Element das Attribut `name` besitzen, welches den Namen des jeweiligen Service angibt, während der Dateiname des Service-Archivs den Namen der Service-Gruppe bestimmt.

Der Name eines Service wirkt sich unter anderem auf die Adresse aus, unter welcher dieser erreichbar ist. Zudem werden die Namen natürlich auch im Admin-Frontend von Axis2 angezeigt und verwendet.

9.4.3 WSDL-Dokumente und automatische WSDL-Generierung

Für jeden installierten Service kann dessen WSDL-Dokument und zugehöriges XML Schema von Axis2 angefordert werden, zum Beispiel um mit Hilfe der darin befindlichen Informationen eine Client-Anwendung zu erstellen. Die Anforderung geschieht durch Absenden eines HTTP GET-Requests an eine URL, die sich aus der Service-Adresse und der Zeichenkette `?wsdl` bzw. `?xsd` zusammensetzt. Für den Booking Service von Axis-Hotels sieht dies beispielsweise wie folgt aus:

```
http://localhost:8080/axis2/services/BookingService?wsdl
http://localhost:8080/axis2/services/BookingService?xsd
```

Da das XML Schema des Service in einer externen Datei untergebracht ist, ist das Ergebnis des zweiten Requests noch unbefriedigend: Es zeigt lediglich das `import` Element des Schemas, das im WSDL-Dokument enthalten ist.

```
<xsd:schema attributeFormDefault="unqualified" elementFormDefault="unqualified">
  <xsd:import namespace="http://axishotels.de/booking/types/"
              schemaLocation="BookingService?xsd=xsd0"/>
</xsd:schema>
```

Um das importierte Schema anzuzeigen, muss daher der folgende Request verwendet werden, der dessen Speicherort berücksichtigt:

```
http://localhost:8081/axis2/services/BookingService?xsd=xsd0
```

In diesem Zusammenhang können für jeden Service optional dessen WSDL-Dokument und gegebenenfalls zugehörige XML Schema-Dateien im Service-Archiv abgelegt werden. Wie die Konfigurationsdatei *services.xml* müssen diese dann im Verzeichnis *META-INF* untergebracht werden. Ob ein WSDL-Dokument überhaupt zur Verfügung steht, ist natürlich auch vom verwendeten Entwicklungsansatz abhängig. Im Falle des Contract-First-Ansatzes (siehe Kapitel 7) stellt das WSDL-Dokument den Startpunkt der Service-Entwicklung dar und ist damit naturgemäß vorhanden. Wird dagegen ein Code-First- oder POJO-Ansatz verfolgt, steht in der Regel kein WSDL-Dokument zur Verfügung.

Axis2 überprüft immer zuerst, ob ein WSDL-Dokument im Ordner *META-INF* des Service-Archivs gefunden werden kann. Damit diese Suche erfolgreich ist, muss darauf geachtet werden, dass der Name eines Service unter Axis2 (siehe Abschnitt 9.4.2) identisch ist mit dem Wert des `name`-Attributes im `service`-Element des WSDL-Dokuments. Der Dateiname des WSDL-Dokuments spielt dagegen keine Rolle. Wenn im Service-Archiv enthaltene und gefundene WSDL-Dokumente von Axis2 zurückgeliefert werden sollen, ist zudem der Service-Parameter `useOriginalwsdl` auf den Wert `true` zu setzen (siehe Abschnitt 9.4.5).

Konnte für einen Service kein WSDL-Dokument im Archiv gefunden werden, so wird die in der Datei *services.xml* konfigurierte Service-Implementierungsklasse mit Hilfe von Reflection untersucht und auf Basis ihrer Methoden ein WSDL-Dokument und ein XML Schema automatisch generiert. Hierfür ist der in Axis2 enthaltene Generator Java2WSDL verantwortlich. Die Generierung kann mit weiteren Einstellungen in *services.xml* gesteuert werden (siehe Abschnitt 9.4.4). Natürlich funktioniert der gesamte Vorgang nur dann wie beschrieben, wenn der Service auch mittels einer Java-Klasse implementiert wurde. Dies muss nicht immer so sein: Kapitel 12 zeigt beispielsweise, wie ein in Groovy programmierter Service unter Axis2 bereitgestellt werden kann. Eine weitere wesentliche Voraussetzung für die automatische WSDL-Generierung ist, dass für alle Service-Operationen einer der folgenden Message Receiver zum Einsatz kommen muss: `RPCMessageReceiver`, `RPCInOutAsyncMessageReceiver` oder `RPCInOnlyMessageReceiver`.

9.4.4 Elemente der Datei services.xml

Dieser Abschnitt erläutert im Detail alle Elemente, die in der Datei *services.xml* verwendet werden können.

Element <serviceGroup>

Das Element `serviceGroup` hat keine Attribute. Als Kindelemente sind erlaubt:

Element	Anzahl	Bedeutung
`parameter`	0..n	Definiert einen beliebigen Parameter für alle Services der Gruppe
`module`	0..n	Verknüpft alle Services der Gruppe mit einem Erweiterungsmodul, siehe Kapitel 10
`moduleConfig`	0..n	Konfiguration für ein Erweiterungsmodul, siehe Kapitel 10
`service`	1..n	Konfiguration individueller Services, siehe nächster Abschnitt

Element <service>

Mit dem Element `service` wird ein individueller Service konfiguriert. Es kann folgende Attribute besitzen:

Attribut	Bedeutung
`name`	Service-Name, falls *services.xml* mit einem `serviceGroup`-Element beginnt (andernfalls wird der Service-Name durch den Dateinamen des Archivs bestimmt)
`scope`	Session-Scope für Instanzen der Service-Implementierung Erlaubte Werte: `Request` (default), `TransportSession`, `SOAPSession`, `Application` „siehe Kapitel 8"
`class`	Vollqualifizierter Name der `ServiceLifecycle`-Klasse „siehe Kapitel 8"
`targetNamespace`	Target Namespace des Service; wird bei der WSDL-Generierung verwendet. Wird dieses Attribut nicht gesetzt, wird der Namensraum `http://ws.apache.org/axis2` verwendet.
`wsaddressing`	Schalter für die automatische Genierung des WSDL-Dokuments für den Service. Je nach Einstellung wird das Erweiterungselement `UsingAddressing` in die Bindings für SOAP 1.1 und SOAP 1.2 eingefügt. Nähere Informationen zu `UsingAddressing` finden sich unter [1]. Erlaubte Werte: `unspecified` (default), `optional`, `required`

Daneben kann das Element `service` eine Reihe von Kindelementen haben:

Element	Anzahl	Bedeutung
`description`	0..1	Textuelle Beschreibung für den Service
`parameter`	0..n	Definiert einen beliebigen Parameter für den Service. Einige sind bereits vordefiniert, siehe Kapitel 9.4.5.
`module`	0..n	Verknüpft den Service mit einem Erweiterungsmodul, siehe Kapitel 10
`moduleConfig`	0..n	Konfiguration für ein Erweiterungsmodul, siehe Kapitel 10

Element	Anzahl	Bedeutung
schema	0..1	Legt Namensraum für das XML Schema fest, das bei der Erzeugung der Inhalte von Antwortnachrichten verwendet wird. Default: http://org.apache.axis2/xsd
excludeOperations	0..1	Definiert im Falle von POJO Web Services, welche Methoden der Service-Implementierung nicht von außen per SOAP erreichbar sein sollen
Policy	0..n	Definiert eine Policy für den Service (siehe Kapitel 15)
PolicyReference	0..n	Definiert eine Referenz auf eine Policy (siehe Kapitel 15)
transports	0..1	Konfiguriert die für den Service eingesetzten Transporte
messageReceivers	0..1	Konfiguriert die für den Service eingesetzten Message Receiver
operation	0..n	Definiert je eine Operation des Service

Element <description>

Der Inhalt dieses Elementes wird im Administrations-Frontend von Axis2 angezeigt und im Falle der automatischen Generierung eines WSDL-Dokuments für den Service als documentation-Element dort eingefügt.

```
<documentation>This is the booking service of AxisHotels. It can be used to make
and cancel reservations.</documentation>
```

Element <schema>

Mit diesem Element kann der Namensraum für das Schema festgelegt werden, das verwendet wird, wenn die Rückgabewerte der Service-Methoden von Objekten in XML-Elemente umgewandelt werden.

Attribut	Bedeutung
namespace	Namensraum des Schemas für Datentypen
elementFormDefaultQualified	Erlaubte Werte: true, false

Das Element schema kann eine beliebige Menge von mapping Elementen beinhalten. Dessen Attribute namespace und package dienen dazu, eine explizite Abbildung von Java-Packages auf XML-Namensräume zu konfigurieren.

Attribut	Bedeutung
namespace	Namensraum
package	Name eines Java-Package

Element <excludeOperations>

Standardmäßig macht Axis2 alle `public`-Methoden der Klasse, welche die Service-Implementierung enthält, nach außen verfügbar. Somit werden entsprechende SOAP-Nachrichten an diese geleitet. Sollen bestimmte Methoden hiervon ausgenommen werden, kann dies mit dem Element `excludeOperations` konfiguriert werden. Für jede auszunehmende Operation ist ein Kindelement namens `operation` vorzusehen, das den Namen der Methode beinhaltet. Die Methoden `init` und `destroy` sind automatisch immer ausgeschlossen, sie dienen der Session-Verwaltung (siehe Kapitel 8.3). Ebenfalls automatisch ausgeschlossen ist die Methode `setOperationContext`, die in früheren Versionen von Axis2 ebenfalls für diesen Zweck reserviert war.

```
<excludeOperations>
    <operation>getBusinessDelegate</operation>
    <operation>testMakeReservation</operation>
</excludeOperations>
```

Element <transports>

Ein Service ist standardmäßig über alle Transportprotokolle erreichbar, die in der globalen Konfigurationsdatei *axis2.xml* konfiguriert wurden. Dies kann jedoch eingeschränkt werden: Optional können mit Hilfe des Elementes `transports` alle für einen Service erlaubten Transportprotokolle explizit angegeben werden. Es kapselt ein oder mehrere `transport`-Elemente, die jeweils den Namen eines erlaubten Protokolls enthalten. Der Name muss identisch sein mit dem Wert des `name`-Attributes, das bei der Konfiguration des Transports in *axis2.xml* verwendet wurde.

```
<transports>
  <transport>http</transport>
  <transport>jms</transport>
</transports>
```

Element <messageReceivers>

In der Datei *axis2.xml* sind Message Receiver-Klassen für verschiedene MEPs konfiguriert, die standardmäßig für alle Services zum Einsatz kommen. Diese Einstellung kann für einen Service explizit überschrieben werden, indem das Element `messageReceivers` als Kindelement von `service` in die Datei *services.xml* eingefügt. wird.

```
<messageReceivers>
  <messageReceiver mep="http://www.w3.org/2004/08/wsdl/in-out"
        class="de.axishotels.booking.service.BookingServiceMessageReceiverInOut"/>
</messageReceivers>
```

Element <operation>

Dieses Element dient dazu, eine Service-Operation zu definieren. Die Attribute `name` und `mep` geben dabei ihren Namen und das zugehörige Kommunikationsmuster an. Mit Hilfe des Wertes für `mep` wird bei eintreffenden Nachrichten ein zu verwendender Message Receiver ausgewählt, falls nicht mittels des Kindelementes `messageReceiver` ein solcher explizit für die Operation festgelegt wird.

Attribut	Bedeutung
name	Name der Operation
mep	MEP der Operation, identifiziert durch die entsprechende URI

Das Element `operation` kann die folgenden Kindelemente haben:

Element	Anzahl	Bedeutung
parameter	0..n	Definiert einen beliebigen Parameter für die Operation. Einige sind bereits vordefiniert. (siehe Kapitel 9.4.5)
module	0..n	Verknüpft die Operation mit einem Erweiterungsmodul (siehe Kapitel 10)
moduleConfig	0..n	Konfiguration für ein Erweiterungsmodul (siehe Kapitel 10)
Policy	0..n	Definiert eine Policy für die Operation (siehe Kapitel 15)
PolicyReference	0..n	Definiert eine Referenz auf eine Policy (siehe Kapitel 15)
actionMapping	0..n	Definiert einen Wert für das WS-Addressing-Element `action` in eintreffenden Nachrichten.
outputActionMapping	0..1	Definiert einen Wert für das WS-Addressing-Element `action` in zu versendenden Nachrichten
faultActionMapping	0..n	Definiert einen Wert für das WS-Addressing-Element `action` in zu versendenden Fehlernachrichten. Das Attribut `faultName` bestimmt dabei den Namen des Fehlers (wie im WSDL-Dokument definiert).
messageReceiver	0..1	Konfiguriert den für die Operation einzusetzenden Message Receiver. Wird das Element weggelassen, kommt der in höheren Ebenen (Service, Service-Gruppe, *axis2.xml*) definierte Standard-Receiver zum Einsatz.
message	0..n	Definiert je eine zur Operation gehörende Nachricht

Von besonderem Interesse sind dabei `actionMapping`, `outputActionMapping` und `faultActionMapping`. Sie dienen dazu, eine Beziehung zwischen der Operation und dem in Nachrichten enthaltenen WS-Addressing-Element `action` herzustellen. So können mit dem Element `actionMapping` beliebig viele Action-URIs angeben werden, die auf die Operation abgebildet werden sollen. Trifft eine Nachricht ein, welche der entsprechende URI im WS-Addressing-Header trägt, so wird sie an die Operation geleitet. Hierfür ist der spezielle Handler `AddressingBasedDispatcher` verantwortlich, der in der Phase `Dispatch` angesiedelt ist.

Die Elemente `outputActionMapping` und `faultActionMapping` dienen dazu, die Action-URIs für zu versendende Nachrichten festzulegen. Da eine Operation potentiell mehrere verschiedene Fehler verursachen kann, können für den Fehlerfall auch verschiedene Action-URIs angegeben werden. Das Attribut `faultName` legt dann fest, welcher Action-URI zu welchem Fehler gehört.

Element <message>

Das Element dient dazu, spezifische Einstellungen für eine einzelne Nachricht zu konfigurieren. Dies ist beispielsweise dann sinnvoll, wenn ein Erweiterungsmodul nur für eintreffende Nachrichten an eine Operation, nicht aber für ausgehende Nachrichten aktiv sein soll. Das Attribut `label` zeigt an, ob es sich aus Sicht des MEP um eine eingehende, ausgehende oder um eine Fehlernachricht handelt.

Attribut	Bedeutung
`label`	**Erlaubte Werte:** `In, Out, Fault`

Selbst für einzelne Nachrichten können mit Hilfe der Kindelemente `parameter`, `Policy` und `PolicyReference` spezifische Einstellungen vorgenommen werden.

Element	Anzahl	Bedeutung
`parameter`	0..n	Definiert einen beliebigen Parameter für die Nachricht. Einige sind bereits vordefiniert. (siehe Kapitel 9.4.5)
`Policy`	0..n	Definiert eine Policy für die Nachricht (siehe Kapitel 15)
`PolicyReference`	0..n	Definiert eine Referenz auf eine Policy (siehe Kapitel 15)

9.4.5 Service-Parameter

Mit Hilfe des `parameter`-Elementes (vgl. Abschnitt 9.2.1) besteht die Möglichkeit, beliebige Konfigurationsparameter für einen Service zu definieren, die dieser dann zur Laufzeit auswerten kann. Einige Parameter sind jedoch schon von Axis2 vordefiniert.

Parametername	Bedeutung
`ServiceClass`	Vollqualifizierter Klassenname der Service-Implementierung
`ServiceObjectSupplier`	Vollqualifizierter Name einer Factory-Klasse, die Instanzen der Service-Implementierung zurückliefert (siehe Kapitel 12)
`ObjectSupplier`	Vollqualifizierter Name einer Factory-Klasse, die Instanzen für Methodenparameter zurückliefert, falls die Methodensignatur mit Hilfe von Interfaces definiert wurde
`useOriginalwsdl`	Legt fest, ob Axis2 im Falle eines Requests der Form *?wsdl* ein dynamisch generiertes WSDL-Dokument anzeigt oder ein im Service-Archiv (Ordner META-INF) enthaltenes. **Erlaubte Werte:** `true, false` (default)

Die Axis2 Engine, oder genauer genommen die Message Receiver, müssen natürlich wissen, wo sich die Implementierung eines Service befindet, um Instanzen erzeugen und den Service aufrufen zu können. Um diese Information zu konfigurieren, kommt in der Regel der Parameter `ServiceClass` zum Einsatz. Er gibt den Klassennamen der Service-Implementierung an. Immer dann, wenn Axis2 eine neue Instanz des Service benötigt, wird ein Objekt dieser Klasse erzeugt. Alternativ kann allerdings auch der Parameter `ServiceObjectSupplier` verwendet werden, um stattdessen den Namen einer Factory-Klasse zu definieren, welche für die Erzeugung von Service-Instanzen verantwortlich sein soll. Dieser Mechanismus wird beispielsweise von der Axis2-Spring-Integration verwendet (siehe Kapitel 12). Eine solche Factory-Klasse muss das Interface `org.apache.axis2.ServiceObjectSupplier` implementieren.

```
public interface ServiceObjectSupplier {
  public Object getServiceObject(AxisService axisService) throws AxisFault;
}
```

Die beiden Parameter werden von der Klasse `AbstractMessageReceiver` ausgewertet, von der alle in Axis2 mitgelieferten Message Receiver abgeleitet sind.

Speziell für den Einsatz von `RPCMessageReceiver`, `RPCInOnlyMessageReceiver` und `RPCInOutAsyncMessageReceiver` ist der Parameter `ObjectSupplier` vorgesehen. Falls die Methodensignatur der Service-Klasse mit Hilfe von Interfaces anstatt konkreter Klassen definiert wurde, muss Axis2 natürlich wissen, welche konkreten Klassen instanziiert und als Argumente an die Methode übergeben werden sollen. Der Parameter definiert dann eine Factory-Klasse, welche für ein gegebenes Interface jeweils ein Objekt einer implementierenden Klasse zurückliefert. Die Factory-Klasse muss dabei selbst ein Interface implementieren und zwar `org.apache.axis2.engine.ObjectSupplier`.

```
public interface ObjectSupplier {
  Object getObject(Class clazz) throws AxisFault;
}
```

Die Parameter eines Service und seiner Operationen können zur Laufzeit mit Hilfe des Admin-Frontends eingesehen und verändert werden. Der Link EDIT PARAMETERS in der linken Navigationsleiste führt zu einer Seite, die alle Parameter mit entsprechenden Textfeldern auflistet. Ein Klick auf den Button CHANGE bewirkt die sofortige Änderung der Parameterwerte. Wie bei fast allen anderen Konfigurationsänderungen, die mit dem Admin-Frontend vorgenommen werden, ist zu beachten, dass diese beim Neustart der Axis2 Web-Anwendung verloren gehen.

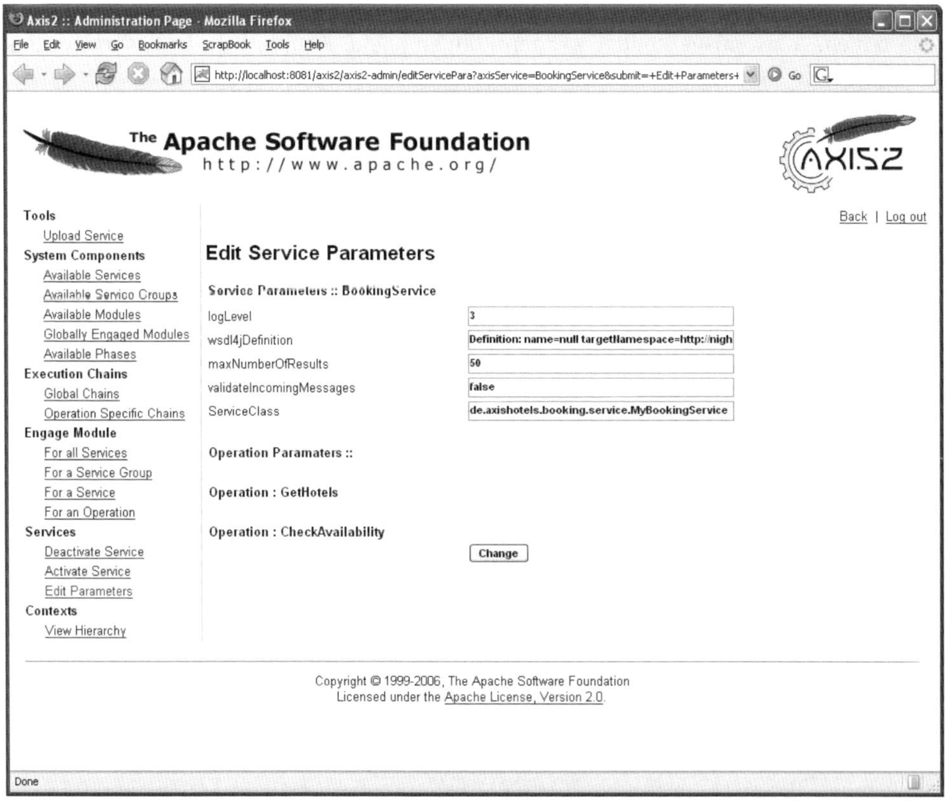

Abbildung 9.14: Editieren von Service-Parametern mit dem Admin-Frontend

9.5 Deployment von Services

Axis2 kann Services entweder in seiner Web-Anwendung, und damit in einem beliebigen Java Web-Container wie Apache Tomcat, bereitstellen oder in einem der mitgelieferten Standalone-Server. Alternativ kann man Axis2 auch in eigene Anwendungen einbetten, um diese mit einer Web Service-Schnittstelle auszustatten.

9.5.1 Axis2 Web-Anwendung

Das Deployment von Services in der Axis2 Web-Anwendung erfolgt durch das Kopieren des Service-Archivs in das *services*-Verzeichnis des Repository. Dies kann entweder manuell geschehen oder mit Hilfe der UPLOAD SERVICE Funktion des Admin-Frontends (siehe Kapitel 3.6). Dabei unterstützt die Web-Anwendung sowohl ein so genanntes *Hot Deployment* als auch *Hot Update*. Hot Deployment bedeutet, dass neue Service-Archive in Betrieb genommen werden können, während die Web-Anwendung läuft, während beim Hot Update ein bereits in Betrieb befindliches Service-Archiv mit einer neuen Version aktualisiert bzw. überschrieben wird.

Für beide Deployment-Arten existieren Parameter in der Datei *axis2.xml*, mit denen diese Features ein- bzw. ausgeschaltet werden können (siehe Kapitel 9.3). Insbesondere das Hot Update ist während der Entwicklung von Anwendungen sehr nützlich, da die Web-Anwendung nicht ständig neu gestartet werden muss. Für den produktiven Betrieb sollten beide Features jedoch ausgeschaltet werden, da sie erfordern, dass Axis2 regelmäßig das Repository auf Änderungen überprüft. Diese Überwachung kostet natürlich Performance.

9.5.2 Standalone-Server

Die in der Axis2 Distribution mitgelieferten Standalone-Server (`SimpleHTTPServer`, `TCPServer`, `SimpleMailListener` und `SimpleAxis2Server`) können von der Kommandozeile gestartet werden. Dabei ist jeweils ein Pfad zum Repository anzugeben, auf welchem die Server arbeiten sollen (siehe Kapitel 14). Der `JMSListener` hat keine `main` Methode und müsste daher in eine einfache Starter-Klasse gekapselt werden, wenn er von der Kommandozeile gestartet werden soll.

```
java org.apache.axis2.transport.http.SimpleHTTPServer -r myRepo
```

Alternativ dazu können alle vier Server in beliebige Java-Anwendungen eingebettet werden. Hierbei ist die Unterstützung für POJOs besonders gelungen: Im Prinzip können beliebige Klassen als Service bereitgestellt werden. Listing 9.3 demonstriert dies am Beispiel des `SimpleHTTPServer`. Dabei ist zu beachten, dass der `SimpleHTTPServer` nicht unbedingt für Produktionsumgebungen gedacht und hoher Last nicht gewachsen ist.

```
ConfigurationContext context = ConfigurationContextFactory.
        createConfigurationContextFromFileSystem(null, null);

AxisService service = AxisService.createService(
                      MyBookingService.class.getName(),
                      context.getAxisConfiguration(),
                      RPCMessageReceiver.class,
                      "http://axishotels.de/booking/service",
                      "http://axishotels.de/booking/types");

context.getAxisConfiguration().addService(service);

SimpleHTTPServer server = new SimpleHTTPServer(context, 8080);
server.start();
```

Listing 9.3: Deployment des BookingService in einem Standalone-Server

9.6 Zugriff eines Service auf Context und Konfiguration

Manchmal ist es notwenig, dass die Implementierung eines Service auf Konfigurationsinformationen zugreifen kann. Dies ist zum Beispiel dann der Fall, wenn das Verhalten des Service mit Hilfe von Parametern in der Konfigurationsdatei *services.xml* steuerbar sein soll. Auch die im `MessageContext` gespeicherten Kontextinformationen sind in manchen Fällen notwenig, um eine gewünschte Funktionalität zu implementieren. Während der Verarbeitung einer eintreffenden Nachricht auf der Serverseite ist es die Aufgabe des Message Receivers, den Service aufzurufen und ihm die in der Nachricht enthaltenen Informationen zu übergeben. Die in Axis2 mitgelieferten Message Receiver tun dies in Form einer Instanz der AXIOM-Klasse `OMElement` oder durch anwendungsspezifische Objekte. Beim einzigen direkten Kontakt zum Axis2 Framework werden die benötigten Kontext- oder Konfigurationsinformationen also nicht übergeben.

Eine Möglichkeit zur Lösung dieses Problems bestünde darin, einen eigenen Message Receiver zu programmieren, der entsprechende `set`-Methoden des Service vor der eigentlichen Service-Operation aufruft, um die benötigten Informationen zu übergeben. In aller Regel ist dies jedoch nicht notwendig. Stattdessen kann eine Service-Implementierung durch eine einzige Code-Zeile Zugriff auf den aktuellen Message Context erhalten:

```
MessageContext msgCtx = MessageContext.getCurrentMessageContext();
```

Aufgrund der Verbindung zwischen den Datenstrukturen der *Context-Hierarchie* und der *Description-Hierarchie* (siehe Kapitel 9.2.3) kann der Service anschließend über den Message Context auch auf viele andere Informationen zugreifen, indem er die Datenstrukturen entsprechend durchsucht. Die Konfiguration des Service, die in einer Instanz von `AxisService` verwaltet wird, lässt sich beispielsweise wie folgt auslesen:

```
AxisService service = msgCtx.getAxisService();
Parameter pLogLevel = service.getParameter("logLevel");
```

9.7 Zugriff auf Ressourcen im Service-Archiv

In Axis2 sind alle Services und Module streng voneinander isoliert: jeder Service und jedes Modul hat seinen eigenen Classloader. Der Vorteil dieses Verfahrens ist es, dass gleichzeitig im Betrieb befindliche Komponenten unterschiedliche Versionen einer Klasse oder einer Bibliothek verwenden können, ohne sich gegenseitig im Wege zu sein.

Mit Hilfe seines Classloaders kann ein Service auf sämtliche Ressourcen zugreifen, die sich in seinem Archiv befinden.

```
getClass().getClassLoader().getResourceAsStream("hotels.dat");
```

Soll ein Modul auf die Ressourcen eines Service zugreifen, so muss es sich zuerst eine Referenz auf dessen Classloader besorgen:

```
AxisService hotelService = messageContext.getAxisConfiguration().
                                   getAxisService("BookingService");
ClassLoader clsLoader = hotelService.getServiceClassLoader();
clsLoader.getResourceAsStream("hotels.dat");
```

9.8 Start von Axis2 mit entferntem Repository

Die Axis2 Web-Anwendung kann mit einem Repository gestartet werden, das auf einem anderen Server liegt. Dies ist insbesondere in Cluster-Umgebungen interessant, in denen mehrere Server auf dem gleichen Repository arbeiten sollen.

Angenommen, das Repository liegt auf dem Rechner namens `reposerver` und dort in einem Tomcat-Container im Web-Context mit dem Namen *ws*. Die Konfigurationsdatei könnte dann beispielsweise unter dem Pfad */ws/conf/axis2.xml* liegen und das Repository unter */ws/repo*. Abbildung 9.15 zeigt, wie die Verzeichnisstruktur aussehen müsste.

Abbildung 9.15: Beispielhafte Verzeichnisstruktur eines entfernten Repositories

Um die Axis2 Web-Anwendung auf einem beliebigen anderen Rechner mit dem Repository des `reposerver` zu starten, muss deren Konfigurationsdatei *web.xml* entsprechend angepasst werden. Dort können die URLs der Axis2-Konfigurationsdatei und des Repository als Servlet-Parameter definiert werden. Die hierfür vorgesehenen Parameternamen lauten `axis2.xml.url` und `axis2.repository.url`.

```
<servlet>
  <servlet-name>AxisServlet</servlet-name>
  <display-name>Apache-Axis Servlet</display-name>
  <servlet-class>
    org.apache.axis2.transport.http.AxisServlet
  </servlet-class>
```

Listing 9.4: Auszug aus der angepassten Datei web.xml der Axis2 Web-Anwendung

```
    <init-param>
      <param-name>axis2.xml.url</param-name>
      <param-value>http://reposerver/ws/conf/axis2.xml</param-value>
      <param-name>axis2.repository.url</param-name>
      <param-value>http://reposerver/ws/repo/</param-value>
    </init-param>
    <load-on-startup>1</load-on-startup>
  </servlet>
```

Listing 9.4: Auszug aus der angepassten Datei web.xml der Axis2 Web-Anwendung (Forts.)

Nach dem Start lädt die Axis2 Web-Anwendung daraufhin das Repository und die Datei *axis2.xml* vom `reposerver`. Damit das Ganze funktionieren kann, müssen in den Verzeichnissen *modules* und *services* die Dateien namens *modules.list* und *services.list* angelegt werden. Dabei handelt es sich um einfache Textdateien, welche die Namen aller anderen Dateien im jeweiligen Verzeichnis enthalten. Axis2 lädt zuerst diese Dateilisten vom entfernten Server und erhält so die Information, welche Modul- und Service-Archive zu laden sind. Die Datei *modules.list* hat im obigen Beispiel folgenden Inhalt:

```
addressing-1.1.1.mar
logger-1.0.mar
rampart-1.1.mar
soapmonitor-1.1.1.mar
```

In einer Umgebung mit einem entfernten Repository ist das Hot Deployment-Feature von Axis2 ausgeschaltet.

Referenzen

[1] Web Services Addressing 1.0 - WSDL Binding:
http://www.w3.org/TR/2006/CR-ws-addr-wsdl-20060529/

10 Handler und Module

Eines der wichtigsten Features von Axis2 ist seine Erweiterbarkeit. In der Welt der Web Services existiert eine Vielzahl von Spezifikationen wie WS-Security, WS-Addressing, WS-ReliableMessaging, WS-Policy oder WS-Coordination und WS-Transaction, welche das SOAP-Protokoll um wichtige Funktionen erweitern und von denen ein Web Service-Framework zumindest die wichtigsten unterstützen sollte. Hinzu kommt, dass diese Spezifikationen ständig weiterentwickelt werden, sodass die Unterstützung regelmäßig aktualisiert werden muss.

Die unterschiedlichen Technologien im Web Service-Umfeld sind wie ein Baukastensystem zu verwenden. Man wählt genau jene Erweiterungen, die man braucht und lässt andere außen vor. So bietet es sich an, die Unterstützung für solche Erweiterungen in einem Framework ebenfalls als Baukastensystem zu gestalten, vergleichbar mit einem Plug-in-Mechanismus.

In Axis2 werden diese Erweiterungen durch Handler und Module realisiert. Handler sind Software-Komponenten, die in den Verarbeitungsprozess der `AxisEngine` eingeklinkt werden können, um dort bestimmte Aufgaben zu erfüllen. Sie werden dort wie in einer Kette aneinandergereiht und jede eingehende oder ausgehende Nachricht muss eine Handlerkette durchlaufen. Durch das Hinzufügen von Handlern kann somit die Funktionalität von Axis2 erweitert werden.

Module sind ein Paketierungsmechanismus für Handler. Häufig werden Erweiterungen nicht durch einen einzigen, sondern durch mehrere Handler realisiert und Module dienen dazu, diese in einem einzigen Archiv zusammenzufassen. Dies erleichtert die Konfiguration und vor allem auch das Deployment der Erweiterung. Man kann Module daher als Plug-ins für Axis2 verstehen.

Module und Handler können sowohl client- als auch serverseitig verwendet werden. Speziell für den Einsatz auf der Serverseite können Module neben Handlern auch spezielle Services enthalten, die für die Umsetzung der entsprechenden Erweiterung notwendig sind. Dabei könnte es sich zum Beispiel um einen Service handeln, der Tickets ausstellt, welche Clients dazu berechtigen, einen anderen Service zu benutzen. Weiterhin können Module bereits bestehenden Services zusätzliche Operationen hinzufügen. Nachrichten an solche modulspezifischen Operationen werden dann vom Modul, nicht vom Service verarbeitet. Die Erweiterung erfolgt für den Service also vollkommen transparent.

Neben Erweiterungen für standardisierte SOAP-Erweiterungen (wie den oben genannten) können mit diesem Mechanismus natürlich auch nicht-funktionale Erweiterungen, wie etwa ein spezielles Logging oder ein Abrechnungsverfahren für die Servicenutzung realisiert werden. Der Phantasie sind keine Grenzen gesetzt.

Auch Axis 1.x kannte bereits das Konzept der Handler, jedoch in einer einfacheren Form. So waren dort die Handlerketten statisch, ihre Konfiguration erfolgte beim Service-

Deployment bzw. vor dem Start der Axis2 Web-Anwendung. Moderne Anforderungen an Web Service-Anwendungen machen es jedoch notwendig, dass die Zusammensetzung von Handlerketten dynamisch erfolgen kann. Dies ermöglicht es, erst zur Laufzeit zu entscheiden, wie die Kette für eine bestimmte Nachricht zusammengesetzt sein soll. Diese Entscheidung kann beispielsweise aufgrund von Policies erfolgen (also auf Basis von WS-Policy), welche auf den Seiten beider Kommunikationspartner Anforderungen und Fähigkeiten für die Gestaltung der gemeinsamen Kommunikation beschreiben.

Bevor mit der Entwicklung von Handlern und Modulen begonnen werden kann, ist es jedoch wichtig zu verstehen, wie und wo diese innerhalb von Axis2 zum Einsatz kommen und wie eine Nachricht durch das Framework fließt. Für alle Leser, die Kapitel 9.1 übersprungen haben, sei daher empfohlen, dieses zunächst nachzuholen. Dort werden grundlegende Konzepte von Axis2 erläutert, die für das Verständnis und die sinnvolle Nutzung von Handlern unabdingbar sind.

10.1 Handler

Handler dienen dazu, die Kernfunktionalität von Axis2 zu erweitern, indem sie bestimmte Funktionen implementieren, die dann in den Verarbeitungsprozess ein- und ausgehender Nachrichten eingefügt werden. Prinzipiell gibt es keinerlei Begrenzung darin, was genau Handler tun können: Es ist alles möglich, solange es in Java implementiert werden kann.

Das grundlegende Konzept der Handler ist jedoch nicht neu. Bereits Axis 1.x kannte diesen Erweiterungsmechanismus, und auch zahlreiche andere Web Service-Frameworks enthalten ähnliche Konzepte. So haben sich bestimmte Erfahrungswerte ergeben, wie Handler am sinnvollsten anzuwenden sind.

So ist es im Allgemeinen keine gute Idee, Handler für anwendungsspezifische Funktionalitäten zu verwenden. Dies ist die Aufgabe der Services und sollte dort verbleiben. Andererseits ist es ebenso zu vermeiden, dass sich Services um Aspekte kümmern müssen, die mit der eigentlichen Anwendungslogik nichts zu tun haben. Hierzu zählen Logging, Sicherheit, Transaktionen, zuverlässige Kommunikation oder die Verwaltung von Sessions. Diese Aspekte sind wie geschaffen für Handler.

Ebenso wie die Verantwortlichkeiten sollten auch die Nachrichteninhalte sauber voneinander getrennt werden. Alle anwendungsspezifischen Informationen sollten im SOAP Body enthalten sein, alle weiteren (Meta-)Informationen im SOAP Header. Hieraus ergibt sich, dass Handler im Wesentlichen für die Verarbeitung von SOAP Headern zum Einsatz kommen. So werden alle SOAP-Erweiterungen wie WS-Security, WS-Addressing oder WS-ReliableMessaging ausschließlich durch Handler realisiert. Und alle für diese Zusatzprotokolle notwendigen Informationen werden ausschließlich im SOAP Header transportiert.

Ein wichtiger Vorteil dieser klaren Trennung liegt darin, dass bestimmte nicht anwendungsspezifische Features wie beispielsweise Sicherheitsfunktionen nur einmal implementiert werden müssen: in Form von Handlern. Die entsprechende Funktionalität kann dann ganz nach Bedarf für beliebige Services oder Operationen ein- und ausgeschaltet werden. Dabei sollten die Handler so entwickelt werden, dass die durch sie realisierten Erweiterungen vollkommen transparent für Services und Client-Anwendungen geschehen, sodass beim Ein- oder Ausschalten eines oder mehrerer Handler keinerlei Änderungen in der eigentlichen Anwendungslogik notwendig werden.

10.1.1 Die Schnittstelle Handler

Die API eines Axis2-Handlers ist in der Schnittstelle `Handler` definiert, welche im Package `org.apache.axis2.engine` zu finden ist. Alle Handler müssen diese Schnittstelle implementieren. Sie sieht sechs verschiedene Methoden vor.

```
public interface Handler extends Serializable {
  public void cleanup();

  public void init(HandlerDescription handlerdesc);

  public InvocationResponse invoke(MessageContext msgContext) throws AxisFault;

  public HandlerDescription getHandlerDesc();

  public String getName();

  public Parameter getParameter(String name);
}
```

Listing 10.1: Die Schnittstelle Handler

Die Methode `init` dient dazu, den Handler zu initialisieren. Sie wird von der Axis2 Engine aufgerufen, wenn eine Handler-Instanz erzeugt wird. Die Methode kann dazu verwendet werden, vorbereitende Maßnahmen zu treffen, die erledigt sein sollten, bevor die erste zu verarbeitende Nachricht eintrifft. Hier könnten also etwa Parameter ausgewertet werden, die das Verhalten des Handlers beeinflussen. Im Falle eines Handlers, der beispielsweise für die Entschlüsselung von Nachrichten verantwortlich sein soll, könnte hier ein Parameter ausgewertet werden, der den Speicherort des Keystore angibt. Ebenfalls könnte der Keystore in der `init`-Methode bereits geladen bzw. geöffnet werden.

Die Methode `init` erwartet einen Parameter der Klasse `HandlerDescription`. Diese Klasse repräsentiert die Deployment-Informationen des Handlers, d.h. den Inhalt seiner Konfiguration im Deployment Descriptor. Hierzu zählen der symbolische Name des Handlers, der Klassenname seiner Implementierung, Phasenregeln, Handler-Parameter sowie eine Referenz auf die Konfiguration des Moduls, welchem der Handler angehört. Eine Instanz von `HandlerDescription` wird von der Axis2 Engine erzeugt und der `init`-Methode beim Aufruf übergeben. Ein Handler sollte die ihm übergebene `HandlerDescription` in einer Instanzvariablen speichern, da die Methode `getHandlerDescription` dafür vorgesehen ist, von außen darauf zuzugreifen. Diese Methode wird unter anderem verwendet, wenn ein Handler einer Phase hinzugefügt wird und die Phase dessen Phasenregeln herausfinden möchte.

Als Gegenstück zu `init` ist die Methode `cleanup` für Aufräumungsmaßnahmen vorgesehen. Sie soll von der Axis2 Engine aufgerufen werden, wenn der Lebenszyklus eines Handlers endet, um dort gegebenenfalls vom Handler verwendete Ressourcen wieder freizugeben oder zu schließen. Leider wird `cleanup` in Axis2 v1.1 jedoch niemals aufgerufen. Hierbei handelt es sich um ein noch nicht implementiertes Feature, das sich trivial anhört, aber dennoch erhebliche Diskussionen verursacht hat. In jedem Fall empfiehlt es sich, beim Einsatz späterer Axis2-Versionen zu prüfen, ob die Methode inzwischen aufgerufen und verwendet wird.

Die Methode `getParameter` dient dazu, von außen die Werte bestimmter Handlerparameter zu erfragen. Auch diese Methode greift letztlich auf die `HandlerDescription` zurück, da die Parameter dort gespeichert sind. Schließlich enthält die Schnittstelle `Handler` noch die Methode `getName`, die den Namen des Handlers zurückliefert. Erneut wird lediglich die Information aus der `HandlerDescription` durchgereicht.

Die wichtigste Methode der Schnittstelle trägt den Namen `invoke`. Sie wird immer dann von der Axis2 Engine aufgerufen, wenn eine ankommende oder ausgehende Nachricht zu verarbeiten ist. Somit enthält `invoke` die eigentliche Logik des Handlers. Als Methodenparameter erwartet `invoke` eine Instanz der Klasse `MessageContext`, die bereits in Kapitel 9 besprochen wurde. Der `MessageContext` enthält alle relevanten Information über die zu verarbeitende Nachricht, wie z.B. den Namen des Service, an den sie gerichtet ist, das verwendete Transportprotokoll und natürlich den Inhalt der Nachricht selbst. Innerhalb von `invoke` können nun all diese Informationen und Nachrichteninhalte über den `MessageContext` ausgewertet und entsprechend darauf reagiert werden. Es besteht ebenfalls die Möglichkeit, die Nachricht zu erweitern (z.B. SOAP Header hinzuzufügen) oder ihren Inhalt zu verändern.

Bei der Implementierung von `invoke` ist insbesondere die Fehlerbehandlung zu beachten. Falls innerhalb der Methode ein Fehler auftritt oder eine Exception geworfen wird, so sollte diese gefangen und behandelt werden. Gegebenenfalls sind bereits durchgeführte Verarbeitungsschritte wieder rückgängig zu machen. Anschließend muss der Handler das Auftreten des Fehlers an die `AxisEngine` melden, indem er eine spezielle Exception vom Typ `AxisFault` wirft. Der Flow, dem der Handler angehört, wird daraufhin sofort beendet. Frühere Handler des gleichen Flow werden leider in Axis2 v1.1 nicht informiert und haben daher keine Chance, ihre Aktionen zurückzunehmen. Wie die `AxisEngine` mit dem Auftreten des `AxisFault` umgeht, ist abhängig davon, in welchem Flow dieser auftrat und ob es sich um eine `AxisEngine` auf Client- oder auf Serverseite handelt. Wirft beispielsweise ein Handler des InFlow auf Serverseite einen `AxisFault`, so sendet die `AxisEngine` im Falle einer Request-Response-Operation einen SOAP-Fault zurück, der die im `AxisFault` gespeicherten Informationen enthält (siehe Kapitel 9.1).

Ein interessanter Aspekt ist die Tatsache, dass Phasen als spezielle Form von Handlern realisiert wurden. So implementiert die Klasse `Phase` die Schnittstelle `Handler`, und ihre Aufgabe ist es, eine Menge anderer Handler zu verwalten und in der richtigen Reihenfolge aufzurufen. Dies geschieht natürlich in der Methode `invoke`.

Als Rückgabewert liefert `invoke` immer ein Objekt der Klasse `InvocationReponse`. Dabei handelt es sich um eine innere Klasse des Interface `Handler`. Die Klasse kapselt die Anweisungen `CONTINUE`, `SUSPEND` und `ABORT`, welche dem Aufrufer anzeigen, ob und wie die Nachricht weiter verarbeitet werden soll. Ein Rückgabewert von `CONTINUE` bewirkt, dass mit dem nächsten Handler oder der nächsten Phase fortgefahren wird. Liefert der Handler ABORT zurück, so wird die Verarbeitung der Nachricht sofort abgebrochen. Im Gegensatz zum Werfen eines AxisFault wird in diesem Fall jedoch kein SOAP Fault an den Client zurückgeschickt. Eine interessante Alternative ist der Rückgabewert SUSPEND. Damit lässt sich die Verarbeitung der Nachricht unterbrechen. Um sie fortzusetzen, ist zu einem späteren Zeitpunkt eine der Methoden resume, resumeReceive oder resumeSend der Klasse AxisEngine aufzurufen.

Die Unterbrechung der Nachrichtenverarbeitung kommt beispielsweise in Sandesha2, der Implementierung von WS-ReliableMessaging für Axis2 zum Einsatz. Diese Erweiterung kann garantieren, dass Nachrichten in genau derselben Reihenfolge an den Service ausgeliefert werden, in der sie auch vom Client verschickt wurden. Kommen nun also die Nachrichten in einer falschen Reihenfolge auf der Serverseite an, so kann der entsprechende Handler die Verarbeitung und Auslieferung einzelner Nachrichten solange unterbrechen, bis alle anderen Nachrichten eingetroffen sind, die zuerst auszuliefern sind.

10.1.2 Implementierung von Handlern

Um die Implementierung eigener Handler zu vereinfachen und insbesondere die im vorausgegangenen Abschnitt erläuterte Verwaltung der HandlerDescription zu gewährleisten, enthält das Axis2 Framework zusätzlich zur Schnittstelle Handler auch die Klasse AbstractHandler. Wie der Name bereits andeutet, handelt es sich dabei um eine abstrakte Klasse, von der eigene Handlerklassen abzuleiten sind. AbstractHandler enthält auch gleich rudimentäre Implementierungen der Methoden init und cleanup, sodass eigene Handlerklassen im einfachsten Fall nur noch die Methode invoke zu implementieren brauchen.

Listing 10.2 demonstriert die Implementierung eines sehr einfachen, aber dennoch nützlichen Handlers. Seine Aufgabe besteht lediglich darin, die jeweilige Nachricht zu loggen.

```
package de.axishotels.booking.modules;
import org.apache.axiom.soap.SOAPEnvelope;
import org.apache.axis2.AxisFault;
import org.apache.axis2.context.MessageContext;
import org.apache.axis2.description.HandlerDescription;
import org.apache.axis2.handlers.AbstractHandler;
import org.apache.commons.logging.*;

public class LogHandler extends AbstractHandler {
  private static final Log LOG = LogFactory.getLog(LogHandler.class);

  public InvocationResponse invoke(MessageContext msgCtx) throws AxisFault {
    SOAPEnvelope env = msgCtx.getEnvelope();
    LOG.info(handlerDesc.getName() + ": " + env.toString());
    return InvocationResponse.CONTINUE;
}
```

Listing 10.2: Ein sehr einfacher Axis2-Handler

Für jeden in einem Flow konfigurierten Handler erzeugt Axis2 genau eine Instanz. Diese wird potentiell von verschiedenen Threads und damit von unterschiedlichen Instanzen der `AxisEngine` gleichzeitig aufgerufen. Daher ist es wichtig, dass Handler zustandslos sind und thread-sicher programmiert werden. Handler werden erst dann zerstört, wenn die Axis2 Web-Anwendung beendet wird.

10.1.3 Konfiguration von Handlern

Die Konfiguration eines Handlers beginnt mit einem Element namens `handler`. Dieses muss die Attribute `name` und `class` besitzen, welche den symbolischen Namen des Handlers im System bestimmen und Axis2 mitteilen, in welcher Klasse sich der Implementierung des Handlers befindet.

Weiterhin muss ein Kindelement namens `order` vorhanden sein, welches die Phasenregeln des Handlers definiert. Das Attribut `phase` legt hierin fest, welcher Phase der Handler angehören soll. Diese Phase muss selbstverständlich in der jeweiligen Axis2-Installation existieren. Ist dies nicht der Fall, so muss eine entsprechende Phase in der globalen Konfigurationsdatei (*axis2.xml*) angelegt werden. Welchem Flow der Handler angehören soll, ergibt sich daraus, an welcher Stelle einer Modulkonfiguration die Handlerkonfiguration eingefügt wird (siehe Listing 10.8).

```
<handler name="InFlowLogHandler" class="de.axishotels.booking.modules.LogHandler">
  <order phase="PreDispatch" />
</handler>
```

Listing 10.3: Minimalkonfiguration für einen Handler

Hinweis

Eine Handlerkonfiguration steht niemals alleine, sondern ist immer Teil einer Modulkonfiguration, welche in einer Datei namens *module.xml* zu definieren ist (siehe Kapitel 10.2.2), oder Teil der Flow-Konfiguration in *axis2.xml* (siehe Kapitel 9.1.2).

Dem Element `order` können optional weitere Attribute mit Phasenregeln hinzugefügt werden. So kann mit den Attributen `before` und `after` bestimmt werden, dass der Handler immer vor oder nach einem bestimmten anderen Handler ausgeführt werden muss. Dabei kann es sich durchaus auch um Handler handeln, die ganz anderen Modulen angehören. Der Wert der Attribute `before` und `after` enthält dabei den Namen des jeweils anderen Handlers, den dieser in seinem Attribut `name` definiert. Es ist dabei zu beachten, dass nicht garantiert ist, dass ein Handler A unmittelbar vor oder nach einem Handler B ausgeführt wird. Gehören mehr als zwei Handler der gleichen Phase an, können durchaus dritte Handler zwischen A und B zur Ausführung kommen. Die genaue Reihenfolge wird anhand der Regeln aller Handler einer Phase bestimmt.

Zwei weitere optionale Phasenregeln können mit Hilfe der Attribute `phaseFirst` und `phaseLast` definiert werden. Haben diese Attribute den Wert `true`, so bestimmen sie, dass der Handler grundsätzlich als allererster bzw. allerletzter einer Phase ausgeführt werden soll, gleichgültig welche anderen Handler der Phase angehören.

```
<handler name="MyLogHandler" class="de.axishotels.booking.modules.LogHandler">

  <order phase="PreDispatch" after="MySecurityHandler" />

  <parameter name="logFile">incomingMessages.log</parameter>
</handler>
```

Listing 10.4: Konfiguration mit erweiterter Phasenregel und Handlerparameter

Natürlich ist es auch möglich, dass sich die von verschiedenen Handlern definierten Phasenregeln logisch ausschließen. So kann beispielsweise ein Handler A nicht allererster einer Phase sein (`phaseFirst="true"`), wenn gleichzeitig ein anderer Handler B definiert, dass er immer vor Handler A ausgeführt werden muss (`before="A"`). Die Axis2 Engine versucht, solche Logikfehler in den Phasenregeln zu erkennen und mit entsprechenden Fehlermeldungen darauf hinzuweisen.

Neben dem Element `order` kann das Element `handler` optional eine beliebige Anzahl weiterer Kindelemente namens `parameter` besitzen. Diese dienen dazu, den Handler von außen zu konfigurieren. Der Parametername wird mit Hilfe eines Attributs namens `name` festgelegt. Der Wert des Parameters entspricht dem Inhalt des Elementes. Es kann entweder einfach Text oder eine beliebige XML-Struktur angegeben werden.

```
<handler name="MyLogHandler" class="de.axishotels.booking.modules.LogHandler">

  <order phase="PreDispatch" />

  <parameter name="logFile">
    <parentDir>/etc/log/</parentDir>
    <fileName>incomingMessages.log</fileName>
  </parameter>
</handler>
```

Listing 10.5: Handlerkonfiguration mit XML-Struktur als Parameter

Folgende Tabelle zeigt eine Übersicht der in einer Handlerkonfiguration erlaubten Elemente und deren Attribute. Die Spalte *Opt.* zeigt an, ob das jeweilige Attribut optional ist oder vorhanden sein muss.

Element	Attribut	Opt.	Bedeutung
`handler`	`name`	nein	Symbolischer Name des Handlers im System
	`class`	nein	Vollqualifizierter Name Handler-Klasse
`order`	`phase`	nein	Phase, welcher der Handler angehören soll
	`before`	ja	Symbolischer Name eines anderen Handlers; konfigurierter Handler muss immer *vor* diesem anderen Handler ausgeführt werden

Tabelle 10.1: Übersicht der in Handlerkonfigurationen erlaubten Elemente und Attribute

Element	Attribut	Opt.	Bedeutung
	`after`	ja	Symbolischer Name eines anderen Handlers; konfigurierter Handler muss immer *nach* diesem anderen Handler ausgeführt werden
	`phaseFirst`	ja	Handler muss immer erster der Phase sein (gültige Werte: `true`, `false`)
	`phaseLast`	ja	Handler muss immer letzter der Phase sein (gültige Werte: `true`, `false`)
`parameter`	`name`	nein	Name des Handlerparameters

Tabelle 10.1: Übersicht der in Handlerkonfigurationen erlaubten Elemente und Attribute (Forts.)

10.2 Module

Module sind ein gänzlich neues Konzept in Axis2 und haben kein Pendant im Vorgängerprojekt Apache Axis 1.x. Sie dienen dazu, Axis2 um eine bestimmte Funktionalität zu erweitern. Man kann das Modulkonzept daher auch als Plug-in-Mechanismus für Axis2 verstehen.

In den meisten Fällen realisieren Module die Funktionserweiterung, indem sie mehrere logisch oder funktional zusammengehörige Handler zusammenfassen, um sie gemeinsam und in einem Schritt installieren, mit Services verknüpfen oder deinstallieren zu können. Letztlich verbirgt sich dahinter zunächst also nicht viel mehr als ein Paketierungsmechanismus für Handler. Auch wenn die Erweiterung nur aus einem einzelnen Handler besteht, muss dieser in ein Modul gepackt werden.

Es existieren unter anderem bereits Module für die wichtigen SOAP-Erweiterungen WS-Addressing, WS-Security, WS-SecureConversation und WS-ReliableMessaging. Bereits in Arbeit sind weitere Module, die Axis2 um Funktionalitäten für WS-Eventing, WS-Coordination und WS-AtomicTransaction erweitern. Während das Modul für WS-Addressing bereits in der Axis2-Distribution enthalten ist, werden die anderen drei Module innerhalb spezieller Apache Projekte namens WSS4J [1], Sandesha [2] und Kandula [3] entwickelt. Das Modul für WS-Security hat einen speziellen Namen: es heißt Rampart. Der Einsatz all dieser speziellen Erweiterungsmodule wird ausführlich in Kapitel 15 beschrieben. Neben Modulen, die Axis2 um Funktionalitäten für standardisierte Technologien erweitern, können selbstverständlich generell beliebige Erweiterungen als Module erstellt und in Betrieb genommen werden.

Module können nicht nur Handler enthalten, sondern beispielsweise auch Services, falls diese zur Umsetzung einer bestimmten Erweiterung benötigt werden. So wäre beispielsweise ein Modul für Abrechnungszwecke denkbar, das neben verschiedenen Handlern, die eingehende Nachrichten daraufhin überprüfen, ob sie kostenpflichtige Dienste aufrufen, auch einen Abrechnungsservice enthält, bei dem Service-Clients ihre bislang aufgelaufenen Kosten abfragen können.

Nach dem Deployment eines Moduls in die Axis2 Web-Anwendung ist dieses zwar verfügbar, zunächst aber noch nicht in den Verarbeitungsablauf von Nachrichten eingebunden. Hierzu muss das Modul zunächst eingeschaltet werden und zwar entweder global, für einzelne Services oder sogar nur für einzelne Service-Operationen. Dieses Einschalten wird im Axis2-Jargon „Engagement" genannt. Durch das Engagement eines Moduls mit einem Service kann es diesem zusätzliche, modulspezifische Operationen hinzufügen.

10.2.1 Die Schnittstelle Module

Neben den Klassen, in denen die Handler-Logik implementiert wurde, kann jedes Modul zusätzlich eine Klasse enthalten, die das Modul selbst repräsentiert. Diese Modulklasse dient im Wesentlichen dazu, auf bestimmte Ereignisse im Lebenszyklus eines Moduls zu reagieren und muss die Schnittstelle `Module` implementieren, die dem Package `org.apache.axis2.modules` angehört. Listing 10.6 zeigt die von `Module` definierten Methoden.

Ähnlich wie für Handler gibt es mit `init` und `shutdown` auch für Module zwei Methoden, die von der Axis2 Engine aufgerufen werden, wenn ein Modul initialisiert oder zerstört wird. In diesen Methoden können gegebenenfalls vom Modul benötigte Ressourcen geladen oder geöffnet bzw. wieder freigegeben werden.

```
public interface Module {
  public void init(ConfigurationContext configContext,
                AxisModule module) throws AxisFault;

  public void engageNotify(AxisDescription axisDescription) throws AxisFault;

  public boolean canSupportAssertion(Assertion assertion);

  public void applyPolicy(Policy policy,
                AxisDescription axisDescription) throws AxisFault;

  public void shutdown(ConfigurationContext configurationContext) throws AxisFault;
}
```

Listing 10.6: Die Schnittstelle Module

Die Methode `init` erwartet dabei zwei Parameter der Typen `ConfigurationContext` und `AxisModule`. Der `ConfigurationContext` repräsentiert die gesamte Axis2-Laufzeitumgebung und enthält sämtliche Konfigurations- und Kontextinformationen, `AxisModule` dagegen alle Konfigurationsinformationen über das Modul, das gerade initialisiert wird. Hierzu zählen zum Beispiel Modulparameter oder die Definition von Operationen, die das Modul allen Services hinzufügt, für welche es eingeschaltet wird. Somit stehen alle erdenklichen Informationen bei Bedarf bereit. Der Methode `shutdown` wird lediglich eine Instanz von `ConfigurationContext` übergeben.

Die dritte Methode namens `engageNotify` wird ebenfalls von der Axis2 Engine aufgerufen und zwar immer dann, wenn das Modul „engaged" wurde. Als Methodenparameter wird `engageNotify` eine Instanz von `AxisDescription` übergeben. Dabei handelt es sich um eine abstrakte Klasse zur Repräsentierung von Konfigurationen, von der konkrete Klassen wie `AxisService`, `AxisServiceGroup` oder `AxisOperation` abgeleitet sind. Je nachdem, mit welcher Art von Komponente das Modul „engaged" wurde, ist der Methodenparameter dann vom entsprechenden Typ und beinhaltet deren Konfiguration. Wirft `engageNotify` einen `AxisFault`, so scheitert das Engagement.

Die verbleibenden beiden Methoden kommen in Verbindung mit WS-Policy zum Einsatz. Mit Hilfe von `canSupportAssertion` kann ein Modul Auskunft darüber geben, ob es eine übergebene Policy Assertion unterstützt bzw. ob es die notwendige Funktionalität implementiert. Die Methode `applyPolicy` dient dagegen dazu, eine komplette Policy auszuwerten, diejenigen Anteile zu identifizieren, die das Modul betreffen und anschließend die ebenfalls übergebene Konfiguration derart zu erweitern, dass die Intention der Policy in der Konfiguration widergespiegelt wird. Mehr Informationen zum Thema WS-Policy finden sich in Kapitel 15.

10.2.2 Konfiguration von Modulen

Die Konfiguration eines Moduls erfolgt mit Hilfe einer Datei namens *module.xml*. Das Wurzelelement der Datei trägt den Namen `module`. Es kann optional ein Attribut namens `class` besitzen, welches auf die Implementierung der Modulklasse verweist, sofern das Modul eine solche besitzt. Davon ausgehend werden alle weiteren Einstellungen über Kindelemente von `module` vorgenommen. Alle Kindelemente sind optional, wobei eine vollkommen leere Modulkonfiguration keinen Sinn machen würde. Tabelle 10.2 zeigt eine Übersicht aller möglichen Kindelemente und ihrer Bedeutung.

Elementname	Anzahl	Bedeutung
`description`	0...1	Textuelle Beschreibung des Moduls
`parameter`	0...n	Modulparameter
`InFlow`	0...1	Konfigurationen der Handler für den InFlow
`OutFlow`	0...1	Konfigurationen der Handler für den OutFlow
`InFaultFlow`	0...1	Konfigurationen der Handler für den InFaultFlow
`OutFaultFlow`	0...1	Konfigurationen der Handler für den OutFaultFlow
`operation`	0...n	Definition einer Operation, die Services beim Engagement hinzugefügt wird
`policy`	0...n	Policy für das Modul
`policyReference`	0...n	Referenz auf eine externe Policy für das Modul
`supported-policy-namespaces`	0...1	Liste der Namespaces von diesem Modul unterstützter Policies
`local-policy-assertions`	0..1	Liste der Policy Assertions, die spezifisch für das Modul sind (z.B. für Konfigurationszwecke)

Tabelle 10.2: Kindelemente einer Modulkonfiguration in module.xml

Das Element `description` dient dazu, eine textuelle Modulbeschreibung zu hinterlegen. Diese kann zur Laufzeit ausgelesen werden. Zusätzlich würde es sich sicherlich anbieten, diese im Administrations-Frontend anzuzeigen. In Axis2 v1.1 ist dies jedoch noch nicht der Fall.

```
<description>Dieses Modul loggt SOAP-Nachrichten.</description>
```

Um das Verhalten des Moduls von außen zu konfigurieren, kann eine beliebige Anzahl von `parameter`-Elementen vorgesehen werden. Der Name des jeweiligen Parameters wird dabei im Attribut `name` festgelegt, der Wert des Parameters als Elementinhalt. Dabei kann es sich entweder um Text oder um eine XML-Struktur handeln. Derart definierte Parameter können zur Laufzeit sowohl von der Modulklasse (während der Initialisierung des Moduls) als auch von den Handlern (während der Verarbeitung von Nachrichten) ausgelesen werden. Die `init`-Methode der Modulklasse bedient sich hierzu ihres Methodenparameters vom Typ `AxisModule`. Handler haben Zugriff auf Modulparameter über die `HandlerDescription`, deren Property `parent` ebenfalls eine Instanz von `AxisModule` enthält.

```
<parameter name="myTextParameter">42</parameter>

<parameter name="myXmlParameter">
  <loggerConfig>
    <prettyPrint>true</prettyPrint>
    <dateFormat>dd.mm.yyyy</dateFormat>
  </loggerConfig>
</parameter>
```

Mit Hilfe der Elemente `InFlow`, `OutFlow`, `InFaultFlow` und `OutFaultFlow` wird festgelegt, in welchen Flows und Phasen die zu dem Modul gehörenden Handler positioniert werden sollen. Die Handler eines Moduls können natürlich verschiedenen Phasen zugeteilt werden, ebenso kann die gleiche Handlerklasse mehrmals an unterschiedlichen Stellen zum Einsatz kommen. Es werden dann zur Laufzeit entsprechend mehrere Instanzen des Handlers erzeugt. Jedes der genannten vier Elemente enthält somit eine Liste von Handlerkonfigurationen gemäß Kapitel 10.1.3.

Hinweis

In der Datei module.xml wird konfiguriert, an welcher Position im Axis2-Verarbeitungsprozess die in einem Modul enthaltenen Handler angeordnet werden. Es wird dagegen nicht konfiguriert, für welche Services und Operationen sie tatsächlich zum Einsatz kommen. Diese Einstellung, das so genannte Engagement, ist entweder über das Administration-Frontend oder über die Konfigurationsdateien services.xml bzw. axis2.xml vorzunehmen. Ohne Engagement werden die Handler zwar gemäß module.xml im Verarbeitungsprozess angeordnet, aber nie aufgerufen. Das Modul ist dann verfügbar (available), aber nicht aktiviert.

```
<InFlow>
  <handler name="MyLogHandler" class="de.axishotels.booking.modules.LogHandler">

    <order phase="PreDispatch" />

    <parameter name="logFile">
      <parentDir>/myApplication/logs/</parentDir>
      <fileName>incomingMessages.log</fileName>
    </parameter>
  </handler>
</InFlow>
```

Module können Services, mit denen sie verknüpft werden, zusätzliche modulspezifische Operationen hinzufügen. Ein anschauliches Anwendungsbeispiel hierfür bietet WS-ReliableMessaging. Diese SOAP-Erweiterung dient dazu, eine verlässliche Kommunikation sicherzustellen, sodass beispielsweise garantiert werden kann, dass SOAP-Nachrichten mindestens einmal, höchstens einmal, genau einmal oder sogar genau in der Reihenfolge ihres Versands beim Empfänger ankommen. Eine solche Garantie bieten gewöhnliche Transportprotokolle wie HTTP nicht.

Erreicht wird die Verlässlichkeit der Kommunikation dadurch, dass alle Nachrichten mit einer Sequenznummer versehen werden. Somit kann einfach erkannt werden, in welcher Reihenfolge Nachrichten versandt wurden und ob eine Nachricht verloren gegangen ist. Beide Kommunikationspartner benötigen natürlich spezielle Erweiterungen für WS-ReliableMessaging, welche dafür verantwortlich sind, die Sequenzen zu verwalten, den Eingang von Nachrichten zu bestätigen und gegebenenfalls verloren gegangene Nachrichten erneut zu versenden.

Die WS-ReliableMessaging-Spezifikation sieht vor dem Beginn der eigentlichen, anwendungsspezifischen Kommunikation eine Initialisierungsphase für die Sequenz vor. Am Ende der Kommunikation muss die Sequenz beendet werden. Während der Kommunikation werden eingegangene Nachrichten bestätigt. Für all diese Verwaltungsaufgaben sind spezielle SOAP-Nachrichten und Operationen nötig, die mit der Anwendungslogik nichts zu tun haben, sondern spezifisch für WS-ReliableMessaging sind. Eine Axis2-Erweiterung für dieses Protokoll muss demnach allen Services, für die sie eingeschaltet wird, solche Operationen hinzufügen können. Listing 10.7 enthält einen Auszug aus der Konfigurationsdatei des Sandesha2-Moduls [2], einer WS-ReliableMessaging-Erweiterung für Axis2. Der Auszug demonstriert, wie die Definition solcher Modul-Operationen funktioniert. Die Verarbeitung aller Nachrichten an Modul-Operationen wird von einem speziellen `MessageReceiver` erledigt, dessen Implementierung im Modul enthalten sein muss. Die Nachrichten werden also nie an den eigentlichen Service weitergeleitet, sondern komplett vom Modul verarbeitet und gegebenenfalls beantwortet. Nähere Informationen über `MessageReceiver` finden sich in den Kapiteln 3, 9 und 12. Der Einsatz von Sandesha2 wird in Kapitel 15 genauer erläutert.

```
<operation name="RMInOnlyOperation" mep="http://www.w3.org/2004/08/wsdl/in-only">
  <messageReceiver class="org.apache.sandesha2.msgreceivers.RMMessageReceiver"/>

  <!-- namespaces for the 2005-02 spec -->
  <actionMapping>
    http://schemas.xmlsoap.org/ws/2005/02/rm/TerminateSequence
  </actionMapping>
  <actionMapping>
    http://schemas.xmlsoap.org/ws/2005/02/rm/SequenceAcknowledgement
  </actionMapping>
  <actionMapping>
    http://schemas.xmlsoap.org/ws/2005/02/rm/CreateSequenceResponse
  </actionMapping>

  <!-- namespaces for the 2005-10 spec -->
  <actionMapping>
    http://docs.oasis-open.org/wsrx/wsrm/200602/SequenceAcknowledgement
  </actionMapping>
  <actionMapping>
    http://docs.oasis-open.org/ws-rx/wsrm/200602/CreateSequenceResponse
  </actionMapping>
  <actionMapping>
    http://docs.oasis-open.org/wsrx/wsrm/200602/AckRequested
  </actionMapping>
</operation>
```

Listing 10.7: Definition modulspezifischer Operationen am Beispiel von Sandesha2

Module können nicht nur Services um bestimmte Operationen erweitern, sondern der Axis2-Installation sogar ganz neue Services hinzufügen. Dies bedeutet, dass durch die Aktivierung eines Moduls zusätzliche Services zur Verfügung stehen. Hierzu müssen die jeweiligen Service-Archive (Endung *.aar*) im Modularchiv enthalten sein. Einzelheiten hierzu sind im folgenden Abschnitt beschrieben.

Die verbleibenden drei in einer Modulkonfiguration möglichen Elemente dienen alle der Unterstützung für WS-Policy. So kann *module.xml* beliebig viele Policies enthalten, die jeweils von einem `Policy` Element umgeben sein müssen. Mit Hilfe von `PolicyReference` Elementen kann dagegen auf extern definierte Policies verwiesen werden. Das Element `supported-policy-namespaces` dient schließlich dazu anzuzeigen, für welche Art von Policies ein Modul Funktionalitäten mitbringt. Hierzu werden deren XML-Namensräume im Attribut `namespaces` aufgeführt. Im Falle mehrerer Namensräume werden diese mit einem Leerzeichen voneinander getrennt. Die Unterstützung von Axis2 für WS-Policy wird in Kapitel 15 näher erläutert.

Listing 10.8 zeigt eine beispielhafte, vollständige Konfigurationsdatei für ein Log-Modul. Der `LogHandler` wird in alle vier Flows eingefügt, um sowohl eingehende als auch ausgehende Nachrichten, insbesondere auch Fehlernachrichten, loggen zu können.

```
<module class="de.axishotels.booking.modules.LogModule">
  <description>
     This is my log module, it simply logs all messages.
  </description>

  <parameter name="myTextModuleParameter">42</parameter>

  <parameter name="myXmlModuleParameter">
    <abc>hallo</abc>
    <def>welt</def>
  </parameter>

  <InFlow>
    <handler name="InFlowLogHandler"
            class="de.axishotels.booking.modules.LogHandler">
      <order phase="PreDispatch" />
      <parameter name="logFile">
        <parentDir>/myApplication/logs/</parentDir>
        <fileName>incomingMessages.log</fileName>
      </parameter>
    </handler>
  </InFlow>

  <OutFlow>
    <handler name="OutFlowLogHandler"
            class="de.axishotels.booking.modules.LogHandler">
      <order phase="MessageOut"/>
      <parameter name="logFile">
        <parentDir>/myApplication/logs/</parentDir>
        <fileName>outgoingMessages.log</fileName>
      </parameter>
    </handler>
  </OutFlow>
```

Listing 10.8: Beispielhafte Modulkonfiguration (Datei module.xml)

```
    <InFaultFlow>
      <handler name="InFaultFlowLogHandler"
               class="de.axishotels.booking.modules.LogHandler">
        <order phase="PreDispatch"/>
      </handler>
    </InFaultFlow>

    <OutFaultFlow>
      <handler name="OutFaultFlowLogHandler"
               class="de.axishotels.booking.modules.LogHandler">
        <order phase="MessageOut"/>
      </handler>
    </OutFaultFlow>
  </module>
```

Listing 10.8: Beispielhafte Modulkonfiguration (Datei module.xml) (Forts.)

10.2.3 Paketierung und Deployment

Modul-Archive sind letztlich ganz normale ZIP-Archive, deren Dateiname die Endung *.mar* trägt. Abbildung 10.1 illustriert den für Modul-Archive vorgeschriebenen Aufbau.

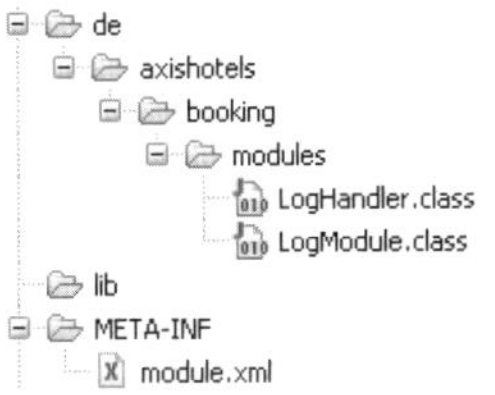

Abbildung 10.1: Beispielhafte Verzeichnisstruktur eines Axis2-Moduls

Der Inhalt eines Moduls besteht in den meisten Fällen aus allen vom Modul und dessen Handlern benötigten Klassen sowie der Konfigurationsdatei *module.xml*. Die Klassen werden wie gewohnt entweder in einer Verzeichnisstruktur abgelegt, welche die Java-Packages der Klassen widerspiegelt, oder alternativ als JAR-Dateien in einem Unterverzeichnis namens *lib*. Die Datei *module.xml* muss im Unterverzeichnis *META-INF* liegen.

Soll das Modul auch Services enthalten[2], wie im vorausgegangenen Abschnitt beschrieben, so müssen deren Service-Archive zusätzlich ins Modul-Archiv aufgenommen werden. Alle Bibliotheken und Ressourcen des Moduls sind auch für dessen Services sichtbar, da der Classloader des Moduls auch für darin enthaltene Services verantwortlich ist. Die Service-Archive werden in einem speziellen Unterverzeichnis des Moduls mit dem Namen *aars* abgelegt. Weiterhin muss dieses Verzeichnis die Datei *aars.list* enthalten. Hierbei handelt es sich um eine einfache Textdatei mit den Dateinamen der Service-Archive.

2 Das Hinzufügen von Services zu Modulen ist erst ab Axis2 v1.1 möglich.

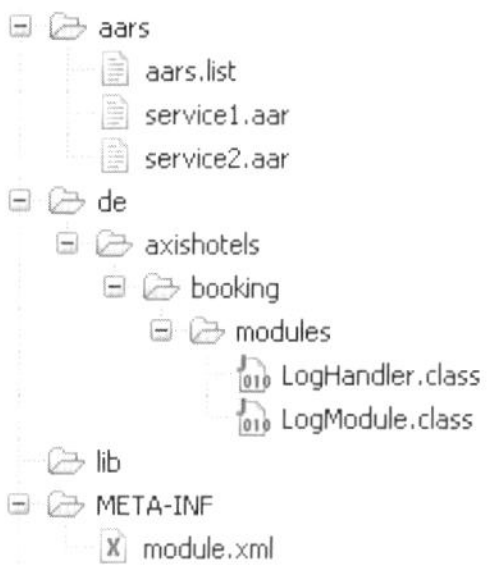

Abbildung 10.2: Beispielhafte Verzeichnisstruktur eines Axis2-Moduls mit Services

Haben die im Modul enthaltenen Service-Archive beispielsweise die Dateinamen *service1.aar* und *service2.aar*, muss der Inhalt der Datei *aars.list* demnach wie folgt aussehen:

```
service1.aar
service2.aar
```

Leider werden mit der Axis2-Distribution bislang keine Hilfsmittel ausgeliefert, um solche Modul-Archive zu erstellen. Somit muss die entsprechende Verzeichnisstruktur bis auf weiteres von Hand auf der Festplatte erstellt, mit einem ZIP- oder JAR-Tool gepackt und anschließend die Endung des Dateinamens entsprechend geändert werden. Der Dateiname spielt, abgesehen von der Endung *.mar*, keine Rolle. Jedoch ist zu beachten, dass dieser in den Log-Ausgaben und im Administrations-Frontend von Axis2 als Modulname verwendet wird.

Im Gegensatz zu Service-Archiven können Module nicht per Hot Deployment, d.h. im laufenden Betrieb, installiert werden. Daher gibt es auch keinen Upload-Mechanismus für Module über das Administrations-Frontend. Stattdessen müssen Modul-Archive von Hand in den Modul-Ordner des Axis2-Repositories (*modules*) kopiert und Axis2 anschließend neu gestartet werden. Der Grund hierfür liegt darin, dass Module Änderungen an der globalen Konfiguration vornehmen können. Geht hierbei etwas schief, könnten im Falle eines Hot Deployments laufende Systeme in einen unbekannten Zustand übergehen. Auf Clientseite sind benötigte Modul-Archive ebenfalls im Modul-Ordner des Axis2-Repositories abzulegen.

Nach dem Neustart der Axis2 Web-Anwendung wird das neue Modul von der Axis2 Engine gefunden und initialisiert. Zunächst werden alle Handler instanziiert und deren `init`-Methode aufgerufen. Wieviele Handler dies sind, richtet sich nach der Konfiguration des Moduls in der Datei *module.xml*. Wurde der gleiche Handler mehrmals konfiguriert, zum Beispiel je ein `LogHandler` im InFlow, OutFlow, InFaultFlow und OutFaultFlow, so werden entsprechend vier Instanzen erzeugt. Nach der Initialisierung der Handler wird schließlich die `init`-Methode der Modulklasse aufgerufen und Axis2 meldet erfolgreichen Vollzug in seiner Log-Ausgabe. Wenn das Modularchiv beispielsweise den Dateinamen *logger-1.0.mar* trägt, erscheint die folgende Meldung:

```
INFO: Deploying module : logger-1.0
```

Mit Hilfe des Administrations-Frontends kann die erfolgreiche Inbetriebnahme des Moduls ebenfalls überprüft werden. Der Menüpunkt AVAILABLE MODULES führt alle zur Verfügung stehenden Module auf. Dort sollte also nun auch *logger-1.0* aufgelistet sein, wie in Abbildung 10.3 zu sehen.

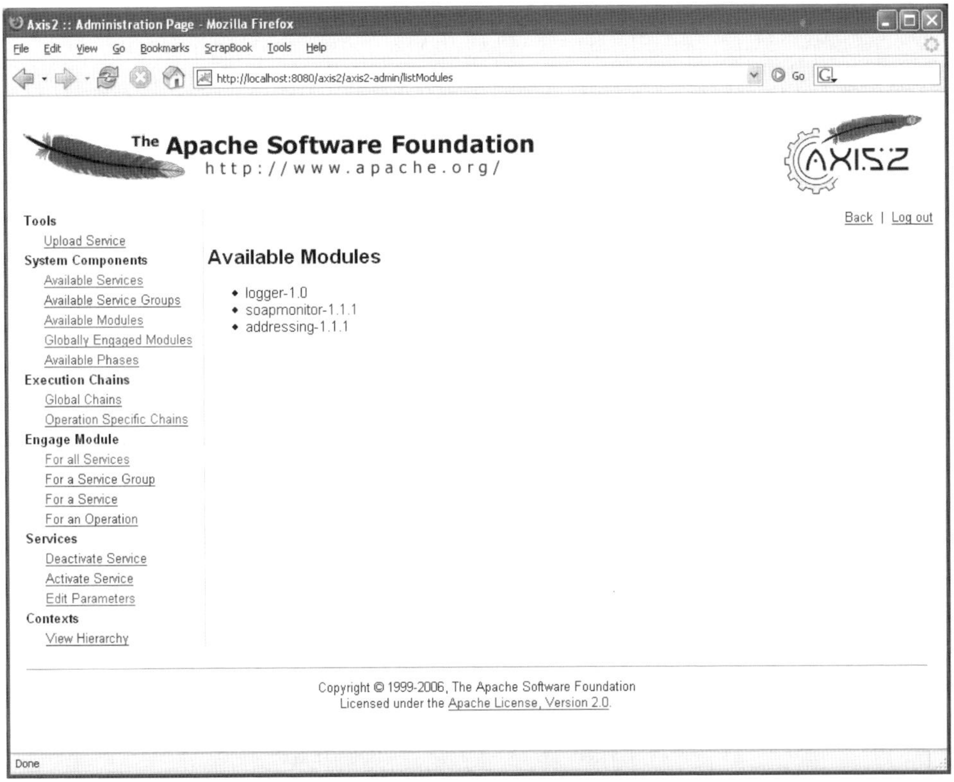

Abbildung 10.3: Liste verfügbarer Module im Administrations-Frontend von Axis2

Somit bietet Axis2 einen sehr einfachen, aber funktionierenden Mechanismus zur Versionierung für Module. Wenn die Modulversion aus dem Dateinamen des Modularchivs hervorgeht (wie in der Abbildung auch für die Module *soapmonitor* und *addressing* zu sehen), so lassen sich diese bei allen folgenden Konfigurationen sehr leicht unterscheiden. Es könnte zum Beispiel für einen Teil der installierten Services *logger-1.0* zum Einsatz kommen, für alle anderen dagegen *logger-1.1*.

Ein Blick auf die Liste der globalen Handlerketten (Menüpunkt GLOBAL CHAINS), also jener Handler, die immer ausgeführt werden, gleichgültig an welchen Service eine Nachricht gerichtet ist, zeigt jedoch, dass der im soeben installierten Modul enthaltene `LogHandler` bislang nicht zur Ausführung kommt. Er ist in keinem der vier Flows (In Flow, Out Flow, In Fault Flow, Out Fault Flow) aufgeführt. Dies liegt daran, dass das Modul bislang nicht *engaged*, also mit keinem Service oder keiner Operation verknüpft wurde. Einzelheiten hierzu werden im folgenden Abschnitt erläutert.

10.2.4 Engagement

Nach ihrer Installation sind Module zunächst nur verfügbar, dadurch jedoch nicht automatisch auch aktiv. Aufgerufen und in den Verarbeitungsablauf von Nachrichten eingebunden werden sie erst nach dem so genannten Engagement. Mit diesem Ausdruck wird im Axis2-Jargon das Einschalten von Modulen bzw. deren Verknüpfung mit bestimmten Services, Service-Gruppen oder Service-Operationen bezeichnet. Das Engagement eines Moduls bewirkt somit eine Veränderung der Handlerkette im Verarbeitungsablauf.

Das Konzept des Engagements kann leider etwas schwierig zu durchschauen sein. Bereits in Kapitel 9.1.2 wurde erläutert, dass Axis2 zwei verschiedene Arten von Phasen kennt.

- System-Phasen: Handler, die aktiv sind und System-Phasen angehören, werden grundsätzlich immer durchlaufen.
- Benutzerdefinierte Phasen: Handler, die diesen Phasen angehören, können für alle Services, für Service-Gruppen, für einzelne Services oder nur für bestimmte Operationen aktiviert werden.

Das Engagement von Modulen kann global (d.h. für alle Services), für einen einzelnen Service oder für eine Operation erfolgen. Solange alle Handler des Moduls in benutzerdefinierte Phasen eingeordnet werden, ist das Engagement somit sehr einfach zu verstehen. Etwas verwirrend kann es jedoch sein, wenn das Modul auch Handler enthält, die in System-Phasen eingeordnet werden. So kann es passieren, dass man ein Modul nur mit einem bestimmten Service verknüpft, die Handler des Moduls jedoch fortan für alle Services aktiv sind, da sie System-Phasen angehören. Es ist also Vorsicht geboten, und in jedem Fall lohnt sich nach dem Engagement ein Blick auf die Seiten GLOBAL CHAINS und OPERATION SPECIFIC CHAINS im Administrations-Frontend. Die Übersicht in Tabelle 10.3 zeigt auf, wann Handler aufgerufen werden und zwar in Abhängigkeit vom Typ ihrer Phase und der Art des Engagements.

Engagement des Moduls mit...	Handler in System-Phase	Handler in benutzerdefinierter Phase
allen Services	aktiv für alle Nachrichten	aktiv für alle Nachrichten
Service-Gruppe	aktiv für alle Nachrichten	aktiv für Nachrichten an Service-Gruppe
Service	aktiv für alle Nachrichten	aktiv für Nachrichten an den Service
Operation	aktiv für alle Nachrichten	aktiv für Nachrichten an die Operation

Tabelle 10.3: Aktivität von Handlern in Abhängigkeit von Phasentyp und Engagement

Während des Engagements informiert die Axis2 Engine das Modul darüber, womit es verknüpft wurde. Zu diesem Zweck wird die Methode `engageNotify` der Modulklasse aufgerufen (soweit vorhanden, vgl. Kapitel 10.1.2). Dies geschieht für jeden verknüpften Service und jede verknüpfte Operation je ein Mal, wobei der Methodenparameter jeweils Informationen über das verknüpfte Subjekt enthält.

Das Engagement kann grundsätzlich auf zwei verschiedenen Wegen durchgeführt werden: per Administrations-Frontend oder per Konfigurationsdatei. Diese werden im Folgenden beschrieben.

Hinweis

In Axis2 v1.1 sind alle über das Administrations-Frontend vorgenommenen Konfigurationsänderungen flüchtig. Das bedeutet, dass alle Änderungen im Falle eines Neustarts der Axis2 Web-Anwendung verloren sind. Sollen dauerhafte Konfigurationen vorgenommen werden, so müssen diese über die Konfigurationsdateien erfolgen.

Engagement per Administrations-Frontend

Im Administrations-Frontend stehen unter der Überschrift ENGAGE MODULE vier verschiedene Menüpunkte zur Auswahl. Unter dem Punkt FOR ALL SERVICES kann ein Modul global, also für alle installierten Services eingeschaltet werden (Abbildung 10.4).

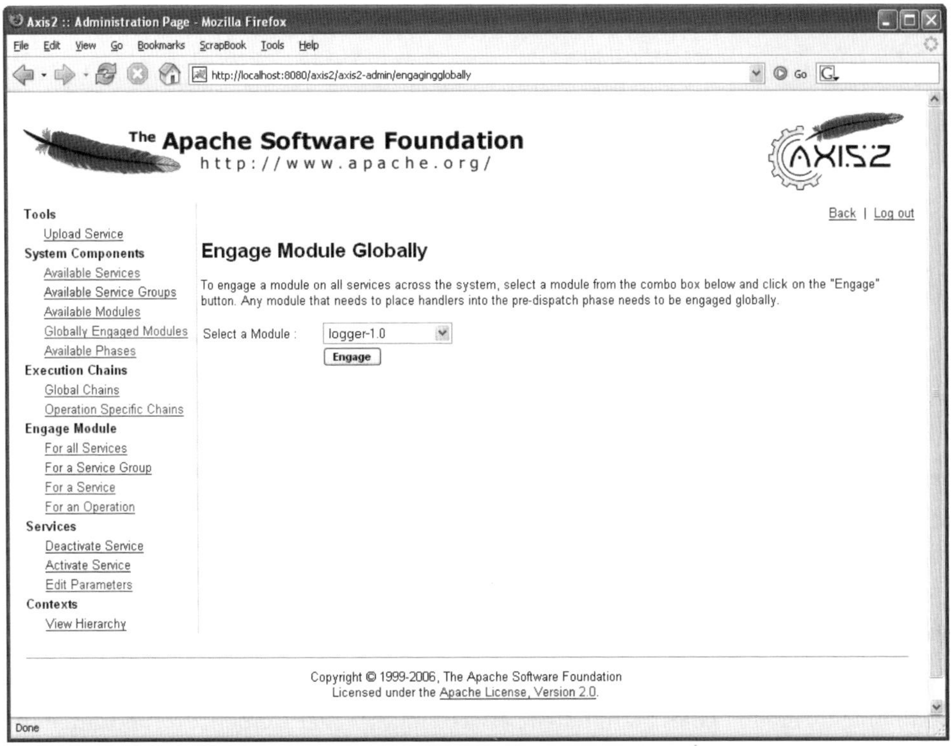

Abbildung 10.4: Globales Engagement eines Moduls für alle Services

Nachdem ein Modul global eingeschaltet wurde, werden seine Handler in den globalen oder operationsspezifischen Ketten aufgelistet, je nachdem ob diese für System-Phasen oder benutzerdefinierte Phasen konfiguriert wurden. Alle vier Instanzen des LogHandler wurden in System-Phasen eingeordnet (vgl. Listing 10.8) und werden daher auf der Seite GLOBAL CHAINS angezeigt.

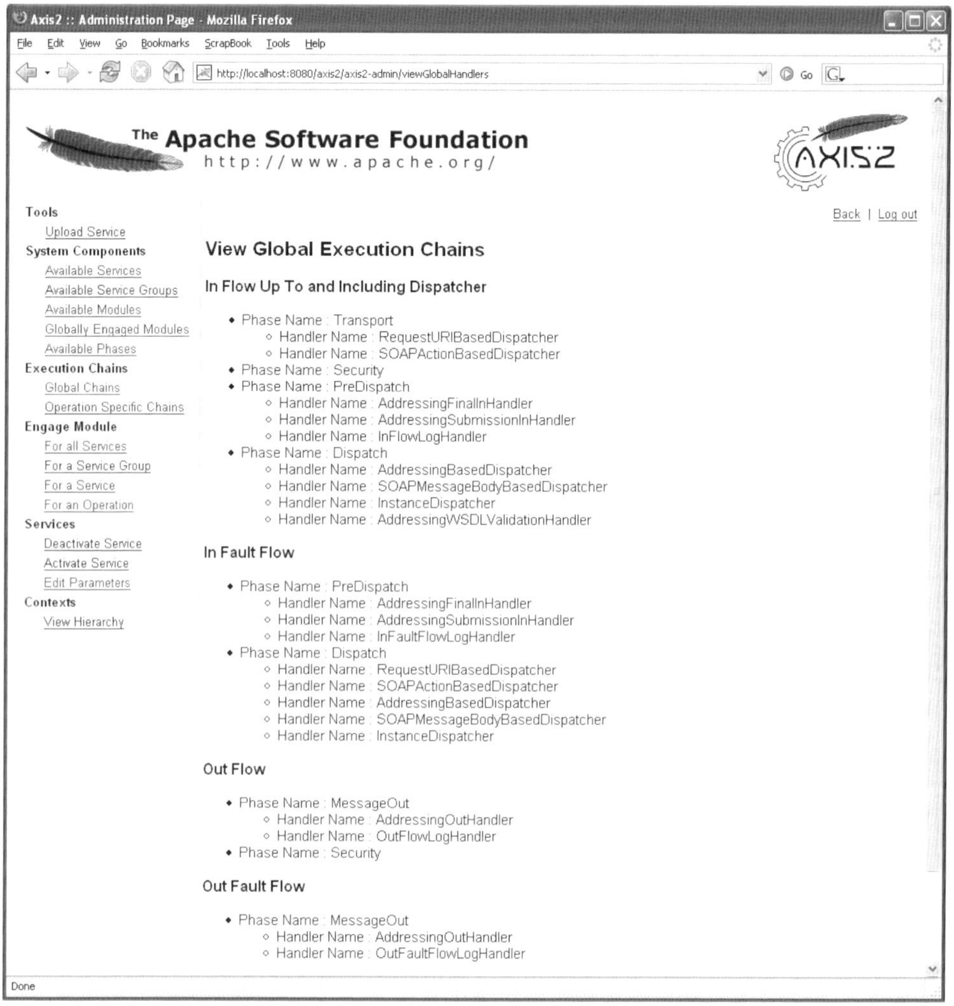

Abbildung 10.5: Globale Handlerketten mit vier Instanzen des LogHandler

Mit dem letzten Menüpunkt der Liste (FOR AN OPERATION) kann ein Modul für eine bestimmte Operation eines bestimmten Service eingeschaltet werden, die hierfür natürlich zunächst auszuwählen sind. Die beiden mittleren Menüpunkte FOR A SERVICE GROUP und FOR A SERVICE dienen schließlich dazu, Module für eine Service-Gruppe oder einzelne Services einzuschalten. Dies hat letztlich den gleichen Effekt, als würde man das Modul für alle Operationen des Service bzw. der der Service-Gruppe einzeln einschalten. Die beiden Menüpunkte dienen praktisch nur der Arbeitserleichterung. Bezüglich der Liste der Service-Gruppen ist zu beachten, dass allein stehende Services, die laut ihrer Konfigurationsdatei *services.xml* keiner Service-Gruppe angehören, von Axis2 gleichgesetzt werden mit einer Gruppe, die nur einen einzigen Service enthält. In der Praxis macht dies aber letztlich keinen Unterschied.

Alle Handler, die benutzerdefinierten Phasen angehören, können auf der Seite OPERATION SPECIFIC CHAINS betrachtet werden. Hierzu ist zunächst der gewünschte Service auszuwählen, anschließend werden die operationsspezifischen Anteile der Handlerkette für alle Operationen dieses Service und alle vier Flows angezeigt.

Engagement per Konfigurationsdatei

Um ein Modul per Konfigurationsdatei einzuschalten, muss eine Modulreferenz eingefügt werden. Diese besteht aus einem Element namens `module` und einem Attribut `ref`, welches den Namen des Moduls enthält.

```
<module ref="logger-1.0"/>
```

Je nachdem, ob das Modul global oder nur für bestimmte Services und Operationen eingeschaltet werden soll, erfolgt die Konfiguration in unterschiedlichen Dateien. Für ein globales Engagement ist die Modulreferenz in die globale Konfigurationsdatei *axis2.xml* einzufügen. Dort ist bereits eine Stelle mit entsprechenden Kommentaren markiert. Sie befindet sich zwischen der Definition der Transportprotokolle für den Nachrichtenversand und der Definition der Phasen.

```
...
<!-- ================================================= -->
<!-- Global Modules  -->
<!-- ================================================= -->
...
```

Soll ein Modul dagegen nur mit einer Service-Gruppe, einem Service oder einer bestimmten Operation verknüpft werden, so ist diese Einstellung in der Konfiguration des jeweiligen Service-Archivs vorzunehmen (*services.xml*), und zwar als Kindelement des jeweiligen Artefakts. Listing 10.9 zeigt das Engagement eines Moduls für eine komplette Service-Gruppe. Soll das Modul nur für einen Service der Gruppe oder sogar nur für bestimmte Operationen eingeschaltet werden, müsste die Modulreferenz entsprechend nach unten in ein `<service>`- oder ein `<operation>`-Element verschoben werden.

```
<serviceGroup>

  <module ref="logger-1.0" />

  <service name="MyFirstService">
    <messageReceivers> ... </messageReceivers>

    <parameter name="ServiceClass" locked="false">
      de.axishotels.booking.service.MyFirstService
    </parameter>
```

Listing 10.9: Engagement eines Moduls mit einer Service-Gruppe in services.xml

```
    <operation name="getXYZ" mep="http://www.w3.org/2004/08/wsdl/in-out">
      <actionMapping> ... </actionMapping>
    </operation>
  </service>

  <service name="MySecondService">
    <messageReceivers> ... </messageReceivers>

    <parameter name="ServiceClass" locked="false">
      de.axishotels.booking.service.MySecondService
    </parameter>

    <operation name="getXYZ" mep="http://www.w3.org/2004/08/wsdl/in-out">
      <actionMapping> ... </actionMapping>
    </operation>
  </service>
</serviceGroup>
```

Listing 10.9: Engagement eines Moduls mit einer Service-Gruppe in services.xml (Forts.)

Natürlich müssen Module, auf die mit einer Modulreferenz verwiesen wird, im System auch vorhanden sein. Kann Axis2 beispielsweise ein Modul nicht finden, welches in einer Service-Konfiguration referenziert wird, so kann der Service nicht in Betrieb genommen werden. Stattdessen wird eine Fehlermeldung erzeugt und der Service im Adminstrations-Frontend als „Faulty Service" angezeigt.

Über die Konfigurationsdateien *services.xml* und *axis2.xml* können Module nicht nur engaged werden, sondern es besteht auch die Möglichkeit, Konfigurationen für beliebige Module zu definieren. Diese Modulkonfigurationen haben die Form einer Menge von Parametern, welche von einem Element namens `moduleConfig` umschlossen werden. Dessen Attribut `name` zeigt an, für welches Modul die Konfiguration gelten soll (vgl. Attribut `ref` des Elements `module`). Wie beim Engagement kann auch eine Modulkonfiguration entweder global, für eine Service-Gruppe, einen Service oder eine Operation angegeben werden. Somit besteht die Möglichkeit, neben der allgemeinen Modulkonfiguration in *module.xml* zusätzlich service- oder operationsspezifische Parameter zuzulassen. Bezüglich der Position von Modulkonfigurationen gelten die gleichen Regeln wie für Modulreferenzen. Natürlich sind spezifische Modulkonfigurationen beispielsweise für einen Service nur dann sinnvoll, wenn das Modul für diesen Service (oder auf höherer Ebene) auch eingeschaltet ist.

```
<service name="MySecondService">

  <moduleConfig name="logger-1.0">
    <parameter name="mySpecialParameter">SURPRISE!!!</parameter>
  </moduleConfig>

  <messageReceivers> ... </messageReceivers>

  <parameter name="ServiceClass" locked="false">
    de.axishotels.booking.service.MySecondService
  </parameter>

  <operation name="getXYZ" mep="http://www.w3.org/2004/08/wsdl/in-out">
    <actionMapping> ... </actionMapping>
  </operation>
</service>
```

Listing 10.10: Spezifische Modulkonfiguration für einen Service

Modulklassen können derart definierte Modulkonfigurationen in der Methode `engageNotify` auslesen. Der Methodenparameter vom Typ `AxisService` oder `AxisOperation` (beide abgeleitet von `AxisDescription`) enthält dann jeweils ein Property namens `moduleConfigmap`, in dem die Parameter gespeichert sind. Auch Handler haben während der Verarbeitung von Nachrichten Zugriff auf diese spezifischen Modulkonfigurationen. Der Zugriff auf `AxisService` und `AxisOperation` erfolgt hier über den `MessageContext` (bzw. dessen Properties `axisService` und `axisOperation`), welcher der Handlermethode `invoke` als Parameter übergeben wird.

10.2.5 Dynamisches Engagement zur Laufzeit

Ein Engagement per Konfigurationsdatei ist in gewissem Sinne statisch, da es solange bestehen bleibt, bis die Konfiguration geändert und die Axis2 Web-Anwendung neu gestartet wurde. Daneben existiert auch die Möglichkeit eines dynamischen Engagements, bei dem zur Laufzeit und erst während der Kommunikation entschiedenen wird, welche Module einzuschalten sind und welche nicht.

Ein solches Verhalten wird immer dann benötigt, wenn WS-Policy [4] zum Einsatz kommt. Diese Spezifikation dient der Beschreibung hauptsächlich nicht-funktionaler Anforderungen und Features. Mit Hilfe von Policies können Kommunikationspartner einander anzeigen, welche Fähigkeiten sie besitzen oder erfordern, also beispielsweise dass ein Service die Verschlüsselung der SOAP-Nachricht verlangt und welche Algorithmen er hierfür unterstützt. Die Beschreibung solcher nicht-funktionalen Quality of Service-Eigenschaften ist mit WSDL alleine nicht möglich.

Es besteht nun die Möglichkeit, dass die Laufzeitumgebungen oder Frameworks der beteiligten Kommunikationspartner zur Laufzeit und vor Beginn der eigentlichen, anwendungsspezifischen Kommunikation ihre Policies austauschen. Speziell für diesen Zweck wurde ein eigenes Protokoll namens WS-MetadataExchange [5] spezifiziert. Die Kommunikationspartner können dann versuchen, auf Basis der jeweiligen QoS-Features und Anforderungen des anderen einen gemeinsamen Nenner zu finden, auf dem die unmittelbar bevorstehende Kommunikation stattfinden wird. Im Idealfall geschieht diese Verhandlungsphase vollkommen autonom durch die Frameworks und somit transparent für den Anwendungsentwickler. In einem solchen Szenario müssen, je nachdem mit welchem Kommunikationspartner Nachrichten auszutauschen sind und in Abhängigkeit von dessen Policy, zur Laufzeit bestimmte Module dynamisch ein- und ausgeschaltet werden. Axis2 enthält Unterstützung für WS-Policy. Diese wird in Kapitel 15 beschrieben.

Verweise

[1] Apache WSS4J / Rampart: *http://ws.apache.org/wss4j/*

[2] Apache Sandesha: *http://ws.apache.org/sandesha/*

[3] Apache Kadula: *http://ws.apache.org/kandula/*

[4] WS-Policy: *http://www.w3.org/2002/ws/policy/*

[5] WS-MetadataExchange:
http://specs.xmlsoap.org/ws/2004/09/mex/WS-MetadataExchange.pdf

11 Data Binding

XML hat sich längst als ein universelles Format für die Darstellung von strukturierten Daten in verschiedenen Gebieten etabliert. Für die Realisierung von Fachlogik wird heutzutage in der Regel eine objektorientierte Programmiersprache wie Java eingesetzt. XML liegt jedoch ein anderes Modell zugrunde als einer objektorientierten Programmiersprache, sodass ein Bruch zwischen den Konzepten der beiden Welten existiert. So haben beide ihr eigenes Typsystem. Beide sind nicht miteinander kompatibel. Während ein gekapseltes Kindelement in einer Programmiersprache immer als ein Attribut einer Klasse modelliert wird, kann eine solche Eltern-Kinder-Beziehung in XML über ein Attribut oder über ein Kindelement realisiert werden. Ein weiterer Unterschied ist die Behandlung der Reihenfolge der Kindelemente. Während die Reihenfolge der Attribute einer Java-Klasse komplett irrelevant ist, ist die Reihenfolge der Kindelemente eines als `<xsd:sequence>` definierten Typs dagegen von großer Bedeutung. Einen solchen „Impedance Mismatch" kennt man auch aus dem Bereich OR-Mapping (Object-Relational-Mapping). Auch dort hat man lange daran gearbeitet, Werkzeuge zu entwickeln, welche den Bruch überbrücken und beide Welten transparent miteinander verbinden. Während sich Hibernate schon als De-Facto-Standard-Werkzeug für das OR-Mapping durchgesetzt hat, erfreuen sich auch mehrere XML Data Binding-Werkzeuge zunehmender Beliebtheit. Zu diesem Kreis zählen JAXB-RI, XMLBeans, JiBX, JAXME oder Castor.

Axis 1.x verfolgt die JAX-RPC-Spezifikation und hat, wie im Standard vorgegeben, ein Type-Mapping-Subsystem implementiert, das aus vielen Type-Mappings besteht. Jedes Type-Mapping besteht wiederum aus einem Quadrupel von Java-Klasse, XML-QName und dazu passendem Serializer und Deserializer. Ein solches Type-Mapping gilt für eine bestimmte Encoding und wird von Axis 1.x in einem Registry verwaltet. Dieses Type-Mapping mit den registrierten Serializer und Deserializer sind hauptsächlich verantwortlich für die Konvertierung zwischen Java-Objekten und deren XML-Darstellungen.

Die Entwicklung von Axis2 unterliegt jedoch anderen Voraussetzungen, was dazu führt, dass ein komplett anderer Ansatz für die Data Binding-Problematik gewählt wurde. Es herrscht mittlerweile der Konsens, dass es nicht die primäre Aufgabe einer Web Service-Plattform ist, Konvertierung zwischen Objekten und XML-Dokumenten durchzuführen. Für dieses Problem existieren bereits ausgereifte Data Binding-Lösungen, sodass dasselbe Problem nicht ein zweites Mal gelöst werden muss. Stattdessen besteht die Aufgabe einer Web Service-Plattform wie Axis2 in erster Linie darin, bestehende Data Binding-Lösungen zu integrieren.

In diesem Kapitel werden die von Axis2 unterstützten XML Data Bindings ausführlich beschrieben. Eine kurze Einführung am Anfang vermittelt die Grundlage und die wichtigsten Begriffe im Bereich XML Data Binding. Anschließend wird das Code-Generator-Framework vorgestellt, welches das zentrale Bindeglied für die Integration der Data Binding Frameworks darstellt. Zum Schluss werden die im Moment von Axis2 unterstützten fünf Frameworks sowie deren Verwendung bei der Web Service-Entwicklung beschrieben.

11.1 Grundlagen des XML Data Binding

Um ein XML-Dokument zu erstellen oder zu verarbeiten, stehen eine große Anzahl von APIs zur Auswahl. Beispiele sind SAX, DOM, StAX oder AXIOM. Bei allen genannten APIs handelt es sich um Low-level-APIs, weil sie auf niedrigem Level sehr nahe an den XML-Daten operieren. Bei der Nutzung solcher APIs muss der Entwickler weiterhin in der XML-Welt denken und sich mit Elementen und Attributen auseinandersetzen. Dagegen verfolgt XML Data Binding ein anderes Modell, indem es eine direkte Verbindung zwischen Komponenten eines XML-Dokumentes und Elementen einer Programmiersprache schafft. Alle Zugriffe auf das XML-Dokument erfolgen über Methodenaufrufe an Klassen. Intern werden die Aufrufe in Low-Level-API übersetzt, was aber nach außen transparent bleibt. Daher wird XML Data Binding als ein High-Level-API bezeichnet und ist in vieler Hinsicht vergleichbar mit einem ORM-Produkt wie Hibernate, das für eine einfache und komfortable Konvertierung zwischen Objekten und Datensätzen sorgt.

Die Hauptaufgabe von XML Data Binding besteht darin, Konvertierung zwischen Objekten und XML-Dokumenten durchzuführen. Um diese Aufgabe zu erledigen, müssen XML Data Binding-Werkzeuge erstens eine Abbildung der Typsysteme zwischen Java und XML Schema definieren und zweitens einen Satz von Regeln implementieren, wie ein Artefakt in Java (Klasse, Attribute, Package usw.) auf ein Artefakt in XML (Attribut, Element, Namespace usw.) abzubilden ist.

Je nach Ausgangsbasis kann ein XML Data Binding auf unterschiedliche Art und Weise eingesetzt werden. Viele Werkzeuge im Bereich XML Data Binding verstehen sich in erster Linie als ein Schema-Compiler. Konkret bedeutet das, dass solche Werkzeuge immer von einem XML Schema, wo alle Elemente und Typen in der XML-Welt definiert sind, ausgehen. Dieses Schema wird durch einen Compiler geschickt, der eigentlich ein Code-Generator ist und aus dem Schema Klassen einer bestimmten Programmiersprache generiert. Dabei werden die Abbildungsregeln und Konventionen des Binding-Frameworks in den Code hinein generiert, sodass das Framework zur Laufzeit anhand dieser Regeln die Konvertierung durchführen kann. Applikationen müssen diese generierten Klassen verwenden und können damit sehr schnell und komfortabel XML-Dokumente erzeugen bzw. verarbeiten. Bei einem Contract-First-Ansatz, wo die Typen- und Schnittstellendefinitionen vorab schon vorliegen, ist der Einsatz solcher Binding-Frameworks sehr geeignet. Dieser Ansatz, der als XML-zentriert bezeichnet wird, hat aber den Nachteil, dass die generierten Klassen sehr stark an das Framework gekoppelt sind, weil sie entweder von einer bestimmten Klasse (bzw. Interface) aus dem Framework erben oder stark abhängig von anderen Framework-Klassen sind. Somit können bereits vorhandene Klassen, die als POJOs vorliegen und keinerlei Abhängigkeit von irgendwelchem Data Binding-Werkzeug haben und auch nicht haben wollen, nicht benutzt werden.

Um solche Anforderungen, die in der Praxis sehr häufig vorkommen können, zu unterstützen, haben einige Frameworks einen anderen Ansatz gewählt, der als code-zentriert oder java-zentriert bezeichnet wird. In diesem Fall besteht die Ausgangsbasis sowohl aus der Schema-Definition für die zu erstellenden bzw. zu verarbeitenden XML-Dokumente als auch aus den vorhandenen Klassen, die in der Applikation bereits im Einsatz sind. Um das Schema mit den Klassen miteinander zu verbinden, wird zusätzlich ein Mapping definiert, wo die Elemente der beiden aufeinander abgebildet werden. Diese Abbildungsregeln werden meistens in einer separaten Datei abgelegt und zur Compile-

oder Laufzeit vom Framework ausgewertet, um die Konvertierung zwischen XML und Objekt durchzuführen. Obwohl in diesem Fall ein zusätzliches Mapping-File benötigt wird, bietet dieser Ansatz wesentlich höhere Flexibilität.

Unabhängig davon, ob ein Framework xml-zentriert oder java-zentriert ist, besteht die Hauptaufgabe eines XML Data Binding Frameworks darin, zur Laufzeit aus einem Objektgraph ein XML-Dokument zu erstellen bzw. aus einem XML-Dokument einen Objektgraph zu konstruieren. Diese beiden Prozesse werden als Marshalling bzw. Unmarshalling bezeichnet.

Unter Marshalling versteht man die Umwandlung von Java-Objekten nach XML. Dabei versucht ein Werkzeug, alle vom Wurzelobjekt heraus erreichbaren Objekte in den Umwandlungsprozess einzubeziehen und dabei ihre Beziehungen untereinander beizubehalten. Konkret werden die Objekte sowie deren Instanzvariablen auf Elemente bzw. Attribute in XML abgebildet. Um sicherzustellen, dass ein damit produziertes XML-Dokument auch gültig bzw. schema-konform ist, enthalten die Werkzeuge meistens auch Validierungsfunktion, um einen Objektgraph schon vor oder während des Marshalling zu validieren. Ein Marshalling kann nur erfolgreich abgeschlossen werden, wenn die Validierung ohne Fehler durchläuft.

Unter Unmarshalling versteht man das Gegenteil von Marshalling, also das Erzeugen von Objekten aus einem XML-Dokument. Aus dem Wurzelelement von XML wird ein Objekt instanziiert, das weitere Objekte, welche den Kindelementen in XML entsprechen, beinhaltet. Dadurch entsteht ein Objektgraph, dessen Aufbau ähnlich wie die Baumstruktur des XML-Dokuments ist. Diese beiden Prozesse sowie alle im Prozess beteiligten Komponenten werden in Abbildung 11.1 verdeutlicht.

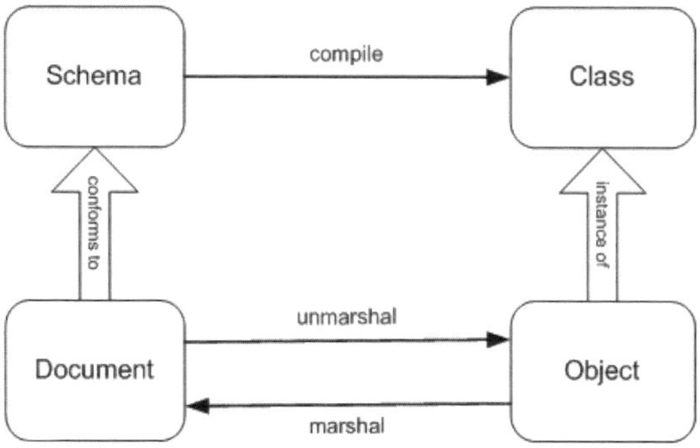

Abbildung 11.1: Konzepte des XML Data Bindings

Trotz der Fortschritte, die verschiedene XML Data Binding Frameworks in letzter Zeit erzielt haben, unterliegen sie immer noch einigen Einschränkungen.

- Während der Konvertierung zwischen Objekt und XML mit Data Binding Framework gehen Informationen verloren, sodass ein hundertprozentiges Round-Trip-Engineering damit nicht möglich ist. Während die Geschwister-Elemente in XML in bestimmter Reihenfolge organisiert sind, existiert eine solche Reihenfolge nicht zwischen den Attributen einer Klasse. Dementsprechend geht diese Information bei Unmarshalling verloren. Ein anschließendes Marshalling produziert mit großer Wahrscheinlichkeit ein neues XML-Infoset, das zwar schema-konform ist, jedoch nicht mehr mit dem ursprünglichen Infoset übereinstimmt. Einige Elemente aus dem XML-Infoset wie Kommentare werden von den meisten Binding-Frameworks überhaupt nicht berücksichtigt, sodass diese Informationen ebenfalls nicht wiederhergestellt werden können.

- Die Werkzeuge unterstützen nur eine Teilmenge der in XML Schema vorgesehenen Funktionalitäten. Während die grundlegenden Schema-Elemente wie `xsd:sequence` und `xsd:all` von den meisten Werkzeugen beherrscht werden, bieten nur wenige Frameworks Unterstützung für die exotischen Elemente wie `xsd:union` oder `xsd:choice`. Auch die umfangreichen Einschränkungsmöglichkeiten, die bei der Schema-Validierung herangezogen werden können, werden nur unvollständig oder gar nicht unterstützt. Restriktionen wie eingeschränkter Wertbereich oder Textmuster werden von den meisten Werkzeugen komplett ignoriert.

11.2 Code-Generator-Framework

Wie bereits erwähnt, soll eine Web Service-Plattform in der Lage sein, bestehende Data Binding Frameworks zu integrieren, statt selbst eins zu erfinden. In Axis2 spielt das Code-Generator-Framework für die Integration fremder Data Binding Frameworks eine zentrale Rolle. Codegenerierung gehört zu den Kernaufgaben jeder Web Service-Plattform. Bei einem Contract-First-Ansatz werden die Grundgerüste der Klassen immer aus dem WSDL-Dokument generiert. Mit Hilfe der generierten Klassen kann der Entwicklungsprozess noch effizienter und komfortabler gestaltet und die Softwarequalität gesteigert werden. Daher wird in diesem Abschnitt das Code-Generator-Framework von Axis2 vorgestellt.

Auch Axis 1.x bietet Codegenerierung-Funktionalität an. Jedoch ist der Generierungsprozess in Java-Code fest verdrahtet, wie man sehr leicht an den großen Mengen von `println`-Anweisungen in den `JavaXXXWriter`-Klasse im Package `org.apache.axis.wsdl.toJava` erkennen kann. Obwohl das Verhalten des Generators in Axis 1.x auch über einige Konfigurationsparameter gesteuert werden kann, ist die Menge der Parameter begrenzt. Um Code für eine neue Programmiersprache bzw. ein neues XML Data Binding Framework zu generieren, müssen sämtliche Klassen komplett neu implementiert werden.

In Axis2 wird daher ein neues Framework für Codegenerierung implementiert, das großen Wert auf folgende Punkte legt:

- **Sauberes API:** Der Code-Generator soll nicht nur über die Kommandozeile aufgerufen, sondern in vielen anderen Werkzeugen (IDE, Build-Tools) integriert werden. Dafür ist ein sauberes und verständliches API notwendig, um eine gute Basis für Werkzeug-Integration bereitzustellen.
- **Flexibilität und Erweiterbarkeit:** Damit der Code-Generator auch Code anderer Programmiersprache oder Binding-Werkzeuge produzieren kann, muss es ganz leicht sein, das Framework um neue oder abweichende Funktionalität zu erweitern, sodass andere Ausgaben produziert werden. Angestrebt ist ein Modell nach dem Plug-in-Mechanismus in Eclipse, wo das Werkzeug durch neue Plug-ins beliebig erweitert werden kann.

Damit die Ausgaben vom Code-Generator auch flexibel angepasst werden können, wurde als Erstes das Ausgabeformat von Java-Source (wie in Axis 1.x) entfernt und in Templates ausgelagert. So kann man durch Bereitstellen eines neuen Template oder Anpassen eines bestehenden Template sehr schnell das Ausgabeformat verändern. Über diesen Mechanismus können nicht nur anwendungsspezifische Funktionalität, sondern auch Programmcode für eine komplett andere Programmiersprache generiert werden. Die Informationsquelle für die Generierung ist in erster Linie das WSDL-Dokument. Die Information aus dem WSDL-Dokument wird zuerst analysiert und intern als ein XML-Modell gespeichert. Die Entscheidung zugunsten von XML liegt darin, dass XML-Unterstützung bereits in Java seit Version 1.4 eingebaut ist und daher keine zusätzliche Bibliothek benötigt wird. Aus demselben Grunde wurde XSLT als Technologie für die Templates ausgesucht, da diese einerseits für Transformation der XML-Daten besonders geeignet ist und andererseits von jeder JVM ab Version 1.4 automatisch unterstützt wird. Außerdem ist XML sprachneutral, sodass das XML-Modell unabhängig von der Zielsprache der Codegenerierung unverändert eingesetzt werden kann. Anpassungen und Erweiterungen für verschiedene Programmiersprachen und Binding-Frameworks werden nur in Templates vorgenommen.

Eine der wichtigsten Aufgaben des Code-Generator-Frameworks ist die Integration verschiedener XML Data Binding Frameworks. Diese Vorgabe hat auch großen Einfluss auf das Design des Code-Generator-Frameworks, weil die verschiedenen Frameworks unterschiedlich funktionieren und keine einheitlichen Schnittstellen bieten. Diese frameworkspezifischen Details dürfen jedoch keinesfalls in das Generator-Framework eingebaut werden. Andernfalls bedeutet jede Änderung im Binding-Framework (beispielsweise durch ein Update) auch eine Änderung im Generator-Framework. Stattdessen muss es jederzeit möglich sein, ohne Änderung am Kern des Frameworks ein neues Binding-Werkzeug zu unterstützen oder ein bestehendes zu modifizieren. Um diese Flexibilität zu ermöglichen, wurden so genannte Extensions eingeführt. Bei Extensions handelt es sich um Erweiterungen, die bestimmte Funktionalität während der Generierung durchführen. Beispiele sind Formatierung und Validierung von WSDL, Filterung von WSDL-Elementen und komplettes Verarbeiten von Schema-Informationen. Alle von Axis2 unterstützten XML Data Binding Frameworks werden über den Extensions-Mechanismus integriert.

Bei der Generierung werden alle konfigurierten Extentions der Reihenfolge nach aufgerufen. Nachdem alle Extensions ausgeführt wurden, wird das bis dahin erzeugte Modell dem Emitter übergeben. Der Emitter ist eine zentrale Komponente des Generator-Frameworks und hält den Generierungsprozess zusammen. Ein Emitter enthält neben der Konfiguration der Codegenerierung auch Informationen über Typenabbildungen zwischen XML Schema und der Zielsprache. Daher ist ein Emitter meistens sprachabhängig. In Axis2 1.1.1 sind drei Emitters ausgeliefert: `JavaEmitter`, `CEmitter` und `CSharpEmitter`, die alle von `AxisServiceBasedMultiLanguageEmitter` erben, wo auch die wesentliche Logik implementiert ist. Diese Klasse wird als Multilanguage-Emitter bezeichnet, weil sie in der Lage ist, Code für verschiedene Programmiersprachen zu generieren. Dort ist unter anderem die Generierungslogik für Java und C# implementiert, wobei die Generierung für C# im Moment nur ein experimentelles Feature ist. Der Emitter steuert den Generierungsprozess und delegiert die konkrete Codegenerierung an `Writer`-Objekte, die jeweils für die Generierung eines Artefakts zuständig sind. Es existiert für jede Art der zu generierenden Artefakte ein separater Writer. So findet man im Package `org.apache.axis2.wsdl.codegen.writer` Klassen wie `ServiceXMLWriter.java` für die Generierung von `services.xml` oder `SkeletonWriter.java` für die Generierung von Service-Skeleton. Alle für Java-Entwicklung interessanten Writer sowie ihre Beziehungen sind in Abbildung 11.2 dargestellt. Da die Ausgabenformate nun in XSLT-Templates ausgelagert sind, müssen die Writer-Objekte lediglich dafür sorgen, die XSLT-Transformation mit dem XML-Modell und der XSLT-Template anzustoßen.

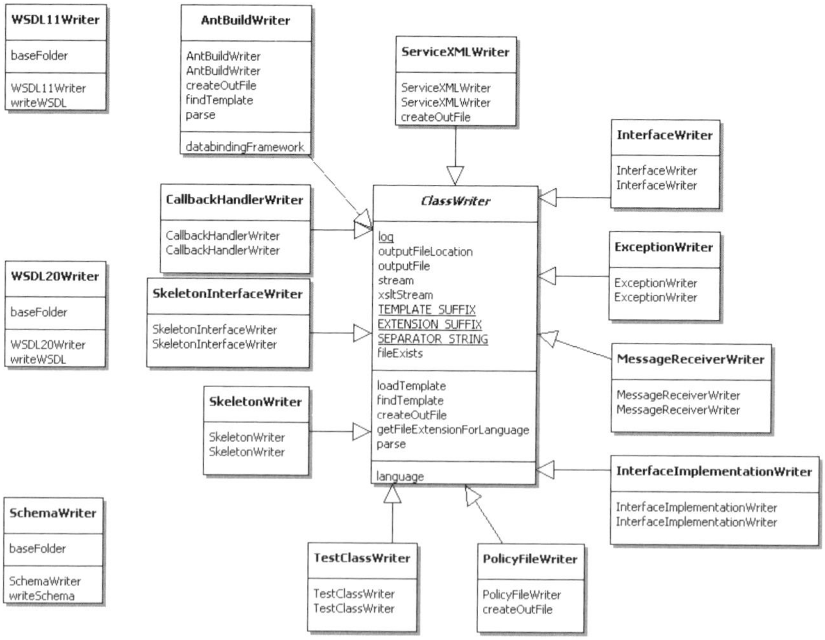

Abbildung 11.2: Klassenhierarchie der Writer-Klassen

Der Ablauf des Codegenerierung-Prozesses sowie alle beteiligten Komponenten sind in der Abbildung 11.3 illustriert.

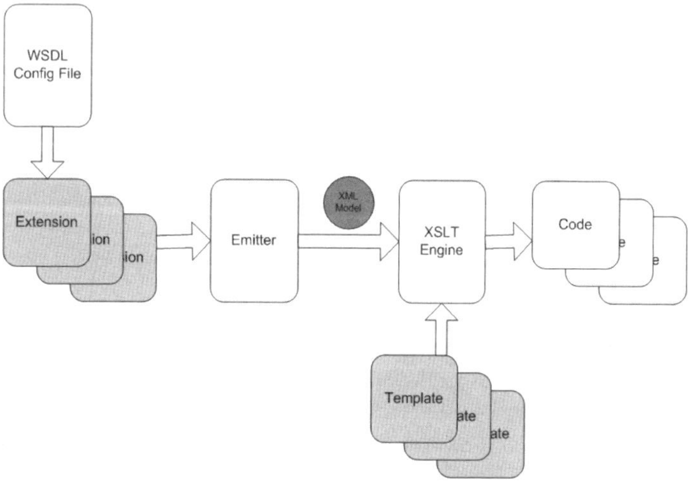

Abbildung 11.3: Architektur des Code-Generator-Frameworks

Der Code-Generator benötigt immer eine Konfigurationsdatei, in der die Extensions, Emitters und Templates konfiguriert werden. Die Konfigurationsdatei heißt *codegen-config.properties* und befindet sich im Package `org.apache.axis2.wsdl.codegen` im `codegen`-Modul. In dieser Datei wird zuerst eine Liste von Extensions angegeben, die vor dem Emitter ausgeführt werden sollen. In der Liste sind unter anderem Extensions für alle von Axis2 unterstützten Data Bindings eingetragen.

```
codegen.extension=org.apache.axis2.wsdl.codegen.extension.PackageFinder,\
org.apache.axis2.wsdl.codegen.extension.SchemaUnwrapperExtension,\
org.apache.axis2.wsdl.codegen.extension.JaxMeExtension, \
org.apache.axis2.wsdl.codegen.extension.XMLBeansExtension, \
org.apache.axis2.wsdl.codegen.extension.SimpleDBExtension, \
org.apache.axis2.wsdl.codegen.extension.JiBXExtension, \
org.apache.axis2.wsdl.codegen.extension.JAXBRIExtension, \
org.apache.axis2.wsdl.codegen.extension.TypeMapperExtension, \
org.apache.axis2.wsdl.codegen.extension.DefaultDatabindingExtension, \
org.apache.axis2.wsdl.codegen.extension.PolicyEvaluator
```

Listing 11.1: Extensions in codegen-config.properties für Vorverarbeitung

Extensions werden in erster Linie eingesetzt, um Vorverarbeitung (Pre-Processing) vor der Codegenerierung durch Emitter durchzuführen. In den neusten Releases ist es ebenfalls möglich, Nachverarbeitungen (Post-Processing) über Extensions in den Generierungsprozess einzuhängen. Im Moment verwendet Axis2 nur solche Extensions, um generierte Dateien zu formatieren.

```
post.codegen.extension=org.apache.axis2.wsdl.codegen.extension.JavaPrettyPrinter
Extension, \
org.apache.axis2.wsdl.codegen.extension.XMLPrettyPrinterExtension, \
org.apache.axis2.wsdl.codegen.extension.WSDLPrettyPrinterExtension
```

Listing 11.2: Extensions in codegen-config.properties für Nachverarbeitung

Der nächste Abschnitt der Konfigurationsdatei beinhaltet alle Konfigurationen, die mit Data Binding zu tun haben. Dort werden zuerst alle unterstützten Data Bindings aufgelistet und das Defaultverhalten dieser Data Bindings konfiguriert. Ebenfalls werden die binding-spezifischen Templates angegeben. Sollte ein neues Data Binding-Werkzeug in Axis2 integriert werden, so müssen die entsprechenden Extensions für das neue Werkzeug und ihre Konfiguration in diesem Abschnitt eingetragen werden.

```
codegen.databinding.frameworks=adb,xmlbeans,jaxme,jibx,jaxbri,none
codegen.databinding.unwrap.supported=adb,xmlbeans,jibx
codegen.databinding.unwrap.direct=jibx
codegen.databinding.extensions=org.apache.axis2.wsdl.codegen.extension.
SimpleDBExtension,\
org.apache.axis2.wsdl.codegen.extension.XMLBeansExtension,\
org.apache.axis2.wsdl.codegen.extension.JaxMeExtension,\
```

Listing 11.3: Konfigurationen von Data Binding-Extensions in codegen-config.properties

```
org.apache.axis2.wsdl.codegen.extension.JiBXExtension,\
org.apache.axis2.wsdl.codegen.extension.JAXBRIExtension,\
org.apache.axis2.wsdl.codegen.extension.DefaultDatabindingExtension
# the default data binding framework name
codegen.databinding.frameworks.default=adb
# the databinding templates
codegen.databinding.adb.supporter.template=/org/apache/axis2/schema/template/
ADBDatabindingTemplate.xsl
codegen.databinding.xmlbeans.supporter.template=/org/apache/axis2/xmlbeans/
template/XmlbeansDatabindingTemplate.xsl
codegen.databinding.jaxme.supporter.template=/org/apache/axis2/wsdl/template/java/
JaxmeDatabindingTemplate.xsl
codegen.databinding.jibx.supporter.template=/org/apache/axis2/jibx/template/
JibXDatabindingTemplate.xsl
codegen.databinding.jaxbri.supporter.template=/org/apache/axis2/jaxbri/template/
JaxbRIDatabindingTemplate.xsl
codegen.databinding.none.supporter.template=/org/apache/axis2/wsdl/template/java/
NoneDatabindingTemplate.xsl
```

Listing 11.3: Konfigurationen von Data Binding-Extensions in codegen-config.properties (Forts.)

Alle in Axis2 registrierten Emitter sowie ihre Konfigurationen werden ebenfalls in dieser Datei konfiguriert. Sollte eine neue Programmiersprache vom Code-Generator unterstützt werden, müssen die Sprache und der zugehörige Emitter in diesem Abschnitt eingetragen werden.

```
codegen.languages=java,c-sharp,c
codegen.emitters=org.apache.axis2.wsdl.codegen.emitter.AxisServiceBasedMulti
LanguageEmitter,\
org.apache.axis2.wsdl.codegen.emitter.CSharpEmitter,\
org.apache.axis2.wsdl.codegen.emitter.CEmitter
codegen.languages.default=java
codegen.general.src.name=src
codegen.general.resource.name=resources
```

Listing 11.4: Emitter-Konfigurationen in codegen-config.properties

Zum Schluss werden für jede Sprache die Templates für die zu generierenden Artefakte festgelegt. Aus Platzgründen werden nur die Konfigurationen für Java in Listing 11.5 abgedruckt. In der mitgelieferten *codegen-config.properties* sind noch Konfigurationen für C und C# enthalten. Anhand des Namens der Property erkennt man den Typ des zu generierenden Artefakts. Als Wert werden die passende Writer-Klasse sowie die zu benutzenden Templates angegeben, die durch Komma getrennt werden. Der Code-Generator ist ebenfalls in der Lage, ein *build.xml* für Ant zu generieren, das für axis2-spezifische Aufgaben wie Erstellen von Service-Archiv oder Generierung von Stub-Klassen benutzt werden kann. Da die XML Data Binding-Werkzeuge meistens selbstdefinierte Ant-Tasks benutzen, gibt es für jedes Data Binding Werkzeug dafür auch ein separates Template.

```
java.interface.template=org.apache.axis2.wsdl.codegen.writer.InterfaceWriter,/org/
apache/axis2/wsdl/template/java/InterfaceTemplate.xsl
java.interface.impl.template=org.apache.axis2.wsdl.codegen.writer.InterfaceImplemen-
tationWriter,/org/apache/axis2/wsdl/template/java/InterfaceImplementationTemplate.xsl
java.bean.template=org.apache.axis2.wsdl.codegen.writer.BeanWriter,/org/apache/
axis2/wsdl/template/java/BeanTemplate.xsl
java.callback.template=org.apache.axis2.wsdl.codegen.writer.CallbackHandlerWriter,/
org/apache/axis2/wsdl/template/java/CallbackHandlerTemplate.xsl
java.exception.template=org.apache.axis2.wsdl.codegen.writer.ExceptionWriter,/org/
apache/axis2/wsdl/template/java/ExceptionTemplate.xsl
java.skeleton.template=org.apache.axis2.wsdl.codegen.writer.SkeletonWriter,/org/
apache/axis2/wsdl/template/java/SkeletonTemplate.xsl
java.skeleton.interface.template=org.apache.axis2.wsdl.codegen.writer.Skeleton
InterfaceWriter,/org/apache/axis2/wsdl/template/java/SkeletonInterfaceTemplate.xsl
java.testclass.template=org.apache.axis2.wsdl.codegen.writer.TestClassWriter,/org/
apache/axis2/wsdl/template/java/TestClassTemplate.xsl
java.service.template=org.apache.axis2.wsdl.codegen.writer.ServiceXMLWriter,/org/
apache/axis2/wsdl/template/general/ServiceXMLTemplate.xsl
java.message.receiver.template=org.apache.axis2.wsdl.codegen.writer.MessageReceiver
Writer,/org/apache/axis2/wsdl/template/java/MessageReceiverTemplate.xsl

java.antbuild.jaxme.template=org.apache.axis2.wsdl.codegen.writer.AntBuildWriter,/
org/apache/axis2/wsdl/template/general/jaxmeAntBuildTemplate.xsl
java.antbuild.xmlbeans.template=org.apache.axis2.wsdl.codegen.writer.AntBuildWriter,/
org/apache/axis2/wsdl/template/general/xmlbeansAntBuildTemplate.xsl
java.antbuild.jibx.template=org.apache.axis2.wsdl.codegen.writer.AntBuildWriter,/
org/apache/axis2/wsdl/template/general/jibxAntBuildTemplate.xsl
java.antbuild.jaxbri.template=org.apache.axis2.wsdl.codegen.writer.AntBuildWriter,/
org/apache/axis2/wsdl/template/general/jaxbriAntBuildTemplate.xsl
java.antbuild.adb.template=org.apache.axis2.wsdl.codegen.writer.AntBuildWriter,/
org/apache/axis2/wsdl/template/general/adbAntBuildTemplate.xsl
java.antbuild.none.template=org.apache.axis2.wsdl.codegen.writer.AntBuildWriter,/
org/apache/axis2/wsdl/template/general/defaultAntBuildTemplate.xsl
java.filename.extension=java
```

Listing 11.5: Template-Konfigurationen für Java in codegen-config.properties

Der Code-Generator von Axis2 kann über Kommandozeile, Ant-Task oder Eclipse-Plug-in aufgerufen werden. Beim Anstoßen des Generators (z.B. durch WSDL2Java) generiert er je nach Aufrufparameter Data-Binding-Klassen, Service-Interface, Service-Stub, Service-Skeleton, Message Receiver, Callback-Handler sowie `build.xml` und `services.xml`. Für die Integration von Data Binding Frameworks sind die Data-Binding-Klassen, Stub und Message Reciever betroffen. Mit Ausnahme von JiBX ruft der Code-Generator Axis2 (über die Extensions) im Generierungsprozess den Schema-Compiler des Data Binding Frameworks auf und lässt die Bindingklassen generieren. Darüber hinaus generiert der Generator (ebenfalls über die Extensions) Methoden in Stub und Message Receiver, die dann zur Laufzeit aufgerufen werden und mittels framework-spezifischen APIs Marshalling und Unmarshalling durchführen. In diesen Klassen ist immer eine Methode `fromOM` zu finden, die aus einem `OMElement` ein Objekt deserialisiert. Parallel existiert eine Methode `toOM`(bzw. `toEnvelope`), die fürs Marshalling aufgerufen wird.

Die neue Architektur des Code-Generator-Frameworks bietet große Flexibilität, den Code-Generator durch Konfiguration, Templates-Bearbeitung und Extensions zu erweitern. Auf dieser Basis wurden auch die meist verbreiteten XML Data Binding-Werkzeuge problemlos integriert, die unten ausführlich beschrieben werden.

11.3 ADB – Axis Data Binding

Obwohl mit JAXB, XMLBeans und JiBX schon viele leistungsfähige XML Data-Binding-Frameworks auf dem Markt sind, hat Axis2 ein eigenes Data Binding Framework mit dem Namen ADB (Axis2 Data Binding) ins Leben gerufen. Das Ziel ist, einen einfach zu bedienenden und leichtgewichtigen Schema-Compiler und JavaBean-Generator anzubieten, der besonders gut mit dem Rest von Axis2 harmoniert. Es ist nicht die Intention der Axis2-Entwickler, mit ADB einen vollwertigen Schema-Compiler wie XMLBeans zu implementieren und zu den anderen Binding-Frameworks in Konkurrenz zu treten. Dagegen handelt es sich bei ADB um eine 80/20-Lösung. Konkret bedeutet das, dass der Einsatz von ADB für 80% der Anwendungsfälle ausreichend ist. In diesem Fall empfiehlt sich auch, ADB einzusetzen, weil man von der einfachen Nutzung, der engen Integration und der guten Performance von ADB profitieren kann. In den anderen 20% der Fälle, wo die Schema-Funktionalität ausgenutzt wird, kann man immer noch auf JiBX oder XMLBeans ausweichen.

ADB kann unabhängig von Axis2 eingesetzt werden, um aus der Schema-Definition eine Klasse für Java bzw. Struct für C zu generieren und mit den generierten Klassen Data Binding zu betreiben. Es ist ebenfalls möglich, durch Erweiterungen weitere Sprachen mit ADB zu unterstützen. Im Folgenden wird zuerst der Schema-Compiller von ADB vorgestellt.

11.3.1 ADB Schema-Compiler

Der ADB Schema-Compiler wird vom Generator-Framework aufgerufen, um aus der Schema-Definition Klassen zu generieren. Axis2 verwendet die XmlSchema-Bibliothek aus dem ws-commons-Projekt von Apache, um Schema einzulesen und zu analysieren. Das Ergebnis ist ein `XmlSchema`-Objekt, das sämtliche Information aus dem Schema enthält. Dieses `XmlSchema`-Objekt wird dann der `SchemaCompiler`-Klasse von ADB zur Codegenerierung übergeben. Dafür benötigt der `SchemaCompiler` eine Klasse vom Typ `BeanWriter`, der für das Ausschreiben der generierten Klasse zuständig ist. Das Interface gibt jedoch nicht vor, wie die konkrete Generierung implementiert werden muss. Für Java liefert Axis2 eine Implementierung in der Klasse `JavaBeanWriter` mit, welche die Code-Erzeugung über ein XSLT-Template realisiert. In der Standardkonfiguration wird das Template `ADBBeanTempalte.xsl` angezogen, welches Klassen erzeugt, die das Interface `org.apache.axis2.databinding.ADB` implementiert. Zusätzlich zu `BeanWriter` benötigt der `SchemaCompiler` auch eine `TypeMap`-Instanz, welche eine Map verwaltet, in der Abbildungen zwischen XML-Schema-Typen und Programmiersprachentypen enthalten sind. Für Java stellt Axis2 die Implementierung

JavaTypeMap zur Verfügung, wo die QNames für Schema-Typen auf Namen der Java-Klassen abgebildet werden. Die Konfiguration, mit welchem BeanWriter und TypeMap ein Schema-Compiler ausgestattet ist, wird in der Datei *schema-compile.properties* abgelegt. Dort wird auch das Template angegeben. Durch Anpassung der Konfiguration lassen sich benutzerdefinierte BeanWriter, TypeMap oder Templates integrieren. So kann man die Codegenerierung ganz einfach auf POJOs umstellen, welche keinerlei Abhängigkeit von ADB aufweisen. Dafür muss lediglich die ebenfalls mitgelieferte PlainBeanTemplate.xsl in *schema-compile.properties* konfiguriert werden. Auf ähnliche Art und Weise können auch benutzerdefinierte Templates eingestellt werden, um spezifische Codeblöcke mit dem Schema-Compiler zu generieren. Soll Code einer anderen Programmiersprache generiert werden, ist es notwendig, eigene Implementierungen für BeanWriter und TypeMap zu liefern. Durch die Ausgliederung des Ausgabenformats in XSLT-Template lassen sich viele vorhandene Funktionalitäten in JavaBeanWriter auch für eine andere objektorientierte Sprache ohne Anpassung wieder verwenden.

```
schema.bean.writer.class=org.apache.axis2.schema.writer.JavaBeanWriter
schema.bean.writer.template=/org/apache/axis2/schema/template/ADBBeanTemplate.xsl
#schema.bean.writer.template=/org/apache/axis2/schema/template/PlainBeanTemplate.xsl
schema.bean.typemap=org.apache.axis2.schema.typemap.JavaTypeMap
```

Listing 11.6: schema-config.properties von ADB

In Abbildung 11.4 sind die wichtigsten Komponenten von ADB Schema-Compiler dargestellt. Die bis jetzt nicht erwähnte Klasse CompilerOptions wird unten noch eingehend beschrieben.

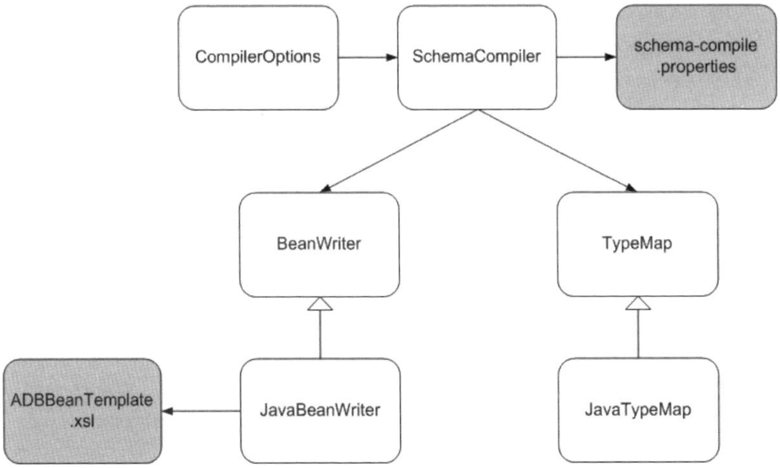

Abbildung 11.4: ADB Kernkomponenten

Der Schema-Compiler von ADB kann sowohl standalone als auch über API aufgerufen werden, wobei der Aufruf über API wesentlich mehr Konfigurationsmöglichkeiten bietet. ADB liefert eine Klasse XSD2Java mit, die eine main-Methode hat und somit direkt ausgeführt werden kann. Als Parameter werden der Dateiname des Schemas und der Name des Ausgabenverzeichnisses erwartet.

```
java org.apache.axis2.schema.XSD2Java AxisHotels.xsd gen-src
```

Listing 11.7: Aufruf von Schema-Compiler über XSD2java

Der `SchemaCompiler` bietet intern wesentlich mehr Konfigurationsmöglichkeiten, die nicht alle von XSD2Java unterstützt werden. Um bessere Kontrolle über `SchemaCompiler` zu erlangen, ist es notwendig, den Generierungsprozess über API-Aufruf zu starten. Bevor jedoch das API beschrieben wird, werden zuerst die vom `SchemaCompiler` unterstützten Konfigurationsoptionen sowie deren Auswirkungen aufgelistet.

Option	Beschreibung
`writeOutput`	Dieser Parameter legt fest, ob generierte Codes überhaupt ausgeschrieben werden. Defaultwert ist „`false`".
`wrapClasses`	Wird dieser Parameter auf „`true`" gesetzt, werden alle Klassen als Inner-Klassen in einer einzigen Klasse namens `WrappedDataBinder` generiert. Das Package dieser Klasse kann explizit über `setPackageName` gesetzt werden. Ansonsten wird die Klasse in einem Package `ADB` abgelegt. Defaultwert ist „`false`", sodass einzelne Klassen generiert werden.
`mapperClassPackage`	Für jedes Schema erzeugt ADB eine `ExtensionMapper`-Klasse, welche aus einem Namensraum, XML-Typnamen und einem `XMLStreamReader` eine JavaBean zurückliefern kann. Diese Mapper-Klasse wird von der `parse`-Methode der generierten Klassen benutzt, wenn mit Vererbung bei der Schema-Definition gearbeitet wird. Die Mapper-Klasse ist dafür zuständig, eine Instanz der korrekten Subklasse anhand des Werts des `xsi:type`-Attribut zurückzugeben. Sollte die Mapper-Klasse in einem separaten Package erzeugt werden, sodass das Default-Package ausschließlich JavaBeans enthält, kann hier der Packagename für die Mapper-Klasse angegeben werden.
`helperMode`	Schaltet HelperMode ein und aus. Ist der HelperMode aktiviert, generiert der Schema-Compiler nur POJO-Klassen, die keinerlei Abhängigkeit von ADB-API haben. Die Methoden für die Serialisierung bzw. Deserialiserung werden in einer separaten Helperklasse generiert. Für jede JavaBean-Klasse wird eine Helper-Klasse mit Helper als Suffix generiert.
`ns2PackageMap`	Über ein Map können Abbildungen zwischen Namensräumen und Packages angegeben werden. Dies ist nur notwendig, wenn der Packagename nicht mit den Standardregeln ermittelt werden soll.

Tabelle 11.1: Konfigurationsoptionen von SchemaCompiler

Die oben aufgelisteten Konfigurationsoptionen können in einem `CompilerOptions`-Objekt gesetzt werden, bevor ein `SchemaCompiler` mit diesem `CompilerOptions` instanziiert wird. Um die Codegenerierung anzustoßen, muss nur die `compile()`-Methode aufgerufen werden. Dabei kann entweder ein `XmlSchema` oder eine Liste von `XmlSchema` als Parameter übergeben werden. In Listing 11.8 ist ein Codebeispiel abgedruckt, wie man den ADB-Schema-Compiler programmatisch aufruft.

```
package de.axishotels.adb.schemacompiler;

import java.io.File;
import java.io.IOException;
import java.util.HashMap;
import java.util.Map;
import javax.xml.parsers.DocumentBuilder;
import javax.xml.parsers.DocumentBuilderFactory;
import org.apache.axis2.schema.CompilerOptions;
import org.apache.axis2.schema.SchemaCompiler;
import org.apache.axis2.schema.i18n.SchemaCompilerMessages;
import org.apache.ws.commons.schema.XmlSchema;
import org.apache.ws.commons.schema.XmlSchemaCollection;
import org.w3c.dom.Document;

public class SchemaCompilerInvoker {
  private static final String XSD_FILE = "resources/AxisHotels.xsd";
  private static final String OUTPUT_FOLDER = "api-gen-src";

  @SuppressWarnings("unchecked")
  public static void main(String[] args) throws Exception {
    DocumentBuilderFactory documentBuilderFactory =
      DocumentBuilderFactory.newInstance();
    documentBuilderFactory.setNamespaceAware(true);
    DocumentBuilder builder = documentBuilderFactory.newDocumentBuilder();
    Document doc = builder.parse(new File(XSD_FILE));
    XmlSchemaCollection schemaCol = new XmlSchemaCollection();
    XmlSchema currentSchema = schemaCol.read(doc, null);
    File outputFolder = new File(OUTPUT_FOLDER);
    if (outputFolder.exists()) {
      if (outputFolder.isFile()) {
        throw new IOException(SchemaCompilerMessages
          .getMessage("schema.locationNotFolder"));
      }
    } else {
      outputFolder.mkdirs();
    }
    CompilerOptions compilerOptions = new CompilerOptions();
    compilerOptions.setOutputLocation(outputFolder);
    compilerOptions.setWrapClasses(false);
```

Listing 11.8: Aufruf von SchemaCompiler über API

```
        compilerOptions.setWriteOutput(true);
        compilerOptions.setMapperClassPackage("de.axishotels.booking.mapper");
        Map ns2PkgMap = new HashMap();
        ns2PkgMap.put("http://axishotels.de/booking/types/", "de.axishotels.booking");
        compilerOptions.setNs2PackageMap(ns2PkgMap);
        SchemaCompiler compiler = new SchemaCompiler(compilerOptions);
        compiler.compile(currentSchema);
    }
}
```

Listing 11.8: Aufruf von SchemaCompiler über API (Forts.)

Bei Standardkonfiguration wird der Packagename der generierten Klassen aus dem Targetnamespace vom Schema abgeleitet. Für den Targetnamespace `http://axishotels.de/booking/types/` wird z.B. das Package `de.axishotels.booking.types` benutzt. Sollte ein abweichendes Package benutzt werden, muss ein Mapping wie in Listing 11.8 über `ns2PackageMap` eingetragen werden.

11.3.2 ADB Integration in Axis2

Dank des flexiblen Code-Generator-Frameworks von Axis2 gestaltet sich die Integration von ADB in Axis2 sehr einfach und erfolgt über eine Extension, die in der Klasse `org.apache.axis2.wsdl.codegen.extension.SimpleDBExtension` realisiert ist. Diese Extension übersetzt die Aufrufsparameter von WSDL2Java in die Properties von `CompilerOptions` und ruft dann den `SchemaCompiler` auf. Die Abbildungen zwischen den Aufrufparametern von WSDL und den Konfigurationsproperties in `CompilerOptions` sind in der Tabelle 11.2 zusammengefasst.

Aufrufsparameter	CompilerOptions
N/A	wrapClasses=true, writeClasses=false
-ss (server side)	wrapClasses=false, writeClasses=true
-u (unwrap class)	wrapClasses=false, writeClasses=true

Tabelle 11.2: Abbildung zwischen WSDL2Java-Parameter und CompilerOptions

Es ist auch möglich, über den Erweiterungsmechanismus von WSDL2Java die Parameter für ADB-Schema-Compiler direkt durchzuschleusen. Da diese Parameter nicht als Standard-Parameter von WSDL definiert sind, müssen sie immer mit einem Präfix `-E` versehen werden. Tabelle 11.3 zeigt die beiden Parameter, die relevant für ADB sind.

Parametername	Mögliche Werte	Beschreibung
r	true, false	Setzt `writeClasses`-Attribut von `CompilerOptions`.
w	true, false	Setzt `wrapClasses`-Attribut von `CompilerOptions`.

Tabelle 11.3: ADB-Erweiterungsparameter für WSDL2Java

Listing 11.9 zeigt, wie diese Parameter beim Aufruf von WSDL2Java gesetzt werden können.

```
WSDL2Java … -Er true -Ew true Axishotels.wsdl
```

Listing 11.9: Aufruf von WSDL2Java mit Erweiterungsparametern

11.3.3 Codegenerierung

Nachdem der Aufbau und die Funktionsweise von ADB-Code-Generator erläutert sind, werden in diesem Abschnitt anhand eines Beispiels die von ADB generierten Klassen genauer unter die Lupe genommen. Bei diesem Beispiel handelt es sich um Datentypen, die im Buchungsservice von AxisHotels benötigt werden. In der Schema-Beschreibung des WSDL sind acht globale Elemente definiert, die als Wrapperelemente für die Requests und Responses der vier Operationen dienen. Diese Elemente heißen `GetHotelsRequest`, `GetHotelsResponse`, `MakeReservationRequest`, `MakeReservationResponse`, `CancelReservationRequest`, `CancelReservationResponse`, `CheckAvailabilityRequest` und `CheckAvailabilityResponse`. Weiterhin sind fünf komplexe Datentypen definiert, die bei der Definition der Wrapper-Elemente referenziert werden: `Reservation`, `Hotel`, `Confirmation`, `RoomType`, `Price` und `Availability`.

Im Folgenden werden aus Platzgründen nur Definitionen der Elemente bzw. Typen gezeigt, die mit der Operation `MakeReseveration` zu tun haben. Diese Elemente und Typen werden auch später bei der Vorstellung anderer Data Bindings als Beispiel verwendet.

```
<element name="MakeReservationRequest">
  <complexType>
    <sequence>
      <element name="reservation" type="tns:Reservation"/>
    </sequence>
  </complexType>
</element>

<element name="MakeReservationResponse">
  <complexType>
    <sequence>
      <element name="reservationConfirmation" type="tns:Confirmation"/>
    </sequence>
  </complexType>
</element>

<complexType name="Reservation">
  <sequence>
    <element name="hotelCode" type="string"></element>
    <element name="arrivalDate" type="date"></element>
```

Listing 11.10: Auszug aus AxisHotels.xsd

```
      <element name="departureDate" type="date"></element>
      <element name="roomCode" type="string"></element>
      <element name="numberOfRooms" type="int"></element>
      <element name="guestName" type="string"></element>
    </sequence>
  </complexType>

  <complexType name="Confirmation">
    <sequence>
      <element name="status" type="string"></element>
      <element name="reservationNumber" type="int"></element>
    </sequence>
  </complexType>
```

Listing 11.10: Auszug aus AxisHotels.xsd (Forts.)

Zur Codegenerierung wird WSDL2Java mit dem *AxisHotels.wsdl*, welches die Typendefinition in *AxisHotels.xsd* importiert, aufgerufen. Im Defaultfall wird die ADB-Data-Binding verwendet. Dies kann auch beim Aufruf explizit über den Parameter `-d adb` angegeben werden. Um die Beschreibung zu vereinfachen, gehen die Beispiele davon aus, dass die Generierung in „unpack-mode" aufgerufen wird und die Klassen einzeln abgelegt werden. Abgesehen von dem Message Receiver, Service-Skeleton, Service-Stub, Deployment-Descriptor sowie *build.xml* werden eine Reihe JavaBean-Klassen sowie eine `ExtensionsMapper`-Klasse generiert.

Abbildung 11.5: Aus AxisHotels.xsd generierte JavaBean-Klassen

Prinzipiell kann ADB die in Schema definierten Einschränkungen (`xsd:restriction`) für einfache Datentypen noch nicht verarbeiten. Daher wird ein solcher Datentyp immer als entsprechender Basisdatentyp behandelt. Für jeden komplexen Datentyp erzeugt ADB dagegen eine JavaBean-Klasse, sodass folgende Klassen für die Datentypen und Elemente im Schema *AxisHotels.xsd* erzeugt werden.

Jedes Attribut oder Kindelement des komplexen Datentyps wird als eine JavaBean-Property generiert, auf die über Getter- und Setter-Methoden zugegriffen werden kann. ADB unterstützt nur `<xsd:sequence>` und `<xsd:all>` für die Definitionen von komplexen Datentypen. Andere Konstrukte wie `<xsd:choice>` werden im Moment nicht von ADB unterstützt. ADB kennt eine Liste von Typenabbildungen für die vordefinierten Datentypen in XML Schema. Wenn der Typ der Attribute oder Kindelemente in dieser Liste enthalten ist, wird der Typ der JavaBean-Property anhand der Typabbildung ermittelt. Ansonsten handelt es sich um einen weiteren benutzerdefinierten Datentyp, für den ebenfalls eine JavaBean-Klasse generiert wird. Als Typ dieser Property wird dann die generierte Java-Klasse eingetragen. Ebenfalls erzeugt ADB für jedes globale Element im Schema mit denselben Regeln auch eine JavaBean-Klasse. Der Aufbau einer aus Datentyp generierten Klasse ist zum großen Teil identisch mit dem einer aus Element generierten Klasse. Listing 11.11 zeigt einen Ausschnitt der generierten Klasse *Reservation.java*.

```
public  class Reservation
  implements org.apache.axis2.databinding.ADBBean{
  protected java.lang.String localHotelCode ;
  public  java.lang.String getHotelCode(){
    return localHotelCode;
  }
  public void setHotelCode(java.lang.String param){
    this.localHotelCode=param;
  }

  protected java.util.Date localArrivalDate ;
  public  java.util.Date getArrivalDate(){
    return localArrivalDate;
  }
  public void setArrivalDate(java.util.Date param){
     this.localArrivalDate=param;
  }

  protected java.util.Date localDepartureDate ;
  public  java.util.Date getDepartureDate(){
    return localDepartureDate;
  }
  public void setDepartureDate(java.util.Date param){
    this.localDepartureDate=param;
  }

  protected java.lang.String localRoomCode ;
  public  java.lang.String getRoomCode(){
    return localRoomCode;
  }
```

Listing 11.11: Auszug aus Reservation.java

```
    public void setRoomCode(java.lang.String param){
      this.localRoomCode=param;
    }

    protected int localNumberOfRooms ;
    public  int getNumberOfRooms(){
      return localNumberOfRooms;
    }
    public void setNumberOfRooms(int param){
      this.localNumberOfRooms=param;
    }

    protected java.lang.String localGuestName ;
    public  java.lang.String getGuestName(){
      return localGuestName;
    }
    public void setGuestName(java.lang.String param){
      this.localGuestName=param;
    }

    ...
}
```

Listing 11.11: Auszug aus Reservation.java (Forts.)

Abgesehen von den JavaBeans-Properties, die die Attribute und Kindelemente in XML darstellen, enthalten die generierten Klassen ein paar Methoden, die aus dem Data-Binding-Aspekt besonders interessant sind. Zuerst implementieren alle generierten Klassen das Interface `ADBBean`, sodass sie alle die Methode `getPullParser` implementieren müssen.

```
public javax.xml.stream.XMLStreamReader getPullParser
  (javax.xml.namespace.QName qName);
```

Listing 11.12: getPullParser aus Interface ADBBean

Diese Methode liefert einen `XMLStreamReader` zurück, der die richtigen StAX-Ereignisse für die aktuelle JavaBean-Instanz liefern kann. Somit kann jede Instanz von `ADBBean` als eine Datenquelle betrachtet werden, aus der XML-Daten über StAX-API gelesen werden können.

Da Axis2 alle SOAP-Nachrichten intern über ein AXIOM-Modell abbildet, enthalten die generierten Klassen eine weitere wichtige Methode namens `getOMElement`, welche die von der JavaBeans gekapselten Daten als ein `OMElement` zurückliefert.

```
public org.apache.axiom.om.OMElement getOMElement(
  final javax.xml.namespace.QName parentQName,
  final org.apache.axiom.om.OMFactory factory) {
  org.apache.axiom.om.OMDataSource dataSource =
    getOMDataSource(parentQName, factory);
  return new org.apache.axiom.om.impl.llom.OMSourcedElementImpl(
    parentQName,factory,dataSource);
}
```

Listing 11.13: getOMElement liefert ein OMElement zurück

Statt direkt ein `OMElement` zurückzugeben, wird eine Instanz von `OMSourcedElementImpl` zurückgegeben, die das Interface `OMDataSource` implementiert. Das Interface `OMDataSource` repräsentiert eine XML-Datenquelle, aus der einerseits über einen `XMLStreamReader` gelesen, andererseits über `XMLStreamWriter` geschrieben werden kann. Ob die Datenquelle einem XML-Dokument entspricht oder einer JavaBean-Klasse oder sogar einem Datensatz aus der Datenbank, bleibt durch dieses Interface versteckt. Die Klasse `OMSourcedElementImpl` kapselt ein `OMDataSource` und stellt die Daten aus dieser Quelle nach außen als `OMElement` bereit. Diese Methode wird immer aufgerufen, wenn aus einem Objektgraph der generierten JavaBean-Klassen die entsprechende SOAP-Nachricht (genauer gesagt die Nutzdaten der SOAP-Nachricht) erstellt werden soll. Dies findet statt, wenn ein Stub als Folge eines Serviceaufrufs eine Request-Nachricht aufbaut oder wenn ein Message Receiver aus der Rückgabe eines Aufrufs eine Response-Nachricht erstellt.

Es besteht bei der Methode `getOMElement` ein feiner Unterschied zwischen einer Klasse, die aus einem Datentyp generiert ist und einer Klasse, die aus einem Element generiert ist. Eine aus einem Element generierte Klasse wie *MakeReservationRequest.java* ignoriert den übergebenen `QName`-Parameter. Stattdessen benutzt er immer den in der Klasse generierten QName, der als Konstante unter dem Namen `MY_QNAME` aufgeführt ist. Daher kann die Methode für ein Element im Normalfall mit null als Parameter aufgerufen werden.

```
public static final javax.xml.namespace.QName MY_QNAME =
  new javax.xml.namespace.QName(
    "http://axishotels.de/booking/types/",
    "MakeReservationResponse",
    "ns1");

public org.apache.axiom.om.OMElement getOMElement(
  final javax.xml.namespace.QName parentQName,
  final org.apache.axiom.om.OMFactory factory){
  org.apache.axiom.om.OMDataSource dataSource =
    getOMDataSource(parentQName, factory);
  return new org.apache.axiom.om.impl.llom.OMSourcedElementImpl(
    MY_QNAME,factory,dataSource);
}
```

Listing 11.14: getOMElement für ein XML-Element mit konstanten QName

Im Gegensatz zu einem Element, dessen qualifizierter Name immer fest ist, kann ein definierter Datentyp von vielen Stellen referenziert werden. Daher wird aus dem übergebenen QName ein Element erzeugt, in dem alle weiteren Attribute und Kindelemente eingebettet werden. In diesem Fall ist es notwendig, den übergebenen QName wie in Listing 11.13 zu benutzen.

Die eigentliche Implementierung, aus einer JavaBean ein XML-Element zu erzeugen, findet in der Methode `getOMDataSource` statt, die von `getOMElement` aufgerufen wird. Dort wird eine anonyme Klasse zurückgegeben, welche von der abstrakten Klasse `ADBDataSource` erbt. Diese anonyme Klasse hat in erster Linie die Aufgabe, die in abstrakte Methode `serialize` aus `ADBDataSource` zu implementieren. Hier ist die wesentliche Logik zu finden, wo ein XML-Element aus einer JavaBean erzeugt und über StAX-API weg geschrieben wird. Diese Methode wird dann aufgerufen, wenn die XML-Darstellung benötigt wird. Dies findet spätestens dann statt, wenn der Transportsender die Nachricht über die Leitung verschickt.

```
public org.apache.axiom.om.OMDataSource getOMDataSource(
  final javax.xml.namespace.QName parentQName,
  final org.apache.axiom.om.OMFactory factory){
  org.apache.axiom.om.OMDataSource dataSource =
  new org.apache.axis2.databinding.ADBDataSource(this,parentQName){
  public void serialize(
    javax.xml.stream.XMLStreamWriter xmlWriter)
    throws javax.xml.stream.XMLStreamException {
    java.lang.String prefix = parentQName.getPrefix();
    java.lang.String namespace = parentQName.getNamespaceURI();
    if (namespace != null) {
      java.lang.String writerPrefix = xmlWriter.getPrefix(namespace);
      if (writerPrefix != null) {
        xmlWriter.writeStartElement(namespace, parentQName.getLocalPart());
      } else {
        if (prefix == null) {
          prefix = org.apache.axis2.databinding.utils.BeanUtil.getUniquePrefix();
        }
        xmlWriter.writeStartElement(prefix, parentQName.getLocalPart(), namespace);
        xmlWriter.writeNamespace(prefix, namespace);
        xmlWriter.setPrefix(prefix, namespace);
      }
    } else {
      xmlWriter.writeStartElement(parentQName.getLocalPart());
    }
    namespace = "";
```

Listing 11.15: getOMDataSource

```
if (! namespace.equals("")) {
  prefix = xmlWriter.getPrefix(namespace);
  if (prefix == null) {
    prefix = org.apache.axis2.databinding.utils.BeanUtil.getUniquePrefix();
    xmlWriter.writeStartElement(prefix,"hotelCode", namespace);
    xmlWriter.writeNamespace(prefix, namespace);
    xmlWriter.setPrefix(prefix, namespace);
  } else {
    xmlWriter.writeStartElement(namespace,"hotelCode");
  }
} else {
  xmlWriter.writeStartElement("hotelCode");
}
if (localHotelCode==null){
  throw new RuntimeException("hotelCode cannot be null!!");
}else{
  xmlWriter.writeCharacters(localHotelCode);
}
xmlWriter.writeEndElement();

namespace = "";
if (! namespace.equals("")) {
  prefix = xmlWriter.getPrefix(namespace);
  if (prefix == null) {
    prefix = org.apache.axis2.databinding.utils.BeanUtil.getUniquePrefix();
    xmlWriter.writeStartElement(prefix,"arrivalDate", namespace);
    xmlWriter.writeNamespace(prefix, namespace);
    xmlWriter.setPrefix(prefix, namespace);
  } else {
    xmlWriter.writeStartElement(namespace,"arrivalDate");
  }
} else {
  xmlWriter.writeStartElement("arrivalDate");
}
if (localArrivalDate==null){
  throw new RuntimeException("arrivalDate cannot be null!!");
}else{
  xmlWriter.writeCharacters(
    org.apache.axis2.databinding.utils.ConverterUtil
      .convertToString(localArrivalDate));
}
```

Listing 11.15: getOMDataSource (Forts.)

```
    xmlWriter.writeEndElement();

    // code blocks for other properties omitted
    ...

     xmlWriter.writeEndElement();
  }
  ...
  return dataSource;
}
```

Listing 11.15: getOMDataSource (Forts.)

Muss aus einer Request-Nachricht der ursprüngliche Objektgraph wiederhergestellt werden, oder muss die Rückgabe aus einer Response-Nachricht ermittelt werden, so muss das Unmarshalling durchgeführt werden. Die dafür benötigte Logik wird in der Methode `parse` einer als Inner-Klasse definierten `Factory`-Klasse der generierten JavaBean-Klassen implementiert. Wie der Name schon andeutet, ist diese Inner-Klasse dafür zuständig, eine Instanz der entsprechenden JavaBean-Klasse aus einer XML-Datenquelle (repräsentiert durch das `XMLStreamReader`-Interface), zu erzeugen. Die `parse`-Methode verwendet das StAX-API, um aus einem XML-Element, das zu einem Datentyp oder Element im Schema konform ist, eine Instanz der entsprechenden JavaBean-Klasse zu erzeugen.

```
public static class Factory{
  public static Reservation
    parse(javax.xml.stream.XMLStreamReader reader)
    throws java.lang.Exception{
    Reservation object = new Reservation();
    int event;
    try {
      while (!reader.isStartElement() && !reader.isEndElement())
        reader.next();
        if (reader.getAttributeValue(
          "http://www.w3.org/2001/XMLSchema-instance", "type")!=null){
          java.lang.String fullTypeName = reader.getAttributeValue(
            "http://www.w3.org/2001/XMLSchema-instance", "type");
          if (fullTypeName!=null){
            java.lang.String nsPrefix =
              fullTypeName.substring(0,fullTypeName.indexOf(":"));
            nsPrefix = nsPrefix==null?"":nsPrefix;
            java.lang.String type =
              fullTypeName.substring(fullTypeName.indexOf(":")+1);
```

Listing 11.16: parse-Methode der Inner-Klasse-Factory

```
    if (!"Reservation".equals(type)){
      java.lang.String nsUri = reader
        .getNamespaceContext().getNamespaceURI(nsPrefix);
      return (Reservation)
        de.axishotels.booking.types.ExtensionMapper
        .getTypeObject(nsUri,type,reader);
    }
  }
}
java.util.Vector handledAttributes = new java.util.Vector();
reader.next();
while (!reader.isStartElement() && !reader.isEndElement())
  reader.next();
if (reader.isStartElement() &&
  new javax.xml.namespace.QName("","hotelCode")
  .equals(reader.getName())){
  java.lang.String content = reader.getElementText();
  object.setHotelCode(
    org.apache.axis2.databinding.utils.ConverterUtil
    .convertToString(content));
  reader.next();
} else{

  throw new java.lang.RuntimeException(
    "Unexpected subelement " + reader.getLocalName());
}

while (!reader.isStartElement() && !reader.isEndElement())
  reader.next();
if (reader.isStartElement() &&
  new javax.xml.namespace.QName("","arrivalDate")
  .equals(reader.getName())){
  java.lang.String content = reader.getElementText();
  object.setArrivalDate(
    org.apache.axis2.databinding.utils.ConverterUtil
    .convertToDate(content));
  reader.next();
} else{
  throw new java.lang.RuntimeException(
    "Unexpected subelement " + reader.getLocalName());
```

Listing 11.16: parse-Methode der Inner-Klasse-Factory (Forts.)

```
        }

        // code blocks omitted
        ...

        while (!reader.isStartElement() && !reader.isEndElement())
          reader.next();
        if (reader.isStartElement())
          throw new java.lang.RuntimeException(
            "Unexpected subelement " + reader.getLocalName());
      } catch (javax.xml.stream.XMLStreamException e) {
        throw new java.lang.Exception(e);
      }
    return object;
  }
}
```

Listing 11.16: parse-Methode der Inner-Klasse-Factory (Forts.)

Mit den oben vorgestellten Methoden führt ADB das Marshalling und Unmarshalling zwischen einem XML-Segment und der zugehörigen JavaBean-Objekt durch. Diese Funktionalität kann nicht nur innerhalb von Axis2, sondern auch in einer beliebigen anderen Applikation verwendet werden. Listing 11.17 verdeutlicht, wie ein `MakeReservationRequest`-Objekt aus einem XML-Dokument auf der Festplatte instanziiert werden kann.

```
XMLStreamReader reader
  = XMLInputFactory.newInstance()
    .createXMLStreamReader(new FileInputStream(fileNameOfXmlDoc));
MakeReservationRequest req = MakeReservationRequest.Factory.parse(reader);
```

Listing 11.17: Verwendung der parse-Methode

Sollte das Objekt vom Type `MakeReservationRequest` im Gegenzug wieder in ein AXIOM-Modell überführt bzw. später in ein XML-Dokument serialisiert werden, muss nur die Methode `getOMElement` aufgerufen werden.

```
MakeReservationRequest req;
...
OMElement omElement = req.getOMElement(MakeReservationRequest.MY_QNAME,
  OMAbstractFactory.getSOAP12Factory());

String xmlString = omElement.toStringWithConsume();
```

Listing 11.18: Verwendung der getOMElement-Methode

Mit den generierten Klassen lassen sich sowohl die Serviceimplementierung als auch Serviceclient sehr komfortabel und effizient entwickeln. Abgesehen von der Abhängigkeit von ADB können die Klassen als POJO behandelt werden. Dies bedeutet unter anderem, dass ein Objekt der Klasse direkt mit dem Konstruktor instanziiert werden kann. Listing 11.19 zeigt den Ausschnitt eines Serviceclients, welcher die Operation `MakeReservation` mit ADB-Beans aufruft.

```
public class BookingServiceClient {
  public static void main(String[] args) throws RemoteException {
    BookingServiceStub serviceStub = new BookingServiceStub(
      "http://localhost:8080/axis2/services/BookingService");
    Reservation reservation = new Reservation();
    reservation.setArrivalDate(new Date());
    reservation.setDepartureDate(new Date());
    reservation.setGuestName("Duke");
    reservation.setHotelCode("HD-MA");
    reservation.setNumberOfRooms(random.nextInt(5));
    reservation.setRoomCode("DOUBLE");
    MakeReservationRequest makeReservationRequest = new MakeReservationRequest();
    makeReservationRequest.setReservation(reservation);
    serviceStub.MakeReservation(makeReservationRequest);
  }
}
```

Listing 11.19: Serviceclient über ADB-Beans

11.4 XMLBeans

XMLBeans stammt ursprünglich von BEA Systems und ist in vielen Produkten der Weblogic-Familien zu finden. In 2003 wurde das Projekt von BEA Systems an Apache übergeben, wo XMLBeans bis heute weiter geführt wird.

XMLBeans zeichnet sich dadurch aus, dass es XML- oder schema-zentriert entworfen ist. Im Gegensatz zu anderen Data Binding Frameworks bietet XMLBeans vollständige Unterstützung von XML Schema. Dies schließt auch die Unterstützungen für `<xsd:choice>` sowie die komplexen Restriktionen ein. Seit langem ist XMLBeans das führende Werkzeug, wenn es darum geht, die Funktionalität des XML Schema auszuschöpfen. Außerdem hebt sich XMLBeans auch in der Hinsicht von anderen Frameworks ab, dass es den gesamten Informationsgehalt eines XML-Infosets während der Verarbeitung aufbewahrt. Die meisten Data Binding-Werkzeuge kümmern sich nur um die Element- und Attributdaten im XML-Infoset und ignorieren andere Aspekte wie Reihenfolge der Geschwisterelemente oder Kommentare. Somit ist ein Round-Trip-Engineering mit solchen Werkzeugen unmöglich, da ein XML-Infoset, welches zu Objekten und wieder zurück zu XML konvertiert ist, mit großer Wahrscheinlichkeit nicht mit dem originalen Infoset übereinstimmt. Für Verarbeitungen wie XML-Signatur kann dies negative Auswirkungen haben. Dagegen bewahrt

XMLBeans alle Metainformationen zusammen mit den Nutzdaten auf, sodass es das originale Infoset jederzeit wieder ohne Verlust herstellen kann. Darüber hinaus bietet XMLBeans noch eine Reihe von Funktionen, die in Zusammenhang mit XML-Verarbeitung von großer Bedeutung sind. Als Beispiele können Schema-Validierung, XPath- und XQuery-Unterstützung genannt werden.

Nach außen stellt XMLBeans drei APIs zur Verfügung:

- **`XmlObject`**: Alle vom XMLBeans-Scheme-Compiler generierten Klassen erben von `XmlObject`. Diese Klassen bieten stark typisierte Getter- und Setter-Methoden für alle in Schema definierten Elemente und komplexe Datentypen. Für vordefinierte einfache Datentypen liefert XMLBeans eine umfangreiche Klassensammlung mit.
- **`XmlCursor`**: Eine Referenz auf einen `XmlCursor` kann von jedem `XmlObject` erhalten werden. `XmlCursor` bietet ein Low-Level-API analog zu dem Cursor-API in StAX, welches ein freies Navigieren in XML-Infoset erlaubt. Dieses API ist vor allem nützlich, wenn keine Schema-Information vorliegt, sodass keine Klassen generiert werden können.
- **`SchemaType`**: XMLBeans beinhaltet ein vollständiges Objektmodell für XML Schema, das benutzt werden kann, um die Metadaten in der Schema-Definition zu speichern. Über das SchemaType-API kann man auf diese Metadaten wie beispielsweise den Wert des `maxOccurs`-Attributs zugreifen.

Die wesentlichen Komponenten in XMLBeans sind in Abbildung 11.6 illustriert.

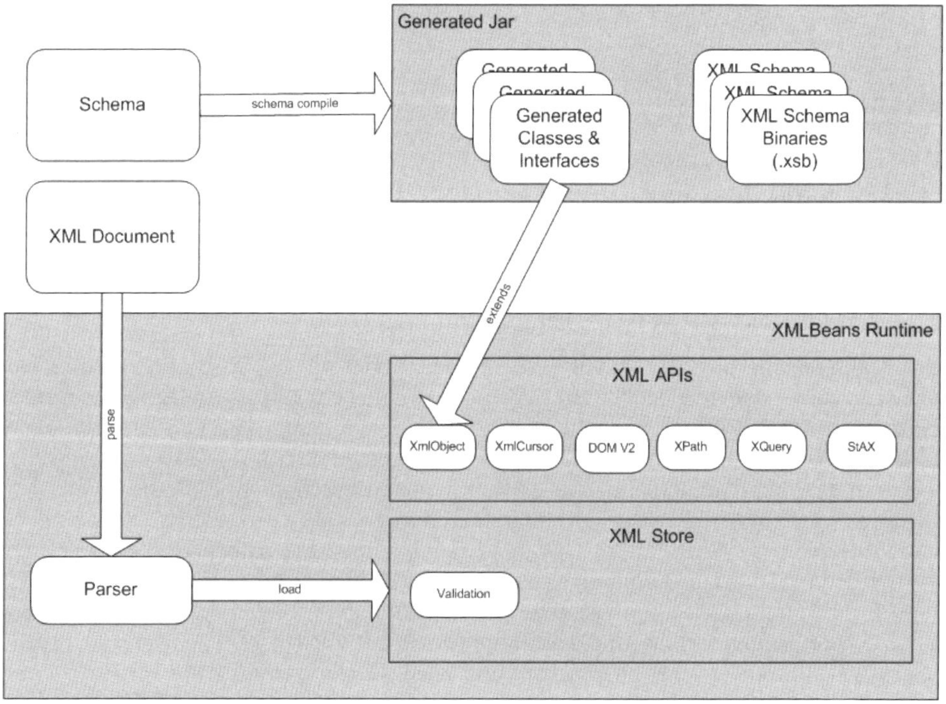

Abbildung 11.6: XMLBeans Architektur

Die Integration von XMLBeans in Axis2 erfolgt über den bereits vorgestellten Extension-Mechanismus. Die Extensions-Implementierung für XMLBeans ist in der Klasse `org.apache.axis2.wsdl.codegen.extension.XMLBeansExtension` zu finden. Die Hauptaufgabe der Extension ist das Anstoßen der Schema-Kompilierung in XMLBeans.

Soll anstelle von ADB XMLBeans als Data Binding Framework eingesetzt werden, muss beim Aufruf von WSDL2Java der Parameter „`-d`" mit dem Wert „`xmlbeans`" belegt sein.

```
WSDL2Java … -d xmlbeans Axishotels.wsdl
```

Listing 11.20: Aufruf von WSDL2Java Mit XMLBeans als Data Binding

Für dasselbe WSDL-Dokument erzeugt WSDL2Java bei XMLBeans-Data-Binding 688 Dateien. Bei einem großen Teil dieser Dateien handelt es sich um Java-Klassen sowie XML Schema-Binaries (**.xsb*) für importierte Namespaces wie SOAP usw. Relevant für die Entwicklung der Serviceimplementierung oder des Serviceclients sind nur die Interfaces und Klassen, die den Datentypen oder Elementen im Schema entsprechen. Diese Klassen sind in Abbildung 11.7 aufgelistet.

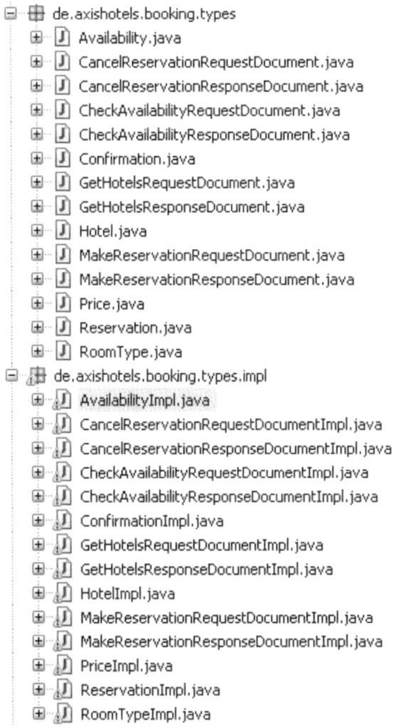

Abbildung 11.7: Aus AxisHotels.xsd generierte XMLBeans-Klassen

Die Klassen mit „`Impl`" als Suffix im Namen enthalten die konkreten Implementierungen. Bei der Entwicklung kommt man jedoch nicht mit diesen Klassen in Berührung. Alle Zugriffe in XMLBeans finden über die Interfaces statt, die sich im Package `de.axishotels.booking.types` befinden. Daher konzentriert sich die folgende Beschreibung ausschließlich auf die Interfaces.

XMLBeans erzeugt für jeden benutzerdefinierten Datentyp ein Interface, das von `XmlObject` abgeleitet ist. Handelt es sich bei dem Datentyp um einen globalen Datentyp, wird das entsprechende Interface, das denselben Namen wie der Datentyp trägt, in einer eigenständigen Klasse erzeugt. Daher sind in der Abbildung 11.7 Interfaces für `Price`, `Reservation`, `Confirmation` usw. zu finden. Liegt dagegen ein benutzerdefinierter Datentyp als anonymer Datentyp vor, welcher in der Definition eines Elements oder eines anderen Datentyps verschachtelt ist, wird das entsprechende Interface als Inner-Klasse in der Klasse für die umschließende Definition erzeugt. Für den anonymen Datentyp in `CancelReservationRequest`-Element aus Listing 11.21 wird beispielsweise ein Interface `CancelReservationRequestDocument.CancelReservationRequest` in *CancelReservationRequestDocument.java* generiert.

```
<element name="CancelReservationRequest">
  <complexType>
    <sequence>
      <element name="reservationNumber" type="int"></element>
    </sequence>
  </complexType>
</element>
```

Listing 11.21: CancelReservationRequest

Jedes globale Element im Schema kann als Wurzelelement eines XML-Dokuments benutzt werden. Aus diesem Grunde erzeugt XMLBeans für jedes globale Element ein Interface, das die Endung „`Document`“ hat, um auszudrücken, dass aus einer Instanz dieser Klasse ein eigenständiges XML-Dokument erstellt werden kann.

Alle Interfaces enthalten intern eine statische Inner-Klasse namens `Factory`, die für sämtliche Erzeugungen eines Objekts dieser Klasse zuständig ist. Zum einen kann eine Instanz durch Unmarshalling erzeugt werden. Dafür bietet die Factory-Klasse eine parse-Methode, die unten noch erläutert wird. Zum anderen kann eine Instanz auch zur Laufzeit programmatisch angelegt werden. Da bei XMLBeans ausschließlich mit den generierten Interfaces gearbeitet werden soll, kann eine solche programmatische Instanziierung nicht über den `new`-Konstruktor erfolgen. Dafür bietet die `Factory`-Klasse eine statische Factory-Methode mit dem Namen `newInstance` an, welche eine korrekte Instanz des entsprechenden Interfaces zurückliefert. Um beispielsweise ein `MakeReservationRequestDocument` in XMLBeans zu instanziieren, sollte folgende Methode aufgerufen werden:

```
MakeReservationRequestDocument doc
  = MakeReservationRequestDocument.Factory.newInstance();
```

Listing 11.22: newInstance-Methode der Factory-Klasse

Liegt ein XML-Dokument vor, das einen `MakeReservationRequest` enthält, kann seine Repräsentation in Objekt folgendermaßen gewonnen werden:

```
MakeReservationRequestDocument doc
  = MakeReservationRequestDocument.Factory.parse(xmlFile);
```

Listing 11.23: parse-Methode der Factory-Klasse

Wird ein Document-Objekt im Speicher instanziiert und modifiziert, kann dieses modifizierte Objekt wieder über eine der save-Methoden in XML-Format serialisiert werden. Alternativ kann man die Methode xmlText aufrufen, welche die String-Repräsentation des XML-Dokuments zurückliefert.

```
MakeReservationRequestDocument doc = ...;
String xmlText = doc.xmlText();
doc.save(new File(„output.xml"));
```

Listing 11.24: Serialisierung eines Document-Objekts mit save oder xmlText

Sowohl bei Elementen als auch bei Datentypen werden die Kindelemente und Attribute im Schema auf JavaBean-Properties abgebildet. Abhängig von der Kardinalität des Elements (Attribut maxOccurs) werden entweder Getter- und Setter-Methoden für eine einfache Property wie getAmount oder für eine Array-Property wie getHotelArray erzeugt. Durch Aufrufe von Getter- und Setter-Methoden können Daten im XML abgefragt und modifiziert werden.

Für Kindelemente und Attribute, deren Typen benutzerdefiniert sind, tragen die Properties in der Java-Klasse auch den entsprechenden Interface-Typ, z.B. das Interface Reservation für das eingeschaltete Element reservation in MakeReservationRequest. Für eine solche Property wird wie gewohnt eine Getter- und eine Setter-Methode generiert. Außerdem wird für jeden komplexen Typ eine add-Methode generiert, die beim Aufruf entweder eine neue Instanz oder eine zuvor bereits gesetzte Instanz zurückgibt.

```
public interface MakeReservationRequest
  extends org.apache.xmlbeans.XmlObject {
  de.axishotels.booking.types.Reservation getReservation();
  void setReservation(de.axishotels.booking.types.Reservation reservation);
  de.axishotels.booking.types.Reservation addNewReservation();
  ...
}
```

Listing 11.25: Generierte Getter-, Setter und Add-Methoden

Für Kindelemente und Attribute von einfachen Datentypen sieht das Bild anders aus. XMLBeans erzeugt zwei Sätze von parallelen Methoden für jede Property. Neben den gewöhnlichen Getter- und Setter-Methoden findet man auch eine xGet- und eine xSet-Methode für dieselbe Property, die aber mit einem anderen Datentyp operieren.

```
package de.axishotels.booking.types;

public interface Price extends org.apache.xmlbeans.XmlObject {
  float getAmount();
  org.apache.xmlbeans.XmlFloat xgetAmount();
  void setAmount(float amount);
  void xsetAmount(org.apache.xmlbeans.XmlFloat amount);
  java.lang.String getCurrency();
```

Listing 11.26: Price.java

```
    org.apache.xmlbeans.XmlString xgetCurrency();
    void setCurrency(java.lang.String currency);
    void xsetCurrency(org.apache.xmlbeans.XmlString currency);
    ...
}
```

Listing 11.26: Price.java (Forts.)

Um den Informationsgehalt aus dem ursprünglichen XML Schema nicht zu verlieren, muss XMLBeans unter anderem dafür sorgen, dass zumindest die genauen Datentypen der einzelnen Elemente aufbewahrt werden. Die meisten Data Binding-Werkzeuge bilden `xsd:string`, `xsd:token`, `xsd:NOTATION`, `xsd:anyURI`, `xsd:normalizedString`, `xsd:language`, `xsd:NMTOKEN`, `xsd:Name`, `xsd:NCName`, `xsd:ID`, `xsd:IDREF`, `xsd:ENTITY` und `xsd:anySimpleType` alle auf `java.lang.String` ab, obwohl diese Datentypen unterschiedliche Wertbereiche besitzen und semantische Bedeutung haben. Um diese Datentypen auch in der Java-Welt zu unterscheiden, muss man auch unterschiedliche Klassen für die Schema-Datentypen vorsehen, die alle von `java.lang.String` abgeleitet sein sollen. Dadurch, dass die Basisklassen in Java wie `String` oder `Integer` alle als final deklariert sind, sodass keine Subklassen von diesen Klassen definiert werden können, hat XMLBeans eine komplett neue Klassenhierarchie aufbauen müssen. So erben alle mitgelieferten Klassen für die vordefinierten Datentypen wie die generierten Klassen für benutzerdefinierten Datentypen von `XmlObject`. Entsprechend liefert XMLBeans Klassen wie `XmlDecimal`, `XmlBoolean` und `XmlString` aus. Damit Entwickler trotzdem mit den vertrauten Java-Typen arbeiten können, wird für jede Property, die zwar vom Typ `XmlObject` ist, Getter- und Setter-Methoden bereitgestellt, die mit den Java-Typen arbeiten. Intern sorgt XMLBeans für die korrekte Konvertierung zwischen `XmlObject`-basiertem Typsystem und JDK-Typsystem. So wird z.B. für das Kindelement `amount` in der Definition von `Price` eine `getAmount`-Methode erzeugt, die `float` zurückgibt, während die Rückgabe der parallelen `xgetAmount`-Methode vom Typ `XmlFloat` ist. In Abbildung 11.8 sind die in XMLBeans mitgelieferten Klassen für vordefinierte Datentypen aufgezeichnet.

Neben der Getter- und Setter-Methode bietet XMLBeans eine Reihe weiterer Methoden, die abhängig von der Schema-Definition optional erzeugt werden. Wird ein Element namens X mit `nillable="true"` spezifiziert, so kann man dieses Element mit `setNilX` explizit auf Null setzen oder über `isNilX` auf Null überprüfen. Hat ein Element einen `minOccurs` von 0 in der Schema-Definition, kann über `isSetX` bzw. `unSetX` das Vorhandensein dieses Elements überprüft bzw. gesetzt werden. Für Elemente mit Kardinalität größer als 1 stellt die generierte Klasse auch die üblichen `insertX`, `removeX` usw. zur Verfügung.

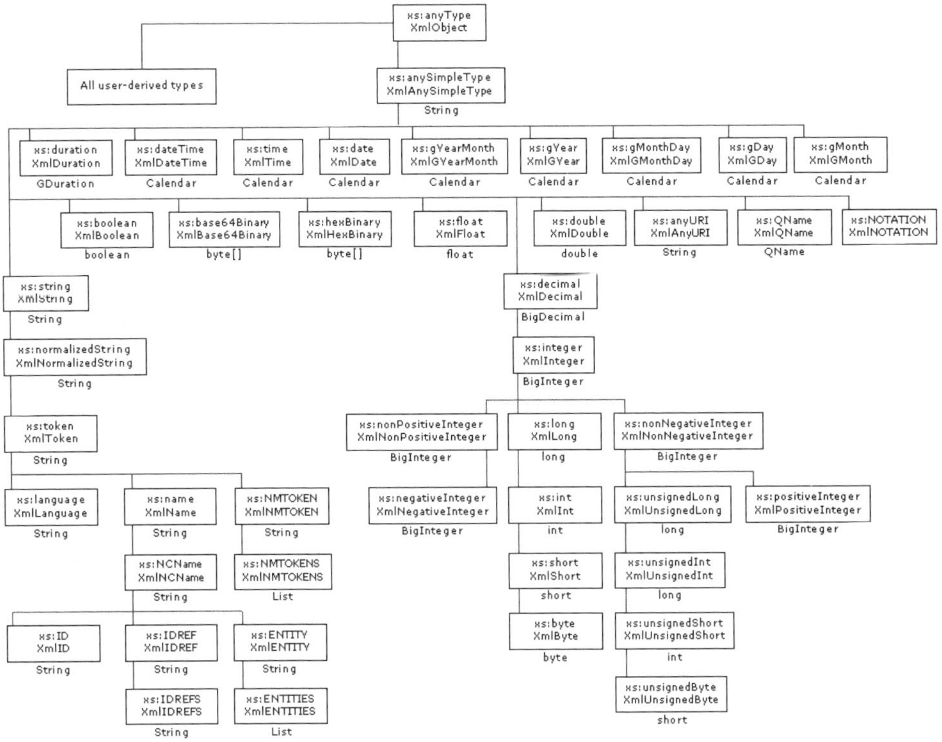

Abbildung 11.8: XMLBeans Klassenhierarchie

Die Entwicklung von Serviceimplementierung und Serviceclient unter Einsatz von XMLBeans unterscheidet sich nur in der Hinsicht von der ADB-basierten Variante, dass auf die Objekte nur über das XMLBeans-APIs zugegriffen werden soll. Konkret bedeutet das, dass neue Objekte nur über die `Factory`-Klasse instanziiert werden können und die add-Methoden als Abkürzung für Erzeugen und Setzen benutzt werden. Als Abwechslung wird in Listing 11.27 die XMLBeans-basierte Serviceimplementierung demonstriert.

```
public class BookingServiceXMLBeansSkeleton {
  public MakeReservationResponseDocument MakeReservation
    (MakeReservationRequestDocument reqMsg) {
    Reservation res = reqMsg.getMakeReservationRequest().getReservation();
    boolean isBookingSuccessful
      = !res.getHotelCode().equals("XYZ");
    MakeReservationResponseDocument makeReservationResponseDocument
      = MakeReservationResponseDocument.Factory.newInstance();
    Confirmation confirm = makeReservationResponseDocument
      .addNewMakeReservationResponse().addNewReservationConfirmation();
```

Listing 11.27: Serviceimplementierung mit XMLBeans als Data Binding

```
    if (isBookingSuccessful) {
      confirm.setReservationNumber(4711);
      confirm.setStatus("booked");
    } else {
      confirm.setReservationNumber(-1);
      confirm.setStatus("failed");
    }
    return makeReservationResponseDocument;
  }
  ...
}
```

Listing 11.27: Serviceimplementierung mit XMLBeans als Data Binding (Forts.)

11.5 JiBX

JiBX ist ein weiteres Data Binding Framework, das in letzter Zeit aufgrund seiner Flexibilität und Performance viel Aufmerksamkeit auf sich gezogen hat. Die meisten Data Binding Frameworks sind XML-zentriert, weil sie immer von einer bestimmten Grammatik (meistens XML Schema) ausgehen und aus dieser Grammatik Klassen generieren. Dadurch ist die Struktur der generierten Klassen von den Charakteristiken des Frameworks geprägt, sodass die generierten Klassen fest an das Framework gekoppelt sind. JiBX dagegen verfolgt einen java-zentrierten Ansatz und setzt keine besondere Struktur der Java-Klassen voraus. So können auch vorhandene Legacy-Klassen ebenfalls für Binding-Zwecke eingesetzt werden. Während die generierten Klassen aus anderen Frameworks meistens nur einen Datencontainer darstellen, die lediglich die Schema-Struktur widerspiegeln, können auch Rich-Domain-Klassen mit Daten und Verhalten (fachliche Logik in Business-Methoden) in JiBX verwendet werden. Die Abbildungen zwischen Java-Klasse und XML Schema, die fürs Marshalling und Unmarshalling benötigt werden, werden in JiBX in so genannten Binding-Definitionen abgelegt. Diese Trennung zwischen Java-Klassen und deren Binding-Definition bietet im Vergleich zum xml-zentrierten-Ansatz wesentlich mehr Flexibilität. So kann eine einzige Klasse für unterschiedliche Anforderungen auf unterschiedliches XML-Format abgebildet werden. In diesem Fall müssen nur zwei Binding-Definitionen für dieselbe Klasse erstellt werden. Eine Änderung in XML Schema, was bei anderen Frameworks eine erneute Generierung auslöst, bedeutet manchmal nur eine Anpassung in der Binding-Definition und keine Codeänderung.

Diese Flexibilität hat natürlich ihren Preis. Es muss für jede Java-Klasse eine Binding-Definition erstellt werden, wo die Mappingregeln hinterlegt sind. Es wird aber an einem Binding-Generator gearbeitet, der zumindest aus einem XML Schema eine Default-Binding-Definition generieren kann.

Es gibt auch andere Frameworks wie Castor, die mit einer Mappingdatei statt mit Codegenerierung arbeiten. Zur Laufzeit verwenden solche Frameworks meistens Reflections, um die Daten für die Serialisierung abzufragen bzw. bei der Deserialisierung zu setzen. JiBX hat jedoch aufgrund des Performanceoverheads gegen Reflections entschieden. Stattdessen führt JiBX über einen zusätzlichen Kompilierungsschritt Byte-Code-Enhancement durch, um zusätzlichen Code in den mit `javac` kompilierten Byte-Code einzufügen. Diese Technik wird auch von JDO (Java Data Object) benutzt. Dabei werden die kompilierten Classfiles noch mal verarbeitet, sodass die Klassen um zusätzliche Methoden und Attribute angereichert werden. Daraus entstehen wieder neue Classfiles, die im Vergleich zu Reflection einen effizienteren Zugriff bieten. Außerdem verwendet JiBX als eins der ersten Frameworks nicht SAX oder DOM-API, sondern das Pull-Parser-Interface, was auch dazu beigetragen hat, dass JiBX bei vielen Benchmark-Tests hervorragend abgeschnitten hat.

Die wesentlichen Verarbeitungsschritte in JiBX werden in Abbildung 11.8 illustriert.

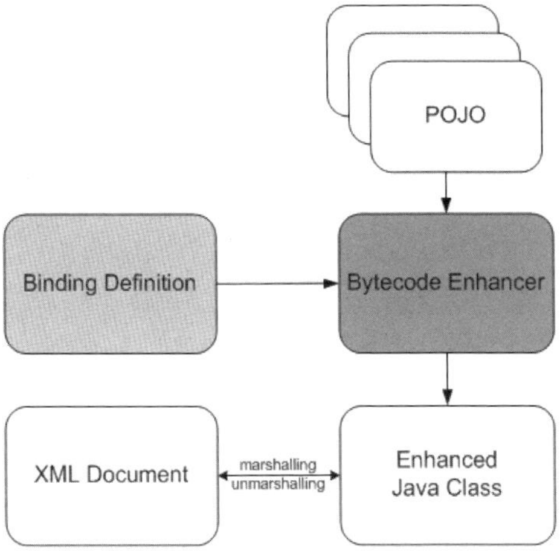

Abbildung 11.9: Ablauf in JiBX

Aufgrund des java-zentrierten Ansatzes von JiBX erzeugt die JiBX-Extensions in Axis2, die in der Klasse `org.apache.axis2.wsdl.codegen.extension.JiBXExtension` implementiert ist, keine Klasse für die in Schema definierten Datentypen und Elemente. Stattdessen müssen alle benötigten Java-Klassen schon vorhanden sein oder manuell erstellt werden. Dies entspricht auch der Philosophie von JiBX, vorhandene Klassen für Data Binding wieder zu verwenden. Zusätzlich zu den Java-Klassen werden ebenfalls die Binding-Definitionen für diese Klassen benötigt. In Listing 11.28 sind die Binding-Definitionen für alle Klassen, die mit der Operation `MakeReservation` in Verbindung stehen, abgedruckt.

```
<binding add-constructors="true" force-classes="true"
    xmlns:tns="http://axishotels.de/booking/types/">

  <namespace uri="http://axishotels.de/booking/types/" default="elements"/>

  <mapping
    class="de.axishotels.booking.types.MakeReservationRequest"
    name="MakeReservationRequest"
    ns="http://axishotels.de/booking/types/">
```

Listing 11.28: Binding-Definition für JiBX

```
    <structure name="reservation" field="localReservation">
      <value name="hotelCode" style="attribute" field="localHotelCode"/>
      <value name="arrivalDate" style="attribute" field="localArrivalDate"/>
      <value name="departureDate"
             style="attribute"
             get-method="getDepartureDate"
             set-method="setDepartureDate"/>
      <value name="roomCode" style="attribute" field="localRoomCode"/>
      <value name="numberOfRooms" style="attribute" field="localNumberOfRooms"/>
      <value name="guestName" style="element" field="localGuestName"/>
    </structure>
  </mapping>

  <mapping
    class="de.axishotels.booking.types.MakeReservationResponse"
    name="MakeReservationResponse">
    <structure name="confirmation"
      field="localReservationConfirmation">
     <value name="reservationNumber" style="attribute" field="localReservationNumber"/>
      <value name="status"
             style="element"
             field="localStatus"/>
    </structure>
  </mapping>
</binding>
```

Listing 11.28: Binding-Definition für JiBX (Forts.)

Die Binding-Definitionen werden in XML-Syntax formuliert. Alle Definitionen werden immer von einem `binding`-Element umschlossen. Ein `mapping` definiert die Abbildung zwischen einer Java-Klasse und einem Element in XML. Die Klasse und das Element werden jeweils durch das `class`-Attribut bzw. die Kombination der Attribute `name` und `ns` identifiziert. Kapselt ein XML-Element intern eine weitere komplexe Struktur, kann deren Binding über ein verschachteltes `structure`-Element definiert werden, wobei JiBX durchaus zulässt, dass die Verschachtelungsstruktur in XML von der Java-Klasse abweicht. Jedes Feld in einer Java-Klasse wird über ein `value`-Element abgebildet. Ein `value`-Element hat ein Pflichtattribut `name`, wo der Name des XML-Elements angegeben werden soll. Zusätzlich kann der Name des Java-Felds über das `field`-Attribut angegeben werden. In diesem Fall muss der Wert genau mit dem Feldnamen in Java übereinstimmen. Handelt es sich bei einem Feld um eine JavaBean-Proeprty, auf die idealerweise nur über Getter- und Setter-Methoden zugegriffen werden soll, können statt des `field`-Attributs über die Attribute `get-method` und `set-method` die Namen der Getter- und Setter-Methoden angegeben werden. Das Attribut `style` steuert letztendlich, ob das Feld in XML als ein Attribut oder ein Kindelement abgelegt werden soll. JiBX bietet umfangreiche Möglichkeiten, Abbildungen zwischen Java-Klassen und XML-Dokumenten zu definieren. Für Details wird an dieser

Stelle auf die Dokumentation von JiBX verwiesen. Listing 11.29 zeigt ein XML-Dokument, das konform zu der Binding-Definition in 11.28 ist.

```
<MakeReservationRequest
  xmlns="http://axishotels.de/booking/types/">
  <reservation hotelCode="HD-MA"
               arrivalDate="2007-02-22T22:11:46.312Z"
               departureDate="2007-02-22T22:11:46.312Z"
               roomCode="DOUBLE"
               numberOfRooms="5">
    <guestName>Duke</guestName>
  </reservation>
</MakeReservationRequest>
```

Listing 11.29: XML-Dokument, das komform zu der Binding-Definition ist

Sollte JiBX als Data Binding Werkzeug eingesetzt werden, muss beim Aufruf von WSDL2Java nicht nur der Parameter „`-d`" mit dem Wert „`jibx`" belegt werden, sondern auch zusätzlich die Datei der Binding-Definitionen mit übergeben werden. Da es sich dabei nicht um einen Standard-Parameter von WSDL2Java handelt, muss man diese Datei als einen Erweiterungsparameter mit „`-E`" übergeben.

```
WSDL2Java … -d jibx -Ebindingfile binding.xml Axishotels.wsdl
```

Listing 11.30: Aufruf von WSDL2Java Mit JiBX als Data Binding

In diesem Fall generiert WSDL2Java nur die Stub-, bzw. Skeleton-Klasse, Message Receiver, Callback-Handler und ggf. ein Service-Interface, jedoch keine einzige JavaBean-Klasse. Zusätzlich zu der Generierung von WSDL2Java muss zur Entwicklungszeit noch sichergestellt werden, dass das Byte-Code-Enhancement der Java-Klasse durchgeführt wird. Am einfachsten erfolgt dies durch den Aufruf des von JiBX mitgelieferten Ant-Task.

```
<taskdef name="bind" classname="org.jibx.binding.ant.CompileTask">
  <classpath>
    <pathelement location="${jibx-home}/lib/jibx-bind.jar"/>
  </classpath>
</taskdef>
<bind binding="${basedir}/binding.xml">
  <classpath>
    <path refid="jibx-classpath"/>
    <path path="bin"/>
  </classpath>
</bind>
```

Listing 11.31: Byte-Code-Enhancement mit Ant-Task

Es soll darauf geachtet werden, dass zur Laufzeit ausschließlich die „enhanced"-Klassen, und nicht die direkt über javac oder von IDE kompilierten Klassen eingesetzt werden. Sowohl die Implementierung für einen Serviceclient als auch die Implementierung für einen Service basieren auf vorhandene POJO-Klassen und weisen keine JiBX-spezifischen Eigenschaften auf. Daher wird die Implementierung nicht eingehend erläutert und lediglich das Listing eines Serviceclients abgedruckt.

```
public class BookingServiceClient {
  public static void main(String[] args) throws Exception {

    String target = "http://localhost:8080/axis2/services/BookingServiceJiBX";
    BookingServiceJiBXStub stub = new BookingServiceJiBXStub(target);

    MakeReservationRequest makeReservationRequest
      = new MakeReservationRequest();
    Reservation reservation = new Reservation();
    reservation.setArrivalDate(new Date());
    reservation.setDepartureDate(new Date());
    reservation.setGuestName("Duke");
    reservation.setHotelCode("HD-MA");
    reservation.setNumberOfRooms(5);
    reservation.setRoomCode("DOUBLE");
    makeReservationRequest.setReservation(reservation);
    MakeReservationResponse makeReservationResponse
      = stub.MakeReservation(makeReservationRequest);
    System.out.println(
      makeReservationResponse.getReservationConfirmation().getReservationNumber());
  }
}
```

Listing 11.32: Serviceclient mit JiBX

Die JiBX-Integration in Axis2 unterstützt generell Web Service vom Typ Document/Literal. Es existiert aber schon lange Zeit eine Submenge von Document/Lieteral-Web-Services, die als „wrapped" bezeichnet werden. Im Gegensatz zu allgemeinen Document/Literal Web Services, wo der Operationsname nicht unbedingt Teil der Nutzdaten ist, sodass das Dispatching einer SOAP-Nachricht schwierig sein könnte, definierte Wrapped Web Service künstliche Wrapper-Elemente, die den Zielmethoden entsprechen, sodass diese Elemente als Wurzelelemente in den Nutzdaten auftauchen. Um einen Wrapped Web Service zu definieren, müssen folgende Regeln und Konventionen beachtet werden.

- Wrapped Web Service ist auch ein Document/Literal Web Service, sodass er alle Regeln von Document/Literal ebenfalls einhalten muss. Dazu gehört, dass die Request- und Response-Nachrichten jeweils nur einen Part in der Nachrichtendefinition haben dürfen. Sinngemäß trägt dieser Part meistens den Namen „parameters".
- Jeder Part muss ein so genanntes Wrapper-Element und nicht einen Datentyp referenzieren.

- Jedes Wrapper-Element ist als ein komplexer Datentyp mit `xsd:sequence` definiert, wobei jedes Kindelement einem Parameter der Methode entspricht.
- Der Name des Wrapper-Elements für die Request-Nachricht muss identisch mit der Operation sein.
- Der Name des Wrapper-Elements für die Response-Nachricht besteht aus dem Operationsnamen und dem Suffix „Response".

In allen Beispielen wurde bisher ein WSDL-Dokument benutzt, dessen Definition dem „Wrapepd"-Stil sehr nah ist. So wurden für jede Operation `MakeReservation` zwei Wrapper-Elemente `MakeReservationRequest` und `MakeReservationResponse` definiert, die letztendlich nur als Wrapper für die eigentlichen Parameter bzw. Rückgabe dienen. Bis jetzt muss dieser Wrapper bzw. Container überall in Service und Client mit erzeugt bzw. ausgepackt werden, bevor man an die gekapselten Daten gelangen kann. JiBX unterstützt „Wrapped"-Web Service und ist in der Lage, das Ein- und Auspacken der eigentlichen Parameter und Rückgabe in bzw. aus dem Wrapper-Element automatisch durchzuführen, sodass die Schnittstelle sowohl clientseitig als auch serverseitig viel sauberer und intuitiver erscheint. Um jedoch davon profitieren zu können, muss das WSDL-Dokument entsprechend angepasst werden, damit es den oben genannten Regeln genügt. Vor allem muss das Wrapper-Element für die Request-Nachricht von `MakeReservationRequest` in `MakeReservation` umbenannt werden. Listing 11.33 zeigt das angepasste WSDL, wobei die geänderten Stellen fett markiert sind.

```
<wsdl:definitions
  xmlns:bt="http://axishotels.de/booking/types/"
  xmlns:tns="http://axishotels.de/booking/service/"
  xmlns:wsdl="http://schemas.xmlsoap.org/wsdl/"
  xmlns:xsd="http://www.w3.org/2001/XMLSchema"
  name="AxisHotels"
  targetNamespace="http://axishotels.de/booking/service/"
  xmlns:soap="http://schemas.xmlsoap.org/wsdl/soap/">
  <wsdl:types>
  <schema elementFormDefault="qualified"
    targetNamespace="http://axishotels.de/booking/service/"
    xmlns="http://www.w3.org/2001/XMLSchema">
    <xsd:import schemaLocation="AxisHotels.xsd"
                namespace="http://axishotels.de/booking/types/" />
    <element name="MakeReservation">
      <complexType>
        <sequence>
          <element name="reservation" type="bt:Reservation"/>
        </sequence>
      </complexType>
    </element>
```

Listing 11.33: WSDL für Wrapped-Stil

```
      <element name="MakeReservationResponse">
        <complexType>
          <sequence>
            <element name="reservationConfirmation" type="bt:Confirmation"/>
          </sequence>
        </complexType>
      </element>
    </schema>
  </wsdl:types>
  <wsdl:message name="MakeReservationResponse">
    <wsdl:part name="parameters" element="tns:MakeReservationResponse"/>
  </wsdl:message>
  <wsdl:message name="MakeReservationRequest">
    <wsdl:part name="parameters" element="tns:MakeReservation"/>
  </wsdl:message>

  <wsdl:portType name="BookingInterface">
    <wsdl:operation name="MakeReservation">
      <wsdl:input message="tns:MakeReservationRequest"/>
      <wsdl:output message="tns:MakeReservationResponse"/>
    </wsdl:operation>
  </wsdl:portType>

  <wsdl:binding name="BookingSoapBinding" type="tns:BookingInterface">
    <soap:binding style="document"
                  transport="http://schemas.xmlsoap.org/soap/http"/>
    <wsdl:operation name="MakeReservation">
      <soap:operation
        soapAction="http://axishotels.de/booking/service/MakeReservation"/>
      <wsdl:input>
        <soap:body use="literal" parts="parameters"/>
      </wsdl:input>

      <wsdl:output>
        <soap:body use="literal" parts="parameters"/>
      </wsdl:output>
    </wsdl:operation>
  </wsdl:binding>

  <wsdl:service name="BookingServiceJiBXWrapped">
    <wsdl:port name="BookingSoapPort" binding="tns:BookingSoapBinding">
```

Listing 11.33: WSDL für Wrapped-Stil (Forts.)

```
  <soap:address
    location="http://localhost:8080/axis2/services/BookingServiceWrapped"/>
  </wsdl:port>
</wsdl:service>

</wsdl:definitions>
```

Listing 11.33: WSDL für Wrapped-Stil (Forts.)

Durch die Anpassung vom WSDL und anschließenden Aufruf von WSDL2Java mit dem zusätzlichen Parameter „`-uw`“ (für unwrapped) erzeugt Axis2 Skeleton und Stub nun mit einer anderen Schnittstelle. In Listing 11.34 sind die alten und neuen Methodensignaturen gegenüber gestellt.

```
Doc/Lit:
public MakeReservationResponse MakeReservation (MakeReservationRequest reqMsg);
Wrapped:
public Confirmation MakeReservation(Reservation res);
```

Listing 11.34: Unterschiedliche Signaturen für doc/lit allgemein und Wrapped

Da `MakeReservationRequest` nur ein Kindelement enthält, ist der Unterschied noch nicht so deutlich wie bei Operationen wie `GetHotels`, wo das Request-Element mehrere Kindelemente besitzt.

```
Doc/Lit:
public GetHotelsResponse GetHotels(GetHotelsRequest req);

Wrapped:
public List GetHotels(String city, int numberOfStars);
```

Listing 11.35: Unterschiedliche Signaturen für doc/lit allgemein und Wrapped

Bei Wrapped-Stil werden für die `MakeReservation`-Operation nur die beiden Klassen `Reservation.java` und `Confirmation.java` benötigt, während die anderen beiden Klassen `MakeReservationRequest.java` und `MakeReservationResponse.java` nun überflüssig sind. Dementsprechend fällt auch die Binding-Definition kleiner aus, da lediglich zwei Klassen gemappt werden müssen. Da es sich bei `Reservation` und `Confirmation` um zwei Datentypen und keine Elemente handelt, müssen auch die Binding-Definitionen anders formuliert werden.

```
<binding add-constructors="true" force-classes="true"
    xmlns:tns="http://axishotels.de/booking/types/">

  <namespace uri="http://axishotels.de/booking/types/" default="elements"/>
```

Listing 11.36: Binding-Definition für Wrapped-Stil

```
<mapping abstract="true"
         class="de.axishotels.booking.types.Reservation"
         type-name="tns:Reservation">
  <value name="hotelCode" style="attribute" field="localHotelCode"/>
  <value name="arrivalDate" style="attribute" field="localArrivalDate"/>
  <value name="departureDate"
         style="attribute"
         get-method="getDepartureDate"
         set-method="setDepartureDate"/>
  <value name="roomCode" style="attribute" field="localRoomCode"/>
  <value name="numberOfRooms" style="attribute" field="localNumberOfRooms"/>
  <value name="guestName" style="element" field="localGuestName"/>
</mapping>

<mapping abstract="true"
         class="de.axishotels.booking.types.Confirmation"
         type-name="tns:Confirmation">
  <value name="reservationNumber" style="attribute" field="localReservationNumber"/>
  <value name="status" style="element" field="localStatus"/>
</mapping>

</binding>
```

Listing 11.36: Binding-Definition für Wrapped-Stil (Forts.)

Durch den Einsatz von Wrapped-Stil zusammen mit JiBX wirkt der Code kompakter und sauberer. Es werden durchgängig POJOs verwendet, die keinerlei Bezug auf Web Service haben.

```
public class BookingServiceJiBXWrappedSkeleton {
  public Confirmation MakeReservation(Reservation res) {
    boolean isBookingSuccessful = !res.getHotelCode().equals("XYZ");
    Confirmation confirm = new Confirmation();
    if (isBookingSuccessful) {
      confirm.setReservationNumber(4711);
      confirm.setStatus("booked");
    } else {
      confirm.setReservationNumber(-1);
      confirm.setStatus("failed");
    }
    return confirm;
  }
}
```

Listing 11.37: Service-Implementierung im Wrapped-Stil

11.6 JAXB RI

Neben den drei vorgestellten Data Binding Frameworks unterstützt Axis2 noch zwei weitere Werkzeuge, die im Bereich XML Data Binding von großer Bedeutung sind. Es handelt sich um die Referenzimplementierung der JAXB-Spezifikation JAXB-RI sowie eine Apache-Implementierung derselben Spezifikation JaxMe. Jedoch befindet sich die Integration der beiden Werkzeuge in der Version 1.1.1 von Axis2 noch in der experimentellen Phase, sodass an dieser Stelle die beiden Werkzeuge nicht ausführlich behandelt werden.

JAXB (steht für Java Architecture for XML Binding) ist die einzige Spezifikation für XML Data Binding in Java. JAXB hat eine sehr lange Tradition. Die erste Version der JAXB-Spezifikation stammt noch aus dem Jahr 1999 und war DTD-basiert. Nach mehreren Evolutionsrunden hat sich JAXB auch grundlegend verändert. Die jüngste Version JAXB 2.0 bietet vollständige Schema-Unterstützung, flexible Validierung und nutzt auch die neuen Sprachfeatures von Java5 wie Annotation und Generics aus. JAXB beinhaltet einen Schema-Compiler namens `xjc`, der über die Kommandozeile oder Ant angestoßen werden kann. Der Schema-Compiler transformiert eine Schema-Definition zu einer Sammlung von Klassen, welche die Struktur der Schema-Definition widerspiegeln. Zusätzliche Metadaten wie Namenspace, Kardinalität oder Reihenfolge der Geschwisterelemente werden als Annotationen in den generierten Klassen abgelegt. Zur Laufzeit bietet das JAXB-Framework die effiziente Möglichkeit, Marshalling und Unmarshalling von Objekten der generierten Klassen durchzuführen. Zusätzlich bietet JAXB noch ein innovatives Feature an, welches erlaubt, das Standard-Binding individuell anzupassen. Das benutzerdefinierte Binding kann entweder direkt als Annotation in XML Schema oder in einer separaten Datei abgelegt werden. In Abbildung 11.9 ist die Architektur von JAXB mit den wesentlichen Komponenten aufgezeichnet.

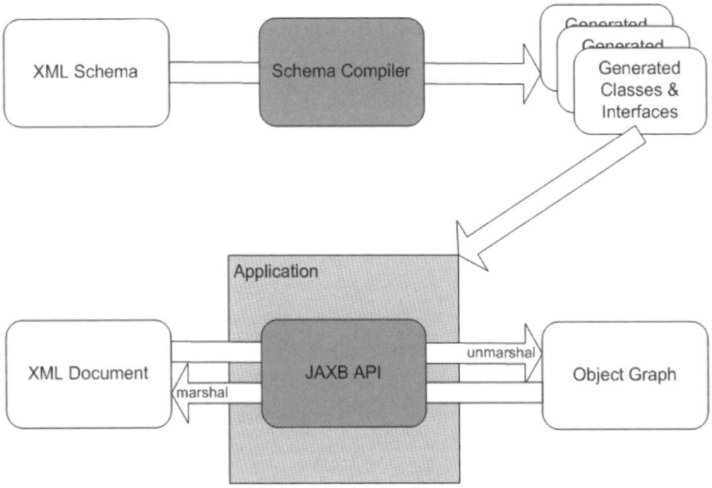

Abbildung 11.10: JAXB Architektur

Die Integration der Referenzimplementierung von JAXB (JAXB-RI) in Axis2 erfolgt ebenfalls über den Extension-Mechanismus. Die Extensions-Implementierung für JAXB-RI ist in der Klasse `org.apache.axis2.wsdl.codegen.extension.JAXBRIExtension` zu finden. Auch diese Extension hat in erster Linie die Aufgabe, bei der Codegenerierung den JAXB Schema-Compiler `xjc` aufzurufen.

Sollte JAXB-RI als Data Binding Werkzeug eingesetzt werden, muss beim Aufruf von WSDL2Java der Parameter „`-d`“ mit dem Wert „`jaxbri`“ belegt werden.

```
WSDL2Java … -d jaxbri Axishotels.wsdl
```

Listing 11.38: Aufruf von WSDL2Java Mit JAXB-RI als Data Binding

Abbildung 11.10 zeigt eine Übersicht der dadurch generierten Klassen.

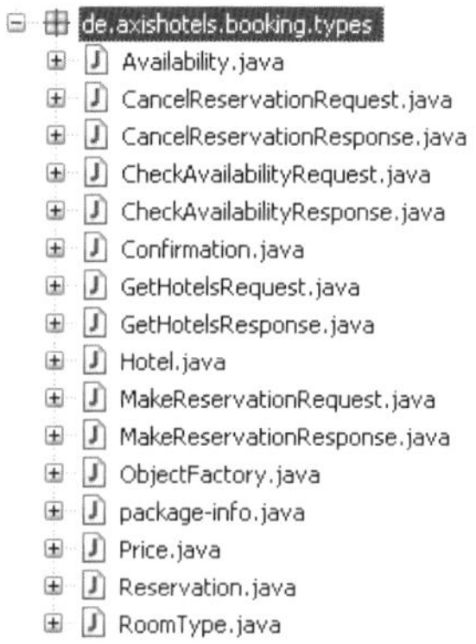

Abbildung 11.11: Aus AxisHotels.xsd generierte JAXB-RI-Klassen

Für jeden benutzerdefinierten Datentyp und jedes Element erzeugt JAXB-RI eine eigene Klasse, welche die verschachtelten Kindelemente und Attribute wie erwartet als JavaBean-Properties verwaltet. Zusätzlich zu den Properties mit ihren Getter- und Setter-Methoden findet man in den generierten Klassen auch reichliche Annotationen, die die schema-relevanten Metadaten speichern. Listing 11.39 zeigt die generierte Klasse *Price.java*, die solche Annotationen beinhaltet.

```
@XmlAccessorType(XmlAccessType.FIELD)
@XmlType(name = "Price", propOrder = {
    "amount", "currency"
})
public class Price {
    protected float amount;
    @XmlElement(required = true)
    protected String currency;

    public float getAmount() {
        return amount;
    }
```

Listing 11.39: Price.java

```
    public void setAmount(float value) {
        this.amount = value;
    }


    public String getCurrency() {
        return currency;
    }
    public void setCurrency(String value) {
        this.currency = value;
    }
}
```

Listing 11.39: Price.java (Forts.)

Bei *package-info.java* handelt es sich auch um ein neues Feature von Java5. Dort werden Metainformationen wie Namensraum (`namespace`) oder ob qualifizierte Namen benutzt werden sollen (`elementFormDefault`) in Form von Annotationen für das gesamte Package abgelegt. Außerdem wird für jedes Schema ein Objekt namens `ObjectFactory` erzeugt, welches für die Instanziierung der Objekte zuständig ist. Für jede generierte Klasse bietet die Klasse `ObjectFactory` eine `create`-Methode, die eine Instanz der Klasse zurückgibt. In früheren Versionen basiert das Programmiermodell von JAXB auf generierten Interfaces (ähnlich wie XMLBeans), sodass die konkreten Instanzen nur über eine Factory angelegt werden können. In der aktuellen 2.0-Version hat JAXB jedoch auf konkrete POJOs umgestellt, sodass diese Klassen auch direkt über `new` instanziiert werden.

Nach der Codegenerierung gestaltet sich der Umgang mit den generierten Klassen aufgrund ihrer POJO-Natur sehr einfach. Dementsprechend können Serviceclient und Service-Implementierung recht effizient entwickelt werden. Problematisch ist z.B. noch der Umgang mit der Klasse `java.util.Date`, die laut der JAXB-Spezifikation auf die Klasse `javax.xml.datatype.XMLGregorianCalendar` abgebildet werden soll. Bei der Nutzung dieser Klasse `XMLGregorianCalendar` tauchten jedoch Fehler auf. In Listing 11.40 wird die Implementierung der Methode `MakeReservarion` über JAXB-RI-Data-Binding gezeigt.

```
public class BookingServiceJAXBRISkeleton {
  public MakeReservationResponse MakeReservation(MakeReservationRequest reqMsg) {
    Reservation res = reqMsg.getReservation();
    boolean isBookingSuccessful = !res.getHotelCode().equals("XYZ");
    MakeReservationResponse makeReservationResponse
      = new MakeReservationResponse();
    Confirmation confirm = new Confirmation();
    if (isBookingSuccessful) {
      confirm.setReservationNumber(4711);
      confirm.setStatus("booked");
```

Listing 11.40: Serviceimplementierung mit JAXB-RI

```
    } else {
      confirm.setReservationNumber(-1);
      confirm.setStatus("failed");
    }
    makeReservationResponse.setReservationConfirmation(confirm);
    return makeReservationResponse;
  }
  ...
}
```

Listing 11.40: Serviceimplementierung mit JAXB-RI (Forts.)

11.7 JAXME

Ein weiteres Data Binding Werkzeug, das von Axis2 unterstützt wird, ist JaxMe von Apache. Bei JaxMe handelt es sich um eine Implementierung der JAXB-Spezifikation. JAXB hat in seiner Geschichte mehrere Iterationen durchlebt. Zeitweise war die Qualität der Referenzimplementierung nicht zufrieden stellend. Hinzu kam, dass die JAXB-RI nur mit einer Evaluierungslizenz versehen war, sodass sie nicht für produktiven Betrieb eingesetzt werden konnte, was viel Kritik auf sich gezogen hat. Daraufhin haben die Entwickler bei Apache das Projekt JaxMe ins Leben gerufen, um eine Open-Source-Implementierung der JAXB-Spezifikation anzubieten. Daher sind die wesentlichen Interfaces von JaxMe aufgrund der Konformität zu JAXB identisch mit JAXB-RI zu verwenden. JaxMe zeichnet sich gegenüber anderen Werkzeugen dadurch aus, dass es einerseits nicht nur XML Schema, sondern auch eine Java-Klasse oder Datenbank-Schema-Beschreibung als Quelle für die Codegenerierung benutzen kann, und andererseits die Objektinstanzen nicht nur in einem XML-Dokument, sondern auch im Datensatz einer XML- oder teilweise relationalen Datenbank umwandeln kann. Dieses Feature wird in der Abbildung 11.12 verdeutlicht.

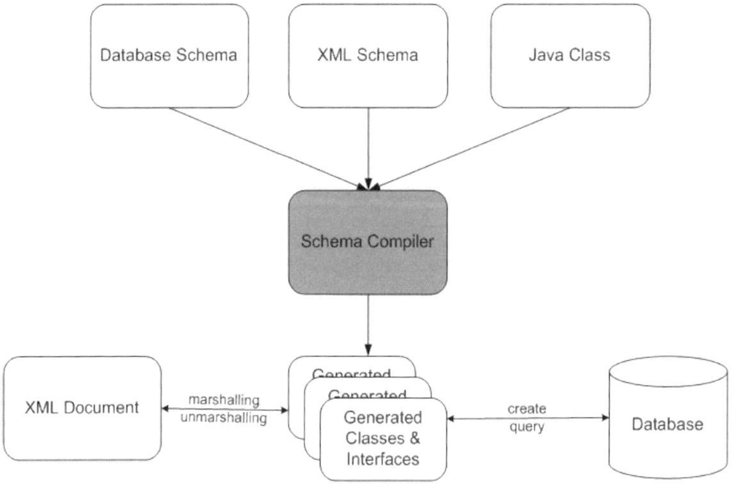

Abbildung 11.12: JAXME Architektur

Um JaxMe als Data Binding Werkzeug einzusetzen, muss WSDL2Java mit „`-d jaxme`" aufgerufen werden. Dabei wird die JaxMe-Extension, die in der Klasse `org.apache.axis2.wsdl.codegen.extension.JaxMeExtension` implementiert ist, ausgeführt.

```
WSDL2Java … -d jaxme Axishotels.wsdl
```

Listing 11.41: Aufruf von WSDL2Java Mit JaxMe als Data Binding

JaxMe generiert im Gegensatz zu der aktuellen Version von JAXB-RI getrennte Interfaces und Implementierungen, wobei nur die Interfaces von der Anwendung direkt benutzt werden sollen. Dementsprechend können Instanzen nur über die `create`-Methode der `ObjectFactory`-Klasse erzeugt werden. An dieser Stelle wird aufgrund der Ähnlichkeit von JaxME zu JAXB-Ri auf weitere Details verzichtet und lediglich ein Serviceclient, welcher JaxMe als Data Binding einsetzt, gezeigt. Interessant ist auch die Tatsache, dass dieser mit JaxME realisierte Client den Web Service aufruft, der über JAXB-RI implementiert ist.

```
public class BookingServiceClient {
  public static void main(String[] args) throws Exception {
    String target = "http://localhost:8080/axis2/services/BookingServiceJAXBRI";
    BookingServiceJAXMEStub stub = new BookingServiceJAXMEStub(target);
    ObjectFactory objectFactory = new ObjectFactory();
    MakeReservationRequest makeReservationRequest =
      objectFactory.createMakeReservationRequest();
    Reservation reservation = objectFactory.createReservation();
    reservation.setArrivalDate(Calendar.getInstance());
    reservation.setDepartureDate(Calendar.getInstance());
    reservation.setGuestName("Duke");
    reservation.setHotelCode("HD-MA");
    reservation.setNumberOfRooms(5);
    reservation.setRoomCode("DOUBLE");
    makeReservationRequest.setReservation(reservation);
    MakeReservationResponse makeReservationResponse
      = stub.MakeReservation(makeReservationRequest);
    System.out.println(
      makeReservationResponse.getReservationConfirmation()
      .getReservationNumber());
  }
}
```

Listing 11.42: Serviceclient unter Verwendung von JaxMe als Data Binding

In Axis2 1.1.1 ist leider vergessen worden, die Jar-Files von JaxMe sowie einer weiteren abhängigen Bibliothek *staxutils.jar* mit auszuliefern. Daher müssen diese bei *http://wiki.java.net/bin/view/Javawsxml/StaxUtilsProject* bzw. *http://ws.apche.org/jaxme* vor der Entwicklung herunter geladen werden.

11.8 Zusammenfassung

Die zahlreichen XML Data Binding Frameworks haben jeweils ihre Stärken und Schwächen. Vom Prinzip her lassen sich diese Werkzeuge in zwei Gruppen aufteilen:

- Code Generierung (xml-zentriert): Die meisten Werkzeuge arbeiten mit Codegenerierung aus einer XML-Grammatik (Schema oder DTD). In diesem Fall werden alle Java-Klassen aus Schema-Definition generiert. Es wird keine zusätzliche Mappingdatei oder Deployment-Descriptor benötigt, um weitere binding-spezifische Metadaten abzulegen.
- Mapping (java-zentriert): Werkzeuge wie JiBX haben eine andere Vorgehensweise gewählt, die erlaubt, beliebige vorhandene Klassen für XML Data Binding zu verwenden. Alle binding-spezifischen Abbildungen werden in einer separaten Mappingdatei abgelegt und vom Werkzeug interpretiert, um XML-Dokumente mit Java-Objekten zu assoziieren.

Werkzeuge der ersten Gruppe generieren Klassen, die automatisch die Struktur der Schema-Definition widerspiegeln, sodass diese generierten Klassen ohne Zusatzaufwand sofort eingesetzt werden können. Neben der Abbildung der Schema-Definition enthalten die generierten Klassen (in Zusammenspiel mit dem Framework) auch Funktionalität für Marshalling, Unmarshalling und Validierung usw. Der Vorteil dieser Vorgehensweise ist zugleich auch ihr Nachteil. Dadurch dass die generierten Klassen immer die Struktur der Schema-Definition reflektieren, existiert eine starke Bindung zwischen Code für die Applikation und Struktur für das XML-Dokument. Eine Änderung in der Struktur resultiert automatisch in einer Anpassung des Codes.

Dagegen weisen die Werkzeuge, die mit externen Mappingdateien arbeiten, in dieser Hinsicht wesentlich höhere Flexibilität auf. Dieselbe Klasse kann über verschiedene Mappingdateien unterschiedlich abgebildet werden, um auch die verschiedenen Ansichten (z.B. Eingangsstruktur und Ausgangsstruktur) zu repräsentieren. Damit wird der Applikationscode von der Dokumentstruktur entkoppelt. Änderungen in der Struktur müssen nicht immer eine Modifikation im Code zur Folge haben. Sehr oft ist es ausreichend, nur die Mappingdatei anzupassen. Diese Flexibilität muss aber dadurch bezahlt werden, dass zusätzlich zu Schema und Code noch Mappingdateien erstellt werden müssen.

Durch das flexible Code-Generator-Framework in Axis2 sind die wichtigsten XML Data Binding Frameworks bereits integriert. So haben die Entwickler die Freiheit, je nach Anforderung das geeignete Werkzeug auszusuchen und zu verwenden. Die drei voll integrierten Werkzeuge ADB, XMLBeans und JiBX haben jeweils ihre eigenen Stärken. ADB ist leichgewichtig, performant und eng in die Axis2-Architektur integriert. Für die meisten Anwendungsfälle ist der Einsatz von ADB ausreichend. Soll dagegen die Funktionalität von XML Schema ausgeschöpft werden, ist XMLBeans der ideale Kandidat, weil er hundertprozentige Schema-Unterstützung bietet. Liegen vor der Entwicklung die POJOs bereits vor, empfiehlt sich der Einsatz von JiBX, das sich durch seine Flexibilität und Performance auszeichnet. JiBX ist im Moment auch das einzige Framework, das Web Services in Wrapped-Stil unterstützt und Request und Response automatisch entpacken kann. Da sich die Unterstützung für JAXB-RI und JaxMe noch in Frühstadium befindet, ist der Einsatz der beiden Frameworks im produktiven Betrieb abzuraten.

Referenzen:

- ADB: *http://ws.apache.org/axis2/1_0/adb/adb-howto.html*
- XMLBeans: *http://xmlbeans.apache.org/*
- JiBX: *http://jibx.sourceforge.net/*
- JAXB-RI: *http://java.sun.com/webservices/jaxb/*
- JaxME: *http://ws.apache.org/jaxme/*

12 Message Receiver & ServiceObjectSupplier

12.1 Einführung

Am Ende der serverseitigen Nachrichtenverarbeitung steht bei Apache Axis2 immer ein sogenannter „Message Receiver", der für den Aufruf der Geschäftslogik und der weiteren Koordination zuständig ist. Dieses Kapitel soll zunächst klären, wie SOAP-Nachrichten durch den Axis2-Kern fließen und im weiteren Verlauf wie Message Receiver in diesem Konzept funktionieren. Im Anschluss wird gezeigt, wie man durch Implementieren eigener Message Receiver einen Web Service realisieren kann, dessen Geschäftslogik nicht in Java, sondern in der Skriptsprache Groovy geschrieben ist. Auch die Anbindung von EJBs als Web Service in Axis2 ist bei Verwendung eigener Message Receiver denkbar und wird beschrieben. Im weiteren Verlauf werden „ServiceObjectSupplier" als neues Konzept von Axis2 ab Version 1.1 vorgestellt, durch welche bestehende Message Receiver ganz individuell mit Web Service-Implementierungen versorgt werden können. Den Abschluss des Kapitels bildet schließlich ein kleiner Ausflug in die Welt des Spring Frameworks der zeigt, wie sich das IoC-Pattern (Inversion of Control, Dependecy Injection) durch Kombinieren von Spring und Axis2 auch bei der Realisierung von Web Services einsetzen lässt.

Als Beispiel soll in diesem Kapitel für die fiktive Hotel-Kette „AxisHotels" ein Service entstehen, der es der Buchhaltungsabteilung ermöglicht für Ihren Zahlungsverkehr Bankleitzahlen zu ermitteln. Als Datenquelle dient hierbei eine Textdatei, die sämtliche Bankleitzahleninformationen aus Deutschland enthält und zusammen mit einer entsprechenden Schnittstellenbeschreibung auf den Webseiten der Bundesbank kostenlos heruntergeladen werden kann.

12.1.1 Blick zurück: Provider in Axis 1.x

Es macht keinen Unterschied, ob man Apache Axis nun auf dem Client oder auf dem Server einsetzt: Hier dreht sich alles um die Verarbeitung von SOAP-Nachrichten. Apache Axis 1.x war in diesem Zusammenhang jedoch schon immer sehr abhängig von seiner Request-Response-geprägten Kommunikation. Ein SOAP-Request, intern repräsentiert durch eine Instanz der Klasse `Message` und handlich verpackt in einem `MessageContext`, wird dabei durch eine `AxisEngine` geleitet und passiert hier zunächst eine Reihe von Handlern. Jedem Handler ist eine bestimmte Aufgabe innerhalb der internen Verarbeitung der SOAP-Nachricht zugeordnet. Zum Schluss erreicht dieser `MessageContext` dann einen sogenannten „Provider", eine ganz spezielle Ausprägung eines Handlers. Der Provider ist nun für die Ausführung der eigentlichen Web Service-Implementierung und die Erzeugung der SOAP-Response zuständig, die wieder als `Message` – und das ist entscheidend – im selben `MessageContext` abgelegt wird. Der Provider markiert also den Wendepunkt in der Verarbeitung (man bezeichnet ihn deshalb auch als Pivot Handler), denn von dort wandert der `MessageContext` durch dieselbe `AxisEngine` zurück, bis die SOAP-Response schließlich durch den Transport Sender an den Client geschickt wird.

12.1.2 Blick nach vorne: Reise durch die Axis2 Engine

In Axis2 musste das in Axis 1.x verwendete Verarbeitungsschema geändert werden, um auch asynchrone Web Service-Aufrufe und Einwegkommunikation möglich zu machen. Zwar wird ein SOAP-Request nach wie vor in einen `MessageContext` verpackt und auf die Reise durch die `AxisEngine` geschickt, aber – und das ist der wesentliche Unterschied im direkten Vergleich zu Axis 1.x – die `AxisEngine` wird jetzt nur noch in einer Richtung durchlaufen. Bleibt man beim klassischen Request-Response-Muster, dann bedeutet dies, dass in Axis2 zwei Instanzen der `AxisEngine` erforderlich sind. Der Ablauf sieht dann so aus: Ganz am Anfang steht ein Empfänger, der Nachrichten (Requests) entgegennimmt, dies kann zum Beispiel das `AxisServlet` aus der Axis2 Web-Anwendung sein. Der Empfänger erzeugt den `MessageContext`, übergibt diesen der `AxisEngine` und schickt den Kontext dann im Rahmen des IN-Flow auf die Reise durch die Handlerkette. Wurde diese Kette erfolgreich durchlaufen, dann besteht die letzte Aufgabe der `AxisEngine` darin, den zuständigen Message Receiver aufzurufen (siehe Abbildung 12.1). Die Arbeit der `AxisEngine` ist damit beendet. Der Message Receiver entspricht somit den aus Axis 1.x bekannten Providern, denn auch er ist letztendlich für den Aufruf der eigentlichen Service-Implementierung oder Geschäftslogik zuständig. Mehr noch, in Abhängigkeit des für den Service konfigurierten Kommunikationsmusters (MEP) ist es der Message Receiver, der den weiteren Ablauf koordiniert. Bei Anwendung des Request-Response-Musters bedeutet dies, eine neue `AxisEngine` zu erzeugen und den `MessageContext` mit der SOAP-Response zu übergeben.

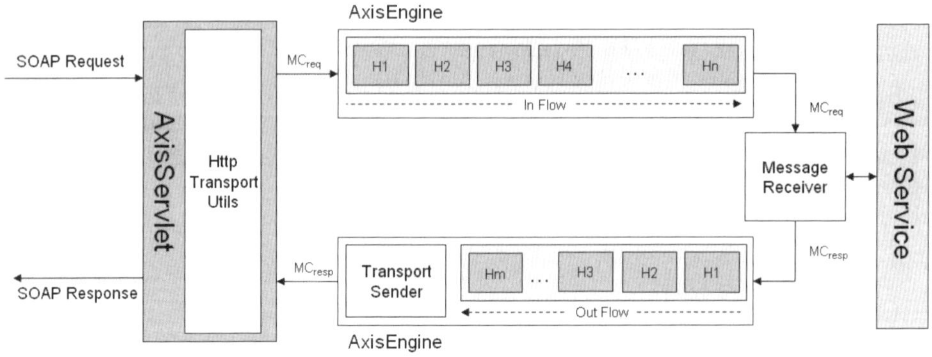

Abbildung 12.1: Bei Verarbeitung eines SOAP-Request steht am Ende des IN-Flows der Message Receiver

Auf den ersten Blick mag dieses neue Verfahren unnötig und kompliziert erscheinen. Man sollte sich jedoch vor Augen halten, dass nicht nur das gängige Kommunikationsmuster IN-OUT (wie in Axis 1.x; klassisches Request-Response) unterstützt werden sollte, sondern eben auch andere Muster wie zum Beispiel das recht interessante „IN-ONLY" (ein Web Service wird aufgerufen, der nichts zurückgibt). Dies gilt insbesondere im Hinblick auf WSDL 2.0, das acht verschiedene MEPs definiert und erweiterbar ausgelegt ist, sodass darüber hinaus beliebige Kommunikationsmuster denkbar sind. Dies lässt sich nur erreichen, wenn der Kern des Frameworks keine Vorannahme über die Art des MEP trifft. Auch wenn WSDL 2.0 durch die aktuell vorliegenden Versionen von Axis2 noch nicht vollständig unterstützt wird, die wichtigsten MEPs stehen bereits heute zur Verfügung. Eine detaillierte Beschreibung der bestehenden MEPs findet sich in Kapitel 2 „Web Service Grundlagen" unter den Ausführungen zu WSDL.

12.2 Nachrichtenempfänger

Ein Message Receiver, oder zu Deutsch Nachrichtenempfänger, ist also der einzige Punkt im gesamten Verarbeitungsablauf, der mit der `AxisEngine` und der Geschäftslogik interagiert. Die Geschäftslogik kann hierbei in vielerlei Form vorliegen. So kann sie als ganz normale Java-Klasse implementiert werden oder als EJB vorliegen. Sie kann sogar in einer beliebigen anderen Sprache implementiert sein, solange die Möglichkeit besteht, diese von Java heraus aufzurufen. Theoretisch könnte man sogar die Geschäftslogik selbst mit einem Message Receiver umsetzen. Die Axis2-Distribution bringt von Haus schon einige interessante Nachrichtenempfänger mit, selbstverständlich können auch eigene implementiert werden. Unter anderem werden folgende Message Receiver mitgeliefert:

- RawXMLINOnlyMessageReceiver
- RawXMLINOutMessageReceiver
- RawXMLINOutAsyncMessageReceiver
- RPCMessageReceiver
- RPCInOnlyMessageReceiver
- RPCInOutAsyncMessageReceiver

Die ersten drei Receiver kommen zur Anwendung, wenn reine XML-getriebene Web Service-Entwicklung auf Basis von AXIOM (d.h. ohne Data-Binding) betrieben wird. Die Web Service-Implementierung würde also ein Objekt vom Typ `OMElement` erhalten und die Antwort wieder in Form eines `OMElement` zurückgeben. Im `OMElement` eingepackt befinden sich dann die eigentlichen Aufruf- und Rückgabenachrichten (Nutzdaten). Für die bereits angesprochenen MEPs IN-ONLY und IN-OUT gibt es hier zwei Entsprechungen: Während der `RawXMLINOutMessageReceiver` nach dem Aufrufen der Geschäftslogik eine neue `AxisEngine` für den Versand der Antwortnachricht erzeugt, ruft der `RAWXMLInOnlyMessageReceiver` lediglich die Geschäftslogik auf und beendet anschließend die Verarbeitung der Request-Nachricht. Gedacht ist dieser Receiver für die Einwegkommunikation, also für Service-Operationen, die keine Antwortnachrichten zurückschicken. Im Falle, dass der Service doch ein `OMElement` zurückgibt, würde dieses schlicht verworfen.

Beim `RPCMessageReceiver` handelt es sich um einen weiteren sehr nützlichen Nachrichtenempfänger. Er emuliert den SOAP-Nachrichtenstil RPC und damit die Form von Web Services, für die Axis 1.x ursprünglich konzipiert wurde. Mit dem `RPCMessageReceiver` kann man sehr einfach Services in Betrieb nehmen, die simple Datentypen wie `String`, `char`, `int`, `long`, `short`, `double`, `float`, `byte` und `boolean` entgegennehmen und/oder zurückgeben. Natürlich lassen sich mit diesem Receiver aber auch JavaBeans und Arrays sowie SOAP-Multirefs verwenden. Für den `RPCINOnlyMessageReceiver` gibt es in Axis 1.x keine Entsprechung, er folgt dem Message Exchange Pattern IN-ONLY und lässt sich hervorragend einsetzen, wenn in RPC-Manier eine Operation aufgerufen werden soll, die `void` deklariert wurde.

`RawXMLInOutAsyncMessageReceiver` und `RPCInOutAsyncMessageReceiver` erben von `AbstractInOutAsyncMessageReceiver` und starten einen separaten Thread und führen in diesem die eigentliche Logik des Message Receivers aus.

12.2.1 Contract First

Die bisher besprochenen Message Receiver sind vor allem dann interessant, wenn man Web Service-Entwicklung entweder ohne Data Binding durchführt oder den Code-First-Ansatz verfolgt. Entwickelt man auf Basis von Contract First, so sollte man beachten, dass die bereits erwähnten Message Receiver nicht zum Einsatz kommen, wenn man mit Data Binding Frameworks arbeitet. Im Zuge der Codegenerierung, die man dann normalerweise ausgehend von einer WSDL-Beschreibung anstößt, werden hier spezielle Message Receiver erzeugt. Erforderlich ist dies, da diesen neben allen bisher besprochenen Aufgaben noch eine weitere, wichtige Tätigkeit zuteil wird: die Konvertierung zwischen der in der SOAP-Nachricht enthaltenen XML-Nachricht und entsprechenden Java-Klassen. Diese Tätigkeit erledigt ein solcher Message Receiver stets in Zusammenarbeit mit dem jeweils verwendeten Data Binding Framework (ADB, XMLBeans, JiBX usw). Selbstverständlich kann man mit Axis2 auch Contract First-basierende Web Service-Entwicklung ohne Data Binding betreiben.

12.2.2 Message Receiver von Innen

Message Receiver werden über die Konfigurationsdatei *services.xml* gesteuert. Listing 12.1 zeigt eine beispielhafte Konfigurationsdatei für einen Web Service mit zwei Operationen. Durch die Tatsache, dass sich in einem Service unterschiedliche Message Receiver für jede Operation einstellen lassen, steht auch einer Verwendung verschiedener MEPs nichts im Wege. Im Listing wird für die Operation `getHotels`, die eine Liste von Hotels der Hotelkette „AxisHotels“ zurückgibt, der `RPCMessageReceiver` verwendet, weil es sich hier um eine klassische IN-OUT-Operation handelt. Bei der Operation `markRoom` dagegen kann der `RPCInOnlyMessageReceiver` zum Einsatz kommen, weil diese Operation nur Daten entgegennimmt und verarbeitet, aber keine Response erzeugt. Dieser Fall ist also prädestiniert für das Kommunikationsmuster IN-ONLY bzw. Einwegkommunikation.

```
<service>
  <description>HotelService</description>
  <parameter name="ServiceClass" locked="false">
    de.axishotels.HotelService
  </parameter>
  <operation name="getHotels">
    <messageReceiver class="org.apache.axis2.rpc.receivers.RPCMessageReceiver" />
  </operation>
  <operation name="markRoom">
    <messageReceiver class="org.apache.axis2.rpc.receivers.RPCInOnlyMessageReceiver" />

  </operation>
</service>
```

Listing 12.1: In services.xml lässt sich für jede Operation ein eigener Message Receiver einstellen

In Axis 1.x waren Provider spezielle Handler, in Axis2 ist das nicht mehr der Fall. Message Receiver als Nachfolger der Provider implementieren hier nicht mehr das `Handler`-Interface, sondern das neue Interfache `MessageReceiver`. Das Interface (Listing 12.2) gibt mit `receive` nur eine einzige Methode vor, die ausprogrammiert werden muss. Diese Methode wird von der `AxisEngine` immer am Ende der Handlerkette des IN-Flow aufgerufen.

```
public interface MessageReceiver {
    public void receive(MessageContext messageCtx) throws AxisFault;
}
```

Listing 12.2: Das Interface MessageReceiver

Nun gibt es mehrere Möglichkeiten, um einen eigenen Message Receiver zu programmieren. Eine naheliegende Option wäre es, direkt das Interface `MessageReceiver` zu implementieren. Man hat hier über den `MessageContext`, der durch die Methode `receive` zur Verfügung steht, vollen Zugriff auf die eingegangene SOAP-Nachricht und die Service-Konfiguration. Im Prinzip lassen sich durch Implementierung dieses Interfaces Nachrichtenempfänger für jedes denkbare MEP realisieren. Man muss dann jedoch den SOAP-Request selbst parsen, um beispielsweise an die Nachricht im Body zu kommen. Genauso muss man beim Kommunikationsmuster IN-OUT selbst dafür sorgen, dass nach dem Aufruf der Geschäftslogik ein neuer `MessageContext` mit der SOAP-Response erzeugt und an eine neue Instanz der `AxisEngine` übergeben wird. Da die Entwickler von Axis2 jedoch bestrebt sind, die Verwendung ihres SOAP-Frameworks so einfach wie möglich zu halten, liefern sie bereits eine Hand voll abstrakter Klassen mit. Diese erleichtern die Entwicklung eigener Message Receiver erheblich. Die am meisten benutzten lauten:

- AbstractMessageReceiver
- AbstractInMessageReceiver
- AbstractInOutSyncMessageReceiver

Abbildung 12.2 zeigt die Vererbungshierarchie als UML-Diagramm. Bei `AbstractMessageReceiver` handelt es sich um eine Implementierung des `MessageReceiver`-Interfaces, die zusätzliche Hilfsmethoden zur Verfügung stellt. So bekommt man durch die Methoden `getTheImplementationObject` und `makeNewServiceObject` einen direkten Zugriff auf die Implementierungsklasse des Service und hat die Möglichkeit, sich eine Instanz von derselbigen zu erzeugen beziehungsweise Einfluss auf die Erzeugung selbst zu nehmen. Ebenfalls sehr interessant ist die Funktion `getSOAPFactory`. Diese bietet die Möglichkeit, sich eine Factory aufzubauen, die im Message Receiver nach dem Aufruf der Geschäftslogik verwendet werden kann, um die SOAP-Response zu generieren. Hierzu stellt eine solche Factory dann wiederum verschiedene Hilfsmethoden wie zum Beispiel `createSOAPEnvelope` oder `createSOAPBody` zur Verfügung. Die Methode `getSOAPFactory` prüft im Übrigen auch, ob der SOAP-Request in SOAP 1.1 oder SOAP 1.2 vorgelegen hat und liefert eine entsprechende Factory, sodass die Response in der gleichen SOAP-Version erzeugt wird wie der Request.

`AbstractInMessageReceiver` und `AbstractInOutSyncMessageReceiver` leiten sich von `AbstractMessageReceiver` ab, profitieren also von den bereits beschriebenen Hilfsmethoden. `AbstractInMessageReceiver` soll für Nachrichtenempfänger verwendet werden, die dem Kommunikationsmuster IN-ONLY folgen, während `AbstractInOutSyncMessageReceiver` äquivalent für IN-OUT-basierte Kommunikation zu verwenden ist. Beide stellen mit `invokeBusinessLogic` die zentrale, zu integrierende Methode bereit, in der die Logik des eigenen Message Receivers stehen soll. Der Unterschied zwischen den beiden Receivern liegt letztendlich darin, dass bei `AbstractInOutMessageReceiver` zum Schluss die neue `AxisEngine` erzeugt wird. `RPCMessageReceiver` beispielsweise basiert auf dieser Klasse. Dabei sorgt der `RPCMessageReceiver` mit Hilfe von Reflection für einen Aufruf der Operation auf der entsprechenden Java-Klasse, um dann die SOAP-Response entsprechend bilden zu können.

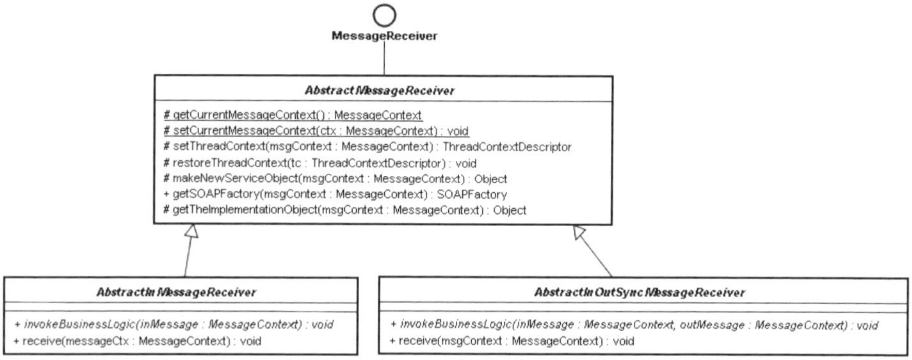

Abbildung 12.2: Die Vererbungshierarchie von Message Receiver

12.3 Axis2 und Groovy

Nach dieser eher theoretischen Betrachtung soll es nun an die Praxis gehen und ein neuer Message Receiver entstehen, mit dem es möglich sein wird, beliebigen Groovy-Code unter Axis2 als Web Service in Betrieb zu nehmen. Groovy bietet sich für die Umsetzung des Bankleitzahlen-Services daher an, da es die Möglichkeit bietet, im Vergleich zu Java mit weniger Programmieraufwand die Bankleitzahlendatei der Deutschen Bundesbank auszuwerten. Über reguläre Ausdrücke werden die in Frage kommenden Bankleitzahlen in handliches XML verpackt und dieses schließlich zurückgegeben.

```
import groovy.xml.*

class BLZService {

    // Diese Methode ist nur zum Testen gedacht
    // und wird nicht von Axis2 verwendet
    public static void main(args){
```

Listing 12.3: Die Groovy-Implementierung des Bankleitzahlen-Service

```
        String value = "<blzsuche>München</blzsuche>"
        println new BLZService().searchBLZ(value);
    }

    // Die eigentliche Suchfunktion
    Object searchBLZ(String xmlSuchwert) {
        def suchwert = new XmlParser().parseText(xmlSuchwert).text()

        def writer = new StringWriter()
        def builder = new MarkupBuilder(writer)
        def sucherg = []
        def parseBlz = { it.substring(0,8).trim() }
        def parseBezeichnung = { it.substring(9,67).trim() }
        def parsePlz = { it.substring(67,72).trim() }
        def parseOrt = { it.substring(73,107).trim() }
        def parseKurzbez = { it.substring(107,134).trim() }

        // Die BLZ-Datei parsen und Ergebnissätze
        // ein Array packen
        new File("c:\\blz.txt").eachLine { line ->
            if (line =~ suchwert + "*" ) {
                String UTF8Str = new String(line.getBytes("UTF-8"))
                sucherg.add(UTF8Str)
            }
        }
        // Das XML für die Rückgabe erzeugen
        builder.ergebnis() {
            for ( i in sucherg ) {
                satz() {
                    blz(parseBlz(i))
                    bezeichnung(parseBezeichnung(i))
                    plz(parsePlz(i))
                    ort(parseOrt(i))
                    kurzbez(parseKurzbez(i))
                }
            }
        }
        return writer
    }
}
```

Listing 12.3: Die Groovy-Implementierung des Bankleitzahlen-Service (Forts.)

Bevor man mit der Implementierung eines Message Receivers zum Aufrufen dieses Skripts innerhalb von Axis2 beginnt, empfiehlt es sich das Skript zunächst nur mit Bordmitteln von Groovy zu testen. Nachdem man sich die Bankleitzahlendatei *blz.txt* von der Deutschen Bundesbank heruntergeladen (siehe Referenzen am Ende dieses Kapitels) und nach *C:* kopiert hat, sollte man außerdem sicherstellen, dass Groovy in der Version 1.0 installiert ist und auch die benötigten Umgebungsvariablen (z.B. `GROOVY_HOME`) richtig gesetzt sind. Informationen hierzu finden sich in der umfangreichen Dokumentation auf der Webseite des Groovy-Projekts bei Codehaus.

Ein recht nützliches Werkzeug zum interaktiven Testen von Groovy-Skripten, aber auch zum Entwickeln stellt die Groovy Konsole dar, die es in zwei Ausprägungen gibt: rein kommandozeilenorientiert oder mit Swing-Oberfläche. In Abbildung 12.3 ist vorangegangenes Listing zur Abfrage der Bankleitzahlen in der Swing-basierten Groovy Konsole zu sehen. Gestartet wird diese Konsole durch Ausführen des Sktipt *groovyConsole.bat* im *bin*-Verzeichnis der Groovy-Installation. Im oberen Bereich findet sich das auszuführende Groovy-Skript, im unteren die Ausgaben, nachdem das Skript gestartet wurde.

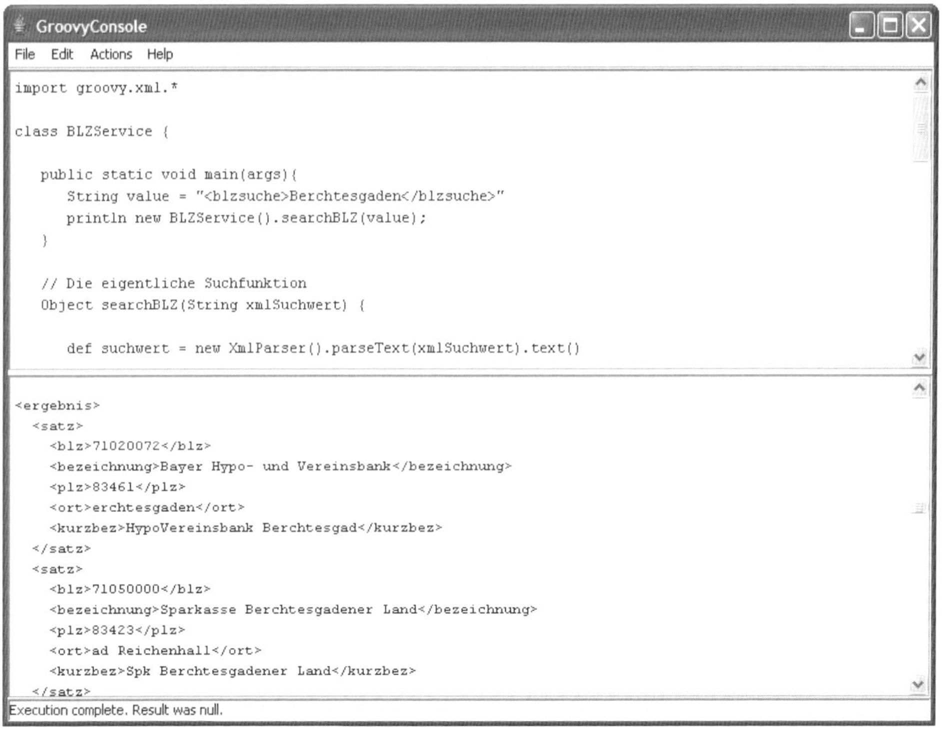

Abbildung 12.3: Das Skript zur Abfrage der Bankleitzahlen in der GroovyConsole in Aktion

Jetzt kann es an die Implementierung des Nachrichtenempfängers selbst gehen, der als Basis einer speziellen Konfiguration in der Datei *services.xml* in der Lage sein wird, jedes beliebige Groovy-Skript als Web Service auszuführen. Die Implementierung von `GroovyReceiver` ist in nachfolgendem Listing 12.4 zu ersehen.

```
package de.axishotels.receivers;

import groovy.lang.GroovyClassLoader;
import groovy.lang.GroovyObject;
import java.io.ByteArrayInputStream;
import java.io.InputStream;
import javax.xml.stream.XMLStreamException;

import javax.xml.stream.XMLStreamReader;
import org.apache.axiom.om.OMAbstractFactory;
import org.apache.axiom.om.OMElement;
import org.apache.axiom.om.OMFactory;
import org.apache.axiom.om.OMNamespace;
import org.apache.axiom.om.impl.builder.StAXOMBuilder;
import org.apache.axiom.om.util.StAXUtils;
import org.apache.axiom.soap.SOAPEnvelope;
import org.apache.axiom.soap.SOAPFactory;
import org.apache.axis2.AxisFault;
import org.apache.axis2.context.MessageContext;
import org.apache.axis2.description.AxisOperation;
import org.apache.axis2.description.AxisService;
import org.apache.axis2.description.Parameter;
import org.apache.axis2.engine.MessageReceiver;
import org.apache.axis2.i18n.Messages;
import org.apache.axis2.receivers.AbstractInOutSyncMessageReceiver;

public class GroovyReceiver extends
  AbstractInOutSyncMessageReceiver implements MessageReceiver {

   public void invokeBusinessLogic(MessageContext inMessage,
                                   MessageContext outMessage)
      throws AxisFault {

      try {

       // Aus services.xml ermitteln,
       // welche Groovy-Klasse geladen werden soll

       AxisService service = inMessage.getOperationContext().
                      getServiceContext().getAxisService();
```

Listing 12.4: Message Receiver zum Ausführen von Groovy-Skripten als Web Services

```
Parameter param = service.getParameter("Groovy");

if (param == null) {
   throw new AxisFault("paramIsNotSpecified","Groovy");
}

// Laden des Groovy-Skripts vorbereiten
InputStream groovyFileStream =
  service.getClassLoader().getResourceAsStream(param.getValue().toString());

if (groovyFileStream == null) {
  throw new AxisFault("groovyUnableToLoad", param.getValue().toString());
}

// Ermitteln, welche Methode des Skripts
// ausgeführt werden soll
AxisOperation op = inMessage.getOperationContext().getAxisOperation();

if (op == null) {
  throw new AxisFault("notFound","Operation");
}

String methodName = op.getName().getLocalPart();

// Den Abfragewert aus dem SOAP-Request ermitteln
// und in einen String konvertieren
OMElement firstChild = (OMElement)
  inMessage.getEnvelope().getBody().getFirstOMChild();
inMessage.getEnvelope().build();
String value = firstChild.toString();

if (value != null) {

  // Groovy-Aufruf durchführen
  GroovyClassLoader loader = new GroovyClassLoader();
  Class groovyClass = loader.parseClass(groovyFileStream);
  GroovyObject groovyObject = (GroovyObject)groovyClass.newInstance();

  Object[] arg = { value };
  Object obj = groovyObject.invokeMethod(methodName, arg);
```

Listing 12.4: Message Receiver zum Ausführen von Groovy-Skripten als Web Services (Forts.)

```
            if (obj == null) {
               throw new AxisFault("groovyNoanswer");
            }

            // SOAP-Response bauen
            SOAPFactory fac = getSOAPFactory(inMessage);
            SOAPEnvelope envelope = fac.getDefaultEnvelope();
            OMNamespace ns = fac.createOMNamespace("http://soapenc/", "res");
            OMElement responseElement = fac.createOMElement
                                    (methodName + "Response", ns);
            String outMessageString = obj.toString();
            responseElement.addChild(createOMElement(outMessageString));
            envelope.getBody().addChild(responseElement);

            // SOAP-Response in den MessageContext einpacken
            outMessage.setEnvelope(envelope);
         }
      } catch (Exception e) {
         throw new AxisFault(e);
      }
   }
   private OMElement createOMElement(String str) throwsXMLStreamException {

      XMLStreamReader xmlReader = StAXUtils.createXMLStreamReader
         (new ByteArrayInputStream(str.getBytes()));
      OMFactory fac = OMAbstractFactory.getOMFactory();
      StAXOMBuilder staxOMBuilder = new StAXOMBuilder(fac, xmlReader);
      return staxOMBuilder.getDocumentElement();
   }
}
```

Listing 12.4: Message Receiver zum Ausführen von Groovy-Skripten als Web Services (Forts.)

Als Erstes sollte geklärt werden, wie der Inhalt eingehender SOAP-Nachrichten an das Groovy-Skript übermittelt wird. Hierzu wird AXIOM verwendet, um den in XML verpackten Suchstring auszupacken und zu verarbeiten. Dieser String hat folgendes Format: `<blzsuche>Berchtesgaden</blzsuche>`.

Ein Client, der Web Services auf Basis dieses `GroovyReceivers` konsumiert, wird später also ein AXIOM-Objekt vom Typ `OMElement` erzeugen und in diesem den XML-Suchstring wie oben beschrieben ablegen. Im `GroovyReceiver` wird dieses `OMElement` wieder aus dem SOAP-Request gelesen und zu einem String konvertiert. Beim Aufruf des Groovy-Skripts wird dieser String schließlich an dessen Methode `searchBLZ` übergeben. Betrachtet man die Implementierung des GroovyReceivers, so wird man zunächst einmal feststellen, dass dieser sich von AbstractInOutSyncMessageReceiver ableitet. Dies ist dadurch begründet, dass es sich in diesem Fall um das Request-Reponse-Muster (IN-OUT) handelt. Der Service erwartet einen Suchwert und gibt daraufhin die Suchergebnisse zurück. Der GroovyReceiver selbst ist in der von der abstrakten Oberklasse vorgesehenen Methode invokeBusinessLogic implementiert. Dieser Methode fallen jetzt folgende Aufgaben zu:

- Servicekonfiguration aus *services.xml* lesen
- Daten aus dem SOAP-Request auslesen
- Service-Implementierung aufrufen
- SOAP-Response erzeugen und MessageContext übergeben

Über den MessageContext kann ein Receiver sehr leicht auf die Servicekonfiguration zugreifen. Über dessen OperationContext erhält der Nachrichtenempfänger schließlich Zugriff auf eine Instanz von AxisService und hat so die Möglichkeit, sehr einfach auf die verschiedenen Konfigurationsparameter aus der den Web Service begleitenden Datei *services.xml* (Listing 12.5) abzufragen. Für den Fall, dass ein bestimmter Parameter nicht gefunden wird, wirft der GroovyReceiver einen AxisFault mit der entsprechenden Fehlermeldung. Nachdem durch den Parameter Groovy bekannt ist, welches Groovy-Skript auszuführen ist, versucht der GroovyReceiver dieses zu laden. Im Fehlerfalle wird auch hier wieder ein AxisFault geworfen (generell sollten Fehler während der Verarbeitung in einem Message Receiver immer mit einem AxisFault gemeldet werden). Im Anschluss wird die auszuführende Operation initialisiert, der Suchwert aus dem SOAP-Request gelesen und in einen String konvertiert. Als Nächstes folgt der eigentliche Aufruf des Skripts. Hierzu benötigt Axis2 jedoch Zugriff auf die Groovy-Bibliothek *groovy-all-1.0.jar*. Wenn man die Axis2 Web-Anwendung verwendet, kann man diese beispielsweise nach *WEB-INF/lib* kopieren. Eine andere Möglichkeit wäre es, diese Bibliothek ins *lib*-Verzeichnis der .aar-Datei aufzunehmen, die dann wiederum in ein Axis2-Repository eingespielt wird. Nachdem die Geschäftslogik des Service ihre Arbeit erledigt hat, ist schließlich die SOAP-Response zu generieren. Hier kommt die schon angesprochene Hilfsfunktion getSOAPFactory aus der Klasse AbstractMessageReceiver zum Einsatz. Mit ihrer Unterstützung und der Hilfe eines OMElements ist es ein Leichtes, die Rückgabe des Groovy-Skripts in eine SOAP-Response zu packen. Zum Schluss wird die Response nur noch in den MessageContext outMessage gesteckt. Dieser Kontext wird bereits in der abstrakten Superklasse gebildet und ist im Prinzip nur eine Kopie des MessageContext, der im Rahmen des IN-Flows bereits an den Message Receiver übergeben wurde. Den GroovyReceiver konfiguriert man schließlich mit einer *services.xml* die, wie in Listing 12.5 dargestellt, aussehen kann:

```
<service name="GroovyBankleitzahlService">
   <description>
      Web Service zum Suchen von Bankleitzahlen mit Groovy
   </description>

   <parameter name="Groovy" locked="false">
      BLZService.groovy
```

Listing 12.5: Eine Konfiguration, die den GroovyReceiver verwendet

```
    </parameter>

    <operation name="searchBLZ">
        <messageReceiver class="de.axishotels.receivers.GroovyReceiver"/>
    </operation>
</service>
```

Listing 12.5: Eine Konfiguration, die den GroovyReceiver verwendet (Forts.)

Bei dem Wert, der unter `Groovy` konfiguriert ist, handelt es sich im Übrigen nicht um einen Klassennamen, sondern vielmehr um den Dateinamen des Skripts, das vom `Groovy-Classloader` im `GroovyReceiver` geladen wird.

12.4 Message Receiver und WSDL

Um den Service in Betrieb zu nehmen, muss er lediglich in ein Service Archiv (AAR) eingepackt werden. Auf gleicher Ebene wie das Verzeichnis *META-INF*, also im Root-Verzeichnis, wird das Groovy-Skript abgelegt. Die Konfigurationsdatei *services.xml* (Listing 12.5) wird wie üblich ins Verzeichnis *META-INF* abgelegt. Der kompilierte Message Receiver samt Package-Ordnerstruktur kommt ebenfalls in das Archiv. Groovy kann man auf zwei Arten integrieren: entweder man kopiert die Groovy-Bibliothek(en) in das *lib*-Verzeichnis des Axis-Archivs oder direkt nach *WEB-INF/lib* der Axis2 Web-Anwendung.

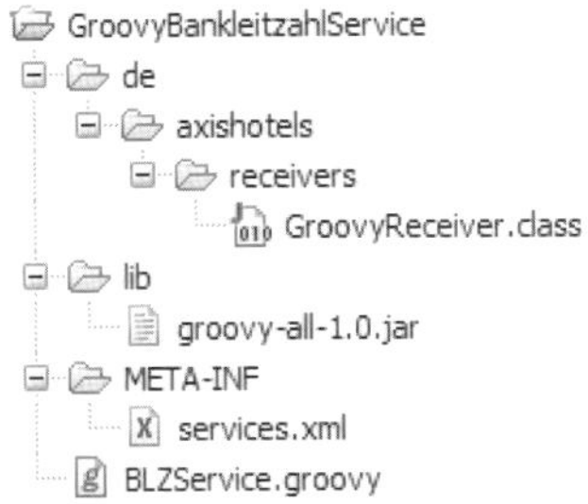

Abbildung 12.4: Beispielhafter Aufbau eines Archivs für einen Groovy Web Service

Würde dieser Web Service so in Axis2 deployt, stünde *kein* WSDL-Dokument zu Verfügung. Dies liegt daran, dass keines im Archiv enthalten ist und Axis2 WSDL-Dokumente nur dann dynamisch erzeugen kann, wenn einer der `RPCMessageReceiver` verwendet wird.

Das ist ein wichtiger Punkt, den man bei der Implementierung und Nutzung eigener Message Receiver unbedingt beachten muss: Ein Service, der einen individuellen Message Receiver verwendet, sollte prinzipiell auch sein eigenes WSDL-Dokument im Unterverzeichnis *META-INF* mitbringen. Erzeugen kann man ein solches WSDL-Dokument natürlich unter Verwendung von *Java2WSDL.bat* unter Windows beziehungsweise *Java2WSDL.sh* auf Unix-Betriebssystemen (im Falle eines Groovy-Programms muss dieses vorher mittels `groovyc` zu einer Java-Klasse kompiliert werden).

Bevor es im weiteren Verlauf des Kapitels mit EJBs und dem Spring Framework weitergeht, soll der Vollständigkeit halber noch der Quelltext für einen Client, der den Groovy-basierenden Bankleitzahl-Service konsumiert, vorgestellt werden (Listing 12.6).

```
package de.axishotels.client;

import java.io.ByteArrayInputStream;
import javax.xml.namespace.QName;
import javax.xml.stream.XMLStreamException;
import javax.xml.stream.XMLStreamReader;
import org.apache.axiom.om.OMAbstractFactory;
import org.apache.axiom.om.OMElement;
import org.apache.axiom.om.OMFactory;
import org.apache.axiom.om.impl.builder.StAXOMBuilder;
import org.apache.axiom.om.util.StAXUtils;
import org.apache.axis2.Constants;
import org.apache.axis2.addressing.EndpointReference;
import org.apache.axis2.client.Options;
import org.apache.axis2.client.ServiceClient;

public class GroovyClient {

  private EndpointReference targetEPR = new
   EndpointReference("http://localhost:8080/axis2/services/GroovyBankleitzahlService");

  private QName operationName = new QName("searchBLZ");

  public static void main(String[] args) {
    GroovyClient groovyClient = new GroovyClient();
    try {
      groovyClient.serviceAufrufen();
    } catch (Exception e) {
      e.printStackTrace();
    }
  }

  private void serviceAufrufen() throws Exception {

    OMElement suche = erzeugeSuche("Ellingen");

    Options options = new Options();
```

Listing 12.6: Ein Client für den Groovy Bankleitzahlen-Service

```
        options.setTo(targetEPR);
        options.setTransportInProtocol(Constants.TRANSPORT_HTTP);
        options.setAction(operationName.getLocalPart());
        ServiceClient sender = new ServiceClient();
        sender.setOptions(options);

        // Hier wird der Groovy-Service aufgerufen...
        OMElement received = sender.sendReceive(suche);

        // Antwort (Nutzdaten) aus OMElement auslesen
        OMElement result = (OMElement) received.getFirstOMChild();

        String ausgabe = new String(result.toString().getBytes(), "UTF-8");
        System.out.println(ausgabe);
    }

    private OMElement erzeugeSuche(String suchWert)
                throws XMLStreamException {

        String str = "<blzsuche>" + suchWert + "</blzsuche>";

        XMLStreamReader xmlReader =
            StAXUtils.createXMLStreamReader(new ByteArrayInputStream(str.getBytes()));
        OMFactory fac = OMAbstractFactory.getOMFactory();
        StAXOMBuilder staxOMBuilder = new StAXOMBuilder(fac, xmlReader);
        return staxOMBuilder.getDocumentElement();
    }
}
```

Listing 12.6: Ein Client für den Groovy Bankleitzahlen-Service (Forts.)

12.5 Enterprise JavaBeans und Axis2

12.5.1 Einführung

Mit den Enterprise JavaBeans (EJB) gibt es ein Standard-Komponentenmodell für serverseitige Entwicklung in einer Java Enterprise Umgebung. Als zentrale Stelle fungiert dabei ein EJB-Container, in dessen Kontext die Enterprise JavaBeans ausgeführt werden. Dabei ist im Container neben einer Vielzahl von nützlichen Diensten ein durch die Java EE-Spezifikation definiertes, einheitliches Programmiermodell enthalten, dass bei großen Unternehmensanwendungen von fundamentaler Bedeutung ist und es dem Anwendungsentwickler ermöglicht, sich auf das Wesentliche zu konzentrieren: die Programmierung seiner Geschäftslogik.

Bedingt durch die Tatsache, dass eine EJB ein Remote Interface unterstützt und damit aus der Ferne aufgerufen werden kann, halten viele Entwickler, Software-Architekten und Manager EJB und Web Services irrtümlicherweise für Konkurrenten. Oft wird die Frage gestellt, ob der neue Service als EJB oder als Web Service implementiert werden soll. Und oft ist die Antwort davon abhängig, ob der potentielle Client eine Java-Anwendung ist und somit RMI beherrscht oder ob der Client nur ein bestimmtes Transportprotokoll (zum Beispiel HTTP oder TCP) versteht.

Tatsächlich handelt es sich bei EJB jedoch um eine *Implementierungstechnologie*, die in erster Linie die Umsetzung der Geschäftslogik in einer serverseitigen Umgebung unterstützt. Der zugehörige EJB-Container stellt neben dem einheitlichen Programmiermodell wichtige Dienste wie Security, Transaktionsmanagement, Persistenz, Verteilung und Concurrency zur Verfügung. Im Gegensatz zu EJB handelt es sich bei den Web Services um eine *Integrationstechnologie* ganz im Zeichen von service-orientierten Architekturen (SOA). Dabei sorgen Web Services als zusätzliche Integrationsschicht insbesondere für eine bessere Interoperabilität der eigentlichen Softwareinfrastruktur. Dies gilt in besonderem Maße in Umgebungen, in denen viele Funktionalitäten schon als EJB implementiert sind und es wünschenswert ist, diese zusätzlich als Web Service zur Verfügung zu stellen (klassisches Beispiel: Ein .NET-Client ist in der Lage, dank der Integrationstechnologie Web Services die Geschäftslogik in EJBs aufzurufen).

Enterprise JavaBeans und Web Services sollten daher keineswegs als Konkurrenztechnologien betrachtet werden. Stattdessen können sie sich ergänzen, um anspruchsvolle, service-orientierte Unternehmensanwendungen (Enterprise Applications) zu realisieren. Dabei kommen EJB meist zur Anwendung, um die Geschäftslogik als solche zu implementieren, welche dann als Web Service zur Verfügung gestellt wird. Somit kann eine größere Vielfalt potentieller Clients die von der EJB bereitgestellte Funktionalität in Anspruch nehmen. Die Frage sollte daher nicht lauten: „EJB oder Web Services" sondern vielmehr: „Web Service mit oder ohne EJB?" Wann aber ist es sinnvoller, die Implementierung eines neuen Services in einer EJB oder direkt in einem Web Service unterzubringen? Die Antwort auf diese Frage hängt in erster Linie von der Anforderung und der Zielumgebung ab. Besteht in der Anwendung zum Beispiel eine hohe Anforderung an Transaktionalität und Parallelität oder werden Datenbankobjekte im Service manipuliert, ist häufig eine EJB-basierte Implementierung vorzuziehen, um von den vollen Vorzügen des EJB-Models zu profitieren. Soll die Zielanwendung dagegen nur als schlanke Webanwendung in einem Web-Container laufen, kann man sich mit der Web Service-Implementierung in einer Java-Klasse begnügen.

Die aktuelle EJB-Spezifikation 3.0, welche auf Java 5.0 aufsetzt, ist geprägt von Annotations. Das Programmiermodell wurde stark vereinfacht und basiert, genauso wie beim Spring Framework, vorwiegend auf einfachen Java-Klassen, sogenannten POJOs (Plain Old Java Objects). In der aktuellen Version sind folgende Typen von EJBs definiert:

- *Sessions Bean:* Eine Session Bean stellt einen Service oder einen Geschäftsprozess dar. Je nachdem ob diese Session Bean einen internen Zustand unterhält, wird zwischen Stateless Session Bean und Stateful Session Bean unterschieden. Eine Session Bean wird als normale Java-Klasse implementiert und durch Markieren mit den Annotations `@Stateless` oder `@Stateful` zu einer entsprechenden Enterprise JavaBean.

- *Entity Beans:* Diese Art von Beans wurden in EJB 3.0 geändert. Eine Entity Bean kapselt eine Businessentität, also Daten, die durch eine Anwendung fließen, und zwar als ganz einfaches POJO mit Gettern und Settern. Die Annotation `@Entity` macht ein POJO zu einem Entity Bean und sorgt dafür, dass alle Properties, die nicht mit `@Transient` markiert sind, persistiert werden.
- *Message Driven Beans:* Message Driven Beans wurden eingeführt, um asynchrone Verarbeitung in Java EE-Anwendungen zu ermöglichen. Ein Message Driven Bean funktioniert wie ein JMS-Listener und kann eine Verarbeitung nach dem Eintreffen einer Nachricht asynchron starten. Im Vergleich zu Session Beans muss eine Message Driven Bean immer ein bestimmtes Interface implementieren und wird durch die Annotation `@MessageDriven` gekennzeichnet. Dieses Interface zeigt an, welches Messaging-System von der Bean unterstützt wird. Wird beispielsweise eine JMS-basierte Message Driven Bean entwickelt, so muss diese das Interface `javax.jms.MessageListener` implementieren.

Da Entity Beans meistens nur einen Objektwrapper für persistente Daten (O/R Mapping) darstellen und ansonsten kaum Logik enthalten, werden die Methoden einer Entity Bean selten als Web Service zur Verfügung gestellt.

Message Driven Beans und vor allem Session Beans sind gute Kandidaten für Web Services. Gerade Stateless Session Beans eignen sich bestens, weil sie fast die gleichen Eigenschaften wie ein Web Service besitzen. Der Grund hierfür liegt in der Tatsache, dass eine Stateless Session Bean einen zustandslosen Dienst anbietet, der von einem beliebigen Client aufgerufen werden kann. Damit besteht eine relativ lose Kopplung zwischen Service-Provider und Service-Client. Eine Stateful Session Bean ist dagegen immer einem einzigen Client zugeordnet, weil sie den client-spezifischen Zustand speichern muss. Ein zustandsbehafteter Web Service wird häufig als problematisch angesehen, weil zusätzliche Informationen in Request und Response übertragen werden müssen, um eine korrekte Zuordnung zur Session zu gewährleisten. Es ist prinzipiell jedoch trotzdem möglich eine Stateful Session Bean als Web Service bereitzustellen.

Außerdem wurde mit der neuen Version der Java EnterpriseEdition nun auch ein offizieller Standard für Web Services eingeführt. Dieser Standard, JAX-WS 2.0, ermöglicht es dem Entwickler, durch Setzen von Annotationen wie zum Beispiel `@WebService` Stateless Session Beans zu Web Services zu machen oder auch auf die Generierung von WSDL Einfluss zu nehmen. Apache Axis2 unterstützt diesen neuen Standard in der zum Zeitpunkt dieses Buches aktuellen Version 1.1.1 noch nicht.

In den folgenden Abschnitten wird nur die Bereitstellung von Session Beans als Web Services betrachtet, dabei kommt ein JBoss in der Version 4.0.5GA mit installierter EJB3-Runtime für das Deployment der EJB zum Einsatz.

12.5.2 Möglichkeiten, eine EJB zu integrieren

Um eine bestehende EJB als Web Service zur Verfügung zu stellen, ist es natürlich jederzeit möglich, einen gewöhnlichen EJB-Client zu erstellen, der dasselbe Interface wie die Bean implementiert, um diesen als Serviceimplementierung zu verwenden. Dieser EJB-Client fungiert dann als Adapter und leitet alle Web Service-Requests an die EJB weiter.

Die Entwicklung eines solchen Services unterscheidet sich kaum von der sonstigen Web Service-Entwicklung, es kommt lediglich das Lokalisieren und Erzeugen der Bean als zusätzliche Logik hinzu. Diese Art, eine EJB als Web Service zur Verfügung zu stellen, lässt sich außerdem auch gut mit Contract First vereinbaren.

Nachteil dieser Variante ist es jedoch, dass der Adapter jedes Mal neu implementiert werden muss. Viel komfortabler wäre dagegen eine generische Lösung, die es ermöglicht, eine EJB direkt als Web Service zu veröffentlichen.

Axis 1.x hatte hierfür noch einen speziellen EJB-Provider im Angebot, der genau über diese Fähigkeit verfügte. Leider gibt es in Axis2 derzeit noch kein Pendant zum EJB-Provider. Der Entwickler ist hier also auf sich selbst gestellt. Durch Implementieren eines eigenen Message Receivers hat der Entwickler jedoch ein mächtiges Werkzeug in der Hand, um einen eigenen EJB-Provider zu realisieren. Durch einen speziellen Message Receiver, der statt einer Java-Klasse eine EJB aufruft, könnte eine beliebige EJB als Web Service angesprochen werden und eine zusätzliche, als EJB-Client dienende Service-Implementierung wäre somit nicht mehr erforderlich.

12.5.3 Der Bankleitzahlen-Service als EJB

Im Folgenden soll hierzu der Bankleitzahlen-Service noch einmal aufgegriffen und als EJB bereitgestellt werden. In Anschluss daran wird gezeigt, wie sich ein EJB-Message Receiver implementieren lässt, der eine beliebige EJB, ganz ohne Kodierung einer Serviceimplementierung, als Web Service zur Verfügung stellen kann und der über eine Konfigurationsdatei *services.xml* konfiguriert wird.

Die EJB soll ein Business Interface implementieren (Listing 12.7), welches mit `searchBlz` zunächst nur eine Methode besitzt, um nach Bankleitzahlen zu suchen.

```
package de.axishotels.ejb;

public interface BlzAbfrage {
   public Bankleitzahl[] searchBlz(String queryString);
}
```

Listing 12.7: Das Business Interface für die Bankleitzahlen-EJB

Die Methode `searchBlz` gibt ein Array von `Bankleitzahl`-Objekten zurück. Dabei entspricht ein Exemplar von `Bankleitzahl` immer einer gefundenen Bank in der Bankleitzahlen-Datei. `Bankleitzahl` ist in diesem Beispiel als einfaches JavaBean (POJO) realisiert, siehe Listing 12.8. Genauso könnten die Bankleitzahlen jedoch auch in einer Datenbanktabelle gespeichert sein. In diesem Fall würde es sich anbieten, `Bankleitzahl` über die Annotation `@Entity` zu einer Entity Bean zu machen.

```
package de.axishotels.ejb;

import java.io.Serializable;

public class Bankleitzahl implements Serializable {

   public String blz;
   public String kurzBezeichnung;
   public String bezeichnung;
   public String plz;
   public String ort;

   public Bankleitzahl() {
   }

   public Bankleitzahl(String blz, String kurzBezeichnung,
              String bezeichnung, String plz, String ort) {
      this.blz = blz;
      this.kurzBezeichnung = kurzBezeichnung;
      this.bezeichnung = bezeichnung;
      this.plz = plz;
      this.ort = ort;
   }

   public String getBezeichnung() {
      return bezeichnung;
   }
   public String getBlz() {
      return blz;
   }
   public String getKurzBezeichnung() {
      return kurzBezeichnung;
   }
   public String getOrt() {
      return ort;
   }
   public String getPlz() {
      return plz;
   }
```

Listing 12.8: Der von der EJB verwendete Datentyp Bankleitzahl

```
    public void setBezeichnung(String bezeichnung) {
        this.bezeichnung = bezeichnung;
    }
    public void setBlz(String blz) {
        this.blz = blz;
    }
    public void setKurzBezeichnung(String kurzBezeichnung) {
        this.kurzBezeichnung = kurzBezeichnung;
    }
    public void setOrt(String ort) {
        this.ort = ort;
    }
    public void setPlz(String plz) {
        this.plz = plz;
    }
    public String toString() {
        return this.blz + " " + this.bezeichnung + ", " + this.plz + " " + this.ort;
    }
}
```

Listing 12.8: Der von der EJB verwendete Datentyp Bankleitzahl (Forts.)

Das EJB greift wie schon im zuvor gezeigten Groovy-Beispiel wieder auf die Bankleitzahlen-Datei der Deutschen Bundesbank zu. Zunächst jedoch mit Listing 12.9 die für eine EJB benötigten Local- und Remote-Interfaces, die sich wiederum aus dem Business-Interface `BLZAbfrage` ableiten:

```
package de.axishotels.ejb;
import javax.ejb.Local;
@Local
public interface BlzAbfrageLocal extends BlzAbfrage {
}

package de.axishotels.ejb;
import javax.ejb.Remote;
@Remote
public interface BlzAbfrageRemote extends BlzAbfrage {
}
```

Listing 12.9: Local- und Remote-Interfaces für die Bankleitzahlen EJB

Zu guter Letzt noch mit Listing 12.10 die Umsetzung des EJBs selbst in vereinfachter Form, es implementiert nicht das Business-Interface, sondern Remote- und Local-Interface.

```
package de.axishotels.ejb;

import java.io.BufferedReader;
import java.io.FileReader;
import java.io.IOException;
import java.util.ArrayList;
import java.util.List;
import java.util.regex.Matcher;
import java.util.regex.Pattern;

import javax.ejb.Local;
import javax.ejb.Remote;
import javax.ejb.Stateless;

@Stateless
@Local(BlzAbfrageLocal.class)
@Remote(BlzAbfrageRemote.class)
public class BlzAbfrageBean implements BlzAbfrageRemote, BlzAbfrageLocal {

   public Bankleitzahl[] searchBlz(String queryString) {

      Pattern pattern = Pattern.compile(queryString);
      BufferedReader bufferedReader;
      String line;
      List<Bankleitzahl> list = new ArrayList<Bankleitzahl>();

      try {
         bufferedReader = new BufferedReader(newFileReader("c:\\blz.txt"));
         while ((line = bufferedReader.readLine()) != null) {
            // Enthält die Zeile in der Datei den Suchwert?
            Matcher matcher = pattern.matcher(line);
            if (matcher.find()) {
               // Wenn ja, dann wird aus dem String
               // ein Bankleitzahl-Objekt gemacht und in eine
               // Liste zwischengespeichert
               list.add(createBlzFromString(line));
            }
         }
         bufferedReader.close();

      } catch (IOException e) {
```

Listing 12.10: Der Bankleitzahlen Service in einer Session Bean-Implementierung

```
            System.out.println("Fehler beim Lesen der BLZ-Datei");
            return null;
        }

        Bankleitzahl[] result = new Bankleitzahl[list.size()];

        for (Bankleitzahl bankleitzahl : list) {
            result[list.indexOf(bankleitzahl)] = bankleitzahl;
        }
        return result;
    }

    private Bankleitzahl createBlzFromString(String line) {

        // Satz aus Bankleitzahl-Datei parsen
        return new Bankleitzahl( line.substring(0,8).trim(),
                                 line.substring(107, 134).trim(),
                                 line.substring(9,67).trim(),
                                 line.substring(67,72).trim(),
                                 line.substring(72,107).trim());
    }
}
```

Listing 12.10: Der Bankleitzahlen Service in einer Session Bean-Implementierung (Forts.)

Um diese EJB beispielsweise in JBoss zu installieren, genügt es, sämtliche Artefakte des EJB in ein ZIP zu packen und mit der Dateieendung *.ejb3* ins *deploy*-Verzeichnis der jeweiligen JBoss-Konfiguration zu kopieren. In den Beispielsourcen zu diesem Buch, die auf der Buch-Webseite heruntergeladen werden können, findet sich die EJB als Eclipse-Projekt und als *.ejb3*-Datei, die sofort in JBoss lauffähig ist. Der Hot-Deploy-Mechanismus von JBoss sorgt dafür, dass die EJB ausgepackt wird und über den Applikations-Server aufgerufen werden kann. Die Bankleitzahlendatei *blz.txt* muss für dieses Beispiel natürlich wieder auf *C:* vorliegen. Abbildung 12.5 zeigt die Struktur des ZIP-Files für die Bankleitzahlen-EJB, welche in JBoss eingespielt werden kann.

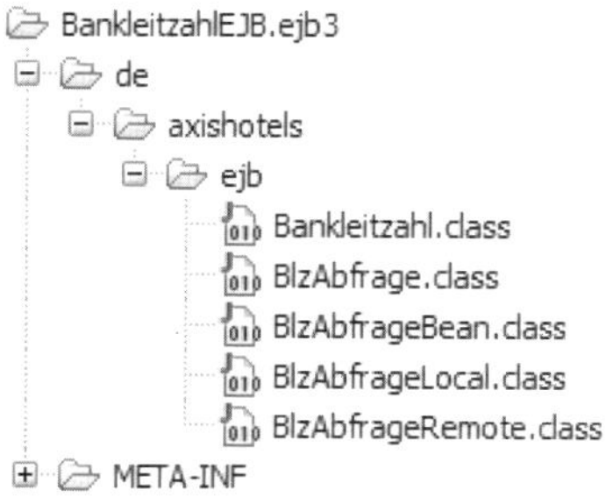

Abbildung 12.5: Der Bankleitzahlen-Service in EJB 3.0

12.5.4 Die Realisierung von EJBMessageReceiver

Wie könnte nun ein Message Receiver realisiert werden, mit dem die Bankleitzahlen EJB (oder natürlich auch jede andere EJB) generisch aufgerufen werden kann? Zunächst lässt sich feststellen, dass ein autarker EJB-Client die Methoden auf dem Remote-Interface aufrufen würde. Im Umfeld von Axis2 ist es der `RPCMessageReceiver`, der verwendet wird, um Methoden einer Java-Klasse (oder eben einem Interface) aufzurufen. Das Problem ist jedoch, dass `RPCMessageReceiver` nicht ohne weiteres in der Lage ist, die EJB zu lokalisieren und zu instanziieren. Er kann daher nicht unverändert zum Einsatz kommen. Man könnte aber einen neuen `EJBMessageReceiver` von `AbstractInOutSyncMessageReceiver` ableiten und in der Methode `makeNewServiceObject` ansetzen. Hier müsste dann nach dem Auspacken der SOAP-Response für die Lokalisierung und Instanziierung der EJB gesorgt werden, bevor diese in der Methode `invokeBusinessLogic` schließlich über Reflection aufgerufen wird. Zum Schluss müsste dann noch die SOAP-Response generiert werden.

Auch wenn dies ein gangbarer Weg wäre, so bedeutet er viel Programmierarbeit, die man sich sparen kann. Es lohnt sich in diesem Fall also doch noch mal einen Blick zurück auf `RPCMessageReceiver` zu werfen, denn er verfügt im Prinzip über genau die Eigenschaften, die soeben beschrieben wurden: Er erbt von `AbstractInOutSyncMessageReceiver`, er packt die SOAP-Response aus, er erzeugt eine Instanz des Service, er ruft sie auf und generiert schließlich eine SOAP-Response. Der einzige Unterschied zum gewünschten `EJBMessageReceiver` besteht lediglich in der Art und Weise, wie das Service-Objekt generiert wird, also in der Implementierung der Methode `makeNewServiceObject`. Ein viel eleganterer Weg ist es also, den neuen `EJBMessageReceiver` direkt von `RPCMessageReceiver` abzuleiten und nur die Methode `makeNewServiceObject` zu überschreiben. So sorgt der `EJBMessageReceiver` in Listing 12.11 lediglich für das Erzeugen des Service-Objects und delegiert den Rest (Service aufrufen, Response erzeugen usw.) wieder an `RPCMessageReceiver`.

```
package de.axishotels.receivers;

import org.apache.axis2.AxisFault;
import org.apache.axis2.context.MessageContext;
import org.apache.axis2.rpc.receivers.RPCMessageReceiver;

public class EJBMessageReceiver extends RPCMessageReceiver {

  protected Object makeNewServiceObject(MessageContext msgContext) throws AxisFault {

    return EJBUtil.makeNewEJBServiceObject(msgContext.getAxisService());
  }
}
```

Listing 12.11: EJBMessageReceiver

Die im neuen Message Receiver überschriebene Methode makeNewServiceObject lagert das Erzeugen der EJB in die Hilfsklasse EJBUtil aus. Da die Implementierung von EJBUtil etwas größer ausgefallen ist, befindet sich das Listing am Ende des Kapitels in Abschnit 12.8. Bei der Klasse EJBUtil handelt es sich um eine Portierung (mit einigen wenigen Anpassungen) der Kernfunktionalität des „alten" EJBProviders, der bereits in Axis 1.x zum Einsatz kam. Die Methode makeNewEJBServiceObject bestimmt zunächst anhand der Parameterangabe in der Konfigurationsdatei (*services.xml*), ob die EJB über Remote- oder Local-Interface angesprochen werden soll. Sind beide Interfaces angegeben, wird das Remote-Home-Interface bevorzugt. Als Nächstes wird anhand der JNDI-Parameter der JNDI-Kontext aufgebaut und das EJBHome lokalisiert. Das Objekt, das von EJBUtil zurückgeliefert wird, durchläuft im Anschluss das gleiche Verfahren wie man es von RPCMessageReceiver kennt, das heißt, in der Methode invokeBusinessLogic wird über Reflection die gewünschte Methode auf dem Objekt aufgerufen. Das Schema funktioniert analog natürlich auch für Local-EJBs.

Der EJBMessageReceiver benötigt eine Reihe von zusätzlichen Konfigurationsparametern, damit er zum Beispiel eine Verbindung zum JNDI-InitialContext aufbauen kann. Die relevanten Parameter sind in Tabelle 12.1 zusammengefasst.

Parameter	Beschreibung
providerUrl	Legt die JNDI-Adresse fest, unter der das Home-Objekt der EJB deployt ist. Der Wert dieses Parameters wird beim Einrichten des InitialContext als Wert für die Property Context.PROVIDER_URL gesetzt.
jndiContextClass	Legt die JNDI-Provider-Klasse fest. Der Wert dieses Parameters wird beim Einrichten des InitialContext als Wert für die Property Context.INITIAL_CONTEXT_FACTORY gesetzt.
jndiUser (optional)	Gibt den Benutzernamen an, falls eine Benutzerauthentifizierung gegenüber JNDI notwendig ist. Der Wert dieses Parameters fließt beim Einrichten des InitalContext in die Property Context.SECURITY_PRINICIPAL ein.
jndiPassword (optional)	Gibt das Passwort an, falls eine Benutzerauthentifizierung gegenüber JNDI notwendig ist. Der Wert dieses Parameters fließt beim Einrichten des InitialContext in die Property Context.SECURITY_CREDENTIAL ein.
beanJndiName	Spezifiziert den JNDI-Namen, unter dem das EJBHome-Objekt zu lokalisieren ist
remoteInterfaceName	Spezifiziert die Klasse für das Remote-Interface
localInterfaceName	Spezifiziert die Klasse für das Local-Interface

Tabelle 12.1: Parameter für services.xml zur Konfiguration von EJBMessage Receier

12.5.5 EJB als Web Service bereitstellen

Nachdem der EJBMessageReceiver implementiert ist, soll es nun darum gehen, wie dieser zu paketieren ist, damit er in Axis2 zur Anwendung kommen kann. Abbildung 12.6 zeigt ein beispielhaftes Service Archiv zum Deployment in Axis2.

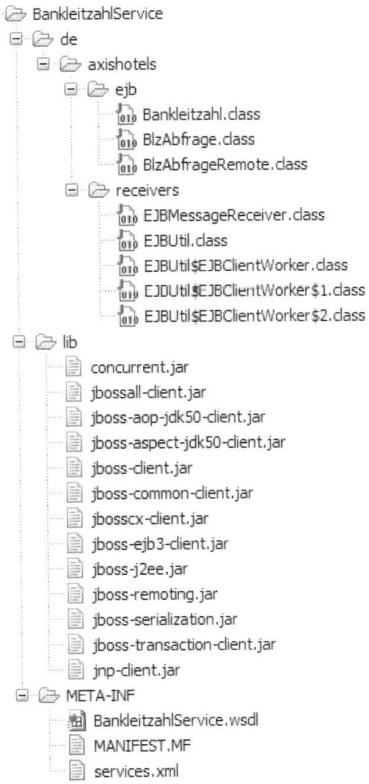

Abbildung 12.6: Das Service Archiv für den EJB-Bankleitzahlen-Service

In Abschnitt 12.4 „Message Receiver und WSDL" wurde bereits erläutert, dass bei Verwendung eigener Message Receiver zwangsläufig WSDL-Dokumente ins Service-Archiv aufgenommen werden *müssen*, da Axis2 WSDL nur bei Verwendung einer der `RPCMessageReceiver` automatisch erzeugen kann. Bei der Generierung des WSDL-Dokuments für den EJB-Bankleitzahlen-Service geht man am besten vom Interface `de.axishots.ejb.BlzAbfrage` aus und erzeugt mittels *Java2WSDL.bat* (beziehungsweise *Java2WSDL.sh*) das entsprechende WSDL. Das WSDL-Dokument sollte den gleichen Namen bekommen, unter dem der Service auch in Axis2 deployt wird, d.h., wird der Service unter dem Namen „BankleitzahlService" in Axis2 installiert, dann sollte das WSDL-Dokument dementsprechend *BankleitzahlService.wsdl* heissen. Innerhalb des Service-Archivs wird das WSDL-Dokument im Unterordner *META-INF* abgelegt. Wenn `EJBMessageReceiver` in einem eigenen JAR in Axis2 eingespielt wird, so ist dieser ins *lib* bzw. *WEB-INF/lib*-Verzeichnis der Axis2 Web-Anwendung zu kopieren, damit er verwendet werden kann. Der Message Receiver kann alternativ aber auch im Service-Archiv zusammen mit der Service-Konfiguration ausgeliefert werden. Zu beachten ist hierbei, dass für den Fall einer „globalen" Installation des Nachrichtenempfängers in *lib* bzw. *WEB-INF/lib* auch die EJB-Client-Bibliotheken mitkopiert werden müssen! Für den Fall, dass der Message Receiver zusammen mit einem Service-Archiv eingespielt wird, müssen die EJB-Client-Bibliotheken im Unterordner *lib* dieses Archivs liegen. Das AAR-File (Abbildung 12.6) enthält die Implementierung des Message Receivers, die für den Aufruf der EJB benötigten Interfaces, das WSDL-Dokument zusammen mit *services.xml* in *META-INF* und natürlich im *lib*-Verzeichnis sämtliche erforderlichen Bibliotheken, damit die EJB im JBoss-Server angesprochen werden kann.

Sämtliche Beispiele zu diesem Kapitel können als Eclipse-Projekte heruntergeladen werden, hier findet sich dann auch für den EJB-Bankleitzahlen-Service ein entsprechendes Ant-Skript, um das Service-Archiv bequem zu bauen. Ganz essentiell für diesen Service ist natürlich auch seine Konfiguration in der Datei *services.xml*, abgedruckt in nachfolgendem Listing 12.12.

```
<service name="BankleitzahlService">
  <description>Service der eine EJB benutzt</description>

  <parameter name="beanJndiName">BlzAbfrageBean/remote</parameter>
  <parameter name="remoteInterfaceName">
    de.axishotels.ejb.BlzAbfrageRemote
  </parameter>
  <parameter name="providerUrl">jnp://gamsjoch:1099</parameter>
  <parameter name="jndiContextClass">
    org.jnp.interfaces.NamingContextFactory
   </parameter>

   <parameter name="ServiceClass" locked="false">
     de.axishotels.ejb.BlzAbfrage
   </parameter>

   <operation name="searchBlz">
     <messageReceiver mep="http://www.w3.org/2004/08/wsdl/in-out"
         class="de.axishotels.receivers.EJBMessageReceiver" />
   </operation>

   <schema schemaNamespace="http://ejb.axishotels.de/xsd" />

</service>
```

Listing 12.12: Die Konfigurationsdatei services.xml des EJB-Bankleitzahlen-Service

In der Web Service-Konfiguration finden sich die EJB-Parameter aus Tabelle 1 wieder. Die EJB `BlzAbfrageBean` wird hier remote auf dem JBoss-Server, der auf dem Rechner „gamsjoch[3]" läuft, aufgerufen. Zur Anwendung kommt natürlich der `EJBMessageReceiver`. Interessant auch die letzte Einstellung `<schema>` in der *services.xml*: Sie definiert den Target Namespace des Service. Wenn dieser Parameter nicht angegeben wird, dann wird Axis2 in Requests und Responses sämtliche Datentypen dem Namespace `http://org.apache.axis2/xsd` zuordnen und ein potentieller Client wird nicht mehr in der Lage sein, den

3 Das Gamsjoch ist ein 2452m hoher, leicht zu besteigender Berg im Karwendelgebirge.

Web Service zu verwenden, denn der Client erwartet den Datentyp `Bankleitzahl`, der vom Service in Form eines Arrays zurückgegeben wird, nicht im Namespace `http://org.apache.axis2/xsd`, sondern in `http://ejb.axishotels.de/xsd`.

12.6 ServiceObjectSupplier

Message Receiver wie beispielsweise `RawXMLInOutMessageReceiver` oder `RPCMessageReceiver` sind nicht in der Lage, ohne weiteres EJBs aufzurufen oder vorkonfigurierte Beans aus einem Spring `ApplicationContext` zu entnehmen. Das liegt daran, dass sich diese Message Receiver auf Reflection stützen, um eine Web Service-Implementierungsklasse zu instanziieren und schließlich die in der *services.xml* definierten Operationen aufzurufen. Es wird aber sicherlich vorkommen, dass man zwar eine EJB verwenden möchte, sich aber dennoch auf einen der bestehenden Message Receiver, zum Beispiel `RPCMessageReceiver` stützen will, weil dieser in der Lage ist, WSDL-Dokumente automatisch zu erzeugen. So müsste man auf der einen Seite nicht ständig das WSDL-Dokument neu generieren, wenn sich die Service-Implementierung selbst geändert hat und auf der anderen Seite wären Spezialeinstellungen wie etwa der Parameter zum Definieren des Schema-Namespace in der *services.xml* (siehe auch Listing 12.12) nicht mehr zwingend erforderlich. Es wäre also durchaus wünschenswert, wenn man einem bestehendem Message Receiver eine Service-Implementierung einfach „unterjubeln" könnte.

Die gute Nachricht: Es geht. Um einer bestehenden Message Receiver-Implementierung nun also auf anderem Wege als über Reflection ein fertiges Service-Objekt zu übergeben, wurde mit Axis2 1.1 das Interface `ServiceObjectSupplier` (Listing 12.13) eingeführt. Alle Message Receiver, die von `AbstractMessageReceiver` abgeleitet sind (und das sind eigentlich alle Nachrichtenempfänger, die Bestandteil von Axis2 sind), prüfen in dessen Methode `makeNewServiceObject`, ob der neue Parameter `ServiceObjectSupplier` in der *services.xml* gesetzt ist. Wenn dies der Fall ist, dann wird die mit diesem Parameter angegebene Implementierung von `ServiceObjectSupplier` oder genauer von dessen Methode `getServiceObject` aufgerufen, deren Aufgabe es ist, das Service-Objekt zu erzeugen und zurückzuliefern.

```
package org.apache.axis2;

import org.apache.axis2.description.AxisService;

public interface ServiceObjectSupplier {
   public Object getServiceObject(AxisService axisService) throws AxisFault;
}
```

Listing 12.13: Das Interface ServiceObjectSupplier

Anstelle des `EJBMessageReceiver` kann daher ab Axis2 1.1 auch eine eigene Implementierung von `ServiceObjectSupplier` treten. Dadurch gewinnt man die Freiheit, je nach Bedarf einen der zur Verfügung stehenden Message Receiver zu verwenden, ohne einen eigenen zu programmieren. Die gesamte Web Service-Konfiguration kann damit kürzer und wesentlich einfacher gestaltet werden.

```
package de.axishotels.receivers;

import org.apache.axis2.AxisFault;
import org.apache.axis2.ServiceObjectSupplier;
import org.apache.axis2.description.AxisService;

public class EJBObjectSupplier implements ServiceObjectSupplier {

  public Object getServiceObject(AxisService axisService) throws AxisFault {
    return EJBUtil.makeNewEJBServiceObject(axisService);
  }
}
```

Listing 12.14: Eine ServiceObjectSupplier-Implementierung zum Aufruf von EJBs

Der mit Listing 12.14 vorgestellte `EJBObjectSupplier` ist dem `EJBMessageReceiver` sehr ähnlich, nur dass er eben kein Message Receiver mehr ist (er implementiert `ServiceObjectSupplier`) und bestehende Nachrichtenempfänger in die Lage versetzt, ihr Service-Objekt von einem EJB-Container zu beziehen. So steht unter Verwendung des `EJBObjectSupplier` auch dem Einsatz von `RPCMessageReceiver` nichts mehr im Wege!

```
<service name="BankleitzahlObjSuppService">
  <description>
    Service der mit einem ServiceObjectSuppliuer
    RPCMessageReceiver mit einer EJB versorgt
  </description>
  <parameter name="ServiceObjectSupplier" locked="false">
    de.axishotels.receivers.EJBObjectSupplier
  </parameter>
  <parameter name="beanJndiName">BlzAbfrageBean/remote</parameter>
  <parameter name="remoteInterfaceName">
    de.axishotels.ejb.BlzAbfrageRemote
  </parameter>
  <parameter name="providerUrl">jnp://bb07:1099</parameter>
  <parameter name="jndiContextClass">
    org.jnp.interfaces.NamingContextFactory
  </parameter>
  <parameter name="ServiceClass" locked="false">
    de.axishotels.ejb.BlzAbfrage
  </parameter>
  <operation name="searchBlz">
    <messageReceiver mep="http://www.w3.org/2004/08/wsdl/in-out"
```

Listing 12.15: services.xml bei Verwendung von EJBObjectSupplier

```
class="org.apache.axis2.rpc.receivers.RPCMessageReceiver" />
  </operation>

 </service>
```

Listing 12.15: services.xml bei Verwendung von EJBObjectSupplier (Forts.)

Besonders Augenmerk sollte man auf den neuen Parameter `ServiceObjectSupplier` legen. Durch Verwendung dieses Parameters wird der `EJBObjectSupplier` aktiv und arbeitet Hand in Hand mit dem `RPCMessageReceiver` beziehungsweise dessen Oberklasse `AbstractMessageReceiver`. Er übergibt dieser eine Instanz der Bankleitzahlen EJB.

12.7 Spring Framework

12.7.1 Einführung

Es war einmal ein Buchautor. Rod Johnson, so der Name dieses Autors, veröffentlichte vor einigen Jahren ein Buch mit dem Titel „Expert One-On-One J2EE Design and Development", in dem er diskutierte, wie weit man bei der Entwicklung von Enterprise Applikationen mit Standard Java ohne J2EE, aber dafür auf Basis normaler POJOs kommen kann. Johnson hat seine Überlegungen für das Buch natürlich auch in Beispielcode gegossen und aus dieser Basis ist schließlich das Spring Framework hervorgegangen. Die Entwickler von Spring konzentrieren sich im Kern dabei auf die Bereitstellung von drei ganz wesentlichen Funktionen: Dependency Injection beziehungsweise Inversion Of Control (IoC), Template-Klassen und Aspektorientierte Programmierung.

Dependency Injection

Rufen Sie uns nicht an, wir rufen Sie an! So kann man sich, im übertragenen Sinne, Dependency Injection vorstellen. In der klassischen objektorientierten Programmierung ist jedes Objekt selbst zuständig, abhängige Objekte und Ressourcen zu erzeugen, zu verwalten und zu integrieren (zum Beispiel ist ein Datenzugriffsobjekt selbst dafür verantwortlich, eine Datenbankverbindung aufzubauen). Bei Dependency Injection wird diese Verantwortlichkeit (also das Auflösen von Abhängigkeiten und die Verwaltung von Ressourcen) an ein externes Framework, das Spring Framework, übergeben. Über eine auf XML basierende Konfigurationsdatei wird dann nur noch festgelegt, welche Objekte es gibt (in Spring spricht man von Spring-Beans und diese sind meist als POJO implementiert) und wie deren Abhängigkeiten zueinander sind. Das Spring Framework erzeugt aus dieser Konfiguration später einen so genannten `ApplicationContext`. Über von Spring bereitgestellte Methoden wie `getBean` kann dann vom Spring Framework ein vollständig konfiguriertes Objekt angefordert werden, ohne dass man sich im eigenen Programm um dessen Erzeugung kümmern muss. Das Spring Framework kann also als Fabrik verstanden werden, die Objekte samt ihrer Abhängigkeiten erzeugen kann (instanziiert) und fertig für den Einsatz zur Verfügung stellt.

Templates

Das Spring Framework bietet allerdings weit mehr als den einen reinen IoC-Container. So enthält das Framework viele Hilfsklassen, die die Verwendung diverser APIs vereinheitlichen und damit einhergehend stark vereinfachen sollen. Zu diesem Zweck wurden Template-Klassen eingeführt. Für den Datenbankzugriff zum Beispiel gibt es das `JdbcTemplate`, für den Umgang mit JMS ein `JmsTemplate` und so weiter. Charakteristisch für all diese Templates ist deren einheitliche Bedienung, so haben die Entwickler von Spring darauf geachtet, dass die Templates möglichst gleiche Methoden haben, möglichst ähnlich konfiguriert werden können und sich natürlich mit Dependency Injection verwenden lassen.

Aspektorientierte Programmierung

Ein weiteres wichtiges Feature von Spring ist Aspektorientierte Programmierung (AOP). AOP ermöglicht es dem Entwickler Code in Klassen „einzuweben" und diesen dann zu einem bestimmten Zeitpunkt auszuführen. Vergleichen kann man das mit den aus Datenbanken bekannten Triggern: So wie in einer Datenbank beispielsweise ein Trigger definiert werden kann, der eine Stored Procedure ausführt, sobald in einer bestimmten Tabelle eine neue Zeile eingefügt wird, genauso kann im Rahmen der Aspektorientierten Programmierung Programmcode (sogenannte Aspekte) mit Hilfe eines speziellen AOP-Compilers vor oder nach dem Aufruf einer bestimmten Methode eingewebt und ausgeführt werden.

12.7.2 Axis2 und das Spring Framework

Axis2 und das Spring Framework sind, wie sich im weiteren Verlauf des Kapitels noch herausstellen wird, ein gutes Gespann. Schon alleine der Gedanke, auch in der Entwicklung von Web Services mit den Vorteilen von Dependency Injection gesegnet zu sein, ist verlockend. Gerade zum Testen bietet sich der Einsatz von Spring an: Im Betrieb baut Spring über seinen `ApplicationContext` dann das Objekt, dessen Operationen später als Web Service zur Verfügung stehen werden, so zusammen, dass es auf eine echte Datenbank zugreift, um die entsprechenden Daten abzuholen und zu verarbeiten. Beim Schreiben von Unit-Tests ändert man nur die Konfiguration, sodass statt der Datenbankverbindung beispielsweise ein Mock-Objekt in das zu testende Service-Objekt injiziert wird! Durch Integration von Spring und Axis2 lassen sich die Template-Klassen beispielsweise zur Realisierung von DAOs für Hibernate, iBatis oder JDBC verwenden, ja sogar Web Services mit aspektorientierter Programmierung sind möglich.

Doch wie ist die Integration von Spring in Axis2 realisiert? Die Antwort darauf heißt: `ServiceObjectSupplier`. In Abschnitt 12.6 wurden die `ServiceObjectSupplier` bereits vorgestellt und gezeigt, wie diese für den Aufruf von EJBs eingesetzt werden können. Primär entwickelt wurden `ServiceObjectSupplier` jedoch im 1.1-Entwicklungszyklus von Axis2, um die Integration von Spring mit Axis2 zu ermöglichen. Mit Hilfe der `ServiceObjectSupplier`-Implementierungen, die mit Axis2 ausgeliefert werden, ist es ein Leichtes, Services, die auf Basis von Spring entwickelt wurden, mit Axis2 als Web Service zu veröffentlichen. Dabei kann jeder beliebige Message Receiver verwendet werden, der von `AbstractMessageReceiver` erbt. Mit den in Axis2 enthaltenen Objektlieferanten `SpringServletContextObjectSupplier` und `SpringAppContextAwareObjectSupplier` (beide implementieren das Interface `ServiceObjectSupplier`) werden dem ambitionierten Entwickler auch gleich zwei mögliche Wege geboten, über die Spring-Beans mit Axis2 verbunden werden können.

Die Verwendung von `SpringServletContextObjectSupplier` bietet sich an, wenn Axis2 im Rahmen seiner Webanwendung läuft oder in eine bestehende Webanwendung eingebettet ist, die das Spring Framework verwendet. Eine Webanwendung, die mit Spring aufgebaut ist, verwendet in aller Regel einen in der Datei *web.xml* konfigurierten und von Spring bereitgestellten `ContextLoaderListener`, mit dem Spring mitgeteilt wird, wo in der Webanwendung sich die entsprechende Spring-Konfiguration, der sogenannte `ApplicationContext` befindet. Bei Webanwendungen, die der Servlet-Spezifikation 2.3 folgen, registriert man `ContextLoaderListener` als Listener über das `<listener>`-Tag, bei Webanwendungen die einer älteren Servlet-Spezifikation folgen, verwendet man stattdessen `ContextLoaderServlet`. Listing 12.16 zeigt entsprechende Ausschnitte aus einer *web.xml*-Datei für die Servlet-Spezifikationen 2.2 und 2.3, in denen dem Spring Framework mitgeteilt wird, dass die Konfiguration in der Datei */WEB-INF/applicationContext.xml* zu finden ist. Besteht die Aufgabe nun darin bestimmte Services aus dieser Webanwendung mit einer Web Service-Schnittstelle auszustatten, dann bietet `SpringServletContextObjectSupplier` Zugriff auf die Spring-Beans, die über `ContextLoaderListener` in *web.xml* bekannt gemacht wurden.

```
Servlet Spezifikation 2.2:
<servlet>
  <servlet-name>context</servlet-name>
  <servlet-class>
    org.springframework.web.context.ContextLoaderServlet
  </servlet-class>
  <load-on-startup>1</load-on-startup>
</servlet>

<context-param>
  <param-name>contextConfigLocation</param-name>
  <param-value>/WEB-INF/applicationContext.xml</param-value>
</context-param>

Servlet Spezifikation 2.3:
<listener>
  <listener-class>
    org.springframework.web.context.ContextLoaderListener
  </listener-class>
</listener>

<context-param>
  <param-name>contextConfigLocation</param-name>
  <param-value>/WEB-INF/applicationContext.xml</param-value>
</context-param>
```

Listing 12.16: Ausschnitt aus der Datei web.xml, einer Webanwendung zur Konfiguration von Spring-Beans über den Servlet-Context

Als Alternative hierzu kann der `SpringAppContextAwareObjectSupplier` verwendet werden, wenn Axis2 nicht im Verbund mit einer Webanwendung eingesetzt wird und zum Beispiel als TCP-Server läuft. Hierzu ist es notwendig, sämtliche Spring Beans und deren Konfiguration im Service-Archiv (AAR) zu halten und zu deployen. Selbstverständlich kann `SpringAppContextAwareObjectSupplier` auch eingesetzt werden, wenn man einen auf Spring basierenden Web Service völlig isoliert in einen Axis2-Server einspielen will, der als Webanwendung läuft. Während der `SpringServletContextObjectSupplier` seine Spring-Konfiguration aus dem Servlet-Kontext der Webanwendung bezieht, muss der Entwickler bei Verwendung von `SpringAppContextAwareObjectSupplier` Axis2 mitteilen, wo es die Spring-Konfiguration finden kann. Um dies zu erreichen, muss dem Service-Archiv zusätzlich zu den als Web Service zu veröffentlichenden Spring-Beans noch eine spezielle Web Service-Implementierungsklasse hinzugefügt werden, die das Interface `ServiceLifeCycle` (siehe Kapitel 8) implementiert und damit die Möglichkeit bietet, beim ersten Start des Services die Spring-Konfiguration zu lesen. Im Folgenden wird der Bankleitzahlen-Service in einer Spring-konformen Implementierung vorgestellt und anschließend gezeigt, wie die beiden `ServiceObjectSupplier` verwendet werden können.

12.7.3 Der Bankleitzahlen-Service als Spring-Bean

Die Implementierung des Bankleitzahlen-Service musste im Verlaufe dieses Kapitels einiges an Veränderung durchmachen: Zuerst wurde der Service mit Groovy realisiert, dann folgte die Migration in die Welt der Java Enterprise Edition. Als letzte Variante folgt nun die Realisierung in einer Spring-Version.

Wenn man Anwendungen mit Spring entwickelt, dann entwickelt man meist lose gekoppelte Applikationen, die klar in Schichten aufgeteilt sind. Auf unterster Ebene liegt die Datenzugriffsschicht, in Spring meist realisiert mit Hilfe des DAO-Patterns und unter Verwendung diverser Template-Klassen (`HibernateTemplate`, `JdbcTemplate` usw). Auf nächster Ebene liegen Services, welche die Geschäftslogik kapseln und auf die darunterliegende Datenzugriffschicht zugreifen. Darauf aufbauend folgt die Benutzungsoberfläche (UI), die wiederum ausschließlich auf die Services zugreift. Auch für das UI bietet Spring entsprechende Unterstützung sowohl im Web (SpringMVC) als auch im Umfeld von Desktop-Anwendungen (Spring Rich-Client). Zusammengehalten und zur Verfügung gestellt werden die einzelnen Schichten durch das Spring-Framework und Dependency Injection.

Im Folgenden wird nur die Datenzugriffs- und Serviceschicht des Bankleitzahlen-Service vorgestellt, da die Erstellung einer Oberfläche für den Bankleitzahlen-Service über die Intention dieses Buches hinausginge. Bei der Entwicklung von Anwendungen mit Spring wird höchster Wert auf Verwendung von Interfaces gelegt. Dass dies sinnvoll ist, steht außer Frage, denn dadurch wird die Anwendung flexibel: Einzelne Komponenten lassen sich einfacher austauschen. Die Datenzugriffschicht des Spring-basierenden Bankleitzahlen-Service besteht daher zunächst aus dem Interface `BankleitzahlDao`. Dieses Interface, siehe Listing 12.17, definiert die Methode `searchBLZ` und jede Implementierung sollte eine typisierte Liste mit Bankleitzahlobjekten zurückliefern (auch hier, wie im EJB-Beispiel zuvor, kommt wieder der `Bankleitzahl`-Typ zum Einsatz). Listing 12.18 zeigt in der Klasse `BankleitzahlDaoImpl` eine mögliche Implementierung des Datenzugriffs, nämlich den Zugriff über reguläre Ausdrücke auf die Datei *blz.txt* im Filesystem. Alternativ könnte man `BankleitzahlDao` nun auch in einer Version implementieren, die auf eine

Datenbank zugreift. Dadurch, dass in der nächsten Schicht, der Schicht der Geschäftslogik, nur gegen das Interface programmiert wird, ist man hier sehr flexibel.

```
package de.axishotels.spring;

import java.util.List;

public interface BankleitzahlDao {
  List<Bankleitzahl> searchBlz(String queryString);
}
```

Listing 12.17: Das Interface für die Datenzugriffschicht der Spring Bankleitzahlen-Implementierung

```
package de.axishotels.spring;

import java.io.BufferedReader;
import java.io.FileReader;
import java.io.IOException;
import java.util.ArrayList;
import java.util.List;
import java.util.regex.Matcher;
import java.util.regex.Pattern;

public class BankleitzahlDaoImpl implements BankleitzahlDao {
  public List<Bankleitzahl> searchBlz(String queryString) {

    Pattern pattern = Pattern.compile(queryString);
    BufferedReader bufferedReader;
    String line;

    List<Bankleitzahl> list = new ArrayList<Bankleitzahl>();

    try {
      bufferedReader = new BufferedReader(new FileReader("c:\\blz.txt"));
      while ((line = bufferedReader.readLine()) != null) {
        Matcher matcher = pattern.matcher(line);
        if (matcher.find()) {list.add(createBlzFromString(line)); }
      }
      bufferedReader.close();
    } catch (IOException e) {
      System.out.println("Fehler beim Lesen der BLZ-Datei");
    }
```

Listing 12.18: Mögliche Implementierung von BankleitzahlDao, hier der Zugriff auf blz.txt

```
    return list;
  }
  private Bankleitzahl createBlzFromString(String line) {

    return new Bankleitzahl( line.substring(0,8).trim(),
                             line.substring(107, 134).trim(),
                             line.substring(9,67).trim(),
                             line.substring(67,72).trim(),
                             line.substring(72,107).trim());
  }
}
```

Listing 12.18: Mögliche Implementierung von BankleitzahlDao, hier der Zugriff auf blz.txt (Forts.)

Um möglichst allgemein zu bleiben (zum Beispiel um einen späteren Umstieg auf Hibernate oder die Java Persistence API zu ermöglichen), wurde die Methode `searchBlz` ganz bewusst so modelliert, dass sie eine `List` zurückgibt.

Aus Gründen der Interoperabilität empfiehlt es sich jedoch nicht, innerhalb einer Web Service-Operation eine solche `List` zurückzugeben. Hier ist es sinnvoller, ein Array zu verwenden, das den komplexen Datentyp `Bankleitzahl` enthält. Dieser Typ kann in XML Schema ausgedrückt werden und ist damit meist universeller und plattformübergreifender einsetzbar. In Listing 12.19 schließlich sieht man den `BankleitzahlService`, der `BankleitzahlDao` verwendet, um `searchBlz` aufzurufen. Die Aufgabe dieses Service besteht außerdem darin, die `List` in das besagte Array umzuwandeln und es zurückzugeben. Daraus wird nun auch ersichtlich, dass diese Methode später für eine Web Service-Operation vorgesehen ist.

```
package de.axishotels.spring;

import java.util.List;

public class BankleitzahlService {

  private final BankleitzahlDao bankleitzahlDao;

  public BankleitzahlService(BankleitzahlDao bankleitzahlDao) {
    this.bankleitzahlDao = bankleitzahlDao;
  }

  public Bankleitzahl[] searchBlz(String queryString) {

    List<Bankleitzahl> list = this.bankleitzahlDao.searchBlz(queryString);
```

Listing 12.19: Die Geschäftslogik des Spring Bankleitzahlen-Service

```
    if (list.size() != 0) {

      Bankleitzahl[] result = new Bankleitzahl[list.size()];
      for (Bankleitzahl bankleitzahl : list) {
        result[list.indexOf(bankleitzahl)] = bankleitzahl;
      }
      return result;

    } else {
      return null;
    }
  }
}
```

Listing 12.19: Die Geschäftslogik des Spring Bankleitzahlen-Service (Forts.)

Doch wo wird `BankleitzahlDaoImpl` (die Implementierung von `BankleitzahlDao`) zur Verwendung im Service in Listing 12.19 instanziiert? Hier kommt Dependency Injection ins Spiel, `BankleitzahlService` bekommt über seinen Konstruktur ein `BankleitzahlDao` injiziert, es wird von außen in den Service übergeben und genau für diese Übergabe sorgt der Inversion of Control-Mechanismus von Spring. Damit dies funktioniert, muss ein Spring `ApplicationContext` aufgebaut werden. Dies erfolgt über eine XML-Konfigurationsdatei, die oft *applicationContext.xml* oder ähnlich heißt. Listing 12.20 zeigt die Spring-Konfiguration für den Bankleitzahlen-Service.

```
<?xml version="1.0" encoding="UTF-8"?>
<!DOCTYPE beans PUBLIC "-//SPRING//DTD BEAN//EN"
    "http://www.springframework.org/dtd/spring-beans.dtd">
<beans>
  <!-- ************** DAOs ************** -->

  <bean id="bankleitzahlDao"
    class="de.axishotels.spring.BankleitzahlDaoImpl" />

  <!-- ************** SERVICES ************** -->

  <bean id="bankleitzahlService" class="de.axishotels.spring.BankleitzahlService">
    <constructor-arg>
      <ref bean="bankleitzahlDao" />
    </constructor-arg>
  </bean>
</beans>
```

Listing 12.20: Spring-Konfiguraton für den Bankleitzahlen-Service (applicationContext.xml)

Es werden zwei Beans konfiguriert: `bankleitzahlDao` und `bankleitzahlService`. Spring liest diese Konfiguration ein, wertet sie aus und stellt fest, dass `bankleitzahlService` eine Referenz auf `bankleitzahlDao` besitzt. Also wird zunächst `bankleitzahlDao` aufgelöst. Im nächsten Schritt erst erstellt Spring den Kontext für `bankleitzahlService`, und jetzt ist Spring auch in der Lage, `bankleitzahlDao` an den Konstruktur von `bankleitzahlService` zu übergeben. Über die Konfigurationsdatei ist es nun ein Leichtes, einzelne Komponenten auszutauschen, zum Beispiel das Bean `bankleitzahlDao` mit einer anderen Implementierung zu bestücken. In Listing 12.21 ist der Vollständigkeit halber noch ein JUnit-Test zu sehen, in dem die ganzen Einzelkomponenten zu einem Ganzen zusammengefügt werden. In der `setUp`-Methode wird der Spring `ApplicationContext` zusammengebaut, also die Konfiguration eingelesen. Danach holt sich der Test ein vollständig konfiguriertes und funktionierendes `BankleitzahlService`-Objekt und führt entsprechende Tests auf dem Objekt aus.

```
package de.axishotels.spring.test;

import org.springframework.context.support.ClassPathXmlApplicationContext;
import de.axishotels.spring.Bankleitzahl;
import de.axishotels.spring.BankleitzahlService;
import junit.framework.TestCase;

public class BankleitzahlServiceTest extends TestCase {

  private static final String BLZ_CONTEXT_XML = "applicationContext.xml";

  private ClassPathXmlApplicationContext appContext;
  private BankleitzahlService bankleitzahlService;

  protected void setUp() throws Exception {

    appContext = new ClassPathXmlApplicationContext( new String[]
                                          { BLZ_CONTEXT_XML });
    bankleitzahlService = (BankleitzahlService)
                appContext.getBean("bankleitzahlService");
  }

  public void testQueryBlz() throws Exception {

    Bankleitzahl[] bankleitzahlListe =
             bankleitzahlService.searchBlz("Berchtesgaden");

    assertNotNull(bankleitzahlListe);
    assertEquals(27, bankleitzahlListe.length);
```

Listing 12.21: Unit-Test zur Funktionsprüfung des Spring Bankleitzahlen-Services

```
        Bankleitzahl bankleitzahl = bankleitzahlListe[21];
        assertEquals("71090000", bankleitzahl.getBlz());
        assertEquals("VB Raiffbk BGL", bankleitzahl.getKurzBezeichnung());
        assertEquals("Ramsau b. Berchtesgaden", bankleitzahl.getOrt());
    }
}
```

Listing 12.21: Unit-Test zur Funktionsprüfung des Spring Bankleitzahlen-Services (Forts.)

In den Sourcen zu diesem Buch findet sich die Spring-Implementierung des Bankleitzahl-Service ebenfalls als Eclipse-Projekt (Name des Projekts: „12_BankleitzahlSpringImpl"), ferner ist hier auch ein lauffähiger Jar-Export enthalten (*BlzSpringImpl.jar*), der in den folgenden beiden Abschnitten als Basis verwendet werden soll, um die Web Services zu erstellen.

12.7.4 SpringServletContextObjectSupplier

Der Einsatz von `SpringServletContextObjectSupplier` bietet sich wie in Abschnit 12.7.2 bereits angedeutet also immer dann an, wenn Axis2 im Rahmen einer Webanwendung läuft und der Spring `ApplicationContext` bereits geladen wurde (durch entsprechende Konfiguration von Spring-Hilfsmitteln in der Datei *web.xml*). Der `SpringServletContextObjectSupplier` ist nun in der Lage, diesen auf Ebene der Webapplikation „globalen" `ApplicationContext` anzuzapfen und Objekte aus diesem Kontext zu erzeugen. Dabei bietet sich sein Einsatz vor allem bei eingebettetem Axis2 an, etwa wenn eine bestehende, auf Spring basierende Webanwendung mit einer Web Services-Schnittstelle ausgestattet werden soll. Aber auch mit der Axis2 Web-Anwendung kann er verwendet werden. Charakteristisch für `SpringServletContextObjectSupplier` ist, dass beim Deployment von Web Services im Prinzip nur Konfigurationsaufwand entsteht, ein zusätzliches Coding wie etwa bei `SpringAppContextAwareObjectSupplier` entfällt.

Folgende Schritte, die im Anschluss genauer beschrieben werden, sind nötig, um beispielsweise die Spring-Version des Bankleitzahl-Service als Web Service zu veröffentlichen:

- Die Spring-Implementierung als *JAR*-File in das Verzeichnis *WEB-INF/lib* der Axis2 Web-Anwendung kopieren oder ins *lib*-Verzeichnis eines Service-Archivs legen
- *spring.jar* aus der Spring Distribution nach *WEB-INF/lib* der Axis2 Web-Anwendung kopieren
- *applicationContext.xml* (die eigene Spring Konfiguration) nach *WEB-INF*
- Die *web.xml* der Axis2 Web-Anwendung so einstellen, dass Spring *applicationContext.xml* im Servlet-Kontext bereitstellen kann
- Ein Service-Archiv mit einer entsprechenden Datei *services.xml* bereitstellen (ggf. inklusive der Spring-Implementierung im *lib*-Verzeichnis; siehe oben)

Damit der im vorangegangenen Abschnitt beschriebene, Spring-basierte Bankleitzahl-Service mit einer auf `ServletContext` beruhenden Konfiguration als Web Service bereitgestellt werden kann, muss zunächst also die Bankleitzahl-Implementierung in kompilierter Form vorliegen. Man könnte hierzu die *.class*-Files einzeln nach *WEB-INF/classes* der Axis2 Web-Anwendung kopieren oder aber diese zusammenfassen und in einem Jar nach *WEB-INF/lib* kopieren. Da für ein erfolgreiches Web Service-Deployment immer ein Service-Archiv (AAR) erforderlich ist, besteht alternativ auch die Möglichkeit, dieses Jar-File im *lib*-Verzeichnis des Service-Archivs zusammen mit der Datei *services.xml* einzuspielen. Nachdem die Spring-Implementierung (*BlzSpringImpl.jar*) an ihrem Platz ist, muss der Webanwendung (falls nicht schon vorhanden) natürlich noch das Spring Framework selbst inklusive seiner Abhängigkeiten hinzugefügt werden. Im Falle von Spring 2.0 müssen hierzu die Datei *spring.jar* ebenfalls nach *WEB-INF/lib* der Axis2 Web-Anwendung kopiert werden. Im nächsten Schritt ist die eigene Spring-Konfiguration zu kopieren. Da später über einen Parameter in *web.xml* festgelegt wird, wo diese Konfiguration liegt, kann dieser Ort frei gewählt werden. In diesem Buch soll der Kontext daher einfach im Verzeichnis *WEB-INF* liegen, demnach ist die Datei *applicationContext*.xml an diese Stelle innerhalb der Axis2 Web-Anwendung zu kopieren. Zum Schluss ist noch eine globale Einstellung für die Webanwendung selbst dringend erforderlich: Die Einrichtung des Spring `ApplicationContext` in der Datei *web.xml* (Listing 12.22), damit Axis2 beziehungsweise `SpringServletContextObjectSupplier` später in der Lage ist, eine Spring Bean zu finden und zu erzeugen.

```
<listener>
  <listener-class>
    org.springframework.web.context.ContextLoaderListener
  </listener-class>
</listener>

<context-param>
  <param-name>contextConfigLocation</param-name>
  <param-value>/WEB-INF/applicationContext.xml</param-value>
</context-param>
```

Listing 12.22: Spring ApplicationContext der Webanwendung zur Verfügung stellen

Über den Parameter `contextConfigLocation` kann man einstellen, an welcher Stelle innerhalb der Webanwendung Spring die Konfigurationsdatei mit dem `ApplicatonContext` findet. Die Konfiguration mit Hilfe von `ContextLoaderListener` in der *web.xml* funktioniert, wie bereits erwähnt, allerdings nur bei Servlet-Containern, welche die Servlet-Spezifikation 2.3 unterstützen. Ein Konfigurationsbeispiel für ältere Container (Servlet 2.2) findet sich weiter vorne in Abschnit 12.7.2.

Jetzt kann es an die Einrichtung des Web Service selbst gehen. Hierzu ist wieder ein Service-Archiv mit einer zugehörigen Konfigurationsdatei zu erstellen. Wenn die als Web Service zu veröffentlichenden Spring Beans bereits im Verzeichnis *WEB-IN/lib* oder *WEB-INF/classes* der Webanwendung selbst vorliegen, dann enthält das Archiv für diesen Service lediglich die Datei *services.xml.* Denkbar ist allerdings auch eine globale Konfiguration (Spring Libraries kopiert, *web.xml* angepasst) auf der einen Seite, die Spring-Implementierung aus organisatorischen Gründen allerdings im Service-Archiv selbst mitzuliefern auf der anderen Seite.

```
<service name="BankleitzahlSpringServletContext">
  <description>
     Service der die Spring-BLZ-Implementierung
     über den ServletContext bereitstellt
  </description>
  <parameter name="ServiceObjectSupplier">
     org.apache.axis2.extensions.spring.receivers.SpringServletContextObjectSupplier
  </parameter>
  <parameter name="SpringBeanName">bankleitzahlService</parameter>

  <operation name="searchBlz">
    <messageReceiver mep="http://www.w3.org/2004/08/wsdl/in-out"
       class="org.apache.axis2.rpc.receivers.RPCMessageReceiver" />
  </operation>
</service>
```

Listing 12.23: Service-Konfiguration zur Bereitstellung des Spring-basierenden Bankleitzahl-Service über den ServletContext

Lediglich die in Listing 12.23 dargestellte Konfigurationsdatei ist also im Service-Archiv erforderlich. `SpringServletContextObjectSupplier` liest die im Parameter `SpringBeanName` angegebene Bean `bankleitzahlService` aus und versucht, über den sich im ServletContext befindlichen Spring `ApplicationContext` ein Exemplar dieses Objekts zu erzeugen und an den `RPCMessageReceiver` zu übergeben. Zum besseren Verständnis hier noch mal ein kurzer Ausschnitt aus der Datei *applicationContext.xml* (Spring-Konfiguration), in der die Spring Bean `bankleitzahlService` konfiguriert wird. Die vollständige Konfiguration findet sich in Listing 12.20.

```
<bean id="bankleitzahlService" class="de.axishotels.spring.BankleitzahlService">
    <constructor-arg>
      <ref bean="bankleitzahlDao" />
    </constructor-arg>
</bean>
```

Listing 12.24: Ausschnitt aus der Datei applicationContext.xml, in der die Bean bankleitzahlService konfiguriert wird

12.7.5 Erforderliche Spring-Bibliothken

Wenn von den Spring-Bibliotheken gesprochen wird, sind meist *spring.jar* und *commons-logging.jar* gemeint. Hierzu ist anzumerken, dass mit *spring.jar* das Komplettpaket gemeint ist, selbstverständlich können auch Spring-Einzelkomponenten verwendet werden. Damit der Spring-Support in Axis2 jedoch funktioniert, sind mindestens folgende Jar-Files aus der Spring-Distribution erforderlich:

- *commons-logging.jar* (aus dem Apache Commons-Projekt)
- *Spring-Core*

- *Spring-Beans*
- *Spring-Context*
- *Spring-Web*

12.7.6 SpringAppContextAwareObjectSupplier

Es gibt Situationen, in denen sich `SpringServletContextObjectSupplier` nicht verwenden lässt. Zum Beispiel, wenn man (aus welchen Gründen auch immer) die Datei *web.xml* einer bestehenden Webanwendung nicht ändern beziehungsweise erweitern darf oder wenn Axis2 ganz ohne Webanwendung zum Einsatz kommt, etwa als Standalone-Server im TCP-Betrieb. Ein weiterer Grund kann auch organisatorischer Natur sein, beispielsweise wenn es gewünscht ist, dass ein Web Service prinzipiell komplett in einem Service-Archiv ausgeliefert wird, also auch die Spring-Implementierung und die Konfiguration selbst enthält. In solchen Situation stößt `SpringServletContextObjectSupplier` an seine Grenzen. Glücklicherweise haben auch die Entwickler von Axis2 an solche Situationen gedacht und bieten mit dem `SpringAppContextAwareObjectSupplier` ein probates Hilfsmittel an, das sich allerdings etwas aufwändiger in der Realisierung darstellt und auch zusätzlichen Programmieraufwand erfordert. Das größte Problem in der Umsetzung liegt in der Tatsache, dass der Spring `ApplicationContext` selbst aufgebaut werden muss. Wurde dieser Kontext im vorangegangenen Abschnitt noch zusammen mit der Webanwendung initialisiert, so ist dies nun nicht mehr der Fall und der Entwickler muss dafür sorgen, dass der Kontext aufgebaut und vor allem auch gehalten wird. Aus diesem Grund reicht es hier nicht aus, nur ein Service-Archiv mit einer Konfigurationsdatei einzuspielen, es ist vielmehr ein zusätzlicher Service erforderlich, der für den Aufbau des `ApplicationContext` sorgt. Listing 12.25 zeigt einen solchen Pseudo-Service. Er implementiert das von Axis2 bereitgestellte Interface `ServiceLifeCycle` (siehe hierzu auch Kapitel 8), womit die Möglichkeit besteht, direkt beim Laden des Services Initialisierungsarbeit zu leisten. Dies eröffnet eine ideale Möglichkeit den `ApplicationContext` an dieser Stelle zu laden.

```
package de.axishotels.spring;
import org.apache.axiom.om.OMElement;
import org.apache.axis2.context.ConfigurationContext;
import org.apache.axis2.description.AxisService;
import org.apache.axis2.engine.ServiceLifeCycle;
import org.springframework.context.support.ClassPathXmlApplicationContext;

public class SpringInit implements ServiceLifeCycle {

  private static final String BLZ_CONTEXT_XML = "applicationContext.xml";

  public OMElement springInit(OMElement ignore) {
    return null;
  }
```

Listing 12.25: Ein Pseudo-Service, der den Spring ApplicationContext lädt

```
  public void startUp(ConfigurationContext configctx, AxisService service) {

    try {

      ClassLoader classLoader = service.getClassLoader();
      ClassPathXmlApplicationContext applicationContext = new
                ClassPathXmlApplicationContext( new String[]
                                        { BLZ_CONTEXT_XML }, false);
      applicationContext.setClassLoader(classLoader);
      applicationContext.refresh();

    } catch (Exception e) {
      e.printStackTrace();
    }
  }

  public void shutDown(ConfigurationContext configctx, AxisService service) {
  }
}
```

Listing 12.25: Ein Pseudo-Service, der den Spring ApplicationContext lädt (Forts.)

Jetzt stellt sich natürlich noch die berechtigte Frage, wie der `ApplicationContext` gehalten wird. Hierzu nutzt Axis2 ein besonderes Feature von Spring. Über einen speziellen Mechanismus bietet Spring nämlich die Möglichkeit, einen Kontext zu halten. Hierzu wird von Spring das Interface `ApplicationContextAware` zur Verfügung gestellt, welches von Axis2 mit der Klasse `ApplicationContextHolder` im Package `org.apache.axis2.extensions.spring.receivers` implementiert wird. Wenn nun dieser `ApplicationContextHolder` zusätzlich zu den eigentlichen Beans konfiguriert wird (in der Datei *applicationContext.xml*, siehe Listing 12.26), dann merkt sich Spring den `ApplicationContext`.

```
<?xml version="1.0" encoding="UTF-8"?>
<!DOCTYPE beans PUBLIC "-//SPRING//DTD BEAN//EN"
    "http://www.springframework.org/dtd/spring-beans.dtd">

<beans>

  <bean id="applicationContext"
      class="org.apache.axis2.extensions.spring.receivers.ApplicationContextHolder" />

  <!-- ************** DAOs ************** -->
```

Listing 12.26: Spring-Konfiguration für den Bankleitzahlen-Service, um ApplicationHolder erweitert

```
  <bean id="bankleitzahlDao"
    class="de.axishotels.spring.BankleitzahlDaoImpl" />

  <!-- ************* SERVICES ************* -->

  <bean id="bankleitzahlService" class="de.axishotels.spring.BankleitzahlService">
    <constructor-arg>
      <ref bean="bankleitzahlDao" />
    </constructor-arg>
  </bean>

</beans>
```

Listing 12.26: Spring-Konfiguration für den Bankleitzahlen-Service, um ApplicationHolder erweitert (Forts.)

Der Datei *services.xml* kommt bei Verwendung von `SpringAppContextAwareObjectSupplier` ebenfalls eine Sonderbehandlung zugute. Schließlich muss der `ApplicationContext` geladen werden. Zunächst ist festzuhalten, dass zu diesem Zweck immer ein spezieller Service zusätzlich in Betrieb genommen werden muss. Es ist also eine Service-Gruppe zu konfigurieren, eingeleitet durch den Tag `<serviceGroup>`. Der spezielle Service ist für die Initialisierung und das Laden des `ApplicationContext` erforderlich. Bei der Methode `springInit`, die hier zur Verfügung gestellt wird, handelt es sich um eine Dummy-Methode. Wichtig ist dagegen, dass dieser Web Service beim Hochfahren gestartet wird, um den Kontext zu laden. Erreicht wird dies dadurch, dass hier das Interface des `ServiceLifeCycle` implementiert ist (siehe Listing 12.25).

```
<serviceGroup>
  <service name="SpringInit"
           class="de.axishotels.spring.SpringInit">
    <description>
      Dieser Web Service initialisiert Spring und lädt
      den ApplicationContext
    </description>
    <parameter name="ServiceClass">
      de.axishotels.spring.SpringInit
    </parameter>
    <parameter name="ServiceTCCL">composite</parameter>
    <operation name="springInit">
     <messageReceiverclass="org.apache.axis2.receivers.RawXMLINOutMessageReceiver"/>
    </operation>
  </service>
  <service name="BankleitzahlSpringAppContextAware">
    <description>
```

Listing 12.27: services.xml mit Konfiguration für speziellen Service zur Initialisierung des ApplicationContext

```
      Service der die Spring-BLZ-Implementierung komplett
      aus dem AAR zur Verfügung stellt
    </description>
    <parameter name="ServiceObjectSupplier">
      org.apache.axis2.extensions.spring.receivers.SpringAppContextAwareObjectSupplier
    </parameter>
    <parameter name="SpringBeanName">
      bankleitzahlService
    </parameter>

    <operation name="searchBlz">
      <messageReceiver mep="http://www.w3.org/2004/08/wsdl/in-out"
        class="org.apache.axis2.rpc.receivers.RPCMessageReceiver" />
    </operation>
  </service>
</serviceGroup>
```

Listing 12.27: services.xml mit Konfiguration für speziellen Service zur Initialisierung des ApplicationContext (Forts.)

Der zweite Service in der Service-Gruppe ist der Konfiguration, wie sie bei `SpringServletContextObjectSupplier` in Listing 12.23 verwendet wurde, sehr ähnlich. Die Axis2-Dokumentation sagt aus, dass die Spring-Bibliotheken auch im *lib*-Verzeichnis des Service-Archivs liegen können, dies funktioniert leider nicht immer. Daher empfiehlt es sich, die Spring-Bibliotheken besser im *WEB-INF* der zugrunde liegenden Webanwendung oder im Classpath (bei Verwendung ausserhalb einer Webanwendung) unterzubringen.

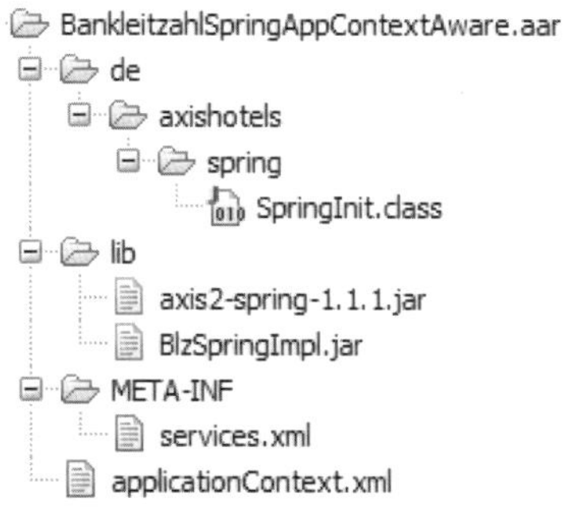

Abbildung 12.7: Struktur des Service-Archivs bei Verwendung von SpringAppContextAwareObjectSupplier

Abbildung 12.7 zeigt den Aufbau des Service-Archivs, *applicationContext.xml* liegt direkt im Wurzelverzeichnis. Ferner fällt auf, dass in dieser Version die Spring-basierte Bankleitzahlen-Implementierung im *lib*-Verzeichnis des Archivs vorliegt. Merkwürdig mag auf den ersten Blick das Jar-File *axi2-spring.jar* im selben Ordner erscheinen. Dieses Jar-File befindet sich ursprünglich im *lib*-Verzeichnis der Axis2 Standard-Distribution und muss laut Axis2-Dokumentation zwingend ins *lib*-Verzeichnis des Axis-Archivs kopiert werden, sonst funktioniert das Laden des `ApplicationContext` nicht.

12.8 Die EJBUtil Implementierung

Sowohl der in Abschnit 12.5.4 implementierte `EJBMessageReceiver` als auch der in Abschnitt 12.6 vorgestellte `EJBObjectSupplier` nutzten die Hilfsklasse `EJBUtil`, um die EJB zu lokalisieren und zu instanziieren. Aufgrund des umfangreichen Quellcodes konnte `EJBUtil` nicht als Listing an den entscheidenden Stellen weiter vorne im Kapitel abgedruckt werden. Aus diesem Grund nun zum Abschluss des Kapitels der volle Quelltext von `EJBUtil`. Der Quelltext basiert auf dem mit Axis 1.x gelieferten `EJBProvider`.

Das Package `java.util.concurrent` gibt es erst seit Java 5, um jedoch auch zu Java 1.4 kompatibel zu sein, wird hier eine alternative Implementierung verwendet, die mit Axis2 mitgeliefert wird und auch intern in Axis2 genutzt wird.

```
package de.axishotels.receivers;
import edu.emory.mathcs.backport.java.util.concurrent.*;
import org.apache.axis2.AxisFault;
import org.apache.axis2.description.AxisService;
import org.apache.axis2.description.Parameter;
import org.apache.axis2.util.threadpool.DefaultThreadFactory;
import javax.naming.Context;
import javax.naming.InitialContext;
import java.util.Properties;
import java.security.AccessController;
import java.security.PrivilegedAction;

public class EJBUtil {

  public static final String EJB_PROVIDER_URL = "providerUrl";
  public static final String EJB_INITIAL_CONTEXT_FACTORY = "jndiContextClass";
  public static final String EJB_JNDI_USERNAME = "jndiUser";
  public static final String EJB_JNDI_PASSWORD = "jndiPassword";
  public static final String EJB_JNDI_NAME = "beanJndiName";
  public static final String EJB_REMOTE_INTERFACE_NAME = "remoteInterfaceName";
  public static final String EJB_LOCAL_INTERFACE_NAME = "localInterfaceName";
  private static ExecutorService workerPool = null;

  static {
    workerPool = new ThreadPoolExecutor(1, 50, 150L,
        TimeUnit.SECONDS, new LinkedBlockingQueue(),
               new DefaultThreadFactory(new ThreadGroup("EJB
                provider thread group"), "EJBMessageReceiver"));
  }
```

Listing 12.28: Die vollständige Implementierung von EJBUtil

```
protected static Object makeNewEJBServiceObject(AxisService
                              axisService) throws AxisFault

  CountDownLatch startLatch = new CountDownLatch(1);
  CountDownLatch stopLatch = new CountDownLatch(1);
  EJBClientWorker worker = new EJBClientWorker(axisService,
                                   startLatch, stopLatch);
  workerPool.execute(worker);
  startLatch.countDown();

  try {
    stopLatch.await();
  } catch (InterruptedException e) {
    throw AxisFault.makeFault(e);
  }

  if (worker.getException()!=null) {
    throw AxisFault.makeFault(worker.getException());
  }
  return worker.getReturnedValue();
}

private static class EJBClientWorker implements Runnable {

  private AxisService axisService = null;
  private CountDownLatch startLatch = null;
  private CountDownLatch stopLatch = null;
  protected static final Class[] empty_class_array
                                    = new Class[0];
  protected static final Object[] empty_object_array =
                                    new Object[0];
  private static InitialContext cached_context = null;
  private Exception exception = null;
  private Object returnedValue = null;

  public EJBClientWorker(AxisService axisService,
      CountDownLatch startLatch, CountDownLatch stopLatch) {
```

Listing 12.28: Die vollständige Implementierung von EJBUtil (Forts.)

```
    this.axisService = axisService;
    this.startLatch = startLatch;
    this.stopLatch = stopLatch;
  }

  public void run() {

  try {
    startLatch.await();
    AccessController.doPrivileged(
      new PrivilegedAction() {
        public Object run() {
          Thread.currentThread().setContextClassLoader
                        (axisService.getClassLoader());

          return null;
        }
      }
    );
    Parameter jndiName =
            axisService.getParameter(EJB_JNDI_NAME);
    Parameter remoteInterfaceName =
         axisService.getParameter(EJB_REMOTE_INTERFACE_NAME);
    Parameter localInterfaceName =
           axisService.getParameter(EJB_LOCAL_INTERFACE_NAME);

    if (jndiName == null || jndiName.getValue() == null) {
      throw new AxisFault("jndi name is not specified");
    }

    if (localInterfaceName != null &&
           localInterfaceName.getValue() != null) {

      returnedValue = createLocalEJB(axisService, ((String)
                        jndiName.getValue()).trim(), ((String)
                          localInterfaceName.getValue()).trim());

    } else if (remoteInterfaceName == null ||
           remoteInterfaceName.getValue() == null) {

      throw new AxisFault
```

Listing 12.28: Die vollständige Implementierung von EJBUtil (Forts.)

```
        ("ejb remote/local home class name is not specified");

    } else {

      returnedValue = createRemoteEJB(axisService, ((String)
                         jndiName.getValue()).trim(), ((String)
                          remoteInterfaceName.getValue()).trim());
    }
  } catch (Exception e) {
      e.printStackTrace();
      exception = e;
  } finally {
    stopLatch.countDown();
  }
}
/**
 * Create an EJB using a remote home object
 */
private Object createRemoteEJB(AxisService axisService, String
              beanJndiName, String homeName) throws Exception {

  // Get the EJB Home object from JNDI
  Object ejbHome = getEJBHome(axisService, beanJndiName);
  Class cls = getContextClassLoader().loadClass(homeName);
  Object ehome = javax.rmi.PortableRemoteObject.narrow
                                         (ejbHome, cls);
  return ehome;
}

/**
 * Create an EJB using a local home object
 */

private Object createLocalEJB(AxisService axisService,
      String beanJndiName, String homeName) throws Exception {

  // Get the EJB Home object from JNDI
  Object ejbHome = getEJBHome(axisService, beanJndiName);
  // the home object is a local home object
  Object ehome;
```

Listing 12.28: Die vollständige Implementierung von EJBUtil (Forts.)

```
    Class cls = getContextClassLoader().loadClass(homeName);

    if (cls.isInstance(ejbHome))
      ehome = ejbHome;
    }else {
      throw new ClassCastException("bad ejb home type");
    }
    return ehome;
  }

  /**
    * Common routine to do the JNDI lookup on the Home
    * interface object username and password for jndi
    * lookup are got from the configuration or from
    * the messageContext if not found in the configuration
    */

  private Object getEJBHome(AxisService service, String
                          beanJndiName) throws AxisFault {

    Object ejbHome;
    // Set up an InitialContext and use it
    // get the beanJndiName from JNDI

   try {
     Properties properties = null;

     // collect all the properties we need to access JNDI:
     // username, password, factoryclass, contextUrl

     // username
     Parameter username = service.getParameter(EJB_JNDI_USERNAME);
     if (username != null) {
       if (properties == null)
         properties = new Properties();

       properties.setProperty(Context.SECURITY_PRINCIPAL,
                    ((String) username.getValue()).trim());
     }
```

Listing 12.28: Die vollständige Implementierung von EJBUtil (Forts.)

```
// password
Parameter password = service.getParameter(EJB_JNDI_PASSWORD);
if (password != null) {
  if (properties == null)
    properties = new Properties();

  properties.setProperty(Context.SECURITY_CREDENTIALS,
                ((String) password.getValue()).trim());
}

// factory class
Parameter factoryClass =
      service.getParameter(EJB_INITIAL_CONTEXT_FACTORY);
if (factoryClass != null) {
  if (properties == null)
    properties = new Properties();

  properties.setProperty(Context.INITIAL_CONTEXT_FACTORY,
            ((String) factoryClass.getValue()).trim());
}


// contextUrl
Parameter contextUrl =
            service.getParameter(EJB_PROVIDER_URL);
if (contextUrl != null) {
  if (properties == null)
    properties = new Properties();

  properties.setProperty(Context.PROVIDER_URL,
           ((String) contextUrl.getValue()).trim());
}

// get context using these properties
InitialContext context = getContext(properties);

// if we didn't get a context, fail
if (context == null)
   throw new AxisFault("cannot create initial context");
```

Listing 12.28: Die vollständige Implementierung von EJBUtil (Forts.)

```
      ejbHome = getEJBHome(context, beanJndiName);
      if (ejbHome == null)
        throw new AxisFault("cannot find jndi home");
    } catch (Exception exception) {
    throw AxisFault.makeFault(exception);
   }
   return ejbHome;
  }

  private InitialContext getCachedContext()
              throws javax.naming.NamingException {
    if (cached_context == null)
      cached_context = new InitialContext();
    return cached_context;
  }

  private InitialContext getContext(Properties properties)
              throws AxisFault, javax.naming.NamingException {

    return ((properties == null) ? getCachedContext()
                           : new InitialContext(properties));
  }

  private Object getEJBHome(InitialContext context,
          String beanJndiName) throws AxisFault,
                          javax.naming.NamingException {

    return context.lookup(beanJndiName);
  }

  private ClassLoader getContextClassLoader() {
    return (ClassLoader) AccessController.doPrivileged(
      new PrivilegedAction() {
        public Object run() {
          return Thread.currentThread().getContextClassLoader();
        }
      }
    );
  }
```

Listing 12.28: Die vollständige Implementierung von EJBUtil (Forts.)

```
  public Exception getException() {
    return exception;
  }

  public Object getReturnedValue() {
    return returnedValue;
  }
 }
}
```

Listing 12.28: Die vollständige Implementierung von EJBUtil (Forts.)

Referenzen

- Bundesbank, Bankleitzahlen zum Download: *http://www.bundesbank.de/zahlungsverkehr/zahlungsverkehr_bankleitzahlen_download.php*
- Groovy: *groovy.codehaus.org*
- Deepal Yajasinghe: „Utilizing a Non-Java Web Service in Axis2“: *http://www.developer.com/java/other/article.php/3570031*
- JAX-WS 2.0: *https://jax-ws.dev.java.net/*
- EJB 3.0: *http://java.sun.com/products/ejb/*
- JBoss: *http://www.jboss.org*
- Rod Johnson: „Expert One-On-One J2EE Design and Development“, Wrox, Oktober 2002, ISBN 978-0-7645-4385-2: *http://www.wrox.com/WileyCDA/WroxTitle/productCd-0764543857.html*
- Spring Framework: *http://www.springframework.org*
- Apache Axis2 Spring Guide: *http://ws.apache.org/axis2/1_1_1/spring.html*

13 MTOM & SwA

Obwohl XML aufgrund seiner Flexibilität, Interoperabilität und großer Akzeptanz für die meisten Web Service-Szenarien geeignet ist, gibt es Situationen, wo der Einsatz von XML allein nicht mehr ausreicht. So kommt es oft vor, dass auch ein GIF-Bild einer Produktbeschreibung beigefügt oder ein PDF-Formular zusammen mit einer Schadensmeldung verschickt werden muss. Solche Anhänge (Attachments) liegen meist in binären Formaten vor und können in dieser Form nicht direkt in XML eingebettet werden. XML darf schließlich nur druckbare Zeichen enthalten.

Seitdem dieses Problem bekannt ist, wurden mehrere Versuche gestartet, es durch Umwege oder Standards zu lösen. Als Schlagwort können Base64-Kodierung, MIME, DIME oder SwA genannt werden. Trotz der Bemühungen seitens von WS-I (Web Servicers Interopability Labs) ist jedoch keine dieser genannten Lösungen optimal, vor allem wenn man den Interoperabilitätsaspekt betrachtet. Als Licht am Ende des Tunnels kann momentan jedoch MTOM betrachtet werden, ein neuer Standard von W3C, der durch die breite Industrie-Unterstützung die beste Chance hat, zur endgültigen Lösung des Problems mit Web Service-Attachments zu avancieren.

In diesem Kapitel werden zuerst die verschiedenen Lösungen für das Attachment-Problem vorgestellt. Anschließend wird erklärt, wie der neue MTOM-Standard in AXIOM unterstützt wird. Danach wird ausführlich beschrieben, wie man mit AXIOM oder Data-Binding einen Web Service und den zugehörigen Service-Client implementiert, die MTOM-Attachments enthalten. Abgeschlossen wird dieses Kapitel mit Themen wie SwA-Unterstützung sowie Attachment-Caching in Axis2.

13.1 Base64 & SwA

Prinzipiell existieren zwei Möglichkeiten, um Attachments in einer SOAP-Nachricht einzubetten:

- By value – Die Binärdaten eines Attachments werden zuerst mit Hilfe eines Konvertieralgorithmus in Textformat umgewandelt und anschließend als Inhalt eines XML-Elements oder -Attributes eingebettet. Am häufigsten wird dabei Base64-Kodierung für die Konvertierung eingesetzt.
- By reference – In diesem Fall werden die Binärdaten eines Attachments nicht ins Textformat konvertiert, sondern direkt neben dem SOAP-Part als eigener Bestandteil derselben Nachricht verschickt. In dem SOAP-Part wird stattdessen eine URI-Referenz auf den Attachment-Part eingebaut. Vertreter dieser Kategorie sind SwA (bzw. MIME) oder DIME.

Durch das Umgehen der Datenkonvertierung ist es sowohl für die Verarbeitung als auch für die Übertragung wesentlich effizienter, Attachments über Referenz zu verschicken. Jedoch hat sich in diesem Bereich keine Technologie durchsetzen können. SwA und DIME sind von verschiedenen Firmenkonsortien erarbeitet worden und nicht miteinander kompatibel. Obwohl SwA später von WS-I zum Standard für Web Service-Interoperabilität deklariert wurde, basiert SwA nicht auf einem XML-Infoset und ist somit konzeptionell für viele XML-Verarbeitungen wie XML-Signature nicht geeignet. In dieser Hinsicht ist der Einsatz der By-Value-Semantik vorteilhafter, weil die gesamte Nachricht nach der Konvertierung und Einbettung ein konformes XML-Infoset darstellt. Als jüngster Versuch wurde MTOM vom W3C ins Rennen geschickt, das die Vorteile der beiden Semantiken in sich vereinen soll. Konzeptionell basiert MTOM auf einem XML-Infoset und verwendet für binäre Attachments Base64-Kodierung. Konkret können aber die Base64-kodierten Daten optimiert werden, indem sie als separater Bestandteil ausgelagert und in ursprüngliche Binärformate übertragen werden. Bevor die Philosophie von MTOM detaillierter erklärt wird, werden zunächst die beiden Basistechnologien Base64-Kodierung und SwA vorgestellt.

13.1.1 Base64

Es existieren mehrere Verfahren, um binäre Daten ins Textformat umzuwandeln. Am häufigsten wird die Base64-Kodierung eingesetzt, weil es gegenüber der einfacheren hexadezimalen Kodierung effizienter arbeitet. Bei der Base64-Kodierung handelt es sich um einen Kodierungsalgorithmus, der binäre Daten auf eine Zeichenmenge von 64 lesbaren Zeichen (A-Za-z0-9+/) abbildet. Damit lassen sich beliebige Binärdaten in Textinhalt umwandeln, die nur aus diesen 64 Zeichen bestehen.

Der Nachteil der Base64-Kodierung ist, dass man mit 64 unterschiedlichen Zeichen nur sechs Bits statt acht Bits abdecken kann. So müssen für eine Zeichenkette mit drei Bytes (bzw. 24 Bits) nun vier Bytes aufgewendet werden, was einer Datenmengezunahme von 1/3 entspricht. Dabei werden die Bits der Binärdaten in sechser-Gruppe aufgeteilt (da man mit 64 Zeichen nur sechs Bits abdecken kann) und diese Gruppe auf eins der 64 Zeichen abgebildet. Dieser Sachverhalt ist in der Abbildung 13.1 illustriert. Bei der hexadezimalen Kodierung werden alle vier Bits auf ein lesbares Zeichen abgebildet, was sogar eine Verdopplung der ursprünglichen Datenmenge verursacht.

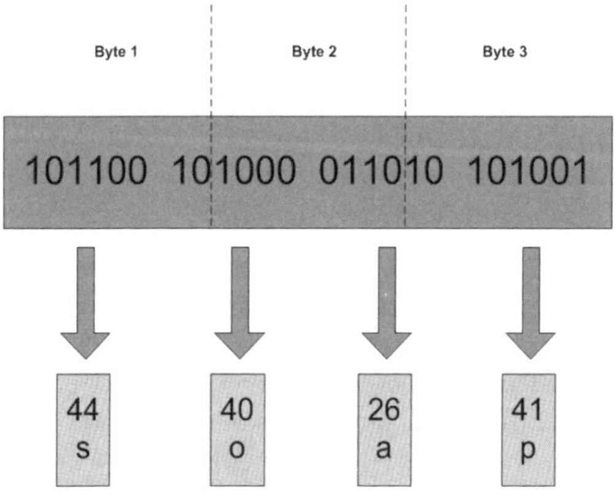

Abbildung 13.1: Base64-Kodierung

Der Einsatz solcher Konvertierungsverfahren ist mit einem großen Performancenachteil verbunden. Einerseits müssen zusätzliche Aufwände betrieben werden, um Binärdaten in Textinhalt zu überführen, damit er anschließend in einer SOAP-Nachricht eingebettet werden kann. Auf der Empfängerseite müssen die Textdaten wieder mit Base64 dekodiert werden, um die ursprünglichen Binärdaten zu gewinnen. Anderseits blähen die Konvertierungen die Nachricht so auf, dass mehr Bandbreite für die Übertragung in Anspruch genommen werden muss. Ein weiterer Aspekt, der in diesem Zusammenhang nicht auf dem ersten Blick ersichtlich ist, ist die Verlangsamung des XML-Parsing-Prozesses. Die großen Datenmengen, die aus der Konvertierung der binären Daten resultieren, müssen ebenfalls vom Parser als Text verarbeitet und auf XML-Eigenschaften überprüft werden. Da das konvertierte Ergebnis als ein einziges Textelement vom Parser eingelesen werden muss und das Einlesen somit nicht in Streaming-Modus stattfinden kann, ist die Verarbeitung solcher Datenmengen mit enormem Speicherverbrauch und Prozessorauslastung verbunden. Eine Videodatei mit ein bis zwei Gigabytes als Attachment kann schnell einen `OutOfMemoryError` verursachen.

Base64 ist dennoch ein einfaches und verbreitetes Verfahren, um Binärdaten in XML einzubetten. Es hat unter anderem davon profitiert, dass aufgrund der Inkompatibilität von SwA und DIME kein Standard existiert, der eine effizientere Verarbeitung und Übertragung mit der By-Reference-Semantik unterstützt. Nichtdestotrotz ist der Einsatz von Base64-Kodierung vor allem für große Attachments mit gravierenden Performanceeinbußen verbunden und soll in Zukunft vermieden werden. Es ist jedoch trotzdem wichtig, die Funktionsweise von Base64-Kodierung zu verstehen, da es im konzeptionellen Modell des neuen MTOM-Standards eine zentrale Rolle spielt.

13.1.2 SwA

SwA (**S**OAP **w**ith **A**ttachments) ist eine Methode, Attachments im ursprünglichem Format zusammen mit einer SOAP-Nachricht zu verschicken. Im konzeptionellen Modell besteht eine Nachricht von SwA nicht nur aus einer SOAP-Nachricht im XML-Format, sondern kann auch beliebig viele optionale Attachments in beliebigen Formaten enthalten. Dieses konzeptionelle Modell von SwA ist in Abbildung 13.2 dargestellt.

Diese Struktur kann konkret auf verschiedene Leitungsformate wie MIME oder DIME abgebildet werden. MIME steht für *Multipurpose Internet Mail Extension* und hat sich schon seit langem als Standardformat für das Versenden von E-Mails mit Attachments etabliert. Für das Hochladen von Dateien über HTTP wird ebenfalls das MIME-Format verwendet. MIME definiert einen Container, der aus mehreren Bestandteilen besteht, die als Parts bezeichnet werden. Beim Aufbau eines MIME-Pakets wird immer eine zufällige Zeichenkette zur Trennung der Parts erzeugt (separator string oder boundary). Diese Trennung wird im Kopf der gesamten Nachricht einmal angegeben und dann jeweils zwischen den einzelnen Parts platziert, sodass die Parts auseinander gehalten werden können. Jeder Part besitzt neben seinen eigentlichen Nutzdaten auch Metadaten im Header. Die wichtigsten Metadaten sind Datenformat (`Content-Type`), Kodierung (`Content-Transfer-Encoding`) und ID (`Content-ID`).

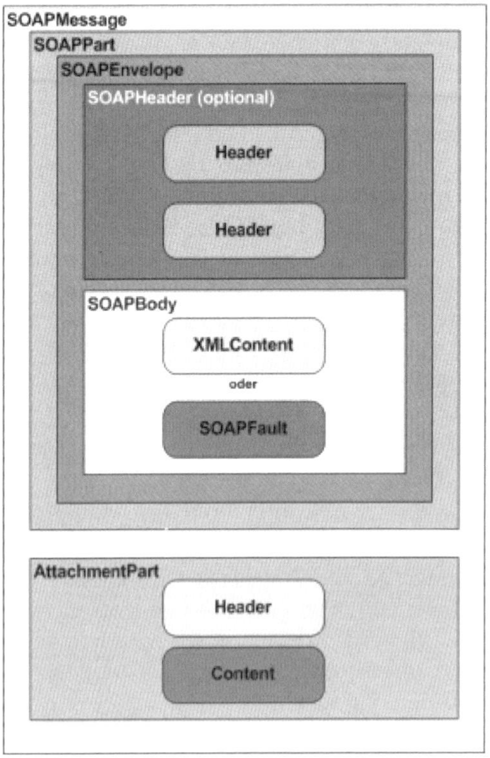

Abbildung 13.2: SOAP-Nachricht mit Attachment (SwA)

Im Falle von SwA stellt der SOAP-Envelope immer den primären Part (root part) des MIME-Pakets dar, während die Attachments als sekundäre Parts abgelegt werden. Über die eindeutige `Content-ID` kann ein Attachment-Part von der SOAP-Nachricht an der Stelle referenziert werden, wo eigentlich die Binärdaten erwartet würden. Dazu wird das Attribut `href` eingeführt, welches als Wert einen URI enthält, der aus der `Content-ID` des Attachment-Parts abgeleitet ist. Wenn eine solche Nachricht über HTTP verschickt wird, trägt sie den Content-Type `Multipart/Related` im HTTP-Header.

In Listing 13.1 ist eine Beispielnachricht abgedruckt, welche eine SOAP-Nachricht mit einem Bild und einer Signatur als Attachments darstellt.

```
MIME-Version: 1.0
Content-Type: multipart/related; boundary= MIME_boundary; type="text/xml";
start="<uuidsoap@apache.org>"; charset=UTF-8

-- MIME_boundary
content-type: text/xml; charset=UTF-8
content-transfer-encoding: 8bit
```

Listing 13.1: SwA-Nachricht

```
content-id: <uuidsoap@apache.org>

<soap:Envelope
  xmlns:soap='http://www.w3.org/2003/05/soap-envelope'
  xmlns:xmlmime='http://www.w3.org/2004/11/xmlmime'>
  <soap:Body>
    <m:data xmlns:m='http://axishotels.de/room'>
      <m:photo href='cid:uuidimage@apache.org'>
      </m:photo>
      <m:sig href='cid:uuidsignature@apache.org'>
      </m:sig>
    </m:data>
  </soap:Body>
</soap:Envelope>

--MIME_boundary
Content-Type: image/png
Content-Transfer-Encoding: binary
Content-ID: <uuidimage@apache.org>

// binary octets for png

--MIME_boundary
Content-Type: application/pkcs7-signature
Content-Transfer-Encoding: binary
Content-ID: <uuidsignature@apache.org >

// binary octets for signature
--MIME_boundary--
```

Listing 13.1: SwA-Nachricht (Forts.)

Um einen interoperablen Standard für SOAP-Nachrichten mit Attachments zu etablieren, hat das Konsortium WS-I eine Spezifikation namens „Attachment Profile" herausgegeben. In dieser Spezifikation wurde SwA als das Standard-Format für die Übertragung von SOAP-Nachrichten mit Attachments deklariert. Dort wurde ebenfalls ein neuer Datentyp `swaRef` im Namespace `http://ws-i.org/profiles/basic/1.1/xsd` definiert, der als Alternative zu `xsd:base64Binary` verwendet werden kann, um ein Attachment zu kennzeichnen.

Trotz der Bemühungen des WS-I verweigert Microsoft sich bis heute, SwA auf MIME-Basis zu unterstützen, da Microsoft eine eigene Lösung mit dem Namen DIME für diese Problematik favorisiert. DIME steht für **D**irect **I**nternet **M**essage **E**ncapsulation und wurde als Lösung für das Attachment-Problem vorgeschlagen. Intern verwendet DIME ein komplett eigenes Format, das sich an keinen anderen Standard anlehnt. DIME spielt außerhalb der Microsoft-Welt kaum eine Rolle und wurde mittlerweile auch von Microsoft zugunsten von MTOM als obsolet erklärt. Da DIME-Unterstützung in Axis 1.x implementiert wurde, ist es weiterhin ein Anliegen der Axis2-Entwickler, DIME-Unterstützung in Axis2 einzubauen. Dieses Vorhaben dürfte jedoch mit einer sehr niedrigen Priorität behaftet sein und war auf jeden Fall bis zum Release 1.1.1 noch nicht umgesetzt. Aus diesem Grunde wird an dieser Stelle darauf verzichtet, näher auf DIME einzugehen. Für Details wird auf die DIME-Spezifikation sowie das Vorgängerbuch „Java Web Service mit Apache Axis" verwiesen.

Dadurch dass mit MIME bzw. DIME die Binärdaten ohne Konvertierung verarbeitet und verschickt werden, sind solche Verfahren gegenüber von Base64-Kodierung deutlich effizienter. Der Nebeneffekt ist jedoch, dass man damit auch die XML-Welt verlassen hat, weil die Nachricht nicht mehr XML-Infoset-konform ist. Viele XML-Verarbeitungen wie WS-Security lassen sich nicht mehr auf SwA-Nachrichten anwenden.

13.2 XOP & MTOM

MTOM (SOAP **M**essage **T**ransmission **O**ptimization **M**echanism) ist die jüngste Bemühung des W3C, das Attachment-Problem endlich in den Griff zu bekommen. MTOM versucht, die Vorteile der beiden Modelle by-value und by-reference zu vereinen. Im Grunde genommen handelt es sich bei MTOM um ein Verfahren, das Attachments über Referenz überträgt. So ist das Leistungsformat einer MTOM-Nachricht identisch mit dem einer SwA-Nachricht. Damit ist MTOM bis zu einem gewissem Grad abwärtskompatibel zu SwA. Das Besondere an MTOM ist jedoch die Verwendung des `xop:Include`-Elements aus der XOP-Spezifikation. Dadurch wird erreicht, dass die Binärdaten vom Type `xsd:base64Binary` logisch als ein integraler Bestandteil des XML-Infosets betrachtet werden können, während die Nachricht vor der Übertragung im MIME-Paket optimiert werden kann.

13.2.1 XOP

Die Grundlage für MTOM bildet die XOP-Spezifikation. XOP steht für **X**ML-binary **O**ptimized **P**ackaging und beschreibt ein Verfahren, das ein XML-Infoset, welches den Inhalt bestimmter Datentypen enthält, wesentlich effizienter verpacken kann. Ein XML-Infoset definiert ein abstraktes Modell, das in verschiedenen konkreten Formaten präsentiert werden kann. Der Vorgang, ein XML-Infoset in ein physikalisches Format zu überführen, wird als Serialisierung bezeichnet. Meistens werden XML-Infosets in XML 1.0 oder XML 1.1-Syntax serialisiert. Für XML-Infosets, welche Base64-Kodierung enthalten, sieht XOP eine Serialisierung vor, die gegenüber der XML-1.x-Syntax wesentlich kompakter und effizienter ist.

Bei der XOP-Verarbeitung wird ein XML-Infoset zuerst in ein erweiterbares Verpackungsformat wie z.B. `MIME-Mutipart/Related` untergebracht. Anschließend werden Teile des Infosets, die in Base64-Kodierung vorliegen, extrahiert, dekodiert und als separater Part im MIME-Paket abgelegt. An jeder Stelle, wo ein Teil extrahiert wurde, wird jeweils ein spezielles Element platziert, das über einen Link auf den ausgelagerten Part im Paket verweist. Das Ergebnis ist eine MIME-Nachricht, deren Aufbau identisch mit dem einer SwA-Nachricht ist.

Der oben beschriebene Vorgang wird als Optimierung bezeichnet. Es ist wichtig zu betonen, dass die Optimierung in XOP nur auf der konzeptionellen Ebene stattfindet. So müssen nicht alle Binärdaten am Anfang in Base64-Kodierung vorliegen, damit sie später optimiert werden können. Genauso wenig müssen die durch die Optimierung gewonnenen Binärdaten auf der Empfängerseite wieder mit Base64 kodiert werden, bevor sie weiter verarbeitet werden. Sehr oft liegen solche Daten bereits im Binärformat vor und können direkt in einem XOP-Paket eingebettet bzw. abgerufen werden. Das konzeptionelle Modell von XOP behandelt jedoch alle Binärdaten so, als ob sie als Base64-kodierte Texte in XML-Dokument eingebettet wären. Damit ist sichergestellt, dass das konzeptionelle Dokument ein intaktes XML-Infoset präsentiert und einen gültigen Kandidaten für alle XML-Verarbeitungen darstellt.

Im Folgenden wird das Verarbeitungsmodell eines XOP-Pakets formal beschrieben, um die Terminologien einzuführen, die später noch benötigt werden. Um ein XOP-Paket aus einem bestehenden XML-Infoset (*Original XML Infoset*) zu konstruieren, werden zuerst die optimierbaren Inhalte (*Optimized Content*) identifiziert. Diese Inhalte, die zumindest im konzeptionellen Modell in Base64-kodierten Format vorliegen müssen, werden zuerst vom Infoset entfernt und durch ein `xop:Include`-Element ersetzt. Das `xop:Include`-Element hat immer ein Attribut namens `href`, dessen Wert ein URI im `cid`-Schema ist. `cid` steht für Content-ID und wird auch in anderen Bereichen wie HTML-Mail usw. verwendet. Das Ergebnis nach diesem Ersetzungsschritt wird in XOP-Terminologie als XOP-Infoset bezeichnet. Die entfernten Inhalte werden ggf. ins binäre Format umgewandelt, bevor sie als eigenständige Parts im XOP-Paket aufgenommen werden. Die Content-ID eines neuen Parts muss identisch mit dem `href`-Attributwert des entsprechenden `xop:Include`-Elements sein. Jedes Element im ursprünglichen Infoset kann auch das Attribut `xmlmime:contentType` benutzen, um den Content Type der darin enthaltenen Daten zu kennzeichnen. Ist ein solches Attribut vorhanden, so muss dessen Wert nach der Optimierung als Content-Type-Header in dem zugehörigen Part wieder zu finden sein. Das XOP-Infoset bzw. seine Serialisierung in XML-Syntax bildet immer den primären Part des gesamten MIME-Pakets. Ein XOP-Paket lässt sich anhand des Content-Type-Header `application/xop+xml` erkennen.

Um auf der anderen Seite ein XOP-Paket zu interpretieren, wird zuerst der primäre Part als ein XML-Dokument geparst. Für jedes Element, das ein einziges Kindelement `xop:Include` hat, wird der entsprechende Attachment-Part anhand dem URI im Attribut `href` im Paket identifiziert. Anschließend wird das `xop:Include`-Element durch den Inhalt des zuvor identifizierten Attachment-Parts ersetzt, nachdem der Inhalt mit Base64 kodiert wurde. Das dadurch gewonnene Infoset, das auch als das rekonstruierte XML-Infoset (*Reconstituted XML Infoset*) bezeichnet wird, entspricht dem ursprünglichen Infoset.

Der gesamte Optimierungs- und Rekonstruierungsprozess ist in der Abbildung 13.3 dargestellt.

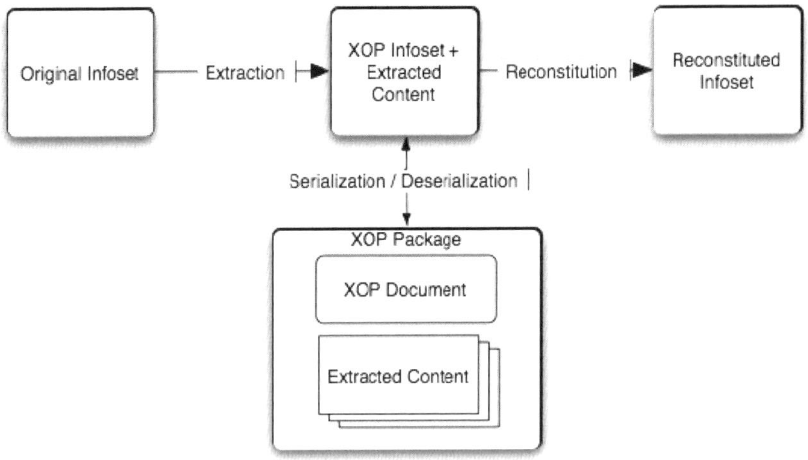

Abbildung 13.3: Verarbeitungsmodell in XOP

Zur Veranschaulichung werden im Folgenden eine SOAP-Nachricht, die ein Bild und eine digitale Signatur in Base64-Kodierung enthält, und ihr MIME-Multipart/Related-Paket nach der XOP-Optimierung gegenüber gestellt.

```
<soap:Envelope
  xmlns:soap='http://www.w3.org/2003/05/soap-envelope'
  xmlns:xmlmime='http://www.w3.org/2004/11/xmlmime'>

  <soap:Body>
    <m:data xmlns:m='http://axishotels.de/room'>
      <m:photo xmlmime:contentType='image/png'>
        image data
      </m:photo>
      <m:sig xmlmime:contentType='application/pkcs7-signature'>
        signature data
      </m:sig>
    </m:data>
  </soap:Body>
</soap:Envelope>
```

Listing 13.2: Ursprüngliches XML-Infoset

```
MIME-Version: 1.0
Content-Type: Multipart/Related;boundary=MIME_boundary;
  type="application/xop+xml";
  start="<uuidxop@apache.org>";
```

Listing 13.3: MIME-Paket nach XOP-Optimierung

```
  startinfo="application/soap+xml; action=\"ProcessData\""
Content-Description: A SOAP message with my pic and sig in it

--MIME_boundary
Content-Type: application/xop+xml; charset=UTF-8;
  type="application/soap+xml; action=\"ProcessData\""
Content-Transfer-Encoding: 8bit
Content-ID: <uuidxop@apache.org>

<soap:Envelope
  xmlns:soap='http://www.w3.org/2003/05/soap-envelope'
  xmlns:xmlmime='http://www.w3.org/2004/11/xmlmime'>
  <soap:Body>
    <m:data xmlns:m='http://axishotels.de/room'>
      <m:photo xmlmime:contentType='image/png'>
        <xop:Include
          xmlns:xop='http://www.w3.org/2004/08/xop/include'
          href='cid:uuidimage@apache.org'/>
      </m:photo>
      <m:sig xmlmime:contentType='application/pkcs7-signature'>
        <xop:Include
          xmlns:xop='http://www.w3.org/2004/08/xop/include'
          href='cid:uuidsignature@apache.org'/>
      </m:sig>
    </m:data>
  </soap:Body>
</soap:Envelope>

--MIME_boundary
Content-Type: image/png
Content-Transfer-Encoding: binary
Content-ID: <uuidimage@apache.org>

// binary octets for png

--MIME_boundary
Content-Type: application/pkcs7-signature
Content-Transfer-Encoding: binary
Content-ID: <uuidsignature@apache.org>
```

Listing 13.3: MIME-Paket nach XOP-Optimierung (Forts.)

```
// binary octets for signature
--MIME_boundary--
```

Listing 13.3: MIME-Paket nach XOP-Optimierung (Forts.)

In diesem Beispiel wurden bei der XOP-Optimierung zuerst die Inhalte der beiden Elemente `<m:photo>` und `<m:sig>` jeweils durch ein `<xop:Include>` ersetzt. Die beiden extrahierten Inhalte werden nun in binärem Format als separate Parts im MIME-Multipart/Related-Paket jeweils mit der ID `uuidimage@apache.org` und `uuidisignature@apache.org` aufgenommen. So muss das `href`-Attribut des für das Foto eingeführten `xop:Include`-Elements den Wert `cid: uuidimage@apache.org` enthalten. Da das ursprüngliche Element `<m:photo>` auch das Attribut `xmlmime:contentType` spezifiziert hat, muss sein Wert „`image/png`" im Content-Type-Header des entsprechenden Attachment-Parts reflektiert sein.

Auf den ersten Blick sieht das durch die Optimierung entstandene MIME-Paket wesentlich umfangreicher und komplexer aus. Jedoch wurde in Listing 13.3. aus Platzgründen nicht die umfangreiche Base64-Kodierung abgedruckt, die 1/3 größer als ihre Binärform wäre. Je größer die Attachments, desto mehr kann man die Größe des gesamten Pakets durch Optimierung reduzieren. Nichtsdestotrotz verursacht die Optimierung durch die Metadaten und die Trennungstexte im MIME-Format einen gewissen Overhead. Daher empfiehlt sich die Optimierung nur ab einer gewissen Größe des Attachments, während für kleine Attachments die Verwendung von Base64-Kodierung sicherlich vorteilhafter ist. Wie später noch demonstriert wird, bietet Axis2 genug Möglichkeiten, die Optimierung flexibel über Parameter ein- oder auszuschalten.

13.2.2 MTOM

Basierend auf XOP wurde MTOM ins Leben gerufen, um sich als neuer interoperabler Standard für SOAP-Nachrichten mit Attachments zu etablieren. MTOM steht für SOAP **M**essage **T**ransmission **O**ptimization **M**echanism und beschreibt ein Verfahren, wie man eine SOAP-Nachricht mit Attachments bei der Übertragung optimieren kann, während die Nachricht auf Sender- und Empfängerseite nach wie vor als ein XML-Infoset behandelt wird.

In der Spezifikation wird zuerst ein abstraktes SOAP-Feature definiert, das durch den URI *http://www.w3.org/2004/08/soap/features/abstract-optimization* identifiziert ist. Dieses Feature versetzt ein SOAP-Binding in die Lage, die Übertragung einer SOAP-Nachricht zu optimieren, indem Teile der Nachricht, die vom Typ `xsd:base64Binary` sind, während der Übertragung effizienter kodiert werden. Auf der Empfängerseite wird das ursprüngliche Infoset wiesder aus der optimierten Nachricht rekonstruiert. Wichtig dabei ist, dass die Optimierung nur für die Zeitspanne der Übertragung gilt und die Nachricht nach außen immer ein intaktes XML-Infoset darstellt.

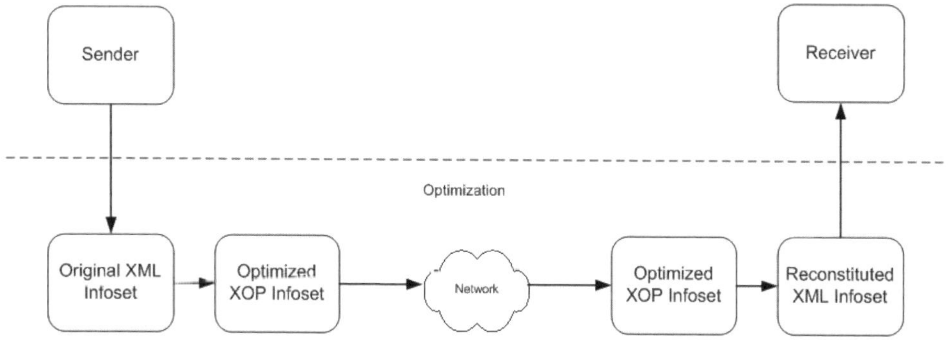

Abbildung 13.4: Verarbeitungsmodell von MTOM

Als Serialisierungsformat verwendet MTOM das zuvor beschriebene XOP-Paket. Dabei wird ein SOAP-Envelop-Infoset bei der Optimierung in ein MIME Multipart/Related XOP-Paket verpackt, das folgende Eigenschaften aufweist:

- Der Content-Type des Pakets ist immer `multipart/related`.
- Der Typparameter vom Content-Type-Header des Pakets muss `application/xop+xml` lauten.
- Der Startinfo-Parameter vom Content-Type-Header des Pakets gibt den Content-Type vom Root-Part an und muss `application/soap+xml` sein.
- Der Typparameter vom Content-Type-Header des Root-Parts muss ebenfalls `application/soap+xml` sein.

Wird die Nachricht über das HTTP-Protokoll verschickt, so werden die Metadaten aus dem Header des Multipart/Related-XOP-Pakets in den HTTP-Header übertragen, während der Rest aus dem XOP-Paket im Rahmen des HTTP-Body übertragen wird. Die HTTP SOAP Transmission Optimization ist eine konkrete Implementierung des abstrakten Features auf der Ebene von SOAP-Binding, welche die optimierte `MIME-Multipart/Related`-Serialisierung als Leitungsformat verwendet. Der Empfänger muss das HTTP-Paket entsprechend interpretieren, wenn er anhand der Daten im HTTP-Header das Paket als ein Multipart/Related-XOP-Paket identifiziert hat.

13.2.3 SwA vs. MTOM

Der interessanteste Aspekt bei diesem ganzen Spezifikations-Wirrwarr im Bereich SOAP-Nachrichten mit Attachments ist, dass SwA und MTOM dasselbe Leitungsformat verwenden, nämlich MIME-Multipart/Related-Paket. Das bedeutet, dass ein auf MTOM-Standard basierter Request von Axis2 auch von Axis1.x, das nur SwA beherrscht, erfolgreich verarbeitet werden kann. Die Entwickler von Axis2 haben einige Tests in diese Richtung erfolgreich durchgeführt und diesen Umstand bewiesen. Trotzdem besteht ein wesentlicher Unterschied zwischen beiden Technologien, nämlich dass ihnen unterschiedliche konzeptionelle Modelle zugrunde liegen.

Das vom WS-I favorisierte SwA geht davon aus, dass eine SwA-Nachricht aus einem primären SOAP-Envelope und mehreren Attachments besteht. Daher konzentriert sich das „WS-I Attachment Profile" darauf, wie man diese Struktur in WSDL beschreibt und anschließend mittels MIME-Binding auf ein MIME-Paket abbildet. Im Gegensatz zu SwA kennt das MTOM-Modell eigentlich gar keine Attachments. Alle Daten vom Typ `xsd:base64Binary` werden im logischen Modell von MTOM (bzw. XOP) nicht als Anhängsel, sondern als integraler Bestandteil der SOAP-Nachricht betrachtet. Dieser Bestandteil kann jedoch bei der Serialisierung optimiert werden. Das physikalische Serialisierungsformat dient nur dazu, die Verarbeitung effizienter zu gestalten, während das konzeptionelle Modell von MTOM die ganze Zeit über ein gültiges XML-Infoset darstellt, sodass auf dieses Infoset alle Verarbeitungen aus den WS-*-Spezifikationen angewandt werden können. Da SwA ein anderes konzeptionelles Modell zugrunde liegt, lassen sich diese Verarbeitungen nicht auf ein SwA-Modell anwenden.

Um den Unterschied nun näher zu erläutern, wird im Folgenden die Verarbeitung mit XML-Signature für beide Modelle betrachtet. Wenn eine Nachricht mit XML-Signature-Verfahren signiert werden soll, um die Datenintegrität sicherzustellen, wird im Falle von SwA lediglich die Referenz auf das Attachment signiert, da nur die Referenz Bestandteil von XML-Infoset ist. Damit wird aber nur garantiert, dass die Referenz nicht manipuliert wurde und immer auf das richtige Attachment verweist. Die Daten des Attachments werden jedoch nicht signiert. Der nicht signierte Attachment-Part stellt ein potentielles Sicherheitsrisiko dar. Im Falle von MTOM kann jedoch das komplette XML-Infoset, einschließlich Base64-kodierter Daten des Attachments, signiert werden, sodass auch die Integrität dieser Daten sichergestellt werden kann.

13.3 MTOM in Axis2

13.3.1 OMText

AXIOM ist eines der ersten Objektmodelle, das auch mit Binärdaten umgehen kann. Der Schlüssel für diese Fähigkeit liegt in der Klasse `OMText`, die nicht nur einen Text als String, sondern auch Binärdaten in Form einer `javax.activation.DataHandler` aufnehmen kann. Die `DataHandler`-Klasse stammt aus dem Java Activation Framework und wurde bereits auf vielen Java-basierten Web-Service-Plattformen wie z.B. Axis 1.x verwendet, um ein binäres Attachment zu repräsentieren. Die Designentscheidung, mit `OMText` sowohl Textknoten als auch binäre Attachments zu repräsentieren, trägt dazu bei, dass ein Attachment intern wahlweise in eingebetteter Base64-Kodierung oder als extern referenziertes Attachment abgelegt werden kann. In beiden Fällen wird dieselbe `OMText`-Klasse im Objektmodell für das Attachment verwendet, sodass das Objektmodell unabhängig von der Serialisierungsform konsistent gehalten werden kann. Das bedeutet, dass die AXIOM-Objektmodelle auf Sender- und Empfängerseite immer identisch sind, auch wenn auf der einen Seite Base64-Kodierung verwendet wird, während die andere Seite die Nachricht durch Optimierung in MIME-Multipart/Related-Format umwandelt.

Um ein OMText-Objekt für ein Attachment zu erzeugen, muss entweder ein DataHandler-Objekt, das die DataSource eines Attachments kapselt, oder ein String, der die kanonische Form eines Base64-kodierten Attachments darstellt, übergeben werden. Während die Information über den Datentyp des Attachments im ersten Fall von dem DataHandler geliefert werden kann, enthält die Base64-Kodierung nur Nutz- und keine Metadaten (wie z.B. Content-Type für die Daten) für das Attachment. Für diesen Fall steht ein weiterer Konstruktor-Parameter mimeType zur Verfügung, um den Content-Type zu speichern. Diese Angabe muss beim Instanziieren von OMText übergeben und kann nicht später über Setter-Methode überschrieben werden.

Folgende Codesegmente zeigen die beiden Varianten der Erzeugung eines OMText-Objekts, welches die Binärdaten eines image-Elements beinhaltet.

```
OMElement imageElem = fac.createOMElement("image", null, parent);
String fileName = "upload.png";
FileDataSource ds = new FileDataSource(fileName);
DataHandler dataHandler = new DataHandler(ds);
OMText attachmentNode = fac.createOMText(dataHandler, true);
imageElem.addChild(attachmentNode);
```

Listing 13.4: Erzeugung eines OMText-Objekts aus DataHandler

Zuerst wird ein DataHandler-Objekt aus einem FileDataSource erzeugt, der auf eine Datei im Dateisystem verweist. Anschließend wird eine OMText-Instanz aus dem zuvor erzeugten DataHandler angelegt. Interessant ist der zweite Parameter der createOMText-Methode namens optimize. Mit diesem optimize-Parameter kann das Optimierungsverhalten dieses Attachments festgelegt werden. Wie es später noch deutlich wird, reicht dieser Parameter allein noch nicht aus, um eine Optimierung zu erzwingen. Dafür muss ein weiterer Konfigurationsparameter gesetzt sein.

Liegen die Daten eines Attachments bereits in Base64-Kodierung vor, kann daraus ein OMText-Objekt direkt erzeugt werden. Dabei muss ebenfalls auch der Content-Type des Attachments übergeben werden.

```
OMElement imageElem = fac.createOMElement("image", null, parent);
String base64Data = "base_64_encoded_string";
OMText attachmentNode = fac.createOMText(base64Data, "image/png", true);
imageElem.addChild(attachmentNode);
```

Listing 13.5: Erzeugung eines OMText-Objekts aus Base64-Kodierung

13.3.2 MTOM Web Service mit AXIOM-API

Um die MTOM-Unterstützung in Axis2 zu demonstrieren, soll nun ein Dokument-Manager-Service implementiert werden, der Operationen enthält, über die Dokumente beliebiger Formate hoch- bzw. heruntergeladen werden können. Zuerst wird eine AXIOM-basierte Variante dieses Service gezeigt, um den Umgang mit MTOM in Axis2 zu erklären. Im nächsten Abschnitt wird derselbe Service über Data Binding implementiert.

Nach dem Contract-First-Ansatz wird zuerst für den DocumentManagerAxiomService ein WSDL-Dokument verfasst, in dem alle schnittstellenrelevanten Informationen definiert werden. Ein Dokument, das hoch- oder heruntergeladen werden kann, besteht aus einem Namen und den Dokumentdaten. Diese Struktur wird in WSDL als DocumentType definiert. Um ein Dokument hoch zu laden, wird genau ein Element von DocumentType im UploadDocumentRequest verschickt. In dem entsprechenden UploadDocumentResponse wird lediglich eine Rückmeldung als Text zurückgeschickt. Im Falle der Download-Funktionalität besteht der DownloadDocumentRequest nur aus einem Dokumentnamen als String, während die DownloadDocumentResponse wieder die DocumentType-Struktur zurückgibt. In Listing 13.6 ist ein Auszug aus dem WSDL-Dokument abgedruckt, in dem die Beschreibungen für die Download-Funktionalität aus Platzgründen weggelassen worden sind. Es ist zu beachten, dass das Subelement data von DocumentType den Datentyp xsd:base64Binary hat und somit einen potenziellen Kandidat für MTOM-Optimierung darstellt.

```
<?xml version="1.0" encoding="UTF-8"?>
<wsdl:definitions
  xmlns:soap="http://schemas.xmlsoap.org/wsdl/soap/"
  xmlns:tns="http://axishotels.de/DocumentManagerAxiomService"
  xmlns:wsdl="http://schemas.xmlsoap.org/wsdl/"
  xmlns:xsd="http://www.w3.org/2001/XMLSchema"
  xmlns:mime="http://schemas.xmlsoap.org/wsdl/mime/"
  xmlns:http="http://schemas.xmlsoap.org/wsdl/http/"
  xmlns:soap12="http://schemas.xmlsoap.org/wsdl/soap12/"
  xmlns:xmime="http://www.w3.org/2005/05/xmlmime"
  xmlns:wsaw="http://www.w3.org/2006/05/addressing/wsdl"
  name="DocumentManagerAxiomService"
  targetNamespace="http://axishotels.de/DocumentManagerAxiomService">

<wsdl:types>
  <xsd:schema
    targetNamespace="http://axishotels.de/DocumentManagerAxiomService">
    <xsd:element name="UploadDocumentResponse" type="xsd:string"/>
    <xsd:element name="UploadDocumentRequest" type="tns:DocumentType" />
    <xsd:complexType name="DocumentType"><xsd:sequence>
        <xsd:element name="name" type="xsd:string"/>
        <xsd:element name="data" type="xsd:base64Binary"/>
      </xsd:sequence>
    </xsd:complexType>
  </xsd:schema>
</wsdl:types>

<wsdl:message name="uploadDocumentResponse">
```

Listing 13.6: WSDL für DocumentManagerAxiomservice

```
  <wsdl:part element="tns:UploadDocumentResponse"
    name="uploadDocumentResponse" />
</wsdl:message>
<wsdl:message name="uploadDocumentRequest">
  <wsdl:part element="tns:UploadDocumentRequest"
    name="uploadDocumentRequest" />
</wsdl:message>

<wsdl:portType name="DocumentManagerAxiomServiceType">
  <wsdl:operation name="uploadDocument">
    <wsdl:input message="tns:uploadDocumentRequest" />
    <wsdl:output message="tns:uploadDocumentResponse" />
  </wsdl:operation>
</wsdl:portType>

<wsdl:binding name="DocumentManagerAxiomServiceSOAP11Binding"
  type="tns:DocumentManagerAxiomServiceType">
  <soap:binding style="document"
    transport="http://schemas.xmlsoap.org/soap/http" />
  <wsdl:operation name="uploadDocument">
    <soap:operation style="document"
      soapAction="http://axishotels.de/DocumentManagerAxiomService/UploadDocument" />
    <wsdl:input>
      <soap:body use="literal" />
    </wsdl:input>
    <wsdl:output>
      <soap:body use="literal" />
    </wsdl:output>
  </wsdl:operation>
</wsdl:binding>
<wsdl:binding name="DocumentManagerAxiomServiceSOAP12Binding"
  type="tns:DocumentManagerAxiomServiceType">
  <soap12:binding style="document"
    transport="http://schemas.xmlsoap.org/soap/http" />
  <wsdl:operation name="uploadDocument">
    <soap:operation style="document"
      soapAction="http://axishotels.de/DocumentManagerAxiomService/UploadDocument"/>
    <wsdl:input>
      <soap:body use="literal" />
    </wsdl:input>
```

Listing 13.6: WSDL für DocumentManagerAxiomservice (Forts.)

```
    <wsdl:output>
      <soap:body use="literal" />
    </wsdl:output>
  </wsdl:operation>
</wsdl:binding>

<wsdl:service name="DocumentManagerAxiomService">
  <wsdl:port name="DocumentManagerAxiomServiceSOAP11"
    binding="tns:DocumentManagerAxiomServiceSOAP11Binding">
    <soap:address
      location="http://localhost:8080/axis2/services/DocumentManagerAxiomService" />
  </wsdl:port>
  <wsdl:port name="DocumentManagerAxiomServiceSOAP12"
    binding="tns:DocumentManagerAxiomServiceSOAP12Binding" >
    <soap12:address
     location= "http://localhost:8080/axis2/services/DocumentManagerAxiomService" />
  </wsdl:port>
</wsdl:service>
</wsdl:definitions>
```

Listing 13.6: WSDL für DocumentManagerAxiomservice (Forts.)

MTOM Client

Es wird mit der clientseitigen Entwicklung für diesen Service gestartet. Da zuvor bereits beschrieben wurde, wie ein binäres Attachment mit einem `OMText`-Objekt gekapselt werden kann, können die Nutzdaten bzw. das entsprechende AXIOM-Modell für den `UploadDocumentRequest` problemlos erstellt werden, der mit Hilfe von `ServiceClient` in SOAP-Nachricht verpackt und zum Server verschickt werden kann.

Mit TCP-Monitor kann man leicht feststellen, dass das Attachment in dieser Nachricht als eingebettete Base64-Kodierung statt als MTOM-Attachment verschickt wurde, auch wenn beim Erzeugen von `OMText` der `optimize`-Parameter auf `true` gesetzt ist. Damit die MTOM-Optimierung für die Übertragung wirklich stattfindet, muss zusätzlich zu dem `optimize`-Parameter noch der Konfigurationsparameter `enableMTOM` im `Options`-Objekt des `ServiceClients` auf `true` gesetzt werden. Erst danach versucht Axis2, die Optimierungsschritte aus der MTOM-Spezifikation durchzuführen. In Listing 13.7 ist der Sourcecode des Clients für die Upload-Funktion abgedruckt.

```
package de.axishotel.attachment.mtom.axiom.client;

import java.rmi.RemoteException;

import javax.activation.DataHandler;
```

Listing 13.7: Client für Upload-Funktion

```
import javax.activation.FileDataSource;

import org.apache.axiom.om.OMAbstractFactory;
import org.apache.axiom.om.OMElement;
import org.apache.axiom.om.OMFactory;
import org.apache.axiom.om.OMNamespace;
import org.apache.axiom.om.OMText;

import org.apache.axis2.Constants;
import org.apache.axis2.addressing.EndpointReference;
import org.apache.axis2.client.Options;
import org.apache.axis2.client.ServiceClient;
import org.apache.axis2.transport.http.HTTPConstants;

public class DocumentManagerAxiomServiceClient {
  private static final String FILE = "sign.png";

  public static void main(String[] args) throws RemoteException {
    OMElement uploadDocumentRequest = createUploadDocumentPayload(FILE);

    ServiceClient serviceClient = new ServiceClient();
    Options options = new Options();
    options.setAction("http://axishotels.de/DocumentManagerAxiomService/UploadDocument");
    options.setTo(new EndpointReference
    ("http://localhost:8080/axis2/services/DocumentManagerAxiomService"));
    options.setProperty(Constants.Configuration.ENABLE_MTOM,
      Constants.VALUE_TRUE);
    options.setProperty(HTTPConstants.CHUNKED, Constants.VALUE_FALSE);
    serviceClient.setOptions(options);

    OMElement uploadDocumentResponseElem =
      serviceClient.sendReceive(uploadDocumentRequest);
    System.out.println(uploadDocumentResponseElem.getText());
  }

  private static OMElement createUploadDocumentPayload(String name) {
    OMFactory fac = OMAbstractFactory.getOMFactory();
    OMNamespace ns = fac.createOMNamespace
    ("http://axishotels.de/DocumentManagerAxiomService", "ah");
    OMElement uploadDocumentRequestElem =
      fac.createOMElement("uploadDocumentRequest", ns);
```

Listing 13.7: Client für Upload-Funktion (Forts.)

```
    OMElement nameElem = fac.createOMElement("name", null, uploadDocumentRequestElem);
    nameElem.setText(name);
    OMElement dataElem = fac.createOMElement("data", null, uploadDocumentRequestElem);
    FileDataSource ds = new FileDataSource(FILE);
    DataHandler dataHandler = new DataHandler(ds);
    OMText attachmentNode = fac.createOMText(dataHandler, true);
    dataElem.addChild(attachmentNode);
    return uploadDocumentRequestElem;
  }
}
```

Listing 13.7: Client für Upload-Funktion (Forts.)

Um ein besseres Verständnis für die Funktionsweise von MTOM zu vermitteln, wird die vom obigen Client verschickte HTTP-Nachricht in Listing 14.8 gezeigt. Durch die Angabe des Content-Types `multipart/related` wird gekennzeichnet, dass es sich um ein MIME-Paket handelt. Der Type-Parameter mit dem Wert `application/xop+xml` sagt aus, dass der Inhalt des MIME-Pakets ein XOP-optimiertes Paket ist. Im primären Part, in dem sich die SOAP-Nachricht befindet, wird anstelle der Bilddaten ein `xop:Include`-Element platziert. Das `href`-Attribut dieses Elements weist einen URI des cid-Schemas auf, der identisch mit dem Content-ID-Header des Attachment-Parts ist.

```
POST /axis2/services/DocumentManagerAxiomService HTTP/1.1
SOAPAction: "http://axishotels.de/DocumentManagerAxiomService/UploadDocument"
User-Agent: Axis2
Host: 127.0.0.1:8081
Content-Length: 1263
Content-Type: multipart/related; boundary=MIMEBoundaryurn_uuid_
DDE8BA3CFBFE62D6FF1169978251002; type="application/xop+xml";
start="<0.urn:uuid:DDE8BA3CFBFE62D6FF1169978251003@apache.org>"; start-info="text/
xml"; charset=UTF-8

--MIMEBoundaryurn_uuid_DDE8BA3CFBFE62D6FF1169978251002
content-type: application/xop+xml; charset=UTF-8; type="text/xml";
content-transfer-encoding: binary
content-id: <0.urn:uuid:DDE8BA3CFBFE62D6FF1169978251003@apache.org>

<?xml version='1.0' encoding='UTF-8'?>
<soapenv:Envelope
  xmlns:soapenv="http://schemas.xmlsoap.org/soap/envelope/">
<soapenv:Header />
<soapenv:Body>
```

Listing 13.8: MIME-Paket der MTOM-optimierten Nachricht für UploadDocumentRequest

```
  <ah:uploadDocumentRequest
   xmlns:ah="http://axishotels.de/DocumentManagerAxiomService">
    <name>sign.png</name>
    <data>
      <xop:Include href="cid:1.urn:uuid:DDE8BA3CFBFE62D6FF1169978251001@apache.org"
       xmlns:xop="http://www.w3.org/2004/08/xop/include" />
    </data>
  </ah:uploadDocumentRequest>
</soapenv:Body>
</soapenv:Envelope>

--MIMEBoundaryurn_uuid_DDE8BA3CFBFE62D6FF1169978251002
content-type: image/png
content-transfer-encoding: binary
content-id: <1.urn:uuid:DDE8BA3CFBFE62D6FF1169978251001@apache.org>

PNG binary data
--MIMEBoundaryurn_uuid_DDE8BA3CFBFE62D6FF1169978251002--
```

Listing 13.8: MIME-Paket der MTOM-optimierten Nachricht für UploadDocumentRequest (Forts.)

Bei der Entwicklung eines Clients für einen MTOM-Web-Service ist es wichtig, auf die Kombination der `enableMTOM`-Property in der `Option` von `ServiceClient` sowie des `optimize`-Attributs des `OMText`-Objekts zu achten. Wenn die `enableMTOM`-Property auf `true` gesetzt ist, führt Axis2 die Verarbeitungsschritte der MTOM-Optimierung aus. Dabei beachtet Axis2 jedoch nicht, ob die SOAP-Nachricht überhaupt optimierbar ist oder nicht. Dies hat zur Folge, dass eine SOAP-Nachricht, die keinerlei Elemente vom Typ `xsd:base64Bianry` enthält, ebenfalls als ein MIME-Mutipart/Related-Paket verpackt und verschickt wird. Daher soll die Property `enableMTOM` nur dann auf `true` gesetzt werden, wenn die SOAP-Nachricht auch optimierbar ist. In diesem Fall legt dann das `optimize`-Attribut des `OMText`-Objekts fest, ob die Optimierung wirklich durchgeführt werden soll oder nicht. Die Optimierung findet nur dann statt, wenn `enableMTOM` und `optimize` beide mit `true` belegt sind. Wird dagegen die `enableMTOM`-Property nicht explizit auf `true` gesetzt (Voreinstellung ist `false`), werden die Attachment-Daten Base64-kodiert, unabhängig davon, ob das `optimize`-Attribut auf `true` oder `false` steht. Im Vergleich zu Listing 13.8 wird in Listing 13.9 eine nicht optimierte Nachricht mit Base64-Kodierung abgedruckt.

```
POST /axis2/services/DocumentManagerAxiomService HTTP/1.1
SOAPAction: "http://axishotels.de/DocumentManagerAxiomService/UploadDocument"
User-Agent: Axis2
Host: 127.0.0.1:8081
Content-Length: 766
Content-Type: text/xml; charset=UTF-8
```

Listing 13.9: SOAP-Nachricht mit Base64-Kodierung

```
<?xml version='1.0' encoding='UTF-8'?>
<soapenv:Envelope
  xmlns:soapenv="http://schemas.xmlsoap.org/soap/envelope/">
<soapenv:Header />
<soapenv:Body>
<ah:uploadDocumentRequest xmlns:ah="http://axishotels.de/DocumentManagerAxiomService">
  <name>sign.png</name>
  <data>BASE64DATA=</data>
</ah:uploadDocumentRequest>
</soapenv:Body>
</soapenv:Envelope>
```

Listing 13.9: SOAP-Nachricht mit Base64-Kodierung (Forts.)

In Tabelle 13.1 sind die verschiedenen Kombinationen der beiden Parameter sowie deren Auswirkungen zusammengefasst.

enableMTOM	optimize	Nachrichtenformat	Attachmentdaten
`false`	`false`	SOAP-Nachricht in XML-Format	Eingebettete Base64-Kodierung
`false`	`true`	SOAP-Nachricht in XML-Format	Eingebettete Base64-Kodierung
`true`	`false`	MIME-Multipart/Related-Paket mit XOP-Paket, enthält nur einen primären Part	Eingebettete Base64-Kodierung
`true`	`true`	MIME-Multipart/Related-Paket mit XOP-Paket, enthält einen primären Part und für jedes Attachment einen Attachment-Part	Als separater Attachment-Part abgelegt und über href referenziert
`true`	Kein optimierbarer Inhalt vorhanden	MIME-Multipart/Related-Paket mit XOP-Paket, enthält nur einen primären Part	N/A
`false`	Kein optimierbarer Inhalt vorhanden	SOAP-Nachricht in XML-Format	N/A

Tabelle 13.1: Kombination von `enableMTOM`-Property und `optimize`-Attribut

MTOM Server

Auf der Serverseite kann eine MTOM-optimierte Nachricht wie z.B. die Nachricht aus Listing 13.8 ohne weiteres von Axis2 verarbeitet werden. Axis2 erkennt anhand des Paket-Headers automatisch, ob eine eingehende Nachricht MTOM-optimiert ist oder nicht und kann sie entsprechend deserialisieren.

Im Folgenden wird erklärt, wie man serverseitig auf das Attachment zugreifen kann, wenn die Service-Implementierung direkt mit der AXIOM-API realisiert wurde. Zuerst wird im Objektmodell zum `data`-Element navigiert und vom `data`-Element der erste Kindknoten via `getFirstOMchild()` abgefragt. Anschließend muss das Ergebnis der Methode, das vom Typ

OMNode ist, über einen Downcast zu OMText umgewandelt werden. Nun kann die Methode OMText.getDataHandler() aufgerufen werden, um an den DataHandler zu gelangen, der das Attachment kapselt. Überraschenderweise liefert die Methode OMText.getDataHandler() ein Object statt einen DataHandler zurück. Beim Design von AXIOM-API wurde ganz bewusst auf die Abhängigkeit von DataHandler verzichtet, sodass AXIOM für XML-Verarbeitung ohne Attachments, was die meisten Anwendungsfälle betrifft, auch ohne *activation.jar* auskommt. Der Preis dafür ist ein Downcast auf DataHandler. Über den DataHandler können dann die Nutz- und Metadaten des Attachments ausgelesen und verarbeitet werden. In Listing 13.10 ist die Service-Implementierung für die Upload-Funktionalität abgedruckt.

```
package de.axishotel.attachment.mtom.axiom.server;

import java.io.BufferedInputStream;
import java.io.BufferedOutputStream;
import java.io.FileOutputStream;
import java.io.IOException;

import javax.activation.DataHandler;
import javax.xml.namespace.QName;

import org.apache.axiom.om.OMAbstractFactory;
import org.apache.axiom.om.OMElement;
import org.apache.axiom.om.OMFactory;
import org.apache.axiom.om.OMNamespace;
import org.apache.axiom.om.OMText;

public class DocumentManagerAxiomService {
  private static final String UPLOAD_DIR ="C:/temp/";

  public OMElement uploadDocument(OMElement request) {
    OMElement nameElement = request.getFirstChildWithName(new QName("name"));
    OMElement dataElement = request.getFirstChildWithName(new QName("data"));
    OMText attachmentNode = (OMText)dataElement.getFirstOMChild();
//    attachmentNode.setBinary(true);
    DataHandler dataHandler = (DataHandler) attachmentNode.getDataHandler();
    String fileName = UPLOAD_DIR + nameElement.getText();
    BufferedInputStream in;
    OMFactory fac = OMAbstractFactory.getOMFactory();
    OMNamespace ns = fac.createOMNamespace
      ("http://axishotels.de/DocumentManagerAxiomService", "ah");
```

Listing 13.10: MTOM-Service-Implementierung

```
        OMElement uploadDocumentResponseElem =
          fac.createOMElement("uploadDocumentResponse", ns);
        try {
          in = new BufferedInputStream(dataHandler.getInputStream());
          BufferedOutputStream out = new BufferedOutputStream
          (new FileOutputStream(fileName));

          byte[] data = new byte[1024 * 8];
          int size = 0;
          while ((size = in.read(data)) != -1) {
            out.write(data, 0, size);
          }
          out.close();
          uploadDocumentResponseElem.setText("File upload succeded!");
        } catch (IOException e) {
           uploadDocumentResponseElem.setText("File upload failed!");
        }
       return uploadDocumentResponseElem;
    }
}
```

Listing 13.10: MTOM-Service-Implementierung (Forts.)

Für den Benutzer ist transparent, ob die Nachricht MTOM-optimiert ist oder nicht. Unabhängig davon, ob die Binärdaten als Attachment oder als Base64-Kodierung abgelegt sind, kann `OMText` immer einen `DataHandler` liefern. Wurden die Daten als Base64-Kodierung verschickt, erzeugt `OMText` aus der Kodierung und dem Wert des `mimeType`-Attributs dynamisch ein `DataHandler`-Objekt. Allerdings läuft die Implementierung in Listing 13.10 nur dann fehlerfrei, wenn die eingehende Nachricht in MTOM-optimiertem Format vorliegt. Kommen die Attachment-Daten als eingebettete Base64-Kodierung herein, wirft die Implementierung folgende Exception: `java.lang.RuntimeException: ContentID is null`. Es handelt sich an dieser Stelle um ein besonderes Implementierungsdetail von Axis2, das auch in Javadoc dokumentiert ist. Werden Binärdaten als Base64-Kodierung eingebettet, muss die Methode `OMText.setBinary(true)` explizit aufgerufen werden, bevor `OMText.getDatahandler()` oder `OMText.getInputStream()` aufgerufen werden kann. Ansonsten behandelt AXIOM das `OMText`-Objekt als einen Textknoten und verweigert sich, dafür einen `DataHandler` auszugeben. Es ist daher ratsam, in Listing 13.10 die auskommentierte Zeile wieder einzukommentieren und die `setBinary(true)` immer aufzurufen.

Wie oben bereits erwähnt, erkennt Axis2 bei einer eingehenden Nachricht automatisch, ob sie MTOM-optimiert ist und kann sie entsprechend deserialisieren und verarbeiten. Damit jedoch die ausgehenden Nachrichten auch optimiert werden können, muss analog zur Clientseite eine Konfiguration auf der Serverseite vorgenommen werden. Der Konfigurationsparameter heißt hier ebenfalls `enableMTOM` und kann am einfachsten in der *axis2.xml* unter dem *conf*-Verzeichnis platziert werden.

```
<parameter name="enableMTOM" locked="false">true</parameter>
```

Listing 13.11: Serverseitige Aktivierung von MTOM-Optimierung

Diese Konfiguration hat jedoch globale Auswirkung, sodass die Antworten aller Service-Methoden immer den MTOM-Optimierungsprozess durchlaufen und schlussendlich als MIME-Paket verschickt werden. Die zusätzlichen Metadaten in MIME-Paket vergrößern unnötig die zu übertragende Datenmenge. Daher ist es immer ratsam, diesen Parameter in der *services.xml* zu konfigurieren und global auf die Voreinstellung `false` zu belassen. Auch diese Lösung ist nicht optimal, da diese Einstellung wiederum gültig für alle Methoden der Service-Klasse ist. Für die Upload-Funktion, die lediglich eine Textmeldung zurückliefert, ist es unnötig, die Antwort als MIME-Paket zu schicken. Um es noch präziser zu gestalten, wird die MTOM-Optimierung auf Ebene der Service-Operation konfiguriert. Dementsprechend sieht die *services.xml* für den `DocumentManagerAxiomService` so aus:

```
<service name="DocumentManagerAxiomService">
  <description>
    This is a document manager Web Service which accepts
    and sends MTOM attachment.
  </description>
  <parameter name="ServiceClass" locked="false">
    de.axishotel.attachment.mtom.axiom.server.DocumentManagerAxiomService
  </parameter>
  <operation name="uploadDocument">
    <parameter name="enableMTOM" locked="false">false</parameter>
    <messageReceiver class="org.apache.axis2.receivers.RawXMLINOutMessageReceiver"/>
    <actionMapping>
      http://axishotels.de/DocumentManagerAxiomService/UploadDocument
    </actionMapping>
  </operation>
  <operation name="downloadDocument">
    <parameter name="enableMTOM" locked="false">true</parameter>
    <messageReceiver class="org.apache.axis2.receivers.RawXMLINOutMessageReceiver"/>
    <actionMapping>
      http://axishotels.de/DocumentManagerAxiomService/DownloadDocument
    </actionMapping>
  </operation>
</service>
```

Listing 13.12: services.xml für den DocumentManagerAxiomService

13.3.3 MTOM Data Binding

Wie in Kapitel 11 „Data Binding“ beschrieben, lassen sich sowohl der Service als auch der Serviceclient komfortabler und effizienter entwickeln, wenn man Data Binding-Werkzeuge einsetzt. Der Code-Generator von Axis2 ist ebenfalls in der Lage, optimierbare Daten in einem WSDL-Dokument zu identifizieren und entsprechenden Code hierfür zu generieren. Dazu reicht es schon aus, wenn ein Element im Schema den Datentyp `xsd:base64Binary` besitzt. Sollte der Content-Type des Attachments unabhängig von der Optimierung immer mit übertragen werden, was grundsätzlich sinnvoll ist, kann das Element um das Attribut `xmlmime:contentType` aus dem Namespace `http://www.w3.org/2005/05/xmlmime` erweitert werden.

```
<element name="imageData">
  <complexType>
    <simpleContent>
      <extension base="xsd:base64Binary" >
        <attribute ref="xmlmime:contentType" use="required"/>
      </extension>
    </simpleContent>
  </complexType>
</element>
```

Listing 13.13: Schema-Definition für ein MTOM-optimierbares Element

Ein solcher Typ ist bereits im `xmlmime`-Schema definiert und kann daher auch als `xmlmime:base64Binary` direkt verwendet werden. Im gleichen Schema ist außerdem noch ein weiteres Attribut namens `xmlmime:expectedContentTypes` definiert, das optional verwendet werden kann. Dieses Attribut hat eine ähnliche Funktion wie der `accept`-Header in HTTP und enthält als Wert eine Liste von möglichen Content-Types.

```
<element name="imageData"
  type="xmime:base64Binary"
  xmime:expectedContentTypes='image/jpeg, image/png, image/gif'/>
```

Listing 13.14: MTOM-optimierbares Element mit expectedContentTypes-Attribut

Obwohl der Typ `xsd:base64Binary` für den Code-Generator bereits ausreichend ist, um entsprechende Klassen zu generieren, empfiehlt sich der Content-Type-Angabe wegen jedoch der Einsatz von `xmlmime:base64Binary`.

Nun wird derselbe `DocumentManagerService` über Data Binding implementiert. Die Schnittstelle sowie die Nachrichtendefinitionen sind identisch geblieben. Lediglich in den Benennungen wurde „Axiom“ weggelassen, um Namenskonflikte zu vermeiden. Es werden lediglich die Schema-Definitionen gezeigt, aus denen später Java-Klassen generiert werden.

```
<xsd:schema
 targetNamespace="http://axishotels.de/DocumentManagerService">
  <xsd:complexType name="DocumentType">
    <xsd:sequence>
      <xsd:element name="name" type="xsd:string"/>
      <xsd:element name="data" type="xmlmime:base64Binary"/>
    </xsd:sequence>
  </xsd:complexType>

 <xsd:element name="UploadDocumentRequest" type="tns:DocumentType"/>
  <xsd:element name="UploadDocumentResponse" type="xsd:string" />

  <xsd:element name="downloadDocumentRequest" type="xsd:string" />
  <xsd:element name="downloadDocumentResponse" type="tns:DocumentType"/>
</xsd:schema>
```

Listing 13.15: Schema-Definition für DocumentManagerService

MTOM Data Binding Client

Mit dem WSDL-Dokument als Ausgangsbasis kann im nächsten Schritt der Code-Generator gestartet werden, um die Klassen zu generieren. Zuerst wird der Generierungsprozess für die Clientseite ausgeführt und ADB als voreingestelltes Data Binding-Werkzeug verwendet.

```
<target name="generate.client">
  <java classname="org.apache.axis2.wsdl.WSDL2Java">
    <arg value="-uri" />
    <arg value="${basedir}/resources/DocumentManagerService.wsdl"/>
    <arg value="-p" />
    <arg value="de.axishotel.attachment.mtom.client" />
    <arg value="-o" />
    <arg value="${client.dir}" />
   <classpath refid="class.path" />
  </java>
</target>
```

Listing 13.16: Ausschnitt aus build.xml für die Stub-Generierung

Wenn das in Listing 13.16 abgedruckte Ant-Target ausgeführt wird, produziert der Generator eine Stub- und eine `CallbackHandler`-Klasse, wovon in diesem Beispiel nur die Stub-Klasse benutzt wird. Wer sich für Details interessiert, kann einen Blick auf die Stub-Klasse werfen. Dort kann man feststellen, dass die als innere Klasse generierte `DocumentType`-Klasse zwei JavaBean-Properties aufweist und die `data`-Property vom Typ `DataHandler` ist.

Mit Hilfe der generierten Klassen lässt sich die Cliententwicklung sehr einfach gestalten. Die Nutzdaten der Nachricht werden durch Instanziierung der Request-Klasse erzeugt und das Verschicken der Nachricht erfolgt durch Aufrufen einer Methode der Stub-Klasse. Das Attachment wird wie im letzten Beispiel erzeugt und kann anschließend direkt über Setter-Methoden des Request-Objekts übergeben werden. Damit die MTOM-Optimierung auch wirklich stattfindet, ist es ebenfalls notwendig, die Property `enableMTOM` im `Option`-Objekt des darunter liegenden Service-Clients auf `true` zu setzen. Der komplette Aufruf für die Upload-Funktion ist in Listing 13.17 aufgelistet.

```
public static void main(String[] args) throws RemoteException {
  String FILE = "sign.png";

  DocumentManagerServiceStub serviceStub = new
   DocumentManagerServiceStub(
   "http://localhost:8081/axis2/services/DocumentManagerService");
  serviceStub._getServiceClient().getOptions().setProperty(
    Constants.Configuration.ENABLE_MTOM, Constants.VALUE_TRUE);
  serviceStub._getServiceClient()
    .getOptions().setTimeOutInMilliSeconds(100000);
  serviceStub._getServiceClient()
    .getOptions().setSoapVersionURI(Constants.URI_SOAP11_ENV);

  UploadDocumentRequest uploadDocumentRequest = new UploadDocumentRequest();
  DocumentType document = new DocumentType();
  document.setName("upload.png");
  FileDataSource fileDataSource = new FileDataSource(FILE);
  DataHandler dataHandler = new DataHandler(fileDataSource);
  Base64Binary data = new Base64Binary();
  data.setBase64Binary(dataHandler);
  data.setContentType(dataHandler.getContentType());
  document.setData(data);

  UploadDocumentResponse response = serviceStub.uploadDocument(uploadDocumentRequest);
  System.out.println(response.getUploadDocumentResponse());
}
```

Listing 13.17: Serviceclient mit Data Binding für DocumentManagerService

MTOM Data Binding Server

Soll die Service-Implementierung auch mittels Data Binding realisiert werden, so müssen die serverseitigen Artefakte auch erst mit Generator erzeugt werden. Die entsprechende Target-Definition ist in Listing 13.18 ersichtlich.

```
<target name="generate.service">
  <java classname="org.apache.axis2.wsdl.WSDL2Java">
   <arg value="-uri" />
   <arg value="${basedir}/resources/DocumentManagerService.wsdl"/>
   <arg value="-ss" />
   <arg value="-sd" />
   <arg value="-p" />
   <arg value="de.axishotel.attachment.mtom.server" />
   <arg value="-o" />
   <arg value="${service.dir}" />
   <arg value="-ns2p" />
   <arg value= "http://www.w3.org/2005/05/xmlmime=de.axishotel.attachment.mtom.server,
   http://axishotels.de/DocumentManagerService=de.axishotel.attachment.mtom.server" />
   <classpath refid="class.path" />
  </java>
</target>
```

Listing 13.18: Ausschnitt aus build.xml für die Generierung auf der Serverseite

Für jedes Element und jeden Typ in der Schema-Definition wird eine Java-Klasse vom Schema-Compiler generiert, die in der Service-Implementierung direkt herangezogen werden kann. Vom Programmiermodell her unterscheidet sich ein Web Service, der MTOM-Attachments unterstützt, nicht von dem eines ganz gewöhnlichen Web Services, der SOAP-Nachrichten ohne Attachments verarbeitet. Deshalb wird an dieser Stelle nicht näher auf die Service-Implementierung eingegangen und lediglich der Source-Code in Listing 13.19 gezeigt. Bis auf dem optionalen Parameter `enableMTOM` unterscheidet sich die *services.xml* von `DocumentManagerService` ebenfalls kaum von einer *services.xml* eines gewöhnlichen Web Services.

```
package de.axishotel.attachment.mtom.server;

import java.io.BufferedInputStream;
import java.io.BufferedOutputStream;
import java.io.FileOutputStream;
import java.io.IOException;

import javax.activation.DataHandler;
import javax.activation.FileDataSource;

public class DocumentManagerService
  extends DocumentManagerServiceSkeleton {

  private static final String UPLOAD_DIR ="C:/temp/";
```

Listing 13.19: MTOM Service-Implementierung mit Data Binding

```
  public UploadDocumentResponse
    uploadDocument(UploadDocumentRequest request) {
    String name = request.getUploadDocumentRequest().getName();
    DataHandler dataHandler = request.getUploadDocumentRequest()
      .getData().getBase64Binary();
    String fileName = UPLOAD_DIR + name;
    BufferedInputStream in;
    UploadDocumentResponse response = new UploadDocumentResponse();
    try {
      in = new BufferedInputStream (dataHandler.getDataSource().getInputStream());
      BufferedOutputStream out = new BufferedOutputStream
      (new FileOutputStream(fileName));
      byte[] data = new byte[1024 * 8];
      int size = 0;
      while ((size = in.read(data)) != -1) {
        out.write(data, 0, size);
      }
      out.close();
      response.setUploadDocumentResponse("File upload succeded!");
    } catch (IOException e) {
      response.setUploadDocumentResponse("File upload failed!");
    }
    return response;
  }

  public DownloadDocumentResponse
    downloadDocument(DownloadDocumentRequest request) {
    String name = request.getDownloadDocumentRequest();
    String fileName = UPLOAD_DIR + name;
    FileDataSource ds = new FileDataSource(fileName);
    DataHandler dataHandler = new DataHandler(ds);
    DocumentType documentType = new DocumentType();
    Base64Binary data = new Base64Binary();
    data.setBase64Binary(dataHandler);
    data.setContentType(dataHandler.getContentType());
    documentType.setData(data);
    documentType.setName(name);
    DownloadDocumentResponse response = new DownloadDocumentResponse();
    response.setDownloadDocumentResponse(documentType);
    return response;
  }
}
```

Listing 13.19: MTOM Service-Implementierung mit Data Binding (Forts.)

Nachdem nun Client und Service erfolgreich implementiert und getestet sind, lohnt sich jetzt ein genauerer Blick auf die generierten Klassen, um ein Grundverständnis zu gewinnen, wie Axis2 intern die Nutzdaten in XML-Format erstellt und parst. Zuerst erzeugt der Generator für jedes Element vom Typ `xsd:base64Binary` eine JavaBean-Property, die vom Typ `DataHandler` ist.

```
public class Base64Binary implements
  org.apache.axis2.databinding.ADBBean {
  /**
   * field for Base64Binary
   */
  protected javax.activation.DataHandler localBase64Binary;

  /**
   * Auto generated getter method
   * @return javax.activation.DataHandler
   */

  public javax.activation.DataHandler getBase64Binary() {
    return localBase64Binary;
  }

  /**
   * Auto generated setter method
   * @param param Base64Binary
   */
  public void setBase64Binary(javax.activation.DataHandler param){
    this.localBase64Binary = param;
  }

  ...
}
```

Listing 13.20: Attribut vom Typ DataHandler in generierter Klasse

Ebenfalls wird eine Methode namens `getOMDataSource` generiert, von der eine anonyme Inner-Klasse zurückgegeben wird, die das Interface `org.apache.axis2.databinding.ADBDataSource` implementiert. Diese Inner-Klasse implementiert wiederum die Methode `serialize` aus dem `ADBDataSource`-Interface. Genau an dieser Stelle erzeugt AXIOM-API die Nachricht in XML-Format. Dort wird für die Property `localBase64Binary` aus Listing 13.20 eine `OMText`-Instanz erzeugt, deren `optimize`-Attribut immer mit `true` initialisiert wird. Anschließend wird diese Instanz über den als Parameter übergebenen `XMLStreamWriter` serialisiert. Abhängig von der Ausprägung von `XMLStreamWriter` (unterstützt er MTOM-Optimierung oder nicht), werden die Daten als Base64-Kodierung oder als MIME-Part ausgeschrieben.

```
/**
 *
 * @param parentQName
 * @param factory
 * @return org.apache.axiom.om.OMElement
 */
public org.apache.axiom.om.OMDataSource getOMDataSource(
  final javax.xml.namespace.QName parentQName,
  final org.apache.axiom.om.OMFactory factory) {
  org.apache.axiom.om.OMDataSource dataSource =
    new org.apache.axis2.databinding.ADBDataSource
      (this, parentQName){
    public void serialize
      (javax.xml.stream.XMLStreamWriter xmlWriter)
      throws javax.xml.stream.XMLStreamException {
      ...
      writeAttribute("http://www.w3.org/2005/05/xmlmime",
      "contentType",
      org.apache.axis2.databinding.utils.ConverterUtil.
        convertToString(localContentType), xmlWriter);
      if (localBase64Binary != null) {
        org.apache.axiom.om.impl.llom.OMTextImpl
        localBase64Binary_binary =
          new org.apache.axiom.om.impl.llom.OMTextImpl
           (localBase64Binary, org.apache.axiom.om.OMAbstractFactory.getOMFactory());
        localBase64Binary_binary.internalSerializeAndConsume(xmlWriter);
      }
      ...
    }
    ...
  }
  ...
}
```

Listing 13.21: Serialisierung von Attachment-Daten

Der umgekehrte Prozess auf der Empfängerseite sieht dagegen ein wenig komplexer aus. Das primäre Ziel dieses Parsing-Prozesses ist, die optimierten Binärdaten möglichst in ihrem Rohformat weiterzugeben, ohne dass sie zuerst über eine Base64-Kodierung in Text konvertiert werden. Da diese Daten mit höchster Wahrscheinlichkeit nur im Rohformat benötigt und verarbeitet werden, wäre eine Base64-Konvertierung überflüssig und bedeutete zugleich eine weitere Base64-Dekodierung, um das Binärformat wieder zu erhalten. In diesem Prozess sind unter anderem zwei Stellen involviert, die besonders interessant sind und daher in Listing 13.22 abgedruckt sind. Einmal handelt es sich um die Methode `isRea-`

derMTOMAware, die einen XMLStreamReader überprüft, ob dort die IsDatahandlersAwareParsing (als Konstante definiert in OMConstants.IS_DATA_HANDLERS_AWARE) auf true gesetzt ist, um zu erkennen, ob der Reader auch mit MTOM-optimierter Nachricht in MIME-Format umgehen kann. Viel interessanter ist die parse-Methode einer weiteren Inner-Klasse namens Factory. Dort werden die zugehörigen Daten aus XMLStreamReader ausgelesen und daraus ein Objekt der Data-Binding-Klasse konstruiert. Wie bereits erwähnt verwendet AXIOM intern OMText, um Attachment-Daten zu speichern. Liegen die Daten in optimierter Form vor, ist es günstiger, diese Daten direkt in DataHandler zu kapseln, welcher die Daten in ihrem Rohformat (intern als Bytearray oder temporäre Datei, siehe Abschnitt 13.4) speichert.

Es gibt dabei durch das vorgegebene Interface XMLStreamReader aus StAX leider einen Haken. AXIOM stellt sein Objektmodell nach außen (z.B. für die Data Binding-Werkzeuge) ausschließlich über dieses Interface zur Verfügung. Das XMLStreamReader–Interface kennt jedoch das Konzept von MTOM-Optimierung nicht und wird daher Daten vom Typ xsd:base64Binary ebenfalls als Text behandeln. Dies führt dazu, dass die Binärdaten immer zu Base64-Kodierung konvertiert werden. Um diese Konvertierung zu umgehen, verwendet Axis2 einen Trick, indem die getProperty-Methode aus dem Interface entsprechend ausgenutzt wird. In den XMLStreamReader-Implementierungen aus dem Axis2-ADB-Modul wurde die getProperty-Methode so überschrieben, dass sie für den Schlüssel OMConstants.IS_DATA_HANDLERS_AWARE true zurückgibt. Beim Auftreten eines START_ELEMENT-Ereignisses liefert die getProperty-Methode ebenfalls true für den Schlüssel OMConstants.IS_BINARY, wenn der Inhalt optimiert ist. Sind beide oben beschriebenen Bedingungen erfüllt, erhält man eine Referenz auf das DataHandler-Objekt, welches die Daten im Rohformat kapselt, indem man nochmals die getProperty-Methode mit dem Schlüssel OMConstants.DATA_HANDLER aufruft. Damit wird erreicht, dass die unnötige Base64-Kodierung vermieden wird, ohne jedoch das XMLStreamReader-Interface zu verletzen. In Version 1.1.1 von Axis2, welche auf AXIOM 1.2.2 basiert, wurde diese Implementierung noch mal verbessert. Dort wird ein XMLStreamReader immer durch einen org.apache.axiom.om.impl.llom.OMStAXWrapper gekapselt, sodass der Downcast in Listing 13.22 immer gefahrlos ausgeführt werden kann. Dieser Wrapper verwendet intern die Klasse org.apache.axiom.soap.impl.builder.MTOMStAXSOAPModelBuilder als Builder-Implementierung, die mit MTOM-optimierten Attachment-Daten direkt umgehen kann. Durch diese Kapselung wird sichergestellt, dass MTOM-optimierte Daten immer im Rohformat eingelesen und verarbeitet werden. Nur im dritten Fall, wenn das bezeichnende xop:Include-Element nicht gefunden wird, was darauf hinweist, dass die MTOM-Optimierung nicht durchgeführt wurde, werden die Daten als Base64-Kodierung eingelesen.

```
/**
 * isReaderMTOMAware
 * @return true if the reader supports MTOM
 */

public static boolean isReaderMTOMAware
  (javax.xml.stream.XMLStreamReader reader) {
  boolean isReaderMTOMAware = false;
```

Listing 13.22: Parsen von Attachment-Daten

```
    try{
      isReaderMTOMAware = java.lang.Boolean.TRUE.equals
       (reader.getProperty(org.apache.axiom.om.OMConstants.IS_DATA_HANDLERS_AWARE));
    }catch(java.lang.IllegalArgumentException e){
      isReaderMTOMAware = false;
    }
    return isReaderMTOMAware;
  }
  public static class Factory{
    public static Base64Binary parse
      (javax.xml.stream.XMLStreamReader reader)
      throws java.lang.Exception{
      Base64Binary object = new Base64Binary();
      ...
      if (isReaderMTOMAware(reader) &&
        java.lang.Boolean.TRUE.equals
        (reader.getProperty(org.apache.axiom.om.OMConstants.IS_BINARY))) {
        //MTOM aware reader - get the datahandler directly and put it in the object
        object.setBase64Binary(
          (javax.activation.DataHandler) reader.getProperty
           (org.apache.axiom.om.OMConstants.DATA_HANDLER));
      } else {
          if (reader.getEventType() ==
          javax.xml.stream.XMLStreamConstants.START_ELEMENT &&
          reader.getName().equals
          (new javax.xml.namespace.QName
          (org.apache.axiom.om.impl.MTOMConstants.XOP_NAMESPACE_URI,
          org.apache.axiom.om.impl.MTOMConstants.XOP_INCLUDE))){
            java.lang.String id =
              org.apache.axiom.om.util.ElementHelper.getContentID
              (reader, "UTF-8");
            object.setBase64Binary(((
        org.apache.axiom.soap.impl.builder.MTOMStAXSOAPModelBuilder)
            ((org.apache.axiom.om.impl.llom.OMStAXWrapper) reader)
            .getBuilder()).getDataHandler(id));
            reader.next();
          } else if(reader.hasText()) {
            //Do the usual conversion
            java.lang.String content = reader.getText();
            object.setBase64Binary(
```

Listing 13.22: Parsen von Attachment-Daten (Forts.)

```
            org.apache.axis2.databinding.utils.ConverterUtil
            .convertToBase64Binary(content));
        }
      }
    return object;
  }
}
```

Listing 13.22: Parsen von Attachment-Daten (Forts.)

13.4 SwA in Axis2

Um die Abwärtskompatibilität zu anderen Web Service-Plattformen wie Axis 1.x zu gewährleisten, unterstützt Axis2 in den jüngsten Versionen auch SwA als Attachment-Mechanismus. Leider ist das API für die Nutzung von SwA nicht so transparent und komfortabel gestaltet wie im Falle von MTOM. Dementsprechend muss an dieser Stelle mehr Aufwand betrieben werden.

Um ein SwA-Attachment zu verschicken, muss man mit `OperationClient` arbeiten. Ein SwA-Attachment wird sowohl clientseitig als auch serverseitig im `MessageContext`-Objekt abgelegt. Die `MessageContext`-Klasse stellt ein Attachment-API für den Zugriff auf Attachments zur Verfügung. Obwohl Axis2 die Reihenfolge der eingehenden Attachments behält, ist es zuverlässiger, über die Content-Id auf Attachments zuzugreifen. Es muss hier jedoch darauf geachtet werden, dass die führenden Zeichen „cid" aus dem URL entfernt werden, falls sie vorhanden sind.

Um eine Referenz auf den aktuellen `MessageContext` zu erhalten, kann man die statische Methode `MessageContext.getCurrentMessageContext` aufrufen. Über die Methode `getAttachmentMap.getDataHandler(String contentId)` oder `getAttachment(String contentId)` kann dann gezielt auf ein Attachement im `MessageContext` zugegriffen werden. Als Ergebnis der beiden Methoden wird ein `DataHandler`-Objekt zurückgeliefert. Um ein neues Attachment hinzuzufügen, kann analog die Methode `addAttachment(DataHandler handler)` oder `addAttachment(String contentId, DataHandler handler)` aufgerufen werden.

Listing 13.23 zeigt einen Service-Client, der ein Dokument als SwA-Attachment zum Service schickt.

```
public static void main(String[] args) throws RemoteException {
  EndpointReference targetEPR = new EndpointReference
  ("http://localhost:8081/axis2/services/DocumentManagerSwaService");
  Options options = new Options();
  options.setTo(targetEPR);
  options.setProperty(Constants.Configuration.ENABLE_SWA, Constants.VALUE_TRUE);
  options.setSoapVersionURI(SOAP11Constants.SOAP_ENVELOPE_NAMESPACE_URI);
  options.setAction("urn:uploadDocument");
```

Listing 13.23: Serviceclient mit SwA-Attachment

```
    ServiceClient sender = new ServiceClient();
    sender.setOptions(options);
    OperationClient mepClient = sender.createClient(ServiceClient.ANON_OUT_IN_OP);
    MessageContext mc = new MessageContext();
    FileDataSource fileDataSource = new FileDataSource(FILE);
    DataHandler dataHandler = new DataHandler(fileDataSource);
    String attachmentID = mc.addAttachment(dataHandler);
    SOAPFactory fac = OMAbstractFactory.getSOAP11Factory();
    SOAPEnvelope env = fac.getDefaultEnvelope();
    OMNamespace ns = fac.createOMNamespace(
      "http://axishotels.de/DocumentManagerSwaService", "ah");
    OMElement uploadDocumentRequest = fac.createOMElement("uploadDocumentRequest", ns);
    OMElement nameElement = fac.createOMElement(new QName("name"), uploadDocumentRequest);
    nameElement.setText(FILE);
    OMElement data = fac.createOMElement(new QName("data"), uploadDocumentRequest);
    data.addAttribute("href", attachmentID, fac.createOMNamespace("", ""));
    env.getBody().addChild(uploadDocumentRequest);
    mc.setEnvelope(env);
    mepClient.addMessageContext(mc);
    mepClient.execute(true);
    MessageContext responseCtx = mepClient
      .getMessageContext(WSDLConstants.MESSAGE_LABEL_IN_VALUE);
    SOAPBody body = responseCtx.getEnvelope().getBody();
    OMElement response = body.getFirstElement();
    System.out.println(response.getText());
}
```

Listing 13.23: Serviceclient mit SwA-Attachment (Forts.)

Wie bei MTOM muss ebenfalls eine eigene Property, nämlich `enableSwa`, auf `true` gesetzt werden, damit das Attachment als SwA-Attachment verschickt wird. Wird diese Property nicht explizit gesetzt, ist die Folge weitaus verheerender als im Falle von MTOM. In MTOM wird das Attachment lediglich nicht optimiert, sondern als Base64-Kodierung übertragen, sodass die Daten nach wie vor bei der Service-Implementierung ankommen. Im Falle von SwA wird jedoch die Nachricht als eine SOAP-Nachricht statt als ein MIME-Paket verschickt, sodass die Attachment-Daten dabei komplett verloren gehen.

Damit eine Service-Implementierung ausgehende Attachments als SwA-Attachment verpacken kann, muss ebenfalls eine serverseitige Konfiguration vorgenommen werden. Der entsprechende Parameter heißt analog zu MTOM `enableSwa` und kann ebenfalls auf Ebene einer Operation, eines Services, einer Servicegruppe oder des gesamten Repository aktiviert werden.

Listing 13.24 zeigt einen Auszug einer Service-Implementierung, welche die Nachricht vom obigen Client verarbeiten kann.

```
MessageContext msgCtx = MessageContext.getCurrentMessageContext();
Attachments attachment = msgCtx.getAttachmentMap();
OMElement nameElement = request.getFirstChildWithName(new QName("name"));
OMElement dataElement = request.getFirstChildWithName(new QName("data"));
String attachmentID = dataElement.getAttributeValue(new QName("href"));
DataHandler dataHandler = attachment.getDataHandler(attachmentID);
```

Listing 13.24: Service-Implementierung für SwA-Attachments

Im Vergleich zu MTOM wird die entsprechende HTTP-Nachricht in Listing 13.25 gezeigt.

```
POST /axis2/services/DocumentManagerSwaService HTTP/1.1
SOAPAction: "urn:uploadDocument"
User-Agent: Axis2
Host: 127.0.0.1:8081
Transfer-Encoding: chunked
Content-Type: multipart/related; boundary=MIMEBoundaryurn_uuid_
274F7ED7DDDA236081170018852517; type="text/xml";
start="<0.urn:uuid:274F7ED7DDDA236081170018852518@apache.org>"; charset=UTF-8

46a
--MIMEBoundaryurn_uuid_274F7ED7DDDA236081170018852517
content-type: text/xml; charset=UTF-8
content-transfer-encoding: 8bit
content-id: <0.urn:uuid:274F7ED7DDDA236081170018852518@apache.org>

<?xml version='1.0' encoding='UTF-8'?>
<soapenv:Envelope
  xmlns:soapenv="http://schemas.xmlsoap.org/soap/envelope/">
<soapenv:Header />
<soapenv:Body>
  <ah:uploadDocumentRequest
    xmlns:ah="http://axishotels.de/DocumentManagerSwaService">
    <name>sign.png</name>
    <data href="urn:uuid:274F7ED7DDDA236081170018852344" />
  </ah:uploadDocumentRequest>
</soapenv:Body>
</soapenv:Envelope>

--MIMEBoundaryurn_uuid_274F7ED7DDDA236081170018852517
content-type: image/png
```

Listing 13.25: SOAP-Nachricht mit SwA-Attachment

```
content-transfer-encoding: binary
content-id: <urn:uuid:274F7ED7DDDA2360811170018852344>

PNG binary data
--MIMEBoundaryurn_uuid_274F7ED7DDDA2360811170018852517--
0
```

Listing 13.25: SOAP-Nachricht mit SwA-Attachment (Forts.)

13.5 Attachment-Caching

Wurde keine besondere Einstellung vorgenommen, werden alle Attachment-Daten durch das DataSource-Objekt im DataHandler gekapselt und im Speicher abgelegt. Konkret gibt es zwei DataSource-Implementierungen, die beide ihre Daten in einem Bytearray speichern. Clientseitig findet die Klasse org.apache.axiom.attachments.ByteArrayDataSource Anwendung, während serverseitig die Klasse javax.mail.internet.MimePartDataSource eingesetzt wird. Bei großen Attachments ist diese Vorgehensweise jedoch problematisch, weil dies mit enormem Speicherverbrauch und langer Verarbeitungszeit verbunden ist. Wie bereits erwähnt, können sie schnell zu einem OutOfMemoryError führen. Solche Attachments lassen sich wesentlich performanter und ressourcenschonender verarbeiten, wenn sie im Streaming-Modus eingelesen werden können. Wie schon in Axis 1.x hat daher Axis2 ebenfalls einen Caching-Mechanismus eingebaut, welcher eingehende Attachments zuerst auf das Dateisystem auslagert. Statt das gesamte Attachment in Speicher einzulesen, wird dabei ein org.apache.axiom.attachments.CachedFileDataSource-Objekt erzeugt, welches auf die ausgelagerte Datei verweist.

Um Attachment-Caching zu nutzen, muss es zuerst über einige spezielle Parameter aktiviert und konfiguriert werden. Dabei spielen drei Parameter eine Rolle.

- cacheAttachments: Nur wenn der Wert dieses Parameters auf true gesetzt ist, wird Attachment-Caching überhaupt aktiviert. Ansonsten wird das Attachment als Bytearray in den Speicher eingelesen.
- attachmentDIR: Hier kann der Pfad im Dateisystem angegeben werden, wo die ausgelagerten Attachments abgelegt werden sollen. Wird dieser Parameter nicht gesetzt, wird die Voreinstellung „.“, also das aktuelle Ausführungsverzeichnis, verwendet.
- sizeThreshold: Über diesen Parameter kann der Grenzwert für die Größe der Attachments festgelegt werden, die ausgelagert werden sollen. Alle Attachments, die kleiner als dieser Grenzwert sind, werden nach wie vor in den Speicher geladen. Die Angabe erfolgt in Bytes. So bedeutet z.B. die Angabe 4096 einen Grenzwert von vier Kilobytes.

Ähnlich wie die enableMTOM und enableSwA erfolgt die Konfiguration unterschiedlich auf Client- und Serverseite. Clientseitig müssen die Properties über Code im Option-Objekt gesetzt werden.

```
options.setProperty(Constants.Configuration.CACHE_ATTACHMENTS,Constants.VALUE_TRUE);
options.setProperty(Constants.Configuration.ATTACHMENT_TEMP_DIR, "/tmp");
options.setProperty(Constants.Configuration.FILE_SIZE_THRESHOLD, "4096");
```

Listing 13.26: Clientseitige Configuration von Attachment-Caching

Die clientseitige Konfiguration ist nur notwendig, wenn der Client auch Attachments vom Server empfängt, wie z.B. in dem Download-Szenario. Werden dagegen nur Attachments verschickt, ist es unnötig, das Attachment-Caching zu aktivieren. Im Release 1.1.1 von Axis2 existiert leider noch ein unschöner Bug (*https://issues.apache.org/jira/browse/AXIS2-1970)*, der bei Aktivierung von Attachment-Caching dazu führt, dass das Client-Programm in eine Endlosschleife gerät, während die von Axis2 angelegte temporäre Datei immer weiter wächst und am Ende des eigentlichen Inhalts ein Steuerzeichen unendlich oft angefügt wird. Bis dieser Bug behoben wird, sollte das clientseitige Caching deshalb abgeschaltet bleiben.

Die Konfiguration auf der Serverseite erfolgt in *axis2.xml* Dort können die drei Parameter in XML-Syntax eingetragen werden.

```
<axisconfig name="AxisJava2.0">

<!-- ================================================== -->
<!-- Parameters -->
<!-- ================================================== -->
<parameter name="cacheAttachments" locked="false">true</parameter>
<parameter name="attachmentDIR" locked="false">/tmp</parameter>
<parameter name="sizeThreshold" locked="false">8192</parameter>

........

</axisconfig>
```

Listing 13.27: Serverseitige Configuration von Attachment-Caching

Es ist zu beachten, dass Axis2 im Gegensatz zu Axis 1.x nicht versucht, die temporär abgelegten Dateien wieder zu löschen. Auch in Axis 1.x hat das Aufräumen über die Finalizer-Methode nicht zuverlässig funktioniert, sodass die temporären Dateien entweder zu früh oder überhaupt nicht gelöscht wurden. Daher sollte bei Aktivierung von Attachment-Caching ein Mechanismus vorgesehen werden, um nicht mehr benötigte Dateien zu löschen. Dies kann z.B. von einem Handler erledigt werden, wenn die Attachements wegen sensibler Daten nicht lange auf der Festplatte liegen bleiben sollen. Eine andere Alternative ist ein periodischer Job, der in regelmäßigen Zeitabständen aktiviert wird und Dateien vor einem bestimmten Zeitstempel aufräumt.

Referenzen:

- SOAP Message Transmission Optimization Mechanism (MTOM): *http://www.w3.org/TR/soap12-mtom/*
- XML-binary Optimized Packaging: *http://www.w3.org/TR/xop10/*
- SOAP Messages with Attachments: *http://www.w3.org/TR/SOAP-attachments*
- WS-I Attachment Profile 1.0: *http://www.ws-i.org/Profiles/AttachmentsProfile-1.0.html*
- Xmlmime-Schema: *http://www.w3.org/2005/05/xmlmime*
- Describing Media Content of Binary Data in XML: *http://www.w3.org/TR/xml-media-types/*
- DIME: *http://msdn.microsoft.com/msdnmag/issues/02/12/DIME/*
- Handling Binary data with Axis2 (MTOM/SwA): *http://ws.apache.org/axis2/1_1/mtom-guide.html*

14 Transportprotokolle

Um mit der Nachrichtenverarbeitung überhaupt beginnen zu können, muss eine Request-Nachricht das Axis2 Framework erst einmal erreichen. Hat Axis2 die Nachricht schließlich verarbeitet, dann muss das Ergebnis (sofern eins vorliegt) auch wieder zurück an den Client geschickt werden. Dies kann selbstverständlich auf verschiedenste Art und Weise erfolgen, unterschiedliche Transportprotokolle können hier zum Einsatz kommen. Am weitesten verbreitet dürfte sicherlich das Versenden und Empfangen der SOAP-Nachrichten über HTTP sein. Axis2 unterstützt neben HTTP jedoch auch die Transportprotokolle TCP, SMTP und JMS. Erreicht wird diese vielfältige Auswahl an Transportprotokollen durch einen flexiblen Transportmechanismus in Axis2. Dieser Mechanismus beruht darauf, dass sämtliche unterstützte Protokolle über speziell von Axis2 bereitgestellte Schnittstellen realisiert sind. Auf Grundlage dieser Schnittstellen ist Axis2 damit für alle möglichen Transporte offen und bietet darüber hinaus die Möglichkeit, durch eigene, vielleicht auch speziellere Transportprotokollimplementierungen[4] individuell erweitert werden zu können. Dieses Kapitel beschreibt zunächst die den verschiedenen Transportprotokollen zugrunde liegenden Schnittstellen, im Anschluss wird deren Umsetzung in HTTP, TCP, SMTP und JMS diskutiert.

14.1 Transportmechanismus

Der Transportmechanismus in Axis2 beruht auf Versender (engl. „Transport Sender") und Empfänger (engl. „Transport Receiver"). Während ein Empfänger dafür verantwortlich ist, auf Request-Nachrichten zu warten und diese entgegenzunehmen, ist der Versender für das Verschicken der Response zuständig. Konfiguriert werden die einzelnen Transporte dabei in der zentralen Konfigurationsdatei *axis2.xml*. Empfänger und Versender werden in dieser Datei separat konfiguriert, hierfür sind die Elemente `<transportReceiver>` und `<transportSender>` vorgesehen. Hier wird den entsprechenden Elementen ein Name (z.B. `http` oder `tcp`) zugeordnet und über das Attribut `class` die Implementierungsklasse des jeweiligen Transportprotokolls angegeben (z.B. `org.apache.axis2.transport.tcp.TCPServer`). Optional können über das Element `<parameter>` noch zusätzliche Parameter an den Transportmechanismus übermittelt werden, wie etwa die Angabe von Port und Hostname bei der Transportprotokollimplementierung `TCPServer`. Zu Beginn dieses Kapitels wurde erwähnt, dass Axis2 über einen äußerst flexiblen Transportmechanismus verfügt. Unterstrichen wird diese Flexibilität bereits durch die zentrale Konfigurationsdatei *axis2.xml*, welche erlaubt, verschiedene Transporte ein- bzw. auszuschalten und sie mit beliebigen Parametern zu konfigurieren. Aber auch wenn man etwas tiefer in den Transportmechanismus von Axis2 hineinblickt, gelangt man zum Schluss, dass Axis2 in diesem Punkt

4 Wie wäre es mit einer Implementierung des Jabber-Protokolls?

äußerst offen ist, denn jede Transportimplementierung basiert auf zwei ganz allgemeinen Schnittstellen: TransportListener und TransportSender.

14.1.1 TransportListener

Alle Transport Receiver beruhen auf dem Interface TransportListener (siehe Listing 14.1) aus dem Package org.apache.axis2.transport. Sie starten, beziehungsweise implementieren, entsprechende Prozesse, die Anfragen entgegennehmen können und geben diese schließlich an die AxisEngine zur Verarbeitung weiter. Über die Methode init erhält ein Transport Listener zudem die Möglichkeit, seine eigene Konfiguration in der *axis2.xml* auszulesen. Auch die restliche Konfiguration aus dieser Datei steht durch den ConfigurationContext, der in die Methode hineingegeben wird, zur Verfügung.

```
package org.apache.axis2.transport;
import org.apache.axis2.AxisFault;
import org.apache.axis2.addressing.EndpointReference;
import org.apache.axis2.context.ConfigurationContext;
import org.apache.axis2.description.TransportInDescription;
/**
 * Class TransportListener
 */
public interface TransportListener {
   public static final String PARAM_PORT = "port";
   public static final String HOST_ADDRESS="hostname";

   void init(ConfigurationContext axisConf, TransportInDescription transprtIn)
     throws AxisFault;

   void start() throws AxisFault;

   void stop() throws AxisFault;

   public EndpointReference[] getEPRsForService
           (String serviceName, String ip) throws AxisFault;
}
```

Listing 14.1: Das Interface TransportListener

Die Methoden start und stop sind dafür gedacht, entsprechende Vorkehrungen zu treffen, damit ein Request über das jeweilige Transportprotokoll empfangen werden kann. Im Falle von TCPServcer im Package org.apache.axis2.transport.tcp bedeutet dies, einen neuen Socket mit den in der init-Methode ermittelten Parametern zu öffnen. Eine Ausnahme bildet hier das AxisServlet aus dem Package org.apache.axis2.transport.http, welches im Zusammenhang mit HTTP und nur im Verbund mit einer (Axis2-)Webanwendung zum Einsatz kommt. In dieser Servlet-Klasse, die ebenfalls TransportListener implementiert, sind die `start`- und `stop`-Methoden nicht ausprogrammiert, weil hier ja bereits der Servlet-Container, in dessen Rahmen die Webanwendung läuft, den ursprünglichen Request entgegennimmt und schließlich an das Servlet weiterleitet. Abbildung 14.1 zeigt, welche Klassen im Axis2 Framework das Interface `TransportListener` implementieren.

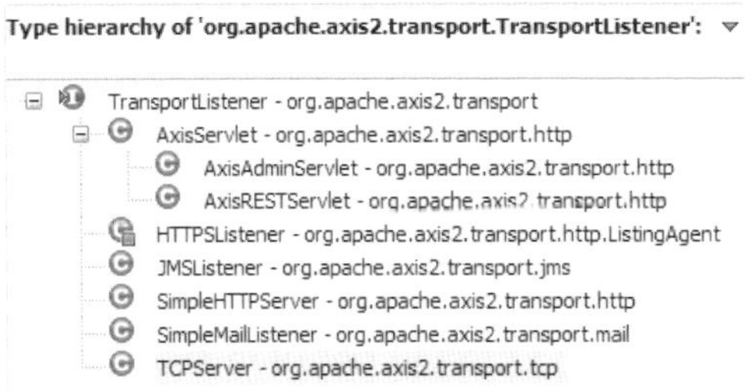

Abbildung 14.1: Die Vererbungshierarchie von TransportListener

14.1.2 TransportSender

Das Interface `TransportSender`, ebenfalls enthalten im Package `org.apache.axis2.transport`, wird im Gegenzug zu `TransportListener` verwendet, um das Verschicken von Antworten auf der Serverseite beziehungsweise das Verschicken von Anfragen auf der Clientseite in Axis2 zu realisieren. Dabei unterscheidet sich ein Transport Sender von einem Transport Receiver dadurch, dass er gleichzeitig einen Handler darstellt. Als ebensolcher steht ein Transport Sender in der Handlerkette immer am Ende des OutFlow. Der Out Flow wird dabei von einer `AxisEngine` abgearbeitet. Die letzte Tätigkeit der `AxisEngine` besteht schlussendlich darin, anhand der `TransportOut`-Property aus dem `MessageContext` zu bestimmen, über welche `TransportSender`-Implementierung die Nachricht verschickt werden soll. Nachdem die `AxisEngine` ermittelt hat, auf welchem Weg der Versand zu erfolgen hat, besorgt sich die `AxisEngine` eine Instanz des jeweiligen Transport Senders und ruft dessen `invoke`-Methode auf. Dabei ist es wichtig zu verstehen, dass die Information, über welchen Transport Sender letztendlich verschickt wird, erstmalig bereits beim Empfang der ursprünglichen Request-Nachricht vom Transport Receiver im `MessageContext` festgelegt wurde (im Rahmen des Handler-Durchlaufs in der `AxisEngine` kann hierauf natürlich wieder Einfluss nehmen). Um dieses Prinzip zu verdeutlichen, wird an dieser Stelle noch mal ein kleiner Ausflug ins `AxisServlet` und damit die Verarbeitung über das HTTP-Protokoll gemacht. Ein SOAP-Request kann an das Servlet nur über POST gesendet werden, demzufolge wird in der Methode `doPost` von `AxisServlet` zunächst ein neuer, leerer `MessageContext` erzeugt. Nachdem sich das Servlet davon überzeugt hat, dass es sich um keinen REST-Aufruf handelt, wird schließlich die Methode `createAndSetInitialParamsToMsgCtxt` aufgerufen und genau in dieser Methode der vorher erzeugte `MessageContext` vorinitialisiert. Unter anderem wird hier die später für den Versand der Response entscheidende Property `TransportOut` gesetzt. Die Methode besorgt sich die eingestellte Transport Sender-Implementierung für `http` über die Konstante `org.apache.axis2.Constants.TRANSPORT_HTTP` aus der globalen Axis-Konfiguration. Dabei organisiert sich `AxisConfiguration` ihrerseits wieder über die Datei *axis2.xml*. Hier schließt sich dann der Kreis. Bei genauerer Betrachtung des Elements `<transportSender>` für `http` wird ersichtlich, dass Axis2 die Klasse `CommonsHTTPSender` aus dem Package `org.apache.axis2.transport.http` aufrufen wird, um die

Response in den `OutputStream` des Servlets zu schreiben. Dies führt zum Abschicken der Antwort an den Client. Abbildung 14.2 zeigt analog zu `TransportListener` die Vererbungshierarchie von `TransportSender`, in dieser Liste taucht dann `CommonsHTTPSender` wieder auf.

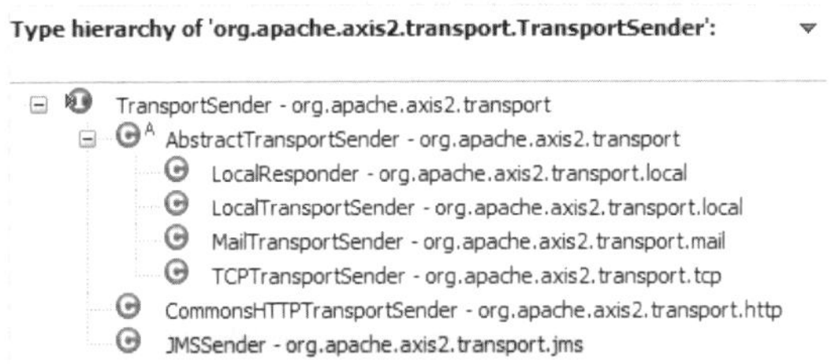

Abbildung 14.2: Die Vererbungshierarchie von TransportSender

14.2 Aktivierung von Transportprotokollen auf Service-Ebene

In der Standardeinstellung stellt Axis2 einen Web Service auf allen eingestellten Transportprotokollen bereit. Wenn man also die Transportprotokolle `http` und `tcp` in *axis2.xml* konfiguriert hat, dann werden folglich sämtliche deployte Web Services über `http` und `tcp` ansprechbar sein. Auf Ebene der einzelnen Services kann man jedoch nun wieder entscheiden, über welchen Transport der Service bereitgestellt werden darf beziehungsweise welches Transportprotokoll für den Service ausscheidet. Um beispielsweise einen einzelnen Service nur über das Transportprotokoll `tcp` bereitzustellen, ist also eine zusätzliche Konfiguration in der Konfigurationsdatei *services.xml* des betreffenden Service erforderlich. Listing 14.2 zeigt eine beispielhafte Konfiguration, die einen Service nur über das Transportprotokoll `tcp` bereitstellt. Der Wert der hier im Element `<transport>` verwendet wird, ist der `name` des jeweiligen Transports in *axis2.xml.*

```
<service name="AxisHotelBookingService">

   <transports>
      <transport>tcp</transport>
   </transports>

   <description>Irgendein Web Service</description>

   ...weitere Konfiguration folgt hier...
</service>
```

Listing 14.2: Auf Service-Ebene über services.xml einzelne Transporte bestimmen

14.3 HTTP

Das am häufigsten eingesetzte Transportprotokoll für Web Services ist sicherlich HTTP. Die Ursache hierfür ist darin begründet, dass es sich bei HTTP um ein relativ leicht zu verwendendes, ressourcenschonendes und vor allem weit verbreitetes Protokoll handelt. In Axis2 ist HTTP in zwei Ausprägungen enthalten. Axis2 liefert mit der Klasse `SimpleHTTPServer` einen eigenen einfachen HTTP-Server mit. `SimpleHTTPServer` kommt zum Einsatz, wenn man den Axis2-Server im Standalone-Betrieb über das Skript *axis2server.bat* (oder *axis2server.sh*) gestartet hat. Der Server kann jedoch auch in eigene Anwendungen eingebettet werden. Die zweite Möglichkeit, Web Services über das HTTP-Protokoll zu betreiben, ist der wohl am weitesten verbreitete Weg über einen Servlet-Container und der Axis2 Web-Anwendung (beziehungsweise dem `AxisServlet`). Im Falle der Axis2 Web-Anwendung fungiert der Servlet-Container beziehungsweise ein Application Server (in vielen Fällen mit einem vorgeschalteten Web-Server) als HTTP-Server und leitet den Request an das `AxisServlet` weiter.

Ist im Rahmen einer HTTP-basierenden Web Service-Kommunikation (auf welchen der beiden oben beschriebenen Möglichkeiten auch immer) erstmal ein Request eingegangen und verarbeitet, so wird die Response sowohl im Standalone-Modus als auch bei der Axis2 Web-Anwendung immer vom gleichen Transport Sender zurück an den Client geschickt. Zuständig hierfür ist die Klasse `CommonsHTTPSender`, die intern den `MessageContext` des OutFlow analysiert und feststellt, ob die Response in den `OutputStream` des Servlets geschrieben werden (bei Verwendung von Axis2 Web-Anwendung) oder direkt über Commons und HTTP an die Zieladresse geschickt werden soll.

14.3.1 Transport Receiver für Standalone-Modus

Wie bereits erwähnt horcht bei Axis2 in der Standardeinstellung und im Standalone-Modus ebenfalls eine Instanz von `SimpleHTTPServer` auf eingehende HTTP-Requests. Konfiguriert wird dieser Transport Receiver über die Konfigurationsdatei *axis2.xml*. Listing 14.3 zeigt ein Konfigurationsbeispiel, welches einen HTTP-Server auf Port 7778 einrichtet. Wichtig ist in diesem Zusammenhang zu verstehen, dass diese Einstellung im Zusammenspiel mit der Axis2 Web-Anwendung keine Wirkung hat.

```
<transportReceiver name="http"
   class="org.apache.axis2.transport.http.SimpleHTTPServer">

      <parameter name="port" locked="false">7778</parameter>
      <parameter name="originServer" locked="false">
         klammspitze.teufel.net/1.1
      </parameter>

</transportReceiver>
```

Listing 14.3: Beispielhafte Konfiguration von HTTP in einem Axis2-Standalone-Server

Neben port kann SimpleHTTPServer noch mit einer Handvoll weiterer Parameter feinjustiert werden. Über den Parameter host, der in der Standardeinstellung auf null steht, ist es möglich ein Präfix für die URLs zu setzen, an die Axis2 (über Reply-To) seine Responses schickt. Steht dieser Parameter jedoch auf null, dann wird eine Response schlicht an die gleiche URL wie die Request geschickt. Mit dem Parameter originServer hat man die Möglichkeit, den Server-Wert im HTTP-Header einer ausgehenden Nachricht (Response) zu beeinflussen. Wird der Parameter wie in Listing 14.3 konfiguriert, dann ergibt sich daraus nachfolgender in Listing 14.4 abgedruckter HTTP-Header in der Response (dies ist natürlich unabhängig davon, ob es sich um einen REST- oder SOAP-Aufruf handelt).

```
HTTP/1.1 200 OK
Date: Wed, 28 Feb 2007 09:34:40 GMT
Server: klammspitze.teufel.net/1.1
Transfer-Encoding: chunked
Content-Type: application/xml; charset=UTF-8
Connection: keep-alive


<ns:getVersionResponse xmlns:ns="http://axisversion.sample/xsd">
   <ns:return>
    Hello I am Axis2 version service , My version is 1.1.1
   </ns:return>
</ns:getVersionResponse>
```

Listing 14.4: Parameter originServer hat Auswirkung auf den Server-Wert im Header

Weitere Parameter, mit denen SimpleHTTPServer auf der Server-Seite konfiguriert werden kann, finden sich in Tabelle 14.1. Sämtliche mögliche Parameter zusammen mit ihren Default-Werten sind außerdem in der Klasse HttpFactory im Package org.apache.axis2.transport.http.server enthalten.

Parameter	Beschreibung
port (Default 6060)	Der SimpleHTTPServer horcht an den mit diesem Parameter eingestellten Port auf Requests
hostname (Default: null)	Der Wert, der hier angegeben wird, wird in einer Response als Präfix vor die URL, die in Reply-To steht, gesetzt
originServer (Default: Simple-Server/1.1)	Setzt den Wert „Server" im HTTP-Header
requestTimeout (Default: 20000)	Wenn ein Request eingeht, dann wartet SimpleHTTPServer die Anzahl an Millisekunden, die hier eingestellt ist, ab. In dieser Zeit muss die Response abgeschickt werden, ansonsten wird die Kommunikation wegen eines Timeouts abgebrochen.

Tabelle 14.1: Parameter zur Konfiguration von SimpleHTTPServer

Parameter	Beschreibung
`requestTcpNoDelay` (Default true)	`true`: Sorgt für optimierte Performance und eine höchstmögliche Minimierung der Latenzzeit, also der Zeit, die eine Nachricht von einem Sender zum Empfänger braucht. `false`: Optimiert den Nachrichtenversand auf möglichst kleine Bandbreite, in dem es TCP-Segmente zusammenfasst und TCP-Pakete damit kleiner werden.
`requestCoreThreadPoolSize` (Default 25)	Anzahl an Threads, die für die gleichzeitige Request-Verarbeitung bereitgestellt werden
`requestMaxThreadPoolSize` (Default 150)	Sollte die Anzahl an Threads, die mittels `requestCoreThreadPoolSize` konfiguriert wurden, ausgelastet sein, können weitere Threads gestartet werden, bis die Obergrenze, die mit diesem Parameter festgelegt werden kann, erreicht ist.
`threadKeepAliveTime` (Default 180)	Nach Ablauf der angegeben Zeit wird ein Thread, der sich im Leerlauf befindet, beendet.
`threadKeepAliveTimeUnit` (Default SECONDS)	Zeiteinheit, nach der `threadKeepAliveTime` wartet. In der Defaulteinstellung werden „arbeitslose" Threads nach 180 Sekunden beendet. Mögliche Werte sind hier: `MILLISECONDS` und `SECONDS`.

Tabelle 14.1: Parameter zur Konfiguration von SimpleHTTPServer (Forts.)

14.3.2 SimpleHttpServer in eigene Applikationen einbetten

Der vom Axis2 Framework bereitgestellte `SimpleHTTPServer` kann nicht nur im Standalone-Betrieb verwendet werden, auch ein Einbetten in eigene Applikationen ist problemlos möglich. In Listing 14.5 findet sich eine Beispielapplikation in der ein `SimpleHTTPServer` verwendet wird, um Axis2 einzubetten. Das Listing stellt den bereits bekannten Hotel-Service (komplettes Projekt findet sich in den zum Download bereitstehenden Sourcen) auf Port 8080 bereit.

```
package de.axishotels.embedded;
import org.apache.axis2.context.ConfigurationContext;
import org.apache.axis2.context.ConfigurationContextFactory;
import org.apache.axis2.description.AxisService;
import org.apache.axis2.rpc.receivers.RPCMessageReceiver;
import org.apache.axis2.transport.http.SimpleHTTPServer;

import de.axishotels.HotelService;

public class EmbeddedAxis2Server {

  public static void main(String[] args) throws Exception {

    //Mit diesem Aufruf hat man optional die Möglichkeit
    //eine axis2.xml zur Konfiguration des eingebetteten
```

Listing 14.5: SimpleHTTPServer in einem eingebetteten Axis2 verwenden

```
    //Axis2 anzugeben
    ConfigurationContext context = ConfigurationContextFactory
        .createConfigurationContextFromFileSystem(null, null);

    AxisService service =
        AxisService.createService(HotelService.class.getName(),
        context.getAxisConfiguration(),
        RPCMessageReceiver.class, "", "http://axishotels.de");

    context.getAxisConfiguration().addService(service);
    SimpleHTTPServer server = new SimpleHTTPServer(context, 8080);
    server.start();
  }
}
```

Listing 14.5: SimpleHTTPServer in einem eingebetteten Axis2 verwenden (Forts.)

Bei Eingabe nachfolgender URLs liefert der eingebettete HTTP-Server dann eine WSDL-Beschreibung beziehungsweise die XML Schema-Information zum Hotel-Service:

```
http://localhost:8080/axis2/services/HotelService?wsdl
http://localhost:8080/axis2/services/HotelService?xsd
```

In Abhängigkeit von der Konfiguration, die durch eine *axis2.xml* vorgenommen werden kann, steht auch REST zur Verfügung. Auch der HTTP-Server kann, wie im vorangegangen Abschnitt beschrieben, hierüber konfiguriert werden. In Listing 14.5 wird die Konfiguration über die Methode `createConfigurationContextFromFilesystem` entsprechend ermittelt. Alternativ kann der `ConfigurationContext` auch direkt durch Verwendung einer der Fabrik-Methoden von `org.apache.axis2.transport.http.server.HttpFactory` erzeugt werden.

Folgender HTTP-GET-Aufruf sorgt dafür, dass die Operation `getHotels` im eingebetteten Axis2-Server aufgerufen wird:

```
http://localhost:8080/axis2/services/HotelService/getHotels
```

14.3.3 CommonsHTTPSender

Beim Transport Sender herrscht, ganz im Gegensatz zu den Transport Receivern, wie die vorangegangenen Abschnitte deutlich gemacht haben dürften, wieder Einigkeit. Sowohl Axis2-Standalone als auch die Webanwendung verwenden `CommonsHTTPSender`, auch aus dem Package `org.apache.axis2.transport.http`, für den Versand ihrer Response-Nachrichten. Konfiguriert wird dieser Transport Sender ebenfalls in der *axis2.xml*, Listing 14.6 zeigt ein Konfigurationsbeispiel.

```
<transportSender name="http"
 class="org.apache.axis2.transport.http.CommonsHTTPTransportSender">

   <parameter name="PROTOCOL" locked="false">HTTP/1.1</parameter>
   <parameter name="Transfer-Encoding" locked="false">chunked</parameter>

</transportSender>

<transportSender name="https"
 class="org.apache.axis2.transport.http.CommonsHTTPTransportSender">

   <parameter name="PROTOCOL" locked="false">HTTP/1.1</parameter>
   <parameter name="Transfer-Encoding" locked="false">chunked</parameter>

</transportSender>
```

Listing 14.6: Ausschnitt aus der axis2.xml zur Konfiguration von CommonsHTTPSender

`CommonsHTTPSender` kann sowohl für HTTP als auch für HTTPS eingesetzt werden, wie das Listing zeigt. Über den Parameter `PROTOCOL` kann eingestellt werden, in welcher HTTP-Protokollversion kommuniziert werden soll. Mögliche Werte sind hier `HTTP/1.0` oder `HTTP/1.1`, die Standeinstellung lautet `HTTP/1.1`. HTTP Chunking kann über den Parameter `Transfer-Encoding` aktiviert werden, hier sollte man allerdings beachten, dass HTTP Chunking nur mit HTTP 1.1 in Axis2 funktioniert.

`CommonsHTTPSender` findet jedoch nicht nur auf der Server-Seite Verwendung. Wie Kapitel 6 „Client API" und 9 „Architektur und Konfiguration im Detail" gezeigt haben, kommt auch in der Client API eine `AxisEngine` zum Einsatz, die ihrerseits wieder eine Handlerkette durchläuft, bevor ein Request überhaupt erst abgeschickt wird. Das bedeutet, dass auch auf Clientseite `CommonsHTTPSender` für den Transport von Requests verwendet wird, sodass alle bisher beschriebenen Parameter natürlich auch in einem Axis2-Client verwendet werden können. Konfiguriert wird `CommonsHTTPSender` auf dem Client entweder auch über eine *axis2.xml* oder über die `Options`-Klasse. Die Klasse `Options`, die später wieder an eine Instanz von `ServiceClient` übergeben wird, bietet `getProperty`- und `setProperty`-Methoden für das Abfragen und Modifizieren der Konfigurationsproperties. Die Namen der Properties sind als Konstanten in der Klasse `HTTPConstants` im Package `org.apache.axis2.transport.http` definiert. Um beispielsweise clientseitig den Timeout sowohl für die Socket-Verbindung als auch für die HTTP-Verbindung über Code auf 20.000 Millisekunden zu setzen, wäre der in Listing 14.7 dargestellte Code erforderlich. Das Listing zeigt außerdem die gleiche Konfiguration über *axis2.xml*, die sowohl auf der Server- als auch der Clientseite möglich wäre.

```
über Code:

Options options = new Options();
options.setProperty(HTTPConstants.SO_TIMEOUT,new Integer(20000));
options.setProperty(HTTPConstants.CONNECTION_TIMEOUT, new Integer(20000));


über axis2.xml:
<parameter name="SO_TIMEOUT" locked="false">20000</parameter>
<parameter name="CONNECTION_TIMEOUT" locked="false">
  20000
</parameter>
```

Listing 14.7: Konfiguration über das Options-Objekt und axis2.xml im Vergleich

In Tabelle 14.2 sind alle möglichen Parameter für den HTTP-Transport im Zusammenspiel mit `CommonsHTTPSender` zusammengefasst.

Parameter	**Beschreibung**

`HTTPConstants.`
`HTTP_PROTOCOL_VERSION`
`(Default: HTTP/1.1)`
	Legt die HTTP-Protokollversion für ausgehende Requests fest. Mögliche Werte in axis2.xml:
	`HTTP/1.1`
	`HTTP/1.0`
	Mögliche Werte über Options:
	`HTTPConstants.HEADER_PROTOCOL_11`
	`HTTPConstants.HEADER_PROTOCOL_10`

`HTTPConstants.CHUNKED` (per Default gesetzt)	Dieser Parameter aktiviert HTTP Chunking. Nur verfügbar im Verbund mit aktiviertem HTTP 1.1. Möglicher Wert für axis2.xml: `Chunked` Mögliche Werte über Options: „`true`" oder `Boolean.TRUE` "`false`" oder `Boolean.FALSE`
`HTTPConstants.SO_TIMEOUT` (Default: 60000)	Einstellung des Timeouts für die Socketverbindung in Millisekunden. Der Wert wird als Integer übergeben (siehe auch Listing 14.7).

`HTTPConstants.`
`CONNECTION_TIMEOUT`
(Default: 60000)
	Einstellung des Timeouts für Verbindungen. Der Wert wird ebenfalls als Integer übergeben (Beispiel in Listing 14.7).

`HTTPConstants.USER_AGENT` (Default: `Axis2`)	Mit diesem Parameter kann man die Angabe von User Agent im HTTP-Header steuern

Tabelle 14.2: Übersicht über die Parameter beim HTTP-Transport

Parameter	Beschreibung
HTTPConstants. MC_GZIP_REQUEST (Default: false)	Wenn dieser Parameter gesetzt ist, dann werden Requests über GZIP komprimiert und abgeschickt. Funktioniert nur, wenn der Empfänger GZIP-komprimierte Anfragen verarbeiten kann. Mögliche Werte über Options: "true" oder Boolean.TRUE "false" oder Boolean.FALSE
HTTPConstants. MC_ACCEPT_GZIP (Default: false)	Wenn dieses Flag gesetzt ist, dann werden Responses über GZIP komprimiert und zurückgeschickt. Mögliche Werte über Options: "true" oder Boolean.TRUE "false" oder Boolean.FALSE
HTTPConstants. COOKIE_STRING	Mit diesem Parameter kann man einen Cookie-String in den HTTP-Header eines Requests setzen.
HTTPConstants. NTLM_AUTHENTICATION	Ermöglicht es, Informationen für die NTLM-Authentifizierung zu übergeben. Die Authentifizierung wird über ein Objekt der Klasse org.apache.axis2.transport.http.HttpTransportProperties.NTLMAuthentication gesteuert.
HTTPConstants. BASIC_AUTHENTICATION	Mit diesem Parameter hat man die Möglichkeit sich über Basic Authentication zu authentifizieren. Dabei wird einem Authenticator aus dem Package org.apache.axis2.transport.http.HttpTransportProperties Informationen wie Host, Port, Realm, Username oder Passwort übergeben. Ein Beispiel findet sich in Listing 14.8.
HTTPConstants.PROXY	Mit diesem Parameter hat man die Möglichkeit einen Proxy-Server für die Kommunikation anzugeben. Die Konfiguration erfolgt über eine Instanz der Klasse ProxyProperties aus dem Package org.apache.axis2.transport.http.HttpTransportProperties (Beispiel in Listing 14.10).

Tabelle 14.2: Übersicht über die Parameter beim HTTP-Transport (Forts.)

```
...
Options options = new Options();

HttpTransportProperties.Authenticator auth =
        new HttpTransportProperties.Authenticator();

auth.setUsername("username");
auth.setPassword("password");

options.setProperty(org.apache.axis2.transport.http.HTTPConstants.BASIC_
AUTHENTICATE,auth);
...
```

Listing 14.8: Beispiel für Basic Authentication

Proxy Authentication

Axis2 unterstützt Proxy Authentication durch die interne Verwendung der Commons-http-Komponente in CommonsHTTPSender. Für den Umgang mit Proxy Servern kann

Axis2 daher sowohl auf der Server- als auch auf der Clientseite konfiguriert werden. Listing 14.9 zeigt eine beispielhafte Konfiguration in axis2.xml.

```
<transportSender name="http"class="org.apache.axis2
    .transport.http.CommonsHTTPTransportSender">

  <parameter name="PROTOCOL" locked="false">HTTP/1.1</parameter>
  <parameter name="PROXY" proxy_host="proxy_host_name"
      proxy_port="proxy_host_port" locked="true">
     username:domain:password
  </parameter>

</transportSender>
```

Listing 14.9: Ausschnitt aus axis2.xml zur Konfiguration eines Proxy Servers

Für den Fall, dass der betreffende Proxy Server keine Authentifizierung erfordert, ist statt der Angabe `username:domain:password` einfach `anonymous:anonymous:anonymous` zu verwenden.

In Tabelle 14.2 wurde unter anderem `HTTPConstants.PROXY` beschrieben, die über eine Instanz der Klasse `ProxyProperties` aus dem Package `org.apache.axis2.transport.http.HttpTransportProperties` gesteuert wird. In Listing 14.10 findet sich ein Beispiel, wie ein Proxy clientseitig über `Options` konfiguriert werden kann.

```
...
Options options = new Options();

HttpTransportProperties.ProxyProperties proxyProperties =
      new HttpTransportProperties.new ProxyProperties();

proxyProperties.setProxyHostName("proxy_host_name ");
proxyProperties.setProxyPort("proxy_host_port ");

options.setProperty(HttpConstants.PROXY, proxyProperties);
...
```

Listing 14.10: Beispielhafte Konfiguration eines Proxys über Options

14.4 TCP

Als Alternative zu HTTP kann in Axis2 auch TCP als Transportprotokoll verwendet werden. Im Falle von TCP werden nur die Nutzdaten, also die SOAP-Nachricht an sich, übertragen. Zusätzliche Transportprotokollspezifische Informationen wie zum Beispiel ein Header in HTTP ist nicht vorhanden. Dies hat zur Folge, dass ein Transport über TCP wesentlich schneller durchgeführt wird als es beispielsweise bei HTTP der Fall ist. Der

TCP-Support in Axis2 ist nach dem in der Einleitung zu diesem Kapitel beschriebenen Schema implementiert, d.h., es gibt einen Transport Receiver und einen entsprechenden Transport Sender. Beide Klassen werden auf der Serverseite wieder in *axis2.xml* konfiguriert. Listing 14.11 zeigt einen Ausschnitt aus der Konfigurationsdatei. Listing 14.12 zeigt einen beispielhaften Client, der die Operation `getHotels` im Web Service HotelService über TCP auf Port 6060 aufruft.

```
<transportReceiver name="tcp"
   class="org.apache.axis2.transport.tcp.TCPServer">

   <parameter name="port" locked="false">6060</parameter>

</transportReceiver>

<transportSender name="tcp"
   class="org.apache.axis2.transport.tcp.TCPTransportSender"/>
```

Listing 14.11: Konfiguration von TCP auf Serverseite von Axis2

```
package de.axishotels.tcp;

import javax.xml.parsers.FactoryConfigurationError;
import javax.xml.stream.XMLOutputFactory;
import javax.xml.stream.XMLStreamException;
import javax.xml.stream.XMLStreamWriter;
import org.apache.axiom.om.OMAbstractFactory;
import org.apache.axiom.om.OMElement;
import org.apache.axiom.om.OMFactory;
import org.apache.axiom.om.OMNamespace;
import org.apache.axis2.AxisFault;
import org.apache.axis2.Constants;
import org.apache.axis2.addressing.EndpointReference;
import org.apache.axis2.client.Options;
import org.apache.axis2.client.ServiceClient;

public class TCPClient {

   private static String toEpr =
      "tcp://localhost:6060/axis2/services/HotelService";

   public static void main(String[] args) throws AxisFault {

      Options options = new Options();
```

Listing 14.12: Aufruf von HotelService über TCP

```
        options.setTo(new EndpointReference(toEpr));
        options.setTransportInProtocol(Constants.TRANSPORT_TCP);
        options.setAction("urn:getHotels");

        ServiceClient sender = new ServiceClient();
        sender.setOptions(options);
        OMElement result = sender.sendReceive(getPayload());

        try {
            XMLStreamWriter writer = XMLOutputFactory.newInstance()
                                .createXMLStreamWriter(System.out);
            result.serialize(writer);
            writer.flush();

        } catch (XMLStreamException e) {
            e.printStackTrace();
        } catch (FactoryConfigurationError e) {
            e.printStackTrace();
        }
    }

    private static OMElement getPayload() {

        OMFactory fac = OMAbstractFactory.getOMFactory();
        OMNamespace omNs = fac.createOMNamespace(
         "tcp://localhost:6060/axis2/services/SimpleHotelService",
         "axishotels.de");
        OMElement method = fac.createOMElement("getHotels", omNs);
        return method;

    }
}
```

Listing 14.12: Aufruf von HotelService über TCP (Forts.)

14.5 Mail Transport (SMTP)

Web Services kommen meist in Request-Response-Szenarios zum Einsatz, wo alles synchron ablaufen muss. Es gibt jedoch genügend Anforderungen in der Praxis, für die asynchrone Aufrufe besser geeignet wären. Dies gilt insbesondere für Aufrufe, die große Mengen an Daten transportieren müssen oder lange Verarbeitungszeiten für sich beanspruchen. Das Schöne an einer asynchronen Kommunikationsart ist, dass man nur den Request versenden bzw. nur das Versenden anstoßen, jedoch nicht auf eine Antwort warten muss.

Schließlich erledigen wir Menschen auch nicht jede Form von Kommunikation über das Telefon (synchron), sondern nutzen auch Fax und E-Mail (asynchron). Vor allem im SOA-Zeitalter sind die Systeme nur lose gekoppelt. Nachrichtenaustausch kann hier über verschiedene Wege (Protokolle) stattfinden. Ein sehr wichtiger Kommunikationsweg dabei ist Mail (SMTP- und POP3-Protokoll). Auch Axis2 unterstützt Web Service-Aufrufe über Mail, sodass Request und Response asynchron über Mail verschickt werden können. Um dies zu bewerkstelligen, muss zunächst der Mail-Transport konfiguriert werden.

14.5.1 Konfiguration des Mail-Transports

Wie bei anderen Transporten in Axis2 ist der Mail-Transport in zwei Teile unterteilt: ein Transport Sender, der Mails über SMTP verschickt und ein Transport Receiver, der Mails periodisch mit POP3 abholt. Der Receiver horcht nur auf Mails eines bestimmten Kontos und reicht die empfangenen Mails an Axis2 zur Verarbeitung weiter. Auf der anderen Seite verschickt der Sender Mails immer im Namen eines vorkonfigurierten Kontos. Der Mail-Transport verwendet das Java-Mail-API und das Activation-Framework. Daher müssen die entsprechenden *jar*-Files auf dem Klassenpfad liegen.

Transport Sender

Die Konfiguration des Transport Senders erfolgt in der Konfigurationsdatei *axis2.xml*. Dort ist bereits eine Beispielkonfiguration vorhanden, die aber auskommentiert ist. Durch Einkommentieren des entsprechenden XML-Segments und Anpassen der Parameterwerte lässt sich der Mail-Sender aktivieren. Leider sind alle Parameter mit einem Präfix „`transport`" versehen worden, welches aber nur für das Passwort korrekt ist. Bei den anderen Parametern sollte daher das Präfix entfernt werden. Außerdem ist der Name des Transport Senders unbedingt von `mailto` auf `mail` zu ändern, da der Axis2-Code immer nach dem Transport mit dem Namen `mail` sucht.

Die Konfiguration des Senders und Receivers für den Mail-Transport lehnt sich an das Java-Mail-API an. Dort werden die Konfigurationen in einer `java.util.Properties` abgelegt, wobei das Mail-API einen Satz von Werten festlegt, die als Schlüssel in der `Properties` benutzt werden dürfen. Entsprechend können alle diese Schlüssel als Namen der Parameter in der Axis2-Konfiguration verwendet werden. Beispiele sind `mail.smtp.host`, `mail.smtp.port` usw. Schließlich wird aus diesen Konfigurationsparametern in der Initialisierungsphase des Senders eine `Properties` angelegt und befüllt. Genau dieses `Properties`-Objekt wird später beim Aufruf der Methoden aus dem Java-Mail-API direkt weitergegeben. Einzige Ausnahme bildet der Schlüssel `mail.smtp.password`, der mit einem Präfix `transport` versehen werden muss. Aus den Werten von `mail.smtp.user` und `transport.mail.smtp.password` wird ein Objekt der Klasse `PasswordAuthentication` erzeugt. Es handelt sich dabei um eine Klasse aus dem Java-Mail-API, das für die Authentifizierung beim Mail-Versand benötigt wird.

```
<transportSender name="mail"
  class="org.apache.axis2.transport.mail.MailTransportSender">
  <parameter name="mail.smtp.host" locked="false">
```

Listing 14.13: Konfiguration des Mail-Transport-Senders

```
    127.0.0.1
  </parameter>
  <parameter name="mail.smtp.user" locked="false">
    axis2
  </parameter>
  <parameter name="transport.mail.smtp.password" locked="false">
    secret
  </parameter>
  <parameter name="mail.smtp.port" locked="false">
    25
  </parameter>
</transportSender>
```

Listing 14.13: Konfiguration des Mail-Transport-Senders (Forts.)

Clientseitig findet die Konfiguration des Mail-Senders meistens programmatisch statt. Dafür wird die Property „_MAIL_SMTP_" (als Konstante definiert `org.apache.axis2.transport.http.HTTPConstants.MAIL_SMTP`) in der Klasse `Options` (vgl. Kapitel 6 „Client API") mit einem Objekt der Klasse `org.apache.axis2.transport.http.HttpTransportProperties.MailProperties` gesetzt werden. Listing 14.14 zeigt einen Codeabschnitt.

```
Options options = new Options();
HttpTransportProperties.MailProperties mailProps
  = new HttpTransportProperties.MailProperties();
mailProps.addProperty("mail.smtp.host","localhost");
mailProps.addProperty("mail.smtp.user","axis2");
mailProps.setPassword("secret");

options.setProperty(HTTPConstants.MAIL_SMTP,mailProps);
```

Listing 14.14: Programmatische Konfiguration eines Mail-Transports mit Client-API

Auf ähnliche Art und Weise kann auch ein sicherer Mail-Transport über SSL konfiguriert werden. Es müssen lediglich die dafür notwendigen Properties von Java-Mail gesetzt werden. Sicherlich können die in Listing 14.15 verwendeten Schlüssel auch in *axis2.xml* verwendet werden, um serverseitig einen sicheren Mail-Transport zu konfigurieren.

```
Options options = new Options();

HttpTransportProperties.MailProperties props =
  new HttpTransportProperties.MailProperties();
props.put("mail.smtp.user", "axis2@axishotels.de");
props.put("mail.smtp.host", "smtp.axishotels.de");
```

Listing 14.15: Programmatische Konfiguration eines SSL-Mail-Transports

```
props.put("mail.smtp.port", "465");
props.put("mail.smtp.starttls.enable","true");
props.put("mail.smtp.auth", "true");
props.put("mail.smtp.debug", "true");
props.put("mail.smtp.socketFactory.port", "465");
props.put("mail.smtp.socketFactory.class", "javax.net.ssl.SSLSocketFactory");
props.put("mail.smtp.socketFactory.fallback", "false");
props.setPassword("secret");

options.setProperty(HTTPConstants.MAIL_SMTP,mailProps);
```

Listing 14.15: Programmatische Konfiguration eines SSL-Mail-Transports (Forts.)

Transport Receiver

Die Konfiguration des Transport Receivers erfolgt analog zu der des Senders. Auch für Mail Receiver existiert eine auskommentierte Konfiguration in der Konfigurationsdatei *axis2.xml*. Durch Einkommentieren des entsprechenden XML-Segments und Anpassen der Parameterwerte (Entfernen der `transport`-Präfixe) kann der Mail Receiver aktiviert werden.

Auch hier können alle in Java-Mail vorgesehenen Properties gesetzt werden. Aus den Konfigurationsparametern wird ebenfalls eine Property erzeugt, die beim Aufruf der Java-Mail-API weitergegeben wird. Drei Parameter weichen von diesem Schema der Schlüsselbenennung ab. Es handelt sich um `transport.mail.pop3.password`, `transport.listener.interval` und `transport.mail.replyToAddress`, die alle das „`transport`"-Präfix haben. Bei dem Parameter `transport.mail.replyToAddress` handelt es sich um einen sehr wichtigen Parameter für Mail-Tranport in Axis2. Schließlich müssen alle über SMTP transportierten Requests genau an diese Adresse verschickt werden, damit sie von Axis2 verarbeitet werden können. `transport.listener.interval` erhält als Wert einen Integer, der die Anzahl der Millisekunden angibt, die ein Mail-Receiver wartet, bis er wieder eingehende Mails überprüft. Dieser Parameter hat einen voreingesellten Wert von 180.000, was drei Minuten entspricht.

```
<transportReceiver name="mail"
  class="org.apache.axis2.transport.mail.SimpleMailListener">
  <parameter name="mail.pop3.host" locked="false">
    127.0.0.1
  </parameter>
  <parameter name="mail.pop3.user" locked="false">
    axis
  </parameter>
  <parameter name="mail.store.protocol" locked="false">
    pop3
  </paramaeter>
```

Listing 14.16: Konfiguration des Mail-Transport-Receivers

```
  <parameter name="transport.mail.pop3.password" locked="false">
    secret
  </parameter>
  <parameter name="mail.pop3.port" locked="false">
    110
  </parameter>
  <parameter name="transport.mail.replyToAddress" locked="false">
    axis@127.0.0.1
  </parameter>
  <parameter name="transport.listener.interval" locked="false">
    60000
  </parameter>
</transportReceiver>
```

Listing 14.16: Konfiguration des Mail-Transport-Receivers (Forts.)

Für eine sichere Verbindung über SSL müssen weitere Parameter konfiguriert werden.

```
<transportReceiver name="mail"
  class="org.apache.axis2.transport.mail.SimpleMailListener">
  <parameter name="mail.pop3.host" locked="false">
    127.0.0.1
  </parameter>
  <parameter name="mail.pop3.user" locked="false">
    axis
  </parameter>
  <parameter name="mail.store.protocol" locked="false">
    pop3
  </paramaeter>
  <parameter name="transport.mail.pop3.password" locked="false">
    secret
  </parameter>
  <parameter name="mail.pop3.socketFactory.class" locked="false">
    javax.net.ssl.SSLSocketFactory
  </parameter>
  <parameter name="mail.pop3.socketFactory.fallback"
    locked="false">
    false
  </parameter>
  <parameter name="mail.pop3.port" locked="false">
    995
  </parameter>
```

Listing 14.17: Konfiguration des Mail-Transport-Receivers über SSL

```
  <parameter name="mail.pop3.socketFactory.port" locked="false">
    995
  </parameter>
  <parameter name="transport.mail.replyToAddress" locked="false">
    axis@127.0.0.1
  </parameter>
  <parameter name="transport.listener.interval" locked="false">
    60000
  </parameter>
</transportReceiver>
```

Listing 14.17: Konfiguration des Mail-Transport-Receivers über SSL (Forts.)

Mailserver

Um den Mail-Transport zu verwenden, wird ein Mail-Server benötigt. Axis2 liefert einen Mailserver mit, der aber nur rudimentäre Funktionalitäten enthält. Die entsprechende Klasse heißt `org.apache.axis2.transport.mail.server.MailServer` und diese Klasse lässt sich ebenfalls in einem separaten Prozess starten.

```
java org.apache.axis2.transport.mail.server.MailServer 25 110
```

Als Aufrufsparameter werden die Portnummern für SMTP und POP3 übergeben, die aber genauso auch weggelassen werden können. In diesem Fall würden dann 1134 und 1049 als Defaulteinstellung verwendet. Ansonsten benötigt dieser einfache Mailserver keine weitere Konfiguration. Der Mailserver legt alle empfangenen Mails in einer `HashMap` im Speicher ab, bis sie über POP3 abgeholt werden. Wird der Prozess vor der Abholung beendet, gehen die Mails verloren.

James

Bei dem mitgelieferten Mailserver von Axis2 handelt es sich um eine sehr einfache Implementierung, die nur für Entwicklung und zum Testen benutzt werden kann. Von einem produktiven Einsatz ist dringend abzuraten. Stattdessen sollte ein kommerzieller Mailserver oder Apache James eingesetzt werden.

James steht für „Java Apache Mail Enterprise Server" und ist ein portabler, sicherer und vollständig in Java implementierter Enterprise Mail Server. Mit Mailet bietet James ein innovatives Modell an, das die automatische Verarbeitung von eingehenden E-Mails wesentlich vereinfachen kann.

James kann bei Apache unter *http://james.apache.org/* heruntergeladen werden. Nach Entpacken des Archivs kann James direkt über das Skript *run.bat* im Verzeichnis *bin* gestartet werden.

```
C:\Dev\james-2.3.0\bin>run
Using PHOENIX_HOME:   C:\Dev\james-2.3.0
Using PHOENIX_TMPDIR: C:\Dev\james-2.3.0\temp
Using JAVA_HOME:      C:\Programme\Java\Java1.5

Phoenix 4.2

James Mail Server 2.3.0
Remote Manager Service started plain:4555
POP3 Service started plain:110
SMTP Service started plain:25
NNTP Service started plain:119
FetchMail Disabled
```

Listing 14.18: Ausgabe beim Starten von James

Nach dem Start sollten zunächst ein paar E-Mail-Konten angelegt werden, damit sie später im Beispielcode benutzt werden können. Dafür verbindet man sich über den Port 4555 mit dem `Remote-Manager` von James.

```
D:\telnet localhost 4555
JAMES Remote Administration Tool 2.3.0
Please enter your login and password
Login id:
root
Password:
root
Welcome root. HELP for a list of commands
adduser axis secret
User axis added
adduser axis2 secret
User axis2 added
listusers
Existing accounts 2
user: axis
user: axis2
quit
Bye
```

Listing 14.19: E-Mail-Konten in James anlegen

14.5.2 Web Service über Mail

Um SOAP-Nachrichten zu verarbeiten, die als E-Mail verschickt werden, muss zuerst ein Transport Receiver gestartet werden. Der Receiver hat die Aufgabe, regelmäßig nach eingegangenen Nachrichten zu schauen, aus diesen Nachrichten einen `MessageContext` zu erzeugen und diesen an die `AxisEngine` zur Verarbeitung zu übergeben. Axis2 liefert einen solchen Transport Receiver mit, der auch in den folgenden Beispielen verwendet wird. Prinzipiell ist es jedoch auch möglich, einen solchen Mechanismus selbst zu implementieren. So bietet das Mailet-API von James eine gute Grundlage, die es aufgrund einer leistungsfähigen API und umfangreichen Konfigurationsmöglichkeiten sogar erlaubt, Nachrichten für mehrere Konten zu verarbeiten.

Der mitgelieferte Transport Receiver ist in der Klasse `SimpleMailListener` implementiert und kann entweder in einem eigenen Prozess oder als Teil einer Webapplikation gestartet werden. Der Receiver benötigt beim Start ein vollständiges Repository und die Konfigurationsdatei *axis2.xml*. Daher sollten das Verzeichnis vom Axis2-Repository und der Ort der Konfigurationsdatei im Filesystem beim Starten als Parameter übergeben werden.

```
java org.apache.axis2.transport.mail.SimpleMailListener C:\\axis2\\repository
C:\\axis2\\conf\\axis2.xml
```

Listing 14.20: Starten des Mail-Receivers

Um den Receiver in einer Webapplikation, die z.B. mit Tomcat in Betrieb genommen wurde, mitlaufen zu lassen, muss der Receiver programmatisch gestartet werden. Folgender Ausschnitt zeigt die notwendigen Schritte:

```
ConfigurationContext configurationContext =
  ConfigurationContextFactory
    .createConfigurationContextFromFileSystem(
      "C:/Dev/axis2-1.1.1/repository", "conf/axis2.xml");
SimpleMailListener ml = new SimpleMailListener();
ml.init(configContext,
  configurationContext
    .getAxisConfiguration()
    .getTransportIn(new QName(Constants.TRANSPORT_MAIL)));
ml.start();
```

Listing 14.21: Programmatisches Starten des Mail-Receivers

Nach einem erfolgreichen Start ist Axis2 nun bereit, SOAP-Requests über Mails zu verarbeiten. Um einen solchen Request zu verschicken, muss das Clientprogramm zunächst eine andere `EndPointReference` benutzen. Ein Endpunkt für den Mail-Transport wird folgendermaßen aufgebaut:

```
mail:user@host/axis2/services/servicename/operationname
```

Um z.B. die Operation `registerHotel` des Services `AxisHotelAxiomService` aufzurufen, muss der Endpunkt mit `mail:axis@localhost/axis2/services/AxisHotelAxiomService/registerHotel` erzeugt werden. Bei der E-Mail-Adresse axis@localhost handelt es sich genau um die Adresse, die serverseitig als `transport.mail.replyToAddress` konfiguriert wurde, also jene Adresse, auf die der Mail-Receiver horcht.

Aufgrund der asynchronen Natur von SMTP können nur asynchrone Methoden aus dem Client-API zusammen mit dem Mail-Transport verwendet werden. Konkret handelt es sich um die Methoden `fireAndForget`, `sendRobust` und `sendReceiveNonBlocking`. Alternativ kann auch ein `OperationClient` mit dem richtigen MEP instanziiert und für den Aufruf verwendet werden. Ein Service-Client, der einen Einweg-Aufruf ohne Rückgabe absetzt, ist vergleichsweise einfach zu erstellen. Der Client unterscheidet sich kaum von einem Client, der HTTP-Transport verwendet. Es muss auf jeden Fall ein `ConfigurationContext` mit aktiviertem Transport-Sender beim Erzeugen von `ServiceClient` übergeben werden, da Mail-Transport in der Defaulteinstellung nicht aktiviert ist. Listing 14.22 zeigt ein Beispiel.

```
package de.axishotels.client;

import org.apache.axiom.om.OMElement;
import org.apache.axis2.addressing.EndpointReference;
import org.apache.axis2.client.Options;
import org.apache.axis2.client.ServiceClient;
import org.apache.axis2.context.ConfigurationContext;
import org.apache.axis2.context.ConfigurationContextFactory;

public class NonBlockingOneWayRobustClient {
  public static void main(String[] args) throws Exception {
    OMElement registerHotelRequest = ClientUtils.createRegisterHotelPayload();
    EndpointReference targetEPR = new EndpointReference(
        "mail:axis@localhost/axis2/services/AxisHotelAxiomService/registerHotel");
    ConfigurationContext configurationContext
      = ConfigurationContextFactory
        .createConfigurationContextFromFileSystem(
         "C:/Dev/axis2-1.1.1/repository", "conf/axis2.xml");
    ServiceClient serviceClient = new
    ServiceClient(configurationContext, null);
    Options options = new Options();
    options.setAction("urn:registerHotels");
    options.setTo(targetEPR);
    serviceClient.setOptions(options);
    serviceClient.fireAndForget(registerHotelRequest);
    Thread.sleep(3000);
  }
}
```

Listing 14.22: Einweg-Aufruf über Mail-Transport

Entsprechend kann ein Service-Client für einen Request-Response-Aufruf erstellt werden. Es ist zu beachten, dass dieser `ServiceClient` mit einem `ConfigurationContext` erzeugt werden muss, der sowohl einen Transport-Sender als auch einen Transport-Receiver enthält. Listing 14.23 zeigt ein Beispiel für einen solchen Aufruf.

```
package de.axishotels.client;

import org.apache.axis2.addressing.EndpointReference;
import org.apache.axis2.client.Options;
import org.apache.axis2.client.ServiceClient;
import org.apache.axis2.client.async.AsyncResult;
import org.apache.axis2.client.async.Callback;
import org.apache.axis2.context.ConfigurationContext;
import org.apache.axis2.context.ConfigurationContextFactory;

public class NonBlockingDualTransportClient {
  public static void main(String[] args) throws Exception {
    EndpointReference targetEPR = new EndpointReference(
      "mail:axis@localhost/axis2/services/AxisHotelAxiomService/registerHotel");
    ConfigurationContext configurationContext
      = ConfigurationContextFactory
        .createConfigurationContextFromFileSystem(
        "C:/Dev/axis2-1.1.1/repository", "conf/axis2.xml");
    ServiceClient serviceClient = new
    ServiceClient(configurationContext, null);
    Options options = new Options();
    options.setAction("urn:getHotelDetails");
    options.setUseSeparateListener(true);
    options.setTo(targetEPR);
    serviceClient.setOptions(options);
    Callback callback = new Callback() {
      public void onComplete(AsyncResult result) {
      System.out.println(result.getResponseEnvelope().getBody().getFirstElement());
        System.exit(0);
      }
      public void onError(Exception e) {
        e.printStackTrace();
        System.exit(0);
      }
    };
    serviceClient.sendReceiveNonBlocking(
      ClientUtils.createGetHotelDetailPayload(), callback);
```

Listing 14.23: Request-Response-Aufruf über Mail-Transport

```
        Thread.sleep(60000);
        System.exit(0);
    }
}
```

Listing 14.23: Request-Response-Aufruf über Mail-Transport (Forts.)

Aufgrund eines Fehlers in der Klasse `SimpleMailListener` bekommt der Clientcode in Listing 14.23 leider keine Antwort zurück. Die Methode `getEPRsForService` der Klasse `SimpleMailListener` wird unter anderem dazu genutzt, die `ReplyTo`-Adresse für die Antwortnachricht zu ermitteln. In der `EndPointReference`, die von dieser Methode zurückgeliefert wird, fehlt leider zwischen der E-Mail-Adresse und dem Sercvicekontextpfad ein Schrägstrich, sodass `mail:axis2@localhostaxis2/services/anonService200924821172522063390/anonOutInOp` statt das gewünschte Ergebnis `mail:axis2@localhost/axis2/services/anonService200924821172522063390/anonOutInOp` zurückgegeben wird. Dies führt dazu, dass die Antwortmail nicht erfolgreich an die Adresse axis2@localhost zugestellt werden kann. Um dies zu vermeiden, muss in der Implementierung zwischen `replyTo` und `configurationContext.getServiceContextPath()` noch ein „/" hinzugefügt werden. Dank Open Source dürfte dies eine leichte Übung sein.

Zur Veranschaulichung werden die beiden E-Mails noch mal gezeigt:

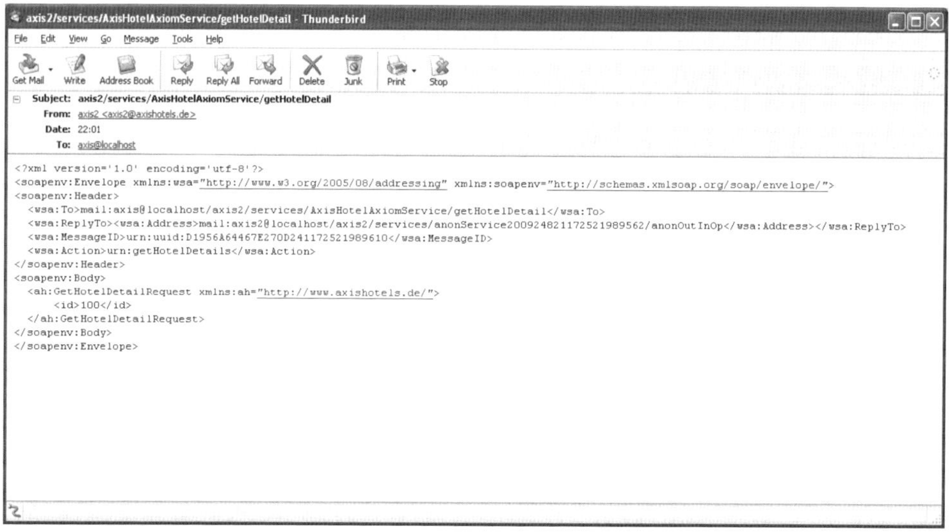

Abbildung 14.3: E-Mail mit SOAP-Response

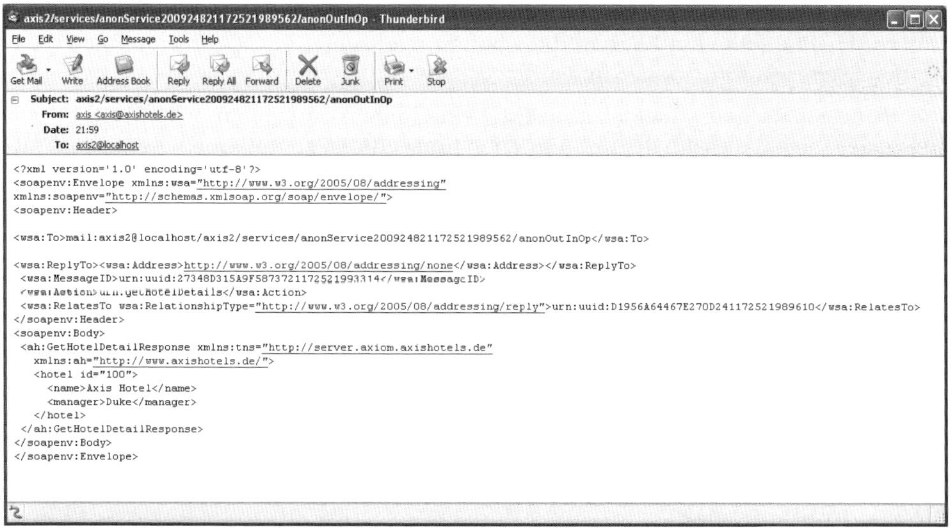

Abbildung 14.4: E-Mail mit SOAP-Request

14.6 JMS

Um JMS als Transportprotokoll verwenden zu können, wird ein JMS Server benötigt, der sich um die Verwaltung der Nachrichten kümmert. Wird Axis2 in einem Application Server wie JBoss, Geronimo oder einem der kommerziellen Produkte ausgeführt, so enthalten diese bereits entsprechende JMS Unterstützung. Andernfalls wird ein eigenständiger JMS Server benötigt. Apache bietet hier mit ActiveMQ eine sehr gute Open-Source-Alternative. Die folgenden Beispiele in diesem Abschnitt verwenden daher ActiveMQ 4.1.0.

14.6.1 Installation von ActiveMQ

Die Installation von ActiveMQ geht erfreulich unkompliziert vonstatten. Nach dem Download der Distribution als ZIP-File (z.B. *apache-activemq-4.1.0-incubator.zip*) kann diese in ein beliebiges Verzeichnis entpackt werden. Anschließend sollte eine Kommandozeile geöffnet und dort in das Installationsverzeichnis gewechselt werden. Der Befehl

```
bin\activemq
```

startet dann den Server. Dabei ist es wichtig, ihn tatsächlich aus dem Installationsverzeichnis und nicht etwa direkt aus dem *bin* Verzeichnis zu starten. Der Server meldet kurz darauf die Bereitschaft zur Verarbeitung von Nachrichten, indem er eine Meldung ausgibt, die in etwa wie folgt aussieht (im Beispiel ist GANDALF ein Rechnername):

```
ActiveMQ JMS Message Broker (localhost, ID:GANDALF-2089-1172488699781-1:0) started
```

Der Standardport von ActiveMQ ist 61616, diese Konfiguration lässt sich aber natürlich ändern. Hierzu sollte ein Blick in die Konfigurationsdatei *conf/activemq.xml* geworfen werden. Nähere Informationen finden sich auf der ActiveMQ-Website.

Auf manchen Rechnern meldet ActiveMQ eine Reihe von Fehlern beim Start. In den meisten Fällen hat dies mit der Konfiguration für Multicast zu tun. Um diese auszuschalten, ist in der Datei *activemq.xml* der `networkConnector` namens `default-nc` auskommentiert. Außerdem sollte für alle `transportConnector` sichergestellt werden, dass diese kein Attribut der Form `discoveryUri="multicast:..."` besitzen. Anschließend sollte dem fehlerfreien Start von ActiveMQ in der Regel nichts mehr im Wege stehen.

Topics und Queues für die Kommunikation müssen nicht explizit eingerichtet werden. Diese werden immer dann automatisch eingerichtet, wenn eine Anwendung versucht, diese zu verwenden.

14.6.2 Services mit JMS-Kommunikation

Globale Konfiguration

In der Datei *axis2.xml* muss für den Empfang von JMS-Nachrichten der entsprechende Transport Receiver aktiviert werden, für den Versand der Transport Sender. Listing 14.24 zeigt einen Ausschnitt aus *axis2.xml* mit den entsprechenden Einstellungen.

```
<!-- ================================================== -->
<!-- Transport Ins -->
<!-- ================================================== -->
<transportReceiver name="jms"
          class="org.apache.axis2.transport.jms.JMSListener">
  <parameter name="default">
    <parameter name="java.naming.factory.initial">
      org.apache.activemq.jndi.ActiveMQInitialContextFactory
    </parameter>
    <parameter name="java.naming.provider.url">
      tcp://localhost:61616
    </parameter>
    <parameter name="transport.jms.ConnectionFactoryJNDIName">
      QueueConnectionFactory
    </parameter>
  </parameter>
</transportReceiver>

<!-- ================================================== -->
<!-- Transport Outs -->
<!-- ================================================== -->
<transportSender name="jms"
          class="org.apache.axis2.transport.jms.JMSSender"/>
```

Listing 14.24: Konfiguration von Transport Receiver und Sender für JMS

Grundsätzlich können für den Transport Receiver ein oder mehrere *Connection Factories* für JMS konfiguriert werden. Beim Einlesen der Konfiguration wird dann je eine dedizierte Komponente zur Nachrichtenverarbeitung erzeugt. Die Definition der Connection Factories erfolgt mittels eines Parameters innerhalb des `transportReceiver`-Elementes. Das Attribut `name` gibt dabei den Namen der Connection Factory an. Wird eine Connection Factory mit dem Namen `default` konfiguriert, so wird diese standardmäßig von all jenen Services verwendet, für die nicht explizit konfiguriert wurde, dass sie eine andere verwenden sollen.

Mit Hilfe von verschachtelten Parametern können dann die einzelnen Einstellungen für eine Connection Factory vorgenommen werden. Tabelle 14.3 zeigt, welche Parameter dort eingefügt werden können und was sie bedeuten.

Parameter	Bedeutung
java.naming.factory.initial	Klassenname der Factory für den Initial Context (die entsprechende Klasse muss natürlich im Klassenpfad enthalten sein)
java.naming.provider.url	URL für die Verbindung zum JMS Server

transport.jms.Connection-
FactoryJNDIName
	JNDI-Name der Connection Factory
	Beispiel:
	`TopicConnectionFactory`
	`QueueConnectionFactory`

java.naming.security.principal java.naming.security.credentials	Authentifizierung beim JMS Server, falls erforderlich (z.B. Benutzername, Passwort)
transport.jms.Destination	Queue oder Topic, auf das die Nachrichten gesendet werden

Tabelle 14.3: Parameter für die Konfiguration von Transport Receivern für JMS

Alternativ können neben `default` noch weitere Connection Factories unter anderen Namen konfiguriert werden. Die in der Distribution enthaltene Konfiguration enthält beispielsweise die beiden Konfigurationen `myTopicConnectionFactory` und `myQueueConnectionFactory`. Wie die Namen erahnen lassen, ist die eine für Topics und die andere für Queues gedacht.

```
<parameter name="myTopicConnectionFactory">
  <parameter name="java.naming.factory.initial">
    org.apache.activemq.jndi.ActiveMQInitialContextFactory
  </parameter>
  <parameter name="java.naming.provider.url">
    tcp://localhost:61616
  </parameter>
  <parameter name="transport.jms.ConnectionFactoryJNDIName">
    TopicConnectionFactory
  </parameter>
</parameter>
```

```
<parameter name="myQueueConnectionFactory">
  <parameter name="java.naming.factory.initial" >
    org.apache.activemq.jndi.ActiveMQInitialContextFactory
  </parameter>
  <parameter name="java.naming.provider.url">
    tcp://localhost:61616
  </parameter>
  <parameter name="transport.jms.ConnectionFactoryJNDIName">
   QueueConnectionFactory
  </parameter>
</parameter>
```

Damit Services ihre Antwortnachrichten auch über JMS zurücksenden können, muss lediglich sichergestellt sein, dass die Konfiguration des Transport Senders für JMS aktiv und nicht auskommentiert ist.

```
<transportSender name="jms" class="org.apache.axis2.transport.jms.JMSSender"/>
```

Service-Konfiguration

Neben der Konfiguration in *axis2.xml*, die für alle Services gilt, können auch servicespezifische Einstellungen vorgenommen werden. Hierfür sind spezielle Parameter in die Service-Konfiguration (*services.xml*) einzufügen.

Soll ein Service nicht die standardmäßige (`default`), sondern eine andere Connection Factory verwenden, ist der Parameter `transport.jms.ConnectionFactory` einzufügen und mit dem Namen der gewünschten Connection Factory zu belegen.

```
<parameter name="transport.jms.ConnectionFactory">
  myTopicConnectionFactory
</parameter>
```

Wenn nichts anderes konfiguriert wird, lauscht ein Service auf eine Queue mit dem Namen des Service, also zum Beispiel `BookingService`. Alternativ kann mit dem Parameter `transport.jms.Destination` explizit festgelegt werden, worauf der Service lauscht.

```
<parameter name="transport.jms.Destination">
  dynamicTopics/something.TestTopic
</parameter>
```

Services, die beide Parameter nicht verwenden, lauschen auf eine Queue, die den gleichen Namen hat wie der Service selbst.

Inbetriebnahme von Services

Der Empfang von Nachrichten lässt sich sehr gut mit dem `SimpleAxis2Server` aus dem Package `org.apache.axis2.transport` testen. Dieser kann an der Kommandozeile oder aus der IDE heraus gestartet werden und erwartet die beiden Parameter `-repo` und `-config`, mit denen jeweils ein Pfad auf das zu verwendende Repository und die Konfigurationsdatei *axis2.xml* zu übergeben ist.

```
java org.apache.axis2.transport.SimpleAxis2Server
    -repo C:\Projects\AxisHotels\repo
    -conf C:\Projects\AxisHotels\axis2.xml
```

Vor dem Start des `SimpleAxis2Server` sind verschiedene benötigte Bibliotheken in den Klassenpfad aufzunehmen. Welche das sind, ist davon abhängig, welcher JMS-Server verwendet wird. Im Falle von ActiveMQ handelt es sich um die beiden folgenden Dateien. Sie sind in der Distribution von ActiveMQ enthalten und befinden sich dort im Ordner *lib*.

```
activemq-core-4.1.0-incubator.jar
geronimo-j2ee-management_1.0_spec-1.0.jar
```

14.6.3 Client-Anwendungen mit JMS-Kommunikation

Auf Clientseite sind wenige Änderungen notwendig, um Nachrichten per JMS an einen Service zu senden. Zum einen sind natürlich auch hier die notwendigen Bibliotheken in den Klassenpfad aufzunehmen. Wie auf der Serverseite ist dies abhängig von der verwendeten JMS-Implementierung. Bei Einsatz von ActiveMQ sind es die beiden gleichen Dateien wie auf der Serverseite.

Um anschließend Nachrichten per JMS zu verschicken, ist lediglich die URL des Endpunktes entsprechend zu ändern. Um eine Nachricht an den BookingService zu senden, der auf eine Queue mit seinem Service-Namen lauscht, sähe die URL wie folgt aus: Hinter dem Namen der Queue folgen im Prinzip die gleichen Parameter, die auch für die Konfiguration auf der Serverseite genutzt wurden. Sie werden durch ein Ampersand (&) voneinander getrennt.

```
jms:/
BookingService?transport.jms.ConnectionFactoryJNDIName=QueueConnectionFactory&java.
naming.factory.initial=org.apache.activemq.jndi.ActiveMQInitialContextFactory&java.
naming.provider.url=tcp://localhost:61616
```

Referenzen:

- James: *http://james.apache.org/*
- ActiveMQ: *http://activemq.apache.org/*
- HTTP Transport: *http://ws.apache.org/axis2/1_1_1/http-transport.html*
- TCP Transport : *http://ws.apache.org/axis2/1_1_1/tcp-transport.html*
- Mail Transport : *http://ws.apache.org/axis2/1_1_1/mail-transport.html*
- JMS Transport : *http://ws.apache.org/axis2/1_1_1/jms-transport.html*

15 Module für WS-* Erweiterungen

In der Welt der Web Services existiert inzwischen eine fast unüberschaubare Vielzahl an Spezifikationen. Fast allen ist gemeinsam, dass sie mit dem Präfix WS beginnen. Der Grund für diese Vielzahl ist die Tatsache, dass der Technologiestack für Web Services wie ein Baukastensystem organisiert ist, aus dem für eine zu entwickelnde Anwendung genau jene Teile entnommen werden, die notwendig sind. Es liegt nahe, die Bausteine klein und spezifisch zu halten, damit das Hinzunehmen eines solchen Bausteins keinen unnötigen Ballast beinhaltet. Andererseits führt dies jedoch auch dazu, dass es schwierig wird, den Überblick zu behalten, welche Bausteine verfügbar sind und welchen Zweck diese haben.

Hinzu kommt, dass es für viele notwenige Bausteine in der Regel mehrere Vorschläge gibt, wie diese realisiert werden könnten. So tummeln sich immer wieder mehrere Spezifikationen zu ein und demselben Thema und es dauert eine Weile, bis sich eine davon durchsetzt. Erst dann beginnt meist die Standardisierung. Bis diese abgeschlossen ist, vergeht in der Regel eine ziemlich lange Weile, und Anwendungsentwickler, die den entsprechenden Baustein brauchen, warten ungeduldig auf die Fertigstellung der Technologie. Sehr häufig existieren bereits Implementierungen, bevor eine Spezifikation standardisiert ist und die jeweiligen Entwickler legen dabei großen Wert darauf, jeweils alle Features der aktuellsten Spezifikationsversion schnellstmöglich umzusetzen. Wenn die Standardisierung dann abgeschlossen ist, kann mehr oder weniger zeitgleich eine komplette Implementierung präsentiert werden.

Die ungeheure Vielzahl an WS-Spezifikationen zeigt auch, dass der Web Service-Technologie noch viele Fähigkeiten fehlen, die in anderen Technologien bereits selbstverständlich sind. Beispiele hierfür sind etwa ein Publish/Subscribe-Mechanismus für Ereignisse, Zugriff auf und Verwaltung von zustandsbehafteten Ressourcen oder Unterstützung für Transaktionen, um nur einige zu nennen. All dies befindet sich jedoch bereits in der Entwicklung.

Viele Bausteine sind aber bereits heute verwendbar, und Axis2 enthält Unterstützung für die wichtigsten WS-Spezifikationen, zumeist in Form von Modulen. In den folgenden Abschnitten werden einige von ihnen vorgestellt. WS-Addressing dient dazu, Informationen über Empfänger und Absender einer SOAP-Nachricht unabhängig vom verwendeten Transportprotokoll zu hinterlegen. Zusätzlich bietet es einen standardisierten Weg, um Nachrichten mit einem eindeutigen Bezeichner zu versehen bzw. dem Empfänger mitzuteilen, auf welche frühere Nachricht sich die aktuelle Nachricht bezieht. WS-Security definiert einen Standard, um SOAP-Nachrichten zu verschlüsseln und digital zu signieren, sowie einen Mechanismus zur Übermittlung sicherheitsrelevanter Informationen. Eine zuverlässige Nachrichtenübermittlung kann dagegen mit WS-ReliableMessaging garantiert werden, um sicherzustellen, dass keine Nachrichten verloren gehen, mehrfach ausgeliefert werden oder in der falschen Reihenfolge ankommen.

Zusatzfunktionalitäten, wie sie von WS-Security oder WS-ReliableMessaging definiert werden, können mit normalen Bordmitteln von WSDL nicht beschrieben werden. Dies bedeutet, dass ein wichtiges Grundprinzip der Web Service-Technologie verletzt wird, nämlich dass ein WSDL-Dokument sämtliche Informationen enthält, die benötigt werden, um mit einem Web Service zu kommunizieren. Als Folge dessen können Code-Generatoren nur unvollständige Code-Fragmente erzeugen, die vom Anwendungsentwickler manuell um die entsprechenden Funktionalitäten erweitert werden müssen. Einen Ausweg aus diesem Dilemma bietet WS-Policy, mit dessen Hilfe solcherlei Zusatzeigenschaften oder auch Anforderungen an Services definiert werden können.

Dieses Kapitel setzt ein gutes Verständnis von Axis2-Modulen und Handlern voraus. Die entsprechenden Grundlagen werden in Kapitel 10 ausführlich erläutert. Alle Leser, die dieses Kapitel übersprungen haben, sollten es zunächst nachholen.

15.1 WS-Addressing

15.1.1 Grundlagen

Nach wie vor wird die überwiegende Mehrzahl aller SOAP-Nachrichten über HTTP transportiert. Dies hat seine Ursache zum einen in der Historie von SOAP, zum anderen aber auch in der Tatsache, dass HTTP ein einfaches und schlicht überall verfügbares Protokoll ist. Insbesondere wenn SOAP-Nachrichten durch das Internet verschickt werden sollen, drängt sich der Gedanke an HTTP geradezu auf. Um den Empfänger einer SOAP-Nachricht anzugeben, werden die üblichen Adressierungsmechanismen von HTTP verwendet. Das bedeutet, dass die Empfängeradresse im HTTP-Header zu finden ist.

Mit der zunehmenden Verbreitung von Web Services und ihrem Einsatz in immer komplexeren Szenarien treten mit diesem Ansatz jedoch einige Probleme auf. Es ist wichtig, immer im Auge zu behalten, dass SOAP-Nachrichten prinzipiell mit Hilfe beliebiger Transportprotokolle durchs Netzwerk bewegt werden können. Andere zunehmend verwendete Protokolle sind etwa JMS, TCP oder SMTP. Diese Protokolle haben jedoch jeweils ihren eigenen Mechanismus zur Adressierung von Nachrichten. Zudem ist es möglich, dass eine SOAP-Nachricht auf ihrem Weg von Sender zum endgültigen Empfänger über unterschiedliche Transportprotokolle geleitet wird. So setzen bereits zahlreiche Unternehmen Architekturen ein, in denen ein Web Service als Eingangsportal zum Unternehmensnetzwerk dient. Dieser nimmt SOAP-Nachrichten entgegen, die im Internet per HTTP transportiert wurden, setzt diese dann aber umgehend auf ganz andere Transportprotokolle auf, um sie unternehmensintern an die eigentlichen verarbeitenden Systeme weiterzuleiten. Es wäre daher wünschenswert, dass die Informationen über den Adressaten einer SOAP-Nachricht unabhängig vom verwendeten Transportprotokoll hinterlegt werden könnten, am besten in der Nachricht selbst. Natürlich wird hierfür ein Standard benötigt, der von allen Beteiligten verstanden wird. Die Definition eines solchen Standards ist die Intention von WS-Addressing. Die Spezifikation [1] liegt aktuell in der Version 1.0 vor und wurde vom W3C im Mai 2006 verabschiedet.

WS-Addressing definiert zwei Konstrukte: Endpunktreferenzen (Endpoint References) und spezielle Nachrichtenelemente für den SOAP Header. Die Endpunktreferenzen dienen dazu, sämtliche notwendigen Informationen zu formulieren, die für die Adressierung einer Nachricht an einen Empfänger notwendig sind. In vielen Fällen wäre dies einfach nur eine Adresse im Netzwerk, WS-Addressing erlaubt jedoch zusätzlich die Angabe einer beliebigen Menge von Referenzparametern und Metadaten. Bei ersteren handelt es sich um Zusatzinformationen, die notwendig sind, um mit dem Endpunkt Kontakt aufzunehmen. Sie werden vom Anbieter des Endpunkts definiert und sollten für Entwickler auf Seiten des Senders in der Regel nicht von Interesse sein. Implementierungen von WS-Addressing sollten Referenzparameter einfach automatisch bei der Kommunikation mit dem Endpunkt versenden. Daher werden sie auch hin und wieder „SOAP-Cookies" genannt. Metadaten beschreiben dagegen das Verhalten, Richtlinien und Fähigkeiten eines Endpunktes. Hier könnten zum Beispiel WS-Policy Dokumente abgelegt werden. Listing 15.1 zeigt die XML Infoset-Repräsentation einer Endpunktreferenz aus dem Spezifikationsdokument, Listing 15.2 ein einfaches Anwendungsbeispiel.

```
<wsa:EndpointReference>
  <wsa:Address>xs:anyURI</wsa:Address>
  <wsa:ReferenceParameters>xs:any*</wsa:ReferenceParameters>?
  <wsa:Metadata>xs:any*</wsa:Metadata>?
</wsa:EndpointReference>
```

Listing 15.1: XML Infoset-Repräsentation einer Endpunktreferenz

```
<wsa:EndpointReference
          xmlns:wsa="http://www.w3.org/2005/08/addressing">
  <wsa:Address>http://axishotels.de/booking/service</wsa:Address>
</wsa:EndpointReference>
```

Listing 15.2: Endpunktreferenz für einen Hotelbuchungsservice

Die ebenfalls von WS-Addressing definierten Nachrichtenelemente `To`, `From`, `ReplyTo` und `FaultTo` dienen nun dazu, mit Hilfe von Endpunktreferenzen die folgenden Informationen direkt in der Nachricht zu hinterlegen:

- `To`: An welchen Endpunkt soll die Nachricht geschickt werden?
- `From`: Welches ist die Adresse des Absenders?
- `ReplyTo`: An welchen Endpunkt soll der Service seine Antworten schicken?
- `FaultTo`: An welchen Endpunkt sollen Fehlermeldungen geschickt werden?

Die beiden letztgenannten Elemente ermöglichen interessante Szenarien, da Antwortnachrichten je nach Ausgang eines Service-Aufrufs an unterschiedliche Empfänger geleitet werden können.

Daneben werden von WS-Addressing drei zusätzliche Nachrichtenelemente definiert, mit deren Hilfe weitere häufig benötigte Informationen im SOAP Header abgelegt werden können, für die es bislang keine standardisierte Vorgehensweise gab. `Action` dient dazu, die Intention einer Nachricht anzuzeigen und kann somit den berühmt-berüchtigten HTTP-Header `SOAPAction` ablösen, der in der Vergangenheit für reichliche Interoperabilitätsprobleme gesorgt hatte. Das Element `MessageID` dient dagegen dazu, eine Nachricht mit einem eindeutigen Bezeichner zu versehen, und `RelatesTo` kann dann verwendet werden, um in Antwortnachrichten auf den Bezeichner der Anfragenachricht Bezug zu nehmen (siehe Listing 15.4 und 15.5 im nächsten Abschnitt). Weitere Einzelheiten zu WS-Addressing finden sich in den Spezifikationsdokumenten [1].

15.1.2 WS-Addressing mit Axis2

Die Distribution von Axis2 enthält bereits ein Modul für WS-Addressing, es ist also kein separater Download notwendig. Es befindet sich wie alle anderen Module im Repository, und zwar in einem Unterverzeichnis namens *modules*. Das Modul ist serverseitig standardmäßig mit allen Services und Operationen verknüpft (Achtung Axis2-Jargon: es ist global *engaged*). Dies bedeutet, dass alle unter Axis2 in Betrieb genommenen Services automatisch richtig reagieren und antworten, falls Nachrichten eintreffen, in deren SOAP Header WS-Addressing Elemente enthalten sind. So werden beispielsweise die Elemente `To` und `Action` ausgewertet, um zu ermitteln, an welchen der verfügbaren Services die jeweilige Nachricht gerichtet ist. Wurden vom Client die Elemente `ReplyTo` oder `FaultTo` gesetzt, so schickt Axis2 die Antworten des Service automatisch an diese Endpunkte und nicht an die Adresse, von welcher die Request-Nachricht kam. Schließlich sorgt Axis2 serverseitig automatisch dafür, dass die `MessageID` der empfangenen Nachricht automatisch in das `RelatesTo` Element der Antwortnachricht eingefügt wird. Serverseitig muss man also in der Regel gar nicht eingreifen, wenn eigene Services WS-Addressing unterstützen sollen – alles funktioniert automatisch.

Werden Client-Anwendungen mit dem Axis2 Framework entwickelt, so ist das WS-Addressing Modul nicht automatisch verfügbar. Stattdessen muss zunächst ein Axis2-Repository für die Client-Anwendung angelegt und das WS-Addressing Modul analog zur Serverseite dort abgelegt werden (siehe Kapitel 3). In der Konfigurationsdatei *axis2.xml* kann das Modul dann global eingeschaltet werden (siehe Kapitel 10). Zusätzlich muss sichergestellt werden, dass die Anwendung dieses Repository vor dem Versand der Nachrichten auch einliest (siehe Listing 15.3). Alternativ zur Verwendung eines Repository genügt es, das Modul im Klassenpfad abzulegen.

Das weitere Vorgehen auf der Clientseite unterscheidet sich ein wenig in Abhängigkeit davon, ob man mit generierten Stub-Klassen arbeitet oder direkt mit der Klasse `ServiceClient` des Client-API von Axis2. Zentraler Ansatzpunkt für das Setzen der Werte von WS-Addressing Header-Elementen ist eine Instanz von `Options`, auf die Anwendungsentwickler über `ServiceClient` Zugriff haben. Die Klasse `Options` bietet verschiedene `set`-Methoden, mit deren Hilfe die gewünschten Werte für alle von WS-Addressing definierten Header-Elemente gesetzt werden können. Wird mit einem Stub gearbeitet, muss daher zunächst die `ServiceClient`-Instanz besorgt werden:

```
ServiceClient sc = stub._getServiceClient();
Options opts = sc.getOptions();
```

Zudem setzen generierte Stubs einige der WS-Addressing Header in allen zu versendenden Nachrichten bereits automatisch. Die bedeutet, dass bei der Anwendungsentwicklung in vielen Fällen gar nicht selbst eingegriffen werden muss, um die Header mit Werten zu belegen.

Der Axis2-Kern enthält zudem die Klassen `EndpointReferenz` und `RelatesTo`, die beide dem Package `org.apache.axis2.addressing` angehören. Beide dienen dazu, die jeweiligen Konzepte aus dem WS-Addressing-Standard zu repräsentieren. Sie werden verwendet, um entsprechende Datenstrukturen aufzubauen und dann in den `Options` zu setzen.

Schließlich können Client-Anwendungen noch verschiedene Properties setzen, die das Verhalten des WS-Addressing-Moduls beeinflussen. Die Namen der Properties sind im Interface `org.apache.axis2.addressing.AddressingConstants` definiert.

Property	WS_ADDRESSING_VERSION
Bedeutung	Legt fest, nach welcher Version der WS-Addressing-Spezifikation das Modul die Header-Elemente erzeugen soll
Gültige Werte	AddressingConstants.Final.WSA_NAMESPACE (default) AddressingConstants.Submission.WSA_NAMESPACE

Property	DISABLE_ADDRESSING_FOR_OUT_MESSAGES
Bedeutung	Wird dieses Property auf TRUE gesetzt, so schaltet dies den Versand von WS-Addressing-Header-Elementen für ausgehende Nachrichten ab. Dies kann zum Beispiel dann sinnvoll sein, wenn das Modul global eingeschaltet ist, für den Versand einer bestimmten Nachricht jedoch nicht gewünscht ist.
Gültige Werte	Boolean.TRUE Boolean.FALSE (default)

Property	ADD_MUST_UNDERSTAND_TO_ADDRESSING_HEADERS
Bedeutung	Wird dieses Property auf TRUE gesetzt, fügt das Modul jedem WS-Addressing-Element folgendes Attribut hinzu: `mustUnderstand="1"` Dies bewirkt laut SOAP-Spezifikation, dass der Nachrichtenempfänger die Verarbeitung der Nachricht ablehnen muss, wenn er mit dem jeweiligen Header-Element nichts anzufangen weiß.
Gültige Werte	Boolean.TRUE Boolean.FALSE (default)

Property	REPLACE_ADDRESSING_HEADERS
Bedeutung	Zu dem Zeitpunkt, wenn das Modul bei ausgehenden Nachrichten zum Einsatz kommt, könnte die Nachricht bereits einige WS-Addressing Header enthalten. Wird dieses Property auf TRUE gesetzt, dann überschreibt das Modul gegebenenfalls bereits existierende Header-Elemente.
Gültige Werte	Boolean.TRUE Boolean.FALSE (default)

Listing 15.3 zeigt anhand einer beispielhaften Methode, wie WS-Addressing Header in Client-Anwendungen gesetzt werden können. Listing 15.4 und 15.5 enthalten die daraus resultierenden Request- und Reponse-Nachrichten.

```
public void sendWithWsAddressing() {
  MakeReservationRequest req = new MakeReservationRequest();
  Reservation reservation = getSampleReservation();
  req.setReservation(reservation);

  try {
    // Repository laden und Stub damit initialisieren
    ConfigurationContext ctx =  ConfigurationContextFactory.
              createConfigurationContextFromFileSystem
              (CLIENT_REPO_PATH, CLIENT_CONFIG_PATH);

    BookingServiceStub stub = new BookingServiceStub
     (ctx, "http://localhost:8888/axis2/services/BookingService");

    // ServiceClient-Instanz vom Stub besorgen
    ServiceClient sc = stub._getServiceClient();
    Options opts = sc.getOptions();

    opts.setProperty(AddressingConstants.WS_ADDRESSING_VERSION,
                AddressingConstants.Final.WSA_NAMESPACE);
    // opts.setProperty(AddressingConstants.DISABLE_ADDRESSING_FOR_OUT_MESSAGES,
                  Boolean.TRUE);
    // opts.setProperty(AddressingConstants.
                  ADD_MUST_UNDERSTAND_TO_ADDRESSING_HEADERS,Boolean.TRUE);
    // opts.setProperty(AddressingConstants.REPLACE_ADDRESSING_HEADERS,
                  Boolean.TRUE);

    // MESSAGE ID
    opts.setMessageId("4711-42");

    // TO, ACTION werden vom Stub automatisch gesetzt
    // opts.setTo(new EndpointReference(
        "http://localhost:8888/axis2/services/BookingService"));
    // opts.setAction("http://axishotels.de/booking/service/MakeReservation");

    // FROM
    opts.setFrom(new EndpointReference(
```

Listing 15.3: Einsatz von WS-Addressing-Elementen in Client-Anwendungen

```
        "http://localhost:8080/BookingTestClient"));

      // REPLY-TO (dieses Element zu setzen macht bei HTTP und einem
      // Request-Response-MEP nur dann Sinn, wenn die Antwort an
      // einen anderen Endpunkt geschickt werden soll; der Service
      // antwortet dann mit dem HTTP Status-Code: 202 Accepted)
      // opts.setReplyTo(new EndpointReference(
          "http://localhost:8080/axis2/services/
           BookingConfirmationProcessor"));

      // FAULT-TO
      EndpointReference er = new EndpointReference(
        "http://localhost:8080/axis2/services/ErrorLoggerService");
      QName qnRefParam = new QName
          ("http://axishotels.de/booking/service", "MyRefParam");
      er.addReferenceParameter(qnRefParam, "MyRefParamValue");
      opts.setFaultTo(er);

      // RELATES TO
      RelatesTo relationship = new RelatesTo("4711-41");
      opts.addRelatesTo(relationship);

      // sende Nachricht und verarbeite Antwort
      MakeReservationResponse resp = stub.MakeReservation(req);
      Confirmation conf = resp.getReservationConfirmation();
      LOG.info("Reservation No: " + conf.getReservationNumber());
      LOG.info("Status: " + conf.getStatus());
    } catch (BookingFaultException bfe) {
      ...
    } catch (RemoteException re) {
      ...
    }
}
```

Listing 15.3: Einsatz von WS-Addressing-Elementen in Client-Anwendungen (Forts.)

```
<soapenv:Envelope xmlns:wsa="http://www.w3.org/2005/08/addressing"
      xmlns:soapenv="http://schemas.xmlsoap.org/soap/envelope/">
  <soapenv:Header>
    <wsa:To>
      http://localhost:8888/axis2/services/BookingService
```

Listing 15.4: SOAP-Nachricht, erzeugt mit dem Beispielcode aus Listing 15.3

```
    </wsa:To>
    <wsa:ReplyTo>
      <wsa:Address>
        http://www.w3.org/2005/08/addressing/anonymous
      </wsa:Address>
    </wsa:ReplyTo>
    <wsa:From>
      <wsa:Address>
        http://localhost:8080/BookingTestClient
      </wsa:Address>
    </wsa:From>
    <wsa:FaultTo>
      <wsa:Address>
         http://localhost:8080/axis2/services/ErrorLoggerService
      </wsa:Address>
      <wsa:ReferenceParameters>
        <axis2ns1:MyRefParam
           xmlns:axis2ns1="http://axishotels.de/booking/service">
         MyRefParamValue
        </axis2ns1:MyRefParam>
      </wsa:ReferenceParameters>
    </wsa:FaultTo>
    <wsa:MessageID>4711-42</wsa:MessageID>
    <wsa:Action>
      http://axishotels.de/booking/service/MakeReservation
    </wsa:Action>
    <wsa:RelatesTo wsa:RelationshipType="http://www.w3.org/2005/08/addressing/reply">
      4711-41
    </wsa:RelatesTo>
  </soapenv:Header>
  <soapenv:Body>
    ...
  </soapenv:Body>
</soapenv:Envelope>
```

Listing 15.4: SOAP-Nachricht, erzeugt mit dem Beispielcode aus Listing 15.3 (Forts.)

```
<soapenv:Envelope xmlns:wsa="http://www.w3.org/2005/08/addressing"
      xmlns:soapenv="http://schemas.xmlsoap.org/soap/envelope/">
 <soapenv:Header>
  <wsa:To>http://www.w3.org/2005/08/addressing/anonymous</wsa:To>
  <wsa:ReplyTo>
   <wsa:Address>
      http://www.w3.org/2005/08/addressing/none
   </wsa:Address>
  </wsa:ReplyTo>

  <wsa:MessageID>
    urn:uuid:E9D931DE6E606E115D116727390803123
  </wsa:MessageID>
  <wsa:Action>http://axishotels.de/booking/service/BookingInterface/
            MakeReservationResponse
  </wsa:Action>
  <wsa:RelatesTo wsa:RelationshipType="http://www.w3.org/2005/08/addressing/reply">
      4711-42
  </wsa:RelatesTo>
 </soapenv:Header>
 <soapenv:Body>
    ...
 </soapenv:Body>
</soapenv:Envelope>
```

Listing 15.5: SOAP-Antwort auf die Nachricht in Listing 15.4

15.2 WS-Policy

15.2.1 Grundlagen

Mit der zunehmenden Verbreitung der Web Service-Technologie, insbesondere auch im geschäftskritischen Umfeld, werden neben den rein funktionalen auch nicht-funktionale Anforderungen wie Sicherheit, Transaktionen oder zuverlässige Nachrichtenübertragung immer wichtiger. Viele dieser nichtfunktionalen Anforderungen können mit dem Stichwort *Quality of Service* (QoS) zusammengefasst werden.

Während mit Hilfe eines WSDL-Dokumentes selbst komplexe funktionale Aspekte umfassend beschrieben werden können, bietet WSDL jedoch keinerlei Möglichkeit, solche nicht-funktionalen Anforderungen zu beschreiben. So ist es beispielsweise nicht möglich, mit Hilfe von WSDL auszudrücken, dass ein Service verschlüsselte Kommunikation erfordert, welche Verschlüsselungsalgorithmen er beherrscht oder welche Authentifizierungsmechanismen unterstützt werden.

Dies verletzt eines der Grundprinzipien von Web Services, nämlich dass sämtliche für die Kommunikation mit einem Service benötigten technischen Informationen aus dem WSDL-Dokument hervorgehen. Wie zu Beginn des Kapitels bereits erwähnt, führt dies unter anderem dazu, dass die weit verbreiteten Code-Generatoren nicht mehr in der Lage sind, ausreichenden Programmcode für Service-Gerüste und Stub-Klassen zu erzeugen. Stattdessen müssen Anwendungsentwickler eingreifen und den generierten Code um die entsprechenden nicht-funktionalen Aspekte des Service erweitern. Benötigt wird also ein Mechanismus, mit dem Service-Anbieter und Konsumenten sowohl eigene Fähigkeiten als auch Anforderungen an ihre Kommunikationspartner in einer standardisierten Weise definieren zu können. Genau dies ist der Zweck des WS-Policy Frameworks [2].

WS-Policy definiert, wie nicht-funktionale Aspekte in XML beschrieben werden können. Die Beschreibung solcher Fähigkeiten und Anforderungen wird *Policy* genannt, die einzelnen darin gemachten Aussagen heißen *Assertions*. Policies können entweder in ein WSDL-Dokument eingefügt oder mit Hilfe eines Attachment-Mechanismus [3] in einer externen Datei gelagert werden. Dieser Ansatz dient natürlich insbesondere der Wiederverwendbarkeit.

Eine Spezifikation wie WS-Policy muss erweiterbar ausgelegt sein, damit Fähigkeiten und Anforderungen unterschiedlichster Disziplinen wie Transaktionen, Sicherheit oder auch Datenschutz damit beschrieben werden können. Aus diesem Grund definiert WS-Policy lediglich ein Rahmenwerk, dem sukzessive disziplinspezifische Erweiterungen hinzugefügt werden, die von den jeweiligen Domäneexperten zu entwickeln sind. So definiert eine Zusatzspezifikation namens WS-SecurityPolicy [4] beispielsweise eine Reihe sicherheitsrelevanter Assertions.

Es wird recht häufig die Frage gestellt, weshalb mit WS-Policy ein neuer Mechanismus erfunden wurde, anstatt den WSDL-Standard einfach um nicht-funktionale Aspekte zu erweitern. Hierfür gab es eine ganze Reihe von Gründen, von denen an dieser Stelle nur die beiden wichtigsten genannt werden sollen. Zum einen ist es sicherlich sinnvoll, diese beiden Belange im Sinne des *Separation of Concerns*-Prinzips klar voneinander zu trennen. Zum anderen zielen WSDL und WS-Policy auf unterschiedliche Subjekte. Während sich WSDL ausschließlich mit Service-Endpunkten beschäftigt, können Policies viel allgemeiner angewendet werden und sich beispielsweise auch auf zustandsbehaftete Ressourcen oder eine Kommunikationssitzung beziehen.

Eine Policy besteht aus der Aufzählung einer oder mehrerer Policy-Alternativen, wobei jede Alternative eine vom Policy-Inhaber akzeptierte Kombination von Assertions darstellt. Die einzelnen Assertions können dabei aus unterschiedlichen Disziplinen stammen. Zur Beschreibung der Alternativen dienen so genannte Policy-Operatoren, die zum Beispiel ausdrücken können, dass alle oder genau eine der Assertions erfüllt werden müssen. Listing 15.6 zeigt eine Policy, die mit Hilfe des `ExactlyOne`-Operators verlangt, dass bei der Kommunikation genau ein Security Token mitgeschickt wird, und zwar entweder ein X.509-Zertifikat oder ein Kerberos-Ticket. Listing 15.7 demonstriert die Verwendung des `All`-Operators. Dort wird festgelegt, dass der SOAP Body aller Nachrichten signiert und verschlüsselt werden muss.

```
<wsp:Policy
   xmlns:sp="http://schemas.xmlsoap.org/ws/2005/07/securitypolicy"
   xmlns:wsp="http://schemas.xmlsoap.org/ws/2004/09/policy" >
 <wsp:ExactlyOne>
  <sp:X509Token />
  <sp:KerberosToken />
 </wsp:ExactlyOne>
</wsp:Policy>
```

Listing 15.6: Der ExactlyOnce-Operator von WS-Policy

```
<wsp:Policy
  xmlns:sp="http://schemas.xmlsoap.org/ws/2005/07/securitypolicy"
  xmlns:wsp="http://schemas.xmlsoap.org/ws/2004/09/policy" >
 <wsp:All>
  <sp:SignedParts>
   <sp:Body />
  </sp:SignedParts>
  <sp:EncryptedParts>
   <sp:Body/>
  </sp:EncryptedParts>
 </wsp:All>
</wsp:Policy>
```

Listing 15.7: Der All-Operator von WS-Policy

Potentielle Kommunikationspartner können somit ihre Policies vergleichen, um zu überprüfen, ob sich eine übereinstimmende Kombination von Assertions finden lässt, welche die Anforderungen beider Seiten befriedigt. Diese Aufgabe wird jedoch erschwert durch die Tatsache, dass mit dem beschriebenen Mechanismus prinzipiell mehrere Möglichkeiten bestehen, logisch gleiche Policies zu beschreiben. Aus diesem Grund wurde eine Normalform definiert, in welche Policies überführt werden können. Anschließend sind sie deutlich einfacher zu vergleichen. Listing 15.8 zeigt den Aufbau dieser Normalform. Sie besteht aus mehreren Alternativen, von denen genau eine (`ExactlyOne`) erfüllt sein muss. Jede einzelne Alternative besteht aus beliebig vielen Assertions, die alle (`All`) zutreffen müssen, um die Alternative zu erfüllen.

```
<wsp:Policy
      xmlns:wsp="http://schemas.xmlsoap.org/ws/2004/09/policy">
 <wsp:ExactlyOne>
  <wsp:All>
   <A />
   <B />
   <C />
```

Listing 15.8: Normalform für Policies

```
    </wsp:All>
    ...
    <wsp:All>
    <A />
    <D />
    <F />
    </wsp:All>
  </wsp:ExactlyOne>
</wsp:Policy>
```

Listing 15.8: Normalform für Policies (Forts.)

Besonders reizvoll wird der Einsatz von Policies, wenn man sich vorstellt, dass Clients und Services vor dem Beginn der eigentlichen Kommunikation ihre Policies zur Laufzeit automatisch austauschen könnten, um den Nachrichtenaustausch dynamisch zu konfigurieren. Dies hätte zur Folge, dass Anwendungen nicht mehr von Hand angepasst werden müssten, wenn sich die Policy eines Kommunikationspartners geändert hat, z.B. wenn ein Service-Betreiber sich entscheidet, zukünftig nur noch verschlüsselte Kommunikation zuzulassen. Eine zusätzliche Spezifikation namens WS-Metadata Exchange [5] hat genau dieses Ziel und definiert ein Protokoll für den Austausch solcher Metadaten.

Die Spezifikation von WS-Policy wurde im April 2006 beim W3C zur Standardisierung eingereicht. Sie wird dort aktuell als WS-Policy 1.5 geführt [2].

15.2.2 Neethi: WS-Policy mit Axis2

Im Web Service-Projekt von der Apache Software Foundation existiert ein Unterprojekt namens WS-Commons. Es dient als Sammelprojekt für verschiedene Implementierungen, die von mehreren anderen Projekten des Web Service-Projekts benötigt und verwendet werden. So ist dort unter anderem Apache Neethi [6] beheimatet, eine Implementierung von WS-Policy 1.2 [7]. Diese beinhaltet ein API für die Verarbeitung von Policies, einen Mechanismus zur Verwendung domänespezifischer Typen als Assertions, sowie die notwendige Funktionalität zur Serialisierung und Deserialisierung von Policies.

Die Distribution von Axis2 1.1 enthält Neethi in Version 2.0 und verwendet diese zur Umsetzung der im Folgenden beschriebenen Funktionalitäten. Insgesamt ist jedoch festzustellen, dass die Unterstützung für WS-Policy noch recht weit am Anfang steht und in späteren Versionen sicherlich weiter ausgebaut werden wird.

Allgemeine Unterstützung für WS-Policy

Neethi wird von Axis2 1.1 insbesondere dafür verwendet, um in Konfigurationsdateien (*axis2.xml, services.xml,...*) enthaltene Policies zu verarbeiten und in Form entsprechender Objekte zu speichern. Hierzu werden sie in der jeweiligen Spezialisierung der Klasse `AxisDescription` abgelegt (`AxisServiceGroup`, `AxisService`, `AxisOperation` oder `AxisMessage`). Ferner werden Policies auch zur Konfiguration von Modulen eingesetzt, auch hier kommt Neethi zum Einsatz.

Konkret können die Elemente `Policy` und `PolicyReference` verwendet werden. Sie müssen den Namespace `http://schemas.xmlsoap.org/ws/2004/09/policy` haben. Das Element `Policy` wurde bereits in den vorangegangenen Abschnitten erläutert. Mit `PolicyReference` kann auf eine Policy verwiesen werden, die in einer externen Datei gelagert wird. Das Attribut `URI` enthält dabei die Adresse dieser Policy. Beispiel:

```
<wsp:PolicyReference URI="http://axishotels.de/policy/common" />
```

Spezifische Unterstützung für WS-Policy auf Clientseite

Wird WSDL2Java verwendet, um Stubs für einen Service zu generieren, dessen WSDL-Dokument eine oder mehrere Policies enthält, so werden dem Code des generierten Stubs entsprechende Erweiterungen hinzugefügt. Beispielsweise enthält dieser dann die Fähigkeit, das Engagement mit allen notwendigen Modulen und die jeweils benötigten Konfigurationen automatisch vorzunehmen. Weiterhin können spezielle Methoden generiert werden, mit denen der Anwendungsentwickler policy-spezifische Werte setzen kann.

Intern wird dabei die Erweiterungsschnittstelle des Code-Generators ausgenutzt. Eine dieser Erweiterungen, der so genannte `PolicyEvaluator`, untersucht vor dem Start der Codegenerierung zunächst alle im Axis2-Repository befindlichen Module. Diese können in ihren Konfigurationsdateien mit Hilfe des Elementes `supported-policy-namespaces` angeben, welche Policy-Namensräume sie unterstützen (vgl. Kapitel 10). Weiterhin können die Modulklassen das Interface `PolicyExtension` implementieren, das dem Package `org.apache.axis2.modules` angehört. Es definiert die Methode `addMethodsToStub`, welche dazu dienen kann, Stubs alle notwendigen modulspezifischen Methoden hinzuzufügen. Der `PolicyEvaluator` erzeugt also zunächst eine interne Datenstruktur, die Policy-Namensräume auf Module mit `PolicyExtension` abbildet.

Während der eigentlichen Codegenerierung wird dann für jede Nachricht einer Service-Operation untersucht, ob das WSDL-Dokument eine oder mehrere relevante Policy Assertions definiert, die gleichzeitig durch eines der Module unterstützt werden. Ist dies der Fall, so wird die jeweilige `PolicyExtension` aufgerufen, um dem Stub die entsprechenden Methoden hinzuzufügen. Während Axis2 1.1 diesen Ablauf zwar vollständig umsetzt, ist die Unterstützung in den bislang erhältlichen Modulen Rampart 1.1 und Sandesha2 1.1 (siehe folgende Abschnitte) jedoch weitestgehend noch nicht implementiert. Hier muss also auf spätere Versionen dieser Module gewartet werden.

Darüber hinaus werden alle Policies, die auf Service- oder Operationsebene definiert wurden, im Programmcode des Stub gespeichert. Zusätzlich erhält dieser spezielle Methoden, um zur Laufzeit auf diese zuzugreifen. Während der Erzeugung eines Stub-Objekts werden diese Policies in Objekte verwandelt und ausgewertet. Basierend auf diesen Policies erfolgt ein automatisches Engagement mit den jeweiligen Modulen.

Spezifische Unterstützung für WS-Policy auf Server-Seite

Wenn Axis2 zur Laufzeit dynamisch WSDL-Dokumente für Services generiert, so werden alle in `AxisDescription` Klassen gespeicherten Policy-Informationen automatisch eingefügt. Enthält also die globale Konfigurationsdatei *axis2.xml* eine Policy, so wird diese in die WSDL-Dokumente aller Services eingefügt. Polices, die im Deployment Descriptor eines Service (*services.xml*) enthalten sind, sind entsprechend nur in dessen WSDL-Dokument enthalten.

Zum Zeitpunkt der Inbetriebnahme eines Service wählt Axis2 eine beliebige Policy-Alternative und konfiguriert diese für alle Operationen und Nachrichten des Service. Kann kein Modul gefunden werden, das die gewählte Alternative unterstützt, so wird der Service als Faulty Service angesehen (siehe entsprechende Anzeige im Adminstrations-Frontend) und kann nicht verwendet werden.

Ein Beispiel für die Konfiguration von Services mit WS-Policy findet sich in Abschnitt 15.3.3.

15.3 WS-Security

15.3.1 Grundlagen

Eine der wichtigsten Anforderungen an heutige Anwendungen ist die Sicherheit. Bei Kommunikationslösungen wie SOAP bedeutet dies insbesondere, dass eine Möglichkeit benötigt wird, um Nachrichten vertraulich auszutauschen, sodass Unbefugte diese nicht einsehen können. Eine weitere wichtige Anforderung besteht darin, zweifelsfrei feststellen zu können, von wem eine empfangene Nachricht erstellt wurde. Nicht minder wichtig ist es, die Nachrichtenintegrität sicherzustellen, alsodass eine Nachricht auf dem Weg zwischen Absender und Empfänger nicht manipuliert wurde.

Prinzipiell lässt sich die Sicherung der Kommunikation entweder auf der Transport- oder der Nachrichtenebene angehen. Sicherheit auf Transportebene bedeutet, dass Features des verwendeten Transportprotokolls eingesetzt werden, um die Kommunikation abzusichern. Das bekannteste Beispiel hierfür ist sicherlich SSL, das insbesondere im Zusammenspiel mit HTTP sehr häufig zum Einsatz kommt.

Während die Sicherung auf der Transportebene in Szenarien mit nur zwei Kommunikationspartnern oft ausreichend ist, hat dieses Vorgehen erhebliche Nachteile, falls so genannte Intermediaries existieren, also Zwischenstationen auf dem Weg zwischen dem Absender einer Nachricht und ihrem endgültigen Empfänger. Dies kann man sich an dem folgenden Szenario veranschaulichen: Eine Client-Anwendung schickt eine SOAP-Nachricht an den Web Service eines Online-Shops, von dort wird sie weitergeleitet an den Web Service einer Bank. Die Nachricht enthält Informationen sowohl über die Waren, die bestellt werden sollen, als auch über den Zahlungsweg. Wenn die Nachrichteninhalte auf dem Weg zwischen Client und Shop sowie zwischen Shop und Bank durch den Einsatz von SSL geschützt sind, haben beide Services (Shop und Bank) dennoch Zugriff auf den gesamten Nachrichteninhalt im Klartext. Dies liegt daran, dass nur der Transportweg geschützt wird und der Transport jeweils mit dem Empfang einer Nachricht endet.

Der Client könnte jedoch daran interessiert sein, dass der Shop lediglich die Bestellinformationen einsehen kann, während die Bank nur die Zahlungsdetails prüfen soll, nicht jedoch wissen soll, was der Kunde zu kaufen gedenkt. Solche Anforderungen lassen sich nur durch den Einsatz von Sicherheit auf Nachrichtenebene erreichen. Dies bedeutet, dass die Nachrichteninhalte vor dem Versand verschlüsselt und/oder signiert werden. Durch die Verwendung unterschiedlicher Schlüssel für die jeweiligen Bestandteile der Nachricht kann dann sichergestellt werden, dass jeder Empfänger nur genau die Informationen entschlüsseln und einsehen kann, die für ihn bestimmt sind. Für den Versand der Nachricht kann dann ein beliebiges, unsicheres Transportprotokoll zum Einsatz kommen. WS-Security [8] definiert einen Standard für Sicherheit auf Nachrichtenebene in Web Service-Anwendungen.

In der Regel kommen asymmetrische Verschlüsselung und Public Key-Verfahren zum Einsatz. Dabei besitzt jeder Kommunikationspartner einen öffentlichen und einen privaten Schlüssel, ersterer kann beliebig verteilt werden, letzterer bleibt geheim. Zum Nachweis, dass ein öffentlicher Schlüssel wirklich zu einer bestimmten Person oder einem bestimmten Unternehmen gehört, werden digitale Zertifikate verwendet. Diese Zertifikate werden von so genannten *Certificate Authorities* (CA), also vertrauenswürdigen Instanzen ausgestellt, die damit bestätigen, eine wie auch immer geartete Identitätsprüfung durchgeführt zu haben. Zwar könnte man theoretisch auch ohne Zertifikate auskommen und lediglich die öffentlichen Schlüssel mit den Kommunikationspartnern austauschen, in diesem Fall müsste der Identitätscheck jedoch zuvor manuell erfolgen. Bei der Verwendung von Zertifikaten überlässt man diese Arbeit dem CA und kann somit allen vom CA beglaubigten Public Keys pauschal vertrauen. Der derzeit wichtigste Standard für digitale Zertifikate heißt X.509 [9].

Die Spezifikation von WS-Security beschreibt insbesondere, wie verschlüsselte und/oder digital signierte SOAP-Nachrichten versandt werden können. Da sowohl digitale Signaturen als auch das Resultat eines Verschlüsselungsalgorithmus in aller Regel aus nicht-lesbaren, binären Daten bestehen, stellt sich die Frage, wie diese sinnvoll in SOAP-Nachrichten transportiert werden können, denn SOAP-Nachrichten sind letztlich ja nichts anderes als ein XML-Dokument. Bei der Spezifikation von WS-Security wurde das Rad an dieser Stelle glücklicherweise nicht neu erfunden. Stattdessen baut die Spezifikation auf bestehende XML-Standards und beschreibt lediglich, wie diese in Verbindung mit SOAP-Nachrichten zu verwenden sind. Für die Verschlüsselung von Nachrichten wird der Standard *XML Encryption* [10] verwendet, für digitale Signaturen *XML Signature* [11]. Diese Spezifikationen beschreiben, wie verschlüsselte Daten und digitale Signaturen inklusive aller notwendigen Metadaten als XML Infoset dargestellt werden können. Zu den Metadaten zählen dabei Angaben über verwendete Algorithmen, Schlüssel oder Transformationen, die vom Empfänger benötigt werden, um eine Nachricht entschlüsseln oder ihre Signatur prüfen zu können.

Daneben definiert WS-Security einen Mechanismus, um so genannte Security Tokens in einer SOAP-Nachricht zu versenden. Der Begriff Security Token ist dabei sehr allgemein gefasst. Im Grunde handelt es sich dabei um beliebige, sicherheitsrelevante Informationen. Dies könnte zum Beispiel ein Schlüssel, ein digitales Zertifikat oder einfach eine Kombination von Benutzername und Passwort sein. Die Spezifikation definiert einige solcher Security Tokens (z.B. Username Token, SAML Token, X.509 Token), ist jedoch erweiterbar gestaltet, sodass prinzipiell beliebige Tokens definiert und versendet werden können. Die WS-Security Spezifikation wurde von OASIS standardisiert und liegt aktuell in Version 1.1 vor.

Listing 15.9 zeigt eine beispielhafte SOAP-Nachricht, die verschlüsselt und digital signiert wurde. Der SOAP Header enthält einen chiffrierten Schlüssel (EncryptedKey), mit dem der SOAP Body verschlüsselt wurde. Daran anschließend befindet sich die digitale Signatur (Signature). Anhand der Namensraumkürzel ist gut zu erkennen, dass die meisten Elemente der Nachricht aus XML Encryption (xenc) und XML Signature (ds) stammen. Weiterhin wird deutlich, wie sehr die Nachrichtengröße durch den Versand der Zusatzinformationen für WS-Security zunimmt. Die verschlüsselten Anteile wurden dabei bereits gekürzt.

```
<soapenv:Envelope xmlns:xenc="http://www.w3.org/2001/04/xmlenc#"
       xmlns:soapenv="http://schemas.xmlsoap.org/soap/envelope/">
 <soapenv:Header>
  <wsse:Security xmlns:wsse="http://docs.oasis-open.org/wss/
        2004/01/oasis-200401-wss-wssecurity-secext-1.0.xsd"
        soapenv:mustUnderstand="1">
   <xenc:EncryptedKey Id="EncKeyId-5210326">
    <xenc:EncryptionMethod
        Algorithm="http://www.w3.org/2001/04/xmlenc#rsa-1_5"/>
    <ds:KeyInfo xmlns:ds="http://www.w3.org/2000/09/xmldsig#">
     <wsse:SecurityTokenReference>
      <wsse:KeyIdentifier
        EncodingType="http://docs.oasis-open.org/wss/2004/01/
         oasis-200401-wss-soap-message-security-1.0#Base64Binary"
        ValueType="http://docs.oasis-open.org/wss/2004/01/
         oasis-200401-wss-x509-token-profile-1.0#X509v3">
             MIICmzCCAgSgAwIBAgIBBTANBgkqhkiG9w0BAQQFADAfMQswCQ
             YDVQQGEwJERTEQMA4GA1UEAxMHVGVzdCBDQTAeFw0wNzAxMDgw
             MDEwMTBaFw0wODAxMDgwMDEwMTBaMFkxCzAJBgNVBAYTAkRFMR
             ...
            2+ehMXIeezHKNjJ1LeS2eomN5gy3wQ40SVKZO+5k6LFB8byGYpx
            zCx9huo4nmNK0Lsb1AmA=
      </wsse:KeyIdentifier>
     </wsse:SecurityTokenReference>
    </ds:KeyInfo>
    <xenc:CipherData>
     <xenc:CipherValue>
             IiXJiR7IYUxqFFcULFlNLeuFF988zkCHdEB9OpxSyu2BUXwgC1c
             xKpeWtlmKqGtU5HQ6GveiEfynAhjBqUzbBK+odx1BjorNTcmFyQ
             BBolhtYmOaP/vcMDpyomEBWsbgeAIf4iYroBIyvqSgjv1rML65Y
             0wBO3rZiLVnbi3+8xY=
     </xenc:CipherValue>
    </xenc:CipherData>
```

Listing 15.9: SOAP-Nachricht mit verschlüsseltem SOAP Body und digitaler Signatur

```
    <xenc:ReferenceList>
      <xenc:DataReference URI="#EncDataId-29147324" />
    </xenc:ReferenceList>
  </xenc:EncryptedKey>
  <ds:Signature xmlns:ds="http://www.w3.org/2000/09/xmldsig#"
               Id="Signature-26956691">
    <ds:SignedInfo>
     <ds:CanonicalizationMethod
         Algorithm="http://www.w3.org/2001/10/xml-exc-c14n#"/>
     <ds:SignatureMethod
         Algorithm="http://www.w3.org/2000/09/xmldsig#rsa-sha1"/>
     <ds:Reference URI="#id-29147324">
      <ds:Transforms>
       <ds:Transform
         Algorithm="http://www.w3.org/2001/10/xml-exc-c14n#" />
      </ds:Transforms>
      <ds:DigestMethod
         Algorithm="http://www.w3.org/2000/09/xmldsig#sha1" />
      <ds:DigestValue>
         XDdS3TYUflzzTLM/DmnElEHS5Yk=
      </ds:DigestValue>
     </ds:Reference>
    </ds:SignedInfo>
    <ds:SignatureValue>
         JkqQL2GGL8dgfmpY6bTWiYz3wg5k/YQaY6Aq6FmggD7I5YmahonDgVyz
         /pWH+aZRFRAKgrnKPoHrE1hd2cCalaQW7F2QyjDSXjpqXQwr0LB1tTqQ
         o0+UfH7iNHjFE/VvsuVE3ZL+80WyfSrOhkr516M8qAbT1zowyaHH9|ml
         NRgE=
    </ds:SignatureValue>
    <ds:KeyInfo Id="KeyId-5143025">
     <wsse:SecurityTokenReference
         xmlns:wsu="http://docs.oasis-open.org/wss/2004/01/
                   oasis-200401-wss-wssecurity-utility-1.0.xsd"
         wsu:Id="STRId-12423818">
      <wsse:KeyIdentifier
         EncodingType="http://docs.oasis-open.org/wss/2004/01/
         oasis-200401-wss-soap-message-security-1.0#Base64Binary"
         ValueType="http://docs.oasis-open.org/wss/2004/01/
         oasis-200401-wss-x509-token-profile-1.0#
         X509SubjectKeyIdentifier">
           Q+YCYfGryZzTSOALAtJrnor03uw=
```

Listing 15.9: SOAP-Nachricht mit verschlüsseltem SOAP Body und digitaler Signatur (Forts.)

```
            </wsse:KeyIdentifier>
          </wsse:SecurityTokenReference>
        </ds:KeyInfo>
      </ds:Signature>
    </wsse:Security>
  </soapenv:Header>
  <soapenv:Body xmlns:wsu="http://docs.oasis-open.org/wss/2004/01/
                          oasis-200401-wss-wssecurity-utility-1.0.xsd"
            wsu:Id="id-29147324">
    <xenc:EncryptedData Id="EncDataId-29147324"
        Type="http://www.w3.org/2001/04/xmlenc#Content">
      <xenc:EncryptionMethod
        Algorithm="http://www.w3.org/2001/04/xmlenc#aes128-cbc" />
      <xenc:CipherData>
        <xenc:CipherValue>
          gTF+IVLRj+Gp5D7LzeWntriaO/LwiParEmFBfLq/1lZ1YI9fYPNH28rlZ3
          pYwYe0lBCW3HLAgs6sl31EJezlSdDfu9eYhHhy6HsMdApgYYC/Ut9yWVaI
          ...
          tF+hsYQ2d0q5U7+5dxGEBV8vwavWkhjfdink3GnHJZ0kMKcz8cUcjwLuhz
          K63Gm/vA==
        </xenc:CipherValue>
      </xenc:CipherData>
    </xenc:EncryptedData>
  </soapenv:Body>
</soapenv:Envelope>
```

Listing 15.9: SOAP-Nachricht mit verschlüsseltem SOAP Body und digitaler Signatur (Forts.)

15.3.2 Rampart: WS-Security mit Axis2

Innerhalb des Apache Web Service-Projektes existiert ein Unterprojekt namens WSS4J [12]. Dort wird bereits seit einigen Jahren eine Open-Source-Implementierung von WS-Security entwickelt. Diese kann unter anderem auch mit Axis 1.x verwendet werden. Wie im vorausgegangenen Abschnitt erläutert, basiert WS-Security unter anderem auf den W3C-Standards XML Encryption und XML Signature. Diese werden jedoch nicht von WSS4J implementiert, stattdessen verwendet es hierfür ein anderes Apache Projekt namens XML Security [13].

Speziell für den Einsatz in Axis2 wurde auf Basis von WSS4J ein Erweiterungsmodul entwickelt. Es trägt den Namen Rampart und kann unter [14] bzw. [15] heruntergeladen werden. Beim Einsatz von Rampart ist es wichtig zu beachten, dass die jeweils verwendeten Versionen von Axis2 und Rampart zusammenpassen. So muss beispielsweise bei Verwendung von Axis2 1.1 entsprechend auch Rampart 1.1 eingesetzt werden. Auf der Download-Seite für die Axis2-Module befindet sich eine Tabelle mit entsprechenden Hinweisen zur Kompatibilität zwischen Modul- und Frameworkversionen.

Hinweis

Für alle folgenden Beispiele zum Einsatz mit Rampart sollte Axis2 1.1.1 oder höher verwendet werden. Version 1.1.1 beseitigt einige Fehler aus 1.1, welche sich unter anderem auf die Behandlung von SOAP Faults und Verschlüsselung auswirkten.

Für die Implementierung und Verwendung von *Passwort Callback*-Klassen werden zudem die folgenden zusätzlichen Bibliotheken benötigt. Sie sind jeweils in den Klassenpfad des Clients bzw. der Axis2 Web-Anwendung (*axis2/WEB-INF//lib*) aufzunehmen.

- Apache WSS4J 1.5.1 [12]
- Apache XML Security 1.3.0 [13]

Erstellung von Schlüsseln, Zertifikaten und Keystores

Wie im vorausgegangen Abschnitt erläutert, werden für den Versand von verschlüsselten oder signierten Nachrichteninhalten je ein Schlüsselpaar für beide Kommunikationspartner sowie die zugehörigen Zertifikate benötigt. Zusammen mit dem Java SDK liefert Sun ein Werkzeug namens *keytool* aus, mit dessen Hilfe Schlüssel erzeugt und in so genannten *Keystores* verwaltet werden können. Ein Keystore ist dabei letztlich nichts anderes als eine Datei, in der Schlüssel und Zertifikate gespeichert werden. Für den leichteren Zugriff werden diese jeweils mit einem symbolischen Namen (Alias) verknüpft. Weiterhin bietet *keytool* die Möglichkeit, auch Zertifikate für Public Keys selbst zu generieren. Dies bringt zwar sicherheitstechnisch keinen Nutzen, ist aber für Entwicklung und Test sehr hilfreich, z.B. für den Fall, dass (noch) keine „echten", von einer *Certificate Authority* ausgestellten Zertifikate zur Verfügung stehen. Vor dem Einsatz von Verschlüsselung und digitalen Signaturen mit WS-Security muss auf der Java-Seite also ein solcher Keystore erzeugt werden, der das eigene Schlüsselpaar (Public und Private Key), das eigene Zertifikat und auch das Zertifikat der CA enthält. Zusätzlich kann man die Zertifikate aller bekannten Kommunikationspartner im Keystore ablegen, sodass diese nicht bei der eigentlichen Kommunikation mit verschickt werden müssen.

Nun könnte man annehmen, dass es ausreicht die entsprechenden Schlüsselpaare und (testweise) auch die Zertifikate mit dem *keytool* zu generieren, um mit der Entwicklung einer interoperablen WS-Security-Anwendung beginnen zu können. Doch weit gefehlt: Leider offenbarten sich bei diesem Schritt in der Vergangenheit mitunter massive Schwierigkeiten im Zusammenspiel mit .NET. Während in einer reinen Java-Anwendung (d.h., Client und Service verwenden beide Axis oder Axis2 mit WSS4J) noch alles reibungslos funktioniert, klappt bei der Anbindung von .NET Clients oder Services oft plötzlich gar nichts mehr. Grund hierfür sind die so genannten *Security Token References*, die WS-Security innerhalb verschlüsselter oder signierter Nachrichten verwendet. Sie zeigen an, welches Security Token, also welcher Schlüssel oder welches Zertifikat, verwendet wurde, um bestimmte Teile einer Nachricht zu verschlüsseln oder zu signieren.

WS-Security erlaubt eine ganze Reihe verschiedener Möglichkeiten, solche Security Tokens zu referenzieren. Zum einen kann man den Schlüssel oder das Zertifikat als Bestandteil der Nachricht mitschicken und somit eine direkte Referenz auf ein benachbartes XML-Element verwenden. Ebenso ist jedoch auch eine Referenzierung über die Seriennummer eines Zertifikats möglich. In diesem Fall genügt es, wenn der Empfänger das Zertifikat zuvor in seinem Keystore gespeichert hat. Gleiches gilt für die Referenzierung durch einen symbolischen Schlüsselnamen und auch für eine weitere Möglichkeit, den so genannten SKI (Subject Key Identifier).

Während WSS4J all diese Security Token References unterstützt, ist das bei anderen Plattformen keinesfalls garantiert. Insbesondere können einige .NET-Versionen bzw. deren Erweiterung namens WSE (Web Service Enhancements für .NET) [16] nicht mit allen von ihnen umgehen. Oftmals ist auch gar nicht konfigurierbar, welcher Referenztyp von einer WS-Security-Implementierung verwendet wird. Es hat sich aber gezeigt, dass die beste Interoperabilität beim Einsatz von SKIs erreicht werden kann.

SKIs sind jedoch nicht in allen X.509 Zertifikaten enthalten, sondern ausschließlich in Zertifikaten, die der neuesten Version der X.509-Spezifikation entsprechen (X.509v3). Allerdings ist die Angabe des SKIs optional. Noch schlimmer: Enthält ein Zertifikat keinen SKI, so kann dieser zur Laufzeit aus anderen Bestandteilen des Zertifikates errechnet werden. Leider gibt es hierfür aber mindestens zwei unterschiedliche Algorithmen...

Kurzum, das Ganze ist ein Interoperabilitäts-Albtraum. Welche Security Token References verwendet man am besten, um Interoperabilität zu erreichen und kann man dies für WSE und WSS4J überhaupt irgendwo konfigurieren? Welcher X.509-Version entspricht mein Zertifikat und enthält es einen SKI? Falls nicht, nach welchem Algorithmus berechnet meine Plattform dann den SKI zur Laufzeit? Und wie kann man Zertifikate erzeugen, die einen SKI enthalten? Dies ist nur eine kleine Auswahl an Fragen, deren Antworten teils erst nach langwierigen Nachforschungen geklärt werden können. Zu allem Überfluss gibt es auch noch unterschiedliche Dateiformate für Schlüssel und Zertifikate, Windows bevorzugt die einen, Java die anderen. Es wird also zusätzlich ein Mechanismus zur Konvertierung benötigt. Und auch für Java Keystores gibt es unterschiedliche Formate, aus denen ein geeignetes auszuwählen ist.

Das bereits erwähnte *keytool* scheidet für die Generierung der Zertifikate definitiv aus, wenn eine plattformübergreifende Web Service-Anwendung erstellt werden soll und Java 5.0 oder älter verwendet wird. Dies ist dadurch begründet, dass *keytool* in diesen Java-Versionen nur Zertifikate gemäß X.509v1 erzeugen kann. SKIs können aber erst ab X.509v3 enthalten sein. Solche Zertifikate kann *keytool* jedoch erst ab Java 6.0 generieren. Als gangbarer Weg hat sich dagegen eine Kombination aus *keytool* und OpenSSL [17] erwiesen. OpenSSL ist eine Open-Source-Implementierung der Protokolle SSL und TLS, bietet daneben aber auch eine Vielzahl kryptographischer Funktionen wie Schlüsselgenerierung und Erzeugung von X.509v3-Zertifikaten. Daneben kann es verwendet werden, um zwischen den wichtigsten (Datei-) Formaten zu konvertieren. Unter [18] ist eine Windows-Version von OpenSSL erhältlich, die einen einfach zu bedienenden Installer enthält.

Alle folgenden Schritte beziehen sich auf OpenSSL v0.9.8b. Weiterhin wird vorausgesetzt, dass die Pfadvariable des Betriebssystems auf das Executable *openssl* zeigt, welches sich innerhalb der OpenSSL-Installation im Unterverzeichnis *bin* befindet. Somit kann OpenSSL in einem beliebigen Verzeichnis aufgerufen werden. Das Arbeitsverzeichnis sollte zudem eine Konfigurationsdatei namens *openssl.cnf* enthalten. Eine Beispieldatei ist unter [19] erhältlich. Zusätzlich werden im Arbeitsverzeichnis eine (leere) Datei namens *index.txt* sowie eine Datei namens *serial* benötigt. Letztere sollte anfänglich lediglich die Zeichenkette 01 enthalten. Nähere Informationen zur Konfiguration finden sich in der Dokumentation zu OpenSSL.

Die grundsätzliche Vorgehensweise zur Erzeugung von Schlüsselpaaren und selbst generierten Zertifikaten sieht nun so aus: Zunächst werden mit Hilfe von OpenSSL ein Schlüsselpaar und ein Zertifikat für eine imaginäre *Test CA* erstellt. Beides legt OpenSSL im PEM-Dateiformat ab, welches Informationen über Zertifikate oder Schlüssel im Klartext speichert. PEM-Dateien können also mit einem normalen Texteditor eingesehen werden. Listing 15.10 zeigt ein Batch-Skript für Windows, das jedoch sehr leicht auch für andere Betriebssysteme angepasst werden kann.

```
@echo off
echo Generate key pair for Test Certificate Authority
mkdir ca
openssl genrsa -rand -des -out ca\cakey.pem 1024

echo Create self-signed certificate for Test Certificate Authority
openssl req -config openssl.cnf -x509 -new -days 365
            -key ca\cakey.pem -out ca\cacert.pem
```

Listing 15.10: createCA.bat (Generierung eines Test-CA)

Während seiner Ausführung fragt OpenSSL detaillierte Informationen über die CA ab (Land, Stadt, Name, E-Mail-Adresse etc). Zu Testzwecken genügt es, hier lediglich den *Common Name* mit der Angabe *TestCA* zu füllen und alle anderen Felder leer zu lassen. Dies geschieht durch Eingabe eines Punktes. Wird stattdessen einfach die ENTER-Taste gedrückt, werden gegebenenfalls in *openssl.cnf* definierte Defaultwerte übernommen.

```
D:\Axis2-Buch\openssl>createCA.bat

Generate key pair for Test Certificate Authority
Loading 'screen' into random state - done
0 semi-random bytes loaded
Generating RSA private key, 1024 bit long modulus
..............++++++
..........................................................++++++
e is 65537 (0x10001)
Create self-signed certificate for Test Certificate Authority
You are about to be asked to enter information that will be incorporated into your
certificate request.
What you are about to enter is what is called a Distinguished Name or a DN.
There are quite a few fields but you can leave some blank
For some fields there will be a default value,
If you enter '.', the field will be left blank.
-----
Country Name (2 letter code) [DE]:.
State or Province Name (full name) [Some-State]:.
Locality Name (eg, city) []:.
```

```
Organization Name (eg, company) [Internet Widgits Pty Ltd]:.
Organizational Unit Name (eg, section) []:.
Common Name (eg, YOUR name) []:TestCA
Email Address []:.

D:\Axis2-Buch\openssl>
```

Nach Beendigung des Skriptes befinden sich im Unterverzeichnis *ca* die beiden Dateien *cakey.pem* und *cacert.pem*. Erstere enthält den privaten Schlüssel der Test-CA, letztere deren Public Key-Zertifikat, das mit dem privaten Schlüssel signiert wurde.

Als Nächstes werden Schlüssel und Zertifikate für die Kommunikationspartner benötigt. Für jeden einzelnen sind daher die folgenden Schritte zu durchlaufen, hier beispielhaft illustriert am Benutzer Bob. Mit Hilfe von *keytool* wird als Erstes ein Schlüsselpaar für Bob erzeugt und dieses in einem Java Keystore gespeichert, der hierbei automatisch für Bob angelegt wird (*Bob.jks*). Auf Basis dieser Schlüssel wird anschließend ebenfalls mit dem *keytool* ein so genannter *Certificate Signing Request* (CSR) für Bob generiert. Ein CSR ist die Anfrage an eine CA, ein Zertifikat für einen selbst generierten Schlüssel zu erstellen. In unserem Fall übernimmt dies wie erwähnt keine echte CA, sondern die imaginäre *Test CA*.

Anschließend kommt wieder OpenSSL zum Einsatz. Mit dessen Hilfe kann aus Bobs CSR sowie aus den Schlüsseln und dem Zertifikat der *Test CA* ein Zertifikat für Bob erstellt werden, das von der *Test CA* signiert wurde. Auch Bobs Zertifikat liegt nun im PEM-Format vor. Es sollte mit OpenSSL in das binäre DER-Format konvertiert werden, um es unter Windows importieren zu können. In einem letzten Schritt werden Bobs neues Zertifikat sowie das Zertifikat der *Test-CA* mit Hilfe des *keytool* in Bobs Keystore importiert.

Dieser ganze Vorgang ist besonders für Einsteiger reichlich kompliziert. Das Batch-Skript in Listing 15.11 hilft jedoch bei der Automatisierung, sodass neue Keystores für beliebige Benutzer auf Knopfdruck erstellt werden können. Dem Skript ist beim Aufruf der Alias des gewünschten Benutzers zu übergeben, also zum Beispiel

```
createKeystore Bob
```

Während der Ausführung des Skriptes können alle ja/nein-Abfragen mit „ja" bestätigt werden. Es ist zu beachten, dass das Skript sämtliche Schlüsselpasswörter auf *keyPwd* und alle Keystore-Passwörter auf *storePwd* setzt. Dies ist im Produktivbetrieb natürlich entsprechend zu ändern.

```
@echo off
set USER=%1%
mkdir %USER%

echo Generate a key pair and a certificate for %USER% and save
```

Listing 15.11: createKeystore.bat (Generierung von Keystores mit X.509v3 Zertifikaten)

```
    everything in the keystore %USER%.jks

keytool -genkey -keyalg RSA -keystore %USER%\%USER%.jks
      -storepass storePwd -keypass keyPwd -alias %USER%

echo Create a CSR (Certificate Signing Request) and store it
     in the file %USER%-CSR.pem

keytool -certreq -keystore %USER%\%USER%.jks -storepass storePwd
       -keypass keyPwd -alias %USER% -file %USER%\%USER%-CSR.pem

rem next step requires the files "index.txt" and "serial"
echo Sign %USER%'s cert with TestCA's key. store CSR answer in
     file %USER%-Cert.pem

openssl ca -config openssl.cnf  -in %USER%\%USER%-CSR.pem
           -out %USER%\%USER%-Cert.pem -keyfile ca\cakey.pem
           -cert ca\cacert.pem

echo Convert %USER%'s signed certificate from PEM to DER format

openssl x509  -in %USER%\%USER%-Cert.pem
              -out %USER%\%USER%-Cert.der
              -outform DER

echo Import CA's certificate into %USER%'s keystore

keytool -import -keystore %USER%\%USER%.jks -storepass storePwd
       -alias TestCA -file ca\cacert.pem

echo Import %USER%'s signed certificate into her keystore

keytool -import -keystore %USER%\%USER%.jks -storepass storePwd
       -keypass keyPwd -alias %USER% -file %USER%\%USER%-Cert.der

echo Output contents of %USER%'s keystore:

keytool -list -keystore %USER%\%USER%.jks -storepass storePwd
```

Listing 15.11: createKeystore.bat (Generierung von Keystores mit X.509v3 Zertifikaten) (Forts.)

Bobs Zertifikat entspricht nun dem Standard X.509v3 und enthält einen SKI. Dies kann leicht überprüft werden, indem entweder die PEM-Version des Zertifikates in einem Texteditor betrachtet oder die DER-Version unter Windows mit einem Doppelklick geöffnet wird. Der Reiter „Details" stellt diese Informationen dar. In deutschen Windows-Versionen wurde der Begriff *Subject Key Identifier* übrigens mit *Stellenschlüsselkennung* übersetzt.

Nachdem alle Kommunikationspartner mit einem eigenen Keystore versorgt wurden, bietet es sich an, auch die von der *Test CA* signierten Zertifikate der jeweils anderen Kommunikationspartner in den Keystore zu importieren. Im Falle einer typischen Web Service-Anwendung würde also das Zertifikat des Clients in den Keystore des Servers importiert und umgekehrt. Dies gelingt vergleichsweise einfach, wie Listing 15.12 demonstriert.

```
@echo off
set FROM_USER=%1%
set TO_USER=%2%
echo Importing %FROM_USER%'s certificate to %TO_USER%'s keystore
keytool -import -file %FROM_USER%\%FROM_USER%-Cert.der
        -keystore %TO_USER%\%TO_USER%.jks -alias %FROM_USER%
        -storepass storePwd
```

Listing 15.12: importCertificate.bat (Import der Zertifikate von Kommunikationspartnern)

Der Aufruf des Skriptes erfolgt beispielsweise über den Befehl

```
importCertificate.bat Bob Alice
```

Für eine reine Java-Anwendung wären nun alle Vorbereitungen getroffen. Soll .NET angebunden werden, sind einige weitere Schritte notwendig. Diese sind im nächsten Abschnitt beschrieben.

Hinweis

Der weitere Verlauf des Kapitels setzt voraus, dass jeweils ein Keystore für die imaginäre Hotelkette *Axis Hotels* (Service) und das ebenfalls imaginäre Reisebüro *Happy Holidays* (Client) erzeugt wurde. Beide Keystores enthalten dabei das Public Key-Zertifikat des jeweils anderen Kommunikationspartners.

Verwendung von Schlüsseln und Zertifikaten unter .NET

Soll auch .NET angebunden werden, so müssen die Schlüssel und Zertifikate der .NET-Nutzer zuvor in ein anderes Format gebracht werden, da .NET natürlich die Bordmittel von Windows für deren Verwaltung einsetzt und mit Java Keystores nichts anfangen kann. Hier ergibt sich nun die Schwierigkeit, dass unter anderem auch die privaten Schlüssel der .NET-User aus den Keystores exportiert werden müssen. Keytool bietet diese Funktionalität jedoch nicht an. Unter [20] wird mit `ExportPriv` jedoch eine Java-Klasse vorgestellt, die diese Aufgabe übernimmt. Sie muss unter Umständen leicht angepasst werden, da sie in der dortigen Version das gleiche Passwort für Keystore und privaten Schlüssel voraussetzt. Nach dem Export liegt der private Schlüssel wiederum im

Textformat vor und muss für den Einsatz unter Windows mit Hilfe von OpenSSL in ein binäres Format gebracht werden. Im Anschluss an diese Konvertierung kann er gemeinsam mit dem zugehörigen Zertifikat von OpenSSL in einer PFX-Datei zusammengefasst werden, die sich dann unter Windows importieren lässt. Listing 15.13 illustriert das genaue Vorgehen.

```
set USER=%1%
rem Exportiere den privaten Schlüssel aus dem Java Keystore
java ExportPriv %USER%\%USER%.jks %USER% storePwd keyPwd
     > %USER%\%USER%-pkcs8.key

rem Wandele Datenformat des privaten Schlüssels um
openssl pkcs8 -inform PEM -nocrypt -in %USER%\%USER%-pkcs8.key
              -out %USER%\%USER%.key

rem Speichere priv. Schlüssel und Zertifikat in einer .pfx-Datei
openssl pkcs12 -export -out %USER%\%USER%.pfx
               -inkey %USER%\%USER%.key
               -in %USER%\%USER%-Cert.pem
```

Listing 15.13: Export von Private Key und Zertifikat für den Einsatz unter Windows

Um die derart konvertierten Schlüssel und Zertifikate in Windows zu importieren und für die Verwendung mit WSE bereit zu stellen, müssen lediglich die für Windows üblichen Konfigurationsschritte beachtet werden. Windows bietet einen so genannten *Certificate Store*, der Zertifikate in den unterschiedlichsten Formaten unterstützt. In den meisten Fällen findet man Zertifikate in Dateien mit den Endungen *.der*, *.cer* oder *.pfx* (Letztere enthalten zusätzlich einen Private Key). Das Hinzufügen eines solchen Zertifikats in den Certificate Store erfolgt entweder durch Doppelklick auf die Datei oder aber zentral über die *Microsoft Management Console (MMC)*, die ein grafisches Plug-in für die Zertifikatsverwaltung standardmäßig zur Verfügung stellt.

Installation und Konfiguration von Rampart

Nach diesen vorbereitenden Maßnahmen kann es nun endlich mit Rampart losgehen. Mit dessen Hilfe stellt das Hinzufügen von WS-Security-Funktionalitäten zu einer bestehenden Anwendung im Wesentlichen eine Konfigurationsaufgabe dar.

Rampart kann auf Client- und auf Serverseite verwendet werden. In beiden Fällen erfolgt die Installation (wie bei allen Modulen) durch Ablegen des Modularchivs im entsprechenden Verzeichnis des Axis2-Repository (*modules*). Abbildung 15.1 zeigt den Aufbau eines solchen Repositories für die Serverseite (auf der Clientseite entfällt der Ordner *services*). Nähere Informationen hierzu finden sich in den Kapiteln 10 und 3.

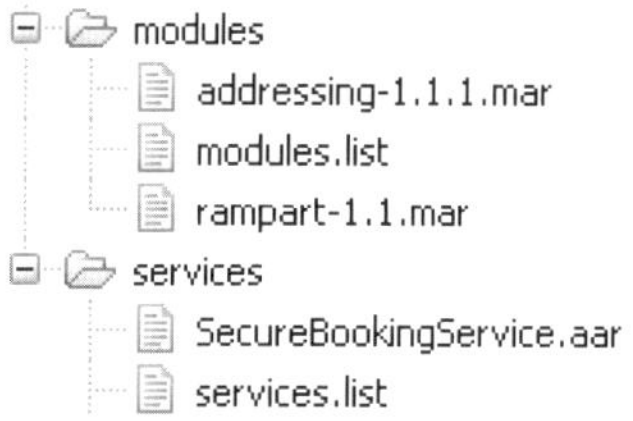

Abbildung 15.1: Aufbau eines Repository für Rampart

Alle im Rampart-Modul enthaltenen Handler werden in die systemspezifische Phase namens *Security* eingefügt und zwar sowohl im InFlow als auch im OutFlow. Deshalb muss das Engagement des Moduls global erfolgen, sodass die Handler anschließend für jede ein- und ausgehende Nachricht aufgerufen werden. Dennoch kann zumindest serverseitig sehr feinkörnig für jeden Service und jede Operation konfiguriert werden, ob und welche Sicherheitsfunktionen Rampart auf den jeweiligen Nachrichten durchführen soll. Dies geschieht, indem die Konfiguration des Rampart-Moduls in die Konfiguration von Services oder Operationen (*services.xml*) eingefügt wird. Wenn das konfigurierte Verhalten für alle Operationen des Service gelten soll, so sind die jeweiligen Konfigurationselemente als Kindelemente von `service` einzufügen. Sollen die Konfiguration dagegen nur für eine bestimmte Operation gelten, dann muss sie entsprechend als Kindelement des jeweiligen `operation`-Elementes definiert werden.

Auf Clientseite kann die Konfiguration für Rampart dagegen nur in die Datei *axis2.xml*, also in die globale Konfiguration eingefügt werden. Dies hat leider zur Folge, dass man mit mehreren Konfigurationen arbeiten muss, falls sich diese zwischen verschiedenen Services oder Operationen unterscheiden. An dieser Stelle ist zu hoffen, dass Axis2 in zukünftigen Versionen besseren Support für clientseitige Konfiguration mitbringt.

Konkret stehen in Rampart 1.1 zwei verschiedene Ansätze für die Konfiguration zur Auswahl. Zum einen kann diese mit Hilfe der Parameter `InFlowSecurity` und `OutFlowSecurity` definiert werden. Wie aus den Parameternamen leicht zu erkennen ist, kann für eingehende und ausgehende Nachrichten ein unterschiedliches Verhalten konfiguriert werden. Beide Parameter enthalten eine XML-Struktur, deren Elemente die Details des Verhaltens festlegen. Alternativ dazu kann die Konfiguration auch auf Basis von WS-Policy [2] und WS-SecurityPolicy [4] vorgenommen werden, indem anstelle der Parameter entsprechende Policies in die Service-Konfiguration eingefügt werden. Im Folgenden wird die Konfiguration durch Parameter eingehend erläutert. Mehr Informationen zur Konfiguration mit WS-Policy finden sich in Abschnitt 15.2 und 15.3.3.

Innerhalb der Parameter `InFlowSecurity` und `OutFlowSecurity` zeigt das Element `action` an, welche Aktionen Rampart auf den Nachrichten durchführen soll. Es enthält ein weiteres Kindelement namens `items`. Dort werden die einzelnen Aktionen mit Leerzeichen getrennt aufgeführt. Tabelle 15.1 zeigt eine Übersicht der verfügbaren Aktionen.

Aktion	Bedeutung in OutflowSecurity	Bedeutung in InflowSecurity
`NoSecurity`	Keine Aktion	Keine Aktion
`Timestamp`	Zeitstempel versenden	Zeitstempel prüfen
`UsernameToken`	Token versenden	Prüfung des Passworts
`SAMLTokenSigned`	signiertes Token versenden	-/-
`SAMLTokenUnsigned`	Token versenden	Token prüfen
`Encrypt`	Nachricht verschlüsseln	Nachricht entschlüsseln
`Signature`	Nachricht signieren	Signatur prüfen
`UsernameTokenSignature`	Nachricht signieren (proprietäres Verfahren)	
`NoSerialization`	Unterdrückt Serialisierung von Nachrichten	Unterdrückt Serialisierung von Nachrichten

Tabelle 15.1: Verfügbare Aktionen des Rampart-Moduls

Soll Rampart zum Beispiel einen Zeitstempel verschicken und außerdem bestimmte Bestandteile der Nachricht verschlüsseln, so muss das `action`-Element wie folgt aussehen:

```
<action>
  <items>Timestamp Encryption</items>
  ...
</action>
```

Neben dem `items`-Element sind je nach gewählten Aktionen weitere Kindelemente in das Element `action` einzufügen. Diese sind im Folgenden beschrieben. Zum Zwecke der Übersichtlichkeit wird immer nur die Verwendung eines einzigen Items demonstriert. Prinzipiell lassen sich aber jeweils beliebige Items kombinieren.

Zeitstempel

Für den einfachen Versand eines Zeitstempels sind keine weiteren Angaben notwendig. Die Konfiguration in Listing 15.14 bewirkt den Versand eines einfachen Zeitstempels, wie in Listing 15.15 zu sehen. Der Zeitstempel zeigt an, wann die Nachricht erzeugt wurde (`Created`) und wie lange diese gültig ist (`Expires`).

```
<parameter name="OutflowSecurity">
  <action>
    <items>Timestamp</items>
  </action>
</parameter>
```

Listing 15.14: Konfiguration zum Versand eines Zeitstempels

```
<soapenv:Envelope
      xmlns:soapenv="http://schemas.xmlsoap.org/soap/envelope/">
  <soapenv:Header>
    <wsse:Security xmlns:wsse="http://docs.oasis-open.org/wss/
             2004/01/oasis-200401-wss-wssecurity-secext-1.0.xsd"
             soapenv:mustUnderstand="1">
      <wsu:Timestamp xmlns:wsu="http://docs.oasisopen.org/wss/
             2004/01/oasis-200401-wss-wssecurity-utility-1.0.xsd"
             wsu:Id="Timestamp-10774273">
        <wsu:Created>2007-01-08T02:22:13.625Z</wsu:Created>
        <wsu:Expires>2007-01-08T02:27:13.625Z</wsu:Expires>
      </wsu:Timestamp>
    </wsse:Security>
  </soapenv:Header>
  <soapenv:Body>...
  </soapenv:Body>
<soapenv:Envelope
```

Listing 15.15: Ein Timestamp gemäß WS-Security

Die Gültigkeitsdauer der Nachricht wird standardmäßig auf fünf Minuten gesetzt. Um dies zu ändern, muss in der Konfiguration das Element `timeToLive` hinzugefügt werden Mit dessen Hilfe kann eine spezifische Gültigkeitsdauer gesetzt werden (in Sekunden). Ein weiteres Element namens `precisionInMilliseconds` dient dazu festzulegen, ob die Zeitangaben für `Created` und `Expired` nicht nur sekunden-, sondern auch millisekundengenau sein sollen. Es kann die Werte `true` oder `false` annehmen.

```
<parameter name="OutflowSecurity">
  <action>
    <items>Timestamp</items>
    <timeToLive>1</timeToLive>
    <precisionInMilliseconds>false</precisionInMilliseconds>
  </action>
</parameter>
```

Auf der Empfängerseite muss die Aktion Timestamp im Parameter `InflowSecurity` aufgeführt werden, falls eingehende Zeitstempel verarbeitet werden sollen. Eingehende Nachrichten, die keinen Zeitstempel enthalten, werden daraufhin zurückgewiesen.

```
<parameter name="InflowSecurity">
  <action>
    <items>Timestamp</items>
    <timestampStrict>false</timestampStrict>
  </action>
</parameter>
```

Ebenso werden Nachrichten zurückgewiesen, deren Expires-Element eine Uhrzeit enthält, die bereits vorüber ist. Dieses Verhalten ist jedoch optional und kann mit dem Element timestampStrict ein- und ausgeschaltet werden. Es kann die Werte true und false annehmen.

Element	I/O	Bedeutung	Gültige Werte
timeToLive	O	Gültigkeitsdauer der Nachricht in Sekunden	numerische Werte
precisionInMilliseconds	O	Millisekundengenaue Zeitstempel	true false
timestampStrict	I	Ablehnung von Nachrichten mit abgelaufener Gültigkeitsdauer	true false

Tabelle 15.2: Konfigurationselemente für Zeitstempel (I=Inflow, O=Outflow)

Username Token

Um ein Username Token zu versenden, sind zusätzliche Parameter notwendig: ein Benutzername und ein Passwort. Der Benutzername wird über das Element user festgelegt. Für das Passwort muss mit dem Element passwordCallbackClass der Name einer Callback-Klasse angegeben werden, welche vom Handler aufgerufen wird, um das Passwort zu erhalten. Die Callback-Klasse muss selbst implementiert werden und kann das Passwort auf beliebige Weise ermitteln, z.B. aus einer Datenbank oder aus einem LDAP-Verzeichnis laden.

```
<parameter name="OutflowSecurity">
  <action>
    <items>UsernameToken</items>
    <user>happyholidays</user>
    <passwordCallbackClass>
      de.axishotels.booking.secure.client.MyPwdCallback
    </passwordCallbackClass>
  </action>
</parameter>
```

Alternativ zur Konfiguration in einer Konfigurationsdatei können die gleichen Konfigurationseinstellungen auch von der Client-Anwendung gesetzt werden.

```
BookingServiceStub stub = new BookingServiceStub(ctx, url);
Options opts = stub._getServiceClient().getOptions();
opts.setProperty(WSHandlerConstants.USER, "happyholidays");
opts.setProperty(WSHandlerConstants.PW_CALLBACK_CLASS,
          "de.axishotels.booking.secure.client.MyPwdCallback");
```

Wurden der Benutzername oder der Name der Callback-Klasse sowohl in der Konfigurationsdatei als auch in der Anwendung gesetzt, so hat die Konfigurationsdatei Vorrang.

Zusätzlich haben Client-Anwendungen die Möglichkeit, anstelle der Angabe eines Klassennamens für die Callback-Klasse direkt eine Objektreferenz zu übergeben. Hierfür ist die Property `passwordCallbackRef` zu verwenden.

```
BookingServiceStub stub = new BookingServiceStub(ctx, url);
Options opts = stub._getServiceClient().getOptions();
opts.setProperty(WSHandlerConstants.USER, "happyholidays");
MyPwdCallback cb = new MyPwdCallback();
opts.setProperty(WSHandlerConstants.PW_CALLBACK_REF, cb);
```

Die Callback-Klasse muss die Schnittstelle `CallbackHandler` implementieren, die aus dem Package `javax.security.auth.callback` stammt. Der Callback-Methode `handle` wird ein Array von `org.apache.ws.security.WSPasswordCallback` Objekten übergeben (die Klasse stammt aus WSS4J). Nur der erste Eintrag des Arrays wird verwendet. Dieses Objekt enthält einen Benutzernamen in der Property `identifier`. Der Callback-Handler muss das Passwort für diesen Benutzer im gleichen Objekt speichern. Listing 15.16 zeigt einen sehr einfachen Callback-Handler, in dem die Passwörter fest codiert sind. In der Praxis sollten die Passwörter natürlich aus anderer, sicherer Quelle ermittelt werden.

```
public class MyPwdCallback implements CallbackHandler {

  public void handle(Callback[] callbacks) throws IOException,
                                  UnsupportedCallbackException {
    for (int i = 0; i < callbacks.length; i++) {
      if (callbacks[i] instanceof WSPasswordCallback) {
        WSPasswordCallback pc = (WSPasswordCallback)callbacks[i];
        // set the password given a username
        if (pc.getUsage() == WSPasswordCallback.USERNAME_TOKEN) {
          if ("happyholidays".equals(pc.getIdentifer()))
            pc.setPassword("hap-hol-pwd");
        }
      } else {
        throw new UnsupportedCallbackException(
                        callbacks[i], "Unrecognized Callback");
      }
    }
  }
}
```

Listing 15.16: Beispielhafte Implementierung eines Callback-Handlers

Für die Entwicklung einer solchen Callback-Klasse mit Axis2 1.1.1 müssen die JAR-Dateien der Projekte Apache WSS4J [12] und Apache XML Security [13] in den Klassenpfad aufgenommen werden.

Die SOAP-Nachricht in Listing 15.17 zeigt ein beispielhaftes Username Token. Das Passwort kann dabei entweder im Klartext oder als so genannter Digest verschickt werden. Das Attribut `Type` im Element `Password` zeigt die jeweils verwendete Methode mit Hilfe standardisierter URLs an. Im Falle der Digest-Methode wird das Passwort in UTF-8 kodiert und anschließend dessen SHA-1 Hashwert berechnet. Das Ergebnis wird Base64 kodiert und schließlich in die SOAP-Nachricht eingefügt. In beiden Fällen sollte das Username Token entweder über einen sicheren Kanal (z.B. HTTPS) oder verschlüsselt versandt werden, da auch die Digest-Methode keinen wirklichen Sicherheitsgewinn bringt. Aus diesem Grund wird sie auch von einigen .NET-Versionen erst gar nicht unterstützt. Diese können nur mit Passwörtern im Klartext umgehen.

```
<soapenv:Envelope
       xmlns:soapenv="http://schemas.xmlsoap.org/soap/envelope/">
 <soapenv:Header>
  <wsse:Security xmlns:wsse="http://docs.oasis-open.org/wss/
           2004/01/oasis-200401-wss-wssecurity-secext-1.0.xsd"
           soapenv:mustUnderstand="1">
   <wsse:UsernameToken xmlns:wsu="http://docs.oasis-open.org/wss/
           2004/01/oasis-200401-wss-wssecurity-utility-1.0.xsd"
           wsu:Id="UsernameToken-23268025">
    <wsse:Username>happyholidays</wsse:Username>
    <wsse:Password Type="http://docs.oasis-open.org/wss/2004/01/
      oasis-200401-wss-username-token-profile-1.0#PasswordDigest">
         iwFmgDilJ3GO+iCPcCranwQEWM0=
    </wsse:Password>
    <wsse:Nonce>y0nTwQtsWdC1SPT316maHA==</wsse:Nonce>
    <wsu:Created>2007-01-08T03:27:38.453Z</wsu:Created>
   </wsse:UsernameToken>
  </wsse:Security>
 </soapenv:Header>
 <soapenv:Body>
 ...
 </soapenv:Body>
</soapenv:Envelope>
```

Listing 15.17: Username Token mit Passwort als Digest

Wie in Listing 15.1 zu sehen, fügt Rampart im Falle der Digest-Methode automatisch die zusätzlichen Elemente `Nonce` und `Created` in das Username Token ein. Diese dienen dazu, Replay-Attacken zu verhindern. Ein Nonce ist ein Zufallswert, den der Sender einer Nachricht erzeugt und in die Nachricht einfügt. Obwohl sich damit Replay-Attacken wirksam verhindern lassen, erfordert dieses Konzept die Aufbewahrung bereits empfangener Nonces auf Seiten des Servers. Nur so kann dieser Wiederholungen erkennen. Die Kombination von Nonces mit Zeitstempel vereinfacht dies, da der Server nun die Speicherung der Nonces auf einen bestimmten Zeitraum beschränken kann. Nonce und Zeitstempel fließen entsprechend der WS-Security Spezifikation anhand folgender Formel in den Digest ein:

```
Digest = Base64 ( SHA-1 ( Nonce + Created + Passwort ) )
```

Standardmäßig verwendet Rampart die Digest-Methode zum Versand des Passworts. Das Verhalten kann jedoch mit dem zusätzlichen Parameter `passwortType` gesteuert werden. Dieser kann die Werte `PasswortText` (für Klartext) oder `PasswordDigest` (für Digest) annehmen.

```
<parameter name="OutflowSecurity">
  <action>
    <items>UsernameToken</items>
    <user>happyholidays</user>
    <passwordCallbackClass>
      de.axishotels.booking.secure.client.MyPwdCallback
    </passwordCallbackClass>
    <passwordType>PasswordText</passwordType>
  </action>
</parameter>
```

Sollen die Elemente `Nonce` und `Created` auch im Falle eines Klartextpassworts in das Username Token eingefügt werden, so muss dies explizit konfiguriert werden. Hierzu dient das Element `addUTElements`. Es kann die Werte `Nonce` und `Created` enthalten, die durch ein Leerzeichen zu trennen sind.

```
<parameter name="OutflowSecurity">
  <action>
    <items>UsernameToken</items>
    <user>happyholidays</user>
    <passwordCallbackClass>
      de.axishotels.booking.secure.client.MyPwdCallback
    </passwordCallbackClass>
    <passwordType>PasswordText</passwordType>
    <addUTElements>Nonce Created</addUTElements>
  </action>
</parameter>
```

Auf der Empfängerseite meldet das Rampart-Modul eine Fehlermeldung, falls SOAP-Nachrichten mit Username Token empfangen werden, jedoch keine entsprechende Aktion und keine Callback-Klasse zur Passwortprüfung im Parameter `InflowSecurity` konfiguriert wurde. Es ist also nicht möglich, ankommende Username Tokens einfach zu ignorieren. Ihre Prüfung kann wie folgt konfiguriert werden:

```
<parameter name="InflowSecurity">
  <action>
    <items>UsernameToken</items>
    <passwordCallbackClass>
        de.axishotels.booking.service.MyPwdCallback
    </passwordCallbackClass>
  </action>
</parameter>
```

Element	I/O	Bedeutung	Gültige Werte
user	O	Benutzername	beliebiger String
passwordCallbackClass	I,O	Name der Callback-Klasse zur Abfrage des Passworts	Klassenname
passwordType	O	Versandmethode für das Passwort	PasswordText PasswordDigest
addUTElements	O	Optionale Elemente für Klartextpasswörter	Nonce Created

Tabelle 15.3: Konfigurationselemente für Username Tokens (I=Inflow, O=Outflow)

Digitale Signaturen

Wenn SOAP-Nachrichten digital signiert werden sollen, wird ein Schlüsselpaar mit zugehörigem Zertifikat benötigt, das unter einem bestimmten Aliasnamen in einem Keystore gespeichert ist (siehe Erläuterungen zu Beginn des Abschnits 15.3.2). Eine spezielle Konfigurationsdatei definiert dann zunächst, welche Krypto-Implementierung verwendet werden soll. WSS4J (und damit auch Rampart) unterstützt mit der Klasse `Merlin` die Security-Implementierung des Java SDK ab Version 1.4. Alternativ kann auch die Implementierung von Bouncy Castle zum Einsatz kommen. Hierfür wird entsprechend die Klasse `BouncyCastle` mitgeliefert. Beide befinden sich im Package *org.apache.ws.security.components.crypto*. Zusätzlich ist in der Konfigurationsdatei zu definieren, unter welchem Pfad der Keystore im Klassenpfad oder im Dateisystem gefunden werden kann, vom welchem Typ der Keystore ist und wie das Passwort lautet, um auf diesen zuzugreifen. Listing 15.18 zeigt eine beispielhafte Konfigurationsdatei. Sie verweist auf den Keystore des imaginären Reisebüros *Happy Holidays*. Wie ein solcher erstellt werden kann, wurde zu Beginn des Abschnitts erläutert.

```
org.apache.ws.security.crypto.provider=org.apache.ws.security.components.crypto.Merlin
org.apache.ws.security.crypto.merlin.keystore.type=JKS
org.apache.ws.security.crypto.merlin.keystore.password=storePwd
org.apache.ws.security.crypto.merlin.file=/axishotels/booking/secure/client/
HappyHolidays.jks
```

Listing 15.18: Beispielhafte Krypto-Konfiguration (crypto.properties)

Die Konfiguration von Rampart wird wie bei allen anderen Aktionen auch mit Hilfe der Parameter `InflowSecurity` und `OutflowSecurity` vorgenommen. Um eine ausgehende Nachricht zu signieren, ist zunächst mit Hilfe des Elementes `user` der Aliasname anzugeben, unter dem das Zertifikat und der private Schlüssel jenes Benutzers im Keystore gespeichert sind, der für die Signatur verwendet werden soll. Weiterhin ist mit Hilfe von `passwordCallbackClass` eine Callback-Klasse anzugeben, die das Passwort für den privaten Schlüssel zurückliefert. Das Element `signaturePropFile` enthält schließlich einen Pfad auf die eingangs beschriebene Krypto-Konfigurationsdatei. Im einfachsten Fall sieht eine Rampart-Konfiguration zum Signieren von Nachrichten demnach wie folgt aus:

```
<parameter name="OutflowSecurity">
  <action>
    <items>Signature</items>
    <user>happyholidays</user>
    <signaturePropFile>
      de/axishotels/booking/secure/client/crypto.properties
    </signaturePropFile>
    <passwordCallbackClass>
      de.axishotels.booking.secure.client.MyPwdCallback
    </passwordCallbackClass>
  </action>
</parameter>
```

Die Callback-Klasse muss dabei auf eine ganz bestimmte Nachfrage reagieren, und zwar auf den Nachfragetyp `WSPasswordCallback.SIGNATURE`.

Hinweis

Beachten Sie die Hinweise zu benötigten Bibliotheken zu Beginn des Abschnitts 15.3.2.

```
public void handle(Callback[] callbacks) throws IOException,
UnsupportedCallbackException {
  for (int i = 0; i < callbacks.length; i++) {
    if (callbacks[i] instanceof WSPasswordCallback) {
      WSPasswordCallback pc = (WSPasswordCallback)callbacks[i];

      if (pc.getUsage() == WSPasswordCallback.USERNAME_TOKEN) {
        // return password that will be sent with username token
        if ("happyholidays".equals(pc.getIdentifer()))
          pc.setPassword("hap-hol-pwd");
      } else if (pc.getUsage()==WSPasswordCallback.SIGNATURE) {
        // return password for the private key that's used to sign messages
        if ("happyholidays".equals(pc.getIdentifer()))
          pc.setPassword("keyPwd");
```

```
        }
      } else {
        throw new UnsupportedCallbackException(callbacks[i],"Unrecognized Callback");

      }
    }
  }
```

Im Falle der obigen Konfiguration wird der gesamte SOAP Body signiert. Als Signaturalgorithmus wird standardmäßig RSA-SHA1 verwendet, da dieser Algorithmus von der XML Signature-Spezifikation empfohlen wird. Mit Hilfe des zusätzlichen Elementes `signatureAlgorithm` kann jedoch konfiguriert werden, dass ein anderer Signaturalgorithmus verwendet werden soll, z.B. RSA-SHA-256.

```
<parameter name="OutflowSecurity">
  <action>
    <items>Signature</items>
    <user>happyholidays</user>
    <signaturePropFile>
      de/axishotels/booking/secure/client/crypto.properties
    </signaturePropFile>
    <passwordCallbackClass>
      de.axishotels.booking.secure.client.MyPwdCallback
    </passwordCallbackClass>
    <signatureAlgorithm>
      http://www.w3.org/2001/04/xmldsig-more#rsa-sha512
    </signatureAlgorithm>
  </action>
</parameter>
```

Die unterschiedlichen Algorithmen werden dabei durch standardisierte URIs identifiziert. In der Spezifikation von XML Signature können die URIs erforderlicher und empfohlener Algorithmen nachgelesen werden, RFC 4051 (Additional XML Security URIs) [26] enthält darüber hinaus URIs für einige weitergehende Algorithmen. Voraussetzung für die Verwendung alternativer Algorithmen ist natürlich, dass XML Security und der eingesetzte JCE-Provider diesen Algorithmus unterstützen. Die URIs der wichtigsten Alternativen lauten:

```
http://www.w3.org/2000/09/xmldsig#dsa-sha1
http://www.w3.org/2000/09/xmldsig#rsa-sha1
http://www.w3.org/2001/04/xmldsig-more#rsa-md5
http://www.w3.org/2001/04/xmldsig-more#rsa-ripemd160
http://www.w3.org/2001/04/xmldsig-more#rsa-sha256
```

```
http://www.w3.org/2001/04/xmldsig-more#rsa-sha384
http://www.w3.org/2001/04/xmldsig-more#rsa-sha512
```

Um die Signatur prüfen zu können, benötigt der Empfänger die Information, mit welchem Schlüssel sie angefertigt wurde. Zu diesem Zweck enthält der WS-Security Header eine *Security Token Reference.* Wird hierfür, wie im vorangegangenen Beispiel, keine spezielle Konfiguration vorgenommen, so wird dort automatisch die Seriennummer des entsprechenden Zertifikats und der Namen der ausstellenden Certificate Authority eingefügt.

```
<wsse:SecurityTokenReference xmlns:wsu="http://docs.oasis-open.org/wss/2004/01/
oasis-200401-wss-wssecurity-utility-1.0.xsd" wsu:Id="STRId-23163273">
  <ds:X509Data>
    <ds:X509IssuerSerial>
      <ds:X509IssuerName>CN=TestCA,C=DE</ds:X509IssuerName>
      <ds:X509SerialNumber>4</ds:X509SerialNumber>
    </ds:X509IssuerSerial>
  </ds:X509Data>
</wsse:SecurityTokenReference>
```

Daneben stehen aber auch vier Alternativen bereit, um dem Empfänger anzuzeigen, welcher Schlüssel zur Erstellung der Signatur verwendet wurde. Dies kann mit dem Element `signatureKeyIdentifier` eingestellt werden. Tabelle 15.4 zeigt alle gültigen Werte sowie deren Bedeutung.

Parameterwert	Inhalt der Security Token Refence
`IssuerSerial`	Seriennummer des X.509 Zertifikats und Name der ausstellenden Certificate Authority (CA)
`X509KeyIdentifier`	das verwendete X.509 Zertifikat
`DirectReference`	Referenz auf ein X.509 Zertifikat, das in der gleichen Nachricht als Binary Security Token mitgeschickt wird
`SKIKeyIdentifier`	Subject Key Identifier des X.509 Zertifikats
`Thumbprint`	SHA-1 Fingerabdruck des X.509 Zertifikats

Tabelle 15.4: Mögliche Werte für den Parameter signatureKeyIdentifier

Um SKIs als *Security Token Reference* zu verschicken, muss die Rampart-Konfiguration also wie folgt erweitert werden:

```
<parameter name="OutflowSecurity">
<action>
 <items>Signature</items>
 <user>happyholidays</user>
 <signaturePropFile>
   de/axishotels/booking/secure/client/crypto.properties
```

```
  </signaturePropFile>
  <passwordCallbackClass>
    de.axishotels.booking.secure.client.MyPwdCallback
  </passwordCallbackClass>
  <signatureKeyIdentifier>SKIKeyIdentifier</signatureKeyIdentifier>
 </action>
 </parameter>
```

Ein weiteres Element namens `signatureParts` dient dazu einzustellen, welche Elemente der Nachricht signiert werden sollen. Der Wert des Elementes besteht dann aus einer Liste von Elementnamen (mit Semikolon getrennt), welche die zu signierenden Elemente identifizieren. Vor jedem einzelnen Elementnamen sind zwei Paare geschweifter Klammern vorzusehen. Im zweiten Klammernpaar wird der Namensraum des Elementes angegeben. Das erste Paar wird eigentlich nur zum Verschlüsseln von Nachrichten benötigt und beim Signieren ignoriert. Es kann also leer bleiben.

```
<signatureParts>
  {}{http://axishotels.de/booking/types/}CheckAvailabilityRequest
</signatureParts>
```

Wird auf die Angabe eines Namensraums verzichtet, so wird automatisch der Namensraum der SOAP-Spezifikation angenommen. Die folgende Konfiguration bewirkt also ein Signieren des SOAP Body. Dies ist auch gleichzeitig die Standardeinstellung, d.h., wenn `signatureParts` nicht explizit konfiguriert wurde, signiert Rampart automatisch immer den gesamten SOAP Body.

```
<signatureParts>{}{}Body</signatureParts>
```

Um ein Element zu referenzieren, dass keinen Namensraum hat, muss explizit der Wert `Null` als Namensraum angegeben werden.

```
<signatureParts>{}{Null}MyElementWithoutNamespace</signatureParts>
```

Die Verwendung des Elementnamens `Token` sorgt schließlich dafür, dass das verwendete Security Token signiert wird.

```
<signatureParts>{}{}Token</signatureParts>
```

Zu guter Letzt ist es natürlich nicht nur wichtig, signierte Nachrichten versenden zu können. Gegebenenfalls möchte man auch eingehende Signaturen überprüfen. Hierfür ist der Parameter `InflowSecurity` zuständig. Dort ist lediglich die Aktion `Signature` vorzusehen und der Pfad zur Krypto-Konfigurationsdatei des Empfängers anzugeben.

```
<parameter name="InflowSecurity">
  <action>
    <items>Signature</items>
```

```
    <signaturePropFile>
      de/axishotels/booking/secure/service/crypto.properties
    </signaturePropFile>
  </action>
</parameter>
```

Die Krypto-Konfigurationsdatei sieht auf Seiten des Empfängers ganz ähnlich aus wie beim Absender. Jedoch verwendet der Empfänger natürlich seinen eigenen Keystore. In diesem Beispiel handelt es sich um den Keystore der Hotelkette *Axis Hotels*.

```
org.apache.ws.security.crypto.provider=org.apache.ws.security.components.crypto.Merlin
org.apache.ws.security.crypto.merlin.keystore.type=JKS
org.apache.ws.security.crypto.merlin.keystore.password=storePwd
org.apache.ws.security.crypto.merlin.file=de/axishotels/booking/secure/service/
AxisHotels.jks
```

Falls empfangene Signaturen erfolgreich geprüft wurden, kann Rampart dies optional in einer eventuellen Antwortnachricht bestätigen, indem es darin eine so genannte *Signature Confirmation* einfügt. Diese Bestätigungen wurden mit WS-Security 1.1 eingeführt. Um sie einzuschalten, muss das Element `enableSignatureConfirmation` im Parameter `OutflowSecurity` auf den Wert `true` gesetzt werden[5]. Leider verwendet WSS4J 1.5.1 (bzw. Rampart 1.1) jedoch einen falschen (veralteten) Namensraum für dieses Element. Dies kann zu Problemen mit anderen WS-Security-Implementierungen führen. In späteren Versionen wird dies sicherlich behoben sein.

```
<parameter name="OutflowSecurity">
  <action>
    ...
    <enableSignatureConfirmation>true</enableSignatureConfirmation>
  </action>
</parameter>
```

Element	I/O	Bedeutung	Gültige Werte
`user`	O	Aliasname, unter dem Zertifikat und privater Schlüssel des Senders im Keystore gespeichert sind	
`signaturePropFile`	I,O	Pfad zur Konfigurationsdatei für Keystore und Krypto-Implementierung	Dateipfade oder Referenzen auf den Klassenpfad

Tabelle 15.5: Konfigurationselemente für signierte Nachrichten (I=Inflow, O=Outflow)

5 In älteren Versionen von Rampart (vor Version 1.1) wurden die Bestätigungen standardmäßig versandt und mussten durch Setzen von `enableSignatureConfirmation` auf `false` explizit ausgeschaltet werden.

Element	I/O	Bedeutung	Gültige Werte
passwordCallbackClass	O	Callback-Klasse zur Ermittlung des Passworts für privaten Schlüssel des Senders	Vollqualifizierter Klassenname
signatureKeyIdentifier	O	Mechanismus zur Erstellung einer Schlüsselreferenz	siehe Tabelle 15.4
signatureParts	O	Legt fest, welche Elemente signiert werden sollen	siehe Text
enableSignatureConfirmation	O	Schaltet Versand von Signature Confirmations ein oder aus	true false

Tabelle 15.5: Konfigurationselemente für signierte Nachrichten (I=Inflow, O=Outflow) (Forts.)

Username Token Signature

Microsoft .NET unterstützt einen proprietären Mechanismus zum Signieren von Nachrichten, der keine öffentlichen und privaten Schlüssel oder Zertifikate verwendet. Stattdessen kommt ein Username Token zum Einsatz, dessen Inhalt (Passwort, Nonce, Erzeugungsdatum) mit einem wohlbekannten String kombiniert und dann zur Konstruktion eines Signaturschlüssels verwendet wird. Dieser Mechanismus ist in WSE (Web Service Enhancements für .NET) [16] enthalten, nicht aber in WCF (Windows Communication Foundation, Codename Indigo).

Zum Zwecke der Interoperabilität mit WSE 2.0/3.0 kann Rampart so konfiguriert werden, dass es Signaturen entsprechend diesem Mechanismus anfertigt. Hierfür ist die Aktion `UsernameTokenSignature` auszuwählen.

```
<parameter name="OutflowSecurity">
  <action>
    <items>UsernameTokenSignature</items>
    <user>happyholidays</user>
    <passwordCallbackClass>
      de.axishotels.booking.secure.client.MyPwdCallback
    </passwordCallbackClass>
  </action>
</parameter>
```

Die dargestellte Beispielkonfiguration fügt ein Username Token in den Header ausgehender SOAP-Nachrichten ein. Es enthält den Benutzernamen `happyholidays`, dessen Passwort (geliefert von der Callback-Klasse), ein Nonce und ein Erzeugungsdatum. Daneben enthält der Header natürlich die Signaturinformationen, inklusive einer Schlüsselreferenz, die auf das Username Token verweist.

Gegebenenfalls müssen zusätzlich einige WS-Addressing-Elemente in den SOAP Header eingefügt werden, um die Interoperabilität mit .NET zu gewährleisten. Weitere Informationen zur Konfiguration des WS-Addressing-Moduls befinden sich in Abschnitt 15.1.2.

Element	I/O	Bedeutung	Gültige Werte
`user`	O	Aliasname unter dem das Zertifikat und der private Schlüssel des Senders im Keystore gespeichert sind	
`signaturePropFile`	I,O	Pfad zur Konfigurationsdatei für Keystore, Krypto-Implementierung etc.	Dateipfade und Referenzen auf den Klassenpfad

Tabelle 15.6: Konfigurationselemente für signierte Nachrichten (I=Inflow, O=Outflow)

SAML Token

Rampart kann Assertions gemäß SAML 1.1 [21] verschicken, allerdings ist die Implementierung des SAML-Standards nicht vollständig: In Rampart 1.1 werden lediglich *Authentication Statements* unterstützt, als *Authentication Method* nur `password` und als *Confirmation Method* nur `holder-of-key` und `sender-vouches` (für nähere Informationen zu Confirmation Methods siehe [22]). Das Token kann signiert oder unsigniert verschickt werden.

Hinweis

Für den Versand und Empfang von SAML Tokens werden zusätzliche JAR-Dateien benötigt. Sie sind in den Klassenpfad der Client-Anwendung und in das WEB-INF/lib Verzeichnis der Axis2 Web-Anwendung aufzunehmen:

- Apache WSS4J 1.5.1 [12]
- Apache XML Security 1.3.0 [13]
- OpenSAML 1.1 [23]
- Log4J [24]

Für den Versand eines unsignierten SAML Tokens ist die Aktion `SAMLTokenUnsigned` im Parameter `OutflowSecurity` zu konfigurieren.

```
<parameter name="OutflowSecurity">
  <action>
    <items>SAMLTokenUnsigned</items>
    <samlPropFile>
      de/axishotels/booking/secure/client/saml.properties
    </samlPropFile>
  </action>
</parameter>
```

Das Element `samlPropFile` verweist dabei auf eine separate Konfigurationsdatei namens *saml.properties*. Darin ist festzulegen, welche SAML-Implementierung verwendet werden soll. Außerdem werden hier Informationen über den Aussteller sowie über die Person hinterlegt, die Gegenstand des *Authentication Statement* ist.

```
org.apache.ws.security.saml.issuerClass=org.apache.ws.security.saml.SAMLIssuerImpl
org.apache.ws.security.saml.issuer=Happy Holidays
org.apache.ws.security.saml.confirmationMethod=senderVouches
org.apache.ws.security.saml.subjectNameId.name=uid=Thilo Frotscher,c=de
org.apache.ws.security.saml.subjectNameId.qualifier=www.frotscher.com
org.apache.ws.security.saml.authenticationMethod=password
```

Als Resultat fügt Rampart eine entsprechende Assertion in den SOAP Header ein.

```
<soapenv:Header>
 <wsse:Security xmlns:wsse="http://docs.oasis-open.org/wss/2004/
                  01/oasis-200401-wss-wssecurity-secext-1.0.xsd"
               soapenv:mustUnderstand="1">
  <Assertion xmlns:samlp="urn:oasis:names:tc:SAML:1.0:protocol"
             xmlns:saml="urn:oasis:names:tc:SAML:1.0:assertion"
             xmlns:xsi="http://www.w3.org/2001/XMLSchema-instance"
             xmlns:xsd="http://www.w3.org/2001/XMLSchema"
             xmlns="urn:oasis:names:tc:SAML:1.0:assertion"
             AssertionID="_ec8b3070b2c4de9f10d3971fd37e49ad"
             IssueInstant="2007-02-04T00:34:25.156Z"
             Issuer="Happy Holidays"
             MajorVersion="1" MinorVersion="1">
   <AuthenticationStatement
      AuthenticationInstant="2007-02-04T00:34:25.031Z"
   AuthenticationMethod="urn:oasis:names:tc:SAML:1.0:am:password">
    <Subject>
     <NameIdentifier NameQualifier="www.frotscher.com">
       uid=Thilo Frotscher,c=de
     </NameIdentifier>
     <SubjectConfirmation>
       <ConfirmationMethod>
         urn:oasis:names:tc:SAML:1.0:cm:sender-vouches
       </ConfirmationMethod>
     </SubjectConfirmation>
    </Subject>
   </AuthenticationStatement>
  </Assertion>
 </wsse:Security>
</soapenv:Header>
```

Auf der Empfängerseite kann die Prüfung des Tokens eingeschaltet werden, indem die Aktion SAMLTokenUnsigned im Parameter InflowSecurity definiert wird. Dies bewirkt, dass Rampart eingehende Nachrichten ablehnt, die kein SAML Token enthalten. Wird ein Token gefunden, so prüft Rampart, ob dieses Informationen über den Aussteller und mindestens ein *Statement* enthält.

```
<parameter name="InflowSecurity">
  <action>
    <items>SAMLTokenUnsigned</items>
  </action>
</parameter>
```

Der Service, an welchen die Nachricht gerichtet ist, oder auch nachfolgende Handler können bei Bedarf auf die SAML Assertion zugreifen. Sie wird von Rampart im Message Context abgelegt, und zwar in einem Property namens RECV_RESULTS. Das Property besteht aus einem Vector von Objekten der Klasse WSHandlerResult. Darin befindet sich (etwas verschachtelt) eine Instanz von SAMLAssertion.

Soll das SAML Token vor dem Versand signiert werden, so ist im OutflowSecurity-Parameter die Aktion SAMLTokenSigned zu verwenden. Dies führt intern dazu, dass zunächst ein unsigniertes SAML Token eingefügt und dann die Aktion Signature ausgeführt wird. Zusätzlich muss mit dem Element signatureKeyIdentifier explizit festgelegt werden, dass eine direkte Referenz auf die SAML Assertion eingefügt werden soll (d.h. ein Element SecurityTokenReference). Dies ist der einzige Referenztyp, den Rampart 1.1 bzw. WSS4J 1.5.1 bei der Signatur von SAML Assertions unterstützt.

```
<parameter name="OutflowSecurity">
 <action>
  <items>SAMLTokenSigned</items>
  <samlPropFile>
    de/axishotels/booking/secure/client/saml.properties
  </samlPropFile>
  <signatureKeyIdentifier>DirectReference</signatureKeyIdentifier>
 </action>
</parameter>
```

In der Datei *saml.properties* werden für die Signatur drei zusätzliche Angaben benötigt: ein Pfad zur Krypto-Konfigurationsdatei (siehe Abschnitt über Signaturen), der Aliasname, unter dem der für die Signatur zu verwendende Schlüssel im Keystore gespeichert ist, sowie das Passwort für diesen Schlüssel.

```
org.apache.ws.security.saml.issuer.cryptoProp.file=
          de/axishotels/booking/secure/client/crypto.properties
org.apache.ws.security.saml.issuer.key.name=happyholidays
org.apache.ws.security.saml.issuer.key.password=keyPwd
```

Als Ergebnis dieser Konfiguration verschickt Rampart eine SOAP-Nachricht, in der neben dem SAML Token auch eine Signatur enthalten ist. Außer dem SAML Token wird dabei auch der SOAP Body signiert. Daher enthält das Element `SignedInfo` auch zwei `Reference`-Elemente.

```
<soapenv:Envelope xmlns:wsa="http://www.w3.org/2005/08/addressing"
      xmlns:soapenv="http://schemas.xmlsoap.org/soap/envelope/">
 <soapenv:Header>
  <wsse:Security xmlns:wsse="http://docs.oasis-open.org/wss/2004/
                01/oasis-200401-wss-wssecurity-secext-1.0.xsd"
               soapenv:mustUnderstand="1">
   <Assertion AssertionID="_df5975f4769173a848cf78f2d5ad451b"...>
    ...
   </Assertion>
   <wsse:SecurityTokenReference
        xmlns:wsu="http://docs.oasis-open.org/wss/2004/01/oasis-
                200401-wss-wssecurity-utility-1.0.xsd"
         wsu:Id="STRSAMLId-31332340">
     <wsse:Reference URI="#_df5975f4769173a848cf78f2d5ad451b"
        ValueType="http://docs.oasis-open.org/wss/2004/XX/oasis-
          2004XX-wss-saml-token-profile-1.0#SAMLAssertion-1.1" />
   </wsse:SecurityTokenReference>
   <wsse:BinarySecurityToken
        xmlns:wsu="http://docs.oasis-open.org/wss/2004/01/
          oasis-200401-wss-wssecurity-utility-1.0.xsd"
        EncodingType="http://docs.oasis-open.org/wss/2004/01/
          oasis-200401-wss-soap-message-security-1.0#Base64Binary"
        ValueType="http://docs.oasis-open.org/wss/2004/01/
          oasis-200401-wss-x509-token-profile-1.0#X509v3"
        wsu:Id="CertId-3496263">
     MIICnjCCAgegA......JDOfFmZMNFufzIi8mJ3ks6xOSKw8=
   </wsse:BinarySecurityToken>
   <ds:Signature xmlns:ds="http://www.w3.org/2000/09/xmldsig#"
               Id="Signature-17680053">
    <ds:SignedInfo>
     <ds:CanonicalizationMethod
         Algorithm="http://www.w3.org/2001/10/xml-exc-c14n#" />
     <ds:SignatureMethod
         Algorithm="http://www.w3.org/2000/09/xmldsig#rsa-sha1" />
     <ds:Reference URI="#STRSAMLId-31332340">
      <ds:Transforms>
```

Listing 15.19: SOAP-Nachricht mit signiertem SAML Token und SOAP Body

```
      <ds:Transform
        Algorithm="http://docs.oasis-open.org/wss/2004/01/oasis-
             200401-wss-soap-message-security-1.0#STR-Transform">
       <wsse:TransformationParameters>
        <ds:CanonicalizationMethod
          Algorithm="http://www.w3.org/2001/10/xml-exc-c14n#" />
       </wsse:TransformationParameters>
      </ds:Transform>
     </ds:Transforms>
     <ds:DigestMethod
       Algorithm="http://www.w3.org/2000/09/xmldsig#sha1" />
     <ds:DigestValue>iIK7tU5zgT+BMiReqIx5EOc7s=</ds:DigestValue>
    </ds:Reference>
    <ds:Reference URI="#id-10272075">
     <ds:Transforms>
      <ds:Transform Algorithm="http://www.w3.org/2001/10/xml-exc-c14n#" />
     </ds:Transforms>
     <ds:DigestMethod
       Algorithm="http://www.w3.org/2000/09/xmldsig#sha1" />
     <ds:DigestValue>0XIXu2+PN+ERnM5ZPKY55YPwY=</ds:DigestValue>
    </ds:Reference>
   </ds:SignedInfo>
   <ds:SignatureValue>QT2n00cL5......djknKBQ=</ds:SignatureValue>
   <ds:KeyInfo Id="KeyId-16020374">
    <wsse:SecurityTokenReference
       xmlns:wsu="http://docs.oasis-open.org/wss/2004/01/
                 oasis-200401-wss-wssecurity-utility-1.0.xsd"
            wsu:Id="STRId-12122347">
     <wsse:Reference URI="#CertId-3496263"
                   ValueType="http://docs.oasis-open.org/
                        wss/2004/01/oasis-200401-wss-x509-
                       token-profile-1.0#X509v3" />
    </wsse:SecurityTokenReference>
   </ds:KeyInfo>
  </ds:Signature>
 </wsse:Security>
</soapenv:Header>
<soapenv:Body xmlns:wsu="http://docs.oasis-open.org/wss/2004/01/
                  oasis-200401-wss-wssecurity-utility-1.0.xsd"
          wsu:Id="id-10272075">
```

Listing 15.19: SOAP-Nachricht mit signiertem SAML Token und SOAP Body (Forts.)

```
    ...
</soapenv:Body>
</soapenv:Envelope>
```

Listing 15.19: SOAP-Nachricht mit signiertem SAML Token und SOAP Body (Forts.)

Auf der Empfängerseite müssen im Falle signierter SAML Tokens die Aktionen `Signature` und `SAMLTokenUnsigned` im Parameter `InflowSecurity` aufgeführt werden (und nicht, wie sich vermuten ließe, die Aktion `SAMLTokenSigned`). Hierdurch werden zunächst die Signatur und dann das SAML Token geprüft. Auch hier wird natürlich ein Pfad auf die Kryto-Konfigurationsdatei benötigt.

```
<parameter name="InflowSecurity">
  <action>
    <items>Signature SAMLTokenUnsigned</items>
    <signaturePropFile>
      de/axishotels/booking/secure/service/crypto.properties
    </signaturePropFile>
  </action>
</parameter>
```

Verschlüsselte Nachrichten

Bevor mit der Verschlüsselung von Nachrichten begonnen werden kann, muss sichergestellt werden, dass Unterstützung für den RSA-Algorithmus vorhanden ist. Kommt das JDK 1.4.x von Sun zum Einsatz, so stellt sich das Problem, dass die darin enthaltene Implementierung der JCE (Java Cryptography Extension) leider keine entsprechende Unterstützung mitbringt. Das JDK 5.0 unterstützt zwar RSA, jedoch existieren hier teilweise Inkompatibilitäten mit WSS4J. Aus diesem Grund empfiehlt es sich, auf eine andere JCE-Implementierung auszuweichen. In diesem Zusammenhang ist die die frei verfügbare Bibliothek von Bouncy Castle [25] sehr zu empfehlen.

Um diese als so genannten Security Provider zu installieren, ist zunächst die entsprechende JAR-Datei in das Erweiterungsverzeichnis der Laufzeitumgebung (JRE) von Sun zu kopieren. Unter Windows würde das in etwa so aussehen:

```
copy bcprov-jdk15-133.jar [JRE_HOME]\lib\ext
```

Falls nicht eine JRE, sondern ein komplettes JDK verwendet wird, um den Java-Code auszuführen, sieht der Befehl stattdessen so aus:

```
copy bcprov-jdk15-133.jar [JDK_HOME]\jre\lib\ext
```

Je nach verwendeter Java-Version und Entwicklungsstand von Bouncy Castle hat dessen JAR-Datei unterschiedliche Dateinamen. Für Java 1.4 kann zum Beispiel *bcprov-jdk14-133.jar* verwendet werden, für Java 5.0 dagegen *bcprov-jdk15-133.jar*.

Nach der Installation des JCE Providers ist die Sicherheitskonfiguration der Laufzeitumgebung (JRE) anzupassen, die sich in der Datei *[JRE_HOME]\lib\security\java.security* bzw. in *[JDK_HOME]\jre\lib\security\java.security* befindet. Hier muss die soeben kopierte Bibliothek als Security Provider bekannt gemacht werden. Die entsprechende Stelle in der Konfigurationsdatei sieht im Falle von Java 5.0 typischerweise so aus:

```
security.provider.1=sun.security.provider.Sun
security.provider.2=sun.security.rsa.SunRsaSign
security.provider.3=com.sun.net.ssl.internal.ssl.Provider
security.provider.4=com.sun.crypto.provider.SunJCE
security.provider.5=sun.security.jgss.SunProvider
security.provider.6=com.sun.security.sasl.Provider
```

Dieser Konfiguration kann einfach eine Zeile für Bouncy Castle hinzugefügt werden:

```
security.provider.7=org.bouncycastle.jce.provider.BouncyCastleProvider
```

Kommt Rampart sowohl auf Client- als auch auf Serverseite zum Einsatz, sind alle bisherigen Schritte auf beiden Seiten durchzuführen!

Um ausgehende Nachrichten mit Rampart zu verschlüsseln, genügen bereits drei Angaben im `OutflowSecurity`-Parameter auf Seiten des Senders. Zum einen muss natürlich die Aktion `Encrypt` ausgelöst werden, hinzu kommt ein Pfad auf die Krypto-Konfigurationsdatei und ein Aliasname.

```
<parameter name="OutflowSecurity">
  <action>
    <items>Encrypt</items>
    <encryptionPropFile>
      de/axishotels/booking/secure/client/crypto.properties
    </encryptionPropFile>
    <encryptionUser>axishotels</encryptionUser>
  </action>
</parameter>
```

Diese Konfiguration bewirkt die (symmetrische) Verschlüsselung des SOAP Body mit einem dynamisch generierten Sitzungsschlüssel. Der Aliasname (`encryptionUser`) wird anschließend dazu verwendet, um das Zertifikat des Empfängers aus dem Keystore zu laden. Mit Hilfe von dessen Public Key wird dann der Sitzungsschüssel chiffriert, und ebenfalls in den SOAP Header der Nachricht eingefügt (Element `EncryptedKey`). Somit ist sichergestellt, dass nur der gewünschte Empfänger den Sitzungsschlüssel dechiffrieren kann, nämlich mit Hilfe seines privaten Schlüssels. Mit dem wieder hergestellten Sitzungsschlüssel kann dann die eigentliche Nachricht dechiffriert werden. Der Vorteil dieses auf den ersten Blick umständlichen Verfahrens liegt darin, dass symmetrische Verschlüsselungsalgorithmen schneller sind als asymmetrische. Dies macht sich insbesondere bei SOAP-Nachrichten mit großem Datenaufkommen im SOAP Body bemerkbar. Listing 15.20 zeigt eine verschlüsselte SOAP-Nachricht. Es ist zu erkennen, wie der chiffrierte Sitzungsschlüssel im SOAP Header transportiert wird.

```
<soapenv:Envelope xmlns:xenc="http://www.w3.org/2001/04/xmlenc#"
        xmlns:soapenv="http://schemas.xmlsoap.org/soap/envelope/">
 <soapenv:Header>
  <wsse:Security xmlns:wsse="http://docs.oasis-open.org/wss/
         2004/01/oasis-200401-wss-wssecurity-secext-1.0.xsd"
         soapenv:mustUnderstand="1">
   <xenc:EncryptedKey Id="EncKeyId-11155366">
    <xenc:EncryptionMethod
           Algorithm="http://www.w3.org/2001/04/xmlenc#rsa-1_5"/>
    <ds:KeyInfo xmlns:ds="http://www.w3.org/2000/09/xmldsig#">
     <wsse:SecurityTokenReference>
      <ds:X509Data>
       <ds:X509IssuerSerial>
        <ds:X509IssuerName>CN=Test CA,C=DE</ds:X509IssuerName>
        <ds:X509SerialNumber>5</ds:X509SerialNumber>
       </ds:X509IssuerSerial>
      </ds:X509Data>
     </wsse:SecurityTokenReference>
    </ds:KeyInfo>
    <xenc:CipherData>
     <xenc:CipherValue>
       CaRepcbPXOUpIegBe6X4htuz3/e0qrxKrmmcuX8Z/lwBMnlbS7mniuH+E
       pgTLYbYGxDvj9DVZuSiT0XIB1+iyG4u2x3FBvoFVUl+to4WDGiNIdjeJl
       Oyu9bplDSUpAw/dX9rk2c3PDvUm5HoLv2oYXHpywRAisxtwhlhV9/fUo=
     </xenc:CipherValue>
    </xenc:CipherData>
    <xenc:ReferenceList>
     <xenc:DataReference URI="#EncDataId-5210326" />
    </xenc:ReferenceList>
   </xenc:EncryptedKey>
  </wsse:Security>
 </soapenv:Header>
 <soapenv:Body>
  <xenc:EncryptedData Id="EncDataId-5210326"
        Type="http://www.w3.org/2001/04/xmlenc#Content">
   <xenc:EncryptionMethod
        Algorithm="http://www.w3.org/2001/04/xmlenc#aes128-cbc" />
   <xenc:CipherData>
```

Listing 15.20: SOAP-Nachricht mit verschlüsseltem Body

```
        <xenc:CipherValue>
          Y0hLrzj7NPSQqdF4iaohJfEGGwPMxM9ewcdKm33rM4s83eGmHNIFLm6xHU
          N2hsPIOn7evHzszPUmYOa2EKkXFvKXYoonUhPNwoOnicQWpHGv+KTP8L8P
          N4OUKfKz+MArZqt/SAtrfpKZn048bjAE8+aY1OtAwjnL8TsF+qxruAfBTg
          seW8Y3ug+wE/7S8Qc9Sw+hguTYmFIB4uVPU86vmvBdcEoIIb0HjcrG8Yk3
          5BhmAXQ19bL5tm/2uCtrd+gfLWir/8zHkTeOgho51mCqB0vqozC0D6RLfX
          IU5ZHmF1WQsxhg+IC6En5QCtC3ZWhANPEgiBrYwtltnhBDwpRTkhosFKTS
          HDECM1OYjZdEHmqpNSYQ826fQ1PS/OS5b/BsFh+GlsmKrhHsRZwhZ734p0
          VHDjHXM55ZSFA5VBf5a585U3Om1651bFuAkSalkfl+f3QTDkXMctZrho6k
          b7yGnQ==
        </xenc:CipherValue>
      </xenc:CipherData>
    </xenc:EncryptedData>
  </soapenv:Body>
</soapenv:Envelope>
```

Listing 15.20: SOAP-Nachricht mit verschlüsseltem Body (Forts.)

Handelt es sich bei der zu versendenden Nachricht um die Antwort auf eine zuvor empfangene Request-Nachricht, d.h. eine Konfiguration wie weiter oben beschrieben wird dazu verwendet, um die Antwortnachrichten eines Service an seine Clients zu verschlüsseln, so kann serverseitig zusätzlich das Element `encryptionUser` auf den speziellen Wert `useReqSigCert` gesetzt werden. Dies bewirkt, dass der öffentliche Schlüssel aus dem Zertifikat des Clients für die Verschlüsselung verwendet wird, was die Zertifikatsverwaltung deutlich vereinfacht.

Generell gilt, dass im Falle des Fehlens von `encryptionUser` der Wert des Elements `user` herangezogen wird, um den Aliasnamen des Zertifikats zu ermitteln, das aus dem Keystore geladen wird. Ein solches Vorgehen ist jedoch nicht zu empfehlen, da es leicht zu Verwechslungen führt: Wird `user` für Signaturen oder Username Tokens verwendet, muss es den Aliasnamen des Absenders enthalten, bei Verschlüsselung den des Empfängers. Um auf der sicheren Seite zu sein, sollte für Verschlüsselung daher immer das Element `encryptionUser` verwendet werden.

Ähnliches gilt für das Element `encryptionPropFile`: Ist es nicht vorhanden, verwendet Rampart stattdessen die Datei, die im Element `signaturePropFile` angegeben ist. Nur wenn dieses Element ebenfalls fehlt, wird ein Fehler gemeldet. Im Falle der Properties-Dateien ist eine gemeinsame Verwendung des gleichen Elementes im Allgemeinen nicht problematisch.

Per Default wird zur symmetrischen Verschlüsselung der Nachrichtenanteile der Algorithmus AES-128 verwendet (Advanced Encryption Standard, Schlüssellänge 128 Bit). Mit Hilfe des Elementes `encryptionSymAlgorithm` kann dies jedoch beeinflusst werden. Tabelle 15.7 zeigt alle möglichen Werte für dieses Element auf. Es muss natürlich darauf geachtet werden, dass der verwendete JCE Provider die jeweiligen Algorithmen auch unterstützt.

Wert des Elementes	Algorithmus
http://www.w3.org/2001/04/xmlenc#tripledes-cbc	Triple-DES
http://www.w3.org/2001/04/xmlenc#aes128-cbc	AES-128
http://www.w3.org/2001/04/xmlenc#aes256-cbc	AES-256
http://www.w3.org/2001/04/xmlenc#aes192-cbc	AES-192

Tabelle 15.7: Gültige Werte für das Element encryptionSymAlgorithm

Ähnlich wie beim Versand signierter Nachrichten stehen auch bei der Verschlüsselung verschiedene Alternativen bereit, um dem Empfänger anzuzeigen, welcher Schlüssel verwendet wurde (in diesem Fall für die Chiffrierung des Sitzungsschlüssels). Welche der Alternativen zum Einsatz kommt, kann mit dem Element `encryptionKeyIdentifier` festgelegt werden. Im Gegensatz zu Signaturen werden für verschlüsselte Nachrichten jedoch nur die Verfahren `IssuerSerial` und `X509KeyIdentifier` unterstützt (vgl. Tabelle 15.4). Ist das Element `encryptionKeyIdentifier` nicht im Parameter `OutflowSecurity` enthalten, so wird automatisch das `IssuerSerial`-Verfahren verwendet. Um `X509KeyIdentifier` einzuschalten, ist dementsprechend folgende Zeile einzufügen:

```
<encryptionKeyIdentifier>X509KeyIdentifier</encryptionKeyIdentifier>
```

Das Element `encryptionParts` stellt eine weitere Ähnlichkeit zur Konfiguration für Signaturen dar: Auch im Falle von Verschlüsselung kann festgelegt werden, welcher Teil der Nachricht eigentlich gesichert werden soll. Der Wert des Elementes besteht aus einer durch Semikolons getrennten Liste von Namen derjenigen Nachrichtenelemente, die verschlüsselt werden sollen. Vor jedem Elementnamen befinden sich zwei Paare geschweifter Klammern. Ersteres enthält einen Hinweis auf den zu verwendenden Verschlüsselungsmodus, das zweite wird mit dem Namensraum des Elementes gefüllt.

Der Wert des Verschlüsselungsmodus ist entweder `Content` oder `Element`, nähere Informationen hierzu befinden sich in der Spezifikation von XML Encryption. Der Standardwert ist `Content`. Bezüglich leeren Namensräumen gilt das gleiche wie im Falle von Signaturen. Folgendes Beispiel verschlüsselt das Element `CheckAvailabilityRequest` im Modus `Element`:

```
<encryptionParts>{Element}{http://axishotels.com/booking/types/}
            CheckAvailabilityRequest</encryptionParts>
```

Schließlich kann mit Hilfe des Elements `encryptionKeyTransportAlgorithm` festgelegt werden, mit welchem Algorithmus der Sitzungsschlüssel chiffriert wird. In Frage kommen beispielsweise die folgenden Algorithmen bzw. die folgenden URIs, mit denen das Element belegt werden kann. Selbstverständlich ist zu beachten, dass der verwendete JCE-Provider den Algorithmus auch unterstützen muss.

```
http://www.w3.org/2001/04/xmlenc#rsa-1_5
http://www.w3.org/2001/04/xmlenc#rsa-oaepmgf1p
```

Um empfangene verschlüsselte Nachrichten zu dechiffrieren, genügt es im Parameter InflowSecurity die Aktion Encrypt zu konfigurieren. Weiterhin muss der Pfad zur Krypto-Konfigurationsdatei für die Entschlüsselung sowie eine Callback-Klasse für Passwörter angegeben werden.

```
<parameter name="InflowSecurity">
  <action>
    <items>Encrypt</items>
    <decryptionPropFile>
      de/axishotels/booking/secure/service/crypto.properties
    </decryptionPropFile>
    <passwordCallbackClass>
      de.axishotels.booking.secure.service.MyPwdCallback
    </passwordCallbackClass>
  </action>
</parameter>
```

Die Callback-Klasse wird benötigt, um ein Passwort für den privaten Schlüssel des Empfängers abzufragen. Mit dessen Hilfe wird der Sitzungsschlüssel dechiffriert, der wiederum zur Entschlüsselung der eigentlichen Nachricht dient. Listing 15.21 zeigt eine entsprechende Callback-Klasse für die Empfängerseite:

```
public class MyPwdCallback implements CallbackHandler {

  public void handle(Callback[] callbacks)
              throws IOException, UnsupportedCallbackException {
    for (int i = 0; i < callbacks.length; i++) {
      if (callbacks[i] instanceof WSPasswordCallback) {
        WSPasswordCallback pc = (WSPasswordCallback)callbacks[i];
        if (pc.getUsage()==WSPasswordCallback.DECRYPT) {
          // return password needed for private key - this is
          // needed to decrypt the session key
          if ("axishotels".equals(pc.getIdentifer()))
            pc.setPassword("keyPwd");
        }
      } else {
        throw new UnsupportedCallbackException(
                        callbacks[i], "Unrecognized Callback");
      }
    }
  }
}
```

Listing 15.21: Callback-Klasse zur Abfrage von Passwörtern für private Schlüssel

Element	I/O	Bedeutung	Gültige Werte
encryptionUser	O	Aliasname, unter dem Zertifikat und öffentlicher Schlüssel des Empfängers im Keystore gespeichert sind	
encryptionPropFile	O	Pfad zur Konfigurationsdatei für Keystore und Krypto-Implementierung	Dateipfade oder Referenzen auf den Klassenpfad
decryptionPropFile	I	Pfad zur Konfigurationsdatei für Keystore und Krypto-Implementierung	Dateipfade oder Referenzen auf den Klassenpfad
passwordCallbackClass	I	Callback-Klasse zur Ermittlung des Passworts für den privaten Schlüssel des Empfängers	Vollqualifizierter Klassenname
encryptionKeyIdentifier	O	Mechanismus zur Erstellung einer Schlüsselreferenz	siehe Tabelle 15.4
encryptionParts	O	Legt fest, welche Elemente verschlüsselt werden sollen	siehe Text
encryptionSymAlgorithm	O	Algorithmus zur symmetrischen Verschlüsselung der Nachricht	siehe Tabelle 15.7
encryptionKeyTransport Algorithm	O	Algorithmus zur Verschlüsselung des symmetrischen Schlüssels	siehe Text

Tabelle 15.8: Konfigurationselemente für verschlüsselte Nachrichten (I=Inflow, O=Outflow)

Das bislang vorgestellte Verfahren zum Versand von verschlüsselten Nachrichten hat den Vorteil, dass vor Beginn der Kommunikation kein gemeinsamer geheimer Schlüssel zwischen Absender und Empfänger vereinbart werden muss, um private Daten auszutauschen. Stattdessen wird der Schlüssel vom Absender zur Laufzeit generiert und dann in chiffrierter Form in der Nachricht mitgeschickt. Manchmal ist dies aber gar kein Vorteil, zum Beispiel weil es die Größe der Nachrichten deutlich erhöht (siehe Listing 15.20) oder weil ein geheimer Schlüssel bereits zuvor zwischen den Kommunikationspartnern ausgetauscht wurde.

In einem solchen Fall lässt sich ein vereinfachtes Verfahren einsetzen, bei dem der Absender die Nachricht mit Hilfe dieses geheimen Schlüssels chiffriert. Die Notwendigkeit, diesen in der Nachricht mitzuschicken entfällt, da der Schlüssel dem Empfänger ja bereits bekannt ist. Stattdessen wird lediglich ein symbolischer Schlüsselname mitgeteilt, der ebenfalls zuvor vereinbart wurde. Der Schlüsselname wird nicht im SOAP Header verschickt, sondern in das Element `EncryptedData` eingebettet, also dort untergebracht, wo die tatsächlichen verschlüsselten Daten stehen. Listing 15.22 zeigt, wie eine solche Nachricht aussieht.

```
<soapenv:Envelope
    xmlns:soapenv="http://schemas.xmlsoap.org/soap/envelope/"
    xmlns:xenc="http://www.w3.org/2001/04/xmlenc#">
```

Listing 15.22: Verschlüsselte SOAP-Nachricht mit Embedded Key Name

```
  <soapenv:Header>
    <wsse:Security xmlns:wsse="http://docs.oasis-open.org/wss/
            2004/01/oasis-200401-wss-wssecurity-secext-1.0.xsd"
            soapenv:mustUnderstand="1">
      <xenc:ReferenceList>
        <xenc:DataReference URI="#EncDataId-7841785" />
      </xenc:ReferenceList>
    </wsse:Security>
  </soapenv:Header>
  <soapenv:Body>
    <xenc:EncryptedData Id="EncDataId-7841785"
        Type="http://www.w3.org/2001/04/xmlenc#Content">
    <xenc:EncryptionMethod
        Algorithm="http://www.w3.org/2001/04/xmlenc#aes128-cbc" />
    <ds:KeyInfo xmlns:ds="http://www.w3.org/2000/09/xmldsig#">
      <ds:KeyName>predefinedSecretKey</ds:KeyName>
    </ds:KeyInfo>
    <xenc:CipherData>
      <xenc:CipherValue>IjnpEq0QD8G9GXZjRMCUdhgopHpIFkzdQInysoJKqy
          Oc/VjkuWBYRxyiNnsWHoODp3wVCt9PGsn745wx83rCClpP/b5NzgIB6
          d8SkqKEu4ptXwvqCzZTSNt+K1bdKYSlAgziho6vOYBchn8N4WRs9mND
          TxjmmWCoKjJsISD4OmuVGL75CnnP</xenc:CipherValue>
      </xenc:CipherData>
    </xenc:EncryptedData>
  </soapenv:Body>
</soapenv:Envelope>
```

Listing 15.22: Verschlüsselte SOAP-Nachricht mit Embedded Key Name (Forts.)

Um dieses Verfahren einzusetzen, muss im `OutflowSecurity`-Parameter des Absenders das Element `encryptionKeyIdentifier` auf den Wert `EmbeddedKeyName` gesetzt werden. Weiterhin ist im Element `EmbeddedKeyCallbackClass` eine Callback-Klasse zu benennen, welche den zu verwendenden geheimen Schlüssel liefert. Das Element `EmbeddedKeyName` enthält schließlich den symbolischen Schlüsselnamen, der in die Nachricht eingebettet wird.

```
<parameter name="OutflowSecurity">
  <action>
    <items>Encrypt</items>
    <encryptionPropFile>
      de/axishotels/booking/secure/client/crypto.properties
    </encryptionPropFile>
    <user>predefinedSecretKey</user>
    <encryptionKeyIdentifier>
      EmbeddedKeyName
```

```
    </encryptionKeyIdentifier>
    <EmbeddedKeyCallbackClass>
      de.axishotels.booking.secure.client.MyPwdCallback
    </EmbeddedKeyCallbackClass>
    <EmbeddedKeyName>predefinedSecretKey</EmbeddedKeyName>
  </action>
</parameter>
```

Als Callback-Klasse kann die gleiche Klasse verwendet werden, welche auch Passwörter für Schlüssel und Username Tokens liefert. Sie muss jedoch auf die spezielle Callback-Variante KEY_NAME ausgerichtet sein. Eine solche Password-Klasse wird auch auf Seiten des Empfängers benötigt.

```
public class MyPwdCallback implements CallbackHandler {
  public void handle(Callback[] callbacks) throws
                    IOException, UnsupportedCallbackException {
    for (int i = 0; i < callbacks.length; i++) {
      if (callbacks[i] instanceof WSPasswordCallback) {
        WSPasswordCallback pc = (WSPasswordCallback)callbacks[i];
        if (pc.getUsage() == WSPasswordCallback.USERNAME_TOKEN) {
          ...
        } else if (pc.getUsage()==WSPasswordCallback.KEY_NAME) {
          // returns the *key* used for encryption
          if ("predefinedSecretKey".equals(pc.getIdentifer()))
            pc.setKey("djjklfd0931k;dk0".getBytes());
        }
      } else {
        throw new UnsupportedCallbackException(callbacks[i],
                                  "Unrecognized Callback");
      }
    }
  }
}
```

Serialisierung von Nachrichten unterdrücken

Normalerweise serialisiert Rampart eine SOAP-Nachricht nach deren Verarbeitung und speichert das Ergebnis dann im Message Context (siehe Kapitel 9). Dieses Verhalten kann unterdrückt werden, indem die Aktion `NoSerialization` ausgelöst wird. In diesem Fall wird die verarbeitete SOAP-Nachricht nicht serialisiert, sondern in Form eines `Document`-Objektes als Property im Message Context abgelegt. Dabei wird der Property-Name `SND_SECURITY` verwendet. Dies ist sinnvoll, wenn mehrere Handler miteinander verkettet werden. Der letzte Handler der Kette muss die Nachricht dann aber schließlich serialisieren.

Nachrichtenoptimierung mit XOP

Verschlüsselte Nachrichten, Signaturen und Hashwerte sind in aller Regel binäre Daten. Diese können zunächst nicht in XML eingefügt werden, da XML textbasiert ist. Aus diesem Grund überführt Rampart binäre Daten standardmäßig in das so genannte Base64-Format, das beliebige Datenwerte in druckbare ASCII-Zeichen transformiert. Dabei repräsentiert ein ASCII-Zeichen jeweils 6 Bits der originalen Daten. Anschließend können die in Base64 formatierten Daten in die SOAP-Nachricht eingefügt werden.

Dieses Verfahren ist offensichtlich nicht besonders effizient, da die Nachrichtenlänge durch die Transformierung binärer Anteile in Base64 zunimmt. Aus diesem Grund kann eine Nachrichtenoptimierung eingeschaltet werden, wodurch nicht mehr Base64, sondern statt dessen XOP (XML-binary Optimized Packaging), [27] verwendet wird. XOP ist ein W3C-Standard und fügt mit Hilfe eines *Include*-Mechanismus binäre Daten in XML-Dokumente ein. Ein weiterer Standard namens MTOM (SOAP Message Transmission Optimization Mechanism) [28] definiert, wie XOP auf SOAP-Nachrichten angewandt werden kann. Die Kombination der beiden kann insbesondere auch dazu eingesetzt werden, SOAP-Nachrichten mit Attachments zu verschicken. Nähere Informationen hierzu befinden sich in Kapitel 13.

Um XOP zur Optimierung von verschlüsselten oder signierten Nachrichten einzuschalten, muss ein Element namens `optimizeParts` in die Rampart-Konfiguration eingefügt und mit einem Pfad gemäß XPath [29] belegt werden, der definiert, welche Anteile der Nachricht optimiert werden sollen.

```
<parameter name="OutflowSecurity">
  <action>
    <items>Encrypt</items>
    <encryptionPropFile>
      de/axishotels/booking/secure/client/crypto.properties
    </encryptionPropFile>
    <encryptionUser>axishotels</encryptionUser>
    <optimizeParts>
      //xenc:EncryptedData/xenc:CipherData/xenc:CipherValue
    </optimizeParts>
  </action>
</parameter>
```

Zusätzlich muss sichergestellt werden, dass MTOM in der Konfiguration von Axis2 eingeschaltet ist. Hierzu ist in der globalen Konfigurationsdatei (*axis2.xml*) oder in der des Service (*services.xml*) der Parameter `enableMTOM` auf den Wert `true` zu setzen.

```
<parameter name="enableMTOM" locked="false">true</parameter>
```

Listing 15.23 zeigt Ausschnitte einer mit XOP optimierten, verschlüsselten Nachricht.

```
POST /axis2/services/BookingService HTTP/1.1
User-Agent: Axis2
Host: 127.0.0.1:8888
Transfer-Encoding: chunked
Content-Type: multipart/related; boundary=MIMEBoundaryurn_uuid_
9364C54771B51DCDC311683856747501; type="application/xop+xml";
start="<0.urn:uuid:9364C54771B51DCDC311683856747502@apache.org>";
start-info="application/soap+xml";
charset=UTF-8;
action="http://axishotels.de/booking/service/CheckAvailability";
--MIMEBoundaryurn_uuid_9364C54771B51DCDC311683856747501
content-type: application/xop+xml;
charset=UTF-8;
type="application/soap+xml";
content-transfer-encoding: binary
content-id: <0.urn:uuid:9364C54771B51DCDC311683856747502@apache.org>
<?xml version='1.0' encoding='UTF-8'?>
<soapenv:Envelope xmlns:xenc="http://www.w3.org/2001/04/xmlenc#"
      xmlns:wsa="http://www.w3.org/2005/08/addressing"
      xmlns:soapenv="http://www.w3.org/2003/05/soap-envelope">
 <soapenv:Header>
  ...
 </soapenv:Header>
 <soapenv:Body>
  <xenc:EncryptedData Id="EncDataId-22355327"
          Type="http://www.w3.org/2001/04/xmlenc#Content">
   <xenc:EncryptionMethod
       Algorithm="http://www.w3.org/2001/04/xmlenc#aes128-cbc" />
   <xenc:CipherData>
    <xenc:CipherValue>
     <xop:Include
         href="cid:1.urn:uuid:9364C54C3116838567@apache.org"
         xmlns:xop="http://www.w3.org/2004/08/xop/include" />
    </xenc:CipherValue>
   </xenc:CipherData>
  </xenc:EncryptedData>
 </soapenv:Body>
</soapenv:Envelope>
--MIMEBoundaryurn_uuid_9364C54771B51DCDC311683856747501
content-type: application/octet-stream
```

Listing 15.23: Verschlüsselte, mit XOP optimierte Nachricht

```
content-transfer-encoding: binary
content-id: <1.urn:uuid:9364C54C3116838567@apache.org>
   [hier binäre Daten...]
```

Listing 15.23: Verschlüsselte, mit XOP optimierte Nachricht (Forts.)

SOAP-spezifische Parameter

WSS4J/Rampart erlaubt zusätzlich die Verwendung der Elemente `actor`, `role` und `mustUnderstand` innerhalb von `action`. Diese dienen dazu, die Werte der gleichnamigen Attribute für das Element `Security` im SOAP Header zu konfigurieren. Alle drei Attribute werden von der SOAP-Spezifikation spezifiziert, haben also mit WS-Security zunächst nichts zu tun.

Mit Hilfe vom `mustUnderstand` kann der Sender einer Nachricht festlegen, ob der Empfänger das jeweilige Header-Element verstehen und verarbeiten muss oder ob er es andernfalls einfach ignorieren kann. Das Attribut kann die Werte „1" oder „0" annehmen (für `true` oder `false`) und Rampart setzt das Attribut standardmäßig auf „1".

Die Attribute `actor` (SOAP 1.1) bzw. `role` (SOAP 1.2) dienen dazu festzulegen, für welchen Empfänger ein Header-Element überhaupt gedacht ist. Ihre Verwendung ist immer dann sinnvoll, wenn eine Nachricht erst über mehrere Zwischenstationen („Intermediaries") ihren endgültigen Empfänger erreicht. Die SOAP-Spezifikation definiert hierzu unter anderem einige Standard-Actors bzw. -Roles. Wird kein expliziter Wert in der Konfiguration angegeben, fügt Rampart kein `actor` Attribut in die Nachricht ein.

Folgende Konfiguration für den Versand eines Username Tokens demonstriert die Verwendung von `mustUnderstand` und `actor`.

```
<parameter name="OutflowSecurity">
  <action>
    <items>UsernameToken</items>
    <user>happyholidays</user>
    <passwordCallbackClass>
      de.axishotels.booking.client.secure.MyPwdCallback
    </passwordCallbackClass>
    <actor>http://schemas.xmlsoap.org/soap/actor/next</actor>
    <mustUnderstand>1</mustUnderstand>
  </action>
</parameter>
```

Dynamische Konfiguration im Source Code

Alternativ zur Konfiguration von Rampart in den Konfigurationsdateien kann dies clientseitig auch innerhalb des Anwendungscodes geschehen. Hierzu ist in den Optionen des `ServiceClient` ein Property mit den entsprechenden Einstellungen zu setzen. Listing 15.24 demonstriert, wie dies im Falle von signierten Nachrichten aussehen könnte.

Hierbei sind zwei Dinge zu beachten. Zum einen sind die Bibliotheken *axis2-rahas-1.1.jar*, *axis2-secpolicy-1.1.jar* und *axis2-security-1.1.jar* in den Klassenpfad der Client-Anwendung aufzunehmen. Zum anderen ist diese Art der Konfiguration bereits in Rampart 1.1 als „deprecated" erklärt worden, da zukünftig die Konfiguration ausschließlich über WS-Policy erfolgen soll.

```
Options opts = stub._getServiceClient().getOptions();
OutflowConfiguration ofc = new OutflowConfiguration();
ofc.setActionItems("Signature");
ofc.setUser("happyholidays");
ofc.setPasswordCallbackClass("de.axishotels.booking.secure.client.MyPwdCallback");
ofc.setSignaturePropFile("de/axishotels/booking/secure/client/crypto.properties");
ofc.setSignatureKeyIdentifier(WSSHandlerConstants.SKI_KEY_IDENTIFIER);
opts.setProperty(WSSHandlerConstants.OUTFLOW_SECURITY, ofc.getProperty());
```

Listing 15.24: Dynamische Rampart-Konfiguration im Anwendungscode

Entsprechend dem Beispiel in Listing 15.23 kann die Klasse `InflowConfiguration` verwendet werden, um Rampart für eingehende Nachrichten zu konfigurieren. Das Property muss dann in den Optionen wie folgt abgelegt weden:

```
opts.setProperty(WSSHandlerConstants.INFLOW_SECURITY, getInflowConfiguration());
```

Bekannte Probleme mit Rampart

Ein bekannter Bug der Kombination von Axis2 1.1 und Rampart 1.1 ist die Tatsache, dass eine `ClassCastException` auftreten kann, wenn das Rampart-Modul clientseitig eingeschaltet ist und eine Antwortnachricht vom Service empfangen wird, die einen SOAP Fault enthält. Der Fehler tritt nur auf, wenn die Kommunikation auf SOAP 1.1 beruht. Als Workaround kann daher auf SOAP 1.2 umgeschaltet werden. Bei Verwendung generierter Stubs müssen hierfür folgende Zeilen in den Code eingefügt werden. Die Klasse `Constants` stammt dabei aus dem Package `org.apache.axis2`.

```
Options opts = stub._getServiceClient().getOptions();
opts.setSoapVersionURI(Constants.URI_SOAP12_ENV);
```

Der Fehler soll mit Axis 1.1.1 behoben sein.

WS-SecureConversation und WS-Trust

Während WS-Security lediglich die Sicherung einzelner Nachrichten adressiert, ist es häufig sinnvoll einen Sicherheitskontext zwischen den beteiligten Kommunikationspartnern zu etablieren, wenn mehrere Nachrichten ausgetauscht werden sollen. Dieser Sicherheitskontext wird dann zwischen allen Kommunikationspartnern für die gesamte Länge der Kommunikation geteilt. Das Konzept impliziert ein gemeinsames „Geheimnis".

WS-SecureConversation [30] baut auf WS-Security auf und erweitert es um ein neues Security Token (`SecurityContextToken`), welches einen solchen Sicherheitskontext repräsentiert. Nachdem der Sicherheitskontext etabliert wurde und ein gemeinsames Geheimnis unter dem Kommunikationspartnern besteht, können alle für die Kommunikation benötigten Schlüssel aus dem Kontext abgeleitet werden. WS-SecureConversation spezifiziert hierzu einen entsprechenden Mechanismus.

Wichtige Grundlage eines solchen Verfahrens ist natürlich die sichere Erzeugung des Kontextes und dessen Verteilung an alle Kommunikationspartner. WS-SecureConversation spezifiziert drei mögliche Wege hierfür:

- Einer der Kommunikationspartner erzeugt das Token für den Sicherheitskontext und verteilt es mit Hilfe einer speziellen Nachricht.
- Die Kommunikationspartner erstellen das Token gemeinsam durch „Verhandlung" und den Austausch einer speziellen Nachrichtensequenz (vgl. SSL).
- Ein spezieller Security Token Service (STS) ist für die Erstellung der Tokens verantwortlich. Der Initiator des Sicherheitskontextes fordert dieses beim STS an und es wird anschließend durch einen speziellen Mechanismus an alle Kommunikationspartner verteilt.

Jede der drei Optionen erfordert einen besonderen Mechanismus zur Anforderung, Übermittlung oder Verteilung des gemeinsamen Kontextes. Ein solcher wird von einer weiteren Spezifikation namens WS-Trust [31] definiert. Sowohl WS-SecureConversation als auch WS-Trust liegen OASIS zur Standardisierung vor.

Seit Version 1.1 enthält Rampart neben der Implementierung von WS-Security auch Unterstützung für WS-SecureConversation. Daneben ist in der Rampart-Disribution ein weiteres Axis2-Modul namens Rahas (*rahas.mar*) enthalten. Dieses kann dazu verwendet werden, einen beliebigen Service zum STS zu erweitern, indem das Modul dem Service die hierzu notwendigen Operationen (siehe Spezifikation von WS-Trust) hinzufügt. Das Unterverzeichnis *samples* der Rampart-Distribution enthält Beispiele, welche den Einsatz von WS-SecureConversation demonstrieren.

15.3.3 Konfiguration mit WS-Policy

Wie zu Beginn dieses Abschnitts erwähnt soll die Konfiguration in zukünftigen Versionen von Rampart ausschließlich mit WS-Policy erfolgen. Dabei werden die von einem Endpunkt unterstützten WS-Security Features sowie seine Anforderungen an andere Kommunikationspartner in einer solchen Policy beschrieben. Die Konfiguration von Rampart erfolgt mit Hilfe eines speziellen Elementes namens `RampartConfig` innerhalb dieser Policy. Dieses enthält dann Kindelemente, welche die gleichen Namen besitzen wie die in diesem Kapitel beschriebenen Parameter. Listing 15.25 zeigt eine solche Konfiguration für einen Service, der verlangt, dass alle an ihn gerichteten Nachrichten verschlüsselt und signiert werden.

```
<service>
 <parameter name="ServiceClass">
  de.axishotels.booking.service.MyBookingService
 </parameter>
 <operation name="MakeReservation"
          mep="http://www.w3.org/2004/08/wsdl/in-out">
  ...
 </operation>

 <module ref="rampart" />
 <module ref="addressing" />

 <wsp:Policy
      xmlns:wsp="http://schemas.xmlsoap.org/ws/2004/09/policy"
      wsu:Id="SigEncr"
      xmlns:wsu="http://docs.oasis-open.org/wss/2004/01/
                oasis-200401-wss-wssecurity-utility-1.0.xsd" >
  <wsp:ExactlyOne>
   <wsp:All>
   <sp:AsymmetricBinding xmlns:sp="http://schemas.xmlsoap.org/ws/2005/07/
                                  securitypolicy">
     <wsp:Policy>
      <sp:InitiatorToken>
       <wsp:Policy>
        <sp:X509Token
            sp:IncludeToken="http://schemas.xmlsoap.org/ws/2005/
               07/securitypolicy/IncludeToken/AlwaysToRecipient">
         <wsp:Policy>
          <sp:WssX509V3Token10/>
         </wsp:Policy>
        </sp:X509Token>
       </wsp:Policy>
      </sp:InitiatorToken>
      <sp:RecipientToken>
       <wsp:Policy>
        <sp:X509Token
            sp:IncludeToken="http://schemas.xmlsoap.org/ws/2005/
               07/securitypolicy/IncludeToken/Never">
         <wsp:Policy>
          <sp:WssX509V3Token10/>
         </wsp:Policy>
```

Listing 15.25: Service-Konfiguration mit Rampart und WS-Policy

```
          </sp:X509Token>
        </wsp:Policy>
      </sp:RecipientToken>
      <sp:AlgorithmSuite>
        <wsp:Policy>
          <sp:TripleDesRsa15/>
        </wsp:Policy>
      </sp:AlgorithmSuite>
      <sp:Layout>
        <wsp:Policy>
          <sp:Strict/>
        </wsp:Policy>
      </sp:Layout>
      <sp:IncludeTimestamp/>
      <sp:OnlySignEntireHeadersAndBody/>
    </wsp:Policy>
  </sp:AsymmetricBinding>
  <sp:Wss10 xmlns:sp="http://schemas.xmlsoap.org/ws/2005/07/securitypolicy"
    <wsp:Policy>
      <sp:MustSupportRefKeyIdentifier/>
      <sp:MustSupportRefIssuerSerial/>
    </wsp:Policy>
  </sp:Wss10>
  <sp:SignedParts xmlns:sp="http://schemas.xmlsoap.org/ws/20052005/07/
                                   securitypolicy">
    <sp:Body/>
  </sp:SignedParts>
  <sp:EncryptedParts xmlns:sp="http://schemas.xmlsoap.org/ws/2005/07/
                                   securitypolicy">
    <sp:Body/>
  </sp:EncryptedParts>
  <ramp:RampartConfig
       xmlns:ramp="http://ws.apache.org/rampart/policy">
    <ramp:user>service</ramp:user>
    <ramp:encryptionUser>client</ramp:encryptionUser>
    <ramp:passwordCallbackClass>
     org.apache.rampart.samples.policy.sample03.PWCBHandler
    </ramp:passwordCallbackClass>
    <ramp:signatureCrypto>
     <ramp:crypto provider="org.apache.ws.security.components.crypto.Merlin">
      <ramp:property name="org.apache.ws.security.crypto.
```

Listing 15.25: Service-Konfiguration mit Rampart und WS-Policy (Forts.)

```
                merlin.keystore.type">JKS</ramp:property>
        <ramp:property name="org.apache.ws.security.crypto.
                merlin.file">service.jks</ramp:property>
        <ramp:property name="org.apache.ws.security.crypto.
                merlin.keystore.password">apache</ramp:property>
      </ramp:crypto>
    </ramp:signatureCrypto>
    <ramp:encryptionCypto>
      <ramp:crypto provider="org.apache.ws.security.components.crypto.Merlin">
        <ramp:property name="org.apache.ws.security.crypto.
                merlin.keystore.type">JKS</ramp:property>
        <ramp:property name="org.apache.ws.security.crypto.
                merlin.file">service.jks</ramp:property>
        <ramp:property name="org.apache.ws.security.crypto.
                merlin.keystore.password">apache</ramp:property>
      </ramp:crypto>
    </ramp:encryptionCypto>
   </ramp:RampartConfig>
  </wsp:All>
 </wsp:ExactlyOne>
</wsp:Policy>
</service>
```

Listing 15.25: Service-Konfiguration mit Rampart und WS-Policy (Forts.)

15.4 WS-ReliableMessaging

15.4.1 Grundlagen

Die Kommunikation über Computernetzwerke ist häufig nicht besonders zuverlässig. Diese Erfahrung hat sicherlich jeder Leser schon häufig gemacht. Datenpakete und Nachrichten gehen verloren, Verbindungen brechen ab, Server sind nicht erreichbar – es scheint an ein Wunder zu grenzen, wie gut die alltägliche Kommunikation trotz allem funktioniert. Ein weiteres Risiko für die Zuverlässigkeit der Kommunikation stellen die Anwendungen selbst dar: sie können abstürzen. Doch was passiert, wenn dies genau zwischen dem Versand einer Nachricht und dem Empfang der Antwort geschieht? Die genannten Probleme haben natürlich erheblichen Einfluss auf den Einsatz von Web Services, insbesondere dann, wenn diese in geschäftskritischen Anwendungsszenarien eingesetzt werden.

Angenommen, eine Anwendung sendet eine SOAP-Nachricht an den Web Service eines Investmentbrokers. Die Nachricht enthält den Auftrag Wertpapiere von hohem Gesamtwert zu kaufen, doch die erwartete Antwort des Service bleibt aus. In solchen Fällen stellt sich die spannende Frage, was genau geschehen ist. Zum einen wäre es möglich, dass die

Nachricht mit der Kauforder gar nicht beim Service des Brokers angekommen ist. In diesem Fall besteht in der Regel die Anforderung, die gleiche Order nochmals zu versenden. Es ist jedoch ebenso möglich, dass die Kauforder beim Service ankam und korrekt verarbeitet wurde, aber die Antwortnachricht mit der Bestätigung verloren ging. In diesem Fall würde man sicherlich die gleiche Order nicht noch einmal verschicken wollen.

Insbesondere das weit verbreitete HTTP bietet als Transportprotokoll keinerlei Möglichkeit, solche Szenarien aufzulösen. Es ist schlicht nicht zuverlässig. Zwar existieren zuverlässigere Transportprotokolle als HTTP, jedoch ergäbe sich bei deren Einsatz das bereits im Abschnitt über WS-Addressing geschilderte Problem bezüglich der Adressierung von Nachrichten: Man kann oftmals nicht sicher sein, ob eine SOAP-Nachricht auf ihrem Weg zum Empfänger nicht bestimmte Teilstrecken über unterschiedliche Transportprotokolle zurücklegt. Benötigt wird also ein Standard, mit dem eine zuverlässige Kommunikation erreicht werden kann, und bei dem gleichzeitig alle notwendigen Meta-Informationen in der SOAP-Nachricht selbst abgelegt werden.

Im Web Service-Umfeld existieren unterschiedliche Vorschläge für die Lösung dieser Anforderung. Die weitaus besten Aussichten sich durchzusetzen hat dabei WS-ReliableMessaging [32], dessen Spezifikation zur Standardisierung bei OASIS eingereicht wurde. Dabei handelt es sich um eine Erweiterung des SOAP-Protokolls, die eine Reihe von Elementen zum Versand im SOAP Header sowie auch einige spezielle Nachrichten definiert. Mit Hilfe dieser Erweiterungen sind Implementierungen des Protokolls in der Lage, unterschiedliche Quality-of-Service-Stufen (QoS) für die Kommunikation zu garantieren. Eine Zusatzspezifikation namens WS-RM Policy Assertion definiert Assertions, mit deren Hilfe Kommunikationspartner in einem WS-Policy-Dokument einander anzeigen können, ob sie den Einsatz von WS-ReliableMessaging anbieten oder sogar erfordern.

WS-ReliableMessaging basiert auf dem zentralen Konzept einer Sequenz. Sie dient als gemeinschaftlicher Kontext für eine Menge zusammengehöriger Nachrichten, die unter Einhaltung einer bestimmten QoS-Stufe ausgetauscht werden sollen. Vor Beginn des eigentlichen Nachrichtenaustausches muss eine solche Sequenz daher zunächst erzeugt werden. Dies bedeutet im Wesentlichen, dass der Sender einen Sequenzbezeichner vom Empfänger anfordert. Die Spezifikation definiert hierfür eine `CreateSequence`-Nachricht. Der Empfänger muss also eine entsprechende Operation anbieten. Listing 15.26 zeigt eine beispielhafte Nachricht. Mit Hilfe des Elementes `AcksTo` wird dabei spezifiziert, an welche Adresse im Laufe der späteren Kommunikation die Empfangsbestätigungen geschickt werden sollen.

```
<soapenv:Envelope xmlns:wsa="http://www.w3.org/2005/08/addressing"
      xmlns:soapenv="http://schemas.xmlsoap.org/soap/envelope/">
 <soapenv:Header>
  <wsa:Action>
   http://schemas.xmlsoap.org/ws/2005/02/rm/CreateSequence
  </wsa:Action>
  ...
 </soapenv:Header>
```

Listing 15.26: Request-Nachricht zur Erzeugung einer neuen Sequenz

```
<soapenv:Body>
 <wsrm:CreateSequence
      xmlns:wsrm="http://schemas.xmlsoap.org/ws/2005/02/rm">
  <wsrm:AcksTo>
   <wsa:Address>
     http://10.1.1.5:6066/axis2/services/BookingService25377109/CheckAvailability
   </wsa:Address>
  </wsrm:AcksTo>
 </wsrm:CreateSequence>
</soapenv:Body>
</soapenv:Envelope>
```

Listing 15.26: Request-Nachricht zur Erzeugung einer neuen Sequenz (Forts.)

Als Antwort sendet der Empfänger eine `CreateSequenceResponse`-Nachricht mit einem eindeutigen Sequenzbezeichner.

```
<soapenv:Envelope xmlns:wsa="http://www.w3.org/2005/08/addressing"
       xmlns:soapenv="http://schemas.xmlsoap.org/soap/envelope/">
 <soapenv:Header>
  <wsa:Action>
   http://schemas.xmlsoap.org/ws/2005/02/rm/CreateSequenceResponse
  </wsa:Action>

  ...
 </soapenv:Header>
 <soapenv:Body>
  <wsrm:CreateSequenceResponse
       xmlns:wsrm="http://schemas.xmlsoap.org/ws/2005/02/rm">
   <wsrm:Identifier>
     urn:uuid:FE48E7B9B3FCB57484116944755765
   </wsrm:Identifier>
  </wsrm:CreateSequenceResponse>
 </soapenv:Body>
</soapenv:Envelope>
```

Listing 15.27: Response-Nachricht bei der Erzeugung einer Sequenz

Wurde die Sequenz erzeugt, kann der Versand der eigentlichen Nachrichten beginnen. Im Laufe der Kommunikation wird dabei in allen Nachrichten die Sequenznummer im SOAP Header mitgeschickt. Daneben wird jeder Nachricht auch eine aufsteigende Nummer zugewiesen (Element `MessageNumber`). So kann der Empfänger auf einfache Weise feststellen, ob alle Nachrichten des Senders angekommen sind oder ob einige davon verloren gingen.

```
<soapenv:Envelope xmlns:wsa="http://www.w3.org/2005/08/addressing"
        xmlns:soapenv="http://schemas.xmlsoap.org/soap/envelope/">
 <soapenv:Header>
  <wsrm:Sequence soapenv:mustUnderstand="1"
            xmlns:wsrm="http://schemas.xmlsoap.org/ws/2005/02/rm">
   <wsrm:Identifier>
    urn:uuid:FE48E7B9B3FCB574841169447555765
   </wsrm:Identifier>
   <wsrm:MessageNumber>4</wsrm:MessageNumber>
  </wsrm:Sequence>
  ...
 </soapenv:Header>
 <soapenv:Body>
  ...
 </soapenv:Body>
</soapenv:Envelope>
```

Listing 15.28: SOAP-Nachricht mit Sequenzbezeichner und Nachrichtennummer

Der Empfänger bestätigt den Empfang von Nachrichten, indem er die Nummern aller bislang erhaltenen Nachrichten als Teil seiner Antwortnachrichten an den Sender zurückmeldet (`SequenceAcknowledgement`). Da jede Bestätigungsmeldung alle empfangenen Nachrichtennummern enthält, ist es nicht problematisch, falls eine Bestätigung einmal verloren geht.

```
<soapenv:Envelope xmlns:wsa="http://www.w3.org/2005/08/addressing"
        xmlns:soapenv="http://schemas.xmlsoap.org/soap/envelope/">
 <soapenv:Header>
  <wsrm:SequenceAcknowledgement soapenv:mustUnderstand="0"
       xmlns:wsrm="http://schemas.xmlsoap.org/ws/2005/02/rm">
   <wsrm:Identifier>
    urn:uuid: FE48E7B9B3FCB574841169447555765
   </wsrm:Identifier>
   <wsrm:AcknowledgementRange Lower="1" Upper="3" />
  </wsrm:SequenceAcknowledgement>
  <wsa:Action>
    http://schemas.xmlsoap.org/ws/2005/02/rm/SequenceAcknowledgement
  </wsa:Action>
 </soapenv:Header>
 <soapenv:Body />
</soapenv:Envelope>
```

Listing 15.29: Empfangsbestätigung für die Nachrichten 1 bis 3

Im Falle verloren gegangener Nachrichten kann der Empfänger den erneuten Versand dieser Nachrichten beim Sender anfordern. Der Sender erkennt dagegen anhand der Empfangsbestätigungen, ob alle Nachrichten gut angekommen sind. Ist dies der Fall, so ist die Sequenz beendet. Der Sender löscht alle Empfangsbestätigungen und zwischengespeicherten Nachrichten und schickt eine `TerminateSequence`-Nachricht an den Empfänger. Dies zeigt dem Empfänger an, dass auch er sämtliche für die Sequenz benötigten Ressourcen freigeben kann. Dies beinhaltet auch hier alle zwischengespeicherten Nachrichten.

```
<soapenv:Envelope xmlns:wsa="http://www.w3.org/2005/08/addressing"
      xmlns:soapenv="http://schemas.xmlsoap.org/soap/envelope/">
 <soapenv:Header>
  ...
  <wsa:Action>
    http://schemas.xmlsoap.org/ws/2005/02/rm/TerminateSequence
  </wsa:Action>
 </soapenv:Header>
 <soapenv:Body>
  <wsrm:TerminateSequence
        xmlns:wsrm="http://schemas.xmlsoap.org/ws/2005/02/rm">
   <wsrm:Identifier>
    urn:uuid:FE48E7B9B3FCB574841169447555765
   </wsrm:Identifier>
  </wsrm:TerminateSequence>
 </soapenv:Body>
</soapenv:Envelope>
```

Listing 15.30: Benachrichtung über die Terminierung einer Sequenz

Welche QoS-Stufen auf Basis dieses Mechanismus nun genau angeboten werden, hängt von den jeweiligen Implementierungen des WS-ReliableMessaging-Protokolls ab und wird nicht in der Spezifikation vorgeschrieben. Denkbar sind folgende Stufen:

- Maximal einmalige Auslieferung: Es wird garantiert, dass jede Nachricht höchstens einmal an die empfangende Anwendung ausgeliefert wird. Allerdings ist der Verlust von Nachrichten möglich.
- Mindestens einmalige Auslieferung: Es wird garantiert, dass jede Nachricht mindestens einmal an die empfangende Anwendung ausgeliefert wird. Es sind jedoch auch mehrmalige Auslieferungen der gleichen Nachricht möglich.
- Genau einmalige Auslieferung: Es wird garantiert, dass jede versendete Nachricht genau einmal ausgeliefert wird.
- Auslieferung unter Einhalten der Reihenfolge: Zusätzlich zur genau einmaligen Auslieferung wird sichergestellt, dass die Nachrichten genau in der gleichen Reihenfolge an die empfangende Anwendung ausgeliefert werden, in der sie versandt wurden.

Nähere Einzelheiten zu WS-ReliableMessaging können im Spezifikationsdokument nachgelesen werden.

15.4.2 Sandesha2: WS-ReliableMessaging mit Axis2

In der Praxis macht es natürlich keinen Sinn, dass jeder Web Service und jede Client-Anwendung die beschriebenen Funktionalitäten selbst implementiert. Daher wurde im Apache Sandesha2-Projekt [33] eine Implementierung von WS-ReliableMessaging entwickelt, die als Modul für Axis2 bereitsteht. Hinsichtlich der Release-Versionen muss beachtet werden, dass für den Einsatz mit Axis2 1.1 unbedingt auch Sandesha2 1.1 notwendig ist.

Diese Sandesha2-Version implementiert und unterstützt zwei verschiedene Spezifikationsversionen: Version 1.0 vom Februar 2005, sowie den *Committee Draft 4* der Version 1.1 von OASIS. Wie generell bei WS-Spezifikationen üblich, werden die Versionen durch unterschiedliche XML-Namensräume unterschieden.

```
http://schemas.xmlsoap.org/ws/2005/02/rm
http://docs.oasis-open.org/ws-rx/wsrm/200608
```

WS-ReliableMessaging kann offensichtlich nur dann funktionieren, wenn beide Kommunikationspartner das Protokoll unterstützen. Wie alle anderen Module ist auch Sandesha2 (*sandesha2-1.1.mar*) im *modules*-Ordner des Axis2-Repository vom Client bzw. Service abzulegen. Zusätzlich müssen die globalen Konfigurationsdateien des Axis2 Frameworks (*axis2.xml*) auf Client- und Serverseite modifiziert werden. Allen vier darin definierten Flows ist eine spezielle Phase namens `RMPhase` hinzuzufügen. Diese muss jeweils dort eingefügt werden, wo benutzerdefinierte Phasen erlaubt sind. In einer ansonsten unveränderten Phasen-Konfiguration bedeutet dies, dass `RMPhase` im `InFlow` und `InFaultFlow` die letzte, in `OutFlow` und `OutFaultFlow` die erste Phase sein sollte.

```
<axisconfig name="AxisJava2.0">
  ...
  <phaseOrder type="InFlow">
    <phase name="Transport"/>
    <phase name="Security"/>
    <phase name="PreDispatch"/>
    <phase name="Dispatch" />
    <phase name="OperationInPhase"/>
    <phase name="soapmonitorPhase"/>
    <phase name="RMPhase"/>
  </phaseOrder>
  <phaseOrder type="OutFlow">
    <phase name="RMPhase"/>
    <phase name="soapmonitorPhase"/>
```

Listing 15.31: Phasenkonfiguration für den Einsatz von Sandesha2

```
    <phase name="OperationOutPhase"/>
    <phase name="PolicyDetermination"/>
    <phase name="MessageOut"/>
    <phase name="Security"/>
  </phaseOrder>
  <phaseOrder type="InFaultFlow">
    <phase name="PreDispatch"/>
    <phase name="Dispatch" />
    <phase name="OperationInFaultPhase"/>
    <phase name="soapmonitorPhase"/>
    <phase name="RMPhase"/>
  </phaseOrder>
  <phaseOrder type="OutFaultFlow">
    <phase name="RMPhase"/>
    <phase name="soapmonitorPhase"/>
    <phase name="OperationOutFaultPhase"/>
    <phase name="PolicyDetermination"/>
   <phase name="MessageOut"/>
  </phaseOrder>
</axisconfig>
```

Listing 15.31: Phasenkonfiguration für den Einsatz von Sandesha2 (Forts.)

Um das Modul mit einem Service oder einer Operation zu verknüpfen, kann das Engagement entweder über das Administrations-Frontend von Axis2 erfolgen oder innerhalb der Service-Konfigurationsdatei *services.xml*. Dort müsste ein Element mit einer Modulreferenz eingefügt werden, entweder als Kindelement von `service` oder als Kindelement von `operation` – je nachdem worauf das Modul angewendet werden soll.

```
<module ref="sandesha2-1.1" />
```

Ob das Engagement des Sandesha2-Moduls mit dem Service oder der Operation erfolgreich war, kann anschließend im Administrations-Frontend unter dem Menüpunkt `Available Services` überprüft werden.

Für Client-Anwendungen sollte deren Axis2-Repository mindestens die Module für WS-Addressing und eben Sandesha2 selbst enthalten. Neben dem bereits erwähnten Einfügen der `RMPhase`-Phasen muss in der Konfigurationsdatei *axis2.xml* ebenfalls eine Modulreferenz eingefügt werden. Weiterhin wird im Klassenpfad die Datei *sandesha2-client-1.1.jar* benötigt, für manche Fälle auch *sandesha2-1.1.jar*.

Listing 15.32 zeigt Auszüge aus einer beispielhaften Client-Anwendung für den Einsatz von WS-ReliableMessaging mit Axis2 und Sandesha2. Sie verwendet für den Empfang der Nachrichten vom Service einen anderen Kommunikationskanal als für den Versand dorthin. Es kommt also die Zweikanalfähigkeit von Axis2 zum Einsatz. Hierzu startet die Client-Anwendung einen separaten HTTP-Listener, der als Endpunkt für den Empfang aller Nachrichten des Service dient. Dies kann erreicht werden, indem eine Instanz der Klasse `Options` mit zwei bestimmten Werten befüllt wird. Zum einen ist anzugeben, dass ein separater Listener zum Einsatz kommen soll, der auf den Rückkanal horcht und die Antworten entgegennimmt. Zum anderen ist das Transportprotokoll festzulegen, über welches diese Antworten eintreffen werden.

```
Options clientOptions = new Options ();
clientOptions.setUseSeparateListener(true);
clientOptions.setTransportInProtocol(Constants.TRANSPORT_HTTP);
```

Der Port, auf welchem der clientseitige HTTP-Listener lauscht, kann in der Datei *axis2.xml* eingestellt werden. Hierzu ist das entsprechende Attribut des Elements `transportReceiver` zu editieren.

```
<transportReceiver name="http"
       class="org.apache.axis2.transport.http.SimpleHTTPServer">
  <parameter name="port">6066</parameter>
</transportReceiver>
```

Das so befüllte `Options`-Objekt wird dann dem `ServiceClient` übergeben, mit dessen Hilfe Nachrichten an den Service verschickt werden. Wenn mit generierten Stubs gearbeitet wird, ist die `ServiceClient`-Instanz zuvor von diesem zu besorgen. Um diese dann auch verarbeiten zu können, wird schließlich eine Callback-Klasse benötigt (`MyCallbackHandler`), an welche der HTTP-Listener die eintreffenden Nachrichten dann delegiert.

```
public void checkAvailabilities() throws Exception {
  ConfigurationContext ctx = ConfigurationContextFactory.
          createConfigurationContextFromFileSystem(
          CLIENT_REPO_PATH, CLIENT_CONFIG_PATH);
  BookingServiceStub stub = new BookingServiceStub(ctx,
       "http://localhost:8888/axis2/services/BookingService");

  // set options for dual channel communication
  Options clientOptions = new Options ();
  clientOptions.setTo(new EndpointReference(
       "http://localhost:8888/axis2/services/BookingService"));
  clientOptions.setTransportInProtocol(Constants.TRANSPORT_HTTP);
  clientOptions.setUseSeparateListener(true);

  ServiceClient sc = stub._getServiceClient();
  sc.setOptions(clientOptions);

  // prepare dates
  Calendar arrivalDate = Calendar.getInstance();
```

Listing 15.32: Beispielhafte Implementierung für die clientseitige Nutzung von Sandesha2

```
arrivalDate.set(2007, Calendar.FEBRUARY, 03);
Calendar departureDate = Calendar.getInstance();
departureDate.set(2007, Calendar.FEBRUARY, 05);

// check availability in Munich, Frankfurt and Berlin
CheckAvailabilityRequest availReq = null;

availReq = createCheckAvailabilityReq(arrivalDate, departureDate, "H-AXIS-MUC");
MyCallbackHandler cbAvail1 = new MyCallbackHandler(availReq);
stub.startCheckAvailability(availReq, cbAvail1);

availReq = createCheckAvailabilityReq(arrivalDate, departureDate, "H-AXIS-FRA");
MyCallbackHandler cbAvail2 = new MyCallbackHandler(availReq);
stub.startCheckAvailability(availReq, cbAvail2);

availReq = createCheckAvailabilityReq(arrivalDate, departureDate, "H-AXIS-BER");
MyCallbackHandler cbAvail3 = new MyCallbackHandler(availReq);
stub.startCheckAvailability(availReq, cbAvail3);

// wait until we received all three responses
LOG.info("Waiting for availability responses...");
while (!cbAvail1.isComplete() || !cbAvail2.isComplete() ||
       !cbAvail3.isComplete()) {
 Thread.sleep(1000);
}
LOG.info("Availability responses received.");

// some code here to check which hotel is actually available...
// for this sample code let's assume that Munich is available

// make reservation for hotel in Munich
LOG.info("Sending reservation...");
Reservation res = new Reservation();
res.setArrivalDate(arrivalDate.getTime());
res.setDepartureDate(departureDate.getTime());
res.setGuestName("Alfred Zweistein");
res.setHotelCode("H-AXIS-MUC");
res.setRoomCode("Single");
res.setNumberOfRooms(1);
```

Listing 15.32: Beispielhafte Implementierung für die clientseitige Nutzung von Sandesha2 (Forts.)

```
  MakeReservationRequest resReq = new MakeReservationRequest();
  resReq.setReservation(res);
  MyCallbackHandler cbMakeRes = new MyCallbackHandler(resReq);
  clientOptions.setProperty(SandeshaClientConstants.LAST_MESSAGE,"true");
  stub.startMakeReservation(resReq, cbMakeRes);
  LOG.info("Waiting for outgoing sequence to terminate...");
  SandeshaClient.waitUntilSequenceCompleted (sc);
  LOG.info("Outgoing sequence terminated.");
  LOG.info("Waiting for reservation response...");

  while (!cbMakeRes.isComplete()) {
    Thread.sleep(1000);
  }
  LOG.info("Reservation response received.");

  System.exit(0);
}
```

Listing 15.32: Beispielhafte Implementierung für die clientseitige Nutzung von Sandesha2 (Forts.)

Vor dem Versand der letzten Nachricht einer Sequenz sollte in den Optionen für den `ServiceClient` das Property `LAST_MESSAGE` auf den Wert `true` gesetzt werden. Dies bewirkt, dass Sandesha2 die Sequenz beendet, sobald für alle Nachrichten (bis zur entsprechend markierten) Empfangsbestätigungen eingegangen sind.

Das Beispiel in Listing 15.32 verwendet einen leicht erweiterten Callback Handler für die Verarbeitung eingehender SOAP-Responses vom Service. Er besitzt ein boolesches Property namens `isComplete`, welches auf `true` gesetzt wird, sobald eine Antwort für den jeweiligen Request empfangen wurde. Dies nutzt die Beispielanwendung aus, um festzustellen, wann alle drei Verfügbarkeitsanfragen beantwortet wurden. Im Anschluss daran wird entschieden, welches Hotel gebucht werden soll (der Code hierfür ist im Listing nicht enthalten) und eine entsprechende Reservierungsnachricht wird versendet. Listing 15.33 zeigt den verwendeten Callback Handler.

```
package de.axishotels.booking.service;

import org.apache.axis2.AxisFault;
import org.apache.commons.logging.Log;
import org.apache.commons.logging.LogFactory;
import de.axishotels.booking.types.Availability;
import de.axishotels.booking.types.CheckAvailabilityRequest;
import de.axishotels.booking.types.CheckAvailabilityResponse;
import de.axishotels.booking.types.Confirmation;
import de.axishotels.booking.types.MakeReservationResponse;
```

Listing 15.33: Beispielhafter Callback Handler

```
public class MyCallbackHandler extends
                BookingServiceCallbackHandler {

  private static final Log LOG = LogFactory.getLog(MyCallbackHandler.class);
  private boolean isComplete = false;

  public MyCallbackHandler(Object o) {
    super(o);
  }

  public boolean isComplete() {
    return isComplete;
  }

  public void receiveResultMakeReservation(MakeReservationResponse respMsg) {
   Confirmation conf = respMsg.getReservationConfirmation();
   LOG.info("Status: " + conf.getStatus() +
            ", Reservation No: " + conf.getReservationNumber());
   isComplete = true;
  }

  public void receiveResultCheckAvailability(CheckAvailabilityResponse respMsg) {
   CheckAvailabilityRequest request = (CheckAvailabilityRequest) getClientData();
   LOG.info("Received response for availablity request: " +
             request.getHotelCode());
   Availability[] availabilities = respMsg.getAvailability();
   for (Availability avail : availabilities) {
     LOG.info("Room type: " + avail.getRoomType().getRoomCode() +
              ", Number of rooms: " + avail.getNumberOfRooms());
   }
   isComplete = true;
  }

  public void receiveErrorCheckAvailability(Exception e) {
    handleError(e);
  }

  public void receiveErrorMakeReservation(java.lang.Exception e) {
    handleError(e);
```

Listing 15.33: Beispielhafter Callback Handler (Forts.)

```
    }
    protected void handleError(Exception e) {
      ...
      isComplete = true;
    }
}
```

Listing 15.33: Beispielhafter Callback Handler (Forts.)

Sandesha2 Client-API

Das Sandesha2-Modul bietet Client-Anwendungen verschiedene Möglichkeiten, das Verhalten des Moduls zu steuern. Einige davon werden über spezielle Properties in den Optionen des `ServiceClient` gesetzt, andere sind über Methoden der speziellen Klasse `SandeshaClient` zugänglich.

Wie bereits eingangs erwähnt unterstützt Sandesha2 1.1 zwei verschiedene Versionen der Spezifikation von WS-ReliableMessaging. Welche bei der Kommunikation tatsächlich verwendet wird, kann über das Property `RM_SPEC_VERSION` eingestellt werden. Die gültigen Werte werden in der Klasse `Sandesha2Constants` definiert.

```
clientOptions.setProperty(SandeshaClientConstants.RM_SPEC_VERSION,
                          Sandesha2Constants.SPEC_VERSIONS.v1_0);

clientOptions.setProperty(SandeshaClientConstants.RM_SPEC_VERSION,
                          Sandesha2Constants.SPEC_VERSIONS.v1_1);
```

Standardmäßig geht Sandesha2 davon aus, dass alle Nachrichten, die an den gleichen Endpunkt gerichtet sind, auch der gleichen Sequenz angehören sollen. Nachrichten werden nur dann in unterschiedlichen Sequenzen versandt, wenn sich der Inhalt ihres WS-Addressing-Elementes `To` unterscheidet. Falls man dieses Verhalten ändern möchte, um mehrere Nachrichten an den gleichen Endpunkt zu senden, die aber verschiedenen Sequenzen angehören, so kann das folgende Property gesetzt werden:

```
clientOptions.setProperty(SandeshaClientConstants.SEQUENCE_KEY, "aSequenceKey");
```

Für den Fall, dass Empfangsbestätigungen fehlen, können diese explizit beim Kommunikationspartner angefordert werden. Dies kann zum Beispiel dann nützlich sein, wenn ein Report (siehe nächster Abschnitt) unbestätigte Nachrichten anzeigt. Die Klasse `SandeshaClient` bietet hierzu zwei Methoden an.

```
SandeshaClient.sendAckRequest(sc);
SandeshaClient.sendAckRequest(sc, "aSequenceKey");
```

In manchen Fällen muss eine Client-Anwendung warten, bis Sandesha2 alle an das Modul übergebenen Nachrichten versandt hat und insbesondere auch alle Empfangsbestätigungen eingegangen sind. Wie lange die Anwendung warten muss, hängt natürlich von einer Vielzahl von Faktoren ab und kann nicht vorausgesagt werden. Zu diesem

Zweck bietet Sandesha2 Methoden an, mit denen der Anrufer blockiert wird, bis die aktuelle Sequenz beendet ist. Dabei können optional eine maximale Wartezeit sowie ein spezifischer Sequenzschlüssel angegeben werden.

```
SandeshaClient.waitUntilSequenceCompleted(sc);
SandeshaClient.waitUntilSequenceCompleted(sc, 10);
SandeshaClient.waitUntilSequenceCompleted(sc, "aSequenceKey");
SandeshaClient.waitUntilSequenceCompleted(sc, 10, "aSequenceKey");
```

Darüber hinaus können mit dem Client-API auch explizit Sequenzen erzeugt, geschlossen oder termininiert werden. Nähere Informationen finden sich auf der Website des Sandesha2-Projektes.

Sandesha2 Reports

Die Klasse `SandeshaClient` bietet darüber hinaus verschiedene Methoden an, mit denen so genannte Reports angefordert werden können. Dabei handelt es sich um Instanzen der Klassen `SandeshaReport` oder `SequenceReport`.

Ein `SandeshaReport` enthält Informationen über alle Sequenzen (eingehende und ausgehende), die das Sandesha2-Modul gerade verwaltet, deren aktuellen Status und die jeweilige Anzahl erfolgreich versandter Nachrichten. Eine Nachricht gilt dabei als erfolgreich versandt, wenn eine entsprechende Empfangsbestätigung eingegangen ist. Um einen `SandeshaReport` zu erhalten, ist der Methode `getSandeshaReport` eine Referenz auf den aktuellen `ConfigurationContext` zu übergeben.

```
SandeshaReport sandeshaReport = SandeshaClient.getSandeshaReport(ctx);
```

Ein `SequenceReport` enthält dagegen Informationen über eine spezifische Sequenz. Hierzu zählen deren Status, der Sequenzbezeichner, die Richtung der Nachrichten (eingehend oder ausgehend) und die Anzahl verarbeiteter Nachrichten. Die Klasse definiert darüber hinaus Konstanten für die verschiedenen Status.

```
public static final byte SEQUENCE_STATUS_UNKNOWN = 0;
public static final byte SEQUENCE_STATUS_INITIAL = 1;
public static final byte SEQUENCE_STATUS_ESTABLISHED = 2;
public static final byte SEQUENCE_STATUS_TERMINATED = 3;
public static final byte SEQUENCE_STATUS_TIMED_OUT = 4;
```

Um einen `SequenceReport` zu erhalten, können verschiedene Methoden verwendet werden. Die Methode `getIncomingSequenceReports` liefert eine Liste von Reports für alle eingehenden Sequenzen, die aktuell vom Sandesha2-Modul verwaltet werden. Auch sie erwartet eine Referenz auf den `ConfigurationContext`.

```
List reports = SandeshaClient.getIncomingSequenceReports(ctx);
```

Für den Zugriff auf Reports für ausgehende Sequenzen stehen dagegen gleich drei Methoden zur Verfügung. So kann ein Report über die Sequenz angefordert werden, für die der übergebene ServiceClient verantwortlich ist.

```
SequenceReport sequenceReport = SandeshaClient.getOutgoingSequenceReport(sc);
```

Alternativ kann auch auf die Reports beliebiger anderer Sequenzen zugegriffen werden. Diese werden von Sandesha2 intern durch eine Sequenz-ID identifiziert. Sie berechnet sich aus der Adresse, an welche die Nachrichten der Sequenz gesendet werden (WS-Addressing Element namens To) und dem Sequenzschlüssel, der vom Client erzeugt wird (siehe Abschnitt über das Client-API). Alternativ kann also entweder die interne Sequenz-ID oder die Kombination aus Adresse und Sequenzschlüssel verwendet werden, um den Report anzufordern.

```
SequenceReport sequenceReport2 =
  SandeshaClient.getOutgoingSequenceReport(to, sequenceKey, ctx);
SequenceReport sequenceReport3 =
  SandeshaClient.getOutgoingSequenceReport(internalSeqID, ctx);
```

Sandesha2 Listeners

Für Client-Anwendungen besteht die Möglichkeit, einen Sandesha2-Listener zu registrieren. Dabei handelt es sich um eine selbst zu implementierende Klasse, die von Sandesha2 darüber informiert wird, wenn SOAP Faults oder ein Timeout auftreten. Hierzu muss die Klasse das Interface SandeshaListener implementieren, das zwei entsprechende Callback-Methoden definiert und dem Package org.apache.sandesha2.client angehört. Die Methode onError ist dabei insbesondere deshalb hilfreich, weil SOAP Faults, die aus WS-RM spezifischen Nachrichten resultieren, von Sandesha2 nicht an den Anwendungscode weitergereicht werden. Sandesha2 übergibt der Methode Informationen über den aufgetretenen SOAP Fault in Form einer Instanz von AxisFault. Der Methode onTimeOut wird ein SequenceReport für die betreffende Sequenz übergeben.

```
public interface SandeshaListener {
  public void onError(AxisFault fault);
  public void onTimeOut(SequenceReport report);
}
```

Um einen Listener zu registrieren, ist dieser in den Optionen des ServiceClient mit Hilfe des Properties SANDESHA_LISTENER zu setzen. Listing 15.34 zeigt einen Listener, der als anonyme Klasse implementiert wurde.

```
options.setProperty(SandeshaClientConstants.SANDESHA_LISTENER,
                    new SandeshaListener() {
  public void onError(AxisFault fault) {
    LOG.info("Listener was informed about a SOAP Fault: " + fault.getFaultCode());
```

Listing 15.34: Beispielhafter Sandesha2-Listener (implementiert als anonyme Klasse)

```
    }
    public void onTimeOut(SequenceReport report) {
      LOG.info("Listener was informed about timeout of sequence: " +
               report.getSequenceID());
    }
});
```

Listing 15.34: Beispielhafter Sandesha2-Listener (implementiert als anonyme Klasse) (Forts.)

Unterstützte Quality of Service-Level

Sandesha2 unterstützt zwei verschiedene QoS-Level. Standardmäßig kommt *InOrder* zum Einsatz. Dies bedeutet, dass das Modul garantiert, dass jede vom Client versandte Nachricht genau einmal an den Service ausgeliefert wird. Dies gilt selbst dann, wenn einzelne Nachrichten einmal verloren gehen oder mehrfach vom Client verschickt werden. Darüber hinaus stellt Sandesha2 sicher, dass die Nachrichten in genau der gleichen Reihenfolge an den Service ausgeliefert werden, in der sie vom Client verschickt wurden.

Falls die Reihenfolge der Nachrichten in einem spezifischen Anwendungsfall nicht so wichtig ist, kann die Performanz erhöht werden, indem der QoS-Level von *InOrder* auf *ExactlyOnce* reduziert wird. In diesem Fall wird weiterhin garantiert, dass jede Nachricht nur einmal ausgeliefert wird, jedoch nicht mehr die Auslieferung in der Versandreihenfolge. Weitere Informationen finden sich im Abschnitt „Konfigurationsoptionen".

Storage Framework

Ein wichtiges Feature von Sandesha2 ist sein Storage Framework. Da zur Umsetzung des Protokolls zwangsläufig Nachrichten zwischengespeichert werden müssen, stellt sich natürlich die Frage, wo dies geschehen kann. Sandesha2 speichert die Nachrichten einer Sequenz standardmäßig im Arbeitsspeicher ab, ist an dieser Stelle jedoch erweiterbar, sodass auch eigene Lösungen auf einfache Weise eingeklinkt werden können.

Konfigurationsoptionen

Sandesha2 bietet eine Reihe von Konfigurationsmöglichkeiten. Diese sind im WS-Policy-Format zu definieren und können entweder in der Konfigurationsdatei des Moduls selbst (*module.xml*) eingefügt werden oder im Deployment Deskriptor eines Service (*services.xml*), der mit dem Sandesha2-Modul verknüpft wurde[6]. In den meisten Fällen überschreiben dabei Einstellungen in *services.xml* jene in *module.xml*, dies ist jedoch nicht für alle Optionen der Fall. Im Folgenden werden die einzelnen Elemente erläutert, die in einer Policy für Sandesha2 verwendet werden können.

- `AcknowledgementInterval`
  Wird ein spezieller Endpunkt als Adresse für Empfangsbestätigungen verwendet (wie im Beispiel in Listing 15.32), so sendet Sandesha2 diese nicht unmittelbar nach dem Eingang einer Nachricht. Stattdessen wartet das Modul, ob andere Nachrichten (z.B. anwendungsspezifische) ohnehin an die gleiche Adresse geschickt werden müs-

6 Die Konfiguration von Sandesha2 mit Hilfe einer Policy im Deployment Deskriptor eines Service funktioniert in Sandesha2 1.1 aufgrund eines Bugs in der Regel leider nicht.

sen. Falls dies der Fall ist, sendet das Modul die Empfangsbestätigungen in deren SOAP Header mit. Auf diese Weise kann die Anzahl der insgesamt versendeten Nachrichten reduziert werden. Sind innerhalb eines bestimmten Zeitintervalls keine anderen Nachrichten dorthin zu versenden, wird eine Nachricht versandt, die ausschließlich die Empfangsbestätigung enthält. Die Länge dieses Intervalls kann mit dem Element `AcknowledgementInterval` in Millisekunden angegeben werden.

- `ExponentialBackoff`
  Um garantieren zu können, dass keine Nachrichten verloren gehen, versendet Sandesha2 Nachrichten erneut, wenn nach einem bestimmten Zeitintervall keine Antwort oder keine Empfangsbestätigung empfangen wurde. Dieses Element dient dazu, das genaue Verhalten des erneuten Versands festzulegen und kann die Werte `true` oder `false` annehmen. Wird es auf `true` gesetzt, so ist die Wartezeit zwischen zwei Versandversuchen immer doppelt so lange wie zwischen den beiden vorherigen Versuchen. Je öfter der Versand also scheitert, desto länger wird mit dem nächsten Versuch gewartet. Setzt man das Element dagegen auf den Wert `false`, so ist die Wartezeit zwischen allen Versuchen konstant. Die Länge der ersten Wartezeit wird durch `RetransmissionInterval` konfiguriert.
- `RetransmissionInterval`
  Spezifiziert die Wartezeit zwischen zwei Versuchen, eine Nachricht zu versenden. Wurde `ExponentialBackoff` auf `false` gesetzt, so ist die Wartezeit konstant zwischen allen Versuchen. Der Wert ist in Millisekunden anzugeben.
- `MaximumRetransmissionCount`
  Spezifiziert die maximale Anzahl wiederholter Versandversuche. Wird sie erreicht, ohne dass die Nachricht erfolgreich zugestellt werden konnte, so wird ein Timeout ausgelöst. Der Wert -1 bewirkt, dass unendlich viele Versandversuche erlaubt sind.
- `InactivityTimeout`
  Sandesha2 misst den Zeitraum, der vergangen ist, seit die letzte Nachricht vom Kommunikationspartner empfangen wurde. Mit Hilfe dieses Elementes kann ein Timeout definiert werden, der dann ausgelöst wird, falls innerhalb einer bestimmten Zeit keine Nachricht eintrifft. Ein Wert von -1 bewirkt, dass Kommunikationspartner beliebig lange inaktiv sein können.
- `InactivityMeasure`
  Spezifiziert die Einheit, in der `InactivityTimeout` angegeben wurde. Gültige Werte sind `seconds`, `minutes`, `hours` und `days`.
- `MessageTypesToDrop`
  Diese Konfigurationsoption ist für die Entwicklung von Anwendungen in der Regel unwichtig und dient lediglich dem Debugging. Sie dient dazu einzustellen, dass Sandesha2 bestimmte Nachrichtentypen grundsätzlich nicht verschickt. Die unterschiedlichen Typen werden dabei als Liste definiert und sind durch Kommata zu trennen. Gültige Werte sind in `Sandesha2Constants.MessageTypes` definiert.
- `InvokeInOrder`
  Mit diesem Element kann konfiguriert werden, ob die QoS-Stufe *InOrder* eingeschaltet sein soll (`true`) oder ob nur *ExactlyOnce* garantiert wird (`false`). Diese Option kann nicht in *services.xml* überschrieben werden. Die Konfiguration des Moduls (*module.xml*) gilt für alle Services.

- `SecurityManager`
  Optional kann Sandesha2 mit einer Implementierung von WS-SecureConversation zusammenarbeiten. Hierzu ist mit Hilfe des Elementes `SecurityManager` der Name einer speziellen Klasse anzugeben, welche diese Zusammenarbeit umsetzt. Die Klasse muss das Interface `SecurityManager` implementieren, das dem Package `org.apache.sandesha2.security` angehört. Sandesha2 enthält bereits die Klasse `RampartBasedSecurityManager`, welche für den Einsatz von Rampart verwendet werden kann.

- `StorageManagers`
  Sandesha2 speichert alle Nachrichten standardmäßig im Arbeitsspeicher. Während diese Variante natürlich die beste Performanz aufweist, wird es für viele Geschäftsanwendungen sicherlich die Anforderung geben, diese zum Zwecke höherer Sicherheit in einer Datenbank abzulegen. Das Element `StorageManager` kann zwei Kindelemente namens `InMemoryStorageManager` und `PermanentStorageManager` enthalten, die beide den Klassennamen einer jeweiligen Implementierung angeben. Es ist nicht durch Konfigurationen in *services.xml* überschreibbar. Alle Implementierungen müssen von der abstrakten Klasse `StorageManager` aus dem Package `org.apache.sandesha2.storage` abgeleitet werden. Nähere Informationen zur Implementierung eines Storage Managers finden sich im *Architecture Guide* auf der Website von Sandesha2.

In jeder Instanz von Sandesha2 kann nur ein einziger Storage Manager aktiv sein. Standardmäßig handelt es sich dabei um den `InMemoryStorageManager`. Dies kann jedoch geändert werden, indem der folgende Parameter in der Konfigurationsdatei des jeweiligen Axis2-Repository (*axis2.xml*) gesetzt wird:

```
<parameter name="Sandesha2StorageManager">persistent</parameter>
```

Listing 15.35 zeigt zur Anschauung die im Sandesha2 1.1-Modul enthaltene Policy.

```
<supported-policy-namespaces
        namespaces="http://ws.apache.org/sandesha2/policy" />
<wsp:Policy
      xmlns:wsp="http://schemas.xmlsoap.org/ws/2004/09/policy"
      xmlns:wsu="http://docs.oasis-open.org/wss/2004/01/
                oasis-200401-wss-wssecurity-utility-1.0.xsd"
      xmlns:s2="http://ws.apache.org/sandesha2/policy"
      wsu:Id="RMPolicy">
 <s2:RMAssertion>
  <wsp:Policy>
   <s2:AcknowledgementInterval>3000</s2:AcknowledgementInterval>
   <s2:RetransmissionInterval>6000</s2:RetransmissionInterval>
   <s2:MaximumRetransmissionCount>
     10
   </s2:MaximumRetransmissionCount>
   <s2:ExponentialBackoff>false</s2:ExponentialBackoff>
```

Listing 15.35: Policy aus der Konfigurationsdatei des Sandesha2 1.1-Moduls

```
      <s2:InactivityTimeout>60</s2:InactivityTimeout>
      <s2:InactivityTimeoutMeasure>
        seconds
      </s2:InactivityTimeoutMeasure>
      <s2:InvokeInOrder>true</s2:InvokeInOrder>
      <s2:MessageTypesToDrop>none</s2:MessageTypesToDrop>
      <s2:StorageManagers>
       <s2:InMemoryStorageManager>
         org.apache.sandesha2.storage.inmemory.InMemoryStorageManager
       </s2:InMemoryStorageManager>
       <s2:PermanentStorageManager>
         org.apache.sandesha2.storage.inmemory.InMemoryStorageManager
       </s2:PermanentStorageManager>
      </s2:StorageManagers>
      <s2:SecurityManager>
         org.apache.sandesha2.security.dummy.DummySecurityManager
      </s2:SecurityManager>
    </wsp:Policy>
  </s2:RMAssertion>
</wsp:Policy>
```

Listing 15.35: Policy aus der Konfigurationsdatei des Sandesha2 1.1-Moduls (Forts.)

Weiterführende Informationen

[1] WS-Addressing: *http://www.w3.org/2002/ws/addr/*

[2] WS-Policy 1.5: *http://www.w3.org/TR/ws-policy*

[3] WS-Policy Attachment: *http://www.w3.org/TR/ws-policy-attach/*

[4] WS-Security Policy: *http://docs.oasis-open.org/ws-sx/ws-securitypolicy/200512/*

[5] WS-MetadataExchange: *http://specs.xmlsoap.org/ws/2004/09/mex/WS-MetadataExchange.pdf*

[6] Apache Neethi: *http://ws.apache.org/commons/neethi/index.html*

[7] WS-Policy 1.2: *http://specs.xmlsoap.org/ws/2004/09/policy/ws-policy.pdf*

[8] WS-Security: *http://www.oasis-open.org/committees/wss/*

[9] X.509: *http://tools.ietf.org/html/rfc3280*

[10] XML Encrypytion: *http://www.w3.org/TR/xmlenc-core/*

[11] XML Signature: *http://www.w3.org/TR/xmldsig-core/*

[12] Apache WSS4J: *http://ws.apache.org/wss4j/*

[13] Apache XML Security: *http://santuario.apache.org/Java/index.html*

[14] Axis2 Module: *http://ws.apache.org/axis2/modules/index.html*

[15] Rampart: *http://www.apache.org/dist/ws/rampart/1_1/*

[16] WSE: *http://msdn.microsoft.com/webservices/webservices/building/wse/*

[17] OpenSSL: *http://www.openssl.org/*

[18] OpenSSL für Windows: *http://www.slproweb.com/products/Win32OpenSSL.html*

[19] Beispiel-Konfigurationsdatei für OpenSSL: openssl.cnf

[20] Klasse ExportPriv: *http://mark.foster.cc/kb/openssl-keytool.html*

[21] SAML 1.1: *http://www.oasis-open.org/committees/download.php/3406/oasis-sstc-saml-core-1.1.pdf*

[22] Bindings and Profiles for SAML 1.1: *http://www.oasis-open.org/committees/download.php/3405/oasis-sstc-saml-bindings-1.1.pdf*

[23] OpenSAML: *http://www.opensaml.org/*

[24] Log4J: *http://logging.apache.org/log4j/docs/*

[25] Bouncy Castle: *http://www.bouncycastle.org*

[26] RFC 4051 (Additional XML Security URIs): *http://tools.ietf.org/html/rfc4051*

[27] XOP: *http://www.w3.org/TR/xop10/*

[28] MTOM: *http://www.w3.org/TR/soap12-mtom/*

[29] XPath: *http://www.w3.org/TR/xpath*

[30] WS-SecureConversation: *http://docs.oasis-open.org/ws-sx/ws-secureconversation/200512*

[31] WS-Trust: *http://docs.oasis-open.org/ws-sx/ws-trust/200512*

[32] WS-ReliableMessaging: *http://docs.oasis-open.org/ws-rx/wsrm/200608/*

[33] Sandesha2: *http://ws.apache.org/sandesha/sandesha2/*

A XML Schema und WSDL von Axis Hotels

```
<?xml version="1.0" encoding="UTF-8"?>
<schema xmlns="http://www.w3.org/2001/XMLSchema"
        targetNamespace="http://axishotels.de/booking/types/"
        xmlns:tns="http://axishotels.de/booking/types/">
 <element name="GetHotelsRequest">
  <complexType>
   <sequence>
    <element name="city" type="string"></element>
    <element name="numberOfStars" type="int"></element>
   </sequence>
  </complexType>
 </element>

 <element name="GetHotelsResponse">
  <complexType>
   <sequence>
    <element name="hotel" type="tns:Hotel" maxOccurs="unbounded"
             minOccurs="0"></element>
   </sequence>
  </complexType>
 </element>

 <element name="MakeReservationRequest">
  <complexType>
   <sequence>
    <element name="reservation" type="tns:Reservation"></element>
   </sequence>
  </complexType>
 </element>

 <element name="MakeReservationResponse">
  <complexType>
   <sequence>
    <element name="reservationConfirmation"
```

Listing A.1: XML Schema mit den Datentypen von Axis Hotels

```
            type="tns:Confirmation">
      </element>
    </sequence>
  </complexType>
</element>

 <element name="CancelReservationRequest">
  <complexType>
   <sequence>
    <element name="reservationNumber" type="int"></element>
   </sequence>
  </complexType>
 </element>

 <element name="CancelReservationResponse">
  <complexType>
   <sequence>
    <element name="cancellationConfirmation"
             type="tns:Confirmation"></element>
   </sequence>
  </complexType>
 </element>

 <element name="CheckAvailabilityRequest">
  <complexType>
   <sequence>
    <element name="hotelCode" type="string"></element>
    <element name="arrivalDate" type="date"></element>
    <element name="departureDate" type="date"></element>
   </sequence>
  </complexType>
 </element>

 <element name="CheckAvailabilityResponse">
  <complexType>
   <sequence>
    <element name="hotelCode" type="string"></element>
    <element name="arrivalDate" type="date"></element>
    <element name="departureDate" type="date"></element>
    <element name="availability" type="tns:Availability"
```

Listing A.1: XML Schema mit den Datentypen von Axis Hotels (Forts.)

```
          maxOccurs="unbounded" minOccurs="0"></element>
   </sequence>
  </complexType>
 </element>

 <complexType name="Hotel">
  <sequence>
   <element name="hotelCode" type="string"></element>
   <element name="hotelName" type="string"></element>
   <element name="city" type="string"></element>
   <element name="numberOfStars" type="int"></element>
   <element name="roomType" type="tns:RoomType"
           maxOccurs="unbounded" minOccurs="1"></element>
  </sequence>
 </complexType>

 <complexType name="Reservation">
  <sequence>
   <element name="hotelCode" type="string"></element>
   <element name="arrivalDate" type="date"></element>
   <element name="departureDate" type="date"></element>
   <element name="roomCode" type="string"></element>
   <element name="numberOfRooms" type="int"></element>
   <element name="guestName" type="string"></element>
  </sequence>
 </complexType>

 <complexType name="Confirmation">
  <sequence>
   <element name="status" type="string"></element>
   <element name="reservationNumber" type="int"></element>
  </sequence>
 </complexType>

 <complexType name="RoomType">
  <sequence>
   <element name="roomCode" type="string"></element>
   <element name="numberOfBeds" type="int"></element>
   <element name="isRoomWithTV" type="boolean"></element>
   <element name="price" type="tns:Price"></element>
```

Listing A.1: XML Schema mit den Datentypen von Axis Hotels (Forts.)

```
    </sequence>
  </complexType>

  <complexType name="Price">
    <sequence>
      <element name="amount" type="float"></element>
      <element name="currency" type="string"></element>
    </sequence>
  </complexType>

  <complexType name="Availability">
    <sequence>
      <element name="roomType" type="tns:RoomType"></element>
      <element name="numberOfRooms" type="int"></element>
    </sequence>
  </complexType>
</schema>
```

Listing A.1: XML Schema mit den Datentypen von Axis Hotels (Forts.)

```
<?xml version="1.0" encoding="UTF-8"?>
<wsdl:definitions xmlns:bt="http://axishotels.de/booking/types/"
          targetNamespace="http://axishotels.de/booking/service/"
          xmlns:tns="http://axishotels.de/booking/service/"
          xmlns:xsd="http://www.w3.org/2001/XMLSchema"
          xmlns:wsdl="http://schemas.xmlsoap.org/wsdl/"
          xmlns:soap="http://schemas.xmlsoap.org/wsdl/soap/">
  <wsdl:types>
    <xsd:schema>
      <xsd:import schemaLocation="AxisHotels.xsd"
              namespace="http://axishotels.de/booking/types/" />
    </xsd:schema>
  </wsdl:types>

  <wsdl:message name="MakeReservationRequest">
    <wsdl:part name="MakeReservationRequest"
           element="bt:MakeReservationRequest"/>
  </wsdl:message>
  <wsdl:message name="MakeReservationResponse">
    <wsdl:part name="MakeReservationResponse"
           element="bt:MakeReservationResponse"/>
```

Listing A.2: WSDL-Dokument des Buchungsservices von Axis Hotels

```
 </wsdl:message>

 <wsdl:message name="CancelReservationRequest">
  <wsdl:part name="CancelReservationRequest"
            element="bt:CancelReservationRequest"/>
 </wsdl:message>
 <wsdl:message name="CancelReservationResponse">
   <wsdl:part name="CancelReservationResponse"
             element="bt:CancelReservationResponse"/>
 </wsdl:message>

<wsdl:message name="GetHotelsRequest">
  <wsdl:part name="GetHotelsRequest"
            element="bt:GetHotelsRequest"/>
 </wsdl:message>
 <wsdl:message name="GetHotelsResponse">
  <wsdl:part name="GetHotelsResponse"
            element="bt:GetHotelsResponse"/>
 </wsdl:message>
 <wsdl:message name="CheckAvailabilityRequest">
  <wsdl:part name="CheckAvailabilityRequest"
            element="bt:CheckAvailabilityRequest"/>
 </wsdl:message>
 <wsdl:message name="CheckAvailabilityResponse">
  <wsdl:part name="CheckAvailabilityResponse"
            element="bt:CheckAvailabilityResponse"/>
 </wsdl:message>

 <wsdl:portType name="BookingInterface">
  <wsdl:operation name="MakeReservation">
   <wsdl:input message="tns:MakeReservationRequest"/>
   <wsdl:output message="tns:MakeReservationResponse"/>
  </wsdl:operation>

  <wsdl:operation name="CancelReservation">
   <wsdl:input message="tns:CancelReservationRequest"/>
   <wsdl:output message="tns:CancelReservationResponse"/>
  </wsdl:operation>

  <wsdl:operation name="GetHotels">
```

Listing A.2: WSDL-Dokument des Buchungsservices von Axis Hotels (Forts.)

```
   <wsdl:input message="tns:GetHotelsRequest"/>
   <wsdl:output message="tns:GetHotelsResponse"/>
  </wsdl:operation>

  <wsdl:operation name="CheckAvailability">
   <wsdl:input message="tns:CheckAvailabilityRequest"/>
   <wsdl:output message="tns:CheckAvailabilityResponse"/>
  </wsdl:operation>
 </wsdl:portType>

 <wsdl:binding name="BookingSoapBinding"
               type="tns:BookingInterface">
  <soap:binding style="document"
                transport="http://schemas.xmlsoap.org/soap/http"/>
  <wsdl:operation name="CancelReservation">
   <soap:operation soapAction="http://axishotels.de/booking/
                               service/CancelReservation"/>
   <wsdl:input>
    <soap:body use="literal" parts="CancelReservationRequest"/>
   </wsdl:input>
   <wsdl:output>
    <soap:body use="literal" parts="CancelReservationResponse"/>
   </wsdl:output>
  </wsdl:operation>

  <wsdl:operation name="MakeReservation">
   <soap:operation soapAction="http://axishotels.de/booking/
                               service/MakeReservation"/>
   <wsdl:input>
    <soap:body use="literal" parts="MakeReservationRequest"/>
   </wsdl:input>
   <wsdl:output>
    <soap:body use="literal" parts="MakeReservationResponse"/>
   </wsdl:output>
  </wsdl:operation>

  <wsdl:operation name="GetHotels">
   <soap:operation soapAction="http://axishotels.de/booking/
                               service/GetHotels"/>
   <wsdl:input>
```

Listing A.2: WSDL-Dokument des Buchungsservices von Axis Hotels (Forts.)

```
      <soap:body use="literal" parts="GetHotelsRequest"/>
    </wsdl:input>
    <wsdl:output>
      <soap:body use="literal" parts="GetHotelsResponse"/>
    </wsdl:output>
  </wsdl:operation>

  <wsdl:operation name="CheckAvailability">
    <soap:operation soapAction="http://axishotels.de/booking/
                               service/CheckAvailability"/>
    <wsdl:input>
      <soap:body use="literal" parts="CheckAvailabilityRequest"/>
    </wsdl:input>
    <wsdl:output>
      <soap:body use="literal" parts="CheckAvailabilityResponse"/>
    </wsdl:output>
  </wsdl:operation>
 </wsdl:binding>

 <wsdl:service name="BookingService">
  <wsdl:port name="BookingSoapPort"
          binding="tns:BookingSoapBinding">
    <soap:address location="http://localhost:8080/axis2/
                           services/BookingService"/>
  </wsdl:port>
 </wsdl:service>
</wsdl:definitions>
```

Listing A.2: WSDL-Dokument des Buchungsservices von Axis Hotels (Forts.)

B WSDL2Java

B.1 Kommandozeile

Siehe Kapitel 7.1.1

B.2 Ant-Task

Siehe Kapitel 7.1.3

B.3 Maven-Plug-in

Beschreibung:

Das WSDL2Code-Plug-in für Maven stößt den Code-Generator an. Im Standardfall wird die Datei `src/main/java/axis2/service.wsdl` als Quelle verwendet.

Beispiel:

```
<?xml version="1.0" encoding="UTF-8"?>
<project>
  <modelVersion>4.0.0</modelVersion>
  <groupId>axishotels.de</groupId>
  <artifactId> maven-plugin-test</artifactId>
  <version>1.1.0.1-SNAPSHOT</version>
  <name>Test of the axis2-wsdl2code-maven-plugin</name>
  <build>
    <plugins>
      <plugin>
        <groupId>org.apache.axis2.maven2</groupId>
        <artifactId>axis2-wsdl2code-maven-plugin</artifactId>
        <version>1.1.0.1-SNAPSHOT</version>
        <configuration>
          <generateServerSide>true</generateServerSide>
          <generateServerSideInterface>
            true
          </generateServerSideInterface>
```

```
            <generateAllClasses>true</generateAllClasses>
            <generateServicesXml>true</generateServicesXml>
            <packageName>demo</packageName>
          </configuration>
        </plugin>
      </plugins>
    </build>
</project>
```

Aufruf

```
mvn wsdl2code:wsdl2code
```

Konfiguration

Alle Parameter können als System-Property oder POM Properties gesetzt werden.

Parametername	System-Property	Beschreibung
databindingName	${axis2.wsdl2code. databindingName}	Data Binding Framework: `adb`, `xmlbeans`, `jibx`, `jaxbri`, `jaxme`, `none`. Default: `adb`
generateAllClasses	${axis2.wsdl2code. generateAllClasses}	Alle Klassen generieren. Nur zusammen mit `generateServerSide` gültig. Default: `false`
generateServerSide	${axis2.wsdl2code. generateServerSide}	Serverseitige Ressourcen generieren. Default: `false`
generateServer-SideInterface	${axis2.wsdl2code. generateServerSide-Interface}	Serverseitiges Service-Interface generieren. Default: `false`
generateServicesXml	${axis2.wsdl2code. generateServicesXml}	`services.xml` generieren. Default: `false`
generateTestcase	${axis2.wsdl2code. generateTestcase}	Testfall generieren. Default: `false`
language	${axis2.wsdl2code. language}	Zielsprache: `java`, `c` oder `c-sharp`. Default: `java`
namespaceToPackages	${axis2.wsdl2code. namespaceToPackages}	Abbildung von XML-Namensräumen auf Java-Packages im Format: `uri1=package1,` `uri2=package2`. Der Einsatz dieses Parameters ist nicht empfehlenswert. Stattdessen ist der Parameter `name-spaceURIs` zu bevorzugen.
namespaceURIs		Abbildung von XML-Namensräumen auf Java-Packages im Format. `<namespaceURIs> <namespaceURI> <uri>uri1</uri> <package>package1</package> </namespaceURI> </namespaceURIs>`

Parametername	System-Property	Beschreibung
outputDirectory	${axis2.wsdl2code.target}	Ausgabenverzeichnis
packageName	${axis2.wsdl2code.package}	Package-Name der generierten Klassen
portName	${axis2.wsdl2code.portName}	Portname in WSDL
serviceName	${axis2.wsdl2code.serviceName}	Service-Name in WSDL
syncMode	${axis2.wsdl2code.syncMode}	Code für synchrone oder asynchrone Kommunikation generieren: `sync`, `async` oder `both`. Default: `both`.
unpackClasses	${axis2.wsdl2code.unpackClasses}	Verhindert Generierung von inneren Klassen auf Clientseite
wsdlFile	${axis2.wsdl2code.wsdl}	Adresse der WSDL-Datei

C Java2WSDL

C.1 Kommandozeile

Aufruf

java2wsdl.bat | .sh –cn de.axishotels.HotelService

Erzeugt aus der angegebenen Java-Klasse ein WSDL-Dokument

Parameter

-o (Output Location)
Legt fest, auf welchem Pfad das WSDL-Dokument gespeichert werden soll

-cp (Class Path URI)
Festlegen des Klassenpfades

-tn (Target Namespace)
Legt den Target Namespace für das WSDL-Dokument fest

-tp (Target Namespace Prefix)
Präfix für den Target Namespace

-stn (Schema Target Namespace)
Legt den Target Namespace für XML Schema fest

-stp (Schema Target Namespace Prefix)
Präfix für Target Namespace von XML Schema

-sn (Service Name)
Legt den Service-Namen fest

-of (Output File Name)
Legt den Dateinamen für das generierte WSDL-Dokument fest

-st (Binding Style)
Legt fest, ob das zu generierende WSDL-Dokument den rpc- oder doc-Nachrichtenstil benutzt

-u (Binding Use)
Legt fest, ob die Nachrichten nach dem Schema encoded oder literal kodiert werden

-l (SOAP Adress)
Adresse des Ports der WSDL

-efd (qualified/unqualified)
Einstellung von `elementFormDefault` im Schema-Bereich des WSDL-Dokuments (Standard: `qualified`)

-afd (qualified/unqualified)
: Einstellung von `attributeFormDefault` in dem Schema-Bereich des WSDL-Dokuments (Standard: `qualified`)

-xc (Extra Class)
: Hier können zusätzliche Klassen angegeben werden, für die XML Schema generiert werden soll. Beispiel: `-xc klasse1 -xc klasse2` usw.

C.2 Maven-Plug-in

Beschreibung:

Das Java2WSDL-Plug-in für Maven erzeugt aus einer Java-Klasse eine WSDL-Beschreibung.

Beispiel:

```
<?xml version="1.0" encoding="UTF-8"?>
<project>
  <modelVersion>4.0.0</modelVersion>
  <groupId>axishotels.de</groupId>
  <artifactId> maven-plugin-test</artifactId>
  <version>1.1.0.1-SNAPSHOT</version>
  <name>Test of the java2wsdl-maven-plugin</name>
  <build>
    <plugins>
      <plugin>
        <groupId>org.apache.axis2.maven2</groupId>
        <artifactId>axis2-java2wsdl-maven-plugin</artifactId>
        <executions>
          <execution>
            <goals>
              <goal>java2wsdl</goal>
            </goals>
          </execution>
          <configuration>
            <className>de.axishotels.HotelService</className>
          </configuration>
        </executions>
      </plugin>
    </plugins>
  </build>
</project>
```

Aufruf

```
mvn java2wsdl:java2wsdl
```

Konfiguration

Alle Parameter können als Kommandozeilenparameter oder POM Properties gesetzt werden.

Parametername	System-Property	Beschreibung
className	${axis2.java2wsdl.className}	Voll qualifizierter Name der Java-Klasse, für die ein WSDL-Dokument erzeugt werden soll
outputFileName	${axis2.java2wsdl.outputFileName}	Pfad, in dem das WSDL-Dokument abgespeichert werden soll
schemaTargetNamespace	${axis2.java2wsdl.schemaTargetNamespace}	Target Namespace für das generierte Schema
schemaTargetNamespacePrefix	${axis2.java2wsdl.schemaTargetNamespacePrefix}	Präfix, welches mit dem Schema-Target-Namespace im WSDL-Dokument assoziiert ist
serviceName	${axis2.java2wsdl.serviceName}	Name des generierten Web Services
targetNamespace	${axis2.java2wsdl.targetNamespace}	Target Namespace für das generierte WSDL
targetNamespacePrefix	${axis2.java2wsdl.targetNamespacePrefix}	Präfix, welches mit dem WSDL-Target-Namespace assoziiert ist

D Maven 2 AAR Plug-in

Beschreibung:

Das AAR-Plug-in kann verwendet werden, um ein Axis2-Service-Archiv mit Maven2 zu erstellen. Das Plug-in kennt drei verschiedene Modi:

- **aar (default)**: erstellt ein aar-Artefakt
- **inplace**: erstellt ein aar-Archiv im Sourcebaum
- **exploded**: erstellt ein aar-Artefakt in „Exploded"-Struktur (ohne die Verzeichnisstruktur in ein Jar-Archiv zu packen)

Für jeden Modus steht ein Goal zur Verfügung.

```
mvn aar:exploded
```

Plug-in-Konfiguration

Parametername	Defaultwert	Beschreibung
aarDirectory	${project.build.directory}/aar	Verzeichnis, in dem das Archiv gebaut wird
classesDirectory	${project.build.outputDirectory}	Verzeichnis, in dem kompilierte Klassen und Ressourcen liegen
fileSets		Zusätzlich ins Archiv aufzunehmende Dateien
servicesXmlFile		Lokation des `services.xml`
wsdlFile		Lokation der WSDL-Datei
wsdlFileName	service.wsdl	Name der WSDL-Datei im Archiv

aar-Goal-Konfiguration

Parametername	Defaultwert	Beschreibung
outputDirectory	${project.build.directory}	Zielverzeichnis des Archivs
aarName	${project.build.finalName}	Name des aar-Archivs
archive		Maven Archiv-Konfiguration
classifier		Klassifizierer für das aar-Archiv. Damit wird das aar-Archiv als Attachment und nicht mehr das primäre Artefakt des Projekts betrachtet.
primaryArtifact	true	Legt fest, ob das aar-Archiv als primäres Artefakt des Projekts deployt und installiert wird

Stichwortverzeichnis

J

K

L

M

N

O

P

R

S

Über die Autoren

Thilo Frotscher

... arbeitet als freiberuflicher Software-Architekt, Trainer und Technologieberater. Seine Schwerpunkte liegen dabei seit vielen Jahren auf den Gebieten Java EE und Web Services. Den größten Teil des Jahres verbringt er damit, in Projekten seiner Kunden mitzuwirken und auf diesem Weg umfangreiche praktische Erfahrung mit neuesten Technologien zu sammeln. Daneben leitet Thilo regelmäßig Schulungen, in denen er diese Erfahrung gerne an die Teilnehmer weitergibt. Eine Besonderheit seiner Schulungen liegt dabei darin, dass diese keine feste Agenda haben. Stattdessen können Kunden die Inhalte anhand ihrer spezifischen Bedürfnisse zusammenstellen und gestalten.

Zurzeit lebt Thilo in Wellington, Neuseeland. Gleichzeitig ist er mehr denn je in aller Welt unterwegs, um Vorträge und Schulungen zu halten und seine Kunden bei der Entwicklung von Java- und insbesondere von Web Service-Anwendungen zu unterstützen. Als international anerkannter Experte für Web Service-Technologien ist Thilo mehrmals pro Jahr auf Fachkonferenzen anzutreffen, bei denen er in Vorträgen und Workshops über seine Erfahrungen mit neuesten Technologien berichtet. Daneben ist er Autor zahlreicher Fachartikel und war an der Qualitätssicherung für Apache Axis2 beteiligt.

Thilo ist auch des öfteren in Europa unterwegs. Für weitere Informationen zu Schulungsinhalten und -terminen, sowie im Falle von Fragen oder Anregungen schreiben Sie bitte an: *thilo@frotscher.com*

Marc Teufel

... arbeitet als Software-Entwickler und Autor bei der Firma hama GmbH & Co KG in Monheim. Hier ist er insbesondere für die Entwicklung von großen Java-Anwendungen für das Logistikzentrum zuständig.

Ursprünglich aus der Microsoft- beziehungsweise Visual Basic-Welt kommend, ist Marc im Jahr 2001 gänzlich auf Java umgestiegen. Die Java-Plattform ist auch heute noch seine Hauptprogrammierumgebung, obwohl er mittlerweile auch mit .NET seinen Frieden geschlossen hat und damit programmiert.

Im Rahmen mehrerer Projekte konnte er in den letzten Jahren umfangreiche Erfahrung in der Programmierung von Web Services sowohl auf der Java- als auch auf der .NET-Plattform sammeln.

Marc ist verheiratet, hat zwei Kinder und verbringt seine Freizeit mit seiner Familie vorwiegend in den bayrischen Alpen beim Bergsteigen.

Dapeng Wang

... ist freiberuflicher Systemarchitekt, Trainer und Buchautor. Schwerpunkte seiner Arbeit liegen im Bereich Enterprise-Applikationen mit Java-, Web- und Web Service-Technologien, wobei er immer versucht, mehrere Bereiche von Frontend bis Backend abzudecken. In den letzten Jahren hat er zahlreiche Projekte bei Kunden unterschiedlicher Branchen begleitet und betreut, wo er in erster Linie für Design und Architektur der Applikationen zuständig war.

Das Wissen, das Dapeng bei seinen Projekten gesammelt hat, versucht er immer, in Schulungen weiterzugeben. Er gibt über verschiedene Anbieter Schulungen zu den aktuellen Themen im Bereich Java EE, Webapplikation und Web Services. Darüber hinaus hat er zu diesen Themen zahlreiche Artikel und Bücher veröffentlicht und hält auch Vorträge auf IT-Kongressen.

In der Freizeit verbringt er die meiste Zeit mit der Familie und geht seiner Lieblingsbeschäftigung nach, mit seinem Sohn Edison zu spielen und Puzzlewettbewerbe zu veranstalten. Zu seinen Hobbys gehören Sport, Musik und chinesische Kultur.

Dapeng Wang ist zu erreichen unter *Wang.Dapeng@gmx.net*.